GOLDMANN SCHOTT

[illegible]
September 82

Zum Autor:

Harvey Sachs, geb. 1946 in Cleveland (Ohio/USA). Er studierte am Cleveland Institute of Music, am Mannes College of Music in New York und an der Universität von Toronto.

1970 gewann er den 1. Preis im Dirigentenwettbewerb ›Heinz Unger‹ in Toronto. Von 1972 bis 1975 war er Dirigent des Peterborough (Ontario) Symphony Orchestra; von 1973 bis 1979 dirigierte er auch für die Canadian Opera Company. Als Lehrbeauftragter unterrichtete er an mehreren kanadischen Universitäten. Seit 1973 ist er kanadischer Bürger. Zwischen 1975 und 1978 lebte er in Mailand, schrieb an seinem Buch über Toscanini und dirigierte als Gast verschiedene italienische Orchester. Er hat sich seit 1973 intensiv mit Leben und Werk Toscaninis beschäftigt und viele Radiosendungen über ihn geschrieben.

Harvey Sachs

TOSCANINI

Eine Biographie

Wilhelm Goldmann Verlag

Musikverlag B. SCHOTT'S Söhne

Vom Verfasser durchgesehene Übersetzung aus dem Amerikanischen von Hans-Horst Henschen
Die Originalausgabe erschien unter dem Titel »Toscanini« bei Weidenfeld and Nicholson, London 1978

Bildnachweis

Apollo-Verlag, Zürich/Wien/Lörrach; Robert Hupka, New York; Luzerner Festwochen, Archiv; RCA-Schallplatten; E. Piccagliani, Teatro alla Scala, Mailand; Museo Teatrale alla Scala, Mailand; Sammlung Walter Toscanini

Made in Germany · 8/82 · 1. Auflage · 118
Genehmigte Taschenbuchausgabe

Umschlagentwurf: Atelier Adolf & Angelika Bachmann, München
Umschlagfoto: Bildarchiv Süddeutscher Verlag, München
Druck: Presse-Druck, Augsburg
Verlagsnummer: 33071
Lektorat: Gerda Weiss/Elga Knackfuß · Herstellung: Gisela Ernst
ISBN 3-442-33071-8

Meiner Mutter und meinem Vater
gewidmet

Inhalt

Vorbemerkung und Danksagung

Die folgenden Kapitel sind eine Biographie und keine musikkritische Arbeit. Bestimmte Probleme einer Toscanini-Kritik werden im Schlußabschnitt berührt; ich bin hier jedoch mehr damit befaßt, eine glaubwürdige und substantielle Aufarbeitung des außergewöhnlichen Lebens meiner Hauptfigur und eine Beschreibung seines Charakters, seiner Umwelt und seiner Arbeitsmethoden zu bieten, als seine Aufführungen oder Schallplattenaufnahmen zu diskutieren.

Die Materialbeschaffung war sehr umfangreich, und ich möchte einige Helfer, die dazu beigetragen haben, ausdrücklich erwähnen. Ihre Zahl ist so groß, daß ich notgedrungen die meisten von ihnen nur aufzählen kann. Ich bedaure das insbesondere deshalb, weil die Arbeit oder das Gespräch mit ihnen in nahezu allen Fällen nicht nur ein großes Vergnügen, sondern auch in hohem Maße nützlich gewesen ist.

Zwei Personen gilt, vor allen anderen, meine besondere Dankbarkeit: meiner Frau Barbara, deren Geduld, Rat und Hilfe unerschöpflich waren, und dem Musikkritiker B. H. Haggin, ohne dessen Ratschläge das vorliegende Buch schwerlich hätte geschrieben werden können. Mr. Haggin hat mir seine Zeit, seine Kenntnisse und seine Erfahrung auf jeder Stufe der Arbeit großzügig zur Verfügung gestellt. Sieben andere Personen sind mir während der verschiedenen Phasen meiner Arbeit ebenfalls besonders hilfreich gewesen: Dr. Peter Aistleitner in Hamburg, Thomas S. Hathaway in Toronto, Frau Linda Osband, die Verlegerin, und Frau Gill Hudson, meine Lektorin im Verlag Weidenfeld and Nicolson; Robert Hupka in New York, Dr. Jonathan Logan in Cambridge, Mass., und Frau Friedelind Wagner.

Mein herzlicher Dank gilt folgenden Institutionen und Persönlichkeiten: In *Italien* Maestro Giampiero Tintori und seinen Assistenten Adriana Corbella und Lorenzo Siliotto vom Museo Teatrale alla Scala in Mailand; Dr. Agostina Zecca Laterza und ihren Assistenten der Bibliothek des Conservatorio di Musica »G. Verdi« in Mailand; Herrn Mainardi von der Casa Toscanini in Parma; Herrn Gaspare Nello Vetro vom Conservatorio di Musica »A. Boito« in Parma; Maestro Mario Medici vom Istituto di Studi Verdiani in Parma; Maestro Fausto Broussard und Frau Luciana Pestalozza vom Verlag Ricordi & Co. in Mailand. Den Damen und Her-

ren Michelangelo Abbado, Franco Abbiati, Guglielmo Barblan, Sandro Cicogna, Beniamino Dal Fabbro, Mario Delli Ponti, Gianni Eminente, Natale Gallini, Gianandrea Gavazzeni, Anna Gerardi, Antonio Ghiringhelli, Carlo Maria Giulini, Mariantonietta Maestri, Maria Majno, Giuseppe Marchioro, Luciano Martini, Maria Cecchini Montarsolo, Giulio Riccardi, Ada Rossi, Lily Seppilli, Wally Toscanini und Antonino Votto.
In den *USA* Mary Ellis Peltz und Heloise Pressey von den Metropolitan Opera Archives; Mary Decamp, der Archivarin des New York Philharmonic Orchestra; Marilyn Dean vom Central Records Dept. bei der NBC; James Dolan vom Los Angeles Philharmonic Orchestra; Mary Dupré vom Philadelphia Orchestra; William Bernell von der San Francisco Symphony; Meredith Armstrong von der Cincinnati Symphony und dem YIVO Institute of New York. Den Damen und Herren Ruth Bloch, Robert Bloom, Hugo Burghauser, Arthur Feher, Arthur Fierro, Frances Holden, Clyde J. Key, Alexander Kipnis, Erich Leinsdorf, Stephen Matyi, Milton Sachs, Leonard Sharrow, Dario Soria, Jerome Toobin, Walfredo Toscanini und Daniel Whitman.
In *Großbritannien* Miss R. Campbell von der St. Antony's College Library in Oxford; G. M. Jones von den BBC Written Archives Centres; Evelyn Barbirolli, Ray Burford und Prof. Dennis Mack Smith.
In *Argentinien* Maestro Juan Emilio Martini vom Teatro Colón in Buenos Aires; F. M. Beatty vom British Council in Buenos Aires und Diana Talkowsky.
In *Belgien* Daniel Depauw von der Opéra National in Brüssel.
In *Brasilien* W. E. Moss und Bruno Furlanetto vom British Council; Frau Mercedes Reis Pequeño von der Nationalbibliothek in Rio de Janeiro.
In *Deutschland* Herbert Barth und Dr. Manfred Eger von der Richard-Wagner-Gedenkstätte in Bayreuth.
In *Israel* Heinz Berger vom Israel Philharmonic Orchestra; Yaacov Snir von der Central Library of Music and Dance in Tel Aviv.
In *Kanada* Enrique Tabak und Philip Wults.
In den *Niederlanden* Bruno LaRooij.
In *Österreich* Prof. Otto Strasser von den Wiener Philharmonikern; Frau Neunteufel vom Archiv der Salzburger Festspiele.
In *Schweden* Åke Pihlblad und Anders Ramsay vom Stockholmer Philharmonischen Orchester und Iwa Aulin Voghera.
In der *Schweiz* schließlich Danielle Deyer von der Bibliothèque Cantonale in Lausanne; M. L. Kaufmann von den Luzerner Festwochen; Juliette Ansermet und Elisabeth Furtwängler.
Für die Dokumentation, die das vorliegende Buch enthält, war ein beträchtlicher Teil Übersetzungsarbeit zu leisten. Der Autor übernimmt die Verantwortung für den Großteil der Übersetzungen aus dem Italieni-

schen, Französischen, Deutschen, Portugiesischen, Spanischen und Schwedischen; seine Frau übersetzte aus dem Hebräischen.

Die folgenden Wechselkursangaben sollen dazu beitragen, dem Leser Honorare und andere Zahlenangaben leichter verständlich zu machen:

Jahr:	1900	£ 1	=	$ 4,87	=	25,2 Lire			
Jahr:	1910	£ 1	=	$ 4,86	=	25,2 Lire			
Jahr:	1920	£ 1	=	$ 4,86	1 Lira	=	9½ alte Pence	=	$ 0,19
Jahr:	1935	£ 1	=	$ 4,86					
Jahr:	1950	£ 1	=	$ 2,80	=	1750 Lire			

Alle von Toscanini in Italien und Südamerika geleiteten Opernaufführungen wurden, ohne Rücksicht auf die Originalsprachen, in Italienisch gesungen, ausgenommen die 1925 in Französisch dargebotene *Pelléas et Mélisande*-Aufführung der Scala. In den Vereinigten Staaten und in Österreich wurden alle von ihm geleiteten Opern in ihren Originalsprachen gesungen, mit Ausnahme des 1913 in Italienisch gegebenen *Boris Godunow* der Metropolitan Opera.

Vorwort

Biographien reproduzierender Musiker haben im allgemeinen nur begrenzten Wert – allenfalls als kurzweiliges Lesevergnügen. Wenn der Biograph sich bemüht, nicht-technische Analysen musikalischer Aufführungen zu bieten – die teilweise in sich natürlich doch Analysen sind –, kann es durchaus vorkommen, daß er in deskriptiven Erläuterungen nonverbaler Phänomene geradezu erstickt; während das Ergebnis, wenn er sich auf die bloße Beschreibung eines Lebenslaufes beschränkt, oft wenig mehr ist als eine Kombination von Reisebeschreibung und *Who's who.*

Arturo Toscaninis bedeutsame Rolle in der Geschichte von Operninterpretation und Symphoniekonzert hat ihn jedoch, ebenso wie sein kompromißloser Charakter, zum Helden zahlreicher Werke gemacht – biographischer, deskriptiv-analytischer und anekdotischer Werke von ganz unterschiedlicher Qualität. Er selbst war offenbar nie versucht, Memoiren oder musikphilosophische Reflexionen schriftlich festzuhalten, noch hat er Interviews gegeben. Manche Autoren aber, die ihn persönlich gekannt haben, haben wertvolle Bücher geschrieben, die bestimmte Aspekte seiner Arbeitsweise und seiner Persönlichkeit deutlich werden lassen. Dazu gehört etwa *This Was Toscanini* von Samuel Antek, der dem NBC Symphony Orchestra in den ganzen siebzehn Jahren seines Bestehens verbunden war; weiter *The Toscanini Musicians Knew* – eine von dem Musikkritiker B. H. Haggin besorgte Zusammenstellung von Zeugnissen von Sängern und Instrumentalisten, die mit dem Dirigenten in verschiedenen Phasen seiner Laufbahn zusammengearbeitet haben; ebenso Haggins frühere *Conversations with Toscanini.* Natürlich hat es auch Bücher wie das oberflächlich-hohle *Toscanini: An Intimate Portrait* von Samuel Chotzinoff gegeben (ungezählte Schilderungen des Maestro bei Abendgesellschaften – und was mag wohl vertraulicher sein als eine Abendgesellschaft? –, darüber hinaus ein großer Teil reiner Erfindung, vieles davon böswillig), ebenso eine Reihe von Biographien, die Walter Toscanini, der Sohn des Dirigenten, als »von minderem Wert« bezeichnet hat, »und zwar deshalb, weil sie eine Menge irreführender Auskünfte und Fehler enthalten«.[1]

Tatsächlich sind bisher mehr als dreißig Bücher über Toscanini veröffentlicht worden; die Neubearbeitungen und Übersetzungen, Pamphlete, längeren Aufsätze, Diskographien usw. gar nicht einmal berücksichtigt. Sieben dieser Bücher sind umfassende Biographien, die hier kurz erwähnt werden sollten (genaue Titel und andere Daten finden sich in der Bibliographie).

Die erste, von Tobia Nicotra, ist ursprünglich in Italienisch geschrieben, aber nur in einer englischen Fassung (1929) publiziert worden. Sie ist oberflächlich, steckt voller Fehler und erfundener Gespräche und wurde zu einer Zeit veröffentlicht, da Toscanini noch fünfundzwanzig aktive Lebensjahre vor sich hatte. Nicotra wurde später inhaftiert, weil er wertvolle Manuskripte gefälscht hatte (eines davon wurde übrigens von Toscanini gekauft), und dann von den Faschisten freigelassen, die seiner Hilfe bei der Fälschung der Signaturen ihrer politischen Gegner auf inkriminierenden Dokumenten bedurften.

Der österreichische Musikkritiker Paul Stefan veröffentlichte 1936 eine Toscanini-Biographie, die bald ins Englische übersetzt wurde. Wenn sie im Vergleich zur Arbeit Nicotras auch eine erhebliche Verbesserung darstellt, so bietet sie doch ebenfalls nur eine sehr beschränkte Sicht des Themas: Es ist eben schwierig, eine umfassende Biographie einer sehr eigenwilligen Persönlichkeit zu erarbeiten, die diesem Projekt gleichgültig oder feindselig gegenübersteht.

Ein Durchbruch ereignete sich im Jahre 1947, als in der Zeitschrift *The Musical Quaterly* Alfredo Segres großer Aufsatz *Toscanini – The First Forty Years* erschien. Segre war nicht nur in der Lage, Gespräche mit Familienmitgliedern und mit Toscanini selbst zu führen, der im Alter etwas aufgeschlossener geworden war; er war auch bereit, mit der Prüfung der zeitlich weit zurückreichenden Quellen und Dokumente zu beginnen, um der Legende von Toscaninis Jugend eine weniger mythische Färbung zu geben als seine Vorgänger.

Zwei umfassende Biographien wurden im Jahre 1951 von Journalisten veröffentlicht, von Howard Taubman in den USA und von Filippo Sacchi in Italien. Taubmans Version der ersten Lebenshälfte Toscaninis stützt sich sehr stark auf die Segres. Bei Berücksichtigung der dürftigen Quellenlage, wie sie damals bestand, ist sie eine nützliche Arbeit, wenn auch das Widerstreben des Autors spürbar wird, bestimmte Probleme aufzugreifen – so die Behandlung, die Toscanini seitens seiner »Freunde« in der »National Broadcasting Company« widerfuhr, oder bedeutsame Aspekte des Privatlebens des Dirigenten. Sacchis Buch gibt in seiner ursprünglichen Fassung (die amerikanische Übersetzung ist gekürzt) ein reizvolles und informatives Bild der musikalischen Umwelt im Italien der Jugend Toscaninis; es ist jedoch hinsichtlich des reinen Quellenmaterials noch immer unzulänglich, namentlich da, wo die amerikanische Phase der Laufbahn Toscaninis ins Spiel kommt.

Andrea Della Corte, Kritiker und Musikwissenschaftler, veröffentlichte im Jahre 1958 – ein Jahr nach Toscaninis Tod – die wohl umfassendste dieser Biographien. Della Corte war der erste, der sich von dem unglaublich reichhaltigen, aber vollständig verstreuten und ungeordneten dokumentarischen Material, wie es in zahllosen italienischen Bibliotheken, Archiven und Privatsammlungen lagerte, nicht entmutigen ließ. Zwar gibt es auch bei ihm noch bemerkenswerte Lücken und Fehler; dennoch ist sein Buch eine bedeutsame und bewundernswerte, leider nie ins Englische übersetzte Arbeit.

Siebzehn Jahre trennten die Della-Corte-Biographie von ihrem Nachfolger, der George R. Marek zu verdanken ist. Während dieser Zeit kam ein großer Teil neuen Quellenmaterials ans Licht, und vieles davon wurde in verschiedenen nicht oder nur zum Teil biographischen italienischen Veröffentlichungen publiziert. Bedauerlicherweise machte sich Marek, vormals einer der Vizepräsidenten der RCA, diese neuen Quellen nicht voll zunutze; ebensowenig schlug er die lohnenden Pfade ein, auf die sie hinwiesen. Sein Buch bietet die in nebulose Begriffe gekleidete Auseinandersetzung eines devoten Laien mit dem Werk Toscaninis, ohne sich jedoch auch nur die Mühe zu machen, die bloßen Fakten seines Lebens ohne Umschweife darzustellen. Es gibt da buchstäblich Dutzende von größeren oder kleineren Ungenauigkeiten, Übersetzungsfehlern, chronologischen und metaphorischen Verwechslungen und seitenlange Abschweifungen. Marek berichtet, daß Walter Toscanini ihn gebeten habe, eine Biographie seines Vaters zu schreiben, und er abgelehnt habe. Diesen Entschluß änderte er jedoch, als Walter tot war und das Familienarchiv, das Walter zusammengetragen und wahrscheinlich ihm zugänglich zu machen beabsichtigt hatte, weder für Marek noch für irgend jemanden sonst zugänglich war.

Die letzte Biographie nach der von Marek ist die von Giuseppe Tarozzi, einem Mailänder Journalisten (1977, sie liegt bisher nur in italienischer Sprache vor). Sie ist über weite Strecken ein dürftig geschriebener Wiederaufguß des heute vergriffenen Buches von Sacchi.

Die verworrene Lage hinsichtlich der schlichten Quellenzuverlässigkeit ist zum Teil Toscaninis vollständigem Desinteresse am Sammeln und Aufbewahren von Dokumenten seiner Karriere zuzuschreiben. Als er im Jahre 1886, im Alter von neunzehn Jahren, sein außerordentliches Dirigentendebüt in Rio de Janeiro gab, kümmerte er sich weder darum, irgendwelche Programme oder Zeitungsausschnitte zusammenzutragen, noch schrieb er auch nur an seine Eltern, um ihnen das ungewöhnliche Ereignis mitzuteilen. Und erst 1964, sieben Jahre nach seinem Tode, sammelte sein Sohn so grundlegende Materialien wie Daten und Programme der berühmten Nordamerika-Tournee des Scala-Orchesters, die

Toscanini 1920/21 unternommen hatte. Hält man sich vor Augen, daß er achtundsechzig Jahre lang als Dirigent aktiv war und daß sein Repertoire eines der umfassendsten in der Geschichte seines Berufsstandes überhaupt gewesen sein muß, so wird offenkundig, daß beträchtlich mehr als Spekulation und Anekdoten-Gespinst erforderlich ist, wenn man sich bemüht, eine seriöse, vollständige und genau dokumentierte Chronik des Lebens dieses Mannes zusammenzustellen.

Die vorliegende Biographie ist die erste eines Autors, der zu jung ist, als daß er Toscanini begegnet sein oder eines seiner Konzerte besucht haben könnte. Ebenso ist sie die erste, die von jemandem geschrieben worden ist, der bestimmte praktische Erfahrungen als reproduzierender Musiker mitbringt und der nahezu zwanzig Jahre lang alle Eigentümlichkeiten von Dirigenten beobachtet hat, die mit Orchestern proben. Es ist ganz offensichtlich ein schwerwiegender Nachteil, wenn man Toscanini nicht dirigieren gehört hat. Wenn seine Schallplattenaufnahmen auch ein leidlich genaues Bild seiner musikalischen Bestrebungen zu der Zeit, als diese Aufnahmen gemacht wurden, vermitteln, so geben sie doch nur sehr unangemessen seinen Klang, seine Art und Weise der Tongebung, wieder, der in jeder Hinsicht bemerkenswert und einzigartig war. (»Ich ging zu seinen Proben«, berichtete Otto Klemperer, dem Lobhudelei fernlag, »und ich erinnere mich, daß ich mich an verschiedenen Stellen des Konzertsaales postierte – wie mochte er diesen Klangeindruck hervorbringen! Ich spürte, daß da ein Geheimnis verborgen lag – vielleicht aufgrund irgendeines Tempos –, und konnte es nicht finden.«[2]) Wenn ein Biograph seinen »Helden« nicht persönlich gekannt hat, so macht das seine schriftstellerische Aufgabe aber auch sehr viel schwieriger; immerhin bietet sich ihm wenigstens die Möglichkeit, das Charakterbild letztlich ausgewogener und weniger polemisch vor Augen zu führen.

Vor einigen Jahren wurde in England ein Buch über berühmte Dirigenten veröffentlicht – von einem nahezu unbekannten Dirigenten. Es geriet zu einer Demonstration dafür, daß mindere Musiker, die über bedeutende Kollegen schreiben, durchaus gefährlich werden können, immer von der Versuchung bedroht, ihren Gegenstand – oder ihr Opfer, je nachdem – nicht nur den vorgefaßten Anschauungen des Autors darüber anzupassen (durch willkürliche Verdrehung und Verfälschung der Fakten), sondern auch seinen Vorurteilen über die künstlerische Leistung seines jeweiligen Helden. Das daraus resultierende ätzende Gemisch kann dann behutsam mit des Autors eigenen Frustrationen gewürzt werden. Ich hoffe aufrichtig, daß derartige Tendenzen hier vermieden worden sind und daß, was immer ich an technischer Vertrautheit mit diesem Beruf besitze, hier lediglich dazu gedient hat, jene Hexenmeister-Terminologie zu vermeiden, wie sie so häufig von jenen Autoren übernommen wird, die über »hypnotisierende« Dirigenten und ihre »verzückten« Orchester schreiben.

Das im vorliegenden Buch benutzte Material ist in einem Zeitraum von siebzehn Jahren gesammelt worden, mit besonderem Nachdruck allerdings in den letzten beiden Jahren, die ich hauptsächlich in Italien verbracht habe. Wenn die Toscanini-Familienarchive eines Tages tatsächlich der Forschung zugänglich gemacht werden, wird zweifellos auch bis dahin unbekanntes Material zutage kommen. Nichtsdestoweniger stützt sich dieses Buch auf eine sehr weit ausgreifende Materialsammlung; mündliche Äußerungen und andere Arten von Zeugnissen aus zweiter Hand sind soweit nur eben möglich nachgeprüft worden, und spekulative Ausführungen des Autors sind deutlich als solche kenntlich gemacht. Ich will die – vielleicht unbescheidene – Vermutung wagen, daß die schließlich mögliche Freigabe des Materials aus dem Familienarchiv die inhaltlichen Tendenzen des vorliegenden Buches zwar erweitern und ergänzen, aber nicht einschneidend verändern dürfte.

Wäre die Hauptfigur dieses Buches eine literarische Gestalt oder eine Persönlichkeit, die einen umfangreichen Briefwechsel geführt hätte, anhand dessen sich ihr Alltagsleben mit einiger Genauigkeit rekonstruieren ließe, so würde ein guter Biograph sein wichtigstes Quellenmaterial wohl zunächst in einem Sonderband publizieren und ihm eine deutende Biographie nachfolgen lassen. Das ist hier jedoch nicht der Fall. Von Toscanini gibt es relativ wenige Briefe – zumindest soweit sie bisher zum Vorschein gekommen sind –, und diese sind häufig nicht sehr informativ. Ich habe mich deshalb entschlossen, wo brauchbare und interessante Briefe vorhanden sind, sie dem Text einzuverleiben.

Antonino Votto, in den zwanziger Jahren Toscaninis Assistent an der Scala, gab einstens folgende Erklärung ab: »In Hinsicht auf alles, was die Person Toscaninis betrifft, verhalte ich mich wie der heilige Thomas: Ich gebe nur weiter, was ich mit eigenen Augen und Ohren gesehen und gehört habe.«[3] Obwohl ich diesem Anspruch bedauerlicherweise nicht genügen kann, habe ich versucht, mir bei der Niederschrift des Buches diesen ausgezeichneten Gedanken ständig bewußt zu halten, und ich hoffe, daß das Ergebnis meiner Darstellung meines Gegenstandes nicht ganz unwürdig ist.

Mailand, im Dezember 1977

I

Parma und Rio de Janeiro

»Königliche Präfektur von Parma – Kabinett
Politischer Bericht Nr. 2383
An das Ministerium des Innern – Florenz
Vertraulich
Parma, 7. November 1866
... Gestern abend haben fünf oder sechs der radikalen Partei angehörende Bürger im Hause des Apothekers Gardelli in der Via Santa Croce eine Zusammenkunft abgehalten, um über eine dringlich erforderliche Unterstützung der Zeitschrift *L'Unità italiana* zu beraten. Zu den Anwesenden zählten auch die Anwälte Magradi und Spinazzi. Es wurden neue Beihilfebeträge festgelegt, und ein gewisser Toscanini, Claudio, der Sohn von Angelo, 30 [sic]* Jahre alt, von Beruf Schneider, und Ceresini, Augusto, ... beide wohnhaft in Parma und beide bereits in der Aspromonte-Affäre einschlägig belastet, die zu diesem Zweck ausgesetzten Spenden einzuziehen. Sie werden auf Schritt und Tritt beobachtet werden. Der Präfekt.«[1]

Italien war nahe daran, zur Nation zu werden, als die Generation Claudio Toscaninis ins Erwachsenenalter eintrat. Die Carbonari und Federati der Jahre um 1820 hatten Mazzinis »Giovine Italia« in den Dreißigern den Weg gebahnt, die ihrerseits dann von den Lückenbüßerreformen der vierziger, den Revolutionswirren von 1848, Cavours diplomatischen Manövern der fünfziger und schließlich von den Entscheidungsschlachten, diplomatischen Intrigen und Plebisziten der Jahre 1859/61 gefolgt wurden. Eine Bewegung, die als politische Ausdrucksform der Unzufriedenheit mit der unaufgeklärten Fremdherrschaft auf seiten der radikalen Mittel- und Oberschicht eingesetzt hatte, war schließlich in weiten Bevölkerungskreisen aller gesellschaftlichen Klassen heimisch geworden.
Claudio selbst stammte aus einer zwar bescheidenen, aber doch relativ wohlhabenden Familie in Cortemaggiore, einem in der Nähe von Cremona und Piacenza gelegenen hübschen Städtchen in der Po-Ebene, nur etwa fünfzehn Kilometer vom noch kleineren Roncole entfernt, dem Ge-

* [ ] in Zitaten: Anmerkungen des Autors.

burtsort Verdis. Wir wissen nicht, wie viele Generationen von Toscaninis bereits in der Provinz Emilia ansässig gewesen sind; denn der Name Toscanini bedeutet »kleine Toskaner«, so daß die Familie eines Tages aus der Toskana ausgewandert sein mußte. Claudios Vater Angelo war Besitzer einer Spinnerei, die sowohl in Cortemaggiore als auch in Piacenza eigene Verkaufsfilialen unterhielt. Dem Vernehmen nach hatten Angelo und seine erste Frau in schneller Folge drei Kinder; danach beging die arme Frau Selbstmord, indem sie sich in einen Brunnen stürzte. Seine zweite Frau, Eligia Bombardi, soll fünfundzwanzig Kinder zur Welt gebracht haben, deren jüngstes Claudio war. Die Kindersterblichkeit war in jenen Tagen hoch, und im Jahre 1833, Claudios Geburtsjahr, verzeichnete das Personenstandsregister von Cortemaggiore nur zehn Kinder der Toscaninis.

Im Alter von zwölf Jahren verlor Claudio im Laufe einer Auseinandersetzung mit seinem Vater die Nerven und schlug ihm mit seinem Halstuch ins Gesicht. Von Angst und Gewissensbissen überwältigt, floh er aus seinem Elternhaus und wanderte zu Fuß nach Parma, das etwa vierzig Kilometer südöstlich liegt und wo er im Hause einer Stiefschwester Zuflucht fand und das Schneiderhandwerk erlernte. Im Jahre 1859 entschloß er sich, in der Republikanischen Armee Giuseppe Garibaldis Dienst zu nehmen. Im Jahr zuvor hatte Graf Camillo Cavour, Ministerpräsident König Viktor Emanuels II. von Piemont, zusammen mit Napoleon III. einen Angriffskrieg gegen Österreich vereinbart, um ein Königreich Norditalien zu schaffen, das Piemont, die Lombardei, Venedig und die mittelitalienischen Herzogtümer umfassen sollte. Ein Anlaß zum Kriegsausbruch wurde provoziert, und Garibaldi und seine Anhänger kamen, ihre republikanische Gesinnung ihrem Nationalgefühl unterordnend, Piemont und Frankreich zu Hilfe. Nach siegreichen Schlachten bei Magenta und Solferino hielten die Alliierten einen triumphalen Einzug in Mailand; zu diesem Zeitpunkt entschloß sich Napoleon III. zum Rückzug. Mit Österreich wurde ein Waffenstillstand unterzeichnet, der Piemont und die Lombardei in einer lockeren Konföderation beließ und Claudio und seinen Rothemd-Gefährten die Möglichkeit bot, in Freiheit nach Hause zurückzukehren.

Es wäre müßig, Vermutungen darüber anzustellen, ob Claudio sich republikanische Ideale zu eigen gemacht hatte, die ihn dann bewogen, sich Garibaldis Streitkräften anzuschließen, oder ob es die sehr wirksame romantische Legende vom General und seiner wilden Schar war – wie sie in jedem Falle bei einem jungen Mann von Claudios abenteuerlustigem Temperament Anklang finden mußte –, die zunächst seine Mitwirkung in ihren Reihen beeinflußte und erst später zu seiner Vertrautheit mit ihrer Ideologie, wenigstens in ihren großen Zügen, führte. Jedenfalls war Claudio, als Garibaldi und seine »Tausend Männer« im Jahre 1860 Sizilien den Bourbonen entrissen, erneut in den Reihen der Garibaldini zu finden. Später ließ er sich in die reguläre Armee einschreiben, wahrscheinlich in Sizilien; als aber Garibaldi zwei Jahre später den Entschluß faßte, Rom dem neuen italienischen Staat unverzüglich einzuverleiben und der weltlichen Macht des Papsttums ein Ende zu setzen, desertierte Claudio bei den regulären Streitkräften, um sich wieder den Truppen seines Helden anzuschließen. Die Folgen waren verhängnisvoll: Auf dem Wege nach Rom wurden die Rothemden eingeschlossen und in Aspromonte in Kalabrien von den regulären Armeen geschlagen; und wenn auch Garibaldi und seine Freischärler wenige Wochen später amnestiert wurden, so hatten Claudio und andere Deserteure doch zunächst den Weg ins Gefängnis zu nehmen und wurden zum Tode verurteilt. Viele von ihnen sahen tatsächlich dem Exekutionskommando ins Auge. Claudio blieb dieses Schicksal erspart, das Urteil wurde jedoch in drei Jahre Gefängnis umgewandelt – eine Strafe, die er unter schrecklichen Bedingungen vollständig ableistete. Er zog sich Skorbut zu und verlor alle seine Zähne; irgendwie gelang es ihm jedoch zu überleben.

Nicht lange nach seiner Rückkehr nach Parma verliebte er sich in eine sechsundzwanzig Jahre alte Frau namens Paola (Paolina) Montani, aus Parma gebürtig und eine Tochter von Pietro und Carolina (geb. Notari) Montani. Sie wurden am 7. Juni 1866 in der Kirche Santo Spirito getraut. Nur wenige Tage später erhielt Claudio eine geheime Nachricht, daß der General seine Truppen sammle, um in den Krieg gegen Österreich, dem Venedig und das Trentino streitig gemacht werden sollten, einzugreifen. Drei Jahre Gefängnis hatten Claudios Prinzipien nicht im mindesten erschüttern können: Er verabschiedete sich von seiner ihm frisch vermählten Gattin und brach auf, um an den Schlachten von Condino und Bezzecca teilzunehmen. Die Italiener wurden besiegt; Österreich trat jedoch Venedig an Frankreich ab – als Dank für die Vermittlungsbemühungen Napoleons III. –, und die Franzosen billigten der Stadt eine Volksabstimmung zu, deren Ergebnis den Anschluß an Italien brachte. (Das Trentino verblieb dagegen bis 1918 unter österreichischer Herrschaft.)

Als nach vier Monaten Claudio von seinem letzten Feldzug zurückkehrte, fand er seine Frau mit ihrem ersten Kind schwanger; das hinderte ihn jedoch nicht, sich in die Bestrebungen verstricken zu lassen, auf die der oben zitierte Brief des Präfekten von Parma Bezug nimmt. Die sogenannte »radikale Partei«, der er angehörte, war die »Associazione Unitaria Democratica«, eine von dem damals im Exil lebenden Mazzini geführte anti-royalistische Partei. Offensichtlich waren Claudios Aktivitäten nicht so subversiv, daß sie ihm reale Schwierigkeiten bereitet hätten. Er wird im amtlichen Briefwechsel noch einmal als jemand erwähnt, der

unter ständiger Überwachung gehalten werden sollte; aber Schwererwiegendes scheint sich daraus nicht entwickelt zu haben.
Das Kind, ein Junge, wurde am 25. März 1867 um 3 Uhr morgens in der Wohnung der Toscaninis, Borgo San Giacomo (heute Borgo Rodolfo Tanzi) Nr. 13, geboren. Claudio trug, seinem Antiklerikalismus zum Trotz, das Kind noch am selben Tage zu der aus dem 13. Jahrhundert stammenden Taufkapelle Parmas, einem der schönsten Bauwerke Italiens. »Infantulo imposui nomina Arturus Primus Alexander Secundus« – so das Taufregister. Der Name Arturo setzte sich durch, während Alessandro künftig nicht mehr benutzt wurde.
Wenn auch das Geburtshaus am Borgo Tanzi heute ein mit Andenken an den Lebensweg seines berühmtesten Bewohners überfülltes Museum ist, so ist die Wahrheit doch die, daß die Familie schon wenige Monate nach der Geburt Arturos nach Genua umgezogen war, wo Claudio eine neue und vielversprechendere Schneiderwerkstatt zu eröffnen hoffte. Unglücklicherweise war der kleine Arturo von schwächlicher Gesundheit. Er war dünn, anfällig und hatte ständig unter den verschiedensten Krankheiten zu leiden. Paolina entschloß sich aus diesem und anderen Gründen also, ihn wieder nach Parma zurückzubringen und bei ihren Eltern in Pflege zu geben. Schenkt man der Familienchronik Glauben, so war das Kind so gebrechlich, daß es nur mit einer strikten Diät aus Fleischbrühe und Haferbrei am Leben gehalten werden konnte. Eines Tages sah es eine Schale mit Bohnen in Olivenöl auf dem Tisch und deutete hartnäckig darauf hin: »Das wird gerade das sein, was er braucht!« sagte abwehrend eine seiner Tanten; aber die Großmutter erwiderte: »Wenn er Bohnen will, dann gib ihm welche. Er wird so oder so sterben – also ist es schon besser, ihn wenigstens glücklich zu machen.« Und entweder trotz oder aufgrund der Bohnen begann sein Gesundheitszustand sich beinahe unverzüglich zu verbessern.[2]*
In Genua brachte Paolina ein zweites Kind zur Welt, ein Mädchen, das den Namen Narcisa erhielt; und bald danach entschloß sich Claudio, dessen Hoffnungen auf raschen geschäftlichen Erfolg in der ligurischen Hauptstadt sich nicht erfüllt hatten, nach Parma zurückzukehren und dort einen neuen Anfang zu machen. Claudios sieben Jahre als Garibal-

* Ein Arzt, der die ursprüngliche englische Fassung des vorliegenden Buches gelesen hat, gab zu bedenken, daß Arturo unter einer Störung gelitten haben könnte, die bei Kindern als Celiac-Syndrom, bei Erwachsenen dagegen als nicht-tropenspezifisches Leiden diagnostiziert werden kann. Es handelt sich dabei um eine gluten-induzierte Enteropathie, die durch Gewichtsverlust, Magenverstimmungen, Diarrhöe usw. gekennzeichnet ist. Versuch und Irrtum mögen die Familie Toscanini gelehrt haben, daß Arturo tunlichst nicht solche Nahrungsmittel zu sich nehmen sollte, von denen wir heute wissen, daß sie Gluten enthalten.

dino waren der Höhepunkt seiner Laufbahn gewesen, und der Reiz dieser politischen Anhängerschaft war erloschen, als er erst dreiunddreißig Jahre alt war. Er war ein gutmütiger junger Mann, dem es schwerfiel, seinem Gewerbe mit einer gewissen Stetigkeit nachzugehen; es war für ihn sehr viel interessanter, die Stadt zu durchstreifen und an geheimbündlerischen politischen Diskussionen teilzunehmen, die in Wahrheit jedermann bekannt waren, oder Geschichten von gewonnenen oder verlorenen Schlachten zu erzählen und auszumalen, was der General zu dem oder jenem Thema zu sagen gehabt hatte, oder sein Gefängnisdasein zu schildern. (Seine Enkelin, Wally Toscanini-Castelbarco, die, als Claudio im Jahre 1906 starb, erst sechs Jahre alt war, erinnerte sich sieben Jahrzehnte später noch immer, ihn in seinem roten Hemd – seinem kostbarsten Besitz – gesehen zu haben, das er zuletzt vierzig Jahre zuvor im Kampf getragen hatte.) Er entwickelte eine unglückliche Neigung zum Trinken, und manchmal entfernte er sich für mehrere Tage von seiner Familie. Zu diesem Mangel an gewissenhafter Fürsorge gesellte sich der Umstand, daß seine Teilnahme an der Aspromonte-Affäre ihm sogar die magerste militärische Pension vereitelt hatte.

Paolina war das genaue Gegenteil ihres Mannes. Rastlos arbeitend, stolz, streng und zurückhaltend, zog sie ihre vier Kinder groß (auf Narcisa waren zwei weitere Töchter, Ada und Zina, gefolgt), hielt den Haushalt in Ordnung und kümmerte sich um die Schneiderwerkstatt. Laut ihrer Enkelin war sie entschlossen, ihre Umwelt nicht wissen zu lassen, wie arm die Familie war. Arturo und seine Schwestern wuchsen ohne allzuviel mütterliche Zuwendung auf.

Die Arbeiterfamilien Parmas – in den siebziger Jahren des 19. Jahrhunderts eine Stadt von etwa 45 000 Einwohnern – wohnten in der Mehrzahl in einem Bezirk mit Namen Oltretorrente (das andere Ufer des Flusses), und ebenda wurde Arturo Toscanini geboren; Claudio aber entschloß sich bei seiner Rückkehr aus Genua, seine Wohnung und sein neues Geschäft am anderen Flußufer, im Herzen der Stadt, anzusiedeln, möglicherweise in der Hoffnung, daß die geschäftlichen Aussichten dort größer wären. Arturos Großeltern mütterlicherseits und seine Onkel, Tanten und Cousins wohnten nichtsdestoweniger weiter in Oltretorrente, und dort verbrachte er auch den größten Teil seiner frühen Kindheit. Bei den Montanis fand er mehr Wärme als im Schoße seiner eigenen Familie. Und doch war das Heim der Toscaninis für den Jungen nicht gänzlich ohne Anziehung. Kultur war für Claudios und für viele ähnliche Familien nichts sorgsam Gehütetes oder mit ehrfürchtigem Schauder aus höflicher Distanz Betrachtetes: Sie war ein bedeutsamer und ganz natürlicher Teil des Lebens. Ganz abgesehen davon, daß die Einwohner Parmas von architektonischen Meisterwerken nahezu aller Epochen, von der Romanik bis zum Klassizismus, geradezu umringt waren – und es noch heute sind – und daß Malerei und Plastik im Stadtkern überreich repräsentiert sind, so war in allen gesellschaftlichen Schichten doch ebenso ein weitverbreiteter Enthusiasmus für die anderen Künste zu spüren, namentlich für Literatur und Musik. Literatur – das bedeutete für die Öffentlichkeit jener Zeit vor allem die romantischen Dichter und Erzähler des frühen 19. Jahrhunderts. Die Arbeiter und Arbeiterinnen im Geschäft der Toscaninis pflegten sich wechselweise vorzulesen – und das Repertoire bestand nicht nur aus Werken italienischer Meisterautoren: Noch im Greisenalter erinnerte sich Toscanini, daß solcherart seine erste Begegnung mit der Literatur in früher Kindheit durch Walter Scotts *Ivanhoe* (natürlich in einer Übersetzung) und andere ausländische Werke angeregt worden sei. Die Bedeutung dieser frühen Eindrücke kann gar nicht hoch genug eingeschätzt werden. Sein Leben lang blieben seine grundlegenden Affinitäten sehr eng mit der romantischen Bewegung und ihren unmittelbaren Ausläufern verknüpft. Seine geschmacklichen Vorlieben nicht nur in der Musik, sondern auch in Literatur und Malerei wurzelten hier, und ganz natürlicherweise fühlte er sich hier am meisten zu Hause.

Die Parmaer haben bei den italienischen Bruderprovinzen lange im Rufe einer vorzüglichen Küche, linksextremer politischer Bestrebungen und vor allem einer leidenschaftlichen Liebe zur Oper gestanden. Diese enthusiastische Voreingenommenheit für »la lirica« ist heute nicht mehr so stark wie vor hundert Jahren, als das schöne Teatro Regio (erbaut 1829) den eigentlichen Brennpunkt des öffentlichen Geschehens der Stadt bildete. Die Operninszenierungen einer jeden Saison erlebten zahlreiche Aufführungen, um das unersättliche Publikum zufriedenzustellen, und manche Zuschauer kamen Abend für Abend, um dieselbe Oper zu sehen, zu prüfen, ob der oder jener Sänger diese oder jene Arie (oder Ton) ebenso gut (oder dürftig) sang wie in der Vorstellung zuvor, Freunden zu begegnen und nach der Aufführung vielleicht ein Café aufzusuchen, wo die Ansichten über die gezeigten Leistungen ausgetauscht und der letzte Theaterklatsch mit Wonne und in allen erdenklichen Einzelheiten diskutiert wurde.

Claudio sang gelegentlich im Chor des Teatro Regio, und seine Angestellten im Geschäft kamen jeden Abend ins Theater, um dem Ensemble bei der Kostümierung behilflich zu sein. Auch die Montanis waren Laiensänger und leidenschaftliche Opernliebhaber, und es war wahrscheinlich Großvater Montani oder einer seiner Söhne, der den vierjährigen Arturo zum erstenmal mitnahm, um eine der neuesten Opern Giuseppe Verdis, *Un Ballo in Maschera*, vom Loggione des Teatro Regio zu hören – jener berühmten Galerie, die für so viele Jahrzehnte ungezählte Sänger in Angst und Schrecken versetzte. Der Junge hatte bereits verschiedene

Arien aus dem *Ballo* gehört, die im Umkreis der Schneiderwerkstatt wiederholt nachgesungen wurden, und offenbar kam er an einer bestimmten Stelle der Aufführung einem der Künstler zu Hilfe, indem er ihn mit der nicht sehr genauen Version begleitete, die er zu Hause gelernt hatte und mit der er jetzt beim Publikum Gelächter erntete.
Dieses frühe Debüt wurde nicht in der Presse bejubelt, und tatsächlich gibt es nur wenige Hinweise auf vorzeitige Äußerungen von musikalischem Talent bei Arturo. Ein junges Mädchen namens Medea Massari, die viel Zeit im Hause der Toscaninis verbrachte, um sich die handwerklichen Fertigkeiten des Schneidergewerbes anzueignen, berichtete viele Jahre später, Arturo habe »wie ein alter Mann« gewirkt und durchaus nicht wie ein lebhaftes Kind. Er war sehr ernst und widerborstig und hatte wenig Freude am Spiel mit anderen Kindern; aber jeder musikalische Laut fesselte ihn. Medea fügte hinzu, daß Arturo gar nicht gern singen mochte und eine krächzende Stimme hatte (die ihm sein ganzes Leben lang erhalten bleiben sollte). Er spielte jedoch gern mit einem kleinen zweisaitigen »Instrument«, das ihm das Mädchen aus einem ausgehöhlten Maiskolben gefertigt hatte.
Seine Erinnerungen an den Kindergarten waren – im Rückblick und aus einer Distanz von achtzig Jahren – in der Hauptsache die an eine Liebesaffäre mit einem Mädchen seiner Gruppe, von der er sich nicht einmal in der Nachmittagspause trennen mochte, wenn Jungen und Mädchen getrennte Wege zu gehen hatten. »Das kleine Ding, das ich sehr liebte, starb einige Jahre später«, erinnerte er sich, »und sogar, als ich schon das Konservatorium besuchte, wanderte mein Blick oft zu den Zypressen hinüber, die in der Nähe ihres Grabes aufragten.«[3] Arturo wurde in die Grundschule in der Via Caprazucca geschickt, in der er in den ersten beiden Jahren gut vorankam. Eine seiner Lehrerinnen, eine Signora Vernoni, wurde auf etwas aufmerksam, was später einen enormen Einfluß auf seine Zukunft ausüben sollte. Sie hatte mit großer Überraschung beobachtet, daß er ganze Gedichte nach einmaligem Lesen im Gedächtnis behalten konnte, und ihre Überraschung wuchs, als der Junge sie bat, sie besuchen zu dürfen, um ihr Klavier auszuprobieren. Die Erlaubnis wurde gewährt, und Arturo traf augenblicklich die Töne einiger Arien und Lieder, die er die Leute hatte singen hören. Signora Vernoni stattete Claudio und Paolina einen Besuch ab und schlug vor, sie sollten den Versuch machen, Arturo ins Konservatorium aufnehmen zu lassen.
Dieser Vorschlag mißfiel den Eltern durchaus nicht: Die Königliche Musikschule von Parma war ein sehr angesehenes Institut; wenn ein Schüler darüber hinaus begabt genug war und Glück hatte – oder Eltern, die wiederum die richtigen Leute kannten –, so konnte er als ständiger Stipendiat aufgenommen werden, dessen Unterrichtskosten und Lebensun-

terhalt vom Staat übernommen wurden. So kümmerte sich Claudio, nachdem Arturo bei den Abschlußprüfungen des zweiten Schuljahres eine »Fast sehr gut«-Zensur erhalten hatte, energisch darum, daß sein Sohn einführenden Klavierunterricht von einem einheimischen Tubisten namens Bonini erhielt, und reichte dann dem Direktor des Konservatoriums, Giusto Dacci, ein Gesuch in komisch ungelenkem und grammatikalisch holprigem Stil ein:

»Parma, 9. September 1876
Sehr verehrter Herr Direktor,
Toscanini, Claudio, ansässig zu Parma in der Strada dei Genovesi Nr. 65 und Schneider von Beruf.
Vater eines Sohnes namens Arturo, der, im Alter von ungefähr neuneinhalb Jahren, sehr der Instrumentalmusik zuzuneigen scheint, der lesen und schreiben kann und Musikunterricht gehabt hat.
Um diesentwillen legt er Euer Hochverehrten Gnaden sein inständigstes Bittgesuch vor, um die Vergünstigung zu erhalten, daß sein Sohn in dieser Königlichen und Hochansehnlichen Musikschule als ordentlicher Student aufgenommen werden möge, deren Einfluß auf den Sohn, der die unerläßlichen Voraussetzungen mitbringt, eines Tages sicherlich in der Lage sein wird, ihn sich, im Verein mit seiner armen Familie, sehr glücklich preisen zu lassen ...«[4]

Die Aufnahmeprüfungen wurden Anfang November abgehalten, bei Teilnahme von achtzehn Jugendlichen, die sich um ein einziges verfügbares Vollstipendium bewarben. (Es gab im Jahre 1876/77 dreiundzwanzig Vollstipendiaten.) Es gelang Arturo nicht, dieses Ziel zu erreichen; er war jedoch der zweite von drei Schülern, die als externe Studenten aufgenommen wurden, mit der Übereinkunft, daß sie die Plätze von internen Stipendiaten erhalten sollten, sobald welche frei würden. Er verbrachte ein Jahr, indem er zu Hause wohnte und zum Unterricht ins Konservatorium ging, und im Februar 1878 wurde er, nach einem erneuten Brief von Claudio an den Direktor und einer weiteren Prüfung, als Vollstipendiat aufgenommen.
Das Konservatorium von Parma war 1821 von Marie Louise an der Stelle gegründet worden, wo früher ein Karmeliter-Konvent stand, und es befindet sich noch heute dort, wenn auch die Studenten nicht mehr da leben. Das Gebäude selbst, das zum Teil aus dem Mittelalter stammt, ist in jüngerer Zeit renoviert und zeitgemäß modernisiert worden; alte Photographien lassen jedoch keinen Zweifel daran, daß es zu Zeiten des jungen Toscanini kein angenehmer Aufenthaltsort gewesen sein muß. Er war gleichwohl an keinen komfortablen Lebensstil gewöhnt, und sicher

bedeutete die Schule keine Verschlechterung seines Lebensstandards. Er schlief in einem großen, kärglich ausgestatteten Schlafraum, zusammen mit elf anderen Jungen, aß dürftige Mahlzeiten (häufig schon halbverdorbenen Fisch und Wein von minderster Qualität), sprach seine obligatorischen täglichen Gebete und trug die kadettenähnliche Schuluniform. Es gab nur ein einziges Wasserklosett, aber keine Badewanne: Gebadet wurde nur einmal im Jahr im Stadtkrankenhaus. Das Stroh für die Matratzen wurde nicht oft genug erneuert, und die Bettücher wurden so selten gewechselt, daß der Schlafraum häufig stank. Nichtsdestoweniger mußten alle Studenten vor ihrem Eintritt Impfzeugnisse vorweisen und Cholera-Impfungen über sich ergehen lassen, wann immer Epidemien im Lande ausbrachen.

In den ersten beiden Jahren studierte Arturo Solfeggio (Vom-Blatt-Singen), die Anfänge der Musiktheorie, Harmonielehre, Klavier, Chorsingen, Musikgeschichte und andere, musikfremde, Fächer. Vom zweiten Jahr an war sein ihm durch Anordnung zugewiesenes Hauptinstrument das Violoncello – er selbst würde lieber das Klavier gewählt haben –, das er unter Leitung von Leandro Carini studierte; seine fortgeschritteneren Studien in Harmonielehre und freier Komposition überwachte Dacci selbst. Daccis Vornamen waren Giusto Severo Pertinace – was Wunder, daß er ein sittenstrenger und pedantischer Mann war, der jedoch als Musikpädagoge in ganz Italien hohes Ansehen genoß.

»Ich war ein fleißiger Student, weil ich die Musik liebte und mich nicht selbst zum Studium zwingen mußte«, erinnerte sich Toscanini später, »aber ich war nicht, was Sie, in bezug auf den äußeren Schein, beispielhaft nennen würden. Meine Schultracht war oft unordentlich, und ich hatte häufig nicht so viele Knöpfe, wie ich für die Knopflöcher meiner Stiefel brauchte.« Als Strafe dafür mußte er einmal einen ganzen Vormittag mit seinem Cello in einem kleinen Zimmer eingesperrt verbringen. Nach einer Weile rief er einen Kustos, um ihn um die Erlaubnis zu bitten, zur Toilette gehen zu dürfen; ihm wurde jedoch Selbstbeherrschung anempfohlen. Die Zeit verstrich, und schließlich verfiel er in seiner Verzweiflung darauf, sein Cello für einen nichtmusikalischen Zweck zu entfremden. Am nächsten Tag trug er, ohne sich des Vorfalls noch zu erinnern, sein Cello zum Unterricht. Während Arturo aber ungerührt seine Tonleitern spielte, rief Professor Carini: »Student Toscanini, was ist mit diesem schwitzenden Cello los?«[5]

Damals unterrichteten die Lehrer ganztägig an der Schule, mit Ausnahme der Sonntage, und das bedeutete, daß die Schüler unter direkter und ständiger Anleitung arbeiten konnten. Carini erlaubte seinen Zöglingen tatsächlich nicht einmal, allein zu üben – er probte Tag für Tag persönlich mit ihnen. Diese Art von Unterricht war konservativ, aber gründlich und umfassend, und die Disziplin war streng bis zur Absurdität. Hier ein Auszug aus Daccis Tagebuch:

> »18. Januar 1877. Es wurde ein Liebesbrief gefunden, den das Zimmermädchen Bianchi an den Studenten Copelli gerichtet hat. Copelli wurde für vierundzwanzig Stunden in Einzelhaft bei Brot und Wasser genommen. Die Frau wurde unverzüglich entlassen.[6]
> 14. März 1877. Ich habe angeordnet, daß den Studenten sofort die Haare geschnitten werden, aber nicht zu kurz, weil das Wetter augenblicklich zu kalt dafür ist.[7]
> [1885] ... Der Student Enrico Preti hat, in der Absicht, sich frisches Wasser zu verschaffen, ein Glas Wasser aus dem Fenster seines Zimmers ausgegossen, das zufällig die der Frau des obenerwähnten Signor Ferrari gehörende Katze traf, besagte Katze strich gerade im Schulhof herum. Die Dame, im Glauben, die verschüttete Flüssigkeit sei Urin gewesen, nahm Anstoß und rief, sich gegen die Studenten wendend, auch ihren Gatten herbei, der, die Untat in sehr barschen Ausdrücken verurteilend, nicht sehr höfliche Antworten von seiten der Studenten erntete.«[8]

Preti wurde für das beschriebene Vergehen bestraft, mit dem Ergebnis, daß die Katze wenige Tage später verschwunden war. Arturo und mehrere andere ältere Studenten hatten sich nämlich zusammengetan, um die Katze einzufangen, zu töten, abzubalgen, zu braten, aufzutragen und schließlich zu essen – eine ruchlose Vendetta, die erst 1930 bekannt wurde.

Über der Schule lag zweifellos ein Hauch von Gefängnisatmosphäre. Die Unterrichtsstunden dauerten von acht Uhr morgens bis mittags und dann wieder von zwei bis sechs Uhr abends, und zwar an sechs Tagen in der Woche. Das Schulgebäude selbst hat zwei Kreuzgänge, in denen die Jungen frische Luft schöpfen und wahrscheinlich auch ein wenig Leibesübung betreiben konnten; den internen Studenten wurde aber nur ein- oder zweimal wöchentlich die Erlaubnis erteilt, die Anstalt zu verlassen, und dann wurden sie stets von einem erwachsenen Wärter durch die Stadt geleitet. Studenten, die einen bestimmten Grad der Beherrschung ihres Instruments erreicht hatten, wurden zum Orchesterdienst im Teatro Regio zugelassen; aber sogar diese kurzen Ausflüge – eine Entfernung von knapp dreihundert Metern – gingen nicht ohne Begleitung vor sich. Dennoch brachten es die älteren Studenten offenbar irgendwie zuwege, sich Besuche der örtlichen Bordelle leisten zu können; die Schuloberen ignorierten diesen Umstand willentlich und drückten ein Auge zu.

Den Familien der jungen Musiker war es nur einmal in der Woche erlaubt, sie im Empfangsraum des Konservatoriums zu besuchen; Paolina aber hatte den Eindruck, daß ihre Angehörigen für derartige Ereignisse nicht hinreichend gut gekleidet seien. So begnügte sie sich damit, ihren Sohn sonntags in der »Kirche der fünf Wunden Christi« zu sehen, in die die Scholaren zum obligatorischen Gottesdienst geführt wurden.

So sah die Anstalt aus, der Arturo neun Jahre lang als Zögling angehörte, davon siebeneinhalb Jahre als interner Stipendiat – eine prägende Umwelt, die er mehr als nur überlebte. Von Anfang an war offenkundig, daß er nicht nur musikalisch begabt war, sondern auch über eine verblüffende innere Disziplin und eine Intelligenz verfügte, die alles, was sie faszinierte, zu erfassen suchte. Sein Name taucht auf Daccis Liste der »bösen Buben« nur selten auf, und nicht ein einziges Mal wird er unter denen erwähnt, die sich über Knappheit und mangelnde Qualität der Speisen beklagten – der verbreitetste Grund zur Unzufriedenheit. Mehr als einmal veräußerte er einen Teil seiner Ration, um sich Notenmaterial zu kaufen. Glücklicherweise war seine Gesundheit vorzüglich: Daccis Protokoll berichtet nur einmal, daß der Junge mit Frostbeulen das Bett gehütet habe – nichts Erstaunliches, wenn man bedenkt, wie dürftig das Gebäude im Winter beheizt wurde.

Mit dem Eintritt ins Jünglingsalter füllten seine überschwengliche Liebe zur Musik und sein Wunsch, sich ihre Geheimnisse völlig zu eigen zu machen, Arturo Toscanini gänzlich aus, und die anderen Aspekte seines Lebens verblaßten zur Bedeutungslosigkeit. Man mag dies eine verschrobene Weltsicht nennen; und die Verschrobenheit war in diesem Falle so ausgeprägt, daß sie schließlich manchen Menschen, die direkt mit ihr in Berührung kamen, das Leben schwer und für den, der ihr unmittelbares Opfer wurde, zuweilen sogar unerträglich machte. Aber die geistige Disziplin, die diese Verschrobenheit erforderte, brachte doch auch ihre eigene Form von Gesundheit mit sich. Es ist keine Übertreibung, wenn man behauptet, daß das vorliegende Buch die Geschichte dieser Verschrobenheit und ihrer Konsequenzen schildert.

Wir kennen nur wenige Einzelheiten aus der Studienzeit des Jungen am Konservatorium, wissen aber, daß er seine Lehrer und Mitschüler nachhaltig beeindruckte. Sein außergewöhnliches Gedächtnis und seine enorme Konzentrationsfähigkeit müssen ihn zuweilen zu einem regelrechten Alptraum haben werden lassen, obwohl er bescheiden und von Natur aus ruhig war und unfähig, sich seiner Talente zu rühmen oder sie dazu zu benutzen, andere in ein schlechtes Licht zu setzen. Er wollte eben unablässig Musik machen und bat und bestürmte andere Studenten fortgesetzt, sich während der Freistunden zusammenzufinden, um unter seiner Leitung Arrangements von symphonischen Werken und Opern zu spielen, die er selbst angefertigt hatte. Die Schulordnung erlaubte diese

Zusammenkünfte nicht, und das war wahrscheinlich gerade einer der Gründe dafür, warum es ihm möglich war, seine Mitschüler zur Teilnahme zu überreden. Seine offenkundigen Fähigkeiten und seine bereitwilligen kritischen Einwände trugen ihm zwei wohlmeinende Spitznamen ein, die er gleichwohl herzlich haßte: Genio (das Genie) und Forbsòn (ein parmaisches Dialektwort, das Schere bedeutet). Seine Cellotechnik entwickelte sich rasch, und er brachte sich selbst bei, Orchesterpartituren und alles andere auf dem Klavier nachzuspielen. Im Alter von etwa fünfzehn Jahren begann er ernsthaft zu komponieren, und mit einundzwanzig hatte er bereits mehr als zwei Dutzend kürzerer Werke hervorgebracht. Davon jedoch später.

Praktische Aufführungserfahrung von Werken aller Art wurde im Konservatorium nicht vernachlässigt. Wir wissen beispielsweise, daß Arturo bei einer Aufführung von Luigi Cherubinis *Requiem* zum Gedenken an König Viktor Emanuel II., kurz nach dem Tode des Herrschers im Jahre 1878, im Chor mitsang, daß er als Begleiter von Instrumentalisten bei Konservatoriumsdarbietungen mitwirkte und daß er in verschiedenen kleinen Ensembles und Orchestern in und außerhalb der Schule Cello spielte. Alle diese Aktivitäten waren jedoch von untergeordneter Bedeutung im Vergleich zu seiner Tätigkeit im Teatro-Regio-Orchester. Zwischen 1881 und 1885 saß er in der berühmten Streichergruppe, die Verdi einige Jahre zuvor eine der besten in ganz Italien genannt hatte, und man darf sicher sein, daß er nicht einfach nur spielte, sondern auch geradezu gierig auf alles lauschte und hörte, was in seiner Umgebung vor sich ging.

Etablierte Opernapparate scheinen heutigentags, wenn möglich, die Aufführung von Werken aus den letzten fünfzig Jahren zu umgehen. Während Toscaninis Zeit im Teatro Regio aber stammten alle zwanzig aufgeführten Opern aus der Zeit nach 1835, und das bedeutete: kein Gluck, Mozart, Beethoven oder Weber, ebensowenig Rossini oder Bellini. Die große Mehrheit des Publikums hielt die meisten dieser Komponisten, selbst wenn ihre Werke nur dem Namen nach bekannt waren, zwar für würdige, aber doch auch etwas langweilige Repräsentanten von Stilrichtungen, die einem modernen Geschmack nicht mehr entgegenkamen. Verdi, der in Busseto geboren war und den größten Teil seines Lebens dort oder in der unmittelbaren Nachbarschaft verbrachte – »praktisch vor den Toren von Parma«, wie jeder Parmaer sich nicht entgehen lassen wird anzumerken –, war mit fünf seiner Opern der große Matador des lokalen Repertoires, vom frühen *Ernani* bis zur nahezu jugendfrischen *Aida*, die während der fünf Spielzeiten, in denen Toscanini dem Orchester angehörte, einstudiert wurden. Donizetti, Meyerbeer, Bizet und Ponchielli waren mit je zwei Werken vertreten, Gounod, Thomas, Carlos Gomes,

Giovanni Pacini, Salvatore Auteri-Manzocchi, Palminteri und sogar Wagner mit je einem.
Wagner war in Italien durchaus nicht populär, und nur wenige seiner Werke drangen bis nach Parma vor, wie Toscanini selbst viele Jahre später schrieb:

»Der erste Eindruck, den ich von Wagners Musik erhielt, reicht in das Jahr 1878/79 zurück, als ich bei einem Konzert der Quartettvereinigung von Parma die *Tannhäuser*-Ouvertüre hörte – und ich war verwirrt. Ich erinnere mich an eine Einzelheit: Mein Lehrer brachte mir den Cellopart dieser Ouvertüre ins Konservatorium mit und ließ mich verschiedene Stellen studieren, die für mich zu jener Zeit ausnehmend schwierig waren. Im Jahre 1884 war Parma die erste italienische Stadt, die, nach seinem Erfolg in Bologna und seinem Durchfall in Mailand, den *Lohengrin* aufführte. Ich gehörte dem Orchester an. Damals dämmerte mir zum ersten Male ein Bewußtsein von der Größe und Unfaßbarkeit des Wagnerschen Genius. Von der ersten Probe an – oder sogar von den ersten Takten des Vorspiels an – wurde ich von magischen, überirdischen Gefühlen überwältigt; die himmlischen Harmonien enthüllten mir eine neue Welt, eine Welt, von deren Existenz niemand auch nur die leiseste Vorstellung gehabt hatte, bis Wagners transzendenter Geist sie entdeckte.«[9]

Obwohl Dacci der Überzeugung war, daß Mendelssohn-Bartholdy die Grenzen des harmonischen Universums abgesteckt habe, studierte der junge Toscanini insgeheim, was immer er an Wagnerscher Musik auftreiben konnte.
Im Frühjahr 1884 tauchte Toscanini, jetzt siebzehn Jahre alt, als Cellist, Komponist und Dirigent bei einem Konzert auf, das die Schüler des Konservatoriums im Foyer des Teatro Regio gaben. Er spielte die *Introduktion und Polonaise* für Violoncello von E. Dunkler und dirigierte dann sein eigenes *Andante und Scherzo* für Orchester. Dieses Konzert wurde in nicht weniger als zehn Zeitungen rezensiert – vier aus Parma, drei aus Mailand und je eine aus Rom, Piacenza und Ravenna –, die einmütig seine als die beste aller von den Studenten vorgelegten Kompositionen lobten, sein Cellospiel rühmten und seine oder anderer Dirigierleistungen mit keinem Wort erwähnten! (Es gab zu jener Zeit keinen speziellen Dirigierunterricht; aber alle Kompositionsschüler am Konservatorium von Parma wurden auch in der Leitung von Instrumentalensembles geschult.)
Dacci ernannte Toscanini im Schuljahr 1884/85 – seinem letzten Jahr am Konservatorium – zum Hilfsdozenten im Fach Harmonielehre, einigen

Auseinandersetzungen zum Trotz, die beinahe seine Verweisung von der Anstalt nach sich gezogen hätten. Die Störungen hatten im vorhergehenden Frühjahr eingesetzt, als ein Dutzend Studenten, darunter Toscanini, Dacci durch ihre Weigerung erzürnt hatten, zur Beichte zu gehen oder das Abendmahl zu nehmen. Im August des Jahres 1884 besuchte Toscanini dann während seiner Sommerferien die nahegelegene Stadt Carpi, um in einem Opernballett von Guglielmo Branca die Rolle des Solocellisten zu übernehmen, ohne die dazu erforderliche Erlaubnis von Dacci erhalten zu haben. Die verblüffend tüchtige »Geheimpolizei« des Direktors spürte dieses Vergehen auf, und obwohl Toscanini wahrscheinlich nicht viel Schlimmeres als einen strengen Verweis zu erdulden hatte, muß die lächerliche Strenge der Verhaltensregeln für einen unabhängigen Siebzehnjährigen doch lästig gewesen sein. In jenem Herbst verlief jedoch alles nach Wunsch, und im September und Oktober spielte er in einem Orchester, das von einem jungen Parmaer namens Cleofonte Campanini geleitet wurde, einem begabten Musiker, dessen erfolgreiche Karriere später von der ungleich größeren Toscaninis in den Schatten gestellt werden sollte. Das Orchester gab Konzerte bei den Nationalausstellungen in Turin und Mailand; es waren dies die ersten Besuche jener zwei Städte, die eine bedeutsame Rolle in seinem Leben einnehmen sollten.
Aus Daccis Protokollen geht hervor, daß am Sonntag, dem 11. Januar 1885, fünfzehn Studenten – darunter Toscanini – sich weigerten, frühmorgens aufzustehen und zur Messe zu gehen. Als sie schließlich ihre Betten verließen, gab Dacci ihnen zu verstehen, daß sie zu einer späteren Messe zu gehen hätten, aber zu ebender Zeit, die für die wöchentlichen Familienbesuche vorgesehen war, und befahl ihnen dann, sich unverzüglich in ihre jeweiligen Probenräume zurückzuziehen. Sie weigerten sich wiederum. Dacci verschlug es die Sprache, und er befahl einem seiner Stellvertreter, die Namen der unbotmäßigen Schüler festzuhalten.

> »Toscanini erklärte in Gegenwart seiner Gefährten, daß er seinen Namen als ersten auf der Liste stehen sehen möchte ... Ich hatte sofort seinen Vater holen lassen und setzte ihm auseinander, daß er, wenn sein Sohn keinen Entschuldigungsbrief schriebe, sicherlich von der Schule verwiesen werden würde ... Der junge Toscanini, der ebenfalls im Amtszimmer zugegen war, verließ den Raum – ein weiterer Akt der Geringschätzung. Am selben Tage noch setzte ich den königlichen Bevollmächtigten von dem Vorfall in Kenntnis ...«[10]

Der Brief kam nicht, und Dacci, wohl bekümmert darüber, seinen besten Studenten wenige Monate vor dem Schlußexamen zu verlieren, überredete einige der Professoren, den Brief zu verfassen und Toscanini zuzusetzen, ihn abzuschreiben und mit seiner Unterschrift zu versehen, was er dann auch tat.

Im Juli brachte er seine Abschlußprüfung hinter sich. Er erhielt die höchste Punktzahl und die ehrenvollsten Auszeichnungen in den Fächern Cello und Komposition, daneben errang er den Barbacini-Preis, der, mit 137,50 Lire dotiert, jedes Jahr dem besten Absolventen verliehen wurde. In jenem Sommer muß er erneut in Carpi gespielt haben, was kaum erwähnenswert wäre, hätte in jenem Carpi nicht ein Impresario namens Claudio Rossi gewohnt, der gerade eine Operntruppe zusammenstellte, die er im kommenden Frühjahr in Brasilien einsetzen wollte. Entweder Rossi selbst oder sein Bruder Lelio wurde auf Toscanini aufmerksam;[11] er wurde als erster Cellist und stellvertretender Chorleiter engagiert – außergewöhnliche Verpflichtungen für einen so jungen Mann. Nach einer weiteren Wintersaison im Teatro Regio bündelte er seine wenigen Habseligkeiten und verließ seine Heimatstadt, in der er nie wieder Wohnung nehmen sollte. In Genua verabschiedete er sich von seinen Eltern und Geschwistern, die kurz zuvor wieder von Parma dorthin umgezogen waren, und schiffte sich mit dem Rest der Truppe ein.

Die Überfahrt dauerte etwa vier Wochen. Toscanini verwendete einen Großteil seiner Zeit darauf, zu studieren und seine praktischen Fähigkeiten zu vertiefen. Da es an Bord ein Klavier gab, baten einige der Sänger ihn, mit ihnen ihre Rollen zu repetieren – eine Bitte, der er gern nachkam. Unter den Sängern fanden sich einige bekannte Künstler, so etwa die Sopranistin Nadina Boulicioff, die Mezzosopranistin Medea Mei, ihr Gatte, der Tenor Nicolai Figner, der Bariton Paul Lhérie, der seine Laufbahn als Tenor begonnen und bei der Uraufführung von *Carmen* im Jahre 1875 die Rolle des Don José gesungen hatte, und der Baß Gaetano Roveri. Sie schätzten die Begabung und die Ernsthaftigkeit des jungen Mannes. Mit an Bord befand sich auch Ferruccio Catellani, ein Mitschüler aus dem Parmaer Konservatorium, der als Konzertmeister verpflichtet worden war.

Toscanini verlebte seinen neunzehnten Geburtstag in Cádiz, einem der Zwischenlandungshäfen der Schiffsroute, und im April langte die Truppe in São Paulo an. (Jahre später erzählte er seinem Enkel, daß die Musiker abends zur Übernachtung auf das Schiff zurückzukehren pflegten, wenn das auch nicht für die Dauer der ganzen Tournee so bleiben sollte.) Ihren Dirigenten lernte die Truppe erst bei ihrer Ankunft kennen – einen fünfunddreißigjährigen Brasilianer namens Leopoldo Miguez, und es bedurfte nur kurzer Zeit, bis die Mitglieder gewahr wurden, daß er inkompetent war – oder ihn jedenfalls spüren ließen, daß sie es wußten. Spannungen ergaben sich auch zwischen Miguez und dem stellvertretenden Dirigenten und Mitdirektor der Truppe, Carlo Superti. Superti war seiner Dirigentenaufgabe wahrscheinlich nicht besser gewachsen als Miguez (einige Jahre später »schmiß« er eine Aufführung von *Don Carlo*, deren Leitung ihm als Stellvertreter an der Scala zufällig übertragen worden war, so drastisch, daß das Publikum ihn aus dem Theater buhte); aber er war Italiener wie die meisten anderen Künstler und nicht derart anmaßend wie Miguez. Sehr viel später erwähnte Toscanini Superti als »einen guten Violinisten und Ballettleiter«.

Die Saison in São Paulo begann am 17. April mit Gaetano Donizettis *La Favorita*. »Die Leistungen der Truppe lassen sich nach dieser ersten Aufführung nicht angemessen beurteilen«, schrieb der Kritiker von *O Pais*. »Ich möchte jedoch meinen, daß das Publikum, seinem Gebaren und den Unterhaltungen in den Wandelgängen nach zu schließen, sich einiges mehr erwartet hatte.« Die kritische Beurteilung wechselte von Aufführung zu Aufführung, verstieg sich aber nicht zu Extremen wie glühender Begeisterung oder vernichtendem Hohn. Das sollte sich gegen Ende des zweimonatigen Aufenthaltes in São Paulo ändern. Derselbe Kritiker schrieb:

> »Die letzten Vorstellungen verliefen stürmisch, und für die allerletzte stand geradezu eine Revolution zu erwarten. Wie immer, wenn ein Tumult oder eine Störung im voraus abzusehen ist, kann nichts sie dann wirklich aufhalten. Am Donnerstag wurde das Theater von einem frenetischen Stampfen erschüttert, das einen regelrechten Kampf zwischen den Stampfern – Studenten der Universität – und anderen, applaudierenden Zuschauern auslöste.«[12]

Mittlerweile – die Truppe übersiedelte nach Rio de Janeiro, wo sie am 25. Juni ihr Gastspiel im Imperial Teatro Dom Pedro II eröffnen sollte – waren die internen Zwistigkeiten unerträglich geworden. Die Sänger verlangten Miguez' Rücktritt, während dieser alle Schwierigkeiten den Sängern anlastete. In der ersten Vorstellung *(Aida)* wurde der Chor als zu klein und keineswegs auf der Höhe befunden, das Ballett »hätte nicht schlechter sein können«, und das Orchester »schien weder ausgewogen noch gutwillig und lenkbar«. Miguez, wenn auch »ein begnadeter Komponist«, bot als Dirigent eine Schlagtechnik, »die zu sehr auf die immergleiche ... beifallheischende Pose angelegt war«. In der am nächsten Abend folgenden Vorstellung von Charles Gounods *Faust* wurden »das Vorspiel, der Chor der Landleute, die Marktszene und der Marsch – von kleineren Schnitzern ganz abgesehen – schlecht gespielt, zum Teil aufgrund mäßiger Leistungen des Orchesters, zum Teil wegen schlechter Einstudierung des Chores«. Toscanini blieb im Gedächtnis haften, daß

»die Kapelle auf der Bühne mit den Musikern im Orchestergraben auf Kriegsfuß stand«.

Während der nächsten Tage flogen wechselseitige Beschuldigungen hinüber und herüber, mit dem Ergebnis, daß am Tage der nächsten Vorstellung – wiederum *Aida* – Rossi eine Rücktrittserklärung von Miguez erhielt, der aus gesundheitlichen Gründen verzichtete. Da die gesamte theaterinteressierte Gesellschaft von Rio de Janeiro über die Spaltungen und Parteiungen innerhalb der Truppe im Bilde war und mit Sicherheit auch nationalistische Gefühle der Parteinahme für Miguez ins Spiel kamen, war offenkundig, daß dieser Abend Tumulte mit sich bringen würde und daß die gesamte Tournee möglicherweise von einem Desaster bedroht war. Superti wurde zum Dirigenten bestimmt, und jeder hoffte das Beste.

Gegen Ende seines Lebens erinnerte sich Toscanini, daß er den Spätnachmittag jenes Tages – Mittwoch, den 30. Juni 1886 – in seiner Pension verbracht habe, mit einer jungen Dame aus dem Chor, Eugenia Mantelli, und mit ihr »Schumannsche Lieder durchgegangen sei«.[13] (Manche gute Bekannte des Maestro behaupten jedoch, daß er auch noch eine andere Version der Geschichte parat gehabt habe, in der Schumanns Musik mit seinen und den Aktivitäten der Signorina Mantelli an jenem Nachmittag nichts zu schaffen hatte.) »Dann nahm ich die Straßenbahn und kam im Theater an. Dort herrschte ein höllischer Aufruhr!«

Um zwanzig Uhr trat der Ballettmeister vor das Publikum und kündigte ihm Miguez' »Indisposition« und Superti als stellvertretenden Dirigenten an; aber Spottrufe, anti-italienische Parolen und gellende Pfiffe begrüßten den armen Superti, als er sich auf den Weg zum Dirigentenpult machte. Korrekt gekleidete Herren in den Logen schlugen mit ihren Stöcken auf den Fußboden, und die Polizei hielt sich in Bereitschaft für den Fall, daß die Situation in Tumult umschlagen sollte. Superti konnte wegen des Lärms nicht beginnen und trat den Rückzug an. Rossi betrat die Bühne in Begleitung eines Dolmetschers und begann erneut zu erklären, daß Miguez die Leitung aus gesundheitlichen Gründen abgegeben habe. Der Schluß dieser Erklärung wurde vom erneuten Ausbruch von Lärm und Unruhe übertönt.

Was tun? Wäre die Truppe gezwungen gewesen, die Tournee nach nur zwei Vorstellungen in Rio abzubrechen, würde nicht einmal genug Geld für die Rückreise vorhanden gewesen sein. Also mußte ein Ausweg gefunden werden, und verschiedene Sänger warfen Toscaninis Namen ins Getümmel. Er erinnerte sich:

> »Jeder wußte, daß ich die Opern auswendig kannte: Ich pflegte sie vom Klavier aus zu leiten, ohne überhaupt einen Blick in die Partitur

zu werfen. Ich wollte nicht vor den Vorhang treten; aber eine Chordame – eine Signora Leoni aus Parma, häßlich wie die Nacht – bat mich inständig darum. Sie wollten mich in einen Gehrock stecken, aber ich sagte nein, nein ... Ich behielt meine Orchestermontur an.«

Er nahm den Dirigentenstab, ging zum Podium und setzte sich nieder. (Ja, setzte sich nieder! Toscanini absolvierte seine Proben und Aufführungen nicht immer im Stehen, wie häufig angenommen wird: In jungen Jahren befolgte er die Tradition, derzufolge Operndirigenten sitzen, sogar bei der Aufführung; und es gibt eine noch aus dem Jahre 1910 stammende Photographie, die ihn zeigt, wie er das Metropolitan Opera Orchestra im Sitzen dirigiert.) Es war inzwischen neun Uhr fünfzehn; das Publikum hatte nunmehr eineinviertel Stunden gewartet und sich Luft gemacht. Es hatte sein Eintrittsgeld bezahlt, um eine Oper zu hören, und die Genugtuung erlebt, den Rivalen von Miguez aus dem Saal vertrieben zu haben. Und überdies war hier ein junger Bursche, der ganz ruhig das Podium betreten hatte und zum Beginn bereit schien. Der Lärm schwächte sich so weit ab, daß das Orchester sich möglicherweise Gehör verschaffen konnte. Auf dem Pult gab es keine Orchesterpartitur – lediglich einen Klavierauszug, den Superti sich für die Aufführung zurechtgelegt hatte. Ohne einen Blick darauf zu werfen, hob Toscanini den Stab und begann zu dirigieren.[14]
In späteren Jahren berichtete er, daß er keine Erinnerung an die Reaktionen des Publikums mehr habe, als er vor den Vorhang trat, als er zu dirigieren begann und als er die ersten Szenen hinter sich gebracht hatte. Er dirigierte wie im Traum, »als ob ich betrunken gewesen wäre«; und erst als der Chor die Bühne betrat – mit »Su! del Nilo al sacro lido« im ersten Akt –, begann er sich bewußt zu werden, was er da eigentlich tat. »Sobald der Chor auf die Bühne kam, *dirigierte* ich. Ich beherrschte die Technik nicht, aber ich dirigierte.« Sein ganzes Leben lang sollte er sich zweier Fehler erinnern, die ihm an diesem Abend unterliefen – ein falscher Taktschlag und eine kleine Gedächtnislücke. Mit dem Ende der Vorstellung hatte sich ein drohendes Desaster in einen Triumph verkehrt. Nur zu begreiflich die Welle von Erstaunen, Bewunderung und Dankbarkeit auf seiten seiner Mitwirkenden, die ihm entgegenschlug – ganz abgesehen vom armen Rossi, der einem Anfall von Hysterie nahe gewesen sein mußte. Im Laufe der nächsten Tage erschienen in den lokalen Zeitungen Berichte über dieses Debüt:

»*Gazeta de Noticias*, 1. Juli. Toscanini ist ein junger Mann von neunzehn Jahren, der als musikalisches Wunder gilt. Er kennt sechzig Opern auswendig – möglicherweise auch hundertzwanzig. Er probt privat mit den Sängern und begleitet sie am Klavier, ohne in die Partitur zu sehen, die er sogar im Schlaf dirigieren könnte. Lebhaft, wach, begeisterungsfähig und couragiert, erwies sich Toscanini im entscheidenden Augenblick als unfehlbarer und sicherer Dirigent. Dem Applaus und den Ovationen nach zu urteilen, die er erhielt, hat es den Anschein, daß sich gestern die bekannte Situation wiederholte: Le roi est mort, vive le roi. Es muß anerkannt werden, daß dieser junge Maestro würdig ist, den Taktstock in Händen zu halten.«

»*Diario de Noticias*, 2. Juli. Dieser kaum neunzehn Jahre alte junge Mann, der doch schon ein hervorragender Musiker ist, hatte einen bewunderungswürdigen Erfolg und gab Führungsqualitäten auf höchster Ebene zu erkennen.«

»*A Evolução*, 3. Juli. Schließlich ... wurde ein junger Mann, ein bescheidener Cellist, Herr Toscanini, zur musikalischen Leitung bestimmt. Ein Bravo der begnadeten Jugend! Dieser bartlose Maestro, der seinem Taktstock das heilige künstlerische Feuer und dem Orchester die Energie und Leidenschaft eines genuinen Künstlers mitzuteilen verstand, ist ein Wunder ... Nachdem er das Dirigentenpult betreten hatte, legte sich das Stampfen von selbst, und die Stampfer sprachen nur noch von der außerordentlichen Wende der Dinge.«

In der Presse erschienen auch Briefe von Miguez und Rossi, die Miguez' Rücktritt zu erklären versuchten; aber all das gehörte schon der Vergangenheit an, wie ein Artikel in *O Pais* (4. Juli) bezeugt:

»Herr Arturo Toscanini behält endgültig seine Stellung als Dirigent, und wir sind überzeugt, daß er seine Aufgabe mit Würde bestehen wird, zumal er in *Aida* hinreichende Beweise seiner Befähigung, seiner Kaltblütigkeit, seines Enthusiasmus und seiner Energie gegeben hat. Vorgestern brachte er in der gleichen Weise *La Traviata* zu Gehör; und wenn man Gerüchten Glauben schenken will, so hat er, wenn dies auch seine ersten direkten Erfahrungen als Dirigent sind, sich für diese Aufgabe doch geraume Zeit vorbereitet, wenn auch in der Hoffnung, sie erst später zu übernehmen, um das gesamte Opernrepertoire auswendig zu lernen und praktische Orchestererfahrung zu sammeln.«

Tatsächlich hatte Rossi Toscanini gebeten, weiter als Dirigent für die Truppe tätig zu sein. Im Repertoire für Rio standen zwölf Opern (zusätzlich zu *Aida* und *La Traviata Rigoletto* und *Il Trovatore* von Verdi, *Marion Delorme* und *La Gioconda* von Amilcare Ponchielli, Donizettis *La Favorita*, Ambroise Thomas' *Hamlet*, Giacomo Meyerbeers *Les Huguenots*, Charles Gounods *Faust*, Gomes' *Salvator Rosa* und ein neues portugiesisches Werk von Machado mit dem Titel *Laurianna*); Toscanini dirigierte alle Partituren auswendig. Natürlich hatte er sie studiert, hatte er sie mit den Sängern repetiert und viele Wochen lang den Cellopart dieser Opern gespielt, so daß nichts Überraschendes oder Wunderbares darin lag, daß er sie gut kannte. (Abgesehen von zweien waren alle diese Werke während der fünf Spielzeiten Toscaninis am Teatro Regio aufgeführt worden.) Nichtsdestoweniger war sein Gedächtnis ganz außergewöhnlich. Igor Strawinsky schrieb fünfzig Jahre später:

»Heutzutage, wo die Zahl der ›Star‹-Dirigenten immer mehr zunimmt..., ist es Mode geworden, ohne Partitur zu dirigieren; man liebt es, damit zu paradieren. Aber diese scheinbare Kraftleistung grenzt nicht ans Wunderbare. Man wagt nicht viel, wenn man ohne Partitur dirigiert... Ein Dirigent mit etwas Selbstvertrauen und Unbefangenheit kann sich immer leicht aus der Affäre ziehen. Das beweist noch lange nicht, daß er die Partitur auch wirklich kennt. Bei Toscanini allerdings darf man das nie in Zweifel ziehen. Sein Gedächtnis ist sprichwörtlich, auch nicht die kleinste Einzelheit entgeht ihm.«[15]

Es ist häufig behauptet worden, daß Toscanini ohne Partitur dirigierte, weil er extrem kurzsichtig war und es verschmähte, eine Brille zu tragen. Wenn es auch richtig ist, daß seine Augen in späteren Jahren sehr schwach waren und er eine Brille nur trug, wenn es absolut unumgänglich war, so gibt es doch für irgendwelche Sehbehinderungen in seiner Jugend keinen Beweis. Er dirigierte in erster Linie deshalb auswendig, weil es ihm leichtfiel, und in zweiter, weil er, in dem Maße, wie er an Erfahrung gewann, spürte, daß der Verzicht auf den ständigen Blick in die Partitur seine Fähigkeit, mit den Musikern zu kommunizieren, steigerte und ihm größere Freiheit ließ, sich auf das Gehörte zu konzentrieren.
Die Erfahrungen, die er in Rio machte, waren von unschätzbarem Wert, und gegen Ende seines Lebens sprach er mit besonderer Dankbarkeit von der Hilfe, die ihm der Bariton Paul Lhérie hatte zuteil werden lassen:

»Er war ein großer Künstler; Verdi hatte ihn sich für seinen zweiten *Don Carlo* gewählt. Ich habe von ihm dort Dinge gelernt, die ich später an andere Baritone weiterzugeben versucht habe. Aber er war ein großes Talent – größer sogar als Maurel. Er hatte nicht das Stimmmaterial Maurels, aber er war verfeinerter. Sein Rigoletto ließ einen weinen... Eines Tages sagte er zu mir: ›Schauen Sie, Toscanini, ich singe hier ein bißchen langsam, aber Sie beschleunigen das Tempo, und ich folge Ihnen dann.‹ Oh, was ich nicht alles von ihm gelernt habe! Dann gab es da einen gewissen Collione – ein herrlicher Tenor, aber ein Einfaltspinsel...«

Zwischen dem 30. Juni und dem 16. August dirigierte Toscanini sechsundzwanzig Vorstellungen. Er war in Geschäftsdingen nahezu weltfremd, und seine Finanzen blieben bis zu seiner Heirat im Stadium ständiger Zerrüttung; so dachte er nicht einmal daran, ein höheres Honorar zu fordern, als er Dirigent der Truppe geworden war – und Rossi seinerseits dachte natürlich auch nicht daran, ihm eines anzubieten. Gleichwohl bekam er seine Serata d'onore am 5. August bei einer *Faust*-Aufführung. Diese traditionellen »Ehrenvorstellungen« wurden im Laufe einer Spielzeit den wichtigsten Künstlern gewidmet. Der vorgesehene Künstler erhielt, über sein Honorar hinaus, einen bestimmten Prozentsatz des Nettoerlöses aus dem Kartenverkauf der betreffenden Vorstellung und überdies einen Lorbeerkranz oder ein anderes, ähnliches Zeichen der Wertschätzung. »Sie gaben mir eine Serata, ohne es mir zuvor anzukündigen«, erinnerte sich Toscanini später. »Ich sah auf den im Theater angeschlagenen Programmzettel, als ich an jenem Abend ankam, und war überrascht, dort meinen Namen in Großbuchstaben zu sehen.« *O Pais* berichtete am folgenden Tage:

> »Die Oper *Faust* wurde gestern im Teatro Imperial in einer Benefizvorstellung für Maestro Toscanini gegeben. In der Pause zwischen dem zweiten und dem dritten Akt spielte das Orchester unter Leitung des Benefiziaten die großartige *Guarany*-Ouvertüre [von Gomes] nahezu makellos. Das Publikum applaudierte lang anhaltend und rief ihn auf die Bühne; dann traten die Mitglieder der Truppe in Erscheinung, die ihm Geschenke überbrachten und ihm nach der Überreichung enthusiastischen Beifall spendeten, der sich mit den Huldigungen des ganzen Theaters vereinte. Nach diesen Ovationen leitete er Bolzonis *Menuett*, das, als Quintett geschrieben, von den Streichern des Orchesters zu Gehör gebracht wurde. Es hätte nicht mit mehr strahlendem Glanz geboten werden können. Die Begeisterung, die diese hervorragende Komposition erntete, ist unbeschreiblich. Sie wurde wiederholt – ebenso wie der Applaus. Ihre Kaiserliche Hoheit ließ sich den Titel des aufgeführten Werkes nennen, und Herr Toscanini begab sich in die Kaiserliche Loge, um dem Herrscher Bolzonis Partitur zu zeigen.«

Und aus *O Rio de Janeiro* (7. August) erfahren wir, daß nach der Wiederholung des *Menuetts*

> ». . . der Beifall wieder aufbrandete; Toscanini wurde auf die Bühne gerufen, und der scheue Maestro trat nur hervor, um gleich wieder zu fliehen, verwirrt angesichts dieses seines Ruhmes, der bereits groß ist und ins Unermeßliche wachsen wird.«

Unter den Geschenken, die Toscanini erhielt, fanden sich ein Pokal mit Untersatz und Silberlöffel, ein silbergerahmtes Merkbuch, ein juwelengeschmückter Ring, ein goldener Federkasten und anderes; und Kaiser Dom Pedro beschenkte ihn mit einem Diamantring. »Er sprach Italienisch«, erinnerte sich Toscanini, »und seine Tochter ebenfalls. Ich legte alles, was ich an Geschenken erhalten hatte, im Hotel in eine Schublade, und prompt wurde es mir denn auch gestohlen. Nicht, daß ich etwa einfältig gewesen wäre, aber ich war immer noch ein Kind, ich hatte immer nur im Konservatorium gelebt...«

Die Saison in Rio endete mit einer Vorstellung von *Les Huguenots*, und am folgenden Tag begleitete Toscanini im Beethoven-Verein der Stadt Ferruccio Catellani in Werken von Henri Vieuxtemps und Henri Wieniawski. Rossi versuchte ein Gastspiel in Buenos Aires zu organisieren; als sich das Projekt aber nicht verwirklichen ließ, ließ er die Truppe kurzerhand im Stich und machte sich davon, unter Hinterlassung von Schulden in Höhe von mehreren tausend Francs bei jedem der Prinzipale und von kleineren Summen bei jedem der Tourneeteilnehmer. Da diese Unterschlagung viele Mitwirkende so hart traf, daß sie nicht einmal mehr genug Geld für die Rückreise zur Verfügung hatten, organisierten sie gemeinsam ein Sonderkonzert, das am 23. August stattfand. Toscanini hatte ein Duett aus Vincenzo Bellinis *I Puritani* am Klavier begleiten sollen; dieses Duett mußte im letzten Augenblick durch eine Arie von Luigi Denza ersetzt werden, die er vom Blatt spielte und dabei zugleich um einen Halbton höher transponierte. Er begleitete auch andere Sänger bei kürzeren Werken und wiederholte mit Catellani das Stück von Vieuxtemps; dann dirigierte er das Orchester bei kurzen Werken von Gounod, Celega, Taubert, Bolzoni (erneut das populäre *Menuett*), Haydn und Rossini (die Ouvertüre zu *Guglielmo Tell*). Drei Tage später gingen Toscanini und die Mehrzahl der verbleibenden Truppe an Bord des französischen Schiffes »Savoie« und traten die Heimfahrt nach Europa an.

Der Musikhistoriker Guglielmo Barblan hat treffend bemerkt, daß, wenn heute jemand mit der Aufgabe betraut würde, die Toscanini 1886 in Rio de Janeiro zu bewältigen hatte, der Aufruhr und die internationale Publicity unermeßlich groß wären. Toscanini landete in den letzten Septembertagen in Genua, begrüßte seine Familie, vertraute seiner Mutter an, was ihm von seinen Einkünften verblieben war, und zog sich wieder in die Anonymität zurück. »Ja«, sagte er nahezu siebzig Jahre später, »ich hatte viele Opern dirigiert, aber ich kehrte nach Genua zurück und machte mich daran, Cello zu spielen.«

II

Lehrjahre

»Ich wandte mich wieder dem Cello zu und sah mich allen Ernstes nicht als Dirigent«, erinnerte sich Toscanini in seinen letzten Jahren, und in der für ihn typischen Weise fügte er hinzu: »Erwartete man etwa von mir, daß ich herumlief und den Leuten erzählte, ich sei Dirigent? Ich war neunzehn Jahre alt und sah sogar jünger aus . . . Und wenn schon, wem hätte ich es denn erzählen sollen?«[1]

Er begann sich unverzüglich nach einer Anstellung in der Cellogruppe eines Opernorchesters umzusehen; er hatte mit der Suche jedoch kaum begonnen, als er einen Brief von Nicolai Figner in Mailand erhielt. Figner, der führende Tenor der Rossi-Truppe in Brasilien, war Russe, mit Peter Tschaikowski befreundet und in Petersburg sehr beliebt; er war mit Medea Iwanowna Mei verheiratet, der Mezzosopranistin, die ebenfalls an der Brasilien-Tournee teilgenommen hatte. (Vier Jahre später sang das Paar die Hauptrollen in der Uraufführung von Tschaikowskis *Pique Dame* in Petersburg.) Der Brief brachte Figners Überraschung darüber zum Ausdruck, daß Toscanini nicht sofort nach Mailand gekommen sei, um sich nach einer Aufgabe als Dirigent umzusehen. (Mailand war – und ist noch heute – das Zentrum aller musikalischen Aktivitäten in Italien; in jenen Tagen fanden sich dort Impresarios und Agenten aus anderen – kleinen und großen – Städten zusammen, um Sänger und Instrumentalisten zu verpflichten.) Als Toscanini unentschlossen antwortete, schickte ihm Figner Geld für die Bahnfahrt und bezahlte ihm die Unterkunft in einem kleinen Hotel im Stadtzentrum. »Ich verdanke ihm meine Karriere«, sagte Toscanini Jahre später über Figner. Medea Mei versuchte damals gerade, vom Mezzosopran ins Sopranfach überzuwechseln. Toscanini repetierte mit ihr die neuen Rollen, die sie einzustudieren hatte; und Figner ließ den jungen Mann sogar mit ihm die Rolle des Lenski in Tschaikowskis *Eugen Onegin* durchgehen – eine damals in Italien noch unbekannte Oper. (Toscanini leitete die erste italienische Aufführung im Jahre 1900.) Er betrat die Bühne der Scala zum erstenmal, als die Figners ihn ihre Hörproben für ein Komitee begleiten ließen, dem der Dirigent Franco Faccio, der Musikverleger Giulio Ricordi und der Impresario und Kritiker Carlo d'Ormeville angehörten.

Kurz darauf stellten die Figners Toscanini Giovannina Lucca vor, einer der führenden Musikverlegerinnen des Landes. Eines Tages waren sie alle in ihrer Villa am Comer See zum Essen geladen, und Toscanini beeindruckte sie durch seine Vertrautheit mit der Musik Richard Wagners – dessen italienische Verlegerin sie war –, als er auswendig Teile aus *Tannhäuser* und *Lohengrin* spielte. Figner sollte im November in der Turiner Inszenierung der neuen Oper eines jungen Komponisten namens Alfredo Catalani singen, und im Verlauf der Unterhaltung sagte der Tenor zu Signora Lucca, die die Partitur des Werkes veröffentlicht hatte: »Warum lassen Sie nicht Toscanini die Oper dirigieren?« Verständlicherweise zögerte sie. Die Oper, *Edmea*, war bereits zweimal aufgeführt worden – in Trient und an der Scala –, hier unter der musikalischen Leitung von Alessandro Pomé, dort unter der von Faccio, zweien der bekanntesten Dirigenten der Zeit, und der Turiner Inszenierung würde besondere Bedeutung zukommen. Pomé hatte bereits versprochen, die Vorstellungen zu leiten, wenn er auch noch nicht sicher war, ob es ihm möglich sein würde, an den Proben teilzunehmen.

Man muß wissen, daß es zu jener Zeit noch immer Dirigenten gab, die Anhänger der im frühen 19. Jahrhundert üblichen Arbeitsteilung zwischen dem »maestro concertatore«, dem (Proben-)»Kapellmeister«, und dem »direttore d'orchestra« oder Dirigenten der öffentlichen Aufführungen waren. Der Maestro concertatore war in der Regel ein gerade hinreichend qualifizierter Taktschläger, der, aller Logik zum Trotz, mit der gewaltigen Aufgabe der Aufführungsvorbereitung betraut war, während der Direttore, eine ausgeprägtere »Persönlichkeit«, wenn alles gutging, bei den letzten Proben erschien und den Vorstellungen den Glanz seines Namens und seiner Gegenwart lieh. Signora Lucca wußte nicht genau, ob ein Concertatore benötigt werden würde und, wenn ja, ob ein so junger Mann wie Toscanini, wenn auch offensichtlich hochbegabt, für Giovanni Depanis annehmbar wäre, den Impresario des Teatro Carignano in Turin, wo die Oper inszeniert werden sollte; sie versprach jedoch, Erkundigungen anzustellen.

Der Termin für die erste Vorstellung war Anfang November. Da Toscanini erst Ende September aus Brasilien zurückgekehrt war und diese Unterhaltung wohl kaum früher als zwei Wochen danach stattgefunden haben konnte, darf man mit Recht darüber erstaunt sein, daß eine Inszenierung einer nahezu unbekannten Oper nicht mehr als drei Wochen vor dem Premierentermin in Angriff genommen wurde.

Das war zu jener Zeit jedoch durchaus üblich, zum Teil deshalb, weil der materielle Aspekt einer Inszenierung damals keineswegs so kompliziert war wie heute, zum Teil aber auch, weil die musikalische Vorbereitung selten so sorgsam und gründlich war, wie wir das von unserer heutigen Praxis glauben möchten – und wie es gelegentlich auch der Fall ist. Bühnenbild und Kostüme wurden oft zwischen verschiedenen Opern ausgetauscht, und eine schauspielerische Arbeit in dem Sinne, wie wir sie kennen, gab es gar nicht. Filippo Sacchi, der im Jahre 1967 Opernaufführungen in der Provinz beschrieben hat, die er um die Jahrhundertwende besucht hatte, berichtet, daß bestimmte Gefühlslagen durch ein »prädeterminiertes Repertoire von Gesichtsverzerrungen und Gebärden« zum Ausdruck gebracht wurden: »Hohe Töne wurden dadurch angekündigt, daß man einen Fuß in bestimmter Weise vorstellte; liebevolle Zärtlichkeit wurde durch ein mattes Neigen des Kopfes bis zu einer bestimmten Tiefe angedeutet.«[2] Die Chöre waren darauf vorbereitet, nicht im Wege zu stehen. Was die musikalische Vorbereitung betraf, so ließen die Sänger den Concertatore im allgemeinen wissen, wie sie ihre Arien begleitet haben wollten; und die Orchester hatten genügend Proben hinter sich, um die Exaktheit des Zusammenspiels und die richtigen Tonarten zu gewährleisten, zumal häufig Transpositionen vorgenommen wurden. Trotz der angestrengten Bemühungen Verdis und anderer Komponisten, die italienische Oper zur überzeugenden Einheit von Musik, Dichtung und Handlung umzugestalten, blieb sie für das Publikum im allgemeinen doch weitgehend eine Art Arena für die Zurschaustellung von Gesangstechnik.

Sobald Figner den Klavierauszug von *Edmea* mitsamt den Singstimmen erhielt, begann er sein Garn zu spinnen. Er suchte Toscanini auf und führte ihn zum Klavier in der Hotelhalle, um ihn die Oper vom Blatt spielen zu lassen. »Ich spielte gut«, sollte sich der Dirigent später erinnern, »und schwitzte.« Gegen Ende des zweiten Aktes trat ein Herr, der, von Toscanini unbemerkt, in der Hotelhalle gesessen hatte, zu ihnen. »Kannten Sie diese Oper bereits?« »Nein, ich spiele sie zum erstenmal und vom Blatt.«

Der Herr nickte jemandem zu, der hinter ihm stand und ebenfalls zum Klavier trat. Figner stellte beide vor: Depanis und Catalani. Es war jetzt ziemlich sicher, daß Pomé nicht in der Lage sein würde, vor der Premiere von *Edmea* nach Turin zu kommen. Toscanini erzählte Carlo Gatti Jahre später:

> »Catalani wollte mich haben, und Depanis stimmte zu. Gerade mich auszuwählen, der ich allen unbekannt war, jung, zu jung, um eine nahezu neue Oper zu dirigieren, sie einem Publikum darzubieten, das den Komponisten ausnehmend schätzte und liebte ...
>
> Signora Lucca stellte sich meinem Engagement nicht entgegen. Ich ging nach Turin; Depanis kamen in letzter Minute Zweifel wegen meiner Jugend. Ich hatte kaum mit den Proben begonnen. Maestro Bolzoni, wie ich aus Parma stammend [dessen *Menuett* in Rio de Janeiro so großen Beifall gefunden hatte] ... war der Dirigent der ›Volkstümli-

chen Symphoniekonzerte‹ und ebenfalls im Begriff, mit seinen Proben zu beginnen. Bolzonis Orchester bildete den Grundstock meines eigenen am Teatro Carignano. Er glaubte, daß seine Cellogruppe Verstärkung gebrauchen könnte. Er bat mich dazuzustoßen; ich nahm an und saß am letzten Pult. Depanis fürchtete, daß ich bei den Musikern des Teatro Carignano dadurch an Autorität verlieren würde ...
Er wurde jedoch bald beruhigt. Der erste Cellist des Bolzoni-Orchesters und auch des meinen war Casella, Professor an der Musikhochschule, ein bekannter Solist und Kammermusiker, Vater von Alfredo Casella, dem Pianisten und Komponisten ... Bei einer Probe zu *Edmea* spielte Casella eine Solopassage nicht korrekt. Ich bat ihn, sie zu wiederholen. Sie klappte noch immer nicht richtig. Wir wiederholten sie noch zwei- oder dreimal. Casella wurde der Sache überdrüssig und rief: ›Soll das hier noch länger so weitergehen?‹ Ich antwortete ganz ruhig: ›So lange, bis die Stelle in Ordnung ist.‹ Er sagte: ›Ich sollte wohl besser gehen?‹ Ich fuhr auf: das könne er halten, wie er wolle. Casella stand auf und verließ mit seinem Cello die Probe. Und er kam auch nicht wieder.«[3]

Trotz kleinerer Zwischenfälle dieser Art, wie sie auch im heutigen Orchesterbetrieb in Italien nicht eben unbekannt sind – ebensowenig allerdings in anderen Ländern –, gingen die Proben gut voran, und Orchester und Ensemble waren mit der Arbeit ihres Dirigenten mehr als zufrieden. Toscanini fragte Catalani häufig und wegen der verschiedensten Details um Rat, und der zweiunddreißigjährige Komponist war von der Qualität und Gewissenhaftigkeit der Arbeit seines jüngeren Kollegen sichtlich beeindruckt.
Am 4. November 1886 gab Toscanini sein Berufsdebüt als Dirigent in Italien – mit großem Erfolg. Es gab zwanzig Vorhänge für die Künstler und für Catalani, und auf die Premiere folgten neun weitere Vorstellungen. (Opern wurden damals nicht an einer vorher bestimmten Zahl von Abenden aufgeführt, sondern so lange gespielt, wie sie ein hinreichend großes Publikum anzogen. Zehn Aufführungen galten als sehr bemerkenswerter Erfolg für ein neues Werk eines jungen und noch nicht sehr bekannten Komponisten.) Der Kritiker der *Gazzetta musicale di Milano* schrieb:

»Am Chor gab es nichts auszusetzen, das Orchester war außergewöhnlich gesammelt und korrekt. Toscaninis Debüt war ein Triumph. Eine strahlende Morgendämmerung zieht am künstlerischen Horizont auf ... Er dirigierte auswendig, mit der Sicherheit und der energischen Kraft eines erprobten Meisters ... Ein tiefschürfender, lernbegieriger und intelligenter junger Mann hat sich hier eine solide Grundlage für dauerhaften Ruhm geschaffen ...«

Ernesto Ferrettini rühmte in der *Gazzetta Piemontese* Toscaninis »sicheren Rhythmus, seinen guten Kontakt zu den Musikern, seine Kaltblütigkeit, seine Gewissenhaftigkeit und sein unfehlbares Gedächtnis«, während er den Umstand beklagte, daß die unangemessen kurze Probenzeit sich noch in gewissen Unausgewogenheiten bemerkbar gemacht habe. Andere Journalisten äußerten sich ähnlich enthusiastisch, und Catalani selbst schrieb an einen Freund: »Man möchte nicht glauben, daß es das erstemal gewesen ist, daß er das Dirigentenpult bestieg, sondern daß er seit zwanzig Jahren nichts anderes getan hat. Er ist ein wirkliches Phänomen; seine Laufbahn ist gesichert.«[4]
Toscaninis Freundschaft mit Catalani sollte für beide von dauerhafter Bedeutung sein. Der Komponist, 1854 in der alten toskanischen Stadt Lucca geboren, nur zwei Häuserzeilen von dem Gebäude entfernt, in dem vier Jahre später sein Rivale Giacomo Puccini zur Welt kam, hatte Musik bei seinem Vater und seinem Onkel und später am Mailänder Konservatorium studiert. *Edmea* war seine vierte Oper, der bereits *La Falce* (1875), *Elda* (1880) und *Dejanice* (1883) vorangegangen waren – die letzte ein Werk, das der junge Gustav Mahler sehr bewunderte. Catalani war ein großer, dürrer Mensch mit einnehmenden Gesichtszügen und einem langen, buschigen Schnurrbart. Als Toscanini ihm begegnete, war er bereits von der Tuberkulose gezeichnet, der er schließlich erlag, bevor er noch das vierzigste Lebensjahr erreicht hatte. Er war nervös, pessimistisch gestimmt und leicht zu entmutigen – nicht gerade der Typus von Persönlichkeit, der sich als natürlicher Gewinner erwies oder wenigstens im extremen Wettbewerbstaumel der italienischen Opernwelt zu überleben verstand. Toscaninis gediegene Musikalität und seine guten Fähigkeiten waren Catalani in seinen letzten Jahren eine große Hilfe, und seine Bewunderung war ein wahrer Trost für ihn. Umgekehrt reifte Toscanini künstlerisch und menschlich an dieser Freundschaft, und Catalanis unbeirrbares Vertrauen in ihn stützte seinen inneren Halt und seine Laufbahn. Nach dem *Edmea*-Erfolg wurde Toscanini aufgefordert, am Teatro Carignano zu bleiben und anstelle des abwesenden Pomé Wagners *Fliegenden Holländer* einzustudieren; daneben spielte er weiterhin in Bolzonis Orchester. Er ließ sich auch zu einem Celloabend in die nahegelegene Stadt Asti verpflichten und erhielt kurz darauf einen Brief von einem Freund und früheren Klassenkameraden aus Parma, dem Geiger Enrico Polo. »Alle unsere Schulkameraden haben mir aufgetragen, Dir zu sagen, daß auch sie überschwenglich glücklich waren, als sie erfuhren, wie erfolgreich Du bist«, schrieb Polo. »Ich traf Catellani, der mir alles über Eure

Triumphe in Amerika erzählte. Bravo! Du hast das Glück beim Schopfe zu fassen verstanden; halt es fest, so daß es Dir immer günstiger gesonnen wird.«[5]

Gegen Ende jenes ereignisreichen Jahres 1886 kehrte Toscanini nach Mailand zurück, wo er seinen ständigen Wohnsitz zu nehmen entschlossen war. Da er weder gewillt noch auch vermögend genug war, in Hotels zu wohnen und in Restaurants zu essen, richtete er es so ein, daß seine Eltern und seine Schwestern Ada und Zina (Narcisa war 1878 im Alter von zehn Jahren gestorben) ebenfalls nach Mailand zogen. Claudio war in Genua wieder arbeitslos gewesen; in Mailand gelang es ihm bald, eine Anstellung in einem bereits guteingeführten Schneidergeschäft zu finden, so daß er sich nicht darum bemühen mußte, wiederum ein eigenes aufzubauen.

Am 5. Februar 1887 hatte an der Scala Verdis *Otello* Premiere. Toscanini war gespannt gewesen, ob er an den Proben beteiligt werden würde, die von dem dreiundsiebzigjährigen Komponisten selbst überwacht, wenn auch von Faccio dirigiert wurden. Italienische Opernorchester wurden damals für jede Spielzeit neu formiert, und Toscanini wurde für die Zeit von Dezember bis April als zweiter Cellist engagiert – eine Phase, in der *Aida* (mit denselben Sängern in den Hauptrollen, die in *Otello* auftreten sollten: dem Tenor Francesco Tamagno, dem Bariton Victor Maurel und der Sopranistin Romilda Pantaleoni), Donizettis *Lucrezia Borgia*, Georges Bizets *Pêcheurs de perles* und *Flora mirabilis*, ein Werk des griechischen Komponisten Spyros Samaras (mit der Sopranistin Emma Calvé), auf dem Spielplan standen. Die *Otello*-Premiere wurde zum Anlaß für einen überschwenglichen Liebes- und Bewunderungsbeweis des Publikums für Verdi; die Aufführung selbst aber war durchaus nicht das, was sie hätte sein können. Ein wesentliches Problem war, daß das Orchester in der Scala – wie in den meisten Opernhäusern der Zeit – nicht in einem Orchestergraben, sondern zu ebener Erde, das heißt in gleicher Höhe wie das Parkett, postiert war. Diese Anordnung verstellte nicht nur die Sicht auf die Bühne, sondern beschwor für die Ausbalancierung von Singstimmen und Instrumenten große Probleme herauf, vor allem in einem Werk wie *Otello* mit seinen massigen orchestralen Strukturen. Auch das Ensemble war nicht zufriedenstellend besetzt. Nahezu Einmütigkeit scheint in der Beurteilung der hervorragenden Leistung Maurels als Jago geherrscht zu haben, dagegen konnte Tamagno weder Verdi noch einem großen Teil des Publikums genügen. Pantaleonis rohe Tongebung und dürftige Intonation veranlaßten Toscanini, während der Proben das Gesicht zu verziehen und Grimassen zu schneiden. Als Faccio das bemerkte, belegte er den jungen Cellisten mit einer Geldbuße (Pantaleoni war Faccios Geliebte).

Ebenfalls mit einer Geldbuße wurde Toscanini für seine Teilnahme an einer kleineren Orchesterrebellion bestraft. Zu jener Zeit wurde jede Opernvorstellung in der Scala mit einem Ballett beschlossen. Ein Ballett mit dem Titel *Michele Strogoff* war nun Verdis *Otello* als Anhang verordnet worden, und Toscanini und eine Gruppe anderer junger Orchestermusiker, empört über die Schmach, die Verdis neuem Meisterwerk damit angetan, und über die unmenschliche physische Anstrengung, die ihnen zugemutet wurde, wenn sie nach dieser alle Kräfte beanspruchenden Oper noch ein vollständiges Ballett zu absolvieren hatten, protestierten gegen diese Art der Programmgestaltung, indem sie *Strogoff* willentlich schlecht spielten. Ihr Protest blieb jedoch wirkungslos, und alle schuldigen Beteiligten wurden mit einer Geldbuße belegt. Das Orchester schreckte auch angesichts der Schwierigkeiten dieser Oper zurück, und Verdi nahm seufzend einige Kompromißlösungen hin – etwa die, daß er die berühmte Solopassage für die Kontrabässe im vierten Akt von nur einem Instrument ausführen ließ, um quälende Intonationsprobleme zu vermeiden.
Bei einer Probe des Liebesduetts im ersten Akt, das mit einer Solopassage für vier Celli beginnt, kam Verdi von der Bühne herab, wo er die schauspielerische Handlung überwachte, und wandte sich dem Orchester zu. »Zweites Cello!« sagte er. Toscanini stand überrascht auf. »Sie spielen zu zaghaft; spielen Sie das nächstemal lauter.« Die Stellen waren in der Partitur mit piano und pianissimo bezeichnet, aber Verdi wünschte einen singenden, getragenen Ton. Es war das ein kleiner, nahezu bedeutungsloser Zwischenfall, der auf Toscanini jedoch einen nachhaltigen Eindruck machte und ihn veranlaßte, ihn später Hunderte von Malen zu zitieren. Ebenso erinnerte er sich daran, daß er nach den hysterischen Ovationen und Begeisterungsausbrüchen nach der ersten Vorstellung spornstreichs nach Hause lief, seine Mutter weckte und rief: »Mama, Verdi ist ein Genie! Auf die Knie vor Verdi, auf die Knie vor Verdi!«
Nach der Saison an der Scala wurde Toscanini, jetzt zwanzig Jahre alt, für den Juni als Dirigent in Meyerbeers *L'Africaine* in der piemontesischen Stadt Casale Monferrato verpflichtet, und er kehrte im Oktober und November 1887 hierher zurück, um Ponchiellis *La Gioconda* und Verdis *I Lombardi* zu dirigieren. Dieses Engagement bezeichnete den Beginn eines Jahrzehnts unsteten Wanderlebens, des Kampfes und der Erfahrungen – eine Phase, die für ihn insgesamt wenig erfreulich gewesen sein muß, in deren Verlauf er jedoch sein Metier von Grund auf beherrschen lernte. Die Engagements waren unregelmäßig und schlecht bezahlt; er arbeitete mit drittklassigen Ensembles und Orchestern, reiste in Eisenbahnen dritter Klasse und übernachtete in drittklassigen Hotels; und er

begann sich jene Zähigkeit zu erwerben, die für das Überleben im rauhen italienischen Theater- und Operndschungel dringend erforderlich war.

Viele Autoren, die über Toscanini geschrieben haben, scheinen zu glauben, daß er vom Anbeginn seiner Karriere ein deutliches und kohärentes Bild von all den Reformen, die er in die Tat umsetzen wollte, von all den Mißständen, die abgeschafft werden sollten, und von der einzig richtigen Art des raschen und entschiedenen Umgangs mit Theateragenten, Impresarios, Primadonnen und widersetzlichen Orchestermusikern vor Augen gehabt haben muß und daß er von allen, mit denen er zusammenarbeitete, nichts weniger als Willfährigkeit und Perfektionismus erwartete. Das ist eine völlig absurde Vorstellung. Vor allem waren – wie bereits erwähnt – Dirigenten zu jener Zeit noch keineswegs die autoritären Gestalten, zu denen sie eine Generation später werden sollten. Sie hatten sich, bis zu einem bestimmten Grad, den Wünschen der Sänger und der traditionell üblichen Praxis von Umstellungen und Einschüben in die Partituren zu beugen, und Toscanini machte da in seinen Anfängen keine Ausnahme – nicht aus Trägheit, sondern weil er sich noch keine Alternativen erarbeitet hatte. Er konnte von den Orchestern, mit denen er arbeitete, kein fehlerloses und klangreines Spiel erwarten, weil sie dazu einfach nicht in der Lage waren, und er hatte – was das betrifft – noch nie ein wirklich glanzvolles Orchester gehört, noch konnte er eine leistungsfähige Organisation in Städten erwarten, in denen pro Jahr drei oder vier Opern gespielt wurden, wo Requisiten, Kostüme und Sänger aus Mailand importiert wurden, die man auf Gedeih und Verderb zu akzeptieren hatte, und wo Orchestermusiker praktisch von der Straße aufgelesen und für sehr kurze Engagements zusammengewürfelt wurden. Was ihm jedoch sehr bald eine Sonderstellung verschaffte und die Aufmerksamkeit auf ihn lenkte, waren seine verblüffende Begabung und seine strenge Selbstdisziplin. Seine Partitur blieb während der Proben geschlossen; er *kannte* nicht nur jede Note und dynamische Vorschrift auswendig, sondern war auch in der Lage zu *hören*, wenn etwas ausgelassen, inkorrekt oder unrein gespielt wurde; und er war in den Ansprüchen, die er sich selbst bei allem, was er in Angriff nahm, auferlegte, von einem geradezu schrecklichen Ernst. Dies alles erübrigte viele der Probleme, denen ein junger und unerfahrener Dirigent, der mit einer Gruppe von Berufsmusikern zusammenarbeitet, entgegenzusehen hat.

Nach Toscaninis erster Vorstellung in Casale Monferrato gab der ortsansässige Kritiker die folgenden Eindrücke wieder:

> »Er entpuppte sich als Künstler von seltenem Genie, mit einem hervorragenden Gedächtnis, auf allen musikalischen Gebieten beschlagen, gewissenhaft und sorgsam ... Er weiß, wie man dem Orchester

auch das geringste Detail entlocken und deutlich herausarbeiten kann. Bescheiden und deshalb auch ganz ungekünstelt, leitete er die Aufführung der großartigen Partitur *[L'Africaine]* mit bewundernswerter Gewandtheit und kaum weniger Spannkraft. Alle kunstverständigen Leute, allen voran die Orchestermitglieder, äußern sich enthusiastisch über diese seine Fähigkeiten.«[6]

Bei seiner Serata d'onore – wahrscheinlich der letzten Vorstellung von *L'Africaine* Mitte Juni – spielte er zwischen zwei Akten einige Cellostücke. Sein Freund Polo erhielt ungefähr zur selben Zeit eine kurze Nachricht von ihm:

»Da ich im Oktober nach Casale Monferrato zurückgehe, um dort zu dirigieren, brauche ich, neben einigen ersten Violinen, auch einen Konzertmeister; und ich habe natürlicherweise sofort an Dich gedacht, weil wir nach *Gioconda* die *Lombardi* machen und Du weißt, worum es in dieser Oper geht. [Toscanini bezieht sich hier auf das schwierige Violinsolo im Terzett des dritten Aktes.] Ich glaube, das Honorar beträgt sieben Lire pro Tag.«[7]

Nach Polos Tod wurde in seinen Papieren ein Notenmanuskript mit virtuosen Variationen gefunden, die Toscanini – in der schlechten, aber von der Tradition geheiligten Weise – für seinen Freund als Einschub in das berühmte Violinsolo komponiert hatte.
Bei einer der Vorstellungen von *La Gioconda* verlangte das Publikum ein Dakapo – die Wiederholung einer enthusiastisch gefeierten Arie oder Partie –, und Toscanini weigerte sich, sie ihm zu gewähren. Das war ein unerhörter Affront – das erste vorbereitende Scharmützel eines Krieges, den Toscanini zwanzig Jahre lang mit der Konvention führen sollte. Das Publikum beschwerte sich, und ein Offizier in Uniform schrie ihn an: »Sie sind ein unverschämter junger Schnösel!« Toscanini gab zurück: »Sie irren sich, Sie Kläffer!«[8] Wieder Lärm und Aufruhr. Er wartete, bis erneut Ruhe im Theater einkehrte, und setzte dann die Vorstellung fort – ohne das geforderte Dakapo. Nach der Aufführung sandte der Offizier einen Mittelsmann in die Garderobe und forderte Toscanini zum Duell. Er nahm jedoch nicht an, und schließlich geriet der Zwischenfall in Vergessenheit. Interessant aber ist, daß er bereits zu diesem frühen Zeitpunkt seiner Laufbahn ein Gespür dafür entwickelt hatte, daß die Unterbrechung eines Handlungsablaufs zugunsten der Wiederholung eines Höhepunktes vom künstlerischen Standpunkt aus unsinnig war – wenn er auch bei der Anwendung dieser seiner Kein-Dakapo-Regel jahrelang inkonsequent verfuhr.

Bei einer anderen Aufführung von *La Gioconda* sang die mit der Titelrolle betraute Sopranistin Lola Peydro, die ihre Serata d'onore hatte, das von Toscanini komponierte und wahrscheinlich auch von ihm begleitete Lied *Son gelosa.* Seine Laufbahn als Komponist war nur kurzlebig. Sie begann, als er etwa fünfzehn Jahre alt war, mit einigen als Schulaufgaben geschriebenen Liedern mit Klavierbegleitung. Eines der ersten dieser Lieder ist, wenn auch von geringer künstlerischer Bedeutung, harmonisch doch durchaus bemerkenswert. Es trägt den Titel *Pagina d'album*, ist nur sechsundvierzig Takte lang und wurde in Gegenwart seines Kompositionslehrers improvisiert und später niedergeschrieben. Sein kühner – um nicht zu sagen exzessiver – Gebrauch von verminderten Dreiklängen nimmt sehr deutlich Puccini voraus, der damals Student am Mailänder Konservatorium war.

Toscanini begann ernstlich zu komponieren, und sieben seiner Arbeiten wurden zwischen 1887 und 1889 veröffentlicht. Sechs davon sind Lieder; die siebente ist eine *Berceuse* für Klavier. Bis heute ist eine Gesamtzahl von sechsundzwanzig Kompositionen bekannt geworden; achtzehn davon sind Lieder mit Klavierbegleitung, drei Orchesterstücke, eines für Klavier, eines für Violine und Klavier (später arrangiert für Solovioline und Streichquartett), und die drei letzten habe ich nicht zu Gesicht bekommen können. Die Texte, die Toscanini für seine Lieder wählte, sind überwiegend ultra-romantische Gedichte von berühmten Poeten jener Tage, während dem Lied *V'amo* die Bearbeitung einer Übersetzung eines Heine-Gedichts zugrunde liegt. *Nevrosi* und *Autunno*, beide Emma Gorin gewidmet, wurden von Giovannina Lucca verlegt, wahrscheinlich im Spätherbst des Jahres 1887. Die anderen gedruckten Werke wurden von »Giudici e Strada« in Turin publiziert; keiner dieser beiden Verlage existiert mehr.

Autunno, ein kurzes, trauriges Stück in f-Moll, ist fraglos das einzige Werk Arturo Toscaninis, das immerhin die Vermutung bestätigt, der Künstler werde eines Tages etwas von einigem künstlerischen Wert hervorbringen. Aber das sollte nicht der Fall sein. Am 2. Juni 1888 reiste er nach Bologna, um die erste italienische Aufführung von *Tristan und Isolde* zu hören, und bevor noch der erste Akt geendet hatte, stand sein Entschluß fest, nie mehr zu komponieren. Bald darauf beschloß er auch, sich allen künftigen Aufführungen und Veröffentlichungen seiner vorhandenen Werke zu widersetzen. Im Jahre 1965 erzählte mir Walter Toscanini, daß er sich erinnere, seinen Vater *Son gelosa* singen und spielen gehört zu haben – aber nur ein einziges Mal, »vor etwa vierzig Jahren«; er berichtete auch, daß sein Vater gegen Ende seines Lebens aufgefordert worden sei, einige seiner Jugendwerke – aus einer zeitlichen Distanz von sechzig bis siebzig Jahren – aus dem Gedächtnis aufzuschreiben. Und das

Titelseite eines der veröffentlichten Jugendwerke Toscaninis

tat er – unter Einbeziehung der Texte – mit nur ganz wenigen Abweichungen. Schließlich wurde er neugierig, so neugierig, daß er sich sogar an gleichrhythmischen englischen Übertragungen einiger dieser Lieder versuchte. George Marek (Autor eines Buches mit dem Titel *Toscanini*) fielen die Entwürfe zu zwei dieser Übersetzungen in die Hände – *Autunno* und *Mignon* –, und er nahm an, ohne allerdings deutlich zu machen, daß es sich um eine bloße Vermutung handelte, daß das Gedichte seien, die Toscanini »in späten Jahren« geschrieben habe – »Gedichte der Sehnsucht, der Sehnsucht nach Jugend. Er wußte eben, daß er an der Schwelle des Todes stand.«[9]

Toscanini sollte also nicht Komponist werden – noch sollte er weiterhin Cello spielen. Er sollte dirigieren. Es lag in seiner Natur, sein Leben einer einzigen Sache zu widmen, in dem Wunsch, diese Aufgabe ganz ausgezeichnet zu erfüllen. Filippo Sacchi, sein langjähriger Freund, sagte dazu: »Er brachte allen denen einen instinktiven Respekt entgegen, die ihre jeweiligen Berufe meisterten: Wenn jemand Nägel einzuschlagen hatte und sich darauf auch wirklich verstand, achtete Toscanini ihn.«[10] Dieser Anti-Dilettantismus war ein entscheidender Zug seines Wesens, und zwar schon in früher Jugend; wenn ihn etwa später jemand fragte, warum er das Komponieren aufgegeben habe, so antwortete er: »Ich wußte, daß, was immer ich komponierte, den Maßstäben, die ich mir selbst gesetzt hatte, nicht gerecht werden würde.« Und einem anderen Frager entgegnete er: »Für das geistige Leben eines Menschen sind so viele Meisterwerke vonnöten – für Mittelmäßigkeit ist da weder Raum noch Bedarf vorhanden.«

Einen Monat nach Ende des Engagements in Casale Monferrato war er in Verona, um dort für eine kurze Saison als Dirigent tätig zu sein, die am 26. Dezember 1887 mit *Carmen* eröffnet, mit Donizettis *Lucrezia Borgia* fortgesetzt und in den ersten Februartagen des Jahres 1888 mit Thomas' *Mignon* beschlossen wurde. Die Donizetti-Inszenierung hatte ihre Tükken, die von der lokalen Tageszeitung Veronas, *L'Arena*, am 13. Januar genüßlich ausgeschlachtet wurden:

> »Die jüngsten Abenteuer der Signora Borgia ... fanden gestern abend in jenem Theater statt, das die Nichteingeweihten das Teatro Filarmonico, die Kenner dagegen Teatro Fiascomonico nennen ... Das Publikum gab dem Impresario [tatsächlich] zu verstehen: ›Hören Sie, wir sind sehr nachsichtig und guten Willens, wie Ihnen die hier versammelte Zuschauermenge bestätigt; aber wir sind keine Dummköpfe, und wenn wir es auch bedauern, so können wir Signora Wiziack [der Lucrezia] doch nicht erlauben, die Qualen auf sich zu nehmen, ihren vergifteten Sohn sterben sehen zu müssen. Da sie bereits in einem

Die erste Seite eines Liedes, das Toscanini als Student komponierte

Maße gerührt war . . ., daß wir befürchten mußten, sie würde das Ende des ersten Aktes nicht überleben, möchten wir sie bitten, sich zurückzuziehen, damit derartige Szenen sich nicht wiederholen.‹«

Die Wiziack war eine früher geschätzte Sängerin, die aber nicht mehr gut genug bei Stimme und auch von ihrer Bühnenwirksamkeit her nicht mehr überzeugend war, und die Vorstellung war gegen Mitte des ersten Aktes abgebrochen worden. Es wurde ein Ersatz für sie gesucht, und fünf Tage später fand eine neue, diesmal erfolgreichere Premiere statt. Am 19. Januar 1888 hatte die Sopranistin Ravogli ihre Serata, bei der sie von Toscanini am Cello und Maestro Fiorinotto am Klavier in einer *Serenata* von Braga begleitet wurde, und zwar in der Pause nach dem dritten Akt. »Maestro Toscanini, der beherzte Dirigent, . . . zeigte sich als großartiger Instrumentalist und unvergleichlicher Künstler«, schrieb *L'Arena*. Erstaunlich ist, daß derartige Qualitäten bei der Aufführung von Bragas Stück bemerkt werden konnten, das das Publikum gleichwohl beharrlich ein zweites Mal zu hören wünschte.
Es folgte eine lange Wartezeit bis zum nächsten Engagement, einer *Aida*-Inszenierung in Macerata im August. Im Juni war Toscanini, wie bereits erwähnt, nach Bologna gereist, um dort den *Tristan* zu hören, der von Giuseppe Martucci dirigiert wurde. Komponist ebenso wie Pianist und Dirigent, war Martucci einer der ersten Musiker, der das italienische Publikum mit der Musik der deutschen Symphoniker und Wagners vertraut machte. Toscanini schätzte Martucci als Mensch und Künstler sein ganzes Leben lang sehr hoch.
Im Oktober, zwei Monate nach dem Engagement in Macerata, wurde Toscanini an das berühmte Teatro Dal Verme in Mailand verpflichtet, um Verdis *La Forza del Destino* zu leiten, überdies Ponchiellis *I Promessi Sposi* und Antonio Cagnonis *Francesca da Rimini.* Es war dies für ihn der erste Auftritt als Dirigent in Mailand und für einen Zweiundzwanzigjährigen ein bedeutsamer Schritt. In jenen Jahren war die Scala nicht das einzige Mailänder Theater mit einer durchgehenden Opernsaison. Die Mailänder haben noch heute eine beachtliche Reputation als Theaterbesucher und Opernliebhaber; dennoch ist die Vorstellung erstaunlich, daß um 1850, als die Stadt 200 000 Einwohner hatte, das heißt ein Zehntel ihrer heutigen Bevölkerung, zehn Theater mit regelmäßigen Opernspielplänen vorhanden waren. Die drei wichtigsten Häuser (La Scala, das Teatro della Canobbiana – das heutige Teatro Lirico – und das Teatro Carcano) verfügten zusammen über eine Kapazität von mehr als 7000 Sitzen. Das Teatro Dal Verme wurde 1864 erbaut und überragte an Bedeutung sehr rasch das Canobbiana und das Carcano. Toscaninis Debüt wurde von Publikum und Kritik sehr beifällig aufgenommen, und die

Mitglieder von Orchester, Chor und Ensemble machten ihm einen eigens gebundenen, goldgeprägten Band mit Beethovens Ouvertüren (in der Ausgabe von Breitkopf & Härtel) zum Geschenk, von allen Beteiligten als Zeichen ihrer Wertschätzung handsigniert. Es war ein Geschenk, das er länger aufbewahrte als den traditionellen Lorbeerkranz, den ihm Cagnoni bei der letzten Vorstellung verehrte, und der Band kann, übersät mit Dynamik-Auszeichnungen und anderen Notizen in der Handschrift des jungen Dirigenten, noch heute im Konservatorium von Parma besichtigt werden.

Das Engagement im Teatro Dal Verme trug Toscanini die ersten Einwände gegen seine Leitvorstellung vom Wesen des musikalischen Kunstwerkes ein: Amintore Galli, der für *Il Secolo* schrieb, ging auf Toscaninis Bruch mit der Tradition in seiner Aufführung von *La Forza del Destino* ein. Wie bei Kritikern üblich, äußerte sich Galli nicht darüber, worin diese Tradition bestand, worauf sie beruhte und in welcher Weise der Dirigent mit ihr gebrochen hatte. Der junge Toscanini begann also, eigene Vorstellungen zu entwickeln und in die Tat umzusetzen und sich damit Kritiker und Anhänger zu schaffen.

Zwei oder drei Wochen nach dem Mailänder Engagement, das in den letzten Novembertagen endete, tauchte er in Novara auf, um dort eine Zweimonatsverpflichtung für *Aida, Les Huguenots* und *La Forza del Destino* wahrzunehmen. Es handelte sich hier um die ersten Inszenierungen des neuen Teatro Coccia. Toscanini hatte in der Meyerbeer-Oper besondere Probleme zu bestehen, weil der Tenor eine Liebesaffäre mit der Sopranistin hatte und aufgrund exzessiven Liebesgenusses bei der zweiten Vorstellung erschöpft und nicht bei Stimme war. Es liegen keine Berichte darüber vor, ob die Sopranistin ebenfalls irgendwelche Indispositionen zu erkennen gegeben hatte.

Mehr als zwei Jahre nach seinem ersten dortigen Auftreten wieder in Turin, dirigierte Toscanini im Teatro Vittorio Emanuele (März/April 1889) eine *Carmen* mit Adele Borghi in der Titelrolle. (Bei ihrer Serata am 14. April sang sie auch Toscaninis *Son gelosa.*) Manche Mitglieder der Truppe waren ihrer Aufgabe nicht gewachsen, und die Mißbilligung des Publikums war so stark, daß einige Sänger ersetzt werden mußten. Im Mai verpflichtete ihn – der noch immer in Turin weilte – das Teatro Carignano zur Leitung einer Neueinstudierung von *Edmea* und einer Wiederaufnahme einer anderen *Carmen*-Inszenierung – eben der, die, unter der Stabführung von Leopoldo Mugnone, ein Jahr zuvor von Friedrich Nietzsche wiederholt besucht und stürmisch bejubelt worden war. Von Turin führte der Weg nach Genua zu einer erneuten Begegnung mit Cagnonis *Francesca da Rimini* am Politeama Genovese, die am 8. Juli Premiere hatte. Das Publikum war in jenen Tagen sehr wählerisch:

»Mit Ausnahme von Boronat, Sottolana und Pagnoni ... ließen die beteiligten Künstler viel zu wünschen übrig, das Publikum blieb unbefriedigt, und die Oper endete in absolutem Schweigen. Maestro Arturo Toscanini, der das Orchester leitete – eine ganz zufällig zusammengewürfelte Truppe –, verstand sich jedoch darauf, ihm sehr zarte Effekte zu entlocken und es mit meisterlichem Können zu führen ... Ihm schlug nach der Ouvertüre herzlicher Beifall entgegen. Die folgenden Vorstellungen gerieten sehr viel besser und führten zu einem geradezu brillanten Erfolg ... Insgesamt fanden sechzehn Vorstellungen statt.«[11]

Giulio Gatti-Casazza, Student der Nautik aus Ferrara und zufällig überdies angehender Impresario, hörte diese Genueser Aufführung der Oper seines Freundes Cagnoni und machte nach der Vorstellung die Bekanntschaft ihres Dirigenten:

»Toscanini war in der Tat ein angenehmer junger Mann, wirklich sehr elegant und umgänglich, was mich überraschte, da ich gehört hatte, daß er ein überernster Mensch mit sehr verschlossener Persönlichkeit sei ...
Obwohl das Politeama-Orchester ziemlich mittelmäßig war, brachte Toscanini eine sehr gleichmäßige und zusammenhängende Vorstellung voll Wärme und Klangreichtum zustande. Jedermann sprach von ihm als dem wichtigsten Element der ganzen Aufführung ...«[12]

Gatti-Casazza war damals erst zwanzig Jahre alt – also noch jünger als Toscanini. Neun Jahre später sollten beide gemeinsam eines der größten Opernhäuser der Welt leiten.
Nach einer (wahrscheinlich unerwünschten) zweimonatigen Pause ging Toscanini nach Voghera, einer kleinen Stadt in der Lombardei, und zwar für ein kurzes Engagement, das ursprünglich nur *Aida* und Bellinis *Norma* umfassen sollte. Es hat sich aus dieser Zeitspanne überaus reichliches Dokumentationsmaterial erhalten, so daß sich die Art der Bedingungen, unter denen Toscanini in dieser Phase seines Lebens zu arbeiten hatte, aus nächster Nähe nachvollziehen läßt.[13]
In den letzten Julitagen stimmten Mitglieder des Stadtrates und verschiedene einflußreiche Bürger, die zusammen das Theaterdirektorium bildeten, dem Beschluß zu, einen Mailänder Impresario namens Vincenzo La Via damit zu beauftragen, die Herbstsaison im Teatro Sociale zu organisieren. Zur Deckung der Kosten wurden La Via 9500 Lire ausgehändigt. Unter anderem fiel ihm die Aufgabe zu, einen Maestro concertatore zu verpflichten, »der auch als Dirigent zu arbeiten hat« und die Partituren

»ihrem genauen Wortlaut« gemäß befolgen muß, »mit Ausnahme der herkömmlichen Änderungen und Striche, und der die Inszenierung, wie in den betreffenden Notentexten angezeigt, zu überwachen hat«. Es mußten sechsundvierzig Orchestermusiker engagiert werden (abgesehen von der Bühnenmusik), darunter fünfzehn Reisende, »und diese Musiker haben ihre Parts in der Weise zu spielen, wie sie ihnen vom Dirigenten bei der ersten Probe zugewiesen werden«. Ebenso sollten ein Chor mit vierundzwanzig Männer- und achtzehn Frauenstimmen, acht Ballettänzerinnen und natürlich die acht Solosänger verpflichtet werden. Nachdem er mit Toscanini handelseinig geworden war, schrieb La Via an das Direktorium: »Er ist ein sehr junger Dirigent, hat aber bereits viel Erfahrung mit Orchestern und Bühnen.« Als die Sopranistin, die ursprünglich die Norma hatte singen sollen, ausfiel, änderte man das Programm, und anstelle der Bellini-Oper wurde Donizettis *La Favorita* in den Spielplan aufgenommen. Die Proben für *Aida* begannen am 10. Oktober. Sie verliefen nicht immer glimpflich, was durchaus nicht erstaunlich ist, wenn man sich vor Augen hält, daß eine doppelt so starke und wahrscheinlich mehrfach so gute Besetzung für eine halbwegs ordentliche Aufführung erforderlich gewesen wäre. So gab es in Voghera einen erfolglosen Anwalt, der sein dürftiges Einkommen während der Opernsaison dadurch aufbesserte, daß er in Opern- und Tanzorchestern Kontrabaß spielte. Bei einer Probe wandte sich ihm Toscanini voller Erbitterung zu und sagte im Parmaer Dialekt: »Vucat, c'al brusa qul cason le (Herr Anwalt, gehen Sie und verbrennen Sie diesen Holzkasten da).«
Aida hatte am 20. Oktober Premiere, und der ortsansässige Kritiker schrieb, Toscanini habe sich als »sehr intelligenter, leidenschaftlicher und gewissenhafter Interpret der Musik Verdis« erwiesen:

> »Selten haben wir in unserem Theater das Orchester seine Aufgabe mit solcher Präzision, Spannkraft und solchem Nuancenreichtum erfüllen hören wie unter der Leitung Toscaninis; und das Publikum bereitete ihm nach dem Finale des zweiten Aktes eine lärmende Ovation . . .«

Olga Dettloff, die Aida, sang bei ihrer Serata am 7. November erneut sein *Son gelosa*, und den Kritiken ist zu entnehmen, daß »das Stück ein großer Erfolg war ... Das Publikum wollte diese Romanze durchaus zweimal hören.« Zwei Abende später hatte *La Favorita* Premiere, war aber weniger erfolgreich, weil die Primadonna das Publikum nicht zufriedenstellte. Am 17. November, dem fünfzigsten Jahrestag der Premiere von Verdis erster Oper *Oberto*, schickte Toscanini im Namen aller Mitglieder der Voghera-Truppe ein (von der Direktion bezahltes) Glückwunschtelegramm an den Komponisten. Am 22. November griff er zum Cello, um in einer musikalischen Soiree für geladene Gäste im Palazzo eines ortsansässigen Adeligen, Sartirana, zu spielen. Zusätzlich zur musikalischen Leitung von Bolzonis Menuett und seinem *Thema und Variationen* für Streichquartett und einer *Gavotte* des Klarinettisten Guido Rocchi, eines Mitschülers aus Parma, spielte Toscanini Dunklers *Eine Träne* und Angelo Marianis *Die Verlassenheit* – beides Stücke für Solocello. »Es bedarf keines einzigen Wortes, um die Wiedergabe, die diese Stücke fanden, oder den Beifall, der ihnen als Lohn zuteil wurde, zu beschreiben«, merkte derselbe Kritiker an. »Es möge genügen zu sagen, daß Toscanini ein derart vorzüglicher Cellist ist, daß er keinen Rivalen zu scheuen braucht.« Zwei Abende später, bei der letzten Vorstellung der Spielzeit *(Aida)*, die zugleich Toscaninis Serata war, spielte der junge Mann zwei Cellostücke von Dunkler – wahrscheinlich sein letzter öffentlicher Auftritt als Instrumentalist – und dirigierte Rocchis *Gavotte* und Lullys *Menuett* für Streichquartett.

> »Maestro Toscanini wurde zu einer langanhaltenden Kundgebung von Wertschätzung und herzlicher Zuneigung herausgerufen, und die Ovationen für ihn erreichten stellenweise den Grad von Verzückung. Nach dem zweiten Akt wurden ihm ein schöner Lorbeerkranz, eine künstlerisch gestaltete Schriftrolle, mehrere Juwelen von nicht geringem Wert, Blumen usw. usw. überreicht, ebenso eine große Goldmedaille, die ihm das ehrenwerte Direktorium des Theaters widmete. Maestro Toscanini war so bewegt ..., daß er, wenn auch an Triumphe gewöhnt, diesen schönen Abend sicher so bald nicht vergessen wird, wie auch wir sicher sind, nie zu vergessen, daß wir ihn als Leiter unseres Theaterorchesters gehabt haben.«

Die nächste Etappe war Brescia, wo er Mitte Dezember ankam – zusammen mit seiner Mutter, die ihn betreute –, um eine Inszenierung von *La Gioconda* im Teatro Grande vorzubereiten und zu dirigieren. Er blieb auch, um *Le Villi* zu leiten, die kaum beachtete erste Oper des damals noch wenig bekannten Komponisten Giacomo Puccini. Ende Februar war Toscanini erneut in Genua, wo er, diesmal am Politeama Regina Margherita, *Mignon* und *Carmen* dirigierte. Alfredo Segre berichtet, daß Toscanini unmittelbar nach der Ankunft in der Stadt ins Theater eilte:

> »In der Halle begegnete er einem Mann, der emsig den Fußboden fegte. Er fragte ihn, wo der Impresario zu finden sei. ›Ich bin der Impresario‹, sagte der Mann, der tatsächlich Signor Chiarella war. ›Und Sie, was wünschen Sie?‹ ›Mein Name ist Toscanini. Ich bin der Dirigent. Sie haben mir nur 24 Choristen zugebilligt. Ich brauche 48.‹

Ein hitziger Wortwechsel entspann sich, der, während der Impresario ungerührt fortfuhr, den Boden zu fegen, die Flure auf und ab wogte. ›Ich gebe Ihnen 30, einverstanden?‹ schlug er endlich vor. ›Dann gehe ich nach Mailand zurück‹, sagte Toscanini und machte stehenden Fußes kehrt. Er bekam seine 48 Choristen.«[14]

Das ging gut; eine schwierigere Situation entwickelte sich jedoch im Anschluß an Toscaninis weitere Forderung, daß im Orchester eine beträchtliche Zahl von Auswechslungen vorgenommen werden müsse. Das trug ihm natürlich laute Schreie der Entrüstung von seiten der Betroffenen ein und bescherte dem Impresario weitere Unkosten.

Toscanini trat im Alter von fünfundzwanzig Jahren zweifellos in eine entscheidende Phase seiner Laufbahn ein. Seine Karriere lag noch immer in den Anfängen, er arbeitete noch immer in drittklassigen Theatern und hatte noch immer ums bloße ökonomische Überleben zu kämpfen. Seit seiner Rückkehr aus Südamerika hatte er ungefähr zwei Dutzend Opernproduktionen geleitet und eine klare Vorstellung von dem entwickelt, was möglich war und was nicht. Manche Musiker, die Jahre später mit ihm zusammengearbeitet haben, als er auf dem Gipfel seines Ruhmes stand, haben darauf hingewiesen, daß eine seiner verblüffendsten Fähigkeiten die war, daß er unter vollkommen realistisch gesehenen Rahmenbedingungen absolut kompromißlos vorgehen konnte. Und das galt auch für sein Gastspiel im Jahre 1890 in Genua. Er versuchte gar nicht erst, eine drittklassige Truppe während eines einmonatigen Engagements in eine erstklassige zu verwandeln; dagegen unternahm er es, diese gegebene Truppe zum Maximum ihrer Leistungsfähigkeit anzuspornen. Hinsichtlich der Auswechslung von Musikern müssen einige Dinge klargestellt werden. Zunächst einmal hatten die Opernhäuser jener Tage – darauf ist bereits hingewiesen worden – keine stehenden Orchester, die mit langfristigen Verträgen arbeiteten. Es gab dagegen Musiker, die meisten davon unvorbereitet und von minderer Qualität, die es gewohnt waren, von bestimmten Theatern zu jeder neuen Spielzeit ohne abermaliges Probespiel wiederverpflichtet zu werden und diese Engagements als sichtbares Zeichen der Gnade Gottes begrüßten, die ihnen – aufgrund der Mittellosigkeit von Impresarios, die keine höheren Honorare für besser qualifizierte Musiker auswerfen, und der sehnlichsten Wünsche von Durchschnittsmaestri, die das ganze Unternehmen auf gar keinen Fall gefährden wollten – immer wieder als Rettungsanker zufielen. Toscanini hatte keine Angst, ein solches Unternehmen zu gefährden. Er begann sein Verfahren sogar als die einzige Möglichkeit aufzufassen, schläfrige Kollegen wachzurütteln. So bestand er auf der Einhaltung der Regeln – und das hieß: Probespiel.

Der innere Prozeß, der ihn zum Widerstand gegen die hergebrachte Ordnung der Dinge bewog, brachte persönliche Schwierigkeiten mit sich. Einsichtigkeit, Sorgfalt und Hartnäckigkeit waren Eigenschaften, die ihn von Jugend an auszeichneten; aber die entschlossene Zähigkeit, die diesen Eigenschaften zu Hilfe kommen mußte, um zu zeigen, wie ernst es ihm mit dem Versuch war, das geradezu versteinerte System zu verändern, innerhalb dessen er zu operieren gezwungen war – das war etwas, was er nicht als Erbteil seiner Persönlichkeit mitbekommen hatte. Alle Berichte von Leuten, die ihn in seiner Jugend gekannt haben, stimmen darin überein, daß sie ihn als scheu und von Natur aus eher sanft beschreiben, und viele, die in späteren Jahren mit ihm Umgang hatten, spürten, daß das auch damals noch der Fall war. Einerlei, die Musik war für ihn von derart überwältigender Bedeutung, daß er tat, was immer getan werden mußte, um die Lethargie der Routine aufzubrechen. An eben diesem Punkt seiner Laufbahn beginnen nicht nur seine Entschlossenheit, seine unnachgiebige Weigerung, sich Standpunkten zu unterwerfen, die er für falsch hielt, in Erscheinung zu treten, sondern auch sein entfesseltes, maßloses Temperament, mit dem er seine Musikerkollegen und die Organisatoren seiner musikalischen Welt in Angst und Schrecken versetzte. Er persönlich fühlte sich als ungeteiltes menschliches Wesen, als jemand, der alle seine vitalen Energien ins Spiel bringt, nur dann, wenn er sich mit Leib und Seele dem zuwenden konnte, was er für seine einzige große Aufgabe hielt; er war unfähig, Verständnis dafür aufzubringen, wie andere, die sich Musiker nannten, sich anders verhalten konnten, wie sie nach Entspannung verlangen oder eine Arbeit auf später verschieben mochten. Er war kein religiöser Mensch, aber seine Auffassung von Kunst war eine durchaus moralische: Danach war es falsch, jemanden, der sich nicht vollständig in der Anstrengung verbrauchte, das Maximum zu erreichen, sich ihrer Größe auch nur nähern zu lassen. Und so entwickelte sich die schrullenhafte Spaltung seiner Persönlichkeit – eine Spaltung, die er sich selbst verargte und oft bedauerte, aber nie verleugnete. Er konnte stundenlang geduldig proben, wenn er spürte, daß jeder Mitwirkende sein Bestes gab; wenn er aber weniger als hundertprozentigen Einsatz erlebte, wurde er zu einem wütenden Scheusal. Etwas in ihm brach durch: Er zerschlug Dirigentenstäbe, schrie Obszönitäten (er verfügte aus seiner Kindheit in der Nachbarschaft des Arbeiterviertels in Parma in dieser Hinsicht über ein reichhaltiges Repertoire), zerfetzte Partituren, warf Notenständer ins leere Auditorium und brüllte den Hauptmissetätern Beleidigungen zu. Sänger und Sängerinnen verließen seine Proben oft in Tränen aufgelöst, und Orchestermusiker fühlten sich nach der Arbeit mit ihm häufig vor Anspannung und Erschöpfung wie ausgewrungen. Es gab viele, namentlich in diesen frühen Jahren, die ihn

verabscheuten; andere dagegen waren schon damals sicher, daß Anspannung und Erschöpfung nach der ernsthaften Bemühung um echte Leistung der anästhesierenden Langeweile der Mittelmäßigkeit vorzuziehen seien.
Seine Feinde konnten ihn nicht allen Ernstes bezichtigen, er führe sich, so wie er es tat, nur aus Eitelkeit auf – diesen jungen Mann, der nicht den »bel gesto« für das Publikum machte, sondern ganz einfach und direkt dirigierte und den Applaus immer geradezu fliehen zu wollen schien. Er arbeitete unglaublich angestrengt, verbrachte ganze Nächte mit dem Studium von Partituren und ganze Tage, an denen er von Orchester- zu Bühnen- und Chorproben eilte. Er lernte seine Partituren mit durchdringender Gründlichkeit auswendig und trieb sich selbst, immer in höchster Konzentration und wie ein Athlet schwitzend, während der Proben an die Grenze seiner Leistungsfähigkeit. Er war dabei nicht glücklich. Noch als Mittzwanziger schrieb er einem Freund: »Glaube mir, ich bin ein elender Wicht! ... Niemandes Leben wird von diesem verdammten Theater so verbittert wie meines! ... Und das schlimmste von allem ist, daß ich damit meinerseits andere Menschen verbittere, unbewußt und unabsichtlich.«[15]
Aber die Ergebnisse begannen ins Gewicht zu fallen. In seiner Rezension der *Mignon*-Inszenierung schrieb der Kritiker der Genueser Zeitung *Il Secolo XIX*, daß »Toscanini, nach einer vollständigen Neuorganisation des gesamten Orchesters, schließlich alle die Verbrechen rächte, die im Namen der Kunst begangen worden sind«.

Carmen und *Mignon* in Genua, *Mignon* und *Carmen* in Turin – mit einem zwischengeschalteten *Faust*. Das Turiner Engagement galt für April und Mai 1890; und danach kehrte Toscanini zu seiner Familie nach Mailand zurück, wo er vier Monate ohne Beschäftigung verbrachte. Die Toscaninis hatten zu der Zeit Untermieter aufgenommen, darunter Polo, Rocchi und andere junge Musiker aus Parma. Maestro Toscanini war unter allen diesen jungen Leuten der alte Arturén (im Parmaer Dialekt) geblieben, er nahm gern an den endlosen Diskussionen über musikalische und andere Themen teil und fand Spaß daran, seine Schwestern – die jetzt fünfzehnjährige Ada und die dreizehnjährige Zina – erbarmungslos zu hänseln. Sogar die strenge Paolina wurde in die allgemeine Ausgelassenheit einbezogen, wenn ihr Sohn etwa – um seinen Freunden zu zeigen, wie stark sie war – auf den Tisch kletterte und darauf bestand, daß sie ihn herunterhob und in sein Zimmer trug. Natürlich verbrachte er seine meiste Zeit mit dem Studium von Musik, und einer seiner Freunde bewahrte als ständiges Andenken Toscaninis Klavierauszug von Wagners *Parsifal*, den er, da er keine Orchesterpartitur auftreiben konnte, mit ausführlichen Anmerkungen verziert hatte – etwa so: »Die Triolenfigur wird von der zweiten und dritten Flöte und der Baßklarinette begonnen – auf dem zweiten Viertel kommt das Fagott hinzu – auf dem dritten das zweite Fagott.« Er spielte täglich mehrere Stunden lang Klavier und las soviel wie möglich – Giosuè Carducci und Giacomo Leopardi scheinen damals seine bevorzugten Autoren gewesen zu sein.

Aus seinem Liebesleben zu jener heute bereits entlegenen Zeit sind nur wenige Einzelheiten bekannt. Manche Leute, die ihn in späteren Jahren gut kannten, haben zu verstehen gegeben, daß Toscanini in seinen sexuellen Beziehungen zu Frauen weitaus erfolgreicher gewesen sei als jeder andere Mann, von dem sie gehört oder den sie gekannt hätten; und alles weist darauf hin, daß das für seine Jugend ebenfalls gilt. Er sah gut aus – klein und zierlich, mit wohlproportionierten Gesichtszügen, sehr tiefliegenden Augen und einem buschigen Schnurrbart, den er sich noch in seinen Jünglingsjahren hatte wachsen lassen – und war immer modisch, formvollendet und untadelig gekleidet. Sein energischer Charakter, sein wachsendes Ansehen als hervorragender Musiker und sein natürlicher Charme (über den er, wenn er nicht studierte oder probte, durchaus verfügte) trugen zu seiner Anziehungskraft erheblich bei.

Im Oktober 1890 verließ er Italien zum erstenmal nach seiner Rückkehr aus Südamerika, nachdem er für eine Spielzeit ein Angebot als Stellvertreter des Dirigenten Edoardo Mascheroni am Teatro Liceo in Barcelona angenommen hatte. Es fällt schwer, zu verstehen, warum er gerade diese Aufgabe übernommen hatte. Mascheroni, nur acht Jahre älter als er, hatte die erste italienische Inszenierung von Beethovens *Fidelio* im Jahre 1886 geleitet und sollte später die Uraufführung von Verdis *Falstaff* an der Scala (1893) dirigieren. Toscanini hatte möglicherweise angenommen, die Arbeit mit Mascheroni werde ihm Spaß machen; vielleicht wünschte er sich aber auch einfach eine Erholungspause von der mörderischen italienischen Theaterwelt. Wie zu erwarten, war Mascheroni alles andere als erfreut, eine Begabung wie Toscanini als Stellvertreter neben sich zu haben. Segre berichtet:

> »Mascheroni beauftragte Toscanini im allerletzten Augenblick mit der Leitung von *I Capuleti e i Montecchi*, einer Oper von Bellini, die, speziell für Gesangsvirtuosen geschrieben, aus diesem Grunde auch selten aufgeführt wurde. Mascheroni hoffte wohl, daß die Aufführung zu einem Fiasko werden würde. Zu seiner großen Enttäuschung aber wurde sie unter Toscaninis Leitung zu einem der größten Erfolge der Spielzeit. Um dem drohenden Unheil zu begegnen, überredete Mascheroni den Impresario, die Oper nach der dritten Vorstellung vom Spielplan abzusetzen.«[16]

Nach dem Ende der Spielzeit kehrte Toscanini nach Italien zurück. Er verbrachte den Sommer des Jahres 1891 in Senigallia, um eine Inszenierung von Pietro Mascagnis *Cavalleria rusticana* zu leiten – seine erste Begegnung mit diesem Werk, das im Jahr zuvor in Rom uraufgeführt worden war. Mascagni war Mitglied einer Gruppe junger Komponisten, der auch Ruggiero Leoncavallo, Umberto Giordano, Francesco Cilea und – zumindest in gewissem Grade – auch Puccini angehörten, alles Komponisten, deren erste große Erfolge ins letzte Jahrzehnt des 19. Jahrhunderts fallen. Sie bildeten keineswegs eine förmliche Gruppe noch gar eine Schule, wenn auch der Begriff Verismus schon sehr bald in einem verallgemeinernden Sinne auf ihre gesamte Produktion angewendet wurde – von Autoren mit einer zwanghaften Neigung zur Etikettierung. Es handelte sich um Künstler, die zu Beginn ihrer Laufbahn ähnliche kreative Probleme zu bewältigen und dafür divergierende, aber doch verwandte Lösungen gefunden hatten. Ihr größtes Problem war Giuseppe Verdi, der bis dahin, und zwar für fast ein halbes Jahrhundert, die italienische Opernszene beherrscht, erst kurz zuvor wieder seinen jüngeren Zeitgenossen mit *Otello* den Boden unter den Füßen weggezogen hatte und das gleiche sehr bald in einer sogar noch erstaunlicheren und schlüssigeren Art und Weise mit seinem *Falstaff* wiederholen sollte. Eine ganze Generation von Komponisten hatte verzweifelt versucht, entweder wie Verdi oder ganz anders als Verdi zu komponieren, und war einfach vergessen worden. Ein anderes gewaltiges Problem bildete die wachsende Internationalisierung des Repertoires. Wagner, Bizet und Jules Massenet hatten sich in Italien ihre Wege gebahnt, und junge Komponisten konnten sich ihrem Einfluß nicht entziehen, weder im Bereich ihrer ästhetischen Theorie noch ihrer Kompositionspraxis.

Einer dieser Wege, Verdi – und ebenso Wagner – zu »umgehen«, bestand in der Verwendung »realistischer« Handlungsabläufe und Texte, die sich kontrastierend von den abgestandenen, idealisierten Tüftelarbeiten ihrer italienischen Vorgänger oder von den mythologisch-philosophischen Konglomeraten Wagners abhoben. Das Publikum war spürbar aufnahmebereit für zeitgemäße, aus dem Alltagsleben gegriffene Stoffe, wie sie Zola und Verga in ihren Büchern boten; und die neuen Opern sollten in einem Stil komponiert sein, in dem sich die besten Elemente der nationalen italienischen Tradition und ausländischer Einflüsse zu einer Einheit zusammenzufinden hätten. Im Prolog zu *I Pagliacci*, einer Oper, die bald darauf unter der Leitung Toscaninis uraufgeführt werden sollte, läßt Leoncavallo, der sich das Libretto selbst geschrieben hatte, seinen Tonio sagen: »Der Autor hat sich bemüht, einen Ausschnitt aus dem Leben für Sie abzubilden. Er läßt sich einzig von der Maxime leiten, daß der Künstler ein Mensch ist und für Menschen schreiben muß. – Und er war von der

Wahrheit inspiriert.« Töricht – aber aufrichtig! Unglücklicherweise verfügten die Veristen nicht über Verdis geniale Begabung der Entfaltung eines Charakters, über Wagners überwältigende Originalität oder Bizets Frische. Ihre Kunst hatte einen hybriden Einschlag; ihre Werke erfreuten sich kurzfristig großer Beliebtheit, begannen dann aber rasch von den Bühnen der Welt zu verschwinden, in einem Maße, daß, mit der Ausnahme Puccinis, heute jeder dieser Komponisten im gegenwärtigen internationalen Repertoire noch mit höchstens einer Oper vertreten ist.

Toscaninis Einstellung zu den Veristen war mehrdeutig. Sein Interesse an neuen musikalischen Strömungen – seien sie national oder international – war bis ins reife Mannesalter enorm, und es steht außer Frage, daß er für diese seine Landsleute, die auch seine Zeitgenossen waren, sein Bestes zu geben bestrebt war; aber er fand ihre Musik seinem Geschmack nicht wirklich angemessen – wieder die Puccinis ausgenommen (wenn auch nicht für immer ausgenommen). Tatsächlich hielt er sie in mancher Hinsicht eher für ungeformt, und aus eben diesem Grunde waren seine Bewunderung und seine Hoffnungen auf Catalani so stark. Catalanis Stil war insgesamt verfeinerter, und Toscanini träumte fraglos davon, daß seinem Freund schließlich eine bessere Lösung für die oben erwähnten Probleme gelingen möge, als sie Mascagni, Leoncavallo und sogar Puccini gefunden hatten. Catalani starb, bevor er seine eigentliche künstlerische Reife erreicht hatte, und Toscanini faßte seinen Tod nicht nur als persönlichen Verlust, sondern als Tragödie für die gesamte italienische Musik auf. Es war das bei ihm vielleicht eine übertriebene Wertschätzung von Catalanis künstlerischer Potenz; aber Toscanini konnte den Veristen nie ganz ihren Erfolg verzeihen, der so bruchlos Hand in Hand ging mit der völligen Tilgung des Werkes seines Freundes. Was weder Toscanini noch andere in den Jahren um 1890 sich hätten ausmalen können, war der Umstand, daß die Oper als Form, die – ohne sich direkt darum zu bemühen – die Chance gehabt hätte, zeitgenössischen Kriterien zu genügen und im weitesten Sinne volkstümlich und künstlerisch befriedigend zu sein, nach einem Jahrhundert ruhmreicher Blüte langsam abstarb.

Im November und Dezember des Jahres 1891 dirigierte er eine weitere *Cavalleria*-Inszenierung ebenso wie Verdis *Luisa Miller* im Turiner Teatro Carignano, beide Werke mit einem hervorragenden Ensemble. Während er noch in Turin weilte, wurde er vom Impresario Luigi Piontelli für sein bis dahin bedeutendstes Engagement verpflichtet: eine zweimonatige Dirigententätigkeit – mit fünf Opern – an Genuas größtem Haus, dem Teatro Carlo Felice. Als er Ende Dezember dort anlangte, fand er eine Situation vor, die er, was das Orchester betraf, bereits zwei Jahre zuvor am Politeama Regina Margherita angetroffen hatte. Seine Lösung lautete damals wie heute: Probespiel. Diesmal setzten seine Maßnahmen eine

Welle von Aufruhr, Beschuldigungen und Gegenbeschuldigungen frei. Die erste Oper war Meyerbeers *Le Prophète*, und die Kritiker spalteten sich in zwei Lager: Die einen meinten, Toscanini habe das Werk entstellt, die anderen gaben zu verstehen, der junge Dirigent habe, obwohl das Ensemble insgesamt nicht sehr gut gewesen sei, doch getan, was möglich gewesen sei, und das Orchester jedenfalls zu den bestmöglichen Resultaten angespornt. G. B. Vallebona schrieb in seiner theatergeschichtlichen Monographie *Il Teatro Carlo Felice (1828-1928)*:

> »Trotz der Sorgfalt Maestro Arturo Toscaninis wurde diese Oper am Premierenabend zu einem Fiasko, und alle weiteren Vorstellungen wurden deshalb ausgesetzt. Nach wenigen Tagen wurde die Aufführung erneut angesetzt, durch einige Striche gestrafft und insgesamt verbessert. Sie wurde an vierzehn weiteren Abenden gegeben, allerdings ohne enthusiastischen Publikumsbeifall.«[17]

Die zweite Oper war Verdis *Simon Boccanegra*, mit dem Bariton Ramón Blanchard und der Sopranistin Cesira Ferrani. »Das Ergebnis war sehr beachtlich«, schreibt Vallebona, »und zwar aufgrund der sorgsamen Balance zwischen Orchester und Bühne; das Publikum aber geizte mit seinem Besuch bei allen neun Vorstellungen.«[18] Mascagnis neuestes Werk, *L'Amico Fritz*, war ein riesiger Erfolg, und Toscanini ließ bei der Premiere vier Dakapos zu. Alle zehn Vorstellungen waren, schenkt man unserem Chronisten Glauben, »außerordentlich gut besucht, bei großem Applaus für alle Sänger und das Orchester«.[19]

Catalani traf zu den Proben für seine *Loreley* ein, die Toscanini am 18. Februar 1892 dem Genueser Publikum zu Gehör bringen sollte. In einem Brief an einen Cousin schrieb der Komponist: »Ich habe *Amico Fritz* gehört. Ich hatte so viele schlechte Urteile darüber gehört, daß ich es besser fand, als ich erwartet hatte.« Giuseppe Depanis aber, dem Sohn des Turiner Impresarios, vertraute er an: »Ich bin ein wenig besorgt, weil *Amico Fritz* das Theater allabendlich füllt und viele Anhänger hat.«

Armer Catalani! In diesem Fall war alle Besorgnis umsonst. Toscanini probte und dirigierte *Loreley* mit der glühenden Hingabe eines Schülers. Bevor noch die Proben begonnen hatten, waren die beiden Männer bereits in einen Briefwechsel über verschiedene Einzelheiten eingetreten. Catalanis Mitteilungen bekunden sein Vertrauen in Toscanini, der doch damals noch nicht einmal fünfundzwanzig Jahre alt war:

> »Hinsichtlich der Streichungen gebe ich mich völlig in Deine Hände. Mach alles so, wie Du es für richtig hältst. Bei Deinem künstlerischen Geschmack kannst Du es ohnehin nicht anders als gut machen ...

Ich meine, daß im zweiten Akt die Walzer und das Hochzeitslied gestrichen werden müssen. Tu, was Du für das Beste hältst. Ich weiß, daß mein Werk in guten Händen ist, und bleibe deshalb absolut vertrauensvoll ...

... Ich glaube nicht, daß irgend jemand sonst mich derart verstehen und meine Absichten erraten kann wie Du ... Ich traue Dir in jeder Hinsicht ...«[20]

Loreley wurde bei allen vier Vorstellungen mit enthusiastischem Beifall aufgenommen. Nach der Eröffnungsvorstellung schrieb der für gewöhnlich zurückhaltende und pessimistische Komponist an den Musikverleger Giulio Ricordi:

»Der Erfolg des gestrigen Abends war wirklich überwältigend. Ich hätte mir keinen größeren wünschen können; und er war um so wohltuender für mich, als ich ihn, in Unkenntnis dieses Publikums, nicht erwartet hatte. Nach dem ersten und zweiten Akt erhielt ich außerordentlich herzliche Ovationen. Der letzte Akt war dann ... aber es ist sinnlos, mich weiter in nutzlosem Selbstlob zu ergehen! ... Toscanini ist ein großer und wahrhaftiger Künstler; das ist alles, was gesagt werden muß.«[21]

Und an Depanis:

»Toscanini hat sich ebenso als erstklassiger Dirigent erwiesen wie als wirklicher Künstler ... Ich bekam sechs Rufe vor den Vorhang, was mir bis dahin noch nie begegnet ist.«[22]

Die letzte Oper, die auf dem Spielplan stand, war *Vindice* von einem gewissen Umberto Masetti (einem Schüler von Martucci), heute ebenso vergessen wie sein Werk, das, laut Vallebona, »nur vier Aufführungen überlebte, die allesamt nur von einer kleinen Zuhörerschaft besucht waren«.[23]
Toscanini hatte gehofft, nach Mailand zurückkehren zu können, sobald die *Vindice*-Aufführungen beendet waren – also um den 1. März. Aber er konnte nicht fort. Seine Familie lebte zu der Zeit offenbar wieder in Genua. Seine Wanderlust und das Bedürfnis nach einem geschäftlichen Neubeginn hatten Claudio anscheinend wieder in Bann geschlagen, obwohl er schon fast sechzig Jahre alt war. Es läßt sich leicht erraten, daß Vater Toscanini seinen ahnungslosen Sohn – oder wenigstens dessen Namen – in eines seiner unglückseligen Geschäfte verstrickt hatte und sich alsbald in Schulden gestürzt sah. Toscaninis Reaktion, als er davon in

Kenntnis gesetzt wurde, läßt sich leicht ermessen. Nichtsdestoweniger glaubte er, sich verantwortlich fühlen zu müssen. Er biß die Zähne zusammen und schrieb am 7. März an Piontelli:

»Ich muß Sie um einen großen Gefallen bitten ... Wegen verschiedener familiärer Verpflichtungen (und zwar keiner läppischen) befinde ich mich in sehr großer Geldverlegenheit. Ich brauche 300 Lire und weiß nicht, wo sie auftreiben; ich bitte Sie, so freundlich zu sein und mir aus der Not herauszuhelfen. Ich hoffe, daß die Zeit, Ihnen die Summe zurückzuerstatten, nicht allzu fern sein wird; inzwischen kann ich nichts weiter tun, als Ihnen meinen Dank abzustatten ...«[24]

Zehn Tage später:

»Nach zwei flehentlichen Briefen und einem Telegramm erhielt ich gestern Ihre Benachrichtigung des Inhalts, daß mir im Laufe des Vormittags eine telegraphische Geldanweisung zugehen würde ... Der Vormittag ging vorüber, der Abend kam, ein weiterer Vormittag, und ... nichts, nichts, nichts ... Lieber Piontelli, ich kann nicht glauben, daß Sie meine augenblickliche sehr kritische Situation zum Lachen finden: ich nehme an, daß Sie die Angelegenheit schlicht vergessen haben ... Zum letztenmal also bitte ich Sie, flehe ich Sie an, mir 300 Lire zu schicken ... Ich kann Genua nicht verlassen, wenn ich nicht über diese Summe verfüge; und, glauben Sie mir, ich befinde mich in dieser Lage nur aufgrund meiner Gutmütigkeit, von zuviel Gutmütigkeit einer Familie gegenüber, die an mir sehr undankbar handelt ... Sie, der Sie mir sagten, ich könne im Herbst, im Karneval und in der Fastenzeit bei Ihren Theatern unterkommen, werden mir doch wohl auch zutrauen, daß ich, wenn ich meine Schulden nicht heute zurückzahlen kann, sie doch sicher morgen begleichen werde ...«[25]

Und am darauffolgenden Tage:

»Ich habe Ihre Geldanweisung erhalten ... Ein unermeßlicher Beweis für die Großzügigkeit Ihres Herzens ... [Piontelli hatte ihm 200 Lire »für in der letzten Spielzeit erwiesene Dienste« überwiesen.] Sie waren so freundlich und so taktvoll, den Anschein zu erwecken, als verdiente ich, was ich absolut nicht zu verdienen glaube, da ich Ihnen nicht im geringsten einen Dienst erwiesen, sondern lediglich mit meinen schwachen Kräften meine Pflicht getan habe ... Ich hoffe, daß ich bald in der Lage sein werde, Ihnen diese Ihre Güte wenigstens teilweise zu vergelten ...«[26]

Nachdem diese Notlage behoben war, konnte Toscanini nach Mailand zurückkehren, wo ihn im Mai ein weiterer sehr bedeutsamer Auftrag erwartete. Er war wiederum ans Teatro Dal Verme verpflichtet worden, diesmal zur musikalischen Leitung von Thomas' *Hamlet* und der Uraufführung von Leoncavallos *I Pagliacci*. Howard Taubman zufolge hatte Verdi selbst viel Lobenswertes über den jungen Dirigenten gehört und ihn dem berühmten Bariton Victor Maurel empfohlen, der in beiden Opern als Sänger engagiert war; Maurel wiederum hatte Toscanini an Leoncavallos Verleger Edoardo Sonzogno und an den Impresario des Teatro Dal Verme weiterempfohlen. *I Pagliacci* verkörperte einen neuen musikalischen Stil, und die Vorbereitungen waren schwierig. Nach der sehr erfolgreichen ersten Vorstellung kam Toscanini so erschöpft nach Hause zurück, daß er sich nur, noch in Schuhen, Frack und gestärktem Hemd, aufs Bett werfen konnte und in tiefen Schlaf versank.

Der größte Teil des Sommers blieb für Studium und Erholung frei; danach aber stürzte sich Toscanini in eine achtmonatige Phase rastloser Aktivität. Sein erstes Engagement kam einer Herzensneigung entgegen: Catalani hatte ihn gebeten, eine Inszenierung seiner neuesten – und wie sich herausstellen sollte: letzten – Oper zu dirigieren, *La Wally*, und zwar im Teatro del Giglio in Lucca, seiner Geburtsstadt. Die übliche Verzagtheit des Komponisten angesichts eines solchen Wagnisses steigerte sich in diesem Falle noch, weil zum erstenmal eine seiner Opern in Lucca aufgeführt werden sollte und er fürchtete, daß der Familienclan Puccinis – also seine eigenen Mitbürger – gegen ihn intrigierte. (Paranoia ist unter Musikern durchaus nichts Ungewöhnliches.) »Ich bin nicht sicher, daß meine Mitbürger meine Musik mögen werden«, schrieb er an Depanis, »an schwülstige Opern mit bombastischen Finales gewöhnt, wie sie es nun einmal sind.«[27] (Gemeint war in diesem Falle Puccinis *Edgar*.) Aber einmal mehr war alle Aufregung umsonst, wie ein Telegramm an Depanis am Tage nach der Premiere beweist:

> »5. September. *Wally*-Erfolg enthusiastisch, unbeschreiblich. Publikum tief beeindruckt. Sechs Dakapos ... Toscaninis Leitung bewundernswert. Nach der Vorstellung ein Fackelzug, Serenade, eindrucksvolle Demonstration, die ganze Einwohnerschaft auf den Beinen ...«[28]

Die Oper wurde vierzehnmal aufgeführt.

Von Lucca reiste Toscanini nach Genua, wo am Teatro Carlo Felice Alberto Franchettis Oper *Cristoforo Colombo* uraufgeführt werden sollte. Sie war von den Behörden der Geburtsstadt des Entdeckers zum vierhundertsten Jahrestag der Landung in Amerika in Auftrag gegeben worden. Eine kleine Anekdote, die in nahezu jedem Buch oder Aufsatz über

Toscanini auftaucht, berichtet, daß Luigi Mancinelli, der zur musikalischen Leitung der Oper engagiert worden war, sich in heftige Auseinandersetzungen mit dem Komponisten oder dem Impresario verstrickte und nach nur drei Vorstellungen das Theater im Streit verließ; daraufhin habe man Toscanini aufgestöbert, ihm eine Partitur in die Hand gedrückt, die er über Nacht studiert habe, und ihn am nächsten Abend aufs Dirigentenpult geschickt, um die Vorstellung auswendig zu dirigieren. (Ein Zeitungsartikel stellte sogar die Behauptung auf, Mancinelli habe Selbstmord begangen; tatsächlich aber lebte er bis 1921.) Die Wahrheit ist jedoch ganz anders, wie ein Brief Catalanis an Depanis beweist:

> »Mailand, 23. September ... Ich kam gestern aus Genua hier an und werde am Dienstag dorthin zurückkehren, um mit den Proben zu beginnen. Wenn Sie ankündigen, daß *Colombo* am 1. Oktober Premiere hat, so kündigen Sie doch bitte auch gleich an, daß die *Wally*-Vorstellungen am 12. beginnen; der Dirigent wird Toscanini sein, der auch die Leitung von *Colombo* übernimmt, da Gigi [Mancinelli] nach drei Vorstellungen nach Madrid aufbrechen muß ...«[29]

Es war also alles im voraus geregelt. Schließlich hatte *Colombo* erst am 5. Oktober Premiere, und Mancinelli konnte sogar nur zwei Vorstellungen dirigieren. Toscanini wurde eine neue Generalprobe angeboten; er gab jedoch zu verstehen, er brauche keine. Er war bei Mancinellis Proben zugegen gewesen, um sich die Tempi einzuprägen – die jedenfalls bei einer Generalprobe nicht mehr entscheidend hätten geändert werden können –, und Giovanni Monleone erinnerte sich, ihn in einer der Logen gesehen zu haben, »ganz versunken, den Kopf in die Hände gestützt«. Verdi war bei der letzten Vorstellung am 23. Oktober anwesend und spendete enthusiastischen Beifall; dies war das einzige Mal, daß er Toscanini dirigieren hörte.

Wally hatte am 17. Oktober Premiere und erreichte sieben Aufführungen. »Ich bin mit dem Erfolg wirklich zufrieden«, schrieb Catalani an Depanis.[30]

Toscanini hatte nach Rom zu eilen, sobald seine Aufgabe in Genua beendet war. Sein erstes Engagement in der Hauptstadt war eine Verpflichtung ans Teatro Costanzi, und für seine erste Aufführung, *Carmen*, die am 30. Oktober Premiere haben sollte, standen ihm nur drei oder vier Probentage zur Verfügung. Darauf folgte die Uraufführung einer heute vergessenen Oper von Andrea Gnaga, *Guglielmo Swarten*, mit Tamagno in der Hauptrolle, der auch in der nächsten Oper sang, nämlich *La Forza del Destino*. Toscanini sollte auch eine Inszenierung von Mascagnis neuer Oper *I Rantzau* leiten. Die Aufführung fand dann aber ohne ihn statt.

Nach der überaus erfolgreichen Premiere des Werkes in Florenz, die am 10. November stattgefunden hatte, hatte das Orchester des Teatro Costanzi ein Glückwunschtelegramm an Mascagni geschickt, der sich dieses Telegramm auf seine Weise gedeutet und zurückgedrahtet hatte: »Freue mich, Ihnen meinen Dank zu überbringen, stolz darauf, selbst das berühmte römische Orchester zu leiten, das meine neue Oper als erstes nachspielt.«
Toscanini nahm das übel. Was Mascagni wollte, war, ihn die Proben leiten zu lassen, dann die ersten Vorstellungen selbst zu dirigieren und schließlich für die verbleibenden Aufführungen den Taktstock wieder an Toscanini abzutreten. Dies war in jenen Tagen zwar kein ungewöhnlicher Tribut an Komponisten, der aber nicht üblich war, wenn der reguläre Dirigent eine Persönlichkeit mit Toscaninis Reputation war. Aus Gründen der Selbstachtung lehnte Toscanini ab; und als in der römischen Zeitung *Fanfulla* ein Artikel erschien, der die Behauptung aufstellte, er sei es gewesen, der Mascagni diesen Vorschlag gemacht habe, schickte er der Zeitung *Tribuna* einen offenen Brief – wahrscheinlich das einzige Mal in seiner gesamten Laufbahn, daß er in einer solchen Angelegenheit öffentlich erwiderte:

> »Die *Fanfulla* möchte offenbar den Glauben erwecken, daß ich es war, der Mascagni spontan die Ehre antrug, *I Rantzau* zu dirigieren. Das ist nicht die Wahrheit. Weit entfernt, diese Ehre abzutreten, hätte ich sie mir lieber selbst vorbehalten und mich der Aufgabe auch gewachsen gefühlt – und zwar ohne Überforderung –, *sogar in der gegebenen knappen Frist;* Mascagni wollte jedoch die Ehre der ersten drei Vorstellungen für sich haben ... Was mich betrifft, so möchte ich ihn bitten, nun auch die restlichen zu übernehmen.«

I Rantzau hatte am 26. November Premiere – natürlich mit Mascagni; ein Chronist berichtet jedoch, daß, als Toscanini ans Dirigentenpult zurückkehrte, um eine Aufführung von *La Forza del Destino* zu leiten, »das gesamte Publikum sich zu einer herzlichen und eindrucksvollen Demonstration erhob und er mit einem Lorbeerkranz, einem Geschenk Tamagnos, geehrt wurde«.[31]
Rückblickend muß Toscanini diese Episode nur wenige Wochen später geradezu läppisch im Vergleich zu dem angemutet haben, was er dann durchzustehen hatte. Von Rom aus war er nämlich nach Sizilien gereist, um einen Vertrag zur Leitung einer viermonatigen Saison am Politeama Garibaldi von Palermo zu erfüllen. Die Eröffnungsvorstellung wurde mit *I Pagliacci* (24. Dezember) bestritten. Offensichtlich war sich jedoch der Impresario nicht darüber klar, daß die Palermer zu Weihnachten her-

kömmlicherweise auf den Straßen »tombola« spielten – eine Art Bingo –, bevor sie zur Messe gingen. Nur wenige Zuschauer besuchten die Vorstellung, und diese wenigen machten sich während der ganzen Vorstellung durch Störungen bemerkbar. Später wurde die Oper dann enthusiastisch gefeiert, und Leoncavallo war bei der dritten Vorstellung persönlich anwesend.

Das nächste Werk war *Cavalleria rusticana* – eine Oper, die in Palermo bereits zwei Jahre zuvor mit großem Erfolg aufgeführt worden war. Die sängerischen Leistungen in dieser Neuinszenierung stellten das Publikum jedoch nicht zufrieden – oder wenigstens einen einflußreichen und stimmgewaltigen Teil nicht –, trotz der Mitwirkung einiger bekannter Künstler (Garulli, Ferni-Germano und andere). Bei der zweiten Vorstellung herrschte ein solcher Tumult, daß die Vorstellung abgebrochen werden mußte; und diese Demonstration von Feindseligkeit setzte sich dann sogar noch außerhalb des Theaters fort. Der Kritiker der Zeitung *L'Amico del Popolo* schrieb:

> »Alte und neue Querelen und Eifersüchteleien und mehr oder weniger unlautere Interessen fanden sich hier zusammen. Aus dieser seltsamen Koalition erwuchs die skandalöse Vorführung des gestrigen Abends, die versucht hatte, die Bühne durch Klatsch und Pressebeschuß zu beeinflussen. Wir wollen damit nicht behaupten, daß die Aufführung von *Cavalleria rusticana* am Politeama perfekt ist; auch nicht, daß das Publikum seine Unzufriedenheit nicht in korrekter und würdiger Art zu erkennen geben darf; wir glauben jedoch nicht, daß der Skandal des gestrigen Abends auf legitime Weise gerechtfertigt werden kann.«

Die »unlauteren Interessen«, auf die hier angespielt wird, waren die der Mafia, die Toscanini seine Weigerung übelnahm, ihren Weisungen Folge zu leisten, welche Arien wiederholt werden sollten – vermutlich deshalb, weil der oder jener Mafioso an einer der Sängerinnen interessiert war. Die Truppe wandte sich an den Bürgermeister, um das Gastspiel für abgebrochen zu erklären; ein oder zwei Tage später war die Angelegenheit jedoch wenigstens oberflächlich bereinigt, und die nächste Oper, *Loreley*, wurde am 28. Januar 1893 in Gegenwart des Komponisten aufgeführt. Catalani war jetzt ernstlich krank, hatte aber dennoch die kalte und unruhige Winterüberfahrt zu Schiff auf sich genommen. Glücklicherweise war die Aufführung erfolgreich, und er konnte stürmische Ovationen entgegennehmen.

Das Gastspiel wurde mit Toscaninis erster *Norma* (12. Februar) und seiner ersten Wagner-Oper, dem *Fliegenden Holländer* (2. März), fortgesetzt – wenn er letztere auch bereits 1886 in Turin für Pomé einstudiert hatte. Es folgte Gioacchino Rossinis *Il Barbiere di Siviglia*, und Segre zufolge begann bei der zweiten Vorstellung das Publikum

> »zu Anfang der Ouvertüre stürmisch etwas zu fordern, über das sich Toscanini jedoch nicht klar werden konnte, so groß war der Tumult. Er dirigierte zunächst weiter, geriet dann aber derartig außer Fassung, daß er seinen Taktstock ins Publikum warf und das Theater verließ. Erst vierzig Jahre später fand er im Gespräch mit einem alten Mann aus Palermo die Erklärung dafür: Das Publikum hatte von ihm gefordert, die ›Garibaldi-Hymne‹ zu spielen, weil gerade der 19. März war, der Namenstag des heiligen Giuseppe, und Giuseppe auch der Vorname des Helden des italienischen Unabhängigkeitskampfes war [nach dem das Theater benannt war].«[32]

Die letzten beiden Stücke waren *Rigoletto* und *La Gioconda* (4. und 15. April). Ein ortsansässiger Kritiker beschrieb das Gastspiel zusammenfassend als »unglücklich und dürftig« und äußerte sich folgendermaßen über Toscanini:

> »Mit Ausnahme von *Loreley* und *La Gioconda* gelang ihm nichts wirklich gut ... Er verstand sich nicht darauf, dem Orchester die gewünschten Effekte zu entlocken ... Er achtete nicht streng auf die Metronom-Anweisungen ... Vor allem aber stand er auf denkbar schlechtem Fuß mit dem Publikum, das, mehr als einmal durch seine Verbohrtheit irritiert, seine Gefühle durch Pfeifen zu erkennen gab. Glaubte Toscanini etwa, er könne seine Mängel als Dirigent kaschieren, wenn er die Partitur auf dem Dirigentenpult geschlossen ließ?«[33]

Es wird niemanden überraschen, daß Toscanini in Palermo nie wieder dirigierte.

Erstaunlicherweise verbrachte er die nächsten zehn Monate ohne Engagement. Zwar war ihm ein lukrativer Vertrag angeboten worden, aber die Namen der Stadt und des Theaters wurden nicht genannt. Und da er den Verdacht schöpfte, er solle in eine Intrige gegen einen Kollegen verstrickt werden, verweigerte er seine Unterschrift. Es ist möglich, daß ihm im Herbst andere Angebote gemacht wurden; im August hatte er jedoch einen Schicksalsschlag zu erleiden, der zeitweise jede Arbeitslust lähmte: den Tod Catalanis.

Seit 1890 war Catalani Kompositionslehrer am Mailänder Konservatorium. Wann immer er und Toscanini zur gleichen Zeit in Mailand gewesen waren, hatten sie sich sooft wie möglich getroffen. Carlo Gatti, ein Schüler Catalanis, schrieb später:

»Catalani suchte ihn ständig auf und ging zum Haus der Toscaninis, um ihn zu sehen ... Ich erinnere mich daran, weil ich ihn manchmal begleitete; und wenn Toscanini nicht zu Hause war, blieb er und wartete auf ihn, bat seine Mutter, einfach dasitzen zu dürfen, und verharrte lange in völligem Schweigen ... Catalani bat Toscanini häufig, sich ans Klavier zu setzen und ihm seine Musik vorzuspielen ...«[34]

Um den 1. August 1893 brachten Toscanini und mehrere andere Freunde Catalani zu einem Urlaub in den Hochalpen an die Bahn. Ein Geiger namens Landucci fand zufällig einen Platz im Abteil des Komponisten und bemerkte, wie schwer ihm das Sprechen und Atmen fiel. Der Zug hatte gerade Chiasso jenseits der Schweizer Grenze erreicht, als Catalani einen schweren Blutsturz erlitt. Er wurde mit fremder Hilfe nach Mailand zurückgebracht und erhielt Bettruhe verordnet. Toscanini wurde benachrichtigt und eilte zur Wohnung des Freundes. Tagelang wechselten er, Luigi Illica (der Librettist und Dramatiker) und Catalanis Verwandte sich in der Betreuung des Schwerkranken ab, dessen Leiden so qualvoll waren, daß Toscanini ihn eines Tages davor bewahren mußte, sich aus dem Fenster zu stürzen. Teresa Junck, seine Gönnerin und Geliebte, kam angereist; er wollte sie jedoch nicht einmal sehen. Spät am Abend des 6. August verließ Toscanini das Krankenlager Catalanis und ging heim, um sich schlafen zu legen. Als er früh am nächsten Morgen wiederkam, fand er ihn tot.

Toscanini war bestürzt; er brauchte lange, um sich von seinem Kummer zu erholen. Sehr viel später noch sagte er: »Ich denke immer an ihn. Den Platz, den er in meinem Herzen eingenommen hat, wird kein anderer ausfüllen. Gerade er, der sich so nach Freude sehnte, war dazu verurteilt, sie nie kennenzulernen.«[35]

Im November wünschte sich Leoncavallo Toscanini als Dirigenten der Uraufführung seiner Oper *I Medici* am Teatro Dal Verme; aber der Verleger Sonzogno war dagegen – und die Musikverleger waren in jenen Tagen allmächtig. Der Grund für diese seine Ablehnung war der Skandal, den Toscanini ein Jahr zuvor in Rom aus Anlaß von *I Rantzau* provoziert hatte, einer ebenfalls von Sonzogno publizierten Oper. In seiner unveröffentlichten Autobiographie, von der sich nur Bruchstücke erhalten haben, erinnert sich Leoncavallo, daß ihm Sonzogno gesagt habe: »Wenn Sie Toscanini so gern haben, nehmen Sie ihn; ich werde dann aber an jenem Abend nicht in die Vorstellung gehen.«[36] Also wurde Rodolfo Ferrari als Dirigent gewählt.

Im März des Jahres 1894 begann Toscanini endlich wieder zu dirigieren. Sein erstes Engagement, das er annahm, rief ihn nach Pisa, wo er zum erstenmal *Otello* und Puccinis neueste Oper *Manon Lescaut* in eigenen

Aufführungen dirigierte. Er schrieb an Puccini, um ihn zum Besuch einer Aufführung einzuladen, und berichtete: »Der Tenor, Rosati, *ist ein Idiot*, aber er wiegt dieses Mißgeschick dadurch auf, daß er eine schöne, warme und ausdrucksvolle Stimme hat.«

Während einer *Otello*-Aufführung explodierte hinter der Bühne eine kleine Bombe, die zwar niemanden verletzte, aber viele Glasscheiben zersplitterte und großen Lärm verursachte. Toscanini ließ das Orchester unverzüglich die Garibaldi-Hymne und den Königsmarsch spielen, um wieder Ruhe im Theater herzustellen; dann ging die Vorstellung weiter. Der Name des Bombenwerfers wurde nie bekannt; die Mehrheit des Publikums war jedoch der Meinung, daß der Zwischenfall mit einigen Auswechselungen in Zusammenhang stand, die Toscanini im Orchester vorgenommen hatte.

Im Mai dirigierte Toscanini Massenets *Le Roi de Lahore* in Ravenna, und im August und September leitete er eine Reihe von drei Aufführungen in Brescia: Massenets *Manon, I Puritani* und *La Traviata* mit bedeutenden Sängern wie Cesira Ferrani, Roberto Stagno und Gemma Bellincioni. Zusammen mit einer *Cristoforo Colombo*-Aufführung im Oktober war Treviso der Schauplatz seiner ersten Vorstellungen von *Falstaff*, einer Oper, die im vorhergehenden Jahr an der Scala Premiere gehabt hatte und später in einer größeren Zahl von Inszenierungen oder Spielzeiten (insgesamt siebenundzwanzig) gegeben werden sollte als irgendeine andere in Toscaninis Repertoire. Während seines Aufenthaltes in Treviso versuchte er radfahren zu lernen – und zwar auf einem der altmodischen Hochräder –, tat einen bösen Sturz und verlegte sich wieder aufs Partiturstudium.

Nächste Station war Bologna (November/Dezember 1894), wo er sein Gastspiel mit *Falstaff* eröffnete und dabei dasselbe Ensemble zur Verfügung hatte, mit dem er bereits in Treviso arbeiten konnte. Gatti-Casazza hatte die römische *Falstaff*-Aufführung mit demselben Ensemble besucht, das auch in der Scala-Premiere aufgetreten war. »Dann hörte ich es in Bologna wieder . . ., von Arturo Toscanini auf entschieden bessere Weise geleitet.«[37] Andere Aufführungen während Toscaninis einmonatigem Gastspiel in Bologna waren die Uraufführung von *Savitri* von Natale Canti und *Colombo*. Dieselben drei Opern bildeten sein Repertoire bei einem Zweimonats-Engagement in Genua, das am 26. Dezember begann. Zusätzlich dirigierte er *Cavalleria rusticana* und *L'Amico Fritz* als Doppelvorstellung, seine erste *Tannhäuser*-Aufführung und *La Forza del Destino*.

Während der Proben zu *Falstaff* in Genua hatte Toscanini mit Antonio Pini-Corsi, dem Bariton, der die Rolle des Ford sang (wie er sie auch bei der Scala-Premiere gesungen hatte), eine Auseinandersetzung über das

Tempo der Phrase »Quella crudel beltà« im zweiten Akt. Toscanini wünschte die Stelle in dem von Verdi in der Partitur vorgeschriebenen Tempo zu hören, während Pini-Corsi darauf pochte, daß der Komponist selbst ihn die Passage langsamer zu nehmen geheißen habe. Verdi verbrachte den Winter in Genua, wie so oft, und Toscaninis Freund Piontelli, der Impresario, hatte es eingerichtet, daß das ganze Ensemble dem alten Mann seine Weihnachtsgrüße übermittelte. Toscanini, dessen natürliche Schüchternheit sich in Gegenwart des Komponisten noch steigerte, faßte sich schließlich ein Herz und holte Verdis Meinung über das in Rede stehende Problem ein. Pini-Corsi machte natürlich seinen Standpunkt deutlich. Verdi gab Toscanini recht. Und als Pini-Corsi darauf beharrte, er habe gesungen, wie Verdi selbst es bestimmt habe, führte der Komponist als Beispiel an, daß er im Jahre 1867 seinen *Don Carlo* in Paris monatelang geduldig geprobt habe und das Ergebnis endlich zufriedenstellend gewesen sei. Dann habe er Paris für einen Monat verlassen und bei seiner Rückkehr feststellen müssen, daß keines der Tempi noch so ausgeführt worden sei, wie er es wünschte.
Unglücklicherweise war *Falstaff* kein Publikumserfolg. Verdi besuchte die Aufführung nicht, ließ sich aber über die näheren Umstände berichten. Am 30. Dezember 1894 schrieb er an Giulio Ricordi:

»*Falstaff* ist ein Fiasko! Aber wirklich ein erstklassiges Fiasko. Niemand geht ins Theater! Das Schönste ist, daß die Leute sagen, eine so vollkommen gespielte und so abgerundete Aufführung habe man nie zuvor gesehen! In diesem Falle muß also die Musik erbärmlich sein!«[38]

Und am 11. Januar:

»Gestern abend war im Teatro Carlo Felice ein reduzierter *Falstaff* zu hören – nicht ein bäuchlings, sondern ein preislings reduzierter! Ich wage es kaum zu sagen. 1,50 Lire. Insgesamt? Ja eben.
Wäre ich Piontelli, würde ich einen anderen Versuch wagen. Ich würde alle Sitze aus dem Theater entfernen und eine große Bar in der Nähe des Orchesters aufbauen, mit sechs oder mehr Bardamen und vier Zeitungsjungen vor dem Theater, die ausrufen müßten: ›Damen und Herren, hereinspaziert, gratis hereinspaziert ins Theater. Kostenlose Vorstellung, Chor und Orchester umsonst, alles umsonst! Sie müssen lediglich für Ihr Bier fünf Centesimi pro Humpen zahlen! Vorwärts, vorwärts, Damen und Herren! Ein wirklicher Glücksfall!‹
Mit dieser Methode würde Piontelli vielleicht ein paar Münzen in seiner Kasse finden ...«[39]

Nachdem er – eine unglaubliche Leistung – neunundfünfzig Vorstellungen in weniger als fünfundsechzig Tagen absolviert hatte, reiste Toscanini sofort nach Pisa weiter, wo er wiederum *Falstaff* und *Colombo* leitete. Piontelli war der Impresario, und wahrscheinlich hatte er bald darauf allen Grund, sich zu fragen, warum er sich nicht eine ruhigere Beschäftigung suchte. Die folgenden Abschnitte erschienen, in einem Artikel von Garibaldo Bagnolesi, im Jahre 1945 im *Corriere dell'Arno*:

»[Toscanini] hatte mit dem Orchester kaum ein Drittel des ersten Aktes hinter sich gebracht, als er innehielt und Piontelli zu verstehen gab, daß es nicht möglich sei, zum festgesetzten Termin fertig zu sein, weil viele Instrumentalisten unzulänglich seien. Der Impresario bat den Maestro, die Besten auszuwählen und die anderen zu entlassen. Toscanini wählte sechsundzwanzig Mitglieder aus, die jedoch ihre Solidarität mit den Entlassenen bekundeten; und das führte zu einem Streik. Es entstand ein Aufruhr, der beinahe in Handgreiflichkeiten ausgeartet wäre, aber Piontelli erklärte ganz unerschrocken, daß er, wenn die von Toscanini ausgewählten Musiker weiterhin streikten, gezwungen sein würde, ein ganzes Ersatzorchester aus Mailand zu beordern!

Der Aufruhr war – innerhalb und außerhalb des Theaters – so groß, und zwar sowohl gegen Toscanini wie gegen Piontelli, daß der Polizeipräfekt der Stadt persönlich einzuschreiten hatte, um die feindlichen Parteien zu beschwichtigen. Da Toscanini hinsichtlich der Wahl, die er getroffen hatte, unerschütterlich fest blieb, machte Piontelli – um den Präfekten für sich zu gewinnen – das Angebot, den Entlassenen eine einmalige Summe auszuzahlen; aber nur die vom Maestro ausgewählten Musiker sollten ihren Platz im Orchester behalten dürfen. Nachdem das geregelt war, begann Toscanini nach Parma, Modena, Bologna und Mailand zu telegraphieren... und noch am selben Abend konnte er damit rechnen, ein siebzigköpfiges Orchester, das allerhöchsten Ansprüchen genügte, zur Verfügung zu haben.

Piontelli hatte so viel ungerechtfertigte Antipathie auf sich gezogen, daß einige böse Streiche erwartet wurden, die das Gastspiel hätten gefährden können; die Obrigkeit ergriff deshalb geeignete Maßnahmen, um sicherzustellen, daß die Aufführungen nicht gestört würden. Der Premierenabend rückte heran; die Zuschauermenge füllte das Theater zum Bersten. Die gesamte Toskana schien vollzählig versammelt. Die Aufführung wurde hervorragend beurteilt... Toscanini konnte im Laufe der ganzen Vorstellung Ovationen entgegennehmen.«

Im Verlauf dieses Konfliktes hatte Toscanini einen anonymen Brief erhalten, den er sein Leben lang aufbewahrte. Ich zitiere Segres Übersetzung:

»Sie sind zu stolz und haben uns beleidigt; und deshalb existiert Ihr Orchester für uns nicht. Wenn ein anderer Dirigent, dem unsere Gunst nicht gleichgültig wäre, an Ihre Stelle träte, würden Sie einen gewaltigen Applaus hören ... Um der Wahrheit die Ehre zu geben: Sie sind ein netter, intelligenter junger Mann und werden sicher groß werden; aber alle Intelligenz wird zunichte an jemandem, der sich dem Publikum gegenüber ungezogen verhält. Sie sind ein Misanthrop, Sie wollen Studenten oder bedeutenden Persönlichkeiten nicht vorgestellt werden ... Wir haben Dirigenten wie Mugnone, Mancinelli, Catalanotti, Mascagni oder Mascheroni alle Ehren erwiesen, weil sie freundlich und höflich waren, und Sie würden unsere Ehrerbietung sicher nicht von sich weisen, wenn Sie nicht einen so schrecklichen Charakter hätten ... Wir warnen Sie und machen Sie darauf aufmerksam, daß das Publikum mehrere Dakapos verlangen wird, und Sie sollten diesen Forderungen lieber nachkommen, ohne sich lange bitten zu lassen ...«[40]

Von Pisa wandte sich Toscanini nach Venedig (April/Mai 1895), wo er an zwei Häusern gleichzeitig arbeitete – am Teatro Malibran und am Teatro La Fenice –, wobei beide Gastspiele von Piontelli als Impresario geleitet wurden. Die Malibran-Vorstellungen zu volkstümlichen Preisen wurden mit *Falstaff* eröffnet. »Die Vorstellungen hatten guten Erfolg«, schrieb die *Gazzetta di Venezia,* »vor allem wegen des hervorragenden, immer vollkommen ausgewogenen Spiels des Orchesters unter der Leitung von Arturo Toscanini.« Diese Inszenierung wurde vom Teatro La Fenice übernommen und dann wieder am Teatro Malibran weitergespielt; insgesamt erreichte sie vierundzwanzig Aufführungen. Es folgte *La Forza del Destino*, wiederum im Teatro Malibran:

»Verschiedene Dakapos wurden von den weniger anspruchsvollen Zuschauern verlangt und auch gewährt; es wurde jedoch – und vor allem – *eine* Wiederholung von allen Zuschauern ohne Ausnahme gefordert: die Ouvertüre, die mit Feuer, mit Verve und Farbenreichtum unter der entschlossenen Stabführung Arturo Toscaninis gespielt wurde. Das Orchester war wirklich das absolut wichtigste, durchgehend bewundernswerte Element des Abends.«[41]

Im Teatro La Fenice dirigierte er *Colombo, Le Villi* und die Uraufführung eines glücklosen Werkes von Antonio Lozzi, *Emma Liona.* Segre schreibt, er habe auch ein Konzert gegeben, das von der königlichen Familie besucht worden sei und unter anderem die Ouvertüren zu *I Vespri siciliani, Guglielmo Tell* und *Tannhäuser* geboten habe. Ich habe jedoch keine Bestätigung dafür in venetianischen Zeitungen jener Tage

finden können, wenn es auch wahr ist, daß Mitglieder der königlichen Familie zu eben jener Zeit in Venedig weilten.
Toscanini dirigierte im Juni *Colombo* in Trient und im Oktober *Tannhäuser* und *Loreley* in Treviso.
Seit dem Ereignis in Rio de Janeiro waren nunmehr über neun Jahre vergangen. Sein Ansehen als außergewöhnlicher Musiker und schwierige und kompromißlose Persönlichkeit hatte sich gefestigt. In eben diesem Augenblick trug sich ein weitblickender und entschiedener Mann mit einem Plan, der Toscanini in den Dirigentensessel einer der interessantesten Bühnen des Landes heben sollte. Mit achtundzwanzig Jahren ging seine Lehrzeit ihrem Ende entgegen.
Dieser Mann war Giuseppe Depanis, der bereits erwähnte Rechtsanwalt und Musikkritiker aus Turin, dessen Vater Giovanni jener Impresario gewesen war, der Toscanini 1886 zur musikalischen Leitung von *Edmea* verpflichtet hatte. Depanis jr. war einer der engsten Freunde Catalanis gewesen und hatte Toscaninis künstlerischen Reifeprozeß von Beginn an verfolgt. Piontelli hatte Toscanini beigestanden – und fuhr darin fort –, weil er Vertrauen zu seinen Fähigkeiten und Talenten hatte. Das gleiche galt für Depanis, der aber auch die über den Tag hinausgehenden Sehnsüchte des Dirigenten verstand und teilte. Er und Toscanini waren sich über die Reformen einig, denen das Theater hinsichtlich Repertoire, Aufführungspraxis und Zuschauerverhalten unterzogen werden mußte. Weit entfernt, Toscaninis extreme Unnachgiebigkeit zu scheuen oder zu fürchten, begrüßte Depanis sie sogar; und er spürte, daß die Zeit gekommen war, Umstände herbeizuführen, unter denen sein Freund arbeiten konnte, ohne jedesmal, wenn er eine neue Aufführung probte, auch immer gleich eine ganz neue kooperationsbereite Arbeitsumwelt schaffen zu müssen. Überdies war Depanis Stadtratsmitglied. Er war mit der Neuorganisation des Turiner Musiklebens befaßt und in einer politischen Position, die ihm auch wirklich erlaubte, etwas Wirksames dafür zu tun. Ungefähr dreißig Jahre später erinnerte er sich:

> »Nach einer von den Lokalzeitungen vorgetragenen stürmischen Kampagne stimmte der Turiner Stadtrat der Gründung eines städtischen Orchesters zu und wandte sich an Toscanini, der es zusammenstellen und leiten sollte. Es war dabei nicht zu umgehen, Kränkungen zuzufügen, und dringend erforderlich, bei der Auswahl sorgfältig vorzugehen [offenbar mußte das Orchester aus den jeweils besten Mitgliedern der verschiedenen anderen »Gelegenheitsorchester« Turins zusammengestellt werden], mit tiefverwurzelten Mißständen zu brechen und mit persönlichen Interessen zu kollidieren; und es war nichts weniger als Toscaninis unnachgiebiges Temperament erforderlich . . . Es gab leb-

hafte Proteste und schreckliche Auseinandersetzungen, wie sie bei einer radikalen Reform ebenso unvermeidlich sind wie unfreiwillige Ungerechtigkeiten gegen Minderheiten. Insgesamt gesehen aber stellte sich das neue Orchester als solider, festgefügter und prächtiger Klangkörper und Toscanini als ein großer Dirigent heraus.«[42]

Ebenso wurden Verbindungen zwischen dem neuen Orchester und der bereits vorhandenen städtischen Musikhochschule geknüpft, so daß sie wechselseitig einander unterstützten. Der gesamte Plan war für seine Zeit ausgesprochen revolutionär.

Toscaninis frühere Auftritte in Turin hatten an den zweitrangigen Häusern der Stadt stattgefunden. Es war nun an der Zeit, seinen Einzug ins berühmte Teatro Regio, an der Spitze des neuen Orchesters und mit einer ungeheuer anspruchsvollen Aufführung vorzubereiten: der *Götterdämmerung*. Wagners vollständige *Ring*-Tetralogie war in Italien bereits zwölf Jahre zuvor von einer reisenden deutschen Operntruppe unter der Leitung von Anton Seidl aufgeführt worden; die *Götterdämmerung* im Teatro Regio aber war die erste Aufführung des Werkes mit einem italienischen Ensemble – und natürlich in Italien.

Es war kein Zufall, daß Toscaninis erste Saison als musikalischer Leiter eines bedeutenden Opernhauses im heutigen Sinne mit Wagner begann. Die Turiner Aufführung bot ihm die Möglichkeit einer teilweisen Verwirklichung einer Idee – einer Reihe von Ideen –, die er bereits seit geraumer Zeit mit sich herumgetragen hatte und die fünfundzwanzig Jahre später an der Scala ihre Krönung finden sollte; und die große treibende Kraft hinter seinen Plänen war Wagner. Wir haben gesehen, daß seine Verehrung für die Werke des deutschen Komponisten noch in die Parmaer Jahre zurückreichte, als die Neuheit, die ungewohnte Fremdheit und einzigartige Schönheit dieser Musik ihn unwiderstehlich angezogen hatten. Das Studium aller Wagnerschen Partituren und seine Erfahrungen als Dirigent der beiden früheren Opern in den dazwischenliegenden Jahren hatten seine Bewunderung dann sogar noch gesteigert. Verdis Musik hatte er mit der Muttermilch eingesogen; es besteht aber kein Zweifel daran, daß Wagner die große Liebe seiner Jugend war. Seine Neubewertung und seine volle Anerkennung des italienischen Meisters fielen zeitlich jedoch, erstaunlich genug, erst in die Phase *nach* der aufrichtigen Hingabe an Wagner.

Eng damit verbunden war seine Bewunderung der Schriften Wagners – nicht der rassistischen und chauvinistischen, sondern seiner Vorstellungen hinsichtlich der Aufgabe des Dirigenten und der Neugestaltung der Theaterpraxis. Wagner wies mit Nachdruck darauf hin, daß der Dirigent bei der Arbeit mit dem Orchester nicht nur nach technischer Brillanz streben, sondern auch seine geistigen und imaginativen Fähigkeiten einsetzen müsse, um den Strom nervöser Energie einzufangen und den schwierigen Kampf um die expressive Form zu bestehen, die aus den Noten der gedruckten Partiturseite erschlossen werden muß. Toscaninis Anteilnahme war in dieser Hinsicht sehr stark. Auch er glaubte wie Wagner, daß der einzige Weg zur Erreichung eines höheren Grades von Vollkommenheit der war, ein System zu entwickeln, in der jedes Element der Aufführung mit einem Maximum an Hingabe und Befähigung vorgestellt und ausgeführt würde, in vollkommen ausgewogener Beziehung zu allen anderen Elementen und mit größter Achtung vor den Intentionen des Komponisten. Wie sein Zeitgenosse Mahler in Wien ging Toscanini davon aus, daß der Dirigent derjenige war, dem in dem Kampf, ein solches System in Bewegung zu setzen, logischerweise die Hauptlast an Verantwortlichkeit zufiel; und er war entschlossen, alles für diesen Zweck einzusetzen. Wenn auch eine gänzlich anders strukturierte Persönlichkeit, pochte er doch wie Mahler und Wagner darauf, daß es nicht seine Aufgabe sei, sich oder seinen Kollegen das Leben leichter oder angenehmer zu machen, sondern in seiner Arbeit die bestmöglichen Resultate zu erzielen. Depanis, der bereits Wagnerianer der zweiten Generation war (sein Vater hatte sich für Wagners Musik in Italien eingesetzt und sogar die ersten Bayreuther Festspiele im Jahre 1876 besucht), unterstützte Toscanini wiederum in jeder Hinsicht, wie es auch Piontelli tat, der einen Vierjahresvertrag als Impresario des Teatro Regio mit der Stadt Turin abgeschlossen hatte.

Unter den Sängern, die zum Probesingen für die Aufführung der *Götterdämmerung* eintrafen, war eine junge Frau mit Namen Ida de Martini, die Toscanini für die Rolle der Woglinde – eine der Rheintöchter – auswählte. Ida wurde bei der Hörprobe von ihrer Mutter, der Witwe eines Mailänder Börsenmaklers, und ihrer Schwester Carla begleitet. Toscanini fand die Martini-Schwestern bezaubernd und verliebte sich auf der Stelle in Carla, die zwar erst achtzehn Jahre alt, aber intelligent, lebensprühend und schön war. Zufällig war auch sein Freund Enrico Polo, der in Deutschland bei Joseph Joachim studiert hatte, wieder in Turin, um an der Musikhochschule die Violinklasse zu leiten und im neuen Orchester als Konzertmeister zu arbeiten. Als Toscanini ihm die Martini-Schwestern vorstellte, verliebte sich Polo denn auch prompt in Ida; und schließlich heirateten die beiden Freunde die beiden Schwestern sogar.

Als die *Götterdämmerung* am 22. Dezember 1895 in Turin Premiere hatte, bekam das Publikum tatsächlich nur etwa drei Viertel davon zu hören: Toscanini war zu dem Entschluß gekommen, daß von einem Publikum, das mit dem musikalischen Idiom des reifen Wagner noch gänzlich unvertraut war, vernünftigerweise nicht erwartet werden durfte, das gewaltige Werk beim ersten Hören auch wirklich würdigen zu können. So strich er die Waltraute-Episode und nahm noch einige weitere Kürzungen vor; die Sänger hatten eine peinlich genaue Vorbereitung hinter sich, und dadurch waren nur zehn Tage für Orchester- und Ensembleproben erforderlich.

Die Aufführung war mehr als erfolgreich. Carlo Bersezio schrieb in der *Gazzetta Piemontese*, es seien, dank Toscaninis »leidenschaftlicher Hingabe und seltenem Kunstverstand«, die »Ausgewogenheit und Verschmelzung aller Elemente, die Sorgfalt in der Interpretation und Ausführung und die Verfeinerung von Klangfarben und Ausdrucksformen« zu rühmen gewesen. Nach »Siegfrieds Tod« und dem »Trauermarsch« »brach das Publikum in regelrechte Ovationen aus und forderte einstimmig eine Wiederholung, die jedoch nicht gewährt wurde«. Unglaublicherweise erreichte die *Götterdämmerung* in dieser Saison einundzwanzig Vorstellungen.

Die nächste Oper war *Falstaff*; und wahrscheinlich bei der ersten Kostümprobe unterbrach Toscanini bei einer bestimmten Stelle, lief auf die Bühne, eilte durch die Reihen des erschrockenen Chores und sagte: »Zeigen Sie mir Ihre Schuhe.« Überrascht streckten ihm die Choristen ihre Füße hin. Toscanini sagte ganz ruhig zum Requisiteur: »Sie müssen ganz verschiedene Schuhe für alle haben anfertigen lassen.« Er beschrieb, wie die Schuhe auszusehen hätten, ging wieder ans Dirigentenpult zurück und probte weiter. Es ist dies der erste beglaubigte Zwischenfall, der Toscaninis Aufmerksamkeit für nichtmusikalische Details einer Operninszenierung bezeugt.[43]

Arrigo Boito, der Komponist und Dichter, war von der *Götterdämmerung*-Aufführung begeistert gewesen und besuchte jetzt auch den *Falstaff*. Er gratulierte Toscanini nach der Vorstellung, und dies war der Beginn einer Freundschaft, die bis zum Tode Boitos währte – und in einem ganz realen Sinne auch darüber hinaus.

Nach einer weiteren Inszenierung der glücklosen *Savitri* wandte sich die Aufmerksamkeit der italienischen Musikwelt der piemontesischen Hauptstadt erneut zu, diesmal anläßlich der Uraufführung von Puccinis *La Bohème* am 1. Februar 1896. Der Komponist, der ursprünglich Leopoldo Mugnone als Dirigent für die Uraufführung hatte gewinnen wollen, traf Anfang Januar zu den Proben ein und fand in Toscanini einen »hochintelligenten und sehr angenehmen, freundlichen Mann«.[44] Er war jedoch mit der Wahl von Turin als Ort der Uraufführung nicht sehr glücklich und würde Rom oder Neapel vorgezogen haben, wo, wie er meinte, Beleuchtung und Akustik besser gewesen wären. Überdies zweifelte er an den Fähigkeiten mehrerer Sänger. »Dieser Marcello [Wilmant] ist absolut unbrauchbar«, schrieb er an Illica, einen seiner Librettisten. »Er begreift überhaupt nichts, und er würde nicht einmal dann etwas begreifen, wenn wir so lange probten wie in Bayreuth.«[45] Und in einem anderen Brief: »Ich fürchte, daß die Eröffnungsvorstellung verschoben werden muß – wegen einiger unzulänglicher Sänger! Und das ist eine Katastrophe für mich.«[46] Er war dagegen vollständig zufrieden mit Cesira Ferrani als der ersten Mimi (sie war schon die erste Manon Lescaut gewesen) und auch in sie verliebt; sie dagegen war in Toscanini verliebt.[47]

La Bohème war ein großer und beim Turiner Publikum stetig wachsender Erfolg – dreiundzwanzig Vorstellungen wurden gegeben –, wurde aber von den Kritikern eher verdrossen aufgenommen, die der Oper kein langes Leben prophezeiten, dagegen Toscaninis musikalische Leitung als »hervorragend, vollkommen ...« lobten »mit diesem mutigen Einsatz, diesem künstlerischen Gewissen, das ihn zu einem der besten Heutigen macht ... ein erlesener Geist ... ein aristokratisches Temperament ...«

Nach einer Aufführung eines älteren Werkes, Ferdinando Paers *Le Maître de chapelle* (1821), endete Toscaninis erste Spielzeit am Teatro Regio mit *Emma Liona.* Insgesamt hatten in knapp über zwei Monaten neunundfünfzig Vorstellungen von sechs Opern stattgefunden, und Toscanini und das neue Orchester hatten deutliche Zeichen der Wertschätzung erhalten.

Im Frühjahr 1896 fand Toscaninis Debüt als Dirigent symphonischer Musik statt. Schauplatz seines ersten abendfüllenden Konzertes war am 20. März wiederum das Teatro Regio, erneut unter der Schirmherrschaft Piontellis; und das Programm bestand aus in Italien zu jener Zeit eigentlich kaum bekannten Werken: Schuberts großer C-Dur-Symphonie, Tschaikowskis *Nußknacker-Suite,* der italienischen Erstaufführung von Brahms' *Tragischer Ouvertüre* (Brahms lebte damals noch) und dem »Einzug der Götter in Walhalla« aus *Das Rheingold.* (Und wenn Toscanini von Beginn an sagen konnte Wagner *und* Verdi – und nicht etwa Wagner *oder* Verdi –, so hätte das gleiche von Wagner *und* Brahms gelten können.) Das Konzert hatte ursprünglich einige Tage früher stattfinden sollen; es war jedoch ein Problem aufgetaucht: Da die Bühne des Teatro Regio noch mit Dekorationen vollgepfropft war, hatte Toscanini mit dem Orchester in seiner »Opernstellung« zu ebener Erde geprobt (es gab keinen Orchestergraben). Er hatte Piontelli angekündigt, er werde eine Probe auf der Bühne brauchen, um die Akustik zu prüfen; Piontelli aber hatte ihm bedeutet, das sei nicht erforderlich. »Ich sagte ihm, ich werde das Konzert nicht leiten«, erzählte Toscanini mehr als sechzig Jahre später dem Musikkritiker B. H. Haggin. »Dieser Mensch war wie ein Vater zu mir; als aber die Stunde der Aufführung heranrückte, lag ich im Bett. Der Impresario [Piontelli] kam zu mir ins Hotel; aber ich blieb einfach

liegen.« Das Publikum wurde nach Hause geschickt und das Konzert verschoben, bis Toscanini seine zusätzliche Probe bekam.[48]
Einen Monat später gab er vier Konzerte in der Scala – sein erster Auftritt als Dirigent an dieser Stätte. Zusätzlich zu Werken von Schubert, Tschaikowski und Brahms, wie sie in seinem Turiner Konzert vertreten gewesen waren, boten seine Programme Haydns D-Dur-Symphonie, *Die Uhr*, Beethovens erste Symphonie, kurze Stücke von Edvard Grieg, Verdi, Camille Saint-Saëns und anderen und Ausschnitte aus dem Vorspiel der *Götterdämmerung*, mit einigen der Sänger, die bei der Aufführung in Turin mitgewirkt hatten, und mit dem namhaften Tenor Giuseppe Borgatti als Ersatz für Raffaele Grani in der Rolle des Siegfried.

> »Ein Theater, wie wir es bisher nie gesehen haben: vollkommen ausverkauft. Ein Erfolg, wie wir ihn bisher nie gesehen haben: großer Beifall für alle Stücke und eine Wiederholung von Wagners Vorspiel der *Götterdämmerung*. Ein Dirigent, wie wir ihn bisher nie gesehen haben und bedauerlicherweise auch während der letzten Saison nicht hatten: Maestro Toscanini, ein junger Mann, der zu führen versteht ... in einer Reihe mit den berühmtesten Veteranen am Dirigentenpult.« [Romeo Carugati in *Lombardia* vom 27. April]

Die Kritiken dieser Konzerte waren hinsichtlich des Lobes von Toscanini völlig einmütig. Sogar der schwer zufriedenzustellende Amintore Galli von *Il Secolo* (vgl. S. 55) schrieb nach dem ersten Konzert, daß Toscanini »gestern abend einen großen Erfolg verbuchen konnte, der eine künstlerische Bedeutung hohen Ranges hat«. Es war augenfällig, daß Toscanini und die Scala eine engere Beziehung einzugehen entschlossen waren.
Im Juni weilte Toscanini in Trient, um *Un Ballo in Maschera* und *La Bohème* zu dirigieren. Als seine künftige Schwägerin ihm brieflich eine kleine Schelte dafür zukommen ließ, daß er ihrer Schwester nicht geschrieben habe, antwortete er:

> »25. Juni 1896 ... Ich will Ihnen sagen, daß ich Trient gar nicht mag. Die Luft behagt mir nicht – überhaupt geht mir alles in meiner Umgebung gegen den Strich – sogar die Gebräuche sind widerwärtig ... Nach all dem können Sie sich leicht vorstellen, in welcher Laune diese sehr reizbare Kreatur in diesen Tagen ist, die überdies das Opfer schrecklicher Rheuma-Schmerzen ist, die meinen Rücken und meinen rechten Arm befallen haben und mir sogar das Atmen erschweren! Sooft ich auch immer dazu angesetzt habe, Carla oder Ihrer Mutter zu schreiben, so oft mußte ich auch damit aufhören, weil ich unfähig war, auch nur den kleinsten Gedanken zu formulieren ...«[49]

Und am 3. Juli schrieb er aus Mailand an Depanis:

»Ich hörte vom Grafen Torazzo, daß Du an Deiner Absicht festhältst, Dich nicht weiter mit dem Orchester zu befassen. Wenn Du wüßtest, wieviel Unbehagen mir das bereitet hat, würdest Du keinen Augenblick zögern, diesen schlechten Vorsatz zu widerrufen, und – wie ich hoffe – mir wieder und weiterhin Deine sehr schätzenswerte Mitarbeit anbieten. Ich vertraue noch immer auf Deine Güte, auf die Offenheit Deines Charakters und auf die Zuneigung, die Du mir unter tausend Vorwänden bezeigt hast; und wenn der schlechte Eindruck, den mein barsches Verhalten gemacht hat, einmal vergangen ist, wirst Du mir derselbe herzliche Freund sein wie früher, ohne Groll und ohne jeden schlechten Eindruck von mir. Nichts wäre wichtiger für mich, als einen Brief von Dir zu bekommen; ich brauche Dir nicht zu sagen, mit welcher Beklommenheit ich ihn erwarte.«[50]

Das »barsche Verhalten« bezieht sich sehr wahrscheinlich auf den Zwischenfall mit dem verschobenen Konzert im März. Depanis machte sich wieder an seine freiwillig übernommenen Verpflichtungen.
Toscanini dirigierte Ende August in Brescia *La Bohème* und leitete dieselbe Oper – zusammen mit *Le Villi* – im November und Dezember in Bologna. Er schrieb an Polo, der in Turin weilte:

»3. Dezember. Ich glaube, Du bist wirklich ein Faulpelz geworden! Ida ist sehr ungehalten, daß Du ihr nicht schreibst und nicht einmal ihre Briefe beantwortest. Bist Du so beschäftigt, daß Du ihr nicht einmal zwei Minuten widmen kannst? Sag mir, ob das Orchester dieses Jahr besser ist und ob Maestro Martucci zufrieden war.
Ich ärgere mich darüber, daß ich nicht in der Lage sein werde, beim ersten Konzert, das ich dirigiere [später im selben Monat Dezember], den zweiten Teil von Berlioz' dramatischer Symphonie *Roméo et Juliette* spielen zu lassen. – Die Gesellschaft will für die Musik nicht bezahlen, und so werde ich statt dessen Buzzi-Peccias symphonisches Gedicht *Re Harfagar* nehmen müssen ...«[51]

Toscaninis Interesse an Hector Berlioz – schon zu Beginn seiner Laufbahn als Dirigent symphonischer Musik und zu einer Zeit, da die Musik des Franzosen nur selten gespielt wurde, namentlich in Italien – ist bemerkenswert. Die Komponisten, die in seinen beiden Konzertprogrammen auftauchten, waren Haydn, Beethoven, Weber, Mendelssohn-Bartholdy, Wagner, Chabrier, Grieg, Catalani, der oben erwähnte Buzzi-Peccia und – durchaus überraschend – der jüngst verstorbene Bruckner (das Adagio aus der siebenten Symphonie), dessen Musik Toscanini sich insgesamt nur bei vier weiteren Anlässen widmen sollte.

Ende Dezember begann seine zweite Spielzeit am Teatro Regio mit Giordanos Oper *Andrea Chénier*, auf die Saint-Saëns' *Samson et Dalila*, Boitos *Mefistofele*, Wagners *Tristan und Isolde* und Buzzi-Peccias *La Forza d'Amore* folgten. Sie war weder so interessant noch so erfolgreich wie die vorhergehende Saison. Die Aufführung, der die größten Erwartungen entgegengebracht wurden, war *Tristan*, und eine bestimmte Vorstellung davon, wieviel Zeit und Aufwand in die Vorbereitung investiert wurden, vermittelt der folgende Brief an Carla de Martini, die Toscanini vier Monate später heiraten sollte.

»[Februar 1897, 1 Uhr nachts] Liebste, ich komme in ebendieser Minute nach viereinhalbstündiger Probe nach Hause. Ich bin völlig erschöpft. Ich habe heute morgen um 10 Uhr 30 damit begonnen, dem Englischhornspieler sein kleines Solo im dritten Akt beizubringen. Um 11 Uhr 30 aß ich in größter Hast zwei Eier und probte um 12 mit dem Orchester allein – dann weiter mit den Sängern bis 6 Uhr. Insgesamt elf Stunden Proben für Deinen armen Arturo. Ich kann wirklich sagen, daß ich mein Geld im Schweiße meines Angesichts verdiene! Heute abend ist aber sogar mein Kopf müde. Dieser verdammte *Tristan* ist sehr, sehr schwer – und ihn dann auch noch den dummen Leuten einbläuen (abgesehen von einigen Ausnahmen), die zusammengenommen die Aufführung bestreiten – das heißt das Orchester, die Solisten usw. – Ich garantiere Dir, daß dafür eine größere Geduld als die meinige erforderlich ist. Gott lasse sie mich finden. Der Baßklarinettist ärgerte mich heute morgen so, daß ich ein Ende machte und ihn kurzerhand aus dem Orchester jagte. Von diesem Ausbruch abgesehen ist der Thermometerstand meiner armen Nerven niedrig genug. Morgen werde ich mit allen Sängern und Solisten proben – Abends dann eine weitere Probe der ganzen Oper mit allen Mitwirkenden – Piontelli hat vermutlich [diesen Abend] keine Vorstellung angesetzt, um unsere Eröffnungsvorstellung zu beschleunigen. Zwei weitere Proben am Mittwoch – Donnerstag in der Frühe Probe und abends Kostümprobe – Samstag Pause für die Solisten und vielleicht auch für das Orchester, und Sonntag die große Premiere. Wird alles gutgehen? Wir wollen es hoffen. Wenn meine Carlottina abends anwesend wäre, würde ich mir des Sieges sicher sein, aber da ich damit nicht rechnen darf, kann ich nur seufzen! Ich werde ruhigen Herzens sein und sagen können, daß ich alles getan habe, was mir mein künstlerisches Verständnis gebot.
Ich weiß, daß viele Leute aus Mailand kommen; ebenso aus Bologna und Florenz. Es herrscht eine gespannte Atmosphäre. Ich will Dir nicht

verhehlen, daß diese Eröffnungsvorstellung mir ein bestimmtes Gefühl von Besorgnis einjagt, namentlich nach den Fiaskos von *Götterdämmerung* und *Don Carlo* an der Scala. Mein lieber kleiner Augapfel, warum hast Du mir in diesen Tagen nicht irgendein kleines Brieflein geschrieben? Ich brauche ein liebes und zärtliches Wort, um diese unbestimmte Traurigkeit zu vertreiben, die mein Herz schon mehrere Tage lang bedrängt hat. Wer könnte das besser für mich tun als meine Carlottina? Statt dessen hat sie aber zwei Tage lang geschwiegen. Probst Du eigentlich auch einen Tristan?
Ich denke noch immer über Deinen Vorschlag nach, in Eurem Haus zu wohnen, ohne mich doch selbst überreden zu können, daß das eine wirklich gute Idee ist. Polo ist auch meiner Meinung, ebenso Piontelli. Auf der anderen Seite würde ich Deine Mutter gern um uns haben. Das alles bringt mich in eine peinliche Situation ...«[52]

Bedauerlicherweise wurde *Tristan* durch eine Auseinandersetzung zwischen Toscanini und dem Publikum gestört, eine Auseinandersetzung über die Frage, ob das Theater während der Vorstellung verdunkelt bleiben sollte oder nicht. Toscanini war nämlich der festen Überzeugung, daß eine vollkommene Theaterillusion nur dann zustande kommen könne, wenn das Haus verdunkelt würde, und dies war sein erster Versuch, seine Vorstellungen einem Publikum aufzuzwingen, das daran gewöhnt war, während der Vorstellung herumzugehen, zu schwatzen, zu essen, neugierig herumzuspähen, zu flirten, Karten zu spielen und beim »Hören« einer Oper das Libretto mitzuverfolgen. Die Mehrheit des Publikums legte keinen Wert darauf, in Dunkelheit gehüllt zu werden, und machte ihrem Widerstand lautstark Luft – während die Gegenproteste der Wagnerianer die Verwirrung im Theater nicht gerade milderten. (Sacchi nannte das eine auf den Kopf gestellte Situation, in der die Illuministen diesmal faktisch die Obskurantisten waren – und umgekehrt.) Toscanini mußte aufhören zu dirigieren, und als die Direktion wieder die Beleuchtung einschalten ließ, verlor er die Beherrschung und fegte die Lampe von seinem Pult. Schließlich wurde ein Kompromiß gefunden, und die restliche Vorstellung ging in einem matten Halbdunkel vor sich; Toscanini aber war so verärgert und angewidert, daß er den Rest der Oper in seinem Stuhl sitzend und mit der rechten Hand auf den Knien absolvierte und den Taktstock kaum bewegte. Der arme Polo hatte das Orchester im eigentlichen Sinne zu leiten, während der Souffleur versuchte, den Sängern zu Hilfe zu kommen. Es war ein Zwischenfall, der auf allen Seiten Bitterkeit hinterließ, und insgesamt wurden nur sechs Vorstellungen gegeben.
Toscanini war darauf erpicht, mehr symphonische Musik zu dirigieren;

also baten ihn Depanis und Piontelli, im März fünf Konzerte im Teatro Regio zu leiten, bei denen er seine ersten Aufführungen von Beethovens sechster Symphonie und des Violinkonzerts (mit Eugène Ysaye als Solist), von Schumanns zweiter und Tschaikowskis sechster Symphonie bot und kürzere Werke von Weber, Corelli, Berlioz, Bach, Haydn, Cherubini, Wagner und Verdi ebenso dirigierte wie zeitgenössische Kompositionen von Grieg, Raff, Smetana, Saint-Saëns, Dvořák, Goldmark und Bolzoni. Nach der Feier seines dreißigsten Geburtstages ging er im April nach Venedig, um dort am Teatro Rossini *La Bohème* zu leiten. Zu jener Zeit bestand eine scharfe Rivalität zwischen der Oper Puccinis und dem gleichnamigen Werk Leoncavallos, und Toscaninis entschlossene Unterstützung Puccinis gewann dem Dirigenten – allerdings eher zufällig und zeitweilig – den Dank und den Beistand des mächtigen Verlegers Giulio Ricordi.

Am 21. Juni heiratete Toscanini Carla de Martini, die damals noch nicht ganz zwanzig Jahre alt war; ihr Hochzeitstag mag dem jungen Mädchen eine Vorstellung davon vermittelt haben, wie ihr weiteres Leben aussehen sollte. Ihre Tochter Wally hat die Geschichte dieses Tages siebenundfünfzig Jahre später erzählt:

> »Papa haßte öffentliche Anteilnahme, deshalb hielt er den Termin geheim. Um Überraschungen zu vermeiden, entschloß er sich, die Hochzeit fern von Mailand zu feiern. [Piontelli] hatte eine Villa in Conegliano Veneto. Papa wählte dieses Städtchen für die Feier.
> Unser Vater hatte eine instinktive Abneigung gegen Feierlichkeiten, gegen offizielle Empfänge und alles, was nicht spontan und aufrichtig war. So hatte er sich jegliche Zeremonie, alle traditionellen Einladungen und das förmliche Hochzeitsmahl danach verbeten. Er verließ Mailand mit seiner Braut heimlich im Zug. Mama erinnerte sich später, es sei eine schöne Reise gewesen. Papa war glücklich, ruhig und sehr zärtlich. Aber bei der Station Conegliano kam die Tragödie. [Piontelli] war nicht fähig gewesen, das Geheimnis zu bewahren, und die Nachricht von der bevorstehenden Hochzeit hatte sich in der Stadt verbreitet. Am Bahnhof drängte sich eine große Menschenmenge mit einer Kapelle an der Spitze, die darauf wartete, den Maestro zu begrüßen. Als unser Vater aus dem Fenster blickte und die Leute sah, wurde er bleich vor Zorn ... Er stieg aus dem Zug, ohne ein Wort zu sagen, ohne sogar nur seine Braut zu beachten, die sich an seinem Arm zu halten versuchte. Er ging in die Kirche und ließ die Hochzeitszeremonie mit verdüstertem Gesicht über sich ergehen. Beim Essen hinterher rührte er nichts an und trank nicht einmal einen Tropfen Wein. Er beachtete die Trinksprüche seiner wenigen Verwandten und Freunde

nicht und redete mit niemandem auch nur ein Wort. Es herrschte eine regelrechte Begräbnisatmosphäre. Nach dem Essen fuhren Papa und Mama in einem Wagen fort und traten ihre Hochzeitsreise [in die Dolomiten] an. Papa sagte den ganzen Tag kein Wort. Mama stammelte fortgesetzt: ›Das war die schlimmste Reise meines Lebens.‹ Gegen Abend begann sie zu weinen. Da versuchte der barsche Toscanini seine schlechte Laune zu überwinden und machte wenigstens einen Anlauf, das Schweigen zu brechen, das er bis dahin gewahrt hatte.«[53]

Toscaninis eigene Familie war zur Hochzeit nicht eingeladen gewesen. Aber weder die Störung des Turiner *Tristan* noch die seines Hochzeitstages war der aufregendste Vorfall jenes Jahres 1897. Diese Ehre gebührte Toscaninis Gastspiel in Bergamo, wo er eingeladen worden war, im August und September Donizettis *La Favorita* und *Lucia di Lammermoor* zu dirigieren. Der Komponist ist der berühmteste Sohn der Stadt, und diese Aufführungen waren zu Ehren der hundertsten Wiederkehr seines Geburtstages angesetzt worden. Der genaue Verlauf der Geschichte ist unklar; es hat jedoch den Anschein, daß das Ensemble von *La Favorita*, die am 21. August Premiere hatte, beträchtlich zu wünschen übrig ließ. Der Kritiker des *L'Eco di Bergamo* rühmte das Orchester als »ausgewogen und gut geleitet«, beklagte sich jedoch über das Ensemble, das er nicht einmal namentlich nannte, mit Ausnahme des »ausgezeichneten« Baritons Guglielmo Caruson. Della Corte und Segre zufolge fuhr Toscanini mit den Proben zu *Lucia* fort, weigerte sich aber im letzten Augenblick, die Oper auch wirklich zu dirigieren, vermutlich deshalb, weil zwei Sänger krank wurden und Toscanini mit den Ersatzvorschlägen des Impresarios nicht einverstanden war, sondern statt dessen eine Verschiebung forderte, die der Impresario ihm abschlug. Giuseppe Valdengo machte jedoch geltend, daß Toscanini ihm viele Jahre später den folgenden Bericht gegeben habe:

»Die zweite Oper sollte *Lucia* sein, mit der Sopranistin Gemma Bellincioni und ihrem Gatten, dem Tenor Roberto Stagno. Zur für die [erste] Probe festgesetzten Zeit war ich im Theater und wartete auf das Ensemble; die beiden berühmten Künstler kamen gut eine halbe Stunde zu spät. Stagno setzte sich langsam und gemächlich, und sich auf den Silbergriff seines Ebenholzstöckchens lehnend, sagte er zu mir: ›Möchten Sie *Lucia* auf die alte oder die neue Art gesungen haben?‹ Ich kannte nur eine *Lucia* – die von Donizetti. Mir ging das gegen den Strich, und ich dachte mir: Dieser Tenor ist so berühmt, daß er zwei *Lucias* kennt und ich nur eine. Ich antwortete: ›Signor Stagno, entschuldigen Sie mich einen Augenblick.‹ Ich ging hinaus und rannte die

Treppe hinab, um den Impresario aufzusuchen, dem ich sagte: ›Hören Sie, suchen Sie sich einen anderen Dirigenten, weil ich *Lucia* mit diesem Kerl nicht dirigieren mag; er kennt zwei *Lucias* und ich nur die von Donizetti.‹ Und ich verließ den Raum. Der Chorleiter Eraclio Gerbella dirigierte an meiner Stelle, und ich weiß nicht, welche der beiden *Lucias* aufgeführt wurde.«[54]

Welches auch immer die Wahrheit gewesen sein mag – das Ergebnis sah jedenfalls so aus:

»*L'Eco di Bergamo*, 7. September ... Am Samstagabend ereignete sich im Publikum ein Tumult, wie ihn das alte Theater unseres Erachtens wohl noch nie gesehen hat. Es gab einen regelrechten Aufstand gegen die Truppe, der maßlose Mißachtung des bergamaskischen Publikums vorgeworfen wurde ... Die gewalttätigen Szenen jenes Samstages waren, mehr als nur die Auswirkungen einer Regung spontaner Enttäuschung, das Ergebnis einer Unzufriedenheit, die bis zu den ersten Vorstellungen der laufenden Saison zurückreicht ... Wer ist da zu tadeln? Um der Wahrheit die Ehre zu geben, muß darauf hingewiesen werden, daß das Publikum etwas enttäuscht war, beim Eintritt ins Theater im Foyer einen gedruckten Anschlag vorzufinden, der ankündigte, daß der im letzten Augenblick erkrankte Maestro Toscanini die Leitung der Vorstellung an Maestro Gerbella, den Chorleiter, habe abtreten müssen. [Gerbella war einer von Toscaninis Lehrern am Konservatorium von Parma gewesen.] Hinweise dieser Art finden natürlich immer viele Zweifler ...«

Nach dem zweiten Akt wurden die Zuschauer so unruhig, daß von der Galerie Bänke geflogen kamen. Es mußte nach der Polizei gerufen werden, die die Vorstellung abbrach und das Theater räumte. Dennoch entschloß sich Toscanini, seinen Vertrag zu erfüllen und vor dem Verlassen der Stadt mehrere Symphoniekonzerte zu leiten. Während des ersten spärlich besuchten begann eine Clique von Verleumdern zu kreischen: »Toscanini raus! Raus aus dem Theater!« Er wandte sich dem Publikum zu, schrie: »Absurd!« und verließ die Bühne. Nachdem man ihn beruhigt hatte, ließ er sich dazu überreden, zurückzukehren und das Konzert zu beenden; aber einmal auf dem Podium, schäumte seine Wut erneut über, und er dirigierte – wie bei *Tristan und Isolde* in Turin – ganz teilnahmslos und mechanisch. Er weigerte sich, seine verbleibenden vertraglichen Verpflichtungen zu erfüllen, und reiste nach Mailand zurück.
Im Teatro Dal Verme dirigierte er von Oktober bis Anfang Dezember *La*

Bohème, Lucia di Lammermoor und *Manon Lescaut* und erlebte die wohl letzte Serata d'onore seines Lebens, bei der er, zusätzlich zur Abendvorstellung, »Siegfrieds Rheinfahrt« und die Ouvertüre zu Bedřich Smetanas *Prodaná nevěsta* leitete.
Seine dritte Saison in Turin wurde am 1. Januar 1898 mit der italienischen Premiere von Mancinellis *Ero e Leandro* eröffnet und mit Wiederaufnahmen von *Mefistofele* und *La Bohème* fortgesetzt, nach der Puccini Toscanini einen Dankesbrief schrieb und ihn einen »sublimen und unvergleichlichen Condottiere« nannte. Es folgten eine wenig wiederholte Aufführung der *Walküre* und die Uraufführung von *La Camargo*, der Oper eines gewissen Enrico de Leva; die Saison schloß mit Bellinis *Norma. Camargo* war ein Mißerfolg; ein Stück daraus – ein Menuett als Zwischenaktmusik zwischen erstem und zweitem Akt – gefiel dem Publikum jedoch so gut, daß es eine Wiederholung forderte. Toscanini bedauerte den Komponisten und wies das Orchester an, das Menuett zu wiederholen. Kaum hatten die Musiker jedoch mit der Wiederholung begonnen, als ein anderer Teil des Publikums dagegen protestierte. Toscanini brach ab, gab ein Zeichen, daß der Vorhang zum zweiten Akt in die Höhe gehen sollte – so als wollte er das Dakapo nicht zu Ende spielen –, fuhr dann aber doch mit dem Menuett fort. Die Störer waren verblüfft und verhielten sich bis zum Schluß ruhig.
Nach der Opernsaison dirigierte Toscanini vier unterhaltsame Symphoniekonzerte, in deren einem der spanische Geiger Pablo de Sarasate als Solist in Max Bruchs *Schottischer Fantasie* auftrat. Beim zweiten Konzert wurde Toscanini in die Loge von Prinzessin Elena geladen, die ihm das Cavaliere-Kreuz aushändigte; und zwei Tage nach dem letzten Konzert (19. März) schenkte Carla ihrem ersten Kind das Leben, das – nach dem Helden von Catalanis *Loreley* – den Namen Walter erhielt. Jahre später kommentierte Toscanini, im Gespräch mit B.H.Haggin, Walters Angewohnheit, zu spät zu kommen: »Er ist gut, aber nicht pünktlich. Nur einmal war er pünktlich: Ich heiratete am 21. Juni; er wurde am 21. März geboren.«[55]
Im Mai begann Toscanini eine ungeheuer anspruchsvolle Konzertreihe in Verbindung mit der Weltausstellung in Turin. Insgesamt fanden zwischen dem 1. Mai und dem 31. Oktober nicht weniger als vierundvierzig Konzerte statt, mit einer Pause von Mitte Juli bis Ende August. Laut Programmplan waren es 213 Aufführungen von 133 Werken von 54 Komponisten; 48 dieser Werke waren in Turin zum erstenmal zu hören, darunter die zweite und die vierte Symphonie von Brahms, Dvořáks *Symphonische Variationen*, Griegs *Peer-Gynt-Suite*, Schuberts *Unvollendete*, Schumanns vierte und Saint-Saëns' dritte Symphonie. Das Hauptereignis der Reihe war die italienische Erstaufführung der vier *Pezzi sacri* Verdis (26. Mai) –

das letzte bedeutende Werk des Komponisten –, die einen Monat zuvor in Paris uraufgeführt worden waren.
Beim Studium des *Te Deum* waren Toscanini einige Zweifel über leichte Tempoveränderungen gekommen, namentlich Verlangsamungen des Grundtempos, die er an manchen Stellen implizit in der Musik enthalten glaubte, die Verdi in der Partitur jedoch nicht ausdrücklich vorgeschrieben hatte. Er ließ Depanis an den Komponisten schreiben, der gerade in Genua weilte, und ihn um eine Zusammenkunft bitten. Verdi schrieb am 18. April:

> »... Maestro Toscanini und Maestro Venturi [der Chorleiter] können kommen, wann immer sie wollen. Ich bin nachmittags immer zu Hause anzutreffen.
> Ein Chor von 200 Stimmen ist meiner Meinung nach zu groß. Diese großen Massen bringen immer einen fetten und geschwollenen Klang hervor, und ihre Aussprache ist (sozusagen) zu *gottlos* ... 120 Stimmen werden ausreichen ...«[56]

In Genua wurden die Besucher aus Turin von dem alten Mann freundlich empfangen. Die Unterhaltung kam auf die *Pezzi sacri*, und Toscanini hoffte, der Komponist würde das *Te Deum* selbst auf dem Klavier spielen. Statt dessen aber sagte Verdi: »Nein, nein, spielen Sie es.« Toscanini begann und machte an einer bestimmten Stelle ein leichtes Rallentando, das in der Partitur nicht ausgedruckt war. »Bravo«, sagte Verdi. Toscanini hörte zu spielen auf und sagte: »Maestro, wenn Sie gewußt hätten, wie sehr mich das beschäftigt hat ... Warum haben Sie das Rallentando nicht ausgeschrieben?« Und Verdi antwortete: »Wenn ich es ausgeschrieben hätte, würde ein schlechter Musiker es sicher übertrieben haben; wenn aber einer ein guter Musiker ist, spürt er es und spielt es, wie Sie es getan haben, auch ohne daß es ausdrücklich schriftlich vorgezeichnet sein muß.«
Zehn Tage vor der Aufführung der *Pezzi sacri* erhielt Toscanini einen Brief von Boito:

> »Ich habe eine ganz verrückte Sehnsucht danach, eine gute Probe der drei Stücke des Maestro zu hören; teilen Sie mir doch bitte mit, an welchem Tag und zu welcher Zeit ich mir diesen Wunsch erfüllen könnte.«[57]

Und einige Tage später:

> »Sie sind zu ›intuitiv‹, um nicht gespürt zu haben, daß meine Bitte, eine Ihrer Proben besuchen zu dürfen, nur meine Absicht verschleierte, den

Maestro mit mir nach Turin zu schleifen und ihm hier, ohne daß jemand davon weiß (und damit auch ohne jede öffentliche Demonstration), das intellektuelle Vergnügen Ihrer Interpretation, Ihnen sein großes Lob und mir selbst schließlich diese doppelte Befriedigung zu verschaffen. Aber meine ganze weitsichtige Strategie führte zu nichts. Der Maestro ist nicht zu bewegen, stellt sich taub gegen Ricordis und meine inständigen Bitten und gibt nicht nach. Vielleicht hat er Angst, sich einer starken gefühlsmäßigen Reaktion auszusetzen. Sein Wille geschehe ... Ich werde jedenfalls mit einer Gruppe von Freunden die Aufführung besuchen, um Sie zu bewundern, wie ich es immer tue.«[58]

Diese äußerst freundlichen Briefe waren von Boito, der damals, im Alter von sechsundfünfzig Jahren, eine der bedeutendsten Gestalten der italienischen Musikwelt war, in aller Aufrichtigkeit gemeint. Er legte Toscanini jedoch den Hauptgrund für seine Einladung an Verdi nicht dar. Boito war nämlich kürzlich zum Vizepräsidenten des Verwaltungsrates der Scala ernannt worden und wünschte sich Verdis moralische Unterstützung zu seinem Hauptvorhaben: den einunddreißigjährigen Arturo Toscanini zum musikalischen Leiter der Scala zu machen.

III

Die Scala

Im Februar des Jahres 1776 wurde Mailands führendes Opernhaus, das Regio Ducale Teatro, durch Brand zerstört. Nach nur zwölf Tagen hatte ein Komitee von neunzig Vertretern des Adels bereits Entwürfe für den Bau eines neuen Theaters nach Wien gesandt. (Die Lombardei wurde damals von Österreich beherrscht.) Mit der vereinten finanziellen Unterstützung des österreichischen Königshauses und des Mailänder Adels und der rastlosen Anstrengung von dreihundert Arbeitern wurde das neue Gebäude, an der Stelle der früheren Kirche Santa Maria della Scala, in wenig mehr als zwei Jahren fertiggestellt. Die neue Oper entwickelte sich und genoß bald ein hervorragendes Ansehen. »Ich langte [in Mailand] um 7 Uhr abends an, todmüde, und eilte in die Scala«, schrieb Stendhal im Jahre 1817. »Ich eilte in das führende Opernhaus der Welt.« Alle vier großen italienischen Opernkomponisten des 19. Jahrhunderts – Rossini, Donizetti, Bellini und Verdi – erlebten hier die Uraufführung eines Großteils ihrer Werke, und die berühmtesten Sänger traten hier auf.
Bis zum Jahre 1815 wurde die Scala finanziell gänzlich von den »Palchettisti« betrieben – den adeligen Familien, die das Theater subventionierten und über die Abteile (palchi) oder Logen, die sie benutzten, in einer Art Erbpacht verfügten. Sie schlossen Verträge mit Impresarios, die die Opern und Ballette zu organisieren hatten und im Foyer auch ein Spielcasino betreiben durften, dessen Einkünfte die Kosten der Aufführungen mittragen halfen. Vom Jahre 1815 an stellte die österreichische Regierung eine großzügige Subvention zur Verfügung, und das Spielcasino wurde aufgelöst. Nach der Entstehung des italienischen Nationalstaates setzte auch die neue Regierung beträchtliche jährliche Zuschüsse aus. Im Jahre 1897 überließ die Krone jedoch im Zuge von Sparmaßnahmen ihr »Eigentum« – in diesem Falle ein Euphemismus für »Haftbarkeit« – der Stadt Mailand, die kurz darauf den Entschluß faßte, die Gelder anders und besser zu verwenden, und die Zuschüsse kurzerhand strich. So wurde die Scala im Juni dieses Jahres geschlossen. Am 26. Dezember, dem Tage der Eröffnung der neuen Saison, schlug jemand am Hauptportal des Theaters ein Schild mit der folgenden Aufschrift an: »Geschlossen – wegen des Todes von künstlerischem Verständnis, Bürgersinn und gesundem Menschenverstand.«

Bald darauf wurde ein Komitee gebildet, das eine Lösung des Problems erarbeiten sollte, und schließlich wurde ein radikaler Wandel in bezug auf die Leitung des Theaters ins Auge gefaßt. Die Palchettisti erhöhten ihre Beiträge, die Stadt reduzierte ihren Zuschuß, wie er vor der Schließung gewährt worden war, und es wurde eine Gesellschaft von Aktionären gebildet, die ein Stammkapital von 300 000 Lire bereitstellte. Ein Verwaltungsrat wurde bestellt – unter der Leitung von Herzog Guido Visconti di Modrone, einem der bekanntesten Aristokraten der Stadt, und mit Boito als Stellvertreter; die übrigen Verwaltungsratsmitglieder setzten sich weitgehend aus bekannten Figuren des Mailänder Musiklebens, aus Adeligen und Rechsberatern zusammen. Anstatt in jeder Spielzeit erneut die Gesuche zahlreicher Impresarios prüfen zu müssen, entschloß sich der Rat, einen professionellen Generalintendanten zu verpflichten – auf der experimentellen Grundlage eines Dreijahresvertrages; und dieser Generalintendant sollte, zusammen mit dem musikalischen Leiter, für alle Aufführungen der Spielzeit verantwortlich sein. Es wurden Konferenzen abgehalten und Verhandlungen aufgenommen, und nach einer bestimmten Zeit gingen Kandidatenvorschläge für diese Posten dem Verwaltungsrat zur Stellungnahme zu.
Ein Artikel mit dem Titel *Storia della questione della Scala* in einem obskuren Theaterjahrbuch des Jahres 1899 enthält den folgenden interessanten Abschnitt:

> »Die Nominierung von Arturo Toscanini als Dirigent wirbelte einen Sturm von Argwohn auf, und zwar nicht von Argwohn über seine künstlerische Befähigung, die zweifellos groß ist und außerhalb jeder Diskussion steht, sondern an der Eignung seiner Persönlichkeit, die, wenn man bestimmten Quellen Glauben schenken darf, zur Aufrechterhaltung der Ruhe und würdevollen Ernsthaftigkeit, die erforderlich sind, wenn die Aufführungen sich im Interesse des Verwaltungsrates fortentwickeln sollen, nicht eben die passendste ist. Die Wahl von [Giulio] Gatti-Casazza als Generalintendant wurde ebenso erbittert von manchen Mitgliedern angefochten, die der Meinung waren, der junge Bewerber bringe für ein Theater von derart großer Bedeutung nicht die hinreichende Erfahrung mit ... Es muß aber eingeräumt werden, daß diese kleinen, auf Nebenkriegsschauplätzen ausgetragenen und sicher mehr aus persönlichen denn aus künstlerischen oder geschäftlichen Gründen inszenierten Scharmützel keinen Bruch bei den Verantwortlichen bewirkten, die – ohne Falsch – die glühendsten Hoffnungen und die sichersten Garantien für das weitere Glück der Scala in diesen beiden jungen Leitern gewährleistet und verbürgt sahen.«[1]

Arrigo Boito und seine Anhänger im Verwaltungsrat bekamen ihren Willen, und der neue Plan der Reorganisation und der Schaffung einer neuen Form der Geschäftsführung wurde Ende Juni 1898 öffentlich bekannt gemacht. Tatsächlich hatte Gatti-Casazza nur eine vorhergehende Anstellung ähnlicher Art innegehabt, und zwar am Teatro Municipale in Ferrara; sie war für ihn jedoch eine sehr nützliche Lehrzeit gewesen. Obendrein hofften manche Mitglieder, daß seine Unerschütterlichkeit und sein handfester Geschäftssinn dazu beitragen würden, Toscaninis ungebärdigem Temperament und seinem Idealismus ein Gegengewicht zu bieten. Toscanini seinerseits brachte eine bereits umfassende Erfahrung mit: In den zwölf Jahren seit seinem Debüt hatte er 113 Inszenierungen und ungezählte Vorstellungen von 58 Opern geleitet – die Statistiken schwanken –, gar nicht zu reden von seinem Repertoire von 150 symphonischen Werken, das er sich in nur zweieinhalb Jahren erarbeitet hatte. Über das Partiturstudium und seine Probenarbeiten für seine weitläufigen Konzertzyklen hinaus, die er noch immer in Turin dirigierte, fiel Toscanini nun die zusätzliche Aufgabe zu, die Saison an der Scala zu organisieren. Während der einmonatigen Pause zwischen den beiden Teilen der Konzertreihe reiste er mit Carla und Walter, Ida und Enrico Polo in die Berge nahe der französischen Grenze, um zu studieren und sich den Kopf freizumachen – und erste Erfahrungen im Bergsteigen zu sammeln! Einige Einzelheiten über sein erstes alpines Abenteuer wurden viele Jahre später von dem Schweizer Musikwissenschaftler Aloys Mooser berichtet:

»In Begleitung eines schottischen Bergsteigers hatte ich den Col du Géant [im Montblanc-Massiv] während eines schrecklichen Schneesturmes erstiegen, der uns zwei Stunden zuvor überfallen hatte und nun die kleine Berghütte Torino erzittern ließ ... Nachdem wir ein Feuer angezündet hatten, [trafen wir in der Hütte mit] einem halben Dutzend Italienern zusammen, die den Weg über Courmayeur und Entrèves genommen hatten. Plötzlich rief einer von ihnen: ›He, Toscanini!‹ Der Name ließ mich die Ohren spitzen. Als Berufsmusiker hatte ich bereits mehrfach Gelegenheit gehabt, Artikel in italienischen Zeitungen zu lesen, die von einem jungen Dirigenten ebendieses Namens gesprochen hatten, der außergewöhnliches Talent an den Tag legen sollte und allgemein einer brillanten künftigen Laufbahn versichert wurde. ›Welcher Toscanini?‹ fragte ich. ›Dieser hier! Der Kleine! Der Maestro!‹ ... Ich beeilte mich, die Bekanntschaft dieses Künstlers zu machen, den mir die Vorsehung so vorausschauend über den Weg laufen ließ ... Nachdem die heiße Suppe verteilt war, streckten Toscanini und ich uns auf dem Feldbett aus, krochen nebeneinander unter eine ärmliche Decke, um besseren Schutz vor der Kälte zu haben, und begannen eine lebhafte Unterhaltung, die sich über die zweieinhalb Tage hin fortsetzte, in denen uns der Schneesturm in der Torino-Hütte gefangenhielt, während unsere Gefährten voller Mißmut Karten spielten, um sich die Zeit zu vertreiben. Nachdem ich zu erkennen gegeben hatte, daß ich damals in Petersburg lebte . . ., wo ich am Kaiserlichen Hoftheater beschäftigt war, überraschte mich seine umstandslose Frage: ›Haben Sie *Boris Godunow* gesehen?‹ Ich fiel von einem Erstaunen ins andere. Wenn es damals auch höchstens zwanzig Menschen in Westeuropa gab, die die Oper des großen Komponisten kannten, so war die Situation doch in Rußland selbst kaum ermutigender, wo die offizielle Musikwelt, der Hof, das Publikum und viele Berufsmusiker – und darüber hinaus die Mehrheit der Presse – Mussorgski für eine Art nahezu talentlosen Versager hielten, dem niemand große Bedeutung zubilligen mochte. Zu jener Zeit hatte keines seiner Werke Zugang zu den kaiserlichen Bühnen gefunden, und um *Boris Godunow* überhaupt kennenzulernen, von dem mir mein Lehrer Mili Balakirew mit entzücktem Enthusiasmus berichtet hatte, mußte ich mir die gesamte Partitur erst einmal am Klavier vorspielen . . . Und in einer Entfernung von mehr als 3000 Kilometern von Petersburg, in einer eisbedeckten Hütte, die 3350 Meter hoch gelegen war, passierte es mir, daß ein junger italienischer Musiker mit mir über dieses Werk sprach. Ich weiß nicht, wie er Kenntnis davon erhalten hatte; jedenfalls hatte er es in allen Einzelheiten studiert, seine hinreißende Größe sofort erfaßt und war von dem brennenden Wunsch erfüllt, es auf der Bühne zu sehen und zu hören. ›Eines Tages werde ich es dirigieren‹, erklärte er mir mit entschiedener Stimme . . .«[2]

In Ceresole schrieb und empfing Toscanini weiter Briefe bezüglich der Planung der Spielzeit an der Scala. Die folgenden Auszüge aus zweien dieser Briefe bezeugen nicht nur seine wache Aufmerksamkeit auf die Zusammensetzung seines Orchesters, sondern auch seine menschliche Anteilnahme am Geschick verschiedener Instrumentalisten – die sich sicherlich nicht während der Proben äußerte, zu anderen Zeiten aber ganz offensichtlich war.

»28. Juli 1898. Lieber und verdienter Professor Romeo Orsi [der erste Klarinettist und Vorsitzende des Rates des Scala-Orchesters], da ich . . . Gatti-Casazza so bald wie möglich eine vollständige Liste aller Orchestermitglieder auszuhändigen habe, wende ich mich an Sie, in der Hoffnung, daß Sie mir bei dieser heiklen Aufgabe behilflich sein werden . . . Wenn Sie mir eine vollständige Liste aller Mitglieder zukommen lassen könnten ..., wäre ich Ihnen sehr dankbar. Zugleich möchte ich Sie um einen anderen Gefallen bitten! Wenn Sie zufällig Professor Zamperoni begegnen sollten [dem ersten Flötisten], raten Sie ihm doch bitte, seine Stellung im Scala-Orchester nicht aufzugeben. Ich bin der festen Überzeugung, daß seine Gründe für einen Rücktritt, wie überzeugend und beredt sie auch vorgetragen werden mögen, doch nicht ganz annehmbar für die sind, die Professor Zamperoni gut kennen. Es mag sein, daß er an seiner Nervosität leidet, aber das ist nichts Neues, und bisher hat er immer gut gespielt. Er sagt, er sei alt; aber ich möchte wohl ein Orchester haben, das ausschließlich aus Leuten bestünde, die wie er von der alten Garde sind, aber auch spielen können wie er – und ich würde sie mit großer Begeisterung aufnehmen.

Ich weiß nicht, wo ich einen wirklich guten Baßklarinettisten hernehmen soll! Gibt es denn in Mailand keinen Klarinettisten, der auch die Baßklarinette übernehmen würde? Ich hoffe auch, daß Sonzogno sich bereitfinden wird, das erste Horn zu spielen. Können Sie mir seine Adresse geben?

Verdienter Herr Professor, entschuldigen Sie bitte alle diese Belästigungen ... Haben Sie Mitleid mit mir und seien Sie sich bewußt, daß ich glücklich wäre, Ihnen in jeder erdenklichen Weise zu Diensten zu sein. Empfangen Sie meine aufrichtigen Dankesbezeugungen und einen herzlichen Händedruck ...«[3]

Und an Zamperoni schrieb er am 17. August:

»Ihr Brief hat mich sehr unglücklich gemacht ... Eine Schande wäre es, wenn Sie den Posten verlassen sollten, den Sie zwanzig Jahre lang in Ehren ausgefüllt haben, namentlich heute, da wir alle daran arbeiten, Italiens größtes Opernhaus wieder auf die ruhmreiche Höhe seiner alten Traditionen zu führen. Liebster Professor, ich sage Ihnen mit aller Deutlichkeit, daß ich vorerst noch nicht einmal daran denken kann, einen Ersatz für Sie zu suchen. – Wer weiß denn, ob Ihre Gesundheit, die heute anfällig ist, nicht morgen wieder blühend sein wird? Empfangen Sie meine besten Wünsche im Verein mit einem warmherzigen Händedruck und schreiben Sie mir später, wenn Sie sich eines anderen besonnen haben, was für mich sehr angenehm sein wird ...«[4]

Aber alles Zureden nützte nicht: Es mußte Ersatz für Zamperoni gefunden werden. Schließlich mußten auch noch abschließende Pläne für die verbleibenden Turiner Konzerte gemacht werden. Im Juli schrieb Toscanini an Giuseppe Depanis:

»... Ich habe so wenig Neigung, nach Mailand zu gehen, daß ich in meinen Vertrag auch jene Klausel aufnehmen werde, die Ihr Brief vorschlägt. Wenn sie nicht akzeptiert wird, desto besser für mich. Joachim schrieb Polo, daß er im Herbst nicht nach Italien kommen kann, da er bereits Vorverträge für Konzerte in Deutschland abgeschlossen hat; und zudem findet die Heirat seiner Tochter zu jener Zeit statt. Diese Nachrichten mißfallen mir sehr, und ich wage schon vorauszusagen, daß unsere Verhandlungen mit den anderen Solisten ebenfalls fehlschlagen werden. Sie werden sehen, daß Saint-Saëns für diese Zeit ebenfalls besetzt ist! Wir hätten früher daran denken sollen.
... Erinnern Sie Blanchi daran, mir die Strauss- und Franck-Partituren zu schicken, sobald sie eintreffen... Sonzogno hat noch nicht geantwortet. Fontana wird besser in der Lage sein, Sie über [?] zu informieren; von mir aus können Sie ihn mit einem Tritt in den Hintern zur Hölle schicken, den Schuft!...«[5]

Die Bedingungen, auf denen Toscanini in seinem Vertrag mit der Scala bestanden hatte, beinhalteten das Recht der Auswahl von Opern, Sängern, Orchestermusikern und Bühnenbildnern sowie das Recht der Festlegung der Zahl der Aufführungen und des genauen Termins der Premiere jeder Inszenierung – gemäß dem Stand der Vorbereitungen. Kurzum, er sollte also künstlerischer Leiter sein.
Ein weiterer Brief an Depanis (14. August) befaßt sich ausführlich mit der Verpflichtung von Orchestermusikern und bergsteigerischen Eroberungen und fährt dann fort:

»Ich verlasse Ceresole wirklich ungern! Wenn ich wenigstens noch den Paradiso-Gipfel hätte bezwingen können! Ich mußte die Levanna fahrenlassen, weil meine Frau nichts davon hören wollte und mich nicht ziehen ließ, denn es ist ein schwierigerer Aufstieg... Genug. Übermorgen werde ich wieder den Taktstock statt des Alpenstoks [sic!] in die Hand nehmen, um damit die weniger gefährlichen Berge von Achtel- und Sechzehntel-Noten zu erklimmen... Ich habe an Gewicht zugenommen. Ich habe noch immer den Appetit eines Musikers...«[6]

Wieder in Turin, empfing Toscanini häufige Besuche und Briefe von seinen neuen Scala-Kollegen. Gatti-Casazza schrieb später in seinen Memoiren:

»Boito und ich diskutierten mit Toscanini die allgemeinen Richtlinien... Wir beschlossen, das jugendliche Element soweit eben möglich zu favorisieren. Auf alle Fälle stand das mehr im Einklang mit der

Jugendlichkeit von Toscanini und mir selbst... In wenig mehr als einem Monat war das Personal der verschiedenen Abteilungen – Verwaltung, Bühnenbild, Kostüme, Orchester, Chor, Ballett – ausgewählt und neuorganisiert. Im selben Zeitraum sammelten wir unser Sängerensemble.«[7]

Zusammen mit Bolzoni, Martucci und anderen bildete Toscanini die Jury eines Kompositionswettbewerbs, der Anfang Oktober in Turin stattfand, und am letzten Tag jenes Monats leitete er das (von der Königin besuchte) letzte Konzert der imponierenden Reihe. Sehr bald danach brachen er und seine kleine Familie nach Mailand auf. »Andere Städte beneideten uns darum, Toscanini zu haben«, schrieb Depanis Jahre später, »und Mailand war in der Lage, ihn in den Bannkreis der Scala zu ziehen. Daß das geschehen würde, war gleichsam vorherbestimmt: Die Scala war eines Toscanini würdig, und Toscanini war der Scala würdig. Aber es war ein schwerer Verlust für Turin...«[8]
Nach einmonatiger Probezeit wurde die Scala-Saison am 26. Dezember mit Wagners *Meistersingern* eröffnet. Das Werk war zuvor in Italien immer nur mit beträchtlichen Strichen aufgeführt worden; diese Aufführung war die erste, die es nahezu ungekürzt bot. Das Ensemble umfaßte Antonio Scotti (Sachs), Emilio de Marchi (Walter) und Angelica Pandolfini (Eva). Chorleiter war Aristide Venturi, derselbe, der bereits Chorleiter der Rossi-Truppe in Rio de Janeiro gewesen war. Die Kritiker beklagten im allgemeinen die Länge der Oper, waren mit der Aufführung jedoch zufrieden:

»Toscanini war glanzvoll... Selten habe ich das Glück gehabt, ein derart groß besetztes Orchester so homogen und klangrein spielen zu hören... Die Interpretation war wirklich hervorragend: Von seinem Gedächtnis einmal ganz abgesehen, das schlechthin unglaublich ist, widmete er sich jedem Detail mit einem Höchstmaß an Präzision und verstand sich darauf, an den entscheidenden Höhepunkten die gewünschten Effekte zu erzielen, ohne je zu übertreiben... Er erwies sich damit als äußerst feinsinniger Künstler. [Annibale Ponchielli, *Sera*, 27. Dezember]«
»Es war eine Aufführung höchsten Niveaus, wie wir sie nicht in Wien, Berlin oder Paris, ja nicht einmal in Bayreuth, dem Tempel der Wagnerianer, genießen konnten. Das Orchester war verblüffend, gut ausgewogen und wurde mit bewundernswerter Sicherheit von Maestro Toscanini geleitet... [Giulio Ricordi, *Gazzetta musicale di Milano*, 29. Dezember]«
»Die *Meistersinger*-Aufführung war sehr gut und die Vorstellung –

namentlich was das Orchester betrifft – sehr zu loben. [Gegen Ende] gab es großen Jubel um Maestro Toscanini, den inspirierten, ernsthaften, ruhigen und energischen Dirigenten. Der Hauptanteil des gestrigen Triumphes gehörte ihm. [Romeo Carugati, *Lombardia*, 26./27. Dezember]«

Unter den Neuerungen, auf denen Toscanini bestanden hatte, war ein anderer Vorhang, der sich – wie in Bayreuth – seitlich öffnete anstatt von unten nach oben, so daß das Publikum nicht zuerst nur die Füße der Sänger, dann ihre Knie, dann ihren Oberkörper usw. sah. Ebenso ordnete er an, daß im Parkett sitzende Frauen keine Hüte tragen durften und daß während der Vorstellungen das Theater verdunkelt wurde.
Wenn die *Meistersinger* ein Triumph waren, so wurde die nächste Inszenierung – Bellinis *Norma* – zum Alptraum. Toscanini hatte lange und intensiv nach einer Sopranistin gesucht, die er für fähig hielt, die anstrengende Hauptrolle mit Erfolg zu absolvieren. Schließlich verpflichtete er Ines de Frate, und die Proben gingen voran. Daß er keine größeren Katastrophen erwartete, läßt sich dem Tonfall des folgenden Briefes an Piontelli entnehmen, der, zwar undatiert, doch mit Sicherheit aus den ersten Januartagen des Jahres 1899 stammt:

». . . Cosentino [ein von Piontelli vertretener Sänger] ist angekommen und hat bereits eine Klavierprobe hinter sich gebracht. Heute abend wird er mit dem Orchester proben. Ich wußte nicht, daß Brogi [ein anderer Sänger] 1500 pro Vorstellung bekommt – Du, der Du das gewußt hast, warst schlecht beraten, nicht mehr für Cosentino zu fordern. Du mußt Dir vorstellen, daß ich, auf Druck von Gatti-Cassaccio*, gezwungen war, mein erstes Telegramm abzuschicken! Gestern abend aber, nachdem ich Deine telegraphische Information über Brogis Honorar erhalten hatte, habe ich ihm einige gepfefferte Worte zu hören gegeben und ihm erzählt, daß *Piontelli schlecht beraten war, nicht 2000 pro Vorstellung zu fordern*, und daß es mir peinlich war, ihm erlaubt zu haben, Dir in meinem Namen zu telegraphieren!
Genug. *Norma* hat Mittwoch Premiere – Donnerstag werden wir dann das Ergebnis wissen – Das Publikum ist so dumm, daß ich nicht weiß, ob ich hoffen oder bangen soll. Lebe wohl, lieber Freund; komm bald nach Mailand, um die *Meistersinger* zu hören; Du wirst sehen, daß sie Dir gefallen – abgesehen von der Länge . . .«[9]

* Ein komisches und nicht eben gutwilliges Wortspiel mit dem Namen Gatti-Casazza. *Cassa* bedeutet Behälter oder Kasten, ja sogar Registrierkasse – und das ist wohl auch die hier angestrebte Nebenbedeutung. Das Suffix *accio* verleiht einem Wort einen abschätzigen und diminutiven Aspekt.

Bei der Generalprobe von *Norma* schienen alle Beteiligten noch zu spüren, daß alles gutging. Gegen Ende des ersten Aktes aber blieb Toscanini still auf dem Podium stehen. Der alte Herzog Guido trat zu ihm und fragte, ob irgend etwas nicht in Ordnung sei. Toscanini antwortete, die ganze Aufführung sei nicht in Ordnung. Es tue ihm sehr leid, aber sie müsse abgesetzt werden.

Die Absetzung einer Inszenierung bei der Generalprobe, nach dem enormen Aufwand an Zeit und den Mühen Hunderter Beteiligter, ist etwas, dem man in den Annalen der Operngeschichte nicht eben häufig begegnet. Toscanini war jedoch zu dem Entschluß gekommen, daß die de Frate in den lyrischen Partien gut, in den mehr dramatischen aber einfach unzulänglich sei. Hätte er sich zu dieser Auffassung aber nicht bereits in einer früheren Phase der Probenarbeit durchringen können? Hätte sich nicht eine andere Norma auftreiben lassen? Die erste Frage ist schlechthin unbeantwortbar, weil wir nicht wissen, was bei den Proben vor sich ging oder wie unschlüssig Toscanini sich anfangs war, wie hart er mit sich gekämpft haben mag, einen Kompromiß mit seinen eigenen Ansprüchen zu schließen, um einer Sängerin Kummer und peinliche Situationen zu ersparen, die durchaus keine unbegabte Künstlerin war. Die Antwort auf die zweite Frage ist die, daß es wenige Tage vor der Premiere sehr unwahrscheinlich ist, eine Sopranistin zu finden, die die Norma halbwegs ordentlich singt.

Toscanini wußte sehr gut, daß er etwas höchst Fragwürdiges getan hatte, das seine Fähigkeiten in zweifelhaftem Licht erscheinen lassen und seine Position gefährden konnte, da es seinen Gegnern, die sich seiner Bestallung widersetzt hatten, direkt in die Hände arbeitete. Aber er weigerte sich, zu Kreuze zu kriechen, trotz der Bitten und Proteste von Boito, Gatti-Casazza, des Herzogs und des Verlegers Giulio Ricordi. Schließlich wurde sogar der Vorschlag gemacht, daß Toscanini von einem Stellvertreter als Dirigent ersetzt werden sollte; er erwiderte jedoch, daß die Qualität eines jeden Aspekts der Inszenierung, entsprechend den Bedingungen seines Vertrages, von ihm allein zu verantworten sei und er nicht erlauben könne, daß eine Inszenierung dem Publikum gezeigt werde, die er für wertlos hielt. Also keine *Norma.*

Das Ausmaß, in dem Toscanini für diese seine Entscheidung geschmäht wurde, läßt sich anhand eines Artikels ermessen, der am 17. Januar 1899 in einem verleumderischen, aber (in Theaterkreisen) vielgelesenen Ein-Mann-Blättchen, das sich *Il Corno* (Das Horn) nannte, ohne jedes Impressum erschien und von einem gewissen Pompeo Ferrari als Autor gezeichnet war:

»... Wer hätte vorhersehen können, daß die Scala unterm Zepter jenes kleinen Königs mit dem Namen eines Maestro Toscanini zum Narrenschiff der Kunst werden würde? – Eines Mannes, der seinen Ruhm auf die absolute Geringschätzung jeder Art von Höflichkeit und auf die Macht gegründet hat, die eine pflichtvergessene, anmaßende Einzelperson über eine künstlerische Vereinigung ausüben kann, die sich ihrerseits, auf eigene Verantwortung, zum geradezu kindisch-ängstlichen und unterwürfigen Instrument hat degradieren lassen? Wir haben es wiederholt gesagt: Wenn die Scala wirklich gerettet werden soll, so dürfen dieser Ausgeburt luziferischer Arroganz, die unvorsichtigerweise zur Leitung ihrer künstlerischen Geschicke ausgewählt wurde, keine umfassenden Vollmachten mehr gegeben werden. Toscanini muß wie jeder andere Dirigent unter Vertrag genommen werden; und entsprechend muß er, wenn er durch seine extravaganten Ansprüche den Lauf der Dinge gefährdet, von der Intendanz auch durch Amtsenthebung abberufen werden können ... Toscanini ist der absolute finanzielle und künstlerische Ruin der Scala.

Erstes Edikt seines zaristischen Regimes: Toscanini schafft sich sieben Comprimari [Sänger von Nebenrollen] vom Hals, die bereits ihr vierteljährliches Gehalt bezogen haben. Kein geringer finanzieller Schaden und eine unerklärliche künstlerische Gemeinheit. Sieben Künstler, die jetzt um den Lebensunterhalt kämpfen müssen – ruiniert; ein Schlag gegen den Verband der Theateragenten, die damit für unfähig erklärt werden, auch nur einen Comprimario aufzutreiben. [Diese Skandalblättchen wurden natürlich von Sängern und Agenten finanziert, die sie zu Publicityzwecken nutzten.]

... Toscanini, der berühmte Blaubart, versteht nur Opern zu dirigieren, die anderen unbekannt sind – etwa *Die Meistersinger* –, um seine Überlegenheit zu beweisen, und Repertoire-Opern wie *Norma* zu Fall zu bringen – um nur nicht seinen eigenen Mangel an Kenntnissen offenbaren zu müssen ... [Toscanini hatte *Norma* 1893 in Palermo und nur wenige Monate vor dem Scala-Mißgeschick auch in Turin dirigiert.]«

Viele Jahre später hörte Paul Stefan Toscanini jemandem, der von *Norma* schwärmte, entgegnen: »Haben Sie diese Oper je gehört? Ich habe sie nie so gehört, wie sie wirklich aufgeführt werden muß. Ich habe es versucht, sie herauszubringen, aber es mißlang mir. Und so mußte ich es aufgeben ...«[10]

In neue Schwierigkeiten sah er sich anläßlich der nächsten Opernproduktion der Saison verstrickt – Mascagnis neuer *Iris*. Einige Wochen zuvor war er nach Rom gereist, um die Premiere zu hören, die beinahe zu einer Katastrophe geworden wäre. Der Komponist hatte selbst dirigiert und den Sängern die Möglichkeit gegeben, ihn zu überreden, alle möglichen Transpositionen, Rhythmusänderungen und dergleichen vorzunehmen, um die Aufführung zu »erleichtern«. Später schob Mascagni den Mißerfolg natürlich den Sängern in die Schuhe, und als er Toscanini am darauffolgenden Tag im Café begegnete, bestürmte er ihn, er müsse ihnen an der Scala verbieten, »keinen guten Faden an der Musik zu lassen und sie so aufzuführen, wie wir [»wir« Komponisten] sie geschrieben haben«. Toscanini antwortete: »Mein lieber Maestro, wie können Sie von mir erwarten, dieser Künstler sicher zu sein? Dieselben, die Sie jetzt verdammen, werden auch an der Scala singen und einem ungerührt auseinandersetzen können, daß sie die Oper in genau der gleichen Weise und mit den gleichen Freiheiten unter Ihrer Leitung bestritten haben.«[11] Mascagni fand keine triftige Entschuldigung; aber schließlich verfielen die beiden Musiker auf die Idee, den Komponisten einen Brief an den Dirigenten schreiben zu lassen, in dem Toscanini »gezwungen« werden sollte, die Sänger die Musik notengetreu ausführen zu lassen. Ricordi bekam Wind von dem Plan und bat darum, den Brief an ihn zu richten, so daß er auch für andere Aufführungen benutzt werden konnte. So geschah es, und die Proben begannen. Aber Toscanini und Ricordi hatten sich, vor Mascagnis unvorhersehbaren Launen auf der Hut, noch zu einer anderen Regelung entschlossen. Am 16. Januar schrieb Mascagni an Toscanini:

> ». . . Der ›absolute Bann‹, den Signor Commendatore Ricordi über mich verhängt hat, indem er mir untersagt, zu den Proben und ersten Aufführungen nach Mailand zu kommen, hat mich berechtigterweise etwas mißtrauisch gemacht. Wenn Sie, mein lieber Toscanini, mir noch immer dieselben Gefühle entgegenbringen, die Sie mir in Rom so freundlich zum Ausdruck gebracht haben, sollten Sie mir den Freundschaftsdienst erweisen, mich diesbezüglich ins Bild zu setzen und mich rechtzeitig wissen zu lassen, wann eine kleine Reise nach Mailand und der Besuch der Generalprobe (absolut inkognito) angezeigt sind.
> Von dritter Seite erfahre ich (da der Verlag Ricordi mir gegenüber Verschwiegenheit wahrt), daß Sie sich mit Leib und Seele in die Probenarbeit und musikalische Leitung von *Iris* werfen. Das ist mir ein großer Trost. Ich danke Ihnen von ganzem Herzen . . .«[12]

Iris hatte drei Tage später Premiere; während aber die Aufführung als »ideal«, »hervorragend«, »überwältigend« und »der eigenen Version des Komponisten weit überlegen« bezeichnet wurde – eine Beurteilung, die die schädlichen Konsequenzen des *Norma*-Skandals milderte –, wurde

die Oper selbst ziemlich kühl aufgenommen. Für Mascagni war das natürlich ein doppelter Affront: Nicht nur war sein Werk glücklos; auch seine Leistung als Dirigent wurde als der Toscaninis unterlegen hingestellt. »Was das Ergebnis von *Iris* in Mailand betrifft«, schrieb der aufgebrachte Komponist am 26. Januar an Ricordi, »so bin ich sehr zufrieden, zumal wirklich alles getan wurde, um einen Schiffbruch heraufzubeschwören ... Ich allein wußte, wie *Iris* aufgeführt werden sollte; aufgrund einiger absurder Anwandlungen schien jedoch niemand anzunehmen, daß die Vorstellungen des Autors eigentlich bevorzugt berücksichtigt werden sollten und müßten. Nur Geduld!« Die letzte verrückte Wendung der Episode ereignete sich nur fünf Tage später, als Mascagni persönlich eine *Iris*-Vorstellung an der Scala besuchte. Inzwischen hatten sich Publikum und Kritiker nämlich für die Oper etwas erwärmt, und die *Gazzetta musicale* berichtete, daß Mascagni, »als Folge des beharrlichen Beifalls des Publikums und der Wünsche seiner beherzten Interpreten, sich, wenn auch zögernd, vor dem Vorhang zeigte ... und so, zusammen mit den Sängern und Maestro Toscanini, zweimal nach dem ersten, dreimal nach dem zweiten und zweimal nach dem dritten Akt herausgerufen wurde.«
Meyerbeers *Les Huguenots*, die folgende Oper, brachte keine neuen Katastrophen über die Scala; sie wurde von den Kritikern jedoch ohne Begeisterung aufgenommen, die einmütig betonten, daß die traditionellen Striche auch hier am Platze gewesen wären, daß Sänger, Chor und Orchester an manchen Stellen unsicher und bestimmte Tempi zu rasch waren. Diesmal gab Toscanini zu, daß die Kritiker teilweise recht hatten; und er entschloß sich, die Oper künftig ohne den fünften Akt aufzuführen, wie es andernorts auch üblich war.
Unglücklicherweise begann sich bald eine weitere heikle Konstellation herauszukristallisieren, die Toscanini in den kommenden Jahren erheblich belasten sollte. Seine Neuerungen in bezug auf Repertoire und Probenarbeit führten zu einer direkten Konfrontation mit Giulio Ricordi, der sich als kein leichter Gegner erwies. Der Verlag Ricordi war ein knappes Jahrhundert zuvor gegründet worden und einer der größten und prosperierendsten Musikverlage der Welt. Signor Giulio hatte die Leitung dieses Unternehmens von seinem Großvater und seinem Vater übernommen; er war daran gewöhnt, bei Komponisten, Impresarios, Darstellern und jedermann sonst in der Opernwelt größte Aufmerksamkeit und blinden Gehorsam zu finden. Toscanini war für ihn ein schreckliches Reizmittel – nicht nur, weil die beiden in mancher Hinsicht verschiedener Meinung waren, sondern auch deshalb, weil der Dirigent sich so gar nicht darauf verstand, den Anschein der Übereinstimmung zu erwecken, zu lächeln und Dinge zu beschönigen. Signor Giulio hatte von Toscanini, der jünger war als sein eigener Sohn Tito, offenbar den Eindruck, daß er entschlos-

sen war, jedermann vor Augen zu führen, wie Opern richtig auf die Bühne zu bringen seien; und wenn die Ricordi und andere nicht seiner Meinung waren, zuckte er die Achseln und verfolgte unbeirrt seinen Weg weiter. Ricordi hielt Toscanini darüber hinaus für einen unbekehrbaren Wagnerianer, und wenn er auch – als Verleger – die italienischen Rechte an Wagners Werk von Giovannina Lucca erworben hatte, so beargwöhnte er den deutschen Komponisten doch stets als eine Art modernen Attila, den man um jeden Preis in Schach halten mußte.

Das Problem hatte aber noch einen weiteren Aspekt. Signor Giulio war obendrein Sonntagskomponist und schrieb Stücke mit Titeln wie *Der gestohlene Eimer* oder *Die verliebte Pulcinella*, und zwar unter dem Pseudonym J. Burgmein. Amateure hatten gewöhnlich große Schwierigkeiten, überhaupt Aufführungsmöglichkeiten für ihre Musik eingeräumt zu bekommen; das war jedoch bei Burgmein/Ricordi offensichtlich nicht der Fall. Er hatte im vorigen Herbst an Toscanini geschrieben und ihm den Vorschlag gemacht, seine *Pulcinella* in eines seiner Turiner Konzertprogramme aufzunehmen. Hätte Toscanini abgelehnt, so wäre die Situation heikel genug geworden; er antwortete jedoch gar nicht. Schließlich hatte der alarmierte Depanis für ihn erwidert, aber Ricordi war zugetragen worden, wie die Dinge in Wirklichkeit lagen, und dieser Umstand stimmte ihn für Toscanini durchaus nicht günstig.

Sehr bald begann die einflußreiche *Gazzetta musicale di Milano*, die von Signor Giulio herausgegeben und auch teilweise geschrieben wurde, sich auf Toscanini einzuschießen. Das verstärkte zwar nicht Toscaninis Reputation, wohl aber seine Entschlossenheit. Bedauerlicher war der Umstand, daß Ricordi, einer der wenigen, der direkten und ständigen Zu- und Umgang mit Verdi hatte, das Urteil des Komponisten über Toscanini teilweise vergiftete, indem er ihm sehr einseitige Berichte über die an der Scala verwirklichten Reformen schickte. Dieser Teil des Verdischen Briefwechsels wurde zu Lebzeiten Toscaninis nicht veröffentlicht. Hätte er ihn zu Gesicht bekommen, wäre er sicher zutiefst verletzt gewesen, von der Enttäuschung des alten Mannes über ihn zu erfahren.

> »Genua, 11. Februar 1899 ... Ich hörte Berichte über die *Huguenots* an der Scala. Das ist ein erfolgreiches Ergebnis, das einem ein bemerkenswertes Crescendo vorherzusehen erlaubt. Ich war jedoch überrascht von den Kommentaren über den Chor und mehr noch von denen über das Orchester! Zum Henker! Man kann niemandem mehr glauben; aber es ist gut, Klarheit darüber zu haben, wie die Dinge wirklich stehen ...«[13]
>
> 27. Februar ... Was die Scala anbelangt, so kann ich nur meine alten Vorschläge wiederholen, einfache, aber vielleicht nützliche und unter

den gegebenen Umständen meines Erachtens auch machbare Vorschläge. Wenn Toscanini unfähig ist, so sind es die anderen noch mehr. Bald kommt die Wiederaufführung von *Falstaff.* Alles scheint sich dagegen verschworen zu haben. Falstaff [Scotti] wird (vielleicht!) gut sein, aber nicht Alice [Pandolfini]... Und beachten Sie bitte, daß die Hauptfigur von *Falstaff* eben nicht Falstaff, sondern Alice ist. Aber was soll ich dazu noch sagen? Zeitvergeudung! Vergessen Sie, daß ich es gesagt habe, und addio...«[14]

Toscanini war im Begriff, einige der Reformen zu verwirklichen, die auch Verdi sich einen Großteil seines Lebens zu verwirklichen bemüht und dann aufgegeben hatte. Vor Jahren hatte der Komponist noch an denselben Giulio Ricordi geschrieben:

»... Ich will, daß ein einziger ›Schöpfer‹ sein soll, und ich bin zufrieden, wenn man einfach und genau das aufführt, was er geschrieben hat... Ich lese oft in den Zeitungen von Wirkungen, wie sie *der Komponist gar nicht ausgedacht haben kann*; aber ich für meinen Teil habe nie dergleichen gefunden...«[15]

Und zwei Jahre nach der Premiere von *Otello* schrieb Verdi folgendermaßen an Ricordi:

»Was die Musik angeht, so sollte es nicht erforderlich sein, Zugeständnisse zu machen, weder bei der Instrumentation noch bei den Tempi... Es gibt *nur eine* Interpretation eines Kunstwerkes und darf auch *nur eine* geben... Die Vorstellung [bei der Premiere] war nichts wert, oder wenigstens war die Interpretation nicht meinen Vorstellungen entsprechend. Hinterher habe ich es bedauert – und bedaure es noch –, nicht strenger verfahren zu sein und nicht alles grundsätzlich genauer genommen zu haben.«[16]

Dieser Begriff der *einen* Interpretation meint jedoch nicht, daß ein ausführender Musiker ein Stück immer auf die gleiche Weise spielt oder gar spielen sollte, im Gegenteil: er meint, daß ein ernsthafter Musiker ständig bestrebt sein muß, einem umfassenden Verständnis jedes gegebenen Werkes und dessen bruchloser Umsetzung in die Praxis näher zu kommen.

Nach Toscaninis erstem *Falstaff* an der Scala (11. März 1899) telegraphierte Boito einen enthusiastischen Bericht an Verdi. Der alte Mann schrieb am 12. März zurück: »Ich danke Ihnen für das Telegramm und gratuliere den wackeren Darstellern.« Und an Toscanini telegraphierte er: »Danke, danke, danke.« Aber Ricordi schickte Verdi bald eine Kopie seiner eigenen Rezension, die Bemerkungen wie die folgende enthielt:

»Es ist nicht zu leugnen, daß die Samstag-Aufführung durch eine gewisse Starrheit gekennzeichnet war und dadurch einen Großteil der zuvor in derselben Oper und im selben Theater so bewunderten Effekte wieder rückgängig machte ... Wir sehen eine ernstliche Gefahr für die italienische Kunst ...«[17]

Verdi antwortete am 18. März:

»Ich habe Ihren kraftvollen und sehr schönen Artikel *(Falstaff)* gelesen. Wenn sich die Dinge so verhalten, wie Sie sie darstellen, ist es besser, zu den bescheidenen Dirigenten früherer Zeiten zurückzukehren (unter denen es doch immerhin einen Rolla, einen Festa, einen de Giovanni usw. gab). Als ich die musikalische Welt mit meinen Sünden zu schockieren begann, herrschte noch die Unsitte der ›rondos‹ der Primadonnen; an deren Stelle ist heute die Tyrannei der Dirigenten getreten! Schlimm, schlimm! Aber die erste ist noch weniger schlimm!!«[18]

Natürlich bekam Verdi nicht den Artikel von Enrico Carozzi in der *Gazzetta teatrale italiana* zu Gesicht, der nach der *Falstaff*-Premiere erschien und die Feststellung enthielt, »daß, liest man einige Zeitungsberichte zwischen den Zeilen, man beinahe sagen könnte, daß gegen Toscanini, der für drei Jahre vertraglich an die Scala gebunden ist, ein Kreuzzug im Gange ist«. Ein Kritiker, der mit Ricordi übereinstimmte (Colombani im *Corriere della Sera*), erwähnte jedenfalls, um der Wahrheit die Ehre zu geben, daß die Vorstellung »von demjenigen gutgeheißen wurde, der den Intentionen des Komponisten besser als jeder andere zum Ausdruck verhelfen konnte [nämlich Boito]«.
Massenets *Le Roi de Lahore* und Rossinis *Guglielmo Tell* beendeten die Spielzeit an der Scala – die erste Oper wurde apathisch, die zweite begeistert aufgenommen, sogar von Ricordi. Insgesamt hatten dreiundfünfzig Vorstellungen von sechs Opern stattgefunden. Die vorherrschende Einstellung zum neuen Dirigenten war die der Verblüffung: Sein Talent war erstaunlich, seine Einfälle aber häufig schockierend.
Auf diese Opernsaison folgte eine Reihe von fünf Konzerten, in deren erstem das Mailänder Publikum zum erstenmal drei der *Pezzi sacri* von Verdi hörte. Verdi hatte sich der Absicht Boitos, diese Werke an der Scala aufzuführen, ursprünglich widersetzt,

»1. weil ich nicht an die Wirkung dieser Stücke in der Scala glaube, so wie die *Aufmachung* und die gegenwärtigen Umstände sind,
2. weil der Name zu alt und langweilig ist! Es langweil auch mich, meinen Namen zu nennen.
Fügen Sie dem die Bemerkungen der Kritiker hinzu! Es stimmt, daß ich sie nicht lesen mag ...«[19]

Nach der Aufführung von *Guglielmo Tell* hatte er an Boito geschrieben:

»Von Ihnen, von anderen und sogar aus den Zeitungen habe ich von Tamagnos großem Erfolg in *Guglielmo Tell* erfahren. Das macht mich glücklich, was die Würde des Theaters betrifft. Und jetzt? – Und jetzt gibt es vernünftigerweise nur noch eines zu tun: *das Theater unverzüglich zu schließen!*«[20]

Schließlich aber gab er nach, und Boito schrieb ihm:

»Die Aufführung in den Händen von Toscanini und Venturi, die ihre Interpretation zusammen mit Ihnen selbst entwickelten und damit in Turin einen so eindrucksvollen Erfolg hatten, konnte nur hervorragend sein *und war denn auch hervorragend* ...«[21]

Ein Oratorium eines damals populären komponierenden Geistlichen namens Lorenzo Perosi – *Die Auferstehung des Lazarus* – wurde ebenfalls in die Konzertreihe aufgenommen, zusammen mit Werken von Schumann, Schubert, Brahms, Berlioz, Franck, Wagner und anderen. Das letzte Konzert fand am 11. Mai statt.
Toscanini hatte sich einem Wiener Konzertagenten anvertraut, in der Hoffnung, eine Gastverpflichtung bei den Wiener Philharmonikern zu erhalten. (Mir ist kein anderes Beispiel dafür in die Hände gefallen, daß er während seiner gesamten Laufbahn je wieder Engagements durch einen Agenten arrangiert oder zu arrangieren versucht hätte.) Der Agent, ein gewisser Herr Täncer, beschrieb »Signor Artur Toscanini« als »von ungewöhnlicher Genialität, die sich nicht nur bei der Direktion von Opernwerken, sondern auch ... bei symphonischen Werken bekundet« – kurzum: er wird genauso beschrieben wie jeder beliebige andere Klient von jedem beliebigen anderen Agenten. Das Verwaltungsbüro der Wiener Philharmoniker versah den Brief mit der folgenden Notiz: »Wird zur Kenntnis genommen 20. 5. 99.«[22] Toscanini dirigierte die Wiener Philharmoniker erst vierunddreißig Jahre später.
In Begleitung von Gatti-Casazza unternahm Toscanini im Juli seine erste Reise nach Deutschland, um die Bayreuther Festspiele zu besuchen. Er

hörte den gesamten *Ring* unter der Leitung von Siegfried Wagner, die *Meistersinger* unter Hans Richter und den *Parsifal* unter Franz von Fischer. *Parsifal* durfte damals nur in Bayreuth und nirgends sonst aufgeführt werden. Toscanini fand das Werk überwältigend, die Aufführung allerdings weniger. Er schrieb Enrico Polo eine Postkarte (28. Juli) mit einer Abbildung von Wagners Grab; darunter schrieb er: »Das ist das Grab des größten Komponisten des Jahrhunderts.«[23]

Die Scala-Saison des Jahres 1899–1900 war etwas ruhiger, aber sicher nicht weniger anspruchsvoll als die vorhergehende. Toscanini hatte sich entschlossen, die Spielzeit mit zwei Eröffnungsaufführungen beginnen zu lassen, und wählte ein Paar von erschreckend schwierigen Werken aus. Am 26. Dezember dirigierte er die erste italienische Inszenierung von *Siegfried*, die sehr herzlich aufgenommen wurde, mit Giuseppe Borgatti in der Titelrolle; und am folgenden Abend eine Wiederaufnahme von *Otello*, in der mit Tamagno in der Hauptrolle und Emma Carelli als Desdemona auch die an der Uraufführung beteiligten Sänger auftraten. Segre berichtet:

> »Während der *Otello*-Proben ergab sich eine Auseinandersetzung zwischen Toscanini und Tamagno, die an den fünf Jahre zurückliegenden Streit zwischen Toscanini und Pini-Corsi erinnerte. Tamagno beharrte darauf, daß er eine bestimmte Stelle im letzten Akt auf genau die Weise sänge, wie sie ihm Verdi bei den Proben für die Uraufführung vorgeschrieben habe ... Toscanini wies darauf hin, daß er an jenen Proben – als zweiter Cellist – ebenfalls teilgenommen hatte und sicher sei, daß *seine* Tempi genau die von Verdi geforderten seien, wie sie ja auch in der Partitur ausgedruckt stünden. Angesichts der Widerspenstigkeit Tamagnos forderte Toscanini ... den Sänger auf, mit ihm Verdi zu besuchen und ihn persönlich zu bitten, den Streit zu schlichten. Sie machten sich auf den Weg zur Wohnung des Komponisten, und Verdi gratulierte Toscanini zu der bemerkenswerten Sicherheit seines Gedächtnisses. Daraufhin nörgelte Tamagno, daß Komponisten und Dirigenten ihre Ansichten fortgesetzt änderten.«[24]

Mehrere Kritiker klagten, daß Tamagno die Rolle während der Vorstellung fortgesetzt grob überzeichnet habe. Enrico Carozzi schrieb: »Ich war gestern abend versichert, daß Maestro Toscanini dem großen Sänger bei den Proben die Sinnlosigkeit dieser Ausbrüche dargelegt haben muß. Warum aber fand er sich dann damit ab?« Davon abgesehen, war der Erfolg »triumphal« (Carlo d'Ormeville in der *Gazzetta dei Teatri*). »Nach dem vierten Akt eine außerordentliche Ovation. Und die war nur zu berechtigt.«

Als nächste Oper *Lohengrin* – von den Wagnerianern wie gewöhnlich gelobt und von den Nichtbekehrten wie d'Ormeville kaum ertragen:

»Chor und Orchester führten sich auf wie deutsche Regimenter auf dem Potsdamer Manöverfeld. Eine bis zur Perfektion ausgetüftelte Militärparade! Herzog Visconti, der in Begleitung von Maestro Boito, seinem Stabschef, die Truppenschau inspizierte, war davon höchlichst angetan. Die Heeresberichterstatter konnten die Zufriedenheit Ihrer Majestät mit dem Tagesbefehl konstatieren.«[25]

Während einer *Lohengrin*-Probe am 16. Januar stürzte ein Bote herein, der Toscanini davon in Kenntnis setzte, daß Carla eben einem Mädchen das Leben geschenkt hatte. Das Orchester gratulierte ihm; er versuchte die Probe fortzusetzen, konnte sich aber nicht mehr recht auf seine Arbeit konzentrieren. Schließlich entließ er die Musiker und eilte nach Hause, um Frau und Tochter zu sehen, der, wiederum als Tribut an das Angedenken Catalanis, der Name Wally gegeben wurde.
Nach der Uraufführung von Cesare Galeottis *Anton* kam die Mailänder Premiere von Puccinis *Tosca* (17. März), die zuerst zwei Monate zuvor in Rom gespielt worden war. Der Komponist und der Dirigent waren sich bereits im Oktober über das Ensemble einig geworden (Darclée – Tosca, Borgatti – Cavaradossi, Giraldoni – Scarpia). In einem Brief an seinen Freund Primo Levi schrieb Puccini drei Tage vor der Eröffnungsvorstellung:

»In der Scala geht alles gut. Die Aufführung wird superb ausfallen. Toscanini, die Bühnenbilder, der Chor, die Atmosphäre – hervorragend; und die Sänger machen sich in diesem gesegneten Theater besser als in anderen. Giraldoni zum Beispiel ist hier stimmlich sehr viel wirksamer – sehr viel!«[26]

Und an denselben Freund am 3. April:

»Morgen fahre ich nach Torre del Lago. *Tosca* hat sich hier allgemeine Zuneigung erworben und füllt allabendlich das Theater ... Die Eröffnungsvorstellung ist hervorragend gewesen dank Toscanini und einigen anderen, namentlich Giraldoni ...«[27]

Die Spielzeit ging mit der ersten italienischen Aufführung von Tschaikowskis *Eugen Onegin* zu Ende, die spärliches Interesse fand und es nur auf drei Vorstellungen brachte. »Das Orchester war hervorragend und wurde gewissenhaft und hingebungsvoll von Toscanini geleitet, der nach dem zweiten und dem dritten Akt zusammen mit den Sängern auf die Bühne gerufen wurde« (*Lombardia*, 8. April). Insgesamt fanden in dieser Saison achtundfünfzig Vorstellungen von sechs Opern statt.

Darauf folgte im Frühjahr eine Reihe von vier Konzerten; und während der gleichen Zeitspanne leitete Toscanini das Orchester auf einer Tournee, die nach Parma (der erste seiner wenigen beruflichen Auftritte in seiner Geburtsstadt) und in sieben weitere norditalienische Städte führte.

Unter den Mitgliedern des Verwaltungsrates der Scala befand sich auch Giuseppe Gallignani, der Direktor des Mailänder Konservatoriums, ein Musiker, den selbst Verdi sehr hoch schätzte. Gallignani war, wie sein Freund Boito, ein großer Bewunderer Toscaninis. Gegen Ende der ersten Scala-Saison des Dirigenten hatte Gallignani ihn überredet, sich zur Teilnahme am Prüfungsausschuß für die Kompositionsklasse des Konservatoriums bereitzufinden. Im nächsten Jahr ging Toscanini sogar noch weiter und leitete freiwillig zwei Konzerte gegen Ende des Schuljahres. So dirigierte er ein Studentenorchester, das, von einigen wenigen Berufsmusikern verstärkt, am 21. und 28. Juni mit Kompositionen der Studenten Arrigo Pedrollo und Italo Montemezzi ebenso wie mit kürzeren Stücken anderer Komponisten hervortrat.

Im Zuge der Vorbereitung und Planung für seine dritte Spielzeit an der Scala fand sich Toscanini bereit, die Uraufführung von Leoncavallos heute vergessener *Zazà* am Mailänder Teatro Lirico zu leiten, die am 10. November 1900 stattfand. Diese Geste stellte zeitweilig wieder ein gutes Einvernehmen zwischen ihm und Leoncavallo und seinem Verleger Sonzogno her, das nach der verräterischen Position, die er im »Kampf der beiden *Bohèmes*« eingenommen hatte, denkbar schlecht gewesen war. Die Aufführung war ein Erfolg; für Toscanini war dieses Engagement jedoch noch in einer anderen Hinsicht bedeutsam.

Die Protagonistin der Oper war die Sopranistin Rosina Storchio. In Mantua geboren, hatte sie das Mailänder Konservatorium absolviert, das sie 1890 verließ, und zwei Jahre später als Micaela in *Carmen* debütiert; zur Zeit der *Zazà*-Aufführung war sie achtundzwanzig Jahre alt und sang an den bedeutendsten Opernhäusern Italiens. Zeitgenössische Photographien zeigen sie als zierliche und schöne Person, von der gesagt wurde, daß sie eine außergewöhnlich sensible und intelligente Musikerin war. Während einer Probe des dritten Aktes von *Zazà* rief Toscanini laut: »*Das* ist eine Sängerin!« – ein bei ihm seltenes Lob. Sie verliebten sich ineinander, und obwohl die Einzelheiten ihrer Beziehung bis heute unklar sind und es wohl auch immer bleiben werden, ist doch bekannt geworden, daß sie miteinander ein Kind hatten, einen Jungen namens Giovannino, der im März des Jahres 1903 zur Welt kam. Er wurde später

jedoch von einer Lähmung befallen und starb im Alter von sechzehn Jahren. Die Storchio blieb mehrere Jahre lang Toscaninis Geliebte; beruflich traten sie bis 1915 gemeinsam in Erscheinung. Sie beendete ihre Laufbahn im Jahre 1923 und starb schließlich, nach langer und lähmender Krankheit, in völliger Vergessenheit. Ihre Beziehung wirkte sich auf das Leben der Storchio geradezu katastrophal aus und sollte auch bei Toscanini tiefe Narben hinterlassen.
Trotz seiner starken Arbeitsbelastung und seiner Affäre mit der Storchio verbrachte er viel Zeit mit seiner kleinen Familie. Wally erinnerte sich später:

> »Er fand viel Spaß daran, mit uns zu spielen. Mama erzählte, daß er, wenn er zu Hause war, sich selbst um uns Babys kümmerte. Er badete und wickelte uns und gab uns unsere Babynahrung. Er verbrachte ganze Stunden mit der Lektüre von Büchern aus dem Bereich der Pädiatrie und Kinderpflege. Ich erinnere mich an ihn als einen sehr zärtlichen Vater. Wenn er heimkam, wurde er mit Freudenschreien begrüßt ... Als wir klein waren, schrie er uns nie an. Wir wußten, was er von uns erwartete. Es gab ein Gesetz, das von jedem in unserem Haushalt einzuhalten war. Papa sagte Mama, was er von uns wünschte, und sie gab es an uns weiter. Wir waren immer folgsam, weil wir ihn bewunderten. Dies währte so lange ..., bis er nach Amerika ging [nach New York, im Jahre 1908]. Von da an wurde nahezu seine ganze Zeit von seiner künstlerischen Aktivität in Anspruch genommen, und er konnte sich um uns nicht mehr kümmern. Seitdem wurden wir von einem Kindermädchen erzogen, Nena Rama, die uns eine zweite Mutter wurde. Sie blieb immer im Dienste unserer Familie und liegt in der Nähe von Papa und Mama begraben.«[28]

Toscanini hatte geplant, seine dritte Spielzeit an der Scala wie die beiden ersten mit Wagner zu eröffnen – diesmal mit *Tristan*; aber der Tenor Borgatti erkrankte, und *Tristan* mußte durch *La Bohème* ersetzt werden, die ursprünglich die zweite Aufführung hatte sein sollen. In der Rolle des Rodolfo trat ein siebenundzwanzig Jahre alter Neapolitaner namens Enrico Caruso auf, der sein Debüt an der Scala gab. Auch er litt unter Fieber, Erschöpfung und heftiger Nervosität und hatte sich mit Toscanini in eine Auseinandersetzung über die Frage eingelassen, ob er die Generalprobe mit halber oder ganzer Stimmkraft durchsingen sollte. (Toscanini bestand darauf, daß die Sänger bei jeder Probe mit voller Stimmkraft sangen; das bedeutete in jenen Tagen, da die allgemeine Reisegeschwindigkeit noch nicht ausreichte, um ihnen die schwindelerregende Zahl von Auftritten zu ermöglichen, die sie heute absolvieren können, keine Schädigung ihrer Stimmkapazität.) Die Aufführung mißlang, und Emma Carelli, die Mimi, schrieb, der Vorhang sei »nach jedem Akt in tödlichem Schweigen« gefallen. Die meisten Kritiker waren einsichtig und lobten das hervorragende Spiel des Orchesters; aber Giulio Ricordi faßte die Gelegenheit beim Schopf, über Toscanini herzuziehen. Am Tage nach der Eröffnungsvorstellung schickte Puccini dem Dirigenten einen Zettel:

> »Heute abend beginne ich freier zu atmen; ich stehe im Begriff, für zwei oder drei Tage aufs Land zu reisen. Gestern abend verließ ich gegen Anfang des letzten Aktes das Theater und verabschiedete mich nicht von Dir, wie ich es gewünscht hätte. Entschuldige, ich war zu betrübt ... Für die zweite Vorstellung kümmere Dich bitte besonders um die Carelli, ihr Kostüm und ihre Schminke. Bitte sie, ihre Rolle ein wenig sinngemäß auszuspielen und ... ihren Part nicht so müde herunterzuhaspeln. Ich kann Dir für all die Mühe, die Du Dir mit dieser meiner Oper gemacht hast, nur dankbar sein ...«[29]

Die folgenden Vorstellungen gerieten viel besser.
Nachdem Borgatti wiederhergestellt war, hatte *Tristan* am 29. Dezember Premiere und wurde zu einem außergewöhnlichen Erfolg. (Amelia Pinto sang die Isolde.) Siegfried Wagner, der Sohn des Komponisten, war bei der Vorstellung am 12. Januar des Jahres 1901 anwesend und angesichts des gebotenen Maßes an Perfektion sichtlich überrascht. Er zögerte nicht, Toscanini seine Bewunderung zum Ausdruck zu bringen, der darüber sehr befriedigt gewesen sein muß. Bei seinem Bayreuth-Besuch im Jahre 1899 hatte Toscanini eine Begegnung mit Cosima Wagner ausgeschlagen, »weil sie sich wie eine Königin aufführte«;[30] als Siegfried seiner Mutter aber über den Scala-*Tristan* berichtete, sandte sie dem Dirigenten nichtsdestoweniger einen Dankesbrief (18. Januar):

> »Mein Sohn hat mir einen Bericht über die *Tristan*-Vorstellung gegeben, die er in Mailand besucht hat, und er hat mir so viel Gutes davon erzählt, daß ich es mir zur Pflicht mache, Ihnen die Zufriedenheit zum Ausdruck zu bringen, die ich verspüre, wenn ich weiß, daß ein derart schwieriges Werk auf einer ausländischen Bühne mit aller Sorgfalt aufgeführt worden ist.
> Mein Sohn hat mir den peinlich genauen Eifer gerühmt, den Sie den Probenarbeiten gewidmet haben, ebenso das ausgezeichnete Ergebnis, zu dem dieser Eifer geführt hat, wenn er sich mit Ihren Fähigkeiten als Dirigent vereint. Er wußte mir auch zu berichten, daß die Sänger ihre Rollen vollkommen beherrschten und sie mit Leidenschaft und Begeisterung vortrugen.

> Schließlich erzählte er mir mit großer Befriedigung von den Bühnenbildern, die der Begabung des Herrn Fortuny [ein italo-spanischer Bühnenbildner] zu verdanken sind. Und als Krönung alles dessen rühmte er die Aufmerksamkeit der Zuschauerschaft, die intelligente Lebhaftigkeit des Publikums.
> Alle diese Anzeichen für Ihren Respekt und Ihre Eingenommenheit für das unvergleichliche Werk, dem Sie sich mit so viel glühendem Eifer gewidmet haben, haben meinen Sohn zum glücklichen und dankbaren Zeugen gemacht, und aus der Entfernung stimme ich in seine Befriedigung ein.«[31]

Nachrichten über diese Aufführung erreichten sogar Amerika. Am 10. Februar berichtete die *New York Times*:

> »An der Scala hat sich Toscanini ein Beleuchtungsarrangement zurechtgelegt, mit Hilfe dessen alles Licht von einer Seite auf die Bühne konzentriert und doch mit hinreichender Leuchtkraft gebündelt werden kann, um zu dunkle Schatten zu vermeiden. Als dieser Plan bei der... Aufführung von *Tristan und Isolde* in die Tat umgesetzt wurde..., hatten alle deutschen Bühnenintendanten ihre Vertreter geschickt, um die Wirkungsweise zu beobachten. Er muß sehr erfolgreich gewesen sein. Siegfried Wagner, der anwesend war, ... äußerte sich Toscanini gegenüber dahingehend, daß die Aufführung sogar die von München oder Berlin in den Schatten stellte.«

Über das Beleuchtungssystem hinaus war eine weitere Neuerung, die Toscanini zu der Zeit in die Tat umsetzte, die Streichung des traditionellen Balletts nach der jeweiligen Oper, und zwar an Abenden, wo Werke von Wagner oder andere lange Opern auf dem Spielplan standen – eine Tradition, die ihn seit seiner Zeit als Orchestermusiker verdrossen hatte. Er brauchte die Ballette nicht zu dirigieren; er spürte jedoch, daß es grausam war, das Orchester bis an den Rand der Erschöpfung zu treiben, und daß die Aufeinanderfolge von Oper und Ballett die Aufnahmebereitschaft für beide eher beeinträchtigte. Schließlich wurden Ballettaufführungen in separaten Abendvorstellungen gegeben.
Mascagnis letztes Produkt, *Le Maschere*, wurde am 17. Januar in sieben italienischen Städten zugleich uraufgeführt – ein typischer zirkusähnlicher Publicity-Rundschlag seitens des Komponisten, den ein Kritiker einmal einen »Handlungsreisenden in Sachen seiner eigenen Kunst« nannte. Sechs der sieben Aufführungen mißlangen völlig, darunter auch die Mailänder. Es wiederholte sich also die *Iris*-Affäre, diesmal allerdings noch eindeutiger: Toscanini und das Ensemble wurden gerühmt, Mascagni und

seine Oper verdammt. Diesmal konnte sich Mascagni aber auch nicht damit rechtfertigen, daß Toscanini alles verdorben habe, weil er einige Proben selbst besucht und unmittelbar danach geäußert hatte: »Ich fand in Toscanini einen unübertrefflichen Dirigenten und Interpreten, und die Sänger [Caruso, Carelli u. a.] waren dieses Meisters würdig.«[32] D'Ormeville lobte Toscanini in der *Gazzetta dei Teatri* und fügte hinzu: »Er war nicht in der Lage, *Le Maschere* zu retten; aber nicht einmal der Herr in seiner unbegrenzten Macht wäre dazu fähig gewesen...«
Zwei oder drei Tage nach der Premiere suchte Toscanini Verdi auf, der einen Teil des Winters im Hotel Milan in unmittelbarer Nähe der Scala verbrachte. Der nunmehr siebenundachtzigjährige Komponist hatte von *Le Maschere* gehört und fragte, wie Mascagni denn die Rolle des Tartaglia, eines Stotterers, behandelt habe. »Er läßt ihn stotternd singen, etwa so«, antwortete Toscanini und sang ein oder zwei Stellen vor. Verdi machte dagegen geltend, daß Stotterer, wenn sie singen, durchaus nicht stottern. Als Toscanini ihm berichtete, daß die Stelle, die am meisten Beifall gefunden hatte, die Pavane im zweiten Akt gewesen sei, fragte Verdi matt: »Was ist denn eine Pavane?« Dann, mit einem plötzlichen Anflug von Einsicht: »Ach ja, jetzt verstehe ich.« Toscanini ging, bekümmert, den alten Mann am Rande des beginnenden Verfalls zu sehen. Sein Besuch fand am 19. oder 20. Januar statt. Am 22. erlitt Verdi einen Gehirnschlag und starb fünf Tage später.
Die Scala schloß ihre Pforten zum Zeichen der Trauer, und am 1. Februar dirigierte Toscanini ein Gedenkkonzert mit Ausschnitten aus sieben Verdi-Opern, mit zehn Solisten, darunter Caruso, Borgatti und Tamagno. Der Komponist hatte letztwillige Verfügungen hinterlassen, die eine öffentliche Beisetzung untersagten, und sein Wunsch wurde respektiert; einen Monat später aber, als die Leichname Verdis und seiner Gattin vom Mailänder Cimitero Monumentale in ein besonderes Grabmonument im Altersheim für bejahrte Musiker überführt wurden, das er an der Piazza Buonarotti hatte erbauen lassen, fand sich ein Großteil der Bevölkerung der Stadt – überdies Besucher aus ganz Italien und aus dem Ausland, die der Prozession folgten – zu einer ergreifenden Demonstration von Liebe und Trauer zusammen. Von einer Plattform gegenüber dem Friedhof aus dirigierte Toscanini ein Orchester und einen achthundertstimmigen Chor in »Va pensiero sull'ali dorate« aus Verdis Oper *Nabucco* – ein Auftritt, der nach der Abendvorstellung in der Scala wiederholt wurde.
Die vierte Oper der laufenden Spielzeit war Karl Goldmarks *Die Königin von Saba*, auf die Donizettis *L'Elisir d'Amore* folgte.

»Toscanini probte und dirigierte diesen Liebestrank mit derselben Gewissenhaftigkeit, mit dem er auch jenen anderen auf die Bühne gebracht hatte [d. h. natürlich *Tristan*]. Im Orchester wurde alles deutlich, klar und sauber gespielt; es fehlte weder an Geist noch an Aufrichtigkeit und durchdachter Mäßigung hinsichtlich der Effekte. [Gustavo Macchi, *Tempo*, 18. Februar.]«

L'Elisir d'Amore war Carusos erster großer Triumph an der Scala. Gatti-Casazza berichtet, daß Toscanini, bevor er mit dem Ensemble vor den Vorhang trat, den Tenor umarmt und zu ihm, Gatti-Casazza, gesagt habe: »Bei Gott, wenn dieser Tenor weiter so singt wie hier und heute, wird die ganze Welt über ihn reden!«[33] Viele Jahre später erzählte Toscanini Haggin:

»Ich schrieb an Boito: ›Du mußt in die Scala kommen und *L'Elisir d'Amore* mit dem jungen Tenor hören, der wie ein Engel singt!‹ Aber schon 1901 ist alles ganz anders; und in New York...! Ich sagte ihm: ›Ja, Sie verdienen viel Geld – aber nein! *nein! NEIN!!*‹«[34]

Neben Caruso trat in der nächsten Inszenierung – Boitos *Mefistofele* – als Sänger der junge russische Bassist Fjodor Schaljapin hervor, der sein Debüt an der Scala gab. Er hinterließ einen interessanten Bericht über seine erste Begegnung mit Toscanini in seiner (zusammen mit Maxim Gorki geschriebenen) Autobiographie:

»Der Dirigent schaute mich ganz ungebärdig an. Ein Mann von wenig Worten, kaum je lächelnd, wies er die Sänger barsch zurecht und schonte keinen. Hier war ein Mann, der sein Handwerk wirklich verstand und keinen Widerspruch duldete. Ich erinnere mich, daß er sich einmal mitten in einer [Klavier-]Probe mir zuwandte und mich mit rauher Stimme fragte, ob ich vorhabe, die ganze Oper so zu singen, wie ich es gerade bei der Probe tat [nämlich verhalten, mit halber Stimme]. ›Nein. Sicher nicht‹, sagte ich, peinlich berührt. ›Gut‹, erwiderte er, ›ich habe nicht die Ehre gehabt, nach Rußland zu reisen und Sie dort singen zu hören. So kenne ich Ihre Stimme nicht. Seien Sie doch bitte so freundlich, so zu singen, wie Sie es auch in der Vorstellung tun wollen.‹

Ich merkte, daß er recht hatte, und sang mit voller Stimmstärke. Andere Sänger unterbrach er oft und gab ihnen Ratschläge; aber zu mir sagte er kein einziges Wort. Ich wußte nicht, wie ich das auffassen sollte, und es hinterließ bei mir ein bestimmtes Unsicherheitsgefühl.

Am nächsten Tag war erneut eine Probe angesetzt... [die] mit dem Prolog begann. Ich gab ihn mit voller Stimmstärke, und als ich fertig war, machte Toscanini eine kleine Pause, ließ die Hände auf den Tasten

ruhen, neigte den Kopf ein wenig nach vorn und sagte, mit sehr rauher Stimme, nur ein einziges Wort: ›Bravo.‹ Das war für mich ganz unerwartet ... Von diesem Erfolg beflügelt, sang ich mit riesiger Begeisterung weiter, aber Toscanini sagte weiter kein Wort mehr.
Bei den Bühnenproben ... kam Toscanini und beobachtete mich, wies mich an, mich so oder so oder wieder anders hinzustellen, so oder so zu sitzen, aber nicht so. Er ließ mich nach Korkenzieher-Art ein Bein ums andere schlingen oder die Arme nach Napoleon-Manier halten. Ich erhielt also Unterricht in der Technik von Provinztragöden – etwas, mit dem ich bereits nur zu gut vertraut war. Wenn ich ihn fragte, warum diese oder jene Pose nötig sei, sagte er mit der größten Selbstsicherheit: ›Perchè questa è una vera posa diabolica‹ (Weil das eine wirklich teuflische Pose ist) ...«[35]

Schaljapin berichtet weiter, daß es ihm gelungen sei, Toscanini zu überzeugen, ihn die Rolle seiner eigenen Auffassung gemäß spielen zu lassen, und daß Toscanini sich mit dieser Auffassung schließlich auch einverstanden erklärte.
Die Aufführung war ein weiterer großer Erfolg – was von der nächsten und letzten Oper, Isidore de Laras *Messalina*, nicht gesagt werden konnte. Dieses Werk war bereits zwei Jahre zuvor in Monte Carlo aufgeführt worden. Tamagno gehörte wiederum dem Ensemble an, und Toscanini erzählte Haggin später:

»Um Tamagno zu bekommen ..., mußten wir die Calvé in Kauf nehmen ... Als sie die Oper für mich sang, spielte der Komponist den Klavierpart, und ich fragte ihn: ›Sind Sie zufrieden?‹ Er sagte: ›Ja, ich bin zufrieden.‹ Die Calvé sagte mir, wann ich zur Probe zu ihr ins Hotel kommen könne, und ich sagte, die Proben fänden bei uns im Theater statt. Sie reiste noch am selben Tage ab.‹ Und er lachte sich ins Fäustchen.«[36]

Das Publikum reagierte ungehalten auf *Messalina*, und die Oper kam über die Eröffnungsvorstellung nicht hinaus. Der Kritiker der Zeitung *Trovatore* schrieb:

»Das Orchester wurde von Toscanini in der üblichen Weise geleitet, und das heißt verblüffend. Zu schade, daß so viel Talent und so viel Kunstverstand so weitgehend vergeudet wurden.«

Toscanini hatte sich entschlossen, nach der Opernsaison im Jahre 1901 keine Konzertreihe zu leiten. Statt dessen nahm er eine Einladung an, während des Sommers am Teatro de la Ópera von Buenos Aires die Wintersaison zu dirigieren. Es ist richtig, daß Toscanini von Natur aus arbeitsbesessen war; es muß aber auch darauf hingewiesen werden, daß sein Honorar an der Scala eher bescheiden war – etwa 12 000 Lire pro Spielzeit (fünf Monate), eine Summe, die viele Sänger in zwei Wochen verdienten. Er war das Oberhaupt einer wachsenden Familie – Carla erwartete ein drittes Kind, wiederum einen Sohn, Giorgio, der im September geboren wurde –, und die Argentinier boten ihm den Gegenwert von 10 000 Lire monatlich für die Dauer von drei Monaten.

Einige der besten Sänger der Scala – darunter Caruso, Darclée, Borgatti und andere – waren zusammen mit Toscanini verpflichtet worden; gemeinsam schifften sie sich Mitte April ein. Es war Toscaninis erste Seereise nach dem Brasilien-Abenteuer, das nun schon fünfzehn Jahre zurücklag, und er genoß sie sehr. Die Saison wurde am 19. Mai mit *Tosca* eröffnet und mit *Tannhäuser, Samson et Dalila, Die Königin von Saba, Aida, Rigoletto,* Franchettis *Asrael*, L'Elisir d'Amore, Otello, Lohengrin* (mit Caruso!), *Iris, La Traviata, Tristan und Isolde*, Colombo* und *Medio Evo latino** von Ettore Panizza fortgesetzt, einem jungen Italo-Argentinier, der später Toscaninis ergebener Mitarbeiter an der Scala werden sollte.

Toscanini kehrte Mitte September nach Mailand zurück und begann unverzüglich mit den Vorbereitungsarbeiten für seine vierte Spielzeit an der Scala. (Sowohl er als auch Gatti-Casazza hatten ihre Verträge erneuert bekommen.) Wie überall und bei allen Operntruppen waren auch hier »neue« finanzielle Schwierigkeiten aufgetaucht. Diesmal fand die Scala die Lösung, einige insolvente Adelige im Verwaltungsrat durch vermögende Industrielle zu ersetzen.

Im November leitete Toscanini die Erstaufführung von Perosis Oratorium *Mosé* in der Kirche Santa Maria della Pace; einen Monat später begann die Saison mit *Die Walküre,* die die Kritiker lobten, während sie erneut die Hartnäckigkeit des Dirigenten beklagten, der keine größeren Striche zuließ. Darauf folgten im Januar Donizettis *Linda di Chamounix,* Engelbert Humperdincks *Hänsel und Gretel* und – anläßlich des ersten Jahrestages des Todes des Komponisten (27. Januar) – Verdis *Messa da Requiem.* Toscanini setzte sich zum erstenmal mit dieser Partitur auseinander. Die Kritiker waren begeistert und die Zuhörer außer sich. Nach dem Ende des »Dies irae« erhob sich das Publikum unter »Toscanini!«-Rufen und applaudierte und jubelte geradezu hemmungslos. Aber dieser ganze Aufruhr war nur ein Vorgeschmack im Vergleich zu dem, was sich vierzehn Tage später ereignen sollte.

* Argentinische Erstaufführung.

Es ist bereits erwähnt worden, daß Toscanini, wenn auch mit der Musik Verdis geboren und aufgewachsen, in Wagner doch die große Liebe seiner Jugend fand. Wir verfügen in dieser Hinsicht nicht nur über sein eigenes Zeugnis (die Postkarte aus Bayreuth an Enrico Polo), sondern auch über den Spielplan seiner ersten drei Jahre als musikalischer Leiter von Italiens größtem Opernhaus. Er hatte sich entschlossen, jede dieser drei Spielzeiten mit Wagner zu eröffnen, und auch eine vierte Wagner-Oper aufgeführt. Während dieser ganzen Zeit leitete er nur zwei Verdi-Opern – und zwar welche? *Otello* und *Falstaff* – eben die Werke, die, von ihren älteren Vorgängern durch einen großen zeitlichen Abstand und eine völlig verschiedene Kompositionstechnik getrennt, wie sie der Komponist während jener Interimsphase entwickelt hatte, nicht zum Kern, zum eigentlich »populären« Verdi-Repertoire gehörten. Natürlich hatte Toscanini während seiner Lehrjahre acht der *Otello* zeitlich vorausliegenden Werke dirigiert; aber nicht eines davon war bisher im Scala-Repertoire vertreten, noch hatte er eines davon während seiner drei Gastspiele am Turiner Teatro Regio aufgeführt.

Seine Liebe zu Wagner war sicherlich nicht der einzige Faktor, der zu dieser seiner Einstellung beitrug. Ich bin der Meinung, daß – mehr als alles andere, was sonst ins Gewicht fiel – Toscanini in seiner Haltung zu Verdis frühen und mittleren Werken zutiefst unschlüssig war. Er war aufgewachsen mit der »traditionellen« Aufführungspraxis, in der sie dargeboten wurden – mit eingeschobenen Noten und Kadenzen, mit unlogischen Transpositionen und mit Tempo-Abweichungen, die weit über die Grenzen der bloßen Modifikation oder des bloßen Rubato hinaus in den Bereich der groben Verfälschung führten. Die Opfer, die am meisten unter diesen Aufführungspraktiken zu leiden hatten, waren die drei Opern, die den künftigen Kern des italienischen Opernrepertoires bildeten: *Rigoletto, Il Trovatore* und *La Traviata*. Jedes kleine Provinztheater im Lande schnitt seine Inszenierungen dieser Werke auf die lokalen Erfordernisse zu – mit oder ohne bestimmte Instrumente, mit oder ohne bestimmte Arien oder Ensembles usw. Die Zweckmäßigkeit war zur Gewohnheit geworden, die Gewohnheit zum Brauch und der Brauch zur verfestigten Tradition – und nicht nur in den Provinztheatern. Selbst Toscanini brauchte Jahre, um zu dem Entschluß zu kommen, daß die tastend-erprobende Methode, die er anderer Musik gegenüber anwandte – die Methode, ausfindig zu machen und zu spielen, was in der Partitur stand, anstatt die Partitur den eigenen oder den Bedürfnissen und Vorlieben der anderen anzupassen –, eine gleichermaßen berechtigte und logische Verfahrensweise war, wenn es sich darum handelte, die bis zur Unkenntlichkeit verkrusteten Werke Verdis zu entschlacken. Nachdem dieser Entschluß einmal gefaßt war, war noch immer ein gewaltiger Aufwand an Mut – von Entschlossenheit und Unerbittlichkeit einmal ganz abgesehen – erforderlich, um diese Vorstellungen auch in die Praxis umzusetzen. Zu der Zeit, da ihn die Planung für seine vierte Scala-Spielzeit beschäftigte, muß er gespürt haben, daß er hinreichende Unterstützung und Wertschätzung hinter sich hatte, um das Wagnis dieses Experiments eingehen zu können; und seine Wahl fiel auf das Werk, das damals das am meisten geschundene und zerzauste des gesamten Repertoires war – *Il Trovatore.*

Als Giulio Ricordi von Toscaninis Plan hörte, setzte er sich in den Kopf, diese Aufführung zu verhindern. Während die Einstellung der meisten Mailänder Kritiker und Musiker zu Toscanini sich von anfänglichem Mißtrauen zu Bewunderung und Begeisterung gewandelt hatte, verhärtete sich Ricordi zu unversöhnlicher Opposition. Die Vorstellung, daß dieser anmaßende Dirigent, dieser Importeur einer rohen Kultur, sich jetzt anschickte, sogar *Il Trovatore* zu wagnerisieren und zu »metronomisieren«, war mehr, als er ertragen konnte. Er ließ die Scala-Intendanz davon in Kenntnis setzen, daß der Verlag Ricordi es dem Hause untersage, *Il Trovatore* auf seinen Spielplan zu setzen.

Nun war es nicht unüblich, daß Verleger einem bestimmten Theater zeitweilig die Aufführungsrechte für eine neue Oper verweigerten, wenn sie das Werk zuerst in einer anderen Stadt oder einem anderen Theater aufgeführt sehen wollten; aber *jedem* Theater, ganz abgesehen von der Scala, die Aufführungsrechte zu *Il Trovatore* – der seinen fünfzigsten Geburtstag zu feiern im Begriff war – zu verweigern, mußte als unerhörter Eingriff und als gezielter Affront gegen Toscanini aufgefaßt werden. Daraus ergab sich ein großer Aufruhr, und es läßt sich mühelos vorstellen, daß Toscaninis Art und Weise, mit dem Problem fertig zu werden, der Sache nicht eben zuträglich war. Sacchi berichtet, daß Tito Ricordi eines Tages Zeuge einer hitzigen Auseinandersetzung zwischen seinem Vater und Toscanini wurde. An einer bestimmten Stelle des Gesprächs unterbrach er und sagte: »Ihr seid beide unmögliche Charaktere!«, worauf Toscanini erwiderte: »Ja, aber ich kümmere mich um meine eigenen Angelegenheiten, während Ihr Vater seine Nase fortgesetzt in die anderer Leute zu stecken versucht!« Giulio Ricordis Eingriff erscheint besonders engherzig im Hinblick auf die unschätzbaren Dienste, die Toscanini seinem Verlag durch seine erfolgreichen Aufführungen der Werke vieler jüngerer Komponisten erwiesen hatte, die bei Ricordi erschienen waren. Toscanini weigerte sich nachzugeben. Schließlich vermochte behutsame diplomatische Aktivität seitens Boitos und anderer Ricordi umzustimmen, der, wenn auch ungnädig, sich endlich doch erweichen ließ.

Es ist schwer vorstellbar, wie Toscanini zumute gewesen sein muß, als er zur ersten Vorstellung den Zuschauerraum betrat. Ein Großteil des Publikums wußte in groben Zügen, was sich ereignet hatte. Es waren Zuhörer anwesend, die, doppelt so alt wie er, jahrzehntelang *Il Trovatore* in der à-la-mode-Form gehört hatten; ebenso war ein jüngerer Teil da, der sich aus Leuten zusammensetzte, die diese Oper einer solchen Bemühung gar nicht für wert, die sie für hoffnungslos ungeschlacht und aller musikalischen Bedeutung bar hielten. Carlo d'Ormeville, drei Jahre zuvor noch durchaus kein überzeugter »Toscaninianer«, beschrieb das Ereignis in der *Gazzetta dei Teatri*:

»Als der Vorhang über der letzten Szene des letzten Aktes fiel, sah ich Maestro Toscanini so strahlend, wie ich glaube, daß Napoleon III. nach der Schlacht von Solferino gestrahlt haben muß, als er das folgende lakonische und beredte Telegramm nach Paris schickte: ›Große Schlacht, großer Sieg.‹ ... Und Maestro Toscanini war zu Recht stolz auf den triumphalen Erfolg, weil ein Großteil dieses Erfolges ihm selbst, ihm allein zuzuschreiben war.
Wenn jemand sich eine solche brillante Wiederherstellung einer Oper vorzustellen vermag, die von den elendsten Zirkuszelten, die sich Theater nennen, traktiert und geschunden worden ist; wenn jemand das Talent hat, diese erste Szene in einer Weise – man erlaube mir das Wort – zu erschaffen, die ihr die Farbe und Atmosphäre absoluter und bestürzender Neuheit verleiht; wenn es jemandem gelingt, auch das kleinste Detail plastisch hervortreten zu lassen, jede Szene mit Leben zu erfüllen, jede Einzelheit zu beseelen; wenn jemand ein derart bewundernswertes Orchesterensemble zusammenschweißt und derart exquisite Verfeinerungen mit einem Chor erarbeitet; wenn jemand die Bühnenbildner zu einer regelrechten künstlerischen Revolution antreibt, sie auf alles hinweist, alles erklärt und ihnen beinahe sogar mit sicherer Hand selbst Federn und Pinsel führt; wenn jemand weiß, daß nur ein Künstler wie Pogliaghi mit der schwierigen Aufgabe betraut werden kann, die herkömmlichen verstaubten Helme und schleifenden Umhänge zu verbannen und ein vollständig neues und harmonisches Ensemble aufzubauen ... – es muß eingeräumt werden, daß, wenn Fortuna denn dem Wagemut zulächelt, sie – vielleicht zum erstenmal – gezeigt hat, daß sie nicht blind ist.
Maestro Toscanini verstand sich darauf, dies alles zu wollen und in die Tat umzusetzen; und ich glaube – mögen die unnachgiebigen Wagnerianer mich auch verdammen! –, daß sehr viel größeres Talent und sehr viel größere Autorität erforderlich sind, dies alles zu wollen und zu bekommen, als einen *Tristan* oder eine *Walküre* zu proben und zu dirigieren. Ich habe meine Meinung gesagt und mir Luft gemacht. Wer mag sagen, daß ich mich irre?«

Gustavo Macchi schrieb in *Tempo*:

»Noch kann man sagen, daß der Erfolg einfach auf das Konto des hohen C des Tenors oder der Bravourarien einzelner Künstler geht. Sie waren insgesamt ausgezeichnet..., zu einem wunderbaren Ensemble verschmolzen unter dem Taktstock Toscaninis, der, als Seele des ganzen Erfolges, sich Verdi ebenso treu und einfach widmete wie zuvor Wagner und Donizetti. Angesichts dieser Interpretation von *Il Trovatore* wird es niemand mehr wagen, an Toscaninis Wert, seiner Unvoreingenommenheit und seiner künstlerischen Ehre zu zweifeln.«

Einer aber zweifelte auch weiterhin: Giulio Ricordi, der in der *Gazzetta musicale* schrieb:

»Für viele ist Toscanini jetzt unfehlbarer als der Papst! Er ist augenblicklich sogar größer als Verdi selbst, der Autor von *Il Trovatore* – der ihn gleichwohl nie auf diese Weise einstudierte oder dirigierte! [Es ist unwahrscheinlich, daß Giulio Ricordi je eine von Verdi selbst geleitete *Il Trovatore*-Vorstellung gesehen hat.] Grundgütiger Himmel! Man darf den König nicht kritisieren!«

Viele italienische Musikhistoriker vertreten die Auffassung, daß diese Aufführung die »Verdi-Renaissance« – besser wäre es zu sagen: »Verdi-Wiederherstellung« – eingeleitet hat, und zwar in einem doppelten Sinne: als Wiederherstellung eines Kunstwerkes und als Wiedereinsetzung Verdis in seine ihm rechtmäßig gebührende Stellung.
Auf *Il Trovatore* folgte die höchst erfolgreiche Uraufführung von Franchettis *Germania* (11. März, mit Caruso), der sich wiederum ein selten gespieltes Werk anschloß, Webers *Euryanthe* (mit der Storchio). Dieses 1823 entstandene Werk war in Italien nie aufgeführt worden. Toscanini studierte es liebevoll ein; während aber die Ouvertüre freundlich aufgenommen wurde – tatsächlich zu freundlich –, wurde die weitere Vorstellung durch stimmgewaltige Zuhörer gestört, die Weber einer Scala nicht für würdig hielten. Alles in allem war die Eröffnungsvorstellung ein turbulentes Ereignis:

»... Nach der Ouvertüre bereitete das Publikum Toscanini eine Ovation und verlangte lärmend eine Wiederholung. Vielleicht war das zuviel verlangt; aber der Brauch der Wiederholung ist heutzutage allgemein verbreitet, und Herr im Theater ist die Zuhörerschaft. Maestro Toscanini wollte in eine Wiederholung des Stückes nicht einwilligen und fuhr fort. Das Publikum aber steigerte seine Aufforderung zur

Wiederholung, so daß der Vorhang, der schon hochgezogen war, wieder fallen gelassen werden mußte. Der Dirigent wollte die Auseinandersetzung für sich entscheiden und ließ das Orchester erneut mit den Einleitungstakten zum ersten Chor einsetzen. Neue und lautere Dakapo-Rufe. Da warf Toscanini, entrüstet, seinen Dirigentenstab hin, sprang vom Pult herunter und verließ rasch den Raum, das Orchester sich selbst überlassend.
Der unerklärliche Vorfall und das grobe Verhalten einem Publikum gegenüber, das dem jungen Dirigenten doch seine Huldigung erwiesen hatte, führten zu großer Unruhe ... War es möglich, daß eine bedeutende Persönlichkeit in einer derart hohen Stellung einem Publikum den Fehdehandschuh hinwarf, von dem er doch nur Zeichen der Ehrerbietung erhalten hatte? War Toscanini vielleicht zu einer jener altmodischen Primadonnen geworden, die, in einem Anfall von Hysterie, sich weigerten, sich und ihr Talent dem Publikum zu zeigen?
Herr Barilli trat im Namen der Scala-Intendanz vor den Vorhang und verkündete, daß der Dirigent von einer plötzlichen Indisposition befallen sei. Das wurde mit starken Zweifeln aufgenommen; als das Publikum jedoch erfuhr, daß Toscanini durch Überbeanspruchung bei Probenarbeit und Dirigententätigkeit erschöpft und überdies wegen Erkrankung seiner Frau und Kinder bekümmert sei, war der nervöse Ausbruch rasch vergeben, und als er wieder im Orchester auftauchte, begrüßten die Zuschauer ihn freundlich. Die Ouvertüre aber mußte er wiederholen, und das war das einzige Dakapo dieses Abends.
Bedauerlicherweise brachte dieser Zwischenfall das Ensemble auf der Bühne aus der Fassung, und die ganze Aufführung litt darunter.«[37]

Euryanthe brachte es nur auf drei Vorstellungen.
Im April dirigierte Toscanini vier Konzerte mit dem Scala-Orchester. Im Eröffnungsprogramm tauchten *Till Eulenspiegels lustige Streiche* auf, die so erfolgreich waren, daß sie in voller Länge und von seiten Toscaninis mit offensichtlicher Bereitwilligkeit wiederholt wurden. (Man fragt sich, wie sich die Hornisten dabei gefühlt haben mögen.) Das restliche Programm bildete Beethovens neunte Symphonie, die Toscanini zum erstenmal vollständig dirigierte, wenn er auch bereits den zweiten und den dritten Satz vier Jahre zuvor während seiner Turiner Marathon-Konzertreihe aufgeführt hatte. Erstaunlicherweise war das erst die insgesamt vierte Aufführung, die Mailand erlebte, und sie wurde mit großem Beifall aufgenommen. Nappi, der Kritiker von *Perseveranza*, trägt die für Toscanini ganz untypische Feststellung bei, er habe im *Alla marcia*-Teil des letzten Satzes Becken und große Trommel (auch den Triangel?) eliminiert – etwas, das bei ihm, soweit bekannt, nie wieder vorgekommen ist.

Im Frühjahr reiste er nach Hamburg, um dort Raoul Gunsbourgs Bühnenbilder und seine Inszenierung von Berlioz' *La Damnation de Faust* zu sehen, die er in der kommenden Saison für eine Scala-Aufführung benutzen wollte. Von Hamburg aus führte ihn seine Reise über Berlin nach Eisenach, wo er Bachs Geburtsstätte besichtigte, um dann nach Italien zurückzukehren und seine Familie nach Tai di Cadore in den Dolomiten zu begleiten. Am 26. Juni schrieb er an Polo, er möge ihm ein Exemplar eines Handbuches für Bergsteiger schicken, eilte kurz darauf aber wieder nach Deutschland, um die Bayreuther Festspiele zu besuchen. Insbesondere war er – neben dem *Ring* – wieder auf *Parsifal* gespannt, von dem er in der kommenden Saison größere Teile an der Scala aufzuführen hoffte. Von Bayreuth kehrte er wieder zu Bergtouren nach Tai di Cadore zurück; gegen Ende August tauchte er aber schon in Lugo in der Romagna auf, um eine *Aida*-Inszenierung einzustudieren und zu leiten. Dann stieß er – nach zwei Wochen Aufenthalt im Kurort Montecatini, wohl zur Linderung der Muskelschmerzen, vor allem in der rechten Schulter, die ihn sein ganzes Leben lang immer wieder plagten – in Salò am Gardasee wieder zu seiner Familie. Er kehrte mit ihr nach Mailand zurück, um die Planungen für die kommende Saison abzuschließen, die am 22. Dezember mit *La Damnation de Faust* (mit Giovanni Zenatello) eröffnet wurde.
Dieses Werk brachte es auf die schier unglaubliche Zahl von vierundzwanzig Aufführungen. Die nächste Oper aber, Verdis *Luisa Miller*, fand eine sehr geteilte Aufnahme. Romeo Carugati schrieb in *Lombardia*: »Die Aufführung ... war mittelmäßig, weil Übereinstimmung und Überzeugung fehlten.« *Mondo artistico* stellte fest, daß die Mitwirkenden, »vor allem Toscanini, zwar alle Anstrengungen unternahmen, um das Werk zu retten«, daß »die Oper, die nicht zu Verdis besten gehört, jedoch die Zuschauer langweilte ...«. *Lega lombarda* berichtete, daß »Toscanini die Handlung mit aller [Verdischen] Leidenschaft beseelte, ohne jede Art von Überschwang oder billige, manierierte Effekte zuzulassen ...«
Oceana von Antonio Smareglia erlebte am 22. Januar 1903 ihre Uraufführung. Es war ein Anfangserfolg, auf längere Sicht jedoch ein Fehlschlag; und Franchettis *Asrael*, die nächste Oper, war in der gleichen Weise erfolgreich und glücklos. Darauf folgte *Un Ballo in Maschera*, der auf ähnliche Weise analysiert, gereinigt und entschlackt worden war wie *Il Trovatore* – mit ähnlichem Ergebnis. Das einzige Werk Wagners waren in diesem Jahr das Vorspiel und der dritte Akt von *Parsifal*, die in konzertanter Form geboten und von der Mehrheit der Besucher, einen Großteil der Kritiker eingeschlossen, mit toleranter Langeweile aufgenommen wurden.
Zwischen Toscanini und der Scala-Intendanz hatten sich während der Spielzeit 1902/03 bemerkenswerte Spannungen entwickelt, die zum Teil

auf den Tod des Herzogs Guido Visconti di Modrone im November 1902 zurückgingen. Der alte Herzog war ein sehr beliebter und bürgerlich gesonnener Mann gewesen, dessen Tod sogar von der Linkspresse betrauert wurde. Er hatte der Scala immer große Geldzuwendungen und viel Zeit gewidmet, und sein Charme und seine persönliche Aufrichtigkeit hatten ihm Toscaninis Vertrauen gewonnen. Nach seinem Tod wurde der Vorsitz im Verwaltungsrat der Scala gemeinschaftlich von seinen fünf Söhnen übernommen, mit dem ältesten, Herzog Uberto, an der Spitze. Uberto war ebenso willens, alles Erdenkliche für die Scala zu tun; er war jedoch ein unverkennbarer Vertreter der feudalen Oberschicht, die das Theater als direkte Verlängerung des adeligen Salons auffaßte. Zu sagen, daß er und Toscanini sich nicht sonderlich verstanden, wäre wohl noch eine höfliche Umschreibung gewesen.

Gegen Ende der Spielzeit 1901/02 hatte sich Toscanini endlich entschlossen, um eine Honorarerhöhung nachzusuchen – etwas, das er fraglos schon zwei Jahre zuvor hätte tun können. Vermutlich hatte seine Frau ihn gedrängt, die Situation einmal realistisch ins Auge zu fassen. Er ging zu Gatti-Casazza, erinnerte ihn daran, daß er nach vierjähriger Tätigkeit noch immer nur 12 000 Lire pro Saison verdiene, und wies darauf hin, daß die Gage der Sopranistin Emma Carelli in der vorigen Spielzeit von 12 000 auf 36 000 Lire erhöht worden sei, während ihre Arbeitsleistung doch nur einen Bruchteil der seinigen ausmache. Würde es also befremdlich sein, wenn er seinerseits 20 000 Lire verlangte? Gatti-Casazza erwiderte, das würde es zweifellos nicht, und versprach, im Herbst mit dem Herzog zu reden. Inzwischen war der alte Herzog verstorben und die Angelegenheit an Uberto zur Entscheidung übergegangen. Als Giuseppe, Ubertos Bruder, Toscanini eines Abends auf dem Flur sah, berichtete er ihm, daß der Entschluß gefaßt worden sei, sein Honorar auf 18 000 Lire zu erhöhen. Das war die falsche Art von Antwort, die man einem Toscanini erteilen konnte. Er wandte Giuseppe den Rücken und ging.

Die Spielzeit wurde auf irgendeine Weise fortgesetzt – ob zu einem Honorar von 12 000, 18 000 oder 20 000, ist nicht mehr zu ermitteln, weil die Abrechnungsbelege nicht mehr existieren –, und ebenso ging Toscaninis Nervenkrieg mit dem Publikum weiter. Die einzige geplante Repertoire-Oper, die mit sicherem Publikumsinteresse rechnen konnte, war *Un Ballo in Maschera*; und als Toscanini bei der Eröffnungsvorstellung dieser Aufführung zu einer Verbeugung vor den Vorhang gerufen wurde, weigerte er sich – »wie gewöhnlich« (*Lombardia*, 12. März). Das Publikum faßte das als einen groben Akt der Unhöflichkeit auf.

Sein Privatleben glich zu der Zeit – mit der Storchio in der letzten Phase ihrer Schwangerschaft – einem Alptraum; und kaum drei Wochen nach der Geburt des armen Kindes war die *Parsifal*-Eröffnungsvorstellung zu absolvieren. Toscanini war wütend über die blasierte Aufnahme, die den Ausschnitten entgegengebracht wurde, und nach der zweiten (und letzten) Vorstellung, als eine kleine Handvoll Zuschauer nach dem Vorspiel nach einem Dakapo verlangte, bewilligte er die Wiederholung – so als wollte er der Mehrheit des Publikums die Musik geradezu entgegenschleudern. Diese Vorstellung fand am 13. April statt.

Die letzte Vorstellung der Saison überhaupt – eine Wiederholung von *Un Ballo in Maschera* – war für den nächsten Abend angesetzt. Toscanini hatte sich bereitgefunden, im Frühjahr wieder nach Buenos Aires zurückzukehren, und sein Schiff sollte am 15. April in Genua ablegen. Er hatte darum gebeten, von der letzten Scala-Vorstellung befreit zu werden – um einen seiner fähigen Stellvertreter, Pietro Sormani oder Tullio Serafin, dirigieren zu lassen. Sein Gesuch war abschlägig beschieden worden.

Toscanini leitete die Vorstellung, und alles ging gut bis zur Arie »E' scherzo od è follia« im zweiten Teil des ersten Aktes. Der *Corriere della Sera* gab in seiner Ausgabe vom folgenden Tage einen Bericht über das, was dann geschah:

> ». . . Ein Teil des Publikums verlangte eine Wiederholung der Arie . . .; da aber der Tenor, Zenatello, nicht dazu aufgelegt schien, gab Maestro Toscanini dem Orchester das Zeichen fortzufahren. Die Weigerung wurde vom Publikum teilweise mißbilligend aufgenommen, und die Forderungen nach einer Wiederholung wurden hitziger und dringlicher, während die andere Hälfte der Zuschauer die Fortsetzung der Vorstellung verlangte. Der lärmende Streit für und gegen die Wiederholung setzte sich noch geraume Zeit fort. Schließlich ging die Aufführung weiter. Nach dem Aktschluß trat ein Vertreter der Intendanz vor den Vorhang, um das Publikum davon in Kenntnis zu setzen, daß Maestro Toscanini eine blutende Verletzung erlitten habe und Maestro Sormani als Ersatz für ihn einspringen werde.
>
> Diese Erklärung wurde nicht widerspruchslos hingenommen. Dieselben Leute, die Maestro Toscanini die Verweigerung der Wiederholung angelastet hatten und ihm vorwarfen, Dakapos nur in Opern zuzulassen, die zu seinen Lieblingswerken gehörten, glaubten jetzt, daß er selbst sich habe ablösen lassen, und zwar aus Groll. Als dann also Maestro Sormani ans Pult trat, ertönte sozusagen ein Protestbeifall.«

Toscanini kam, noch immer im Frack, zu Hause an. Überrascht fragte ihn seine Frau: »Ist etwas passiert? Ist die Vorstellung schon zu Ende?« »Ja. Für mich ist sie zu Ende.«[38]

Schenkt man bestimmten Quellen Glauben, so ist die Version, daß Toscanini eine blutende Verletzung erlitten hatte, richtig: In seiner Wut war er mit der Hand in ein Fenster oder einen anderen gläsernen Gegenstand getappt und hatte sich einen kleineren Schnitt zugezogen. Jedenfalls hatte er es sich in den Kopf gesetzt, nicht mehr an die Scala zurückzukehren. Fünf Jahre waren genug gewesen – beinahe zuviel. Was er statt dessen anfangen wollte, wußte er nicht. Aber alles oder sogar nichts anderes würde besser sein, als sich wieder mit diesen Idioten abzugeben. Am nächsten Morgen brach er um sechs Uhr nach Genua auf, wo er zur Reise nach Argentinien an Bord der »Sicilia« ging – nachdem er noch ein Telegramm an die Intendanz der Scala geschickt hatte, des Inhalts, er werde nie wieder einen Fuß in dieses Haus setzen.
In Buenos Aires arbeitete Toscanini mit einer Truppe von Sängern, die unter anderen Caruso, Giuseppe de Luca, Darclée und Zenatello umfaßte. Die Saison wurde am 19. Mai mit *Tosca*+ eröffnet und mit *Germania, La Gioconda, La Damnation de Faust**+, *L'Elisir d'Amore*+, *Hänsel und Gretel*+, *Iris*+, *Rigoletto, Mefistofele*+, *Adriana Lecouvreur**+, *Aida*+, Massenets *Griselda**+, *Manon Lescaut*+, *La Traviata* und *Die Meistersinger von Nürnberg*+ fortgesetzt. De Luca sang die Rolle des Beckmesser in den *Meistersingern.* Zu Beginn des Jahres hatte der Bariton noch folgendes Telegramm an seinen Agenten geschickt:

> »Wenn auch unwillig, werde ich doch die Rolle des Bekmesser [sic!] studieren. Ich sage unwillig, weil darin Stellen vorkommen, die einem die Stimme ruinieren; aber was würde ich nicht tun, um Maestro Toscanini zu gefallen?«[39]

Während der neun Monate, die auf die Saison in Montevideo folgten, bestand Toscaninis ganze Dirigententätigkeit aus zwei Konzerten im Teatro Comunale zu Bologna, die am 29. März und 4. April 1904 stattfanden. Auf dem Programm standen seine ersten Aufführungen dreier kurzer Werke, die er künftig regelmäßig dirigieren sollte: Jean Sibelius' *Der Schwan von Tuonela*, Paul Dukas' *Der Zauberlehrling* und Smetanas *Die Moldau.*
Einige Wochen zuvor hatte – mit Campanini als Dirigenten und der Storchio in der Titelrolle – die Premiere von *Madama Butterfly* an der Scala stattgefunden. Kurz vor der Eröffnungsvorstellung hatte Puccini Toscanini gebeten, ihm seine Meinung über die Oper zu sagen. Sie trafen sich bei der Storchio, und der Komponist spielte einige sorgsam ausgewählte

* Argentinische Premiere.
+ Ebenso bei der Tournee im Teatro Solís von Montevideo, Uruguay, aufgeführt.

Ausschnitte am Klavier. Toscanini bat daraufhin, sich die Partitur ansehen zu dürfen. Er spürte sofort, daß die zweiaktige Anlage ein schwerer Verstoß war: Beide Akte waren zu lang, insbesondere der zweite. »Ich dachte sofort, diese Länge ist unmöglich«, sagte er Jahre später; »bei Wagner, ja! Bei Puccini, nein!«[40] Wohl wissend, welche niederschmetternden Auswirkungen sein negatives Urteil in diesem Proben-Spätstadium haben konnte, begnügte er sich einfach damit, die seines Erachtens starken Stellen der Partitur lobend herauszuheben, und übermittelte Puccini seine besten Wünsche. Wenn er sich auch sehnlich gewünscht haben mag, die Premiere zu besuchen, so weigerte er sich doch, die Scala wieder zu betreten. Er hatte sich möglicherweise eine gelangweilte Aufnahme der Oper erwartet; das katastrophenartige Fiasko aber, das dann wirklich stattfand, konnte er sicher nicht vorhersehen. Seine Gefühle lassen sich wohl nur erraten, als er erfuhr, daß an einer bestimmten Stelle, als auf der Bühne ein Luftzug den Kimono der Storchio aufbauschte, jemand im Publikum gerufen habe: »E' incinta! [Sie ist schwanger!] Il bambino di Toscanini!« Als die Vorstellung zur Begleitmusik von Pfiffen und Schreien von der Galerie endete, war Puccini niedergeschmettert und die Storchio völlig hysterisch. Die Oper wurde vom Komponisten später völlig überarbeitet und im Mai in einer dreiaktigen Fassung mit großem Erfolg in Brescia aufgeführt – wenn auch nicht mit Rosina Storchio.

Die Storchio war nämlich zur der Zeit in Buenos Aires, wo Toscanini eine weitere Winter-Spielzeit leitete. Diesmal hatte er Sänger wie Garbin, Amato, Borgatti, Didur, de Luca und andere zur Verfügung, und das Repertoire bestand aus *Lohengrin*⁺, *Faust*⁺, *Linda di Chamounix*⁺, Giordanos *Siberia**, *Madama Butterfly**⁺, *La Bohème, Falstaff, Wally**⁺ und *Der Freischütz* (das einzige Mal, daß Toscanini dieses Werk je dirigierte) – dazu Massenets *Manon*⁺ und fünf Opern aus der vorhergehenden Spielzeit.

Die Storchio wurde wenigstens teilweise für die Scala-Katastrophe entschädigt, als sie und die revidierte *Butterfly* vom argentinischen Publikum wärmstens aufgenommen wurden.

Im Oktober und November leitete Toscanini *Die Meistersinger* und Meyerbeers *Dinorah* im Teatro Comunale von Bologna. Marco Enrico Bossi, der Organist und Komponist, erinnerte sich, daß, als Toscanini bei der Eröffnungsvorstellung der *Meistersinger* den Taktstock hob, eine erschrockene Stimme von der Galerie gerufen habe: »Maestro, Maestro, Sie haben Ihre Noten vergessen!«

* Argentinische Erstaufführung.

⁺ Ebenso bei der Tournee im Teatro Solís von Montevideo, Uruguay, aufgeführt.

»Ich erinnere mich [fährt Bossi fort] an das Gelächter, das auf die spaßigen Geschichten folgte, die er gelegentlich nach den Proben oder Vorstellungen witzig und bildhaft in einem der Bologneser Cafés erzählte ... Die Heiterkeit verbreitete sich dann in der ganzen Truppe, der Freundeskreis wuchs und wurde seinerseits manchmal um die Kellner vermehrt, die ... taub für die Wünsche der anderen im Café verstreuten Besucher geworden waren ...«[41]

Toscanini zog im Winter 1904/05 mit seiner Familie nach Rom um. Er hatte sich mit den archäologischen und künstlerischen Schätzen der Hauptstadt vertraut machen wollen, während er sich auf Konzertverpflichtungen in den kommenden Monaten vorbereitete, und war der Meinung, daß der Umzug auch für Carla und die Kinder eine willkommene Abwechslung sein würde. Im Januar reisten sie nach Sizilien, wo Agrigent und seine Tempel, Syrakus, Taormina und andere bedeutsame Stätten besichtigt wurden. Wieder in Rom, schrieb Toscanini an einen Freund:

»Dieser angenehme und friedliche Urlaub hat mich jedoch nicht vollständig aus meiner ganzen musikalischen Arbeit herausgerissen. Ich habe einige sehr interessante Werke kennengelernt. Strauss' *Sinfonia domestica* – sein neuestes Werk – ist, vom technischen Standpunkt aus, eine bemerkenswerte Komposition, mit regelrechten Genieblitzen, aber als künstlerischer Weg sehr fragwürdig; jedenfalls ist das künstlerische Dogma, wie es dieser hochbegabte Einzelgänger aufstellt, nicht blindlings und in Bausch und Bogen annehmbar.«[42]

Toscanini machte mehrere Werke von Strauss in Italien bekannt; die *Sinfonia domestica* aber dirigierte er nie.
Im Februar leitete er zwei Konzerte an der Accademia di Santa Cecilia – sein erster Auftritt in Rom nach nahezu neunzehn Jahren. Graf Enrico di San Martino Valperga, der damalige Präsident der Accademia, schrieb in seinen Memoiren:

»Toscanini ... ging der Ruf voraus, nicht nur über die bemerkenswertesten Fähigkeiten, sondern auch über einen schrecklich schwierigen Charakter zu verfügen. Die Gerechtigkeit erfordert es jedoch darauf hinzuweisen, daß der erste Teil dieser Zuschreibung richtig, der zweite aber unbegründet ist. Wir haben in Toscanini nicht nur immer einen sehr wertvollen künstlerischen Mitarbeiter, sondern auch einen erfahrenen und einfühlsamen Berater für jedes denkbare Problem gefunden – im Theater wie im Konzertsaal.«[43]

Die Programme dieser beiden Konzerte waren inhaltlich sehr gemischt: Wagner, Berlioz, Catalani, Strauss, Beethoven, Martucci und Sibelius. Die Aufführung von Martuccis zweiter Symphonie gab Anlaß zu einem Brief (15. Februar) von Toscanini an den geschätzten Freund:

»Gestern habe ich mit den Proben zu Ihrer Symphonie begonnen, und nach zwei Stunden eifrigen Bemühens war es mir doch nicht einmal möglich, den ersten Satz zu Ende zu bringen. Was für ein schreckliches Orchester! Wie dürftig sie vom Blatt lesen können! Und sie spielen noch schlechter! Ich habe seit Jahren nichts Ähnliches dirigiert. Ich muß schon sehr weit zurückdenken, in ganz entlegene Zeiten, um mich an ähnliche Eindrücke wie die zu erinnern, die mir dieses römische Orchester vermittelt. Diese Leute haben jedes Gefühl dafür verloren, wie man – ich will nicht einmal sagen: gut, sondern auch nur korrekt – spielt. Ich habe mich selbst beinahe umgebracht bei dem Versuch, das erste Konzert zusammenzustoppeln, das das Publikum und die magna critica dann doch als sehr erfolgreich beurteilten. Und hier trifft wirklich einmal der Fall zu, daß, wer zufrieden ist, sich auch freut. Ich dagegen war angewidert.

Heute war es mir möglich, den ersten Satz besser zu Ende zu bringen und das Scherzo einmal rasch durchzugehen, das sich als weniger schwierig als der erste Satz herausstellte. Morgen werde ich erneut das Scherzo vornehmen und dann das Adagio durchgehen. Ich habe schon die Celli und die niederträchtigen Kontrabässe im Ohr, wie sie unter den paar armen Noten ihre Verwüstung anrichten. Genug, ich habe mich mit Geduld gewappnet. Ich hoffe, daß sie wenigstens hinreicht, diesen nicht guten, aber gutwilligen Spielern (denn so verhalten sie sich mir gegenüber) alles, was sie geben können, abzuverlangen. Sich vorzustellen, daß Sie die ganze Symphonie in Bologna in zwei Proben einstudiert haben!

Ich habe Graf di San Martino zu verstehen gegeben, daß für dieses Konzert acht Proben erforderlich sind; ich bin sicher, daß er mich da in irgendeiner Weise zufriedenstellen kann . . .«[44]

In den ersten Apriltagen leitete Toscanini vier Konzerte in Bologna. Unter den Werken, die zum erstenmal in seinem Repertoire auftauchten, waren Jean Sibelius' *En Saga, Tod und Verklärung* von Richard Strauss, Edward Elgars *Enigma-Variationen* und Claude Debussys *Prélude à l'après-midi d'un faune* – Komponisten, von denen besonders Debussy ihm später innerlich sehr nahe stehen sollte. Seine beiden Konzerte im Turiner Teatro Vittorio Emanuele einen Monat später umfaßten ebenfalls einige dieser Stücke.

Natürlich hatte er viel Zeit und Mühen auf die Auswahl des Repertoires für diese Konzertreihen verwendet, wie sich aus einem eher ungewöhnlichen Brief entnehmen läßt, den er am Neujahrstag des Jahres 1905 an Enrico Polo schrieb. Polo hatte bei Joseph Joachim in Berlin studiert und die weitere musikalische Entwicklung in Deutschland aufmerksam verfolgt. So war er es gewesen, der beispielsweise Toscaninis Aufmerksamkeit auf Brahms gelenkt hatte. Kurz zuvor hatte er Berichte über die Erstaufführung von Mahlers fünfter Symphonie in Köln gelesen, die im vergangenen Oktober stattgefunden hatte; er besorgte sich die Partitur und schickte sie seinem Schwager in Rom. Toscaninis Reaktion auf seine wahrscheinlich erste Begegnung mit Mahlers Werk liest sich folgendermaßen:

»... Du wirst Dir leicht vorstellen können, wieviel Freude und Neugier Deine unerwartete Sendung mir bereitete. Ich las die Partitur sofort – oder eher: ich verschlang sie; unglücklicherweise aber verflüchtigte sich bei diesem wilden musikalischen Mahl die anfängliche Freude und Neugier allmählich und verkehrte sich am Ende in traurige, sehr traurige Heiterkeit.
Nein, lieber Enrico, glaub mir, Mahler ist kein genuiner Künstler. Aus seiner Musik spricht weder Persönlichkeit noch Genie. Sie ist eine Mischung aus Italianità im Sinne von Petrella [einem populären Opern-Komponisten des 19. Jahrhunderts] oder Leoncavallo, musikalischem und instrumentalem Bombast à la Tschaikowski und bemühter Suche nach Straussschen Eigenheiten (wenn auch mit einem gegensätzlichen System prahlend), ohne doch die Originalität der beiden letzten zu haben. Bei jedem Schritt stößt man zwar nicht auf einen Gemeinplatz, aber auf irgendeine Trivialität. Sieh Dir etwa das hier an: [hier schreibt Toscanini acht Takte des wiederkehrenden Themas des Eröffnungs-Trauermarsches auf] – Petrella und Leoncavallo würden geringschätzig auf dieses hübsche kleine Marschmotiv herabsehen ... Mahler ist schamlos genug, es in den ersten Satz einer Symphonie einzufügen ... Kannst Du Dir ein schrecklicheres Gehacke vorstellen als dieses hier: [hier hat er die ersten dreizehn Takte der Blechbläser notiert – in der Partitur bei Nr. 7] – Und das alles ist mit klagenden Violinen und säuselnden Holzbläsern unterlegt ...
... Dazu kommen technische Schwierigkeit und übertriebene Proportionen. – Und damit ist die Idee einer möglichen Aufführung in Turin verblaßt. Wohin soll ich mich jetzt wenden? Tschaikowskis fünfte Symphonie und eine in d-Moll von Dvořák sollen in einigen Tagen hier eintreffen. Hoffen wir, daß wir damit mehr Glück haben. Ich warte ebenso auf die Elgar-Variationen.«[45]

Weder die Tschaikowski- noch die Dvořák-Symphonie sagten ihm zu. Das Stück von Elgar wurde dagegen zu einer Stütze seines Repertoires; von Mahler aber tauchte kein einziges Werk je in seinen Konzertprogrammen auf. Er dirigierte Leone Sinigaglias *Piemonteser Tänze* in seiner Turiner Konzertreihe; aber ein Teil des Publikums widersetzte sich der Benutzung volkstümlicher Weisen. »Der Kampfeslärm störte mehrere Minuten lang die feierliche Distinktion des Saals«, schrieb ein Kritiker.
Im Juni reiste Toscanini mit dem Turiner Orchester nach Mailand, um an der Scala zwei Konzerte zu geben – sein erster dortiger Auftritt nach mehr als zwei Jahren. Die Dinge hatten sich nach seinem Weggang nicht eben gut entwickelt: Die Orchesterdisziplin war verfallen, und die Räume hinter der Bühne waren häufig von galanten Herren überfüllt – zumeist Herzog Uberto und seine Freunde –, die Garderoben-Diners mit ihren favorisierten Sängerinnen und Balletteusen arrangierten. Campanini, Toscaninis Nachfolger, war ein sehr fähiger Dirigent; aber der Nachfolger Toscaninis zu sein, war in jedem Falle eine undankbare Aufgabe, und Dutzende und Aberdutzende anderer Dirigenten sollten das in den nächsten fünfzig Jahren ebenfalls zu spüren bekommen. Campanini gab schließlich auf, und in der Spielzeit 1905/06 wurde Mugnone sein Nachfolger. Toscaninis Wiederauftritt in Mailand, sogar an der Spitze eines »fremden« Orchesters, wurde von jenem Großteil des Publikums, das ihn im Jahre 1903 nur widerwillig hatte scheiden sehen, mit großer Erregung begrüßt. Als er die Bühne betrat, um sein erstes Konzert zu beginnen, »bereitete ihm die gesamte Zuhörerschaft eine warme, spontane, herzliche und langanhaltende Ovation« (d'Ormeville). Und der *Corriere della Sera* berichtete:

»Toscanini muß bereits jetzt zu den größten lebenden Dirigenten gezählt werden. Aber ein skrupulöses Pochen auf höchste künstlerische Ansprüche und eine beharrliche Unduldsamkeit in Hinsicht auf bestimmte Aufführungskompromisse ... haben ihn vor jeder Minderung seines Ruhmes bewahrt ... Und vielleicht eben deshalb scheint sein Ruhm blendender und reiner: Sicher ist jedenfalls, daß gerade aufgrund dieser seiner Unnachgiebigkeit seine Kunst größer und schöner gedeiht.«

Der böhmische Komponist Josef Bohuslav Förster besuchte Toscaninis Konzertproben und gab in seinen unter dem Titel *Der Pilger* erschienenen Memoiren den folgenden Kommentar:

»Toscanini spricht wenig und ist bedächtig; aber jeder Satz, sei er barsch oder von subtiler Ironie, zeigt, daß seine Gedanken von einem genau bestimmten Ziel geleitet werden: der umfassendsten aller möglichen Interpretationen. Er könnte als der ewig Unzufriedene beschrieben werden. Wenn er auch immer nach größter Präzision strebt, so ermüdet er das Orchester doch nicht ... Er beschäftigt sich mit der Bedeutung des Werkes ... Überraschend ist, daß er, selbst bei den leidenschaftlichsten Passagen, physische Ruhe bewahrt.«[46]

Toscaninis Familie verbrachte den Sommer des Jahres 1905 in Pré Saint Didier im Valle d'Aosta, von wo aus er, in Begleitung eines Bergführers, eines Trägers und Gina Mellas, einer Mailänder Verwandten von Carla, mehrere Bergbesteigungen unternahm. Die erste Expedition dauerte ungefähr drei Wochen und führte ihn über Courmayeur auf den Gipfel des Montblanc. (»Wir haben den Gipfel des Montblanc erreicht«, schrieb er auf einer Postkarte an Polo; »Dante, Beethoven, Wagner!!! Bebend vor Entzücken.«[47]) Dann stiegen sie nach Chamonix ab und kehrten über den Argentière-Gletscher, den Col Chardonnet, das Fenêtre St.-Solenar, den Lac Champey und das Ferret-Tal nach Pré Saint Didier zurück. Nach einer Ruhepause unternahm er eine weitere lange Expedition von Degioz im Valsavaranche aus und versuchte, die »schwierige und schöne« Grivola zu besteigen. Er schrieb am 25. August aus dem »ganz bezaubernden Städtchen« Cogne an Polo: »Gab die Grivola wegen eines Schneesturms auf; ich will es morgen noch einmal versuchen. Sonntag will ich auf den Herbetet und damit meine diesjährigen Touren beenden, da das Matterhorn wegen schlechten Wetters unerreichbar ist.«[48]
Von Oktober bis Anfang Dezember dirigierte Toscanini eine Reihe von Opern in Bologna: *Madama Butterfly* mit Salomea Krusceniski, *Siegfried* mit Borgatti, *Hänsel und Gretel* und die Uraufführung von Vittorio Gnecchis *Cassandra.* Der Musikwissenschaftler und Komponist Francesco Vatielli, der zu der Zeit mit dem Teatro Comunale verbunden war, schrieb:

»Bei der ersten *Siegfried*-Vorstellung in Bologna zeigte einer der Sänger (ein hervorragender sogar), der die Bretter des Comunale zum erstenmal betrat, Zeichen von großer Aufregung und Lampenfieber. Wenige Augenblicke, bevor der Vorhang sich heben sollte, ging Maestro Toscanini an ihm vorbei, ernst und verdrossen wie gewöhnlich. ›Guten Abend, Maestro‹, sagte der Sänger, ihn grüßend. ›Wie wird die Oper gehen?‹ ›Hm!‹ brummte Toscanini. ›Ich weiß es wirklich nicht. In dieser Oper kommen zu viele Tiere vor. Da sind Vögel, da ist der Drache, da ist der Bär und da sind – Sie!‹ Und er machte sich schnell davon ins Orchester.«[49]

Wenige Tage nach Schluß des Gastspiels in Bologna tauchte Toscanini in Turin auf, um zum erstenmal nach nahezu acht Jahren hier wieder im renovierten und neueröffneten Teatro Regio als Operndirigent tätig zu sein. Der Spielplan umfaßte wiederum *Siegfried* und *Butterfly* ebenso wie *La Damnation de Faust, Loreley* und *Siberia.* Von Berlioz' neuem Werk einmal abgesehen, hatte sein ursprünglicher Plan ganz anders ausgesehen: Er hatte Strauss' eben fertiggestellte Oper *Salome* aufführen wollen (die Vorbereitungen dafür konnten jedoch nicht rechtzeitig abgeschlossen werden: die Uraufführung fand erst am 9. Dezember in Dresden statt), dazu *Wally,* Mascagnis *Amico* und eine neue Oper von Giacomo Orefice mit dem Titel *Chopin* – und das alles zusätzlich zu Wagners *Ring*! Dieses letzte Projekt erwies sich als zu gewaltig, als daß es ernsthaft hätte in Angriff genommen werden können. Tatsächlich dirigierte Toscanini nie einen vollständigen *Ring* – noch leitete er je *Das Rheingold,* von einigen wenigen Ausschnitten in Konzertform abgesehen.
Auf die Turiner Opernspielzeit folgte ein Zyklus von drei Konzerten (15., 18. und 19. März) im Teatro Regio. Neu in Toscaninis Repertoire waren dabei die *Nuages* aus Debussys *Nocturnes, Don Juan* von Strauss, Borodins *Eine Steppenskizze aus Mittelasien* und Elgars *Introduktion und Allegro* für Streicher. Dann ging er mit dem Orchester auf eine zehntägige Tournee: zwei Konzerte in Mailand, drei in Venedig und je eines in Parma, Bologna, Triest, Brescia und Como.
Am 28. März starb Claudio Toscanini, sein Vater, im Alter von dreiundsiebzig Jahren; er wurde in seinem roten Garibaldi-Hemd beerdigt.
Toscaninis Familie verbrachte den Sommer des Jahres 1906 in Buenos Aires. Diesmal gehörten seiner Truppe de Luca, Anselmi, Krusceniski, Garbin, Storchio, Didur und andere an, und das Repertoire umfaßte *Rigoletto**, Wally**, Don Pasquale**, La Gioconda, Madama Butterfly**, Die Walküre, Manon**, Mefistofele, La Traviata**, Colombo, Tosca, Il Barbiere di Siviglia**, Tristan**, Don Giovanni, Loreley*** und Franchettis *Figlia di Iorio**. Es war dies das einzigemal, daß Toscanini den *Don Giovanni* leitete. Er konnte de Luca in der Titelrolle, Tolexis als Anna, Anselmi als Ottavio, Storchio als Zerlina und Didur als Leporello einsetzen. Die Aufführungsrezensionen in den Zeitungen der Zeit vermitteln – wie nahezu alle Rezensionen aller Zeiten – nur eine unklare Vorstellung davon, wie die Aufführung gewesen sein mag. *La Nación* (30. Juli) schrieb, daß de Luca dieser Rolle nicht angemessen war und Toscanini sich über das Publikum hinweggesetzt habe, als er Didur anstelle von Ercolani wählte. Alle anderen seien gut und das Orchester sehr

* Argentinische Erstaufführung.
** Ebenso bei der Tournee im Teatro Solís von Montevideo, Uruguay, aufgeführt.

klangrein gewesen. »Mit einem Wort: ein mittelmäßiger *Don Giovanni*, der einen unentschuldbaren Akt von Nichtachtung darstellt.« *La Prensa* beurteilte de Luca als »einen intelligenten Interpreten«; die gesamte Aufführung aber »als nicht völlig zufriedenstellend. Wir hielten sie für unausgeglichen, inhomogen und in vieler Hinsicht mangelhaft ... Die Inszenierung war sehr schön, und das Orchester spielte klanglich sehr differenziert.«
Kurz nach Beginn des Gastspiels in Buenos Aires erkrankte der viereinhalbjährige Giorgio Toscanini an Diphtherie; er starb am 10. Juni. Toscanini hatte dieses sein jüngstes Kind sehr geliebt; er fühlte sich nicht nur von Kummer, sondern auch von Schuldgefühlen überwältigt. Wenn er auch nicht religiös im orthodoxen Sinne war und die Geistlichkeit und die Kirche von Herzen verabscheute, so glaubte er doch an Gott, hielt sich selbst für einen Christen und hatte sich in seiner Kindheit auch manchen bäuerlichen Aberglauben angeeignet. Und da seine Kindheit von der Verantwortungslosigkeit eines vagabundierenden Vaters verdunkelt worden war, glaubte er mit um so tieferer Überzeugung an die Notwendigkeit eines stabilen Familienlebens. Er widersetzte sich kategorisch und durchaus engherzig einer Scheidung und verabscheute alles, was, seiner Meinung nach, die Ehe gefährdete. (Es ist durchaus nicht überraschend, daß die Lebensläufe mancher seiner Nachkommen schrullenhaft waren und sogar verhängnisvoll endeten.) Und doch erhielt er seine Beziehung zu Rosina Storchio aufrecht – und daneben noch zu anderen Frauen. Will man manchen Berichten Glauben schenken, so war er zum Zeitpunkt des Todes von Giorgio mit der Storchio zusammen. Legt man seinen eigenen provinziellen Standpunkt des 19. Jahrhunderts zugrunde, so war sein Verhalten moralisch verabscheuenswert. Er konnte es sich selbst nicht verzeihen; ebensowenig aber konnte er sich zügeln, was den sexuell-amourösen Bereich seines Lebens betraf. Er aß und trank äußerst wenig, schlief nur kurz, arbeitete wie ein Lasttier, mied die High Society und verlangte sich selbst immer das Äußerste ab; aber Frauen konnte er nicht widerstehen – und sie nicht ihm. Was Giorgio betrifft, so kann kaum ein Zweifel daran bestehen, daß Toscanini seinen Tod als eine Art Vergeltungsakt auffaßte.
Die arme Carla war außer sich: es war für sie ein noch härterer Schicksalsschlag als für ihren Mann. Er hatte seine Arbeit, sie nur ihre Familie. Darüber hinaus konnten ihr seine Eskapaden gar nicht verborgen bleiben, namentlich seine Affäre mit der Storchio und ihr uneheliches Kind; und als sie von dem Zwischenfall bei der *Butterfly*-Premiere erfuhr – und das heißt: als auch sie erfuhr, daß bereits jedermann darüber im Bilde war –, muß sie das schrecklich verletzt und gedemütigt haben. Sie war schließlich erst in den Zwanzigern und noch immer schön; sie vergötterte ihren

Ehemann und tat alles, um ihm das Leben zu erleichtern. Was hätte er sich mehr wünschen können? Es ist behauptet worden, daß sie ihn nach dem Tode des Kindes verlassen wollte; die Ehe wurde jedoch gekittet, und achtzehn Monate nach dem Unglück von Buenos Aires schenkte Carla einem Mädchen das Leben, das den Namen Wanda Giorgina erhielt.

Toscanini suchte seinen Kummer und seine Schuldgefühle natürlich in seiner Theaterarbeit zu ertränken. Wally hat berichtet, daß »Papa am Tage nach Giorgios Tod das Haus verließ und dirigierte. Sein Pflichtgefühl war stark bis zur Sturheit, und er schämte sich seiner Gefühle«.[50]

Die Familie Toscaninis war auf dem Wege zu ihrem scheußlichen argentinischen Sommeraufenthalt, als in der *Gazzetta teatrale italiana* (30. April) ein Artikel erschien, der berichtete, daß, nach zähen Verhandlungen, Toscanini in der kommenden Spielzeit 1906/07 an die Scala zurückkehren werde.

Unter den Bedingungen, die er gestellt hatte, war auch die offizielle Ächtung der Arienwiederholung – die schließlich eine Praxis außer Kraft setzte, die an der Scala seit 1793 Gültigkeit gehabt hatte; überdies das Verbot des Zutritts zur Bühne für jeden, der an der Aufführung nicht beteiligt war, und die Konstruktion eines Orchestergrabens. Eine Kommission, der Toscanini, Boito und Puccini angehörten, sollte über diesen letzten Punkt wachen; und die Kommission bestellte einen Architekten aus der Stadt, Cesare Albertini, der die Ausstattung der Orchestergräben der besten Opernhäuser Europas studieren sollte. Schließlich wurde die Aufgabe zufriedenstellend gelöst, wenn auch nicht im Einverständnis mit Boito und Ricordi. Ricordi erklärte die Maßnahme zur bloßen »Laune der Nachäffung Bayreuths«, obwohl Verdi selbst sich ihm gegenüber bereits im Jahre 1871 zugunsten eines versenkten Orchestergrabens ausgesprochen hatte.

Unglücklicherweise konnte die Anlage dieses Orchestergrabens nicht rechtzeitig für die neue Saison beendet werden, bedauerlich auch deshalb, weil, nach einer erfolgreichen Eröffnungsaufführung mit *Carmen* (19. Dezember), der Spielplan mit einer Oper fortgesetzt wurde, die einen der größten jemals vorgeschriebenen Orchesterapparate erforderte – die *Salome* von Richard Strauss.

Ein Jahr zuvor, als Toscanini die Spielzeit 1906/07 am Teatro Regio in Turin vorbereitete, hatte er bereits die Turiner Intendanz gebeten, mit Vertretern von Strauss in Verhandlungen über die Erlangung der italienischen Aufführungsrechte einzutreten, und einen Briefwechsel mit Strauss selbst begonnen, der sich auf das noch kaum vollendete Werk bezog.

Dieser Briefwechsel wurde in holprigem Schulfranzösisch geführt. Toscaninis erster Brief an Strauss stammt vom 27. Juli 1905:

»... Ich hoffe, daß Ihre schöne Partitur inzwischen fertiggestellt ist, und ebenso hoffe ich, daß es keine Schwierigkeiten bereiten wird, meinen brennenden Wunsch einer *Salome*-Aufführung in Turin zu erfüllen ... Ich habe einen weiteren Grund, diesen meinen dringlichen Wunsch erfüllt zu sehen: Ich würde mich unendlich glücklich schätzen, bei dieser Gelegenheit ihre persönliche Bekanntschaft machen zu können.
... Ich habe die *Salome*-Dichtung auf Französisch ausfindig gemacht, wie Oscar Wilde sie geschrieben hat: Sie könnte auch der italienischen Übersetzung zugrunde gelegt werden. Empfangen Sie bitte ... meine herzlichen Glückwünsche zu Ihrer sehr gelungenen Wahl eines solch schönen und musikalischen Stoffes ...«[51]

Strauss antwortete am 2. August:

»... Ich freue mich sehr über Ihr großes Interesse an meinen Werken ... Der Klavierauszug wird um den 15. September fertig sein, die Orchesterpartitur gegen Ende Oktober. Im Augenblick bin ich damit beschäftigt, Wildes französische Originalversion mit meiner Musik in Einklang zu bringen, und nach dieser französischen Transkription wird ein Freund von Mons. Cesare Pollini [Pianist, Komponist und Musikwissenschaftler] in Padua die italienische Übersetzung anfertigen. Ich hoffe, daß dies alles bis Ende Oktober zu machen sein wird.
Die Proben der Rollen mit den Sängern werden wenigstens zwei Monate dauern. Wann hoffen Sie die erste Vorstellung in Turin geben zu können? Meiner Meinung nach wird das nicht vor Mitte Januar möglich sein können. Das Orchester ist sehr umfangreich und hat große Schwierigkeiten zu meistern; aber es ist kein Chor vonnöten ...«[52]

Toscanini und die Intendanz des Teatro Regio wurden sich bald darüber klar, daß sie nicht sicher sein durften, *Salome* in den Spielplan der Saison 1906/07 aufnehmen zu können. Deshalb verschoben sie das Projekt auf das folgende Jahr. Wenige Monate später aber wurde Toscanini wieder von der Scala verpflichtet, und es entstand eine verzwickte Situation: Strauss und Fürstner, sein Verleger, hatten, wenn auch inoffiziell, die italienische Premiere dem Teatro Regio versprochen, während Toscanini meinte, daß die Erstaufführung, da die Idee und die ersten einleitenden Schritte von ihm ausgegangen waren, auch ihm gebühre. Er war entschlossen, die Verantwortung, aber auch die Ehre für diese anspruchsvolle Aufgabe auf sich zu nehmen; und deshalb wünschte er eine Verlegung der Premiere vom Teatro Regio an die Scala.

Nach seiner Rückkehr aus Argentinien hatte er erfahren, daß Strauss selbst zur Leitung der Erstaufführung am Teatro Regio eingeladen worden war. Toscanini und Carla unternahmen, zusammen mit Polo als Dolmetscher, eine Bahnfahrt nach Berlin, um mit Strauss über eine mögliche Änderung seiner Pläne zu verhandeln. Unmittelbar vor der Ankunft beim Haus des Komponisten in Potsdam machte Toscanini plötzlich kehrt und rannte davon – ob aus Scheu oder weil er eine unerfreuliche Situation erwartete, ist schwer auszumachen. Carla und Polo holten ihn wieder ein und überredeten ihn zurückzukommen, und Strauss begrüßte ihn herzlich. Toscanini fragte, ob es möglich sei, die Premiere nach Mailand zu vergeben; aber Strauss erwiderte, daß er und Fürstner bereits mit Turin im Wort stünden. Der Dirigent schlug daraufhin vor, die Oper gleichzeitig in beiden Städten aufzuführen, worauf Strauss entgegnete, daß, wenn Mailand bereit sei, Tantiemen in derselben Höhe zu zahlen wie Turin... An dieser Stelle des Gesprächs erhob sich Toscanini und sagte, daß Strauss' Bindung an sein eigenes Ehrenwort offensichtlich eine Frage des Geldes sei – und ging hinaus. Noch am selben Tage (9. Oktober 1906) erhielt er einen Brief des Komponisten:

»Ich bin sehr bekümmert darüber, daß Sie mit mir hadern; aber diese Reihe von Mißverständnissen ist sicherlich nicht mein Fehler. Erinnern Sie sich doch: Letztes Jahr haben Sie, d'Ormeville und ich über eine Aufführung von *Salome* in Turin korrespondiert, und ich habe Ihnen die italienische Premiere versprochen. Den ganzen Sommer dieses Jahres über haben d'Ormeville, Fürstner und ich brieflich über die Aufführungen in Turin und Mailand verhandelt. D'Ormeville wußte, daß ich Ihnen die Premiere versprochen hatte. Sie selbst haben mit Gatti-Casazza über diese Premiere gesprochen; er muß gewußt haben, daß Sie die Premiere gewollt haben. Nachdem ich den ganzen Sommer über gewartet hatte, habe ich Gatti-Casazza schließlich zusammen mit d'Ormeville getroffen. Beide wußten, daß ich am 26. Dezember in Turin dirigieren sollte, und trotzdem sagte mir Herr Gatti-Casazza in dem Augenblick, da wir in die Diskussion über Bedingungen, Tantiemen usw. eintraten, daß er nicht die Absicht habe, *Salome* vor Februar herauszubringen.

Nachdem dieser Termin von Herrn Gatti-Casazza willkürlich festgesetzt worden war und ich dachte, daß es nicht möglich sei, in Mailand von Mitte Februar bis April mehr als zwölf oder dreizehn Vorstellungen zu erzielen, sagte ich, daß ich einen Tantiemenanteil von 3000 Francs für zu wenig hielte, und forderte 10000 Francs – und noch mehr für den Fall, daß Mailand mehr als zehn Vorstellungen gäbe. Ist es nicht richtig, daß diese Bedingungen unter der Voraussetzung ausgehandelt wurden, daß Herr Gatti-Casazza freiwillig auf die erste italienische Aufführung verzichtete und daß *Salome* in Mailand nur zwei Monate lang gespielt werden sollte (am Ende der Spielzeit)?

Ist es nicht richtig, daß jetzt eine völlig andere Lage entstanden ist, wenn Herr Gatti-Casazza vier Monate fordert, wenn er die Premiere am selben Tag wie Turin haben will, das 15 000 Francs zahlt? Es steht doch wohl fest, daß die Bedingungen sich ändern, wenn die Voraussetzungen sich ändern. Ich möchte keine Verwirrung auslösen – ich, der ich gewohnt bin, meine Versprechungen gegenüber jedermann zu halten, um so mehr Ihnen gegenüber, lieber Maestro. Die Schuld aber, ich wiederhole es, liegt wirklich bei Herrn d'Ormeville, der Sie nicht über unsere Verhandlungen betreffend Turin ins Bild gesetzt hat – die Schuld liegt bei Herrn Gatti-Casazza, der den Turiner Termin (26. Dezember) kannte und mir trotzdem versicherte, daß er *Salome* im Februar bringen wollte. Ist es nicht richtig, daß ich unter diesen Umständen glauben mußte, daß Sie in absoluter Übereinstimmung mit Herrn Gatti-Casazza waren, als er den Februar-Termin für die Mailänder Premiere erwähnte, daß das sogar Ihr Wunsch war und daß Sie auf das Recht der ersten italienischen Aufführung verzichtet hatten?

Ich hoffe, daß diese Aufklärung deutlich genug ist und daß Sie überzeugt sind, daß ich korrekt gehandelt habe. Sie haben das Recht auf mein Versprechen . . ., das Ihnen erlaubt, *Salome* am 26. Dezember herauszubringen, am selben Tag wie Turin. Aber Herr Gatti-Casazza kann nicht verlangen, daß der Vertrag, der mir geschickt wurde und der auf gänzlich anderen Voraussetzungen beruht, jetzt von mir erfüllt wird, wenn er für Mailand die Premiere anstelle der Zweitaufführung und eine viermonatige statt einer zweimonatigen Aufführungsdauer fordert.

. . . Morgen früh um elf Uhr werde ich Sie bei Fürstner sehen, und ich hoffe, daß Sie nicht länger zürnen Ihrem . . .«[53]

Toscanini antwortete:

»Ich will Ihnen unverzüglich sagen, daß ich Ihnen durchaus nicht zürne: Ich bin nur sehr erstaunt darüber, daß Sie, nachdem ich Ihnen den einfachen und – mehr als natürlichen – persönlichen Wunsch, am 26. in Mailand *Salome* aufzuführen, zum Ausdruck gebracht hatte, diesen Wunsch offenbar nicht seiner wahren Bedeutung gemäß einschätzen wollen, sondern die Sache statt dessen auf ein ganz und gar kommerzielles Gebiet bringen. Ich wiederhole Ihnen, daß es nicht die Scala-Intendanz ist, die Ihre Erlaubnis erbittet, die Mailänder Premiere vorzuverlegen, weil in diesem oder jedem anderen Falle die Intendanz nie mehr als fünfzehn Vorstellungen Ihrer Oper geben würde, sondern ich selbst es bin [der darum bittet] aus Gründen persönlicher und künstlerischer Befriedigung. Wenn Sie aber planen, die Vertragsbedingungen zugunsten dessen zu ändern, worum ich Sie gebeten habe, bin ich verpflichtet, Sie zu bitten, die Dinge so zu lassen, wie sie sind: Wir werden *Salome* in Mailand zur vorherbestimmten Zeit geben, weil ich nicht zugeben kann, daß die Scala-Intendanz ein Opfer bringt, um mir gefällig zu sein.

Jedenfalls werde ich um elf Uhr bei Herrn Fürstner sein. Empfangen Sie, lieber Meister, meine besten Wünsche . . .«[54]

Strauss faßte die ganze Angelegenheit im Sinne seines gesetzlichen Rechts auf, ein höheres Honorar beanspruchen zu können, während Toscanini um eine persönliche Vergünstigung bat, bei der, seiner Denkweise entsprechend, die Geldfrage nicht in Betracht kommen durfte. (Toscanini weigerte sich auch zu sehen, daß von Turin eigentlich kein höherer Tantiemenbetrag erwartet werden konnte als von der Scala, wenn beide Städte eine Simultanpremiere herausbrachten.) Das Treffen bei Fürstner scheint Toscaninis Entschluß, die ganze Sache fahrenzulassen und sich mit der Zweitaufführung an der Scala zufriedenzugeben, wie in seinem Brief zum Ausdruck kommt, schlicht und einfach bestätigt zu haben. Einen Monat später (12. November) schrieb er aus Mailand an Strauss (diesmal in italienischer Sprache):

». . . Die Angelegenheit wendet sich nun zu Ihrem Vorteil. Vor einigen Tagen habe ich mit den Klavierproben zu *Salome* begonnen, und Sie können sich nicht vorstellen, welche titanische, übermenschliche Anstrengung die Sänger auf sich nehmen müssen, um der kolossalen Schwierigkeiten Herr zu werden, die durch eine schlechte Übersetzung eher noch vergrößert werden. Das hat mich überzeugt, wie vollkommen einfältig es von mir war, den Aufführungstermin für eine Oper festzusetzen, ohne vorher ihre Schwierigkeiten in Betracht gezogen zu haben – eine Oper, die, für die Ohren unserer italienischen Sänger, mit außergewöhnlichen harmonischen Unregelmäßigkeiten und großen Schwierigkeiten geradezu gespickt ist.

Ich habe es für meine Pflicht gehalten, die Scala über dies alles zu informieren; folglich kann *Salome* frühestens in den ersten Januartagen aufgeführt werden, um so mehr als ich gleichzeitig *Carmen* einstudieren muß.

Wie Sie sehen ... die ganze Angelegenheit hat sich zum Besseren gewendet, nicht durch mein Verdienst, sondern durch Ihr Glück, und alles verläuft Ihren Wünschen und denen der Turiner Truppe gemäß. Ich hoffe, daß es nicht erforderlich sein wird, dem, was bisher bereits zu dieser Auseinandersetzung gesagt und gestritten worden ist, noch Weiteres hinzuzufügen.

Seien Sie bitte immer meiner Bewunderung für Ihre Kunst versichert ...«[55]

»Meiner Bewunderung für Ihre Kunst« – aber nicht für *Sie.* Wochen vergingen, und im Laufe der Zeit wurde, was Toscanini für Strauss' Treuebruch hielt, ständig deutlicher. Als er merkte, daß die Proben gut vorankamen, faßte er einen Plan: Die Scala kündigte die *Salome*-Premiere für den 26. Dezember an – derselbe Termin wie am Teatro Regio. Wahrscheinlich hatte die Intendanz den Entschluß gefaßt, es auf einen Streit mit Strauss ankommen zu lassen, wenn der sich darum kümmerte. Die Turiner Aufführung wurde daraufhin auf den 23. (schließlich sogar auf den 22.) verschoben – und hier liegt die Vermutung nahe, daß die Regio-Intendanz und Strauss das taten, um einer Konfrontation aus dem Wege zu gehen. Bei diesem Stand der Dinge entschloß Mailand sich zu einer anderen Taktik. Rückblickend beschrieb d'Ormeville die Situation in der *Gazzetta dei teatri* (27. Dezember) folgendermaßen:

»... Ich kann den Wunsch der Scalaisten verstehen, als Sieger zu bestehen, und besser noch kann ich Maestro Toscaninis noblen Ehrgeiz verstehen, einem künstlerischen Ereignis von solch hoher Bedeutung seinen Stempel aufzuprägen. Es scheint mir jedoch, daß nicht vergessen werden sollte, daß die Leitung der Turiner *Salome* Maestro Strauss selbst überantwortet war.

... Die Scalaisten ... setzten sich zusammen und verfielen auf einen Ausweg, der eher listig als brillant, eher gehässig als zuvorkommend war: Sie beschlossen nämlich, am Abend des 21. eine Generalprobe stattfinden zu lassen ..., die von Abonnenten, Journalisten, Gönnern, Freunden – kurz, von aller Welt – besucht wurde. Mit welchem Ziel? – Mit dem Ziel, den Mailändern *Salome* zuerst zu Gehör zu bringen? – Ich bin der Meinung, daß nicht das der wirkliche Grund war, sondern das im Hintergrund wirksame Motiv, sich durch das zu erwartende Turiner Fiasko nicht die Mailänder Vorstellung im voraus verderben zu lassen.

Das Turiner Fiasko? – Ja. Die Scalaisten waren in ihrem arroganten Egoismus überzeugt, daß außerhalb der Scala nichts Gutes geleistet werden kann, so wie der Papst sicher ist, daß »nulla salus« außerhalb des Schoßes der heiligen Mutter Kirche möglich ist. Wenn aber jemand nicht mehr an die Unfehlbarkeit von Gottes Statthalter auf Erden glaubt, wie sollte er dann an die meiner lieben Freunde Toscanini und Gatti-Casazza glauben? . . .«

Die Turiner Aufführung wurde schließlich zur offiziellen Premiere erklärt, und nahezu alle Kritiker lobten beide Inszenierungen hoch – wenn auch die Gemma Bellincioni des Teatro Regio der Salomea Krusceniski der Scala im allgemeinen vorgezogen wurde. (Toscanini erzählte Jahre später einem Freund, daß die Krusceniski die einzige Frau gewesen sei, die sich ihm, obwohl er blind in sie verliebt gewesen sei, verweigert habe.) Strauss haderte mit Toscanini. Er besuchte die Mailänder Aufführung nicht und ließ es dabei bewenden, sich von Dritten ihre große Unzulänglichkeit bestätigen zu lassen. An seine Frau schrieb er am 26. Dezember:

»Du sagst: ›Nicht ich hetze Dich nach Turin.‹ Ist schon recht. Aber wie nötig es ist, daß ich hier selbst nach dem Rechten sehe, bezeugt mir die Mailänder ›Salomeaufführung‹, wo Toscanini mit einem erbarmungslos wütenden Orchester die Sänger und das Drama (à la Mottl) einfach hingeschlachtet haben soll. Es ist ein Wunder, daß das Werk dabei doch noch Erfolg hatte. Wäre ich aber nicht frühzeitig hier und zeigte den Leuten, wie das Werk aussieht, die ›Salome‹ könnte für lange Jahre für Italien verloren sein. Augenzeugen, die die Mailänder Aufführung gehört haben, bestätigen, daß es hier ein ganz anderes Stück sei. In Mailand spielt der Kapellmeister [Toscanini] eine Sinfonie ohne Sänger, hier dagegen begleitet das Orchester, und man versteht von den Sängern jedes Wort.«[56]

Es hat den Anschein, daß Strauss seine Meinung über Toscanini revidierte, als er ihn schließlich selbst dirigieren hörte. George Szell, einige Zeit lang Strauss' Assistent, berichtete, er habe von jemandem gehört, dem Strauss anvertraut habe: »Wenn Sie diesen Mann dirigieren sehen, spüren Sie, daß nur noch eine Sache zu tun bleibt: den Taktstock nehmen, ihn in Stücke brechen und nie wieder dirigieren.« Toscanini dirigierte *Salome* nie wieder, wie er auch nie eine andere Strauss-Oper leitete.
Die Scala-Saison wurde mit *La Gioconda, Tristan, Aida* und *Wally* fortgesetzt. Am 17. März leitete Toscanini eine Wiederaufnahme von Glucks *Orfeo* (die an der Scala bereits neun Jahre zuvor gespielt worden war). Er bezeugte diesem Werk gegenüber sein ganzes Leben lang großes Interesse, und *Orfeo* blieb die älteste Oper seines Repertoires. Vor der Premiere brachte die Zeitung *Sera* die folgende Vorankündigung:

»Toscanini wird, nach dem Vorbild Gevaerts und Saint-Saëns', die Ouvertüre nicht spielen; und am Schluß des ersten Aktes hat er eine Arie aus Glucks *Alceste*, einer fünf Jahre vor *Orfeo* geschriebenen Oper, anstelle der in der Partitur enthaltenen Arie eingefügt, deren Zuschreibung unsicher ist...«

Die Reaktionen der Kritiker reichten von Begeisterung bis Langeweile; und Maria Gay, die Frau von Zenatello, die als Carmen herzlich begrüßt worden war, wurde als Orfeo allgemein abgelehnt. Carugatis Artikel in *Lombardia* (18. März) trug den Titel »Morpheus an der Scala«:

»Gestern abend wurde an der Scala ein eleganter und klassischer musikalischer Schlafsaal eingerichtet – unter der Leitung von Maestro Toscanini, der alles in seiner Macht Stehende tat, um die Zuschauer einzuschläfern... Ich hatte den Eindruck, daß anstelle klassischer Heiterkeit die olympische Langeweile überwog...«

Die letzten Opern der Saison waren Francesco Cileas *Gloria* als Uraufführung und *Cavalleria rusticana* – keine der beiden Aufführungen war erfolgreich. Cilea hatte sein Werk vor der Eröffnungsvorstellung zurückziehen wollen, da ihm bei reiflicher Überlegung Zweifel an seiner Qualität gekommen waren; Toscanini aber hatte auf der Fortsetzung der Proben bestanden. Die Schauspielerin Eleonora Duse, die am Eröffnungsabend am Teatro Lirico gastierte, trug ebenfalls dazu bei, der Scala Zuhörer zu entziehen. Die Aufführung wurde hoch gelobt, die Oper selbst jedoch apathisch-zurückhaltend aufgenommen und nach einer zweiten Vorstellung abgesetzt. Toscanini brachte der Musik Cileas wenig Neigung entgegen und dirigierte nie wieder eine Note von ihm. Viele Jahre später, als beide Männer bereits die Achtzig überschritten hatten, verabscheute Cilea Toscanini noch immer. Einem Freund schrieb er: »Augenblicklich habe ich wenig Hoffnung, an die Scala zurückzukehren. Solange sich Toscanini dort einmischt, ist es besser für mich, mich weit abseits zu halten und – zu warten.« (Als Cilea im Jahre 1950 starb, mischte sich Toscanini noch immer an der Scala ein.)
Im April und Mai dirigierte Toscanini zwei Doppelkonzerte mit dem Scala-Orchester. Nachdem die Pläne für die Spielzeit 1907/08 in groben Umrissen fertiggestellt waren, fuhr er mit seiner Familie in die Ferien nach Giomein, wo er die Bekanntschaft des Schriftstellers Edmondo de Amicis machte.
Die Opernsaison begann am 21. Dezember mit der *Götterdämmerung*, die wiederum, wie 1895 in Turin, ohne die Waltraute-Episode gespielt wurde. Toscanini leitete die Vorstellung vom kurz zuvor fertiggestellten

Orchestergraben aus, und die Kritiker äußerten sich höchst lobend darüber. D'Ormeville schrieb: »Maestro Toscanini übertraf sich selbst. Ich habe ihn viele Male in anderen Wagner-Opern bewundert, aber vielleicht nie so wie in dieser.« Nappi *(Perseveranza)*: »Insgesamt war das wohl die geschlossenste Wagner-Aufführung, die uns von Arturo Toscanini bisher geboten wurde ... Unter seiner Stabführung wird das Orchester zu einem großen, von einem mächtigen Lebenstrieb beseelten Organismus.« Erfolgreiche Aufführungen von *Tosca* (»eine starke und eindrucksvolle Interpretation von Toscanini und ein sehr effektives Ensemble auf der Bühne«, schrieb Puccini an seinen Freund Clausetti) und *Colombo* schlossen sich an; darauf folgte Gustave Charpentiers *Louise* – ein Erfolg bei den Kritikern, nicht aber beim großen Publikum. Die australische Sopranistin Frances Alda gab in diesem Werk ihr Scala-Debüt und schrieb in ihren Memoiren, die 1937 unter dem Titel *Men, Women, and Tenors* erschienen, über ihre erste Begegnung mit Toscanini:

> »Im Probenraum der Scala saß Gatti-Casazza abseits in einer Ecke ... Toscanini saß neben dem Pianisten. Er hielt die Augen beim Zuhören geschlossen und hob nur gelegentlich einen Finger, um den Takt zu schlagen ... Ich sang die Rolle zügig durch ... Der Pianist schlug den Schlußakkord an ... Niemand sagte ein Wort. Dann beugte sich Toscanini über die Schulter des Pianisten und schloß den Klavierauszug auf dem Notenhalter. Erst dann öffnete er die Augen und sah mich an. Freundlich fragte er auf italienisch: ›In welcher Sprache haben Sie gesungen?‹
> ... Ich starrte Toscanini an, dann den verängstigten und stummen Pianisten, dann den in seiner Ecke brütenden Gatti-Casazza. Ohne mich zu einer Antwort herabzulassen, verließ ich den Probenraum, das Theater und kehrte ins Hotel Milan zurück ...
> Wenn ich mir heute diesen kindischen Temperamentsausbruch und meine verletzte Eigenliebe in Erinnerung rufe, muß ich auch an die ungezählten Proben denken, bei denen Toscanini später die Rollen mit mir durchging, die ich zu singen hatte; an seine grenzenlose Geduld, seinen begeisternden Enthusiasmus und alles, was ich ihm verdanke. Und ich habe das Gefühl, mich der Selbstbeherrschung eines wirklich großen Künstlers beugen zu müssen.«[57]

Die Zeitungsberichte über die folgende Oper, eine Wiederaufnahme (16. Februar) der *La Gioconda*-Inszenierung der vorhergehenden Spielzeit, boten schockierende Neuigkeiten für die italienische Musikwelt: Toscanini und Gatti-Casazza würden die Scala bei Ende der Saison verlassen. Gatti-Casazza sollte Generalintendant der Metropolitan Opera in

New York werden, und Toscanini sollte sich mit Gustav Mahler in die musikalische Leitung teilen.

Zwischen Toscanini und der Metropolitan Opera hatten bereits 1903 ergebnislose Verhandlungen stattgefunden; dann hatte sich im Jahre 1906 der damalige Generalintendant Heinrich Conried Toscanini genähert, und zwar durch Vermittlung von Otto H. Kahn, des millionenschweren Vorsitzenden des Exekutivkomitees, der sich wiederum des Grafen di San Martino als Mittelsmannes bedient hatte. Toscanini war damals noch nicht wieder an die Scala zurückgekehrt und mit dem Vorsatz, das zu tun, auch durchaus nicht glücklich. Er wußte jedoch einfach nicht genug über die Verhältnisse an der Metropolitan Opera oder über Conried und setzte sich daher im Augenblick lieber mit bekannten Schwierigkeiten in Mailand als mit unbekannten in New York auseinander. Seit dem Frühjahr 1907 hatte Kahn begonnen, nach einem Nachfolger für den erkrankten Conried Ausschau zu halten, und erneut San Martino um Rat gebeten. Der Graf hatte durch einen beiderseitigen Freund sehr diskret Kontakt mit Gatti-Casazza aufgenommen. Als Gatti Toscanini von den laufenden Erkundigungen erzählte, hatte der ihm bedeutet, sich genauer zu informieren, und hinzugefügt, daß, wenn Gatti das Angebot annähme, er ebenfalls gehen würde. Er war nicht glücklich über die Zusammenarbeit mit Herzog Uberto und dem Verwaltungsrat der Scala und hätte mit Freuden eine andere Tätigkeit aufgenommen. Es ermutigte ihn zu hören, daß Mahler für die Saison 1907/08 bereits fest an die Metropolitan Opera verpflichtet worden war, und wenn er auch kein Bewunderer der Musik Mahlers war, so kannte er doch seine Reputation als außergewöhnlicher Dirigent und Reformer des Opernbetriebs nur zu gut. »Ich bringe Mahler große Wertschätzung entgegen«, sagte er zu Gatti-Casazza, »und würde einen solchen Kollegen jedem Mittelmaß unendlich vorziehen.«[58] (Natürlich gab es eine Menge mittelmäßiger Dirigenten der zweiten Garnitur, mit denen man sich auch an der Met zufriedenzugeben hatte.) Gatti-Casazza trat schließlich in geheime Verhandlungen mit Kahn und anderen ein, und die letzten Entscheidungen wurden Anfang 1908 getroffen.

Im Mai erhielt Toscanini einen förmlichen Vertrag von der Metropolitan Opera, der ihn, beginnend mit der Saison 1908/09, für drei Spielzeiten an das Haus band; »aber beide Vertragsparteien haben das Recht, den vorliegenden Vertrag nach der ersten ... oder der zweiten Spielzeit zu lösen ...« (diese Rücktrittsklausel wurde von Toscanini in einem revidierten Kontrakt aufgehoben, den er im Dezember in New York unterzeichnete). Das Dokument setzte darüber hinaus fest, daß Toscanini »die Entscheidungsbefugnis in Hinsicht auf alles zusteht, was die musikalische Leitung betrifft«; daß er zwischen dem 15. Oktober und dem 1. November in New York anzukommen habe und bis zum 30. April für die Metropolitan Opera verfügbar sein müsse; daß sein Honorar 25 000 Lire pro Monat betragen sollte und er »das Recht auf kostenlose Reisen erster Klasse, zu Schiff oder mit der Bahn, für sich selbst und seine Familienmitglieder« in Anspruch nehmen könne; daß »alle finanziellen Aufwendungen . . . bei diesen Reisen, für Unterkunft usw., wenn sie im Zuge der Vorbereitung von Aufführungen der Metropolitan Opera unternommen werden«, erstattet würden und daß er, »was die Aufstellung des Spielplans betrifft, . . . Einvernehmen mit dem Intendanten erzielen« müsse.[59]

Die Nachricht vom bevorstehenden Weggang der beiden Männer wurde in Mailand mit großer Bestürzung aufgenommen – und nicht ohne anklagende Hinweise auf unpatriotisches Verhalten und »Dollaritis«. Die meisten Kommentatoren weigerten sich, die Möglichkeit ins Auge zu fassen, daß Toscanini zwingende Gründe haben könne, mit der Scala unzufrieden zu sein, oder den legitimen Wunsch verspüren mochte, sich einer neuen Herausforderung zu stellen, wenn auch unter anderen Begleitumständen.

In dieser Atmosphäre von Bitterkeit und Mißgunst geriet die nächste Aufführung, *La Forza del Destino*, zum regelrechten Desaster und mußte nach nur einer Vorstellung abgesetzt werden. Orchester und Chor wurden gelobt, aber das Ensemble fand keine Gnade. Toscanini wurde heftig gebeutelt – wegen seiner Auswahl der Sänger und wegen seiner Entscheidung, das Werk überhaupt in den Spielplan aufzunehmen, das die Kritiker als »altersgrau«, als »Mischmasch« und als eine Oper bezeichneten, »die das Scala-Publikum nicht mehr unterhalten kann«. Die Leonora wurde von der jungen Ester Mazzoleni gesungen, die die Vorgänge bei der Premiere folgendermaßen beschrieb:

> »Burzio, die ursprünglich die Leonora hatte singen sollen, hatte zwischen Dezember 1907 und dem folgenden Februar an der Scala in *Tosca* und *La Gioconda* gesungen; sie zerstritt sich jedoch mit Toscanini. Ich wurde aufgefordert, die Partie zu studieren, und widmete mich dieser Aufgabe mit ganzer Kraft. Ich hatte die Klavierproben hinter mich gebracht und war bereit, mit dem Orchester zu proben; aber gerade zu diesem Zeitpunkt schien Burzio zum Einlenken bereit zu sein! Man stelle sich vor, wie ich mich gefühlt habe! Bevor jedoch noch eine halbe Stunde vergangen war, kam jemand und brachte mir die Meldung, daß Toscanini mich für die Rolle haben wollte. Ich flog auf die Bühne, wurde dort vom Maestro sehr leutselig begrüßt und hinterließ einen guten Eindruck. Das war die erste einer ganzen Reihe von Umbesetzungen: Der Tenor Dygas erkrankte, und die Rolle des

Alvaro wurde Calleya anvertraut, der sie in einigen wenigen Tagen einzustudieren hatte; schließlich wurde der Bariton, ein Franzose, im letzten Augenblick durch Amato ersetzt.
Calleya war zu der Zeit der Geliebte der Burzio. Bei der Premiere ... (die zugleich die Schlußvorstellung war) begann sie, um ihm zu helfen, ihm von einer Loge über der Bühne aus den Takt zuzuwinken, was aber nur darauf hinauslief, ihn noch nervöser zu machen, so daß der arme Calleya schließlich seinen Einsatz bei ›O tu che in seno agli angeli‹ verpatzte und Toscanini ihn unterbrechen und von vorn anfangen lassen mußte. Das reichte, um das Publikum zu irritieren und das Schicksal der Aufführung zu besiegeln. In der nervösen Spannung, die sich auf der Bühne verbreitete, verlor schließlich sogar Amato die Fassung: Im Duett mit dem Tenor hielt er einen Ton länger als nötig, und das verärgerte Publikum sprach das Todesurteil über ihn. Was mich betraf, so stand Gott mir bei, und ich hatte Erfolg [die Kritiker sind hier anderer Meinung], ebenso Nazzareno de Angelis als Padre Guardiano. Die Oper erlebte jedoch keine weitere Vorstellung, weil Toscanini nach diesem entscheidenden Abend die Reaktionen des Publikums scheute. Ich sah ihn in einem Winkel der Bühne, als ich mich anschickte, das Theater zu verlassen. Er blickte finster und wütend drein, mit verschränkten Armen und der statuarischen Haltung eines geschlagenen Napoleon. Er sah mich ebenfalls und grüßte mich mit einem dreimal wiederholten ›brava‹, das er mit einer wohlmeinenden Ermahnung verband (einer tief empfundenen Anspielung auf Burzio): ›Sehen Sie zu, daß Sie nicht auch eine Göttin werden!‹«[60]

Zwei Wochen nach diesem Fiasko bot Toscanini dem Publikum etwas, das er später immer als eine seiner bedeutendsten Aufführungen dieser seiner Scala-Zeit bezeichnete: die erste italienische Inszenierung von Debussys *Pelléas et Mélisande*. Der Plan dazu war nahezu vier Jahre zuvor in Bologna gefaßt worden. Damals dirigierte er eine *Meistersinger*-Aufführung und saß eines Abends vor der Vorstellung in seiner Garderobe, als seine Aufmerksamkeit auf eine neue Partitur gelenkt wurde. »Ich war vom Ernst jener Seiten verblüfft, in denen jede Einzelheit wesentlich ist«, sagte er später. In einem Brief an einen Freund schrieb er kurz darauf:

»Ich kannte damals kaum den Namen [eines] Komponisten, der meine ganze Sympathie gewonnen hat: der Franzose Debussy mit seinem *Pelléas et Mélisande* ... Seine Kunst übertrifft alles, was bisher geschaffen worden ist. Er verfügt nicht über die Technik von Strauss, ist aber ein größeres Genie, dabei eleganter und fraglos wagemutiger. Wenn Du zum erstenmal auf seine Musik stößt, bist Du völlig desorientiert; wenn Du Dich aber mit seiner Sprache erst einmal ein wenig vertrauter gemacht hast – und mit der seines Vorbildes Maeterlinck –, wirst Du schließlich fasziniert sein. Im Gedanken ans Theater und an Maeterlincks Charaktere kann ich nur versichern, daß Debussy die Vollendung jener Kunst ist. Aber unser zeitgenössisches Publikum aller Länder verfügt noch nicht über die gebührende Reife, das zu spüren, geschweige denn zu akzeptieren.«[61]

Es ist bereits darauf hingewiesen worden, daß Debussys Orchestermusik in Toscaninis Konzertprogrammen geradezu vorbereitungslos aufzutauchen begann (April 1905); aber *Pelléas et Mélisande* war sein großer Traum. Er hatte ursprünglich für die Spielzeit 1907/08 Mancinellis Oper *Francesca da Rimini* vorgesehen, ersetzte sie dann aber durch *Pelléas*. Das nahm nationalistisch gesonnene Zuhörerkreise und Kritiker von vornherein gegen die französische Oper ein. Toscanini überwachte jeden Einzelaspekt der Probenarbeit mit außergewöhnlicher Sorgfalt, außergewöhnlich selbst in Hinsicht auf seine strengen Maßstäbe. Er ging sogar so weit, die Bühnenarbeiter anzuweisen, ihre Schuhe mit Stoff zu umwickeln, um alle störenden Nebengeräusche zu vermeiden. Fiorello Giraud und Cesira Ferrani sangen die Hauptrollen, mit Amato als Golaud. »Jedem von ihnen«, schrieb Gatti-Casazza, »hatte Toscanini sein ganzes Sein eingeflößt.«

Debussy war eingeladen worden, die Proben und die Eröffnungsvorstellung zu besuchen, war dazu aber nicht in der Lage gewesen. Er schrieb an Toscanini: »Ich lege *Pelléas'* Schicksal in Ihre Hände, in völliger Sicherheit, daß ich mir keine loyaleren oder fähigeren wünschen könnte. Aus diesem Grunde auch hätte ich gern mit Ihnen zusammengearbeitet; das ist eine Freude, die einem auf den Pfaden unserer Kunst nicht eben häufig zuteil wird.«[62]

D'Ormeville besuchte die öffentliche Generalprobe und veröffentlichte am Tag der Premiere (2. April) einen Bericht darüber:

»Als der letzte Ton der Musik Debussys verhauchte . . ., entrang sich meinen Lippen ein spontaner und impulsiver Beifallruf: Viva Toscanini! – Und die tausend Stimmen der aufmerksamen und wachen Zuhörerschaft, die den Raum füllte, wiederholten meinen Ausruf wie ein Echo.

Ja. Viva Toscanini – denn wenn wir die Gelegenheit gehabt haben, ein Werk zu hören, das die Wertschätzung, die Aufmerksamkeit und den Respekt derer verdient, die sich selbst nicht erlauben, von mißverstandenem Chauvinismus . . . in die Irre geführt zu werden, so verdanken wir das der nicht nachlassenden Spannung seiner hochfliegenden

Ideale, der Beständigkeit seines Charakters und seinem apostolischen Glauben ... Die Scala muß offen sein für jede künstlerische Äußerung, mag sie kommen, woher sie will. Er allein hat den Kampf gegen alles und jeden aufgenommen, und also war er der wirkliche Sieger ...«

Die Premiere selbst wurde von einigen lauten Protesten aus dem Publikum gestört, von Besuchern, die der Mangel an schönen »Melodien« und »Spannung« verdroß. Der Hauptteil dieses störenden Aufruhrs galt der zweiten Szene des dritten Aktes – »Les souterrains du château«. Aber der *Corriere della Sera* berichtete am nächsten Tag, daß »Maestro Toscanini ruhig zu dirigieren fortfuhr, so daß keine Unterbrechung die Vorstellung zerriß, ja nicht einmal ein kurzes Zögern auf der Bühne«. Er hatte die Sänger tatsächlich darauf eingeschworen, seinen Taktstock nicht aus den Augen zu lassen, was auch immer im Theater passieren mochte. Beim Aktschluß – der Szene zwischen Golaud und Yniold – gab es begeisterte Beifallsstürme im Publikum. Als die Oper geendet hatte, »besiegelte der donnernde und allgemeine Applaus den Erfolg und den Sieg«, schrieb S. P. in *Sera*. »Zunächst wurden die Sänger zweimal vor den Vorhang gerufen, dann noch dreimal zusammen mit Toscanini, dessen Erscheinen mit tönenden Ovationen begrüßt wurde. Auch Toscanini klatschte in die Hände, ... um zu zeigen, daß die Reaktion des Publikums seiner Interpretation entsprochen habe ...«
Debussy schickte Toscanini ein Photo von sich, das er mit folgender Unterschrift versehen hatte: »Für Maestro Toscanini, dem ich nie genug Dank sagen kann.« Auf die Rückseite hatte er den ersten Takt der zweiten Szene des dritten Aktes geschrieben (lourd et sombre), mit der Bemerkung: »... an dieser Stelle erwies sich Toscanini dennoch als Sieger.«[63] Rückblickend bedauerte Toscanini, das Werk in einer italienischen Übersetzung aufgeführt zu haben, wenn das damals auch eine strenge Regel an der Scala war, der er sich im allgemeinen nicht widersetzte. Er spürte, daß die Sprachmelodie in *Pelléas* so eng mit der Musik verknüpft war, daß sie nicht geopfert werden durfte. Während der zwanziger Jahre führte er *Pelléas* an der Scala auf Französisch auf, wenn er auch weiterhin alle fremdsprachigen Werke ins Italienische übersetzen ließ.
Die Opernsaison endete mit einer höchst erfolgreichen Aufführung von *Mefistofele*, wiederum mit Schaljapin. Darauf folgte, was unter normalen Umständen eine Reihe von Symphoniekonzerten hätte sein sollen, deren erste beide (jedes wurde zweimal gegeben) von Martucci, die restlichen von Toscanini zu leiten waren. Einige Wochen zuvor war Gaetano Coronaro, ein Mailänder Komponist und Kompositionslehrer – Catalanis

Nachfolger am Konservatorium –, gestorben. Toscanini wurde von Graf Guido Visconti di Modrone, dem Vorsitzenden des Veranstaltungsausschusses und jüngeren Bruder Ubertos, gebeten, in eines seiner Programme auch ein Werk von Coronaro aufzunehmen. Toscanini erwiderte, daß die Absicht ehrenwert, die Musik selbst aber nicht anspruchsvoll genug sei (oder daß er sie für nicht anspruchsvoll genug hielt), um sie in ein derartiges Programm aufzunehmen. Die Konzertgesellschaft reagierte darauf, indem sie ihm die Leitung des zweiten Konzertes entzog und sie dem jungen Ettore Panizza übertrug; und Toscaninis Gegenangriff bestand darin, die Gesellschaft zu verklagen. Er verlor seine Klage und leitete zwei Vorstellungen seines Konzertes, in dessen Programm zum erstenmal *Ein Heldenleben* von Strauss auftauchte – von den ortsansässigen Kritikern als »verrückt und bizarr« und als »Musik aus dem Tollhaus« bezeichnet. Einen Teil des Sommers verbrachte er mit seiner Familie in Champez in den Alpen; und Ende September oder Anfang Oktober machte er sich auf den Weg nach New York.

IV

Die Metropolitan Opera

New York erfuhr von Toscaninis Berufung zuerst am 4. Februar 1908 aus einem telegraphischen Bericht aus Mailand; und obwohl er einen Tag später dahingehend zitiert wurde, er habe gesagt, es sei noch kein Vertrag unterzeichnet, wurde am 12. Februar die offizielle Bestätigung gegeben. Zwei Tage zuvor hatte die *Tribune* berichtet:

> »Signor Toscanini, wegen seines fraglos anerkannten Ansehens als Dirigent heftig umworben, machte für die Annahme des ihm unterbreiteten Vorschlags die Erfüllung einer Vorbedingung [die Berufung von Giulio Gatti-Casazza] zur Voraussetzung; und die mit der umfassenden Neuregelung der Verhältnisse an der Metropolitan Opera befaßten Herren waren von der Vorstellung durchdrungen, daß der Amtsantritt eines Scala-Intendanten der neuen Verwaltung mehr Prestige verleihen würde. Signor Toscanini ist ein bewundernswerter Dirigent und ein Künstler mit starkem und aggressivem Proben- und Arbeitsstil.«

Bedenkt man, daß Toscanini und Gatti-Casazza an der Scala nicht immer im besten Einvernehmen gearbeitet hatten, daß sie den jeweiligen Standpunkt des anderen beargwöhnten und nie eine herzliche persönliche Beziehung zueinander entwickelten (sie benutzten immer das förmliche *voi* oder *lei* in der Anrede, nie das vertrauliche *tu*, wie es bei Toscanini und den meisten Mitwirkenden seiner jüngeren Jahre – Puccini eingeschlossen – üblich war), mag es befremden, daß Toscanini diese besondere Vorbedingung erfüllt sehen wollte; er hatte für diese Einstellung jedoch zwei gute Gründe. Er wußte, daß Gatti-Casazza fähig und fleißig war; ebenso wußte er, daß er ihn soviel wie nötig bedrängen und nötigen konnte, um freie Bahn für sich selbst zu haben. Nach mehr als zwanzig Jahren Theaterarbeit war sich Toscanini mit Sicherheit im klaren darüber, welche Ansprüche er vernünftigerweise an seine Mitarbeiter stellen konnte. Wenn seine Ansprüche gelegentlich (tatsächlich aber nur bei wenigen Gelegenheiten) unvernünftig waren, so nicht etwa aus Mangel an praktischem Augenmaß, sondern eher aufgrund der bewußten Entscheidung, sich über Zweckmäßigkeitserwägungen hinwegzusetzen, um zu erreichen, was er für ein wichtigeres Ziel hielt. Das Bild, das sich Toscanini von einem Generalintendanten machte, war das eines für die finanziellen Belange Verantwortlichen, der daneben für relativ friedliche und harmonische Beziehungen unter den Ensemblemitgliedern zu sorgen und dazu beizutragen hatte, die künstlerischen Entscheidungen durchzusetzen, die er, Toscanini, traf. Die Taktik, die er benutzte, war direkt und ehrlich und – wenn er das für nötig hielt – auch gewaltsam. Gattis phlegmatisches Temperament war geradezu legendär und ermöglichte ihm, vierzehn Jahre der Zusammenarbeit mit Toscanini zu überleben – eine Konstellation, die Sacchi als Bündnis von Schildkröte und Katze beschrieb.

Viele Bühnenstars der Met und viele andere Mitglieder des Hauses waren von der bevorstehenden Ankunft Toscaninis nicht gerade entzückt. Kurz nach der Bestätigung seiner Berufung berichtete die *New York Times*, daß sich Caruso mit dem Entschluß trüge, seinen Vertrag zu lösen: Er war – laut Aussage eines Freundes – über Toscaninis Thronbesteigung nicht sehr glücklich. Es waren fünf Jahre vergangen, seit sie zuletzt zusammengearbeitet hatten, und wahrscheinlich sah der Tenor, der inzwischen zum Favoriten des New Yorker Publikums avanciert war, den unvermeidlichen Auseinandersetzungen und Nervenkrisen, die die Arbeit mit dem Dirigenten mit sich brachte, ohne großes Vergnügen entgegen. Er hatte jedenfalls einen echten Grund. In anderen Fällen waren die Motive eher chauvinistisch als alles andere. Das deutsche Element an der Met war für das volle Vierteljahrhundert ihrer Existenz bestimmend gewesen, und der plötzlichen Inthronisierung zweier Italiener begegneten viele Ensemblemitglieder von vornherein mit Mißtrauen. Am meisten empört scheint die in Amerika geborene Sopranistin Emma Eames gewesen zu sein, die in ihren Memoiren Toscanini und Gatti-Casazza immer nur als »diese Italiener« auftauchen läßt. Sie versuchte erfolglos, ihren Amtsantritt in der Leitung der Met zu verhindern, und zwar mit dem Hinweis auf das, was sie als ihre »vollkommene Befangenheit im italienischen Opernideal« bezeichnete.[1] Sie führte nicht näher aus, worin dieses Opernideal für sie bestehen mochte; wenn sie jedoch erwartete, daß Toscaninis Arbeitsmethoden mit einer vorgefaßten Idee von Oper übereinstimmten, so hatte sie eine Überraschung zu gewärtigen. Zweifellos hielt kein Kenner der italienischen Opernwelt Toscaninis Arbeitsstil für typisch in Hinsicht auf das italienische System als Ganzes. Eames hatte lange an Rücktritt gedacht, obwohl sie damals erst dreiundvierzig Jahre alt war. Als die Nominierungen von Toscanini und Gatti-Casazza verbindlich bestätigt wurden, kündigte sie an, die erste Saison der beiden würde auch ihre letzte werden, und zwar bevor sie noch mit den beiden Männern zusammengetroffen war, geschweige denn mit ihnen gearbeitet hatte.

Mahlers Reaktion auf Toscaninis Berufung war sehr viel einsichtiger. Er hatte seine Dirigententätigkeit an der Met in der Spielzeit 1907/08 aufgenommen; er war über die Verhandlungen mit Toscanini und Gatti-Gasazza unterrichtet und schrieb am 20. Januar 1908 an Alfred Roller, daß der Verwaltungsrat plane, »den gegenwärtigen Manager der Scala zum Manager der Metropolitan Opera zu machen und für die italienische Oper den sehr gerühmten Kapellmeister Toscanini zu berufen und mir sozusagen die deutsche Oper zu übergeben. – Doch ist dies alles Zukunftsmusik. Ich für meinen Teil muß erst sehen, wie mir das alles anschlägt.«[2]

Toscanini war jedoch nicht daran interessiert, nur italienische Opern zu leiten: Er wollte das gleiche internationale Repertoire aufrechterhalten, an das er in Italien gewöhnt gewesen war. Bei der Planung für seine erste New Yorker Saison ließ er die Intendanz der Met wissen, daß er *Tristan und Isolde* aufführen wollte. Mahler hatte die Oper im vorhergehenden Jahr dirigiert; als er von Toscaninis Ersuchen hörte, schrieb er aus Europa an die Met:

> »Wenn ich dem neuen Dirigenten auch kürzlich erlaubt habe, die Dinge so zu handhaben, wie er will – ohne Rücksicht auf die Wünsche meiner Kollegen –, so habe ich doch den *Tristan* ausdrücklich für mich selbst reserviert. Ich habe mir mit dem *Tristan* in der letzten Saison besondere Mühe gegeben und darf sagen, daß die Form, in der das Werk gegenwärtig auf der New Yorker Bühne gespielt wird, mein geistiges Eigentum ist. Wenn Toscanini, vor dem ich, wenn ich ihn auch nicht kenne, doch den größten Respekt habe und den als Kollegen zu begrüßen ich die Ehre haben werde, nun vor meiner Rückkehr den *Tristan* übernehmen sollte, so erhielte das Werk ein ganz neues Gepräge, und ich würde nicht mehr in der Lage sein, seine Leitung im Laufe der Spielzeit wiederaufzunehmen. Ich muß daher mit allem Nachdruck darauf bestehen, daß Sie die Leitung dieses Werkes mir vorbehalten und daß Sie es folglich erst nach dem 17. Dezember in den Spielplan aufnehmen.«[3]

Im Gegensatz zu der von Alma Mahler ausgeklügelten Geschichte, ihr Gatte habe aus Überdruß verzichtet und den *Tristan* Toscanini überlassen, den der »als wichtigstes Ziel, als Bedingung für das Engagement« gefordert habe,[4] muß betont werden, daß Toscanini Mahlers Ersuchen tatsächlich nachgab und *Tristan* erst in der folgenden Spielzeit dirigierte, als Mahler schon beinahe aufgehört hatte, an der Met aufzutreten, um mehr Zeit für das New York Philharmonic Orchestra zur Verfügung zu haben; und im Widerspruch zu ihrer Aussage, daß, als sie und ihr Gatte schließlich eine *Tristan*-Vorstellung Toscaninis hörten, sie sie völlig »vernuanciert«[5] gefunden hätten, steht Bruno Walters Aussage, Mahler habe ihm gesagt: »Er dirigiert ihn ganz anders als wir, aber in seiner Weise großartig.«[6]

Natürlich waren Mahler und Toscanini zwei sehr ungewöhnliche und gänzlich verschiedene Persönlichkeiten, und es kann zwischen ihnen keine sehr herzliche Beziehung bestanden haben. Vierzig Jahre später erzählte Toscanini Taubman, daß Mahlers *Tristan* »keine Leidenschaft« gehabt habe; »aber der arme Mann war müde und krank«.[7] Haggin gegenüber äußerte er sich in dem Sinne, daß Mahler ein »Verrückter«[8] gewesen sei. Es wäre durchaus nicht überraschend, wenn sich herausstellen sollte, daß Mahler das gleiche von seinem jüngeren Kollegen dachte.

Eine der ersten Aufgaben Toscaninis nach seiner Ankunft in New York – und eine auf eigene Initiative hin übernommene – war die Überwachung der Auswahl der Chormitglieder für das französisch-italienische Repertoire, die er zusammen mit dem Chorleiter Giulio Setti vornahm. Kurz danach begann er mit den Orchesterproben. Die Muttersprache der meisten New Yorker Orchestermitglieder jener Tage war entweder Englisch oder Deutsch. Toscanini kannte alle Texte der deutschen Opern, die er leitete, auswendig, wurde mit der Sprache selbst aber nie vertraut; und wenn sein Englisch, obwohl es immer fehlerhaft blieb, mit der Zeit auch flüssiger wurde, so war es im Jahre 1908 doch noch sehr primitiv. Er hatte nie zuvor unter ähnlichen Bedingungen arbeiten müssen (die argentinischen Musiker hatten mit seinem Italienisch nur wenig Schwierigkeiten gehabt), und das steigerte seine normale Nervosität beträchtlich. Jahre später erzählte er Bruno Walter, er sei vor dieser ersten Probe »äußerst nervös« gewesen; und er machte sich sogar die Mühe, eine kurze Grußbotschaft auf Englisch vorzubereiten und niederzuschreiben, die er dem Orchester vor dieser Probe vorlas und in der er seine Hoffnung auf eine produktive und erfolgreiche Zusammenarbeit zum Ausdruck brachte. Wenn er die Saison auch mit *Aida* beginnen wollte, so entschloß er sich jedoch, die schwierigere *Götterdämmerung* an den Anfang dieser Probe zu setzen, die einige Wochen später herauskommen sollte. Zweifellos hatte das Orchester im voraus Gerüchte über sein unfehlbares Gedächtnis gehört; es verbreitete sich jedoch ein allgemeiner Schock, als er im Orchestergraben auftauchte und dieses umfangreiche Werk ohne Partitur zu proben begann. Der Eindruck verstärkte sich noch, als der neue Dirigent Fehler in den gedruckten Instrumentenstimmen zu hören und zu korrigieren begann, die von bekannten deutschen Dirigenten viele Jahre lang unentdeckt geblieben waren; und die Art und Weise, wie er sich selbst – und seine Mitstreiter – in die eigentliche Substanz der Musik zu vertiefen verstand, erregte unmittelbare Bewunderung, Respekt und Begeisterung. Gegen Ende der Probe brach das Orchester in Applaus und Bravorufe aus.

Aida (16. November) war ein gewaltiger Erfolg. Das Ensemble umfaßte Emmy Destinn, die in der Titelrolle ihr Metropolitan-Debüt gab, Caruso, Scotti und Louise Homer. »Der Geist, der die Aufführung durchdrang, wurde ihr fraglos vom neuen Dirigenten eingegeben«, schrieb Richard Aldrich in der *Times*. »Er ist ... eine beherrschende Macht, ein Mann von zwingender Autorität, ein Musiker mit unbegrenzter Substanz.« Und Henry E. Krehbiel von der *Tribune* äußerte sich folgendermaßen: »Er ist ein Künstler im besten Sinne, ein Interpret, ein Neuschöpfer. Ohne solche Menschen ist die Musik für das Ohr ebenso tot wie auf der gedruckten Partiturseite.«

Drei Tage später leitete er *Madama Butterfly* mit Farrar und Caruso. (An der Metropolitan wurden viele Opern gleichzeitig gespielt, im Gegensatz zum Scala-System, das nur eine oder zwei Inszenierungen für einen bestimmten Zeitraum vorsah.) Am 23. November vertrat er einen erkrankten Kollegen, Spetrino, bei einer *Rigoletto*-Vorstellung in Brooklyn – seine einzige Aufführung dieses Werkes in seiner ganzen Amtszeit an der Metropolitan; das gleiche machte er bei *Tosca*, diesmal jedoch im eigenen Hause. Nur zwei Wochen nach Toscaninis Debüt schrieb die Mezzosopranistin Maria Gay an ihren Mailänder Agenten: »Das Gatti-Toscanini-Direktorat kommt hier bewundernswert gut zurecht; die italienischen Opern haben zunehmend mehr und großartigen Erfolg, und die anderen fallen dagegen ab.«[9]

Dieses Abfallen der nicht-italienischen Opern wurde durch Mahlers Rückkehr und Toscaninis Griff ins französische und deutsche Repertoire aber bald ins Gegenteil verkehrt. Am 3. Dezember leitete er *Carmen* – wahrscheinlich seine erste Aufführung eines Werkes in einer anderen Sprache als der italienischen – mit Gay und Caruso in den Hauptrollen; und eine Woche darauf hörte New York seine erste Vorstellung der *Götterdämmerung* mit Fremstad und Schmedes. Zusätzlich zur Wiederaufnahme des Vorspiels und der Nornen-Szene, die in allen Metropolitan-Vorstellungen seit 1900 gestrichen worden waren, fügte Toscanini diesmal auch die Waltraute-Episode (mit Homer) ein, die er in seinen beiden vorhergehenden Aufführungen des Werkes ebenfalls ausgelassen hatte. (Wenigstens laut Seltsams *Metropolitan Opera Annals* und laut Homers Tochter; Kolodin und Aldrich dagegen behaupten, daß die Waltraute-Episode gestrichen worden sei.) Aldrich schrieb, Toscanini habe »eine Vorstellung von bemerkenswerter Energie und dramatischer Kraft und nicht weniger von großer musikalischer Schönheit« geboten.

Am 17. Dezember leitete Toscanini eine Doppelvorstellung mit *Le Villi* (eine amerikanische Premiere) und *Cavalleria rusticana*, auf die im Januar eine weitere amerikanische Premiere folgte – *La Wally*: ein Tribut an den toten Jugendfreund, aber auch die letzte Aufführung einer Catalani-Oper, die er je leitete. Zwei Abende später nahm er an einem in der Metropolitan stattfindenden Wohltätigkeitskonzert zugunsten der Opfer eines gerade über Italien hereingebrochenen Erdbebens teil und leitete das Quartett aus *Rigoletto* mit Alda, Gay, Bonci und Amato; und am 21. Februar dirigierte er Verdis *Messa da Requiem* mit Destinn, Homer, Martin und Hinckley. Der Eindruck auf das Publikum war so groß, daß drei weitere Aufführungen in die laufende Saison eingeschoben und zwei weitere für das kommende Jahr geplant waren.

Falstaff war bereits nahezu fünfzehn Jahre lang eine der Stützen seines Repertoires gewesen, als New York ihn das Werk am Nachmittag des 20. März, mit Scotti in der Hauptrolle, zum erstenmal aufführen hörte. Am selben Abend dirigierte er die zweite Szene des zweiten Aktes von *Aida* in einem Benefizkonzert zugunsten des »Metropolitan Pension and Endowment Fund« (Renten- und Stiftungsvermögen der Metropolitan); Mahler leitete im Laufe desselben Programms den ersten Akt von Smetanas *Prodaná nevěsta*. Und wenige Tage später dirigierte Toscanini in einem anderen Sonderkonzert den Prolog von *Mefistofele* mit Didur und das *Rigoletto*-Quartett (mit denselben Solisten wie am 10. Januar). Insgesamt leitete er fünfundvierzig Vorstellungen von zehn Opern, vier Konzerte und Teile von drei Wohltätigkeitskonzerten im Laufe dieser seiner ersten New Yorker Saison. Darüber hinaus betreute er achtzehn über die ganze Spielzeit verstreute Operngastspiele in Brooklyn, Philadelphia, Baltimore, Chicago und Pittsburgh.

Mit der erstklassigen Garnitur von Sängern, mit denen er in New York zusammenarbeitete, kann er eigentlich nur zufrieden gewesen sein; nichtsdestoweniger wich er nicht von seinem Grundsatz ab, daß alle künstlerischen Entscheidungen letztlich von ihm getroffen zu werden hatten – und das wollte manchen berühmten Ensemblemitgliedern durchaus nicht gefallen. Erich Leinsdorf, der in den dreißiger Jahren als Repetitor mit Toscanini in Salzburg arbeitete, hat darauf hingewiesen, daß, wenn Toscanini mit Sängern arbeitete,

> »die über langjährige Erfahrung mit den Partien verfügten, die sie bei ihm zu singen hatten, er sie sehr bereitwillig gewähren ließ und nicht versuchte, sie aufs neue zu formen. Das gleiche galt für Solo-Holzbläser im Orchester. Er war ein großzügiger Mensch. Ungeduldig verfuhr er nur mit der falschen Mentalität. Wenn er merkte, daß Leute nicht mit ganzem Ernst bei der Sache oder dumm waren – das war etwas, was er nicht ausstehen konnte.«[10]

Natürlich war es auch möglich und kam vor, daß ein ernsthafter, intelligenter und fähiger Sänger eine Auffassung von einer Rolle oder von einer bestimmten Passage in einer Rolle hatte, die mit der Toscaninis kollidierte. In diesem Fall war Toscanini der Meinung, daß der Sänger überzeugt oder gezwungen werden mußte, sich seiner Gesamtauffassung der Oper anzubequemen – sonst hätte das Werk nicht als homogene Einheit geboten werden können. Da er in dieser Hinsicht durchaus nicht geduldig, diplomatisch oder nachgiebig war, führte sein Standpunkt oft zum offenen Konflikt.

Es ist interessant, den Anschuldigungen nachzugehen, die seine unversöhnliche Feindin Emma Eames diesbezüglich gegen ihn erhob:

> »Als Operndirigent ließ er – im Vergleich mit Größen wie Mancinelli und Seidl – viel zu wünschen übrig. Er war charmant und liebenswert und ließ mir bei der Klavierprobe alle meine Nuancen und Eigenwilligkeiten durchgehen. Vor dem Publikum aber gehörte die Oper ihm und nur ihm. Er hatte ein so großartiges und genaues Gedächtnis, daß er immer getreu wiedergeben konnte, was er jemanden bei irgendeiner Probe hatte singen hören – und zwar genau das.«[11]

Diese Beurteilung beruhte auf drei *Aida*-Vorstellungen und möglicherweise einer *Tosca*, die sie unter seiner Leitung absolviert hatte – und nicht mehr. Mit anderen Worten: Eames beklagte sich nicht darüber, daß Toscanini sie gezwungen habe, ihre eigene Auffassung einer Rolle zu ändern: Er forderte ganz einfach von ihr, eine bestimmte Auffassung zu entwikkeln und bei der Vorstellung auch genau das zu reproduzieren, was sie bei der Probe geboten hatte. Das ist heute eine grundlegende und widerspruchslos akzeptierte Regel des Opernbetriebs und fällt mehr in den Bereich zünftig-professionellen Verhaltens als in den von Künstlerschaft im eigentlichen Sinne – eines der zahllosen Beispiele für das, was Carlo Maria Giulini meinte, als er mir sagte, daß »Toscanini fürchterliche Kämpfe auszufechten hatte, um Dinge zu erreichen, die heute jedermann für selbstverständlich hält. Sogar Musiker, die nicht mit ihm übereinstimmen, sind direkte Nutznießer seiner Arbeit und seines Kampfes.«[12]

Toscanini spürte ganz deutlich, daß ohne einen enormen Aufwand an Disziplin wirkliche künstlerische Vollendung nicht möglich war. Deshalb bereitete er jedes Detail eines Werkes mit großer Sorgfalt vor und versuchte, nichts dem Zufall zu überlassen; für die Hauptaufgabe des Dirigenten hielt er es, eine vollkommen integrierte und einheitliche Aufführung einer Oper zustande zu bringen – und nicht jeden der Sänger auf möglichst angemessene Weise zu begleiten.

Viele Sänger verstanden ihn, wußten sich mit seinen Zielen einig und waren zur Zusammenarbeit mit ihm bereit. Louise Homers Tochter Anne, zugleich ihre Biographin, machte darauf aufmerksam, daß, wenn Toscaninis Disziplin auch eine »ungeheure Konzentration und Anspannung, eine gewaltsame, manchmal erbarmungslose und unerbittliche Probenzeit erforderte, die für die Sänger häufig zum Alptraum wurde, ... sie unter seiner Leitung aus diesem Alptraum doch häufig erstaunt, gestärkt, inspiriert und mit einer gänzlich neuen Auffassung der betreffenden Rolle erwachten«.[13] Frieda Hempel, die während seiner letzten drei Metropolitan-Spielzeiten mit ihm zusammenarbeitete, schrieb in ihren Memoiren: »Ich halte ihn für einen der größten Dirigenten aller Zeiten ... Wir waren gute Freunde und arbeiteten viel zusammen. Leider habe ich niemals in einer italienischen Oper unter ihm gesungen [tatsächlich sang sie in *Un Ballo in Maschera*] ..., aber er hat als Italiener den deutschen Geist und das deutsche Gefühl ausgezeichnet verstanden.«[14] Die Bewunderung und Verehrung anderer Sänger für ihn, die mit ihm gearbeitet haben, sind im vorliegenden Buch bereits deutlich geworden und werden es anhand anderer Beispiele weiter werden.

Am 27. Februar 1909 verbreitete die Metropolitan die Nachricht, daß Toscaninis und Gatti-Casazzas Verträge für die Dauer von zwei weiteren Jahren verlängert worden seien – was bereits drei Monate zuvor beschlossene Sache gewesen war. Zu ebendieser Zeit unterzeichnete wahrscheinlich eine Gruppe von Sängern eine Petition, die darauf drang, daß Andreas Dippel, der von der vorhergehenden Intendanz zur Aushilfe in der Übergangszeit und als Gatti-Casazzas Stellvertreter ausersehen worden war, seinen Vertrag ebenfalls verlängert bekam: ein nur schwach verhüllter Protest gegen das neue Direktorat, der von Farrar, Sembrich, Eames, Scotti und Caruso unterzeichnet worden war. Dippel wurde für eine weitere Spielzeit verpflichtet und dann entlassen.

Nach der Absolvierung seiner letzten Vorstellung am 10. April kehrte Toscanini nach Mailand zurück, wo er drei der »Volkstümlichen Orchesterkonzerte von Professoren und Studenten« des Konservatoriums leitete, und zwar am 2., 4. und 17. Juni. Der Eintrittskartenerlös aus diesen Konzerten sollte dem Bau des neuen Konzertsaales des Konservatoriums zugute kommen. Neu in Toscaninis Konzertprogrammen waren Debussys *La Mer*, die *Antar-Symphonie* des kürzlich verstorbenen Nikolai Rimski-Korssakow und die *Rhapsodie espagnole* des jungen Maurice Ravel. Ein siebzehnjähriger Student namens Victor de Sabata, später einer der bekanntesten Dirigenten Italiens, bediente die Becken im Hochzeitsmarsch aus Mendelssohn-Bartholdys *Ein Sommernachtstraum.* In seiner Begeisterung stolperte der junge Mann, als er zur ersten Probe den Saal betrat, und schlug der Länge nach über die Pauken hin. Toscanini und das Orchester brachen in herzhaftes Gelächter aus.

Am 1. Juni war in Neapel Giuseppe Martucci gestorben, und einen Monat später fand sich Toscanini zu einem seiner seltenen Auftritte in der Stadt ein, um, mit der Krusceniski als Solistin, ein Gedenkkonzert für Martucci mit seiner Musik zu geben. Einen Teil des Sommers verbrachte er mit seiner Familie in den Alpen; später reiste er nach München, um dort eine unter der Leitung Fritz Steinbachs stehende Konzertreihe mit Werken von Brahms zu hören. »Ich habe dabei mehr Freude empfunden, als Worte ausdrücken können«, schrieb er am 12. September an Polo. »Brahms ist groß – Steinbach hervorragend.«[15]

Toscaninis zweite New Yorker Saison wurde am 15. November mit *La Gioconda* eröffnet (mit Destinn, Homer, Caruso, Amato). Zwei Abende später leitete er *Otello* mit Leo Slezak in der Titelrolle, der an der Metropolitan debütierte. *Madama Butterfly* tauchte bald wieder im Spielplan auf, und am 27. dirigierte er seinen ersten nordamerikanischen *Tristan.* »Die New Yorker Musikliebhaber hatten Gelegenheit, eine Interpretation zu genießen, die, bei ihrer Premiere, Mailand verblüffte und in ganz Europa allgemeine Aufmerksamkeit fand«, schrieb W. J. Henderson in *New York Sun:*

> »Die hiesige Darbietung rechtfertigte die Begeisterung in Italien und das herzliche Lob, das ihr deutsche Kritiker entgegenbrachten, in jeder Weise. Toscaninis Interpretation des ersten Aktes war unerwartet gemäßigt und schien, wenn auch musikalisch vollendet, die Erfüllung des Verlangens nach vitaler Emotion für den weiteren Verlauf der Vorstellung zu versprechen. Es wurde jedoch offenkundig, daß der verdiente Dirigent den ersten Akt mit zurückgenommener Intensität bot und sich den Ausbruch bebender Leidenschaft für den zweiten Akt aufsparte. Hier erhoben sich die Wogen turbulenter Orchestrierung dann allerdings zu inspirierter Größe. Von der Vorladung Tristans bis zum Ende des Aktes war die Musik von emotionaler Glut durchbebt, und die majestätischen Höhepunkte wurden mit großartiger Kraft herausgearbeitet, ohne doch die Grenzen musikalischer Schönheit auch nur geringfügig zu überschreiten. Toscanini ... nahm seine Position als einer der interessantesten diesem Publikum bekannten Wagner-Dirigenten zu Recht ein.«

Aida wurde am 3. Dezember wiederaufgenommen; drei Wochen später stellte Toscanini dem Publikum seine Version von Glucks *Orfeo* vor – eineinhalb Jahre nach der glücklosen Scala-Inszenierung. Im März dieses Jahres hatte er Louise Homer, deren Stimme ihm zusagte, dafür gewinnen können, die Partie des Orfeo zu singen, die sie sich schon lange gewünscht hatte. Sie studierte sie zusammen mit ihm sehr gründlich ein, und ihr Exemplar der Partitur ist noch übersät mit blauen Tintenspuren und Eintragungen wie »agitato« und »con passione« von seiner Hand. Er schob die Arie »Divinités du Styx« aus *Alceste* ein, ebenso ein Trio aus *Paride e Elena* und einen Chor aus *Echo et Narcisse*, und strich die Ouvertüre. Die von Jacques Pacquereau entworfenen und von Paul Chauvanne ausgeführten Bühnenbilder wurden eigens aus Paris importiert. Johanna Gadski sang die Euridice, und die junge Alma Gluck gab ihr Metropolitan-Debüt als Glückseliger Schatten. Krehbiel nannte die Aufführung »das interessanteste Ereignis der bisherigen Opernsaison ... Toscaninis Umgang mit der Musik war ehrerbietig – mehr als ehrerbietig: Er war liebevoll, und seine Hingabe fand ihr Gegenstück in der von Madame Homer.«

Einen Monat später leitete Toscanini die amerikanische Premiere von Franchettis *Germania*, und am 16. Februar wurde *Falstaff* wieder in den Spielplan aufgenommen. Er dirigierte den dritten Akt von *La Gioconda* bei einer Wohltätigkeitsveranstaltung am 1. März, und gegen Ende des Monats hatte das New Yorker Publikum endlich Gelegenheit, seine *Meistersinger von Nürnberg* zu hören. Richard Aldrich schrieb:

> »Daß Wagners Lustspiel erst in den letzten Tagen der Spielzeit zu einer Vorstellung auf der Bühne der Metropolitan Opera kam, war Anlaß für Überraschung und Enttäuschung. Es wurde in dieser Saison jedoch [von Alfred Hertz an] Arturo Toscanini übertragen; und der Aufschub der Eröffnungsvorstellung ging zu Lasten seiner zusätzlichen Probenwünsche. Wenn auch die Sänger in den Hauptrollen dieselben geblieben sind und die szenische Einrichtung sich nicht verändert hat, so ist das Werk unter Toscanini doch zwangsläufig ganz neu einstudiert worden. Und wie gründlich dabei vorgegangen worden ist, dafür legte die gestrige Vorstellung ein beredtes Zeugnis ab. Diese Aufführung war die Wartezeit in der Tat wert ... New York hat Aufführungen der *Meistersinger* gehört ..., die in vieler Hinsicht bemerkenswert waren; die gestrige aber war eine der bemerkenswertesten überhaupt ... Nichts, was Toscanini hier bisher geleistet hat, nicht einmal sein *Tristan*, kommt dieser seiner *Meistersinger*-Aufführung gleich.«

Toscanini äußerte sich später in dem Sinne, daß diese *Meistersinger* eine der Aufführungen gewesen seien, die ihm größte Befriedigung verschafft hätten.

Nach Ende der Spielzeit, in der er insgesamt neununddreißig Vorstellungen von neun Opern, dazu zweiundzwanzig Gastvorstellungen in fünf anderen Städten absolvierte, begleiteten Gatti-Casazza und er das Ensemble – ohne das Orchester – zu einem kurzen Gastspiel mit italieni-

schen Opern am Théâtre du Châtelet in Paris. Zwischen dem 19. Mai und dem 25. Juni wurden – in insgesamt achtzehn Vorstellungen – *Aida, Cavalleria rusticana, Otello, Falstaff* und *Manon Lescaut* gespielt, mit Sängern wie Caruso, Amato, Destinn, Homer, Rappold, Fremstad, Slezak, Scotti, Alda, Bori und Farrar. Die Eröffnungsvorstellung wäre – ebenso wie die ganze Tournee – beinahe zum Desaster geworden, weil die Intendanz der Metropolitan der Diskriminierung französischer Sänger bezichtigt wurde. Diese Vorwürfe waren offenbar das Ergebnis der Machenschaften von Marie Delna, einer französischen Altistin, die während der vorhergehenden Saison unter Toscanini zwei Vorstellungen von *Orfeo* gesungen, dann aber eine heftige Auseinandersetzung mit ihm gehabt hatte, woraufhin ihr Vertrag nicht wieder erneuert worden war. Ein Teil der Pariser Presse startete eine böswillige Kampagne gegen Gatti-Casazza und Toscanini; und bei der ersten Vorstellung – einer *Aida* – wurde der Dirigent von einem Teil des Publikums zu Beginn des zweiten Aktes mit berechneter Feindseligkeit begrüßt. Er dirigierte jedoch einfach weiter, Homer setzte ihre Soloarie der Amneris fort, und die Störer blieben schließlich auf der Strecke. Die Vorstellung ging ungestört weiter, und die übrigen Vorstellungen des Gastspiels waren höchst erfolgreich, sogar in finanzieller Hinsicht: Die durchschnittlichen Tageseinnahmen betrugen 10 500 Dollar – eine beträchtliche Summe für die damalige Zeit.
Das Orchester, das Toscanini zur Verfügung stand, war das der Concerts Colonne. Er hatte beträchtliche Mühe, die Musiker aus ihrer Lethargie herauszureißen, und entfesselte während der Proben mehr als einen katastrophalen Unmutssturm; aber Gabriel Pierné, der damalige Leiter des Orchesters, erinnerte sich noch Jahre später, daß er als Beobachter und seine Musiker als Betroffene damals sämtlich überzeugt waren, Toscanini sei der größte lebende Dirigent.
Die erstaunlichste Überraschung des Pariser Abenteuers war der überwältigende Erfolg von *Manon Lescaut.* Die Oper war zwar bereits siebzehn Jahre alt, in Paris aber aus Gründen nationaler Voreingenommenheit für die etwas ältere *Manon* Massenets bisher nie zu hören gewesen. Am meisten überrascht war Puccini selbst, der an Giulio Ricordi schrieb: »Ein wirklicher und totaler Erfolg. Einzigartige Aufführung. Ich glaube nicht, daß ich je ein so organisches und vollkommenes Ensemble für *Manon Lescaut* hatte.«[16] Toscanini hatte, was das Orchester anging, mit Erlaubnis Puccinis einige Änderungen vorgenommen, wenn auch die von ihm in Paris benutzte Partitur nur sehr wenige Eintragungen von seiner Hand zeigt – einige Akzente, einige Änderungen beim Gebrauch von Dämpfern, einige Notierungen wie »leggerissimo« und »en dehors« und einige Legatobogen.[17] Weitere Änderungen mögen während der Proben hinzugekommen sein. Jedenfalls schrieb der Komponist nach seiner

Rückkehr nach Mailand an Toscanini, der sich noch immer in Paris aufhielt:

»Der Verlag Ricordi hat sich endlich entschlossen, [eine neue Ausgabe der] *Manon*-Partitur in Druck zu geben. Dir wird ein Fahnenabzug zugehen, den Du korrigieren kannst. Glaub mir, Du könntest mir keinen größeren Gefallen tun. Mit Deinen Verbesserungen bei Klangfarben und wirksamen Bindungen usw. usw. werde ich dann wohl endlich eine endgültige *Manon*-Fassung in Händen halten und sie von der Anarchie befreien können, die darin herrscht. Mein Herz ist voll von Deiner Aufführung und der Güte Deines Geistes; ich hoffe, Dich bald zu sehen.«[18]

Noch in Paris hatten Puccini und Gatti-Casazza eine Übereinkunft getroffen, die sich auf die Uraufführung der nahezu abgeschlossenen neuen Oper des Komponisten, *La Fanciulla del West*, für die kommende Spielzeit an der Metropolitan bezog.
Am 19. Juni gab das Gastensemble eine Wohltätigkeitsvorstellung in der Oper und erzielte dabei die Summe von 200 000 Francs, die den Überlebenden eines kürzlich gesunkenen Unterseebootes zugute kam. Das Programm umfaßte den zweiten Akt von *Tristan* (zum erstenmal nach dem deutsch-französischen Krieg von 1870/71 wurde an der Oper wieder in deutscher Sprache gesungen), den dritten Akt von *La Bohème*, einen Akt von *Otello* und die Schlußszene von *Faust*. Debussy besuchte einige der Gastspiel-Vorstellungen der Metropolitan-Truppe, und er und Toscanini trafen zu ihrer ersten persönlichen Begegnung zusammen.
Nach der Rückkehr nach Italien verbrachte Toscanini einige Wochen im Kurort Montecatini. Puccini schrieb ihm am 28. Juli, um ihn davon in Kenntnis zu setzen, daß er mit *Fanciulla* so gut wie fertig sei, und lud ihn ein, zu kommen und das Stück mit ihm durchzugehen. Dieser Besuch fand im August auch statt. Etwa Mitte Oktober war Toscanini wieder in New York, um mit den Vorbereitungen für eine überwältigend schwierige Saison zu beginnen. Mahler hatte seine Bindungen an die Metropolitan, nachdem er in der vorhergehenden Spielzeit nur drei Vorstellungen geleitet hatte, jetzt endgültig gelöst, und obwohl der Stab von ständigen Dirigenten nunmehr neun Mitglieder zählte – im Gegensatz zu den vieren während Toscaninis erster Saison –, war seine Arbeitsbelastung drückender geworden als je zuvor.
Seine Wahl für die Eröffnungsvorstellung (14. November) fiel auf Glucks *Armide*, die, in der Besetzung mit Fremstad, Caruso, Amato und Homer, zum erstenmal an der Metropolitan aufgeführt wurde. »Wenn das Publikum die Oper auch nicht mit Begeisterung aufnimmt, so wird es sich

schließlich doch von der erstaunlichen Konzeption eines Genies überzeugen lassen...«, schrieb Henderson. »Die Aufführung als Ganzes... ist ein weiteres Lorbeerblatt im Kranz, den die Herren Gatti-Casazza und Toscanini gemeinsam tragen.«
Außer *Armide* dirigierte er in den ersten zehn Tagen der Spielzeit *Aida, Madama Butterfly,* seine erste *La Bohème* an der Metropolitan und *La Gioconda.* Am 10. Dezember folgte die ängstlich erwartete Premiere von *La Fanciulla del West* mit Destinn, Caruso und Amato in den Hauptrollen. Die Proben hatten sechs Wochen zuvor begonnen, und Toscanini hatte Puccini telegraphiert und ihm versichert, alles ginge gut. »Du kannst Dir nicht vorstellen, wieviel Freude mir Dein Telegramm bereitet hat«, schrieb der Komponist in seiner Antwort vom 28. Oktober. »Ich hatte bereits seit drei oder vier Tagen darauf gewartet, und in dieser Wartezeit schlich sich ein wenig Angst ein. Jetzt bin ich ruhig und glücklich...«[19]
In Begleitung seines Sohnes Tonio und Tito Ricordis kam Puccini in New York an, um die letzten drei Wochen der Proben zu überwachen, und David Belasco, dessen Stück *The Girl of the Golden West* als Vorlage für die neue Oper gedient hatte, widmete sich der Inszenierung. Die Nachwelt hat *La Fanciulla del West* unter die minderen Werke Puccinis eingereiht; bei der Premiere wurde es jedoch nahezu ekstatisch aufgenommen – von einem vollbesetzten Haus, das für den Besuch der Eröffnungsvorstellung die doppelten Preise bezahlt hatte; ähnlich wie Leute, die heute einige hundert Mark für den Besuch einer Vorstellung bei einem der berühmten europäischen Musikfestspiele entrichten, leichthin überzeugt sind, sie hätten etwas Außerordentliches gehört. Dieser Vorfahr der »Spaghetti-Western« wurde von der Presse ebenso freundlich, wenn nicht gar überschwenglich aufgenommen, und Aldrich schrieb, daß »die Aufführung dieser Oper eines der Meisterstücke Toscaninis« gewesen sei. Puccini wurde in New York eine königliche Behandlung zuteil, und von Bord der »Lusitania«, die ihn Ende Dezember nach Europa zurücktrug, schrieb er melancholisch an Carla Toscanini:

»Sie sind so gütig und freundlich zu mir gewesen, so zart und aufmerksam; Toscanini so geduldig und mir so herzlich zugetan! Meine Gedanken sind ganz erfüllt von Ihnen beiden, und ich beneide Sie. Ich möchte auch wie Sie sein, mit Ihrer ganzen Familie um Sie herum, mit Ihren Kindern, die Sie so lieben, mit Freunden, die Sie umhegen und die Ihnen vertrauen. Traurigerweise fühle ich mich allein in der Welt und bin deshalb immer unglücklich. Und doch habe ich immer versucht, Liebe zu geben, und doch nie Verständnis gefunden – das heißt, ich bin immer mißverstanden worden. Jetzt ist es zu spät, und ich bin schon zu weit weg. Erhalten Sie mir Ihre Freundschaft, so daß ich wenigstens gute und geistig hochstehende Freunde habe, die mich ertragen und verstehen.«[20]

In einer weniger deprimierten Stimmung berichtete er Clausetti: »Die musikalische Seite der Aufführung hervorragend und die Inszenierung erstaunlich. Caruso groß, Destinn sehr gut, Amato ausgezeichnet; Toscanini unermeßlich gut, ein wahrer Engel.«[21]
Toscaninis Spielzeit setzte sich mit einer Wiederaufnahme von *Orfeo* im Dezember, mit *Tristan* und den *Meistersingern* im Januar, mit *Germania, Tosca* und *Otello* im Februar, *Cavalleria rusticana* im März und – am 29. März – mit der amerikanischen Premiere von Paul Dukas' *Ariane et Barbe-bleue* (mit Farrar und Rothier) fort. Darüber hinaus leitete er den ersten Akt von *Armide* in einem Wohltätigkeitskonzert am 6. April. Die Bilanz der Saison: sechsundsechzig Vorstellungen von vierzehn Opern in fünf Monaten, abgesehen von Gastspielen in sieben anderen Städten.
Im Februar hatte Toscanini einen seiner berühmtesten Landsleute getroffen, den Pianisten und Komponisten Ferruccio Busoni, der sich auf einer Amerika-Tournee befand. Am 21. hatte er Mahler mit dem New York Philharmonic Orchestra Busonis *Berceuse élégiaque* aufführen hören – einer der letzten Auftritte Mahlers: Er kehrte kurz darauf nach Europa zurück und starb im Mai desselben Jahres. Vier Tage später schrieb Busoni an seine Frau: »Heute abend werde ich wahrscheinlich mit Toscanini zusammentreffen, der offenbar an der *Berceuse* Gefallen gefunden hat. Das kann der Oper *[Die Brautwahl]* zugute kommen – wenn sie erst einmal fertig ist.« Und einige Tage später:

»Letzten Sonntag [den 26.] war ich bei Toscanini. Er bewohnt in einem großen Hotel [das »Ansonia«] ein Privat-Appartement und hält einen eigenen italienischen Koch. Es war der schönste Abend, seit du fortgingst. Das Essen war vorzüglich, die Konversation animiert und interessant, bis Mitternacht. Consolo [ein Pianist und Klavierpädagoge] war dabei, ich spielte ihnen die »Sonatina«, den »Mephisto-Walzer«, den »Franciscus«. Ein Steinway, der donnerte und die *Töne hielt* (wie lange habe ich nicht dieses Vergnügen gehabt!), brachte mich noch mehr in Stimmung. Toscanini ist der intelligenteste Musiker, den ich bis jetzt traf (von Strauss vielleicht abgesehen). Ungeheuer lebhaft, schnell, weitblickend und künstlerisch. Er sagte ganze Seiten aus meiner Ästhetik her, ich meine: er sprach meine Gedanken aus und nicht ein Wort, das mir nicht aus dem Herzen geholt war. Er schien besondere Sympathie zu mir zu haben, denn – wie Consolo sagte – er wäre selten sonst so mitteilsam. Er sieht aus wie kaum 30 Jahre, ist aber 44. Seine Blindheit ist eine Fabel. Er braucht nicht einmal Gläser. Sein Gedächtnis ist ein Phänomen in physiologischen Annalen; hindert aber nicht seine übrigen Fakultäten, wie es sonst bei solchen Unmoralitäten der Fall ist. Er hatte eben die sehr komplizierte Partitur von Dukas ›Ariane et Barbe-bleue‹ studiert und sollte am nächsten Morgen die erste Probe – auswendig – halten! Es muß aber doch an ihm fressen; er ist auch nur ein Bündel Nerven . . . Ich hoffe herzlich, daß mich das Leben noch enger mit ihm zusammen bringt . . .«[22]

Wenig später schrieb Busoni einem Freund, Toscanini habe Interesse für seine Oper gezeigt; sie wurde jedoch nie unter seiner Leitung aufgeführt. Eine regelrechte Freundschaft zwischen den beiden entwickelte sich nicht – zum Teil sicher einfach deshalb, weil sie nur selten zur selben Zeit am selben Ort weilten. In einem Brief an Egon Petri aus dem Jahre 1912 kritisierte der Pianist Toscanini, weil er in Amerika statt in Italien arbeitete – ein merkwürdiger Vorwurf von jemandem, der, wie Busoni, den überwiegenden Teil seines Lebens außerhalb seines Heimatlandes verbrachte. Aber er fügte hinzu: »Wenn er seine verdammte Pflicht täte und zu Hause bliebe, so würden die Leute ihm alle erdenklichen Schwierigkeiten in den Weg legen.«[23] Laut Toscaninis Tochter Wanda besuchte ihr Vater einmal in New York ein Konzert Busonis. Seine Interpretation von Beethovens *Waldstein*-Sonate war ihm jedoch so zuwider, daß er vor Ende des Konzerts den Saal verließ – ein Verhalten, das nicht unbemerkt blieb und einen Skandal heraufbeschwor; Busoni selbst aber fühlte sich nicht verletzt und sandte Toscanini eine Nachricht, des Inhalts, er werde sich glücklich schätzen, ihn am kommenden Sonntag in seinem nächsten Konzert begrüßen zu dürfen, und verspreche, dann wirklich »gut« zu spielen. »Papa war amüsiert, dieses ›gut‹ in Anführungszeichen gesetzt zu sehen«, berichtete Wanda, »und am nächsten Sonntag besuchte er das Konzert. Er nahm in der ersten Reihe Platz, blieb bis zum Ende und applaudierte begeistert.«[24]
Im Jahre 1917 schrieb Busoni an Toscanini:

»Eben beende ich eine kurze und bizarre Oper, *Turandot* (nach dem Originaltext des Venezianers Gozzi) – und um der Bewunderung und Zuneigung willen, die ich Ihnen entgegenbringe, nicht weniger als um der wie immer gearteten Bedeutung willen, die ich meinem neuen Werk beilege, möchte ich Sie um die Erlaubnis bitten, Ihren Namen auf die Widmungsseite setzen zu dürfen.
Darüber hinaus möchte ich Sie bitten – wenn ich auch Ihre Abneigung gegen das Schreiben kenne und billige –, mir diese große Gunst mit

einigen kurzen Zeilen zu bestätigen; sonst würde ich mir nicht die Freiheit nehmen, mein Werk mit Ihrem Namen zu schmücken ... Ich grüße Sie mit herzlicher Zuneigung und Respekt.«[25]

Die Oper wurde mit einer Widmung an Toscanini veröffentlicht, der sie jedoch nie aufführte. Dagegen tauchten in späteren Jahren ziemlich häufig zwei Orchesterstücke Busonis in seinen Konzertprogrammen auf – die *Berceuse* und das *Rondò arlecchinesco;* und als er erfuhr, daß nach seinem Tode seine Witwe beträchtliche wirtschaftliche Nöte hatte, sandte er ihr ein Geschenk und veröffentlichte den folgenden Aufruf:

»Dies ist ein Appell an alle Musikfreunde, ihre Hilfe in der Stunde der Not Frau Gerda Busoni angedeihen zu lassen – der Witwe eines der größten Musiker unserer Zeit, Ferruccio Busonis. Ich werde Ihnen für Ihren Beitrag persönlich dankbar sein.« [Original in englischer Sprache][26]

Bei seiner Rückkehr nach Italien legte Toscanini im Frühjahr 1911 einen kurzen Zwischenaufenthalt in Mailand ein und reiste dann nach Rom weiter, um am Teatro Costanzi die italienische Premiere von *La Fanciulla del West* und den *Falstaff* zu leiten. Diese Aufführungen fielen mit den Feiern zum fünfzigsten Jahrestag des italienischen Königtums zusammen. Der Tenor Giovanni Martinelli, damals sechsundzwanzig Jahre alt, gab den folgenden Bericht über seine Mitwirkung an dieser Aufführung:

»Mir war in Mailand mitgeteilt worden, ich möge mich in der Casa Ricordi zum Probesingen einfinden. Ich trat in eine schöne Halle ein, jemand setzte sich ans Klavier und sagte: ›Singen Sie irgend etwas.‹ ... Schließlich sah ich einen alten Mann durch einen Türvorhang hereintreten. Es war Giulio Ricordi, dem zwei andere Männer folgten – Puccini und kein geringerer als Maestro Toscanini. Sie hatten mich singen gehört und unterhielten sich jetzt murmelnd über meine stimmlichen Fähigkeiten. Sich mir zuwendend, sagten sie: ›Sie müssen nach Rom kommen, weil wir dort mit den Proben zu *La Fanciulla del West* beginnen.‹ ›Aber ich kenne keine Note von *Fanciulla del West*!‹ ›Macht nichts: Wir bringen es Ihnen bei.‹
In Rom ließen sie mich an allen *Fanciulla*-Proben mit dem Tenor Amedeo Bassi teilnehmen, bis Toscanini eines Tages zu mir sagte: ›Bassi muß [nach den ersten Vorstellungen] nach London, und wir werden hier mit einem Ersatz weitermachen müssen.‹ Dann setzte er sich ans Klavier und ließ mich singen. Aus Nervosität war ich nicht in der Lage, die richtigen Einsätze zu treffen, und konnte dem Maestro überhaupt

nicht folgen. Plötzlich unterbrach er mich barsch und schloß die Partitur. (Toscanini war ein großherziger, gütiger Mensch, der, wenn er eine Neigung zu jemandem gefaßt hatte, ihn auch unterstützte; ebenso aber hatte er Augenblicke schrecklicher Wutausbrüche.) Er wandte sich seinem Assistenten zu und sagte im Parmaer Dialekt: ›Der Bursche ist zu grün für mich.‹

Es läßt sich leicht vorstellen, wie ich mich in diesem Augenblick fühlte; offenbar hatte ich aber einen Schutzengel, der mir die Antwort in den Mund legte: ›Sehen Sie, Maestro, ich bin so glücklich, eine halbe Stunde mit Ihnen verbracht haben zu dürfen und Rom gesehen zu haben, daß ich mich ganz vergnügt davonmache.‹ Toscanini lachte mir zu und sagte zu seinem Assistenten: ›Übernimm du ihn eine Zeitlang, übe und probe weiter mit ihm, und wir werden die Sache schon irgendwie hinkriegen ...«[27]

Im Juli leitete Toscanini drei Aufführungen von Verdis *Messa da Requiem* in Rom – zwei im Augusteum und eine im Teatro Costanzi. Im selben Monat kaufte er, wahrscheinlich nach seiner Rückkehr nach Mailand, das Haus in der Via Durini, das für den Rest seines Lebens sein Hauptwohnsitz bleiben sollte, ein dreigeschossiges Bauwerk aus dem 17. Jahrhundert, mit einem schönen Hof und handgeschmiedeten Eisenbalkonen.

Der August sah Toscanini in Moncenisio in den Alpen, wo er im Kreise von Freunden und Verwandten Entspannung suchte und, vor einer Reihe von Konzerten, die er unter der Ägide von Depanis bei der Turiner Weltausstellung zu leiten hatte, lange Wanderungen unternahm. Seine Augen machten ihm zu schaffen, und seine Kurzsichtigkeit schien zuzunehmen. Aus Moncenisio schrieb er an Depanis:

»Ich habe mich hier meinem Augenarzt unterworfen; er quält mich jeden Tag mit schmerzhaften Augeninjektionen ... Ich kann um den 10. September nach Turin gehen und dort bis zum 28. bleiben. Ich bereite vier Programme vor. Sie glänzen nicht gerade mit Neuheiten, aber die Neuheiten (und ich habe viele davon durchgesehen) sind zur Zeit überhaupt nicht interessant ... Mach Änderungsvorschläge, wenn Du willst, und ich werde glücklich sein, Dich zufriedenstellen zu können.«[28]

Daraus ergab sich ein Briefwechsel über Fragen der Programmgestaltung, und Toscanini schrieb dem Freund in einem späteren Brief:

»Was Sinigaglias *Piemont-Suite* betrifft – ja, sie ist neu, aber wir haben noch immer Überfluß an solchen aus piemontesischen Motiven fabrizierten Rhapsodien; und wenn diesmal kein ›Spunta il sol‹ oder ›Ciao, ciao, ciao‹ darin vorkommt, so doch sicher statt dessen ein ›La violeta‹ und ähnliche Volksweisen. Die *Suite* ist mir gewidmet – Hilfe!... Ich habe nicht das geringste Bedürfnis, neue Partituren durchzusehen... Dr. Precerutti hat mir eingeschärft und mich gebeten, meinen Augen Ruhe zu gönnen; sie werden noch weitere Injektionen und verschiedene andere Behandlungsarten über sich ergehen lassen müssen, sogar in der Zeit der Turiner Konzerte.«[29]

Zwischen dem 16. und dem 29. September leitete Toscanini fünf Konzerte des Gesamtzyklus. Unter den anderen Dirigenten waren Claude Debussy, Vincent d'Indy, Edward Elgar, Robert Kajanus, Willem Mengelberg, Tullio Serafin und Fritz Steinbach.

Wieder in New York, eröffnete Toscanini seine vierte Saison an der Metropolitan am 13. November mit *Aida*; bis zum Ende des Monats folgten *La Fanciulla del West, Tristan und Isolde, Madama Butterfly* und *La Gioconda.* Im Dezember ergänzten *Tosca, Armide* und *Orfeo* den Spielplan. Am 3. Januar 1912 leitete er die amerikanische Premiere von Ermanno Wolf-Ferraris *Le Donne curiose.* Im Repertoire dieses Monats tauchte weiterhin *Ariane et Barbe-bleue* auf, im Februar dann *Otello,* und im März leitete er, neben den *Meistersingern*, seine erste amerikanische Aufführung von Massenets *Manon* mit Farrar und Caruso in den Hauptrollen. Am 28. März berichtete der *Corriere della Sera,* daß die Verträge von Gatti-Casazza und Toscanini um weitere drei Jahre verlängert worden seien. Die Spielplanstatistik für diese Saison verzeichnet achtundfünfzig Vorstellungen von dreizehn Opern mit – diesmal – nur vier Gastspielen in anderen Städten. Dieser mörderische Zeitplan (ein Beispiel: am 3. Februar abends: *Tristan*; am 4. Februar nachmittags: *Fanciulla*; am selben Abend: *Butterfly*) erschöpfte seine Energien dennoch nicht, und anstatt nach Italien zurückzukehren, reiste er nach Buenos Aires, wo er, in der Zeit von Mitte Mai bis Anfang September, *Tristan, Aida, Mefistofele, Manon, Don Pasquale, Manon Lescaut, La Bohème, Germania, Tosca, Ariane, Butterfly, Rigoletto, Falstaff, Götterdämmerung* und Humperdincks *Königskinder* dirigierte. (Manche Quellen verzeichnen überdies Massenets *Werther* und Gounods *Roméo et Juliette;* diese beiden Werke aber wurden von Bernardino Molinari geleitet.) Die Dukas- und die Humperdinck-Inszenierung waren argentinische Erstaufführungen. Es waren zugleich Toscaninis erste Auftritte am Teatro Colón, das seit seinem früheren Besuch der Stadt im Jahre 1906 neu eröffnet worden war; und ebenso seine letzten als Operndirigent in Südamerika.

Die *Manon*-Aufführung wurde zum Anlaß für eine Auseinandersetzung zwischen Toscanini und dem Tenor Giuseppe Anselmi. Der Dirigent

Lorenzo Molajoli sandte einem Dirigenten-Kollegen den folgenden Klatschbericht:

»31. Mai ... Zwischen Toscanini und Anselmi entstand bei der ersten Klavierprobe ein schrecklicher Streit, weil Toscanini darauf bestand, daß Anselmi alles so singen sollte, wie es in der *Manon*-Partitur geschrieben steht; Sie wissen aber nur zu gut, daß der Dirigent, wenn ein Sänger in solchen Opern ein wenig Wirkung erzielen will, etwas flexibel sein muß, soweit es sich nicht gerade um Wagner-Opern handelt. [!?] Also fuhr Anselmi auf, und abgesehen davon, daß er ihn einen Despoten nannte, gab er ihm auch zu verstehen, daß er die Oper schon mit Dirigenten gesungen habe, die gleich gut und *besser* als er gewesen seien, und daß er seinen Despotismus nicht länger hinnehmen werde. Er lehnte jede weitere Zusammenarbeit mit ihm ab, und schließlich verabschiedete er sich von allen Mitwirkenden und fügte hinzu: ›Entschuldigen Sie, was geschehen ist, und die besten Wünsche für Sie alle, ausgenommen Sie‹ – das mit direkter Wendung an Toscanini. Nun stellt sich heraus, daß Toscanini sich weigert, *Manon* und alle anderen Opern, in denen Anselmi singen soll, zu dirigieren.
Es scheint unmöglich, aber wenn auch einige Anselmis Vorgehen mißbilligt haben, so ist doch jeder *glücklich* darüber. Und das hängt mit Toscaninis *Popularität* im Theater zusammen.
Neuigkeiten! Molinari übernahm die Orchesterprobe, aber sie fiel völlig auseinander; und zwischen Toscanini und Anselmi ist ein Waffenstillstand geschlossen worden, mit der Bori [die die Titelrolle zu singen hatte] als Vermittlerin ... Aber was für eine schlechte Figur hat Molinari abgegeben! Und wenn man sich vorstellt, daß er von Toscanini selbst verpflichtet worden ist und 6000 Lire pro Monat erhält! Glücklich die Leute, die sogar Gönner finden, wenn sie nicht qualifiziert sind.«[30]

Und bedauernswert die Leute, die Opfer solcher Klatschberichte werden: Molinari war sicher alles andere als ein unqualifizierter Dirigent.
Nach seiner Rückkehr nach Mailand begannen für Toscanini Ende September eine Reihe von Verhandlungen und Konferenzen über verschiedene neue musikalische Projekte. Deren erstes betraf die Vorausplanung für die Aufführung von Arrigo Boitos langerwarteter zweiter Oper, *Nerone*, an die der Komponist nahezu fünfundvierzig Jahre der Konzeption und Arbeit gewandt hatte! Er hatte die umfangreiche Vokalpartitur gerade abgeschlossen und schlug sich jetzt mit der Orchestrierung herum. Und er hoffte, das Werk im Herbst 1913 an der Scala herausbringen zu können, mit Toscanini und Caruso – beide nahmen seine Einladung an.

Toscanini und Boito hatten während des Mailand-Aufenthaltes des Dirigenten mehrere Zusammenkünfte. Kurz vor Toscaninis Abreise nach Amerika schrieb der alte Mann ihm:

»Sie machen sich erneut auf den Weg, um fernen Menschen das göttliche Licht der Kunst zu bringen. Möge Ihnen der Himmel die rasche Wiederkehr mit diesem Licht zu uns gewähren! Sie sind der letzte Strahl, der bleibt; alles übrige ist Dunkelheit. Glückliche Reise. Glückliche Heimkehr. Eine Umarmung.«[31]

Zwölf Jahre sollten vergehen, bevor Toscanini tatsächlich die Erstaufführung der Oper seines Freundes leitete.
Das zweite Projekt brachte Verhandlungen mit der Scala-Intendanz mit sich und bezog sich auf Verdis Geburtstag, der sich im kommenden Jahr zum hundertsten Male jährte. Wir kommen später darauf zurück. Weitere und unverzüglich erfolgreiche Verhandlungen erbrachten Toscaninis Zustimmung, am 10. und 11. November zwei Konzerte im Mailänder Teatro del Popolo zu leiten. Dieses Theater unterhielt enge Verbindungen zur Sozialistischen Partei Italiens und ihrer Zeitung *Avanti.* Der Eintrittspreis zum ersten Konzert mit einem Beethoven-Wagner-Programm betrug vierzig Centesimi – sogar für damalige Zeiten nahezu nichts –, und die vorhandenen Plätze wurden ausschließlich an Arbeiter und ihre Familien vergeben. Die zweite Vorstellung (mit demselben Programm) war, bei mehrfach erhöhten Preisen, für jedermann offen, wobei die Einnahmen den Bühnenarbeitern und dem Personal des Theaters selbst zugute kamen. Toscanini wurde bei einem anschließenden Empfang geehrt. Er muß direkt am nächsten Tag nach Rom abgereist sein, um dort mit den Proben für ein Konzert mit Werken von Cherubini, Brahms, Beethoven, Debussy und Wagner zu beginnen, das am 17. und 20. November stattfand, woraufhin er für eine Woche nach Mailand zurückkehrte und dann wieder nach New York weiterreiste.
Zum erstenmal seit seinem Amtsantritt an der Metropolitan leitete er die Saisonpremiere nicht selbst. Er begann am 19. Dezember mit *Orfeo* und setzte sein Programm bis Mitte März mit acht anderen Opern aus der vorhergehenden Spielzeit fort. Am 19. März 1913 erfüllte er sich dann den Traum, von dem er fünfzehn Jahre zuvor in einer schneesturmgepeitschten Berghütte dem Schweizer Aloys Mooser gesprochen hatte: Er leitete seine und Amerikas erste Aufführung von Modest Mussorgskys *Boris Godunow*. Er hatte im Januar mit den Proben begonnen, und die Einstudierung war mit außerordentlicher Gründlichkeit betreut worden. Wiederum wurden Kostüme und Bühnenbilder aus Paris importiert (die Entwürfe stammten von Golowin und Alexandre Benois), und der Auf-

führung lag Rimski-Korssakows stark veränderte Fassung der Partitur zugrunde. Im Jahre 1949 befragte Haggin Toscanini darüber:

»Er räumte ein, daß Rimskis Korrekturen an den fortlaufenden Quinten im Lied des Blödsinnigen die Stelle zwar beeinträchtigt hätten, bestand aber darauf, daß die Bearbeitung dem Werk als ganzem zugute gekommen sei. Ich zitierte Rimskis eigene Aussage in seiner *Chronik meines musikalischen Lebens*, daß Mussorgskys Original, als es in Rußland uraufgeführt wurde, ein Erfolg gewesen sei. ›Ja‹, sagte Toscanini, ›aber nur in Rußland.‹ «[32]

Die Oper wurde in Italienisch gesungen – mit Didur als Boris, Homer als Marina, Rothier als Pimen und Paul Althouse (sein Metropolitan-Debüt) als Dmitri. Henderson gab den folgenden Kommentar:

»Daß die gestrige Aufführung sich dem Fublikum als bemerkenswerte Neuentdeckung in Hinsicht auf Thema, Kompositionsverfahren und Stil einprägte, stand außer Frage ... Über alles schien das lenkende Genie von Toscanini seine meisterliche und zügelnde Hand zu halten ... Dem Orchester kommt ganz ähnliche Bedeutung ... wie den Singstimmen zu. Man folgte dem Orchester mit nicht nachlassender Bewunderung für den Einsatz musikalischer Mittel ... Das Orchester spielte in der Tat ausgezeichnet, und die ganze Interpretation des Werkes geriet unter der einfühlenden Leitung Arturo Toscaninis und seinem großen künstlerischen Sachverstand zu einem vitalen und schönen Ereignis ...«

Zur Zeit der *Boris*-Premiere war in einer amerikanischen Zeitschrift mit dem Titel *The Century* ein längerer Artikel von Max Smith erschienen, einem Journalisten, der gut Italienisch sprach und sich mit dem Dirigenten befreundet hatte. Weil er in der Lage war, Toscanini und seine Frau über Toscaninis Arbeitsmethoden zu befragen, und das Vorrecht genoß, seine Proben besuchen zu dürfen, sind manche Abschnitte dieses Artikels hier von besonderer Bedeutung:

»Toscaninis Arbeitsweise ist die folgende: Zunächst setzt er sich ans Klavier und spielt die Partitur mit aller Gründlichkeit durch, die extrem kurzsichtigen Augen ganz dicht auf die Seiten geheftet. Auf diese Weise ergänzt und schärft er sein photographisch genaues Gedächtnis durch sein untrügliches Ohr. Später studiert er die Partitur dann ohne Klavier, wobei er sich nur gelegentlich des Instruments als Hilfsmittel bedient. Entspannt aufs Bett hingestreckt oder bequem in einem Sessel ruhend, gibt er sich so manchmal stundenlang mit seinen Bänden ab und verbringt gelegentlich sogar ganze Nächte bei der Arbeit ...

... Toscanini schenkt jedem seiner Solisten seine persönliche Aufmerksamkeit, besucht sie manchmal zu Hause und begleitet sie sogar selbst, bevor er mit ihnen zu einer Gemeinschaftsprobe zusammentrifft. Es ist interessant, ihn in dieser Phase zu beobachten, wenn er in einiger Entfernung vom Klavier dasitzt, das von einem seiner Assistenten gespielt wird, und die Hände rhythmisch bewegt, dabei häufig unisono mit seinen Schützlingen singend, seine Anweisungen rufend, diesen oder jenen Vorschlag machend, kritisierend, ermutigend, tadelnd, billigend – und das alles ohne jeden Blick in die Partitur.

Der nächste Schritt ... ist die Bühnenprobe mit Klavierbegleitung. Bei solchen Gelegenheiten sieht man die Regisseure und stellvertretenden Kapellmeister unter den Sängern herumhasten und Hinweise geben, Hilfen und Ratschläge verteilen. Man findet den Souffleur in seinem Stuhl ..., der den Klavierauszug verfolgt und die ersten Worte jeder Textzeile laut vorspricht. Schließlich ist auch der Dirigent in Reichweite, nicht nur, um seine Sänger innerhalb der von ihm gesetzten rhythmischen Grenzen zu führen, sondern auch, um mit den Leuten zusammenzuarbeiten, deren unmittelbare Aufgabe es ist, das dramatische Grundgerüst des Stückes herauszupräparieren und den Darstellern beizubringen ..., wie sie sich zu bewegen haben und mit welchen Gebärden sie ihre Gefühle zum Ausdruck bringen müssen ... Manchmal kommt es vor, daß er eine ganze Szene vorspielt, um seine Intentionen anschaulich zu vermitteln ... Erhellender noch sind seine verbalen Kommentare und Einwände, die aus einer eindringlichen Kenntnis der ineinandergreifenden – dramatischen, poetischen und musikalischen – Dimensionen hervorgehen.

... Bei den meisten musikalischen Leitern ... ist die erste Gesamtprobe durch viele Unterbrechungen charakterisiert. Die Sänger stehen untätig herum, während das Orchester eine Stelle der Partitur probt, die noch nicht so gut klappt, wie sie sollte. Die Musiker warten ungeduldig und werden unruhig, bis sich auf der Bühne eine bestimmte Unruhe legt. Die Überforderung durch Pausen, Diskussionen und Wiederholungen, die auf allen Mitwirkenden lastet, ist gelegentlich unerträglich. Wenn Toscanini seine Kräfte sammelt, ist das nicht der Fall. Die früheren Vorbereitungen ... sind mit derart gründlicher Sorgfalt ausgeführt worden ..., daß, wenn alle Mitwirkenden schließlich zur Gesamtprobe versammelt werden, jedes Teilstück der komplizierten Opernmaschinerie genau an seinen besonderen und vorherbestimmten Platz paßt. Natürlich können sogar unter Toscaninis Leitung gelegentlich Unterbrechungen und Wiederholungen vorkommen, und wehe dem, der die Verantwortung dafür zu übernehmen hat! Aber das sind Ausnahmen, nicht die Regel.

... Toscaninis Abneigung gegen Applaus, der in der Metropolitan Opera so häufig zum Ausdruck gekommen ist, ist keine Verstellung, wie manche Beobachter vermutet haben. ›Ich kann die genauen Gründe dafür nicht nennen‹, erklärte er, ›aber lärmende Beifallskundgebungen haben mir immer ein heftiges Schmerzgefühl eingejagt. Ich weiß, es ist nicht Schüchternheit. Es ist eine Art Instinkt. Ich hatte das Gefühl schon als Junge, als ich zum erstenmal öffentlich Cello spielte. Sobald das rhythmische Händeklatschen einsetzte, konnte ich dem Impuls, mich in irgendeinem Winkel zu verkriechen, nicht mehr widerstehen‹ ...«[33]

Am 5. April leitete Toscanini seinen ersten *Don Pasquale* an der Metropolitan, und acht Tage später dirigierte er sein erstes New Yorker Konzert nach den einige Spielzeiten zurückliegenden Aufführungen von Verdis *Messa da Requiem*. Auf dem Programm standen Wagners *Faust-Ouvertüre*, Strauss' *Till Eulenspiegels lustige Streiche* und Beethovens neunte Symphonie mit Hempel, Homer, Jörn und Griswold als Solisten. Der *Herald* brachte einen interessanten Bericht über das Ereignis:

» ›Seit wann singt Caruso Sonntag abend?‹ fragte ein Mann, der gestern abend frühzeitig vor dem Metropolitan Opera House anlangte, denn die Schlange der auf Karten wartenden Besucher umrundete das Gebäude nahezu vollständig. Es sollte aber nicht Caruso singen, sondern Toscanini dirigieren, und zwar zum erstenmal [sic!] in Amerika ein Programm mit symphonischer Musik. Jeder Sitzplatz war seit Tagen ausverkauft, und als gestern abend das Eintrittskartenkontingent vollständig erschöpft war, standen immer noch Hunderte von Leuten in der Warteschlange.

›Der Kartenvorrat war am letzten Dienstag in zwei Stunden ausverkauft‹, sagte Earle R. Lewis, der Kassenwart, ›und seither müssen wir mehr als fünftausend Menschen enttäuscht haben.‹

Es war eine erlesene musikalische Veranstaltung, der Dirigenten, Komponisten, Pianisten und nahezu jeder, der in irgendeiner Weise mit Musik befaßt oder daran interessiert war, die Ehre gaben. Manche brannten darauf, den Italiener wegen seiner Beethoven-Interpretation zu kritisieren ... Die Reaktion der Kritiker und aller Anwesenden war aber die, daß sie jeder Programmnummer Beifall spendeten, und nach dem Schlußsatz von Beethovens neunter Symphonie, die das Konzert beendete, verharrte das Publikum unter Hochrufen auf seinen Plätzen. Das Auditorium leerte sich so langsam, daß die Lichter, als der Dirigent schließlich nicht mehr vor den Vorhang treten wollte, gelöscht wurden ... Toscaninis Interpretation war nicht die eines Italieners, sondern die eines über allen Schulen stehenden Meisters und festigte seinen im Ausland erworbenen Ruf als eines bemerkenswerten Dirigenten symphonischer Musik ...«

Richard Aldrich schrieb in der *Times*:

»Er gab einschränkungslos alle Qualitäten eines großen symphonischen Dirigenten zu erkennen ... In allen Nuancen der Aufführung blieb die melodische Linie erhalten; ebenso wurde in der plastischen Formung der Phrasen die Symmetrie der größeren Proportion der organischen Einheit des Ganzen keinen Augenblick aus dem Blick verloren. Die Aufführung war rhythmisch von außerordentlicher Vitalität ... Es gab subtile und bezeichnende Tempomodulationen, die aber nie zu stören begannen.«

Toscanini berichtete Haggin später, daß die Solisten in dieser Aufführung der neunten Symphonie, die am 18. April wiederholt wurde, die besten gewesen seien,

»›... die ich je hatte; und es war ein gutes Orchester.‹ Das erinnerte ihn an jene Probe, bei der das Metropolitan-Orchester ›play like pig‹ (wie eine Sau spielte), und er beschwor das im kraftvollsten Italienisch. Als seine Äußerungen dann übersetzt wurden, war das Orchester beleidigt und weigerte sich, unter seiner Leitung weiterzuspielen, wenn er sich nicht entschuldigte. Einem Vermittler, der ihn aufsuchte, erklärte Toscanini, er könne sich nicht entschuldigen, weil ›orchestra play like pig‹. Aber schließlich schlug er eine wirksame Lösung vor: ›Ich ging zur Probe, lächelte und sagte: *Guten* Morgen.‹ «[34]

Abgesehen davon, daß er einen Monat später als gewöhnlich in Amerika eingetroffen war, hatte Toscanini während eines Teils der Spielzeit auch aus Krankheitsgründen pausieren müssen, so daß seine Saisonbilanz nur sechsunddreißig Vorstellungen von elf Opern und sechs Gastspielauftritte in anderen Städten ausweist. Er hatte jedoch ungefähr 175 Vorstellungen – beinahe alles Opernaufführungen – während der vergangenen eineinhalb Jahre geleitet, in drei Kontinenten und zu einer Zeit, da die Reisegeschwindigkeit noch niedrig war. Eine Ruhepause war dringend erforderlich, namentlich für seine Augen, und während der nächsten vier Monate, die er in Italien verbrachte, sah er von jeder Dirigententätigkeit ab.
Im September und Oktober leitete er dann, zu Ehren von Verdis hun-

dertstem Geburtstag (10. Oktober 1913), neue Inszenierungen von *La Traviata* und *Falstaff* am kleinen und schönen Theater von Busseto, der Heimatstadt des Komponisten. Er überwachte jedes Detail der Einstudierung persönlich und hingebungsvoll: Er brachte seinen Freund Albertini aus Mailand mit, der bei der Versenkung des Orchestergrabens nach dem rechten zu sehen hatte, bat den Turiner Impresario Borioli, die »Saison« zu organisieren, und achtete darauf, daß die besten Sänger verpflichtet wurden – unter anderem die Bori, Amato und Garbin. Mit besonderer Sorgfalt wählte er die Mitglieder des verkleinerten Orchesters aus und legte die verbleibenden Aufgaben in bewährte Hände. Ich hatte – etwa vierundsechzig Jahre post factum – das Glück, die persönliche Bekanntschaft eines der damaligen Orchestermitglieder zu machen. Professor Giulio Riccardi war damals achtzehn Jahre alt und hatte eben seine Abschlußprüfung am Parmaer Konservatorium abgelegt, wo er bei Toscaninis früherem Klassenkameraden Eurialo Allodi Violine studiert hatte. Riccardi erinnert sich noch heute, daß Toscanini vor der ersten Orchesterprobe zu ihm ans letzte Pult der zweiten Violinen trat, ihn herzlich begrüßte und ihm von dem Empfehlungsschreiben berichtete, das ihm Allodi zugunsten des jungen Mannes gesandt hatte – eine einfache und natürliche Geste und sehr dazu angetan, die Nerven eines unerfahrenen jungen Musikers zu beruhigen.

Riccardi erzählt – und schriftliche Zeugnisse Dritter bestätigen das –, daß Toscanini in Busseto sehr glücklich war. »Die Proben verliefen sehr ruhig; kein Detail wurde vernachlässigt, und der Maestro war ausgezeichneter Stimmung. Ich erinnere mich, daß er bei der ersten Ensembleprobe zu *Falstaff* einmal im zweiten Teil des ersten Aktes unterbrach und auf die Bühne eilte, um bei der ›Bocca-baciata‹-Passage etwas zu korrigieren; dann kam er wieder in den Orchestergraben herunter, begann die Szene erneut und ließ sie ohne Unterbrechung durchspielen. Es war unglaublich! Alles war so gut im voraus einstudiert worden.«[35]

Die Aufführungen in Busseto waren ein Akt der Huldigung von seiten Toscaninis, und sicherlich war ihm bereits der Einfall gekommen, daß in dieser Gegend eigentlich regelmäßige Verdi-Festspiele organisiert werden sollten, so wie Deutschland über seine Wagner-Festspiele in Bayreuth verfügte. Diese Idee wird in Italien von Zeit zu Zeit immer wieder einmal aufgegriffen; bis heute aber sind keine konkreten Ergebnisse zu verzeichnen.

Nach den beiden enthusiastisch aufgenommenen Busseto-Inszenierungen kehrte Toscanini zum erstenmal nach sieben Jahren an die Scala zurück, um dort die Verdi-Feiern mit drei Aufführungen der *Messa da Requiem* (12., 14. und 18. Oktober) fortzusetzen – mit einem hundertzwanzigköpfigen Orchester und einem dreihundertsechzigstimmigen Chor – und mit

sechs *Falstaff*-Vorstellungen zu beschließen (beginnend am 21. Oktober, mit fast demselben Ensemble wie in Busseto, aber mit Scotti anstelle von Amato in der Titelrolle und natürlich mit Chor und Orchester in normaler Besetzung). Der Beifall von Publikum und Kritikern für diese Aufführungen war grenzenlos.
Viele Jahre später erinnerte sich der Librettist Renato Simoni, bei einer der *Falstaff*-Proben Boito in Tränen ausbrechen gesehen zu haben. Zwei Tage nach der Eröffnungsvorstellung erhielt Toscanini ein schön gebundenes Exemplar von Verdis kürzlich veröffentlichtem Briefwechsel – *I Copialettere* – mit der folgenden Widmung: »Meinem sehr lieben Arturo Toscanini, zum Gedenken an das unermeßliche geistige Vergnügen, das er mir mit *Falstaff* in Busseto und an der Scala bereitete – Arrigo Boito.« Toscanini vertiefte sich sofort in die Lektüre des Bandes, und es ist interessant, einmal einigen seiner Anstreichungen nachzugehen, mit denen er seine Lektüre begleitete:
Unter Verdis folgende Ausführungen in seinem Brief vom 11. April 1871 an Giulio Ricordi schrieb er »da osservare« (zu beachten):

> »Über die Inspiration der Dirigenten ... und über ihr ›*schöpferisches Tun bei jeder Aufführung*‹ ... Das ist ein Prinzip, das zum Barocken, Unwahren führen muß.«

Toscanini hat den bereits zitierten Satz, der mit »Ich will, daß ein einziger ›Schöpfer‹ sein soll« beginnt, ebenso unterstrichen wie den Großteil der folgenden Ausführungen:

> »Sie haben mir unlängst lobend von einem Effekt gesprochen, den Mariani in der Ouvertüre der *Forza del Destino* erreichte, indem er das Blech in G mit einem Fortissimo beginnen ließ. Nun denn: ich mißbillige diesen Effekt. Die Bläser, nur mittelstark gedacht, sollten und konnten nichts anderes wiedergeben als den geistlichen Gesang des Mönchs. Das Fortissimo des Mariani ändert völlig den Charakter der Stelle, und das Motiv wird eine kriegerische Fanfare: hat also nichts mehr mit dem Gegenstand des Dramas zu tun.«[36]

In einem anderen Brief an Ricordi (10. Juli 1871) hat Toscanini den ganzen folgenden Abschnitt unterstrichen:

> »Weiterhin: das *unsichtbare Orchester* schaffen. Diese Idee ist nicht von mir, sie ist von Wagner: sie ist ausgezeichnet. Es scheint heutzutage unmöglich, zuzulassen, daß unser elender Frack und die weißen Fliegen vermischt mit zum Beispiel ägyptischen, assyrischen, druidi-

schen usw. usw. Kostümen zu sehen sind; und dazu wird auch noch das ganze Orchester, *das ein Teil der fiktiven Welt ist*, fast in der Mitte des Parketts in der Welt der Pfeifenden und Klatschenden plaziert. Fügt zu all dem hinzu, wie häßlich auch die Köpfe der Harfen, die Griffbretter der Kontrabässe und der Taktstock des Dirigenten in die Luft ragen.«[37]

Unter diese Formulierungen hat Toscanini geschrieben: »Durchaus nicht Wagners [Idee], sondern die der ersten italienischen Melodramatiker.« Im Anschluß an Verdis Briefe an Faccio und Boito (27. März und 26. April 1884), in denen der Komponist das Angebot macht, auf seine Rechte am *Otello*-Libretto zu verzichten, äußert Toscanini sich wie folgt: »... immer ein prachtvoller Mensch, und welche Distanz er *jedermann* gegenüber zu halten weiß.«
Nach einem geradezu kriecherisch-einschmeichelnden Brief Bossis an Verdi (9. Juni 1895), der um eine Empfehlung, um ein Urteil über seine Kompositionen und eine handsignierte Photographie bittet, merkt Toscanini an: »Wie der Pförtner in einem Kloster!« – und: »Schämte er sich eigentlich nicht, derartige Briefe an Giuseppe Verdi zu schreiben...?« Und unter Verdis würdige, aber kritische Antwort schreibt er: »Nach dieser Antwort verstand Bossi auch weiterhin nichts und fuhr fort, Verdi anzuöden – ein regelrechter sandalenlatschender Bettelmönch.«
Unmittelbar nach den *Falstaff*-Vorstellungen brach Toscanini nach New York auf, wo er die Saison am 17. November mit *La Gioconda* eröffnete. Fünf Abende später setzte er die Hundertjahrfeiern von Verdis Geburtstag in Amerika mit einer Neuinszenierung von *Un Ballo in Maschera* fort, mit einem Ensemble, dem Caruso, Amato, Destinn, Matzenauer und Hempel angehörten. »Die Inszenierung der alten Oper war künstlerisch gelungen und brillant«, schrieb Henderson. »Toscanini dirigierte, und ihm waren auch die intelligente Behandlung der Chöre und Ensembles und die wirksame Darbietung der Partitur zu verdanken.« Vor Ende des Jahres 1913 leitete er darüber hinaus *Madama Butterfly, Boris Godunow, Tosca, Tristan und Isolde* und *Manon*, und am 2. Januar dirigierte er die amerikanische Premiere von Montemezzis *L'Amore dei Tre Re*, der als Student im Jahre 1900 eine seiner Kompositionen von Toscanini am Mailänder Konservatorium aufgeführt gesehen hatte.
Toscaninis Beitrag zur laufenden Spielzeit setzte sich mit den *Meistersingern, Don Pasquale* und *Orfeo* fort. Eine Handverletzung setzte ihn für einige Tage im März außer Gefecht; aber am 25. März dirigierte er die erste amerikanische Aufführung von Ermanno Wolf-Ferraris *L'Amore Medico*. Am 14. April beteiligte er sich mit dem zweiten Akt von *Madama Butterfly* an einem Wohltätigkeitskonzert. Sein Gesamtpensum für

diese Saison betrug dreiundfünfzig Vorstellungen von dreizehn Opern und sieben Gastspiele in anderen Städten.
Ein Brief, den Toscanini am 26. Januar 1914 an seine Schwägerin Ida Polo schickte, enthält – nach den persönlichen Nachrichten – die folgenden ins Auge fallenden Bemerkungen:

»Einige wenige Zeilen in großer Eile ... Carla hat mir gerade telegraphiert, daß die Reise gut verlaufen ist und Wally überhaupt nicht krank war. Um so besser. So werde ich sie morgen früh treffen. Ich kann Dir nicht sagen, wie glücklich ich bin und wie seltsam es mir vorkommt, Wally hier in New York zu sehen. – Seit ich Mailand verlassen habe, hat sich mein Gesundheitszustand merklich gebessert. Meine Verdauung ... ist in sechsundvierzig Jahren nie besser gewesen. Ich weiß nicht, was passiert ist und wem ich diesen erstaunlichen Wandel zu verdanken habe ... alles geht gut oder wenigstens normal. *L'Amore dei Tre Re* ist bei Publikum und Presse geradezu blendend erfolgreich gewesen ... Wie keine andere Oper irgendeines anderen modernen Komponisten. Ich kann es immer noch nicht glauben.
Kahn hat mir einen Blankovertrag für weitere drei oder fünf Jahre angeboten, aber ich werde keine derartige Entscheidung treffen ... Wenn Du Walter und Wanda siehst, sag ihnen, sie sollen nicht soviel lernen, und umarme sie herzlich in meinem Namen.«[38]

Es wird deutlich, daß Toscanini bereits gut ein Jahr vor seinem Weggang von der Metropolitan seinen Rücktritt ins Auge faßte. Kahns Aufforderung, sein Honorar und andere Vertragsbedingungen selbst zu benennen, reichte nicht hin, die Fragen künstlerischer Redlichkeit und die persönlichen Probleme zu beschwichtigen, die ihn zu belasten begannen.
Seine Situation an der Metropolitan war, oberflächlich gesehen, ideal. Orchester und Chor waren hervorragend, und das Ensemble von Sängern und Sängerinnen war sicherlich das beste, das irgendeinem Dirigenten der Welt zur Verfügung stand; er wurde von der überwältigenden Mehrheit des Publikums und der Presse bewundert, erhielt ein sehr hohes Honorar, und seine Pflichten in New York ließen ihm die Hälfte des Jahres zur eigenen und freien Verfügung. Andererseits bedauerte er das Fehlen eines künstlerischen Orientierungssinnes in der Truppe. »Es herrschte keine Disziplin«, erzählte er später Haggin. »Bei mir ja, aber bei anderen Dirigenten nein.«[39] Und es war typisch für die Ernsthaftigkeit seiner Pflichtauffassung, daß es ihn störte, wenn annehmbare Dirigenten unter seinen Kollegen, die zufällig nicht über seine verblüffende Begabung und sein lebhaftes Temperament verfügten, nicht die besten Resultate erzielten, zu denen sie fähig gewesen wären. Ebenso hatte das

»Starsystem« der Metropolitan auch seine Nachteile: Auf jede Künstlerin wie die Homer oder die Hempel, die für das, was er anstrebte, ein gewisses Verständnis und eine gewisse Sympathie aufbrachten, kam eine Delna oder eine Eames, die die Bedeutung seiner Bemühung, eine Oper zu einer künstlerischen Einheit zu formen, durchaus nicht erfassen konnten, zumal das Publikum kam, um stimmtechnische Glanzleistungen zu hören. Dazu gesellten sich die wohlmeinenden, aber häufig gedankenlos handelnden finanziellen Bürgen der Metropolitan, die zwar durchaus gewillt waren – so etwa auch Kahn –, ihren Bühnenstars 2500 Dollar pro Vorstellung zu zahlen (eine Summe, die beträchtlich höher war als das damalige Jahreseinkommen des Durchschnittsamerikaners), aber sich weigerten, einen relativ geringfügigen Betrag auszugeben, mit dem einige zusätzliche Musiker für die Bühnenmusik (in *Un Ballo in Maschera*) hätten verpflichtet werden können. In diesem Falle wurde Toscanini aufgefordert, dafür Mitglieder des regulären Orchesters im Orchestergraben abzustellen.

Ebenso strapazierten private Auseinandersetzungen seine Nerven. Er war tief in eine andere ernsthafte Liebesaffäre verstrickt, diesmal mit Geraldine Farrar. Die Sopranistin, eine gebürtige Amerikanerin, Tochter eines populären Baseballspielers, die in den Vereinigten Staaten und in Europa – unter anderem bei Lilli Lehmann – studiert und 1901 in Berlin unter der Leitung von Karl Muck debütiert hatte, war fünf Jahre später an die Metropolitan verpflichtet worden. Ihre Stimme war, laut vielen Zeugen, die sie im Theater hörten, sehr ausdrucksstark und schön, und sie war eine sehr gewissenhafte Künstlerin, eine dynamische Erscheinung auf der Bühne und eine außergewöhnliche Schönheit. Auf dem Gipfel ihres Ruhms in New York – während der Jahre um den Ersten Weltkrieg – stand ihre Popularität lediglich der Carusos nach. Sie trat später sogar als Schauspielerin in Stummfilmen auf, und ein Musikkritiker verwies auf die Scharen von halbwüchsigen jungen Mädchen, die sie als »Gerry-flappers« (Backfische) vergötterten.

Als Toscanini im Jahre 1908 nach New York kam, war er einundvierzig Jahre alt und die Farrar sechsundzwanzig. Sie war eine sehr halsstarrige Frau, und die beiden kamen überhaupt nicht miteinander aus. Die Anekdote ist oft erzählt worden – und sie mag sogar wahr sein –, daß die Farrar ihn während eines seiner Wutausbrüche unterbrach und ihn daran erinnerte, daß sie ein Star sei. »Ich erkenne nur die Sterne am Himmel an, die perfekt sind«, soll er geantwortet haben. Man wird sich erinnern, daß die Farrar auch zu den Ensemblemitgliedern gehört hatte, die im Jahre 1909 die Petition zugunsten der Weiterbeschäftigung von Dippel und zur Beschneidung der Machtbefugnisse von Toscanini und Gatti-Casazza unterzeichneten. An einem bestimmten Punkt hatten ihre beiderseitigen schlechten Beziehungen sich jedoch gewandelt und waren in etwas gänzlich anderes umgeschlagen. Toscanini fand sich erneut in der entnervenden Situation, sich zwischen seiner Treue zur Familie und seiner extremen Empfänglichkeit für schöne und faszinierende Frauen hin- und hergerissen zu fühlen. Diese besondere Konstellation sollte den weiteren Verlauf seiner Karriere bald beeinflussen.

Im Sommer erneut nach Italien zurückgekehrt, traf er Vorbereitungen, um im Herbst in Rußland zu dirigieren; der Kriegsausbruch verurteilte das Projekt jedoch zum Scheitern. Er verbrachte mit seiner Familie einen großen Teil des Sommers am Meer in Viareggio – zusammen mit Puccini und dessen Familie. »Papa und Puccini diskutierten über Musik und Politik«, erinnerte sich Wally später:

> »Puccini war deutschfreundlich eingestellt, während Papa die Deutschen haßte. Ich entsinne mich, daß ihre Auseinandersetzungen am Vorabend des Ersten Weltkrieges sehr hitzig wurden. Eines Tages klagte Puccini darüber, daß in Italien alles drunter und drüber ginge, daß jeder nur betrüge, daß die Machthabenden nur zugunsten ihrer eigenen Interessen handelten und die Armen wieder einmal den kürzeren zögen. Er schloß seine Rede mit der Bemerkung: ›Hoffen wir, daß die Deutschen kommen und die Dinge hier in Ordnung bringen.‹ Papa verwandelte sich in ein wildes Tier. Er sprang auf und schloß sich im Hause ein. Er sagte, er würde nie mehr ausgehen, denn wenn er Puccini träfe, würde er ihn verprügeln. Einige Freunde kamen zu uns und versuchten, zwischen den beiden Frieden zu stiften, aber Papa schickte sie barsch fort . . . Freunde klopften ans Fenster und sagten: ›Puccini hat bereut, er bittet dich, ihm zu verzeihen. Komm heraus und besuche ihn.‹ Papa schrie: ›Wenn ich ihn treffe, schlage ich ihm die Augen blau.‹ Nach einer Woche hatten sie sich jedoch wieder versöhnt.«[40]

Während des Aufenthaltes in Viareggio waren einige Stadtverordnete aus Lucca an Toscanini herangetreten, um mit ihm über eine Aufführung von Catalanis *Loreley* zu verhandeln, die im Herbst in der Geburtsstadt des Komponisten stattfinden sollte; der Plan zerschlug sich jedoch ebenso wie der des Rußland-Gastspiels. Am 19. Oktober nahmen Toscanini, Caruso, Bori und de Luca im Teatro Costanzi in Rom an einer Sondervorstellung von *I Pagliacci* und dem zweiten Akt von *Madama Butterfly* zugunsten italienischer Emigranten teil, die wegen des Kriegsausbruches hatten heimkehren müssen.

Zufällig hatte wenige Wochen zuvor Leoncavallo in Montecatini Gatti-Casazza und Caruso getroffen und ihnen das Libretto seiner geplanten, aber nie fertiggestellten Oper *Ave Maria* vorgelesen. »Beachte bitte«, schrieb der Komponist kurz darauf an Illica, »daß ich der Lesung . . . die

Feststellung vorausschickte, daß ich [ihnen] vorläse und nicht dem Dirigenten der Metropolitan Opera, denn ich wüßte wohl, daß meine Werke da, wo Toscanini herrscht, nie gespielt würden ... Ich nahm die Gelegenheit wahr, ihnen einige unbequeme Wahrheiten zu sagen.«[41] Die Tatsache, daß Toscanini *I Pagliacci* sehr häufig aufgeführt hatte und das auch weiterhin tat, wenn das Stück auch keineswegs zu seinen Lieblingswerken gehörte, bedeutete Leoncavallo nichts. Jahre später sprach Toscanini voller Bitterkeit von Komponisten, die »sich darüber beklagen, daß ihr Name immer nur mit einer oder zwei Opern verknüpft bleibt, und einen drängen, alle ihre Werke erneut durchzugehen und sie zu entstauben ...« Und tatsächlich, als Toscanini und Caruso im folgenden Sommer für eine andere Wohltätigkeitsveranstaltung erneut *I Pagliacci* ansetzten, »war es wiederum Leoncavallo«, so Toscanini, »der mir in den Ohren lag, statt dessen *Zazà* zu dirigieren, und hinzufügte, es mache ihn unglücklich, ewig und ausschließlich nur als der Komponist von *I Pagliacci* zu gelten. Und was konnte ich tun? Glauben Sie mir: gleichgültig, wie gut die musikalische Leitung oder die Interpretation – einer unausgewogenen Oper kann sie nicht aufhelfen.«[42]

Toscaninis siebente Spielzeit an der Metropolitan erwies sich als eine seiner anspruchsvollsten und vielgestaltigsten – aber auch als seine letzte. Sie begann am 16. November mit *Un Ballo in Maschera.* Drei Abende später leitete er, nach beinahe sechs Jahren, seine erste *Carmen* mit der Farrar, die die Titelrolle zum erstenmal sang. (Toscanini bestand im allgemeinen darauf, die Carmen von einer Mezzosopranistin singen zu lassen, wie es die Partitur vorschreibt; aber für die Farrar ...) *Aida, Boris Godunow, Butterfly, Tristan* und *Tosca* schlossen sich an – französische, italienische, russische und deutsche Opern, und das alles innerhalb der ersten drei Wochen der Spielzeit! Am 19. Dezember präsentierte er nach siebenundzwanzig Jahren die erste New Yorker *Euryanthe*-Aufführung (mit Hempel). Krehbiel schrieb:

> »Letztes Jahr, als erste Gerüchte weitergeflüstert wurden, daß Signor Toscanini eine Neuaufführung der Oper plane, wurde angenommen, sein eigentlicher Grund – abgesehen von seiner eigenen Bewunderung für die Partitur – sei das Bedürfnis, ein Bindeglied zwischen den Opern alten Stils und Wagners lyrischen Dramen zu finden, ein Wunsch, den er mit *Euryanthe* erfüllt sehe. Die gestrige freundliche Aufnahme der Oper muß ihn befriedigt haben ... Alle Sänger fanden sich von Signor Toscaninis glänzendem Orchester sichtlich beflügelt. Der italienische Meister machte deutlich, was die sorgsame Einstudierung einer Oper bedeuten kann – die Art von Einstudierung, deren alle deutschen Opern des Metropolitan-Repertoires dringlich bedürfen.«

Manon tauchte wenige Tage später im Spielplan auf, und am 25. Januar 1915 leitete Toscanini die Uraufführung von Giordanos *Madame Sans-Gêne* mit Farrar, Martinelli und Amato. Martinelli erinnerte sich später:

»Bei einer Probe ... ging alles schief. Toscanini sagte zu mir: ›DU! Du singst wie ein Polizeihund!!‹ Ich sagte mir insgeheim: ›Vielleicht hat er ja recht.‹ Toscanini blaffte jeden an – Farrar, Amato ... Schließlich schrie er: ›Basta, riposo‹ [Pause]! Wir saßen schweigend herum, sahen uns an und wußten nicht, was wir tun sollten. Plötzlich blickt er einen nach dem andern an, dann greift er nach seinem Hut. Er geht auf Segurola zu und sagt: ›Werfen Sie ein paar Pennies in den Hut.‹ Das gleiche bei Amato und Farrar. Schließlich kommt er zu mir und sagt: ›Hör zu, viel ist es nicht, ich glaube, es sind gerade siebzehn Cents – geh zu und laß dir die Haare schneiden.‹ Jeder lachte, und von diesem Augenblick an trauten wir uns alle, mit ihm Späße zu treiben, und die Probe verlief glänzend.«[43]

Im Februar leitete Toscanini *L'Amore dei Tre Re* und *Il Trovatore*. Wiederum hat Martinelli interessante Erinnerungen an die Verdi-Aufführung hinterlassen:

»[Toscanini] war entschlossen, *Il Trovatore* so aufzuführen, wie Verdi ihn sich vorgestellt haben mochte. Das Ergebnis war eine regelrechte Revolution in Hinsicht auf die Oper. Die ersten Proben zu *Il Trovatore* waren für Oktober 1914 angesetzt. Wir hatten ein Minimum von fünfzig Proben von jeweils zwei Stunden und mehr. Stellen Sie sich das vor! ... Unserem Ensemble gehörten Emmy Destinn, Margarete Ober, Pasquale Amato und Léon Rothier an, ebenso ich selbst.
Toscanini machte deutlich, daß das dramatische Geschehen von *Il Trovatore* sich in acht Szenen gliederte, deren jede eine in sich geschlossene Einheit bildete. Er inszenierte die Oper selbst, da er sichergehen wollte, daß die Bühnenhandlung an keiner Stelle seiner musikalischen Leitung zuwiderlief und sein Dirigentenstab für die Sänger unausgesetzt sichtbar blieb. Ich erinnere mich, daß die erste dieser Proben dazu bestimmt war, die Positionen von Chor und Ferrando, dem von Rothier gesungenen Baß, für ›Abbietta zingara‹ im ersten Akt festzulegen. Diese Szene dauert ungefähr fünf Minuten. Toscanini brachte mehr als zwei Stunden damit zu, den Sänger und den Chor auf der Bühne zu gruppieren, indem er sie die Plätze so lange wechseln ließ, wie er es für richtig hielt.
Manche Streichungen wurden rückgängig gemacht – so etwa Leonoras ›Tu vedrai che amore in terra‹ –, andere Arien wurden fallengelassen.

Toscanini erlaubte mir, gegen Ende von ›Deserto sulla terra‹ und ebenso in ›Ah! sì ben mio‹ das B einzufügen. Er legte dar, daß die beiden Verse von ›Ah! sì ben mio‹ identisch seien und daß deshalb das B sogar von Verdi selbst zugelassen worden sei. [Ebenso bewilligte er die beiden hohen C in ›Di quella pira‹.]
Toscanini betonte die Bedeutung der Worte für das Verständnis der Handlung von *Il Trovatore*. Das Rezitativ vor der langen lyrischen Gesangslinie des Tenors im Duett ›Mal reggendo‹ . . . ist ein gutes Beispiel dafür; und der Schlußteil dieses Duetts, das in einem Tempo genommen wird, das dem eines galoppierenden Pferdes ähnelt (das Pferd darf aber nie langsamer werden!), erzielt einen gewaltigen Effekt wegen der durchgängig raschen und rhythmischen Tempi, die bis zum Schluß nicht verlangsamt werden.«[44]

Die Meistersinger und Mascagnis *Iris* vervollständigten seinen Saisonbeitrag. Darüber hinaus begann er mit den Proben zu Borodins *Fürst Igor* für die kommende Spielzeit. Bei einer Nachmittagsvorstellung von *Carmen* am 18. März wurde Martinelli, der für Caruso als Don José eingesprungen war und diese Partie zum erstenmal in französischer anstatt in italienischer Sprache sang, nervös und übersprang verschiedene Seiten. Toscanini und das Orchester hinkten hinterher, und der Dirigent war später wütend – nicht so sehr auf Martinelli als auf die Metropolitan-Intendanz, die ihm keine hinreichende Probenzeit zugebilligt hatte, um dem Tenor das Gefühl größerer Sicherheit und Übereinstimmung mit dem übrigen Ensemble vermitteln zu können. Schlimmeres sollte aber erst noch am 13. April bei einer Nachmittagsvorstellung derselben *Carmen*, wiederum mit Martinelli, kommen, die diesmal mit Tegani als Ersatz für den erkrankten Amato als Escamillo gegeben wurde. Tullio Serafin, der damals, auf dem Wege nach Havanna, in New York Zwischenstation machte, besuchte die Vorstellung in Begleitung von Titta Ruffo, Maria Gay und Giovanni Zenatello. Toscanini hatte gehofft, ihnen die Metropolitan von ihrer besten Seite zeigen zu können. Statt dessen sang die Farrar schlecht, Tegani ließ viel zu wünschen übrig, Martinelli war noch immer etwas unsicher (es hatten in den inzwischen verstrichenen vier Wochen keine weiteren *Carmen*-Vorstellungen stattgefunden), das Orchester war unelastisch, und die Bühnenmusik setzte zehn Takte zu früh ein.
Das veranlaßte den aufgebrachten Toscanini, einen Entschluß zu fassen. Während der ganzen Saison hatten sich Gerüchte gehalten, daß er das Haus verlassen werde, und das neue wirtschaftliche Sparprogramm der Metropolitan, das sich, laut Kolodin, nicht nur auf die häufig exorbitanten Gagen der Sänger, sondern auch auf alle Elemente der Inszenierung erstreckte, die die Gesamtkosten der Aufführungen senken konnten,

hatte ihn einer endgültigen Entscheidung nähergebracht. Nach dem *Carmen*-Desaster setzte er also Gatti-Casazza davon in Kenntnis, daß er am nächsten Abend die Vorstellung von *Iris*, für die es zu spät war, einen Ersatz zu finden, noch leiten, aber die verbleibenden sechs Vorstellungen seines Einsatzplanes für diese Saison streichen werde. Ebenso sagte er das für den 18. April angesetzte umfangreiche Programm seines Symphoniekonzertes ab (Brahms' zweite und Beethovens sechste Symphonie, Dukas' *Zauberlehrling, En Saga,* Debussys *La Mer,* Roger-Ducasses *Sarabande* und die *Tannhäuser*-Ouvertüre), dem er mit Vergnügen entgegengesehen hatte, weiterhin auch vorläufige Pläne für eine Konzertreise mit dem Metropolitan-Orchester und einem Solistenquartett. Und er fügte hinzu, daß er in der kommenden Saison nicht zurückkehren werde.
Monate später schrieb er nach seiner Rückkehr nach Italien an Max Smith:

> ». . . Bitte, lieber Freund, geben Sie diese ausdrückliche Erklärung in meinem Namen ab, die meinen spontanen Rücktritt von der Metropolitan-Leitung betrifft, und veröffentlichen Sie sie sogar, wenn das nötig sein sollte: ›Ich habe meine Stellung an diesem Theater aufgegeben, weil meine Bestrebungen und künstlerischen Ideale nicht die Erfüllung fanden, die ich mir zu erreichen erträumt hatte, als ich im Jahre 1908 mein Amt antrat. Routine ist das Ideal und die Basis dieses Theaters. Das mag dem Handwerker, nicht aber dem Künstler genügen.‹ [for the artisan, not for the artist – im Original englisch]
> ›Erneuere dich oder stirb.‹ Voilà tout. Das ist der *einzige* Grund, der mich die Metropolitan zu verlassen trieb. Alle anderen, die in den Zeitungen breitgetreten worden sind, sind falsch und aus der Luft gegriffen . . .«[45]

Ohne Zweifel: Toscanini würde die Metropolitan sicher nicht verlassen haben, hätte er nicht Gründe für eine tiefgreifende künstlerische Unzufriedenheit gehabt. Und doch waren diese Gründe nicht seine einzigen, wenn er sich auch selbst in diesem Glauben gewiegt haben mag. Ein genaues Quellenstudium der Zeit um den Sommer jenes Jahres 1915 macht nicht nur deutlich, daß das Direktorium der Metropolitan gewillt war, jedes von Toscanini geforderte Zugeständnis zu machen, sondern auch, daß er erwog, die Vorschläge dieses Gremiums zu akzeptieren.
Alle Probleme, die ihn in den vergangenen Jahren an der Metropolitan in Anspruch genommen hatten, begannen sich während der Spielzeit 1914/15 zu verschärfen. Überdies hatte er eine unerfreuliche Konfrontation mit Giorgio Polacco, mit dem er sich seit November 1912 das italienische Repertoire teilte. Polacco hatte allen möglichen Leuten erzählt,

Toscanini habe sich vergewissert, daß er, Polacco, die musikalische Leitung der weniger interessanten Opern zugewiesen bekommen habe. »Das war nicht wahr«, erzählte Toscanini später Taubman.

> »Ich redete ganz offen mit ihm, und ich sagte ihm, daß ich nichts mehr mit ihm zu tun haben wollte. [Die Fakten geben Toscanini recht. Während der Spielzeit 1914/15 dirigierte Polacco *La Bohème, La Gioconda, La Traviata, Cavalleria rusticana, I Pagliacci, Aida, Les Huguenots, Manon Lescaut, Tosca, Madama Butterfly* und ein neues Werk – eine nicht eben uninteressante Liste für jemanden, der sich aufs italienische Repertoire spezialisiert hat.] Danach versuchte er fortwährend, mit mir zu telephonieren, um sich mir gegenüber zu rechtfertigen. Nachdem ich die Metropolitan verlassen hatte, rief er mich, als er in Italien war, in Mailand an, und ich wollte nicht mit ihm sprechen. Eines Tages, während des Ersten Weltkrieges, gingen Carla und ich zu einem Krankenhaus für kriegsverwundete Soldaten und trafen Polacco auf der Straße. Ich wollte nicht mit ihm reden. Carla schalt mit mir. ›Du bist unmöglich‹, sagte sie. Also bat ich Polacco, zu kommen und uns am nächsten Tag um drei Uhr zu besuchen. Ich beabsichtigte, höflich zu sein. Als er aber hereinkam, wurde ich wieder wütend und redete mit ihm auf die denkbar gröbste Weise. Ich sagte ihm alles. Ich war brutal ... Später schämte ich mich ... Aber ich habe nur die Wahrheit gesagt.«[46]

Toscaninis große New Yorker Krise kam jedoch in Gestalt eines Ultimatums Geraldine Farrars, die ihm bedeutete, daß er, wenn er sie wirklich liebte, seine Familie um ihretwillen aufgeben müsse. Die Familie galt ihm jedoch als etwas, das Vorrang vor seinen leidenschaftlichsten – und stark egoistischen – Wünschen hatte. Er brach mit ihr; ob verbal oder einfach dadurch, daß er New York verließ, ist aus heutiger Sicht unmöglich zu sagen. Offenbar konnte er der Aussicht, sie wiedersehen zu müssen, nicht standhalten – der Aussicht, sie Tag für Tag in einer bloßen Arbeitsbeziehung wiedersehen zu müssen, wobei alles andere sich verändert hatte. Und diese Aussicht war mehr als alles andere dafür verantwortlich, daß er die Vorstellung einer Rückkehr nach New York unerträglich fand.
Nur wenige Monate später heiratete die schöne Geraldine Lou Telegen, einen Schauspieler, wohl nicht zuletzt, um Toscanini zu verletzen. Die Ehe war nicht von langer Dauer. Sie und Toscanini blieben weiterhin in brieflicher Verbindung, und Carla litt darunter, wenn sie auf Briefe der Farrar stieß, die zerstreut in Büchern oder Morgenrock-Taschen vergessen worden waren. Toscanini und die Farrar nahmen viele Jahre später ihre Freundschaft auf einer ganz anderen Grundlage wieder auf.

Am 16. Juli 1915 schickte der damals in Mailand weilende Gatti-Casazza einen langen Brief an Kahn, der es verdient, hier teilweise zitiert zu werden:

»... A propos der Krieg in Europa: Ich kann Ihnen nur sagen, daß der Fall Toscanini mit der Balkan-Affäre verglichen werden kann. Und ebenso, wie kein Diplomat in der Lage sein würde, eine angemessene Lösung für das Balkan-Problem ausfindig zu machen, so wird im Falle Toscaninis weder mein diplomatisches Vorgehen noch das irgend jemandes anderen von Erfolg gekrönt sein; nur reines Glück oder, besser, bestimmte zufällige Umstände werden zu einem günstigen Ergebnis führen. Ich spanne jetzt einen beiderseitigen Freund [d'Ormeville?] ein, der, unter ähnlichen Umständen, in der Lage war, ihn mit großem Taktgefühl in eine geistige Verfassung hineinzumanövrieren, die ihn um des Widerspruchs willen zu eben dem verleitete, was er durchaus nicht zu tun beabsichtigte ...
Vor einigen Stunden habe ich mit Toscanini zu Mittag gegessen, der sich jetzt bereit erklärt hat, ein gewaltiges populäres Wohltätigkeitskonzert in der Gegend von Mailand und eine volkstümliche [Opern-] Spielzeit im September/Oktober im Teatro Dal Verme zu leiten. Er erzählte mir, er sei müde und zermürbt und wisse nicht, wie er in der Lage sein würde, die von ihm übernommenen Verpflichtungen auch wirklich abzuleisten ... Natürlich brachte ich es nicht über mich, auch nur in vorsichtigen Andeutungen über die Metropolitan mit ihm zu reden, und ich verschiebe die Diskussion darüber bis zum Ende dieses Monats, wenn das Konzert schließlich hinter ihm liegt. Jedenfalls hofft unser Freund, dann mehr Zeit zur Verfügung gehabt zu haben, um den Weg zu ebnen.
Wenn die Umstände es Ihnen und Frau Kahn erlauben, mit Toscanini zu sprechen und sich mit ihm auseinanderzusetzen und ihm Gelegenheit zu einem seiner großen Ausbrüche zu geben, könnte das durchaus von Nutzen sein; ein Brief aber oder ein bloßes Telegramm würde zum augenblicklichen Zeitpunkt zu keinem Ergebnis führen. Es würde ihm lediglich die Möglichkeit eröffnen, endgültig negativ zu antworten, und die Dinge eher komplizieren als erleichtern. Wann immer dieser Fall aber ... für eine Initiative Ihrerseits reif sein wird – seien Sie versichert, daß ich Sie in Kenntnis setzen werde ...
Toscanini ist müde und nicht bei bester Gesundheit ... Er ist ein fanatischer Nationalist und weigert sich, unter den gegenwärtigen Umständen sein Land zu verlassen, um in einer Umgebung zu arbeiten, in der das deutsche Element zahlreich vertreten ist. Überdies bin ich – wie seine Freunde – völlig sicher, daß in dieser ganzen Angelegenheit eine

bestimmte große Ehrensache im ganz persönlichen Bereich ausschlaggebend ist, die die Hauptursache für Toscaninis gegenwärtiges Verhalten abgibt. Dazu äußert er sich jedoch nicht, und da er es nicht offenbaren will, wärmt er alle die alten Anklagen gegen die Metropolitan wieder auf, um sein Verhalten zu rechtfertigen. Auf diese Anschuldigungen habe ich folgendermaßen geantwortet: Entschuldigen Sie, Maestro, über was haben Sie sich zu beklagen, wenn Sie berücksichtigen, daß jedermann an der Metropolitan, von Herrn Kahn bis hinunter zum letzten Angestellten, bereit ist, alles zu tun, was Sie nur wünschen? Ist das eine Frage der finanziellen Bedingungen? Darüber können wir uns jederzeit verständigen. Ist es eine Frage des Titels? Warum haben Sie in diesem Fall den eines Generalmusikdirektors ausgeschlagen? Ist es eine Frage des Repertoires, der Sänger, der Proben, der Vorstellungen usw.? Aber nichts wünschte ich mir sehnlicher, als mit Ihnen weiterzumachen, den ich als Verbündeten und nicht als Angestellten betrachte und den ich in jeder möglichen Hinsicht zufriedenzustellen versuche. Wenn ich mit Ihren Vorstellungen nicht immer übereinstimmen kann, so deshalb, weil Sie sie häufig nicht einmal offen äußern ... Was das angeht, so hat zwischen uns in den letzten beiden Spielzeiten immer vollkommene Übereinstimmung geherrscht, und wir haben nicht einmal die geringfügigste Auseinandersetzung zu bestehen gehabt. Hinsichtlich der kommenden Saison sind Sie über alles im Bilde: Wir haben uns zusammen über die Weiterverpflichtung und Nicht-Weiterverpflichtung von Sängern verständigt, ebenso über die Auswahl der Opern usw ...

Toscanini war nicht in der Lage, diesen Argumenten ernstlich zu begegnen; dennoch verfiel er schließlich wieder in den üblichen Refrain, daß wir ihn nicht so schätzten, wie er es verdient, und daß ich nur daran dächte, wie ich für ein Gremium von Millionären ein paar Pennies sparen könne.

Ich frage Sie, Herr Kahn: Wie kann man unter solchen Bedingungen argumentieren und Entscheidungen treffen, wenn man fortgesetzt versuchen muß, ein derartiges Gegenüber nicht zu verärgern? Nicht einmal Hiob in der Bibel hatte eine solche Geduldsprobe zu bestehen.

... Ich beabsichtige folgendermaßen vorzugehen: Wenn das Terrain angemessen vorbereitet ist und sich ein geeigneter Augenblick von selbst bietet – das wird wahrscheinlich in der ersten Augusthälfte der Fall sein –, werde ich Toscanini vorschlagen, daß er wenigstens für die letzten drei Monate der kommenden Saison, 1916, nach New York kommen soll, damit die Spielzeit nicht eines ihrer wichtigsten Trümpfe verlustig geht, und darüber hinaus mit Ihnen und mir ein endgültiges Arrangement für künftige Verpflichtungen erörtert.

Wenn Sie diesbezüglich einverstanden sind, so könnte dieses Arrangement auf einer Art doppelter Leitung beruhen, bei der mir die Rolle des Generalintendanten und Toscanini die des Generalmusikdirektors zufiele. Die beiden Leiter hätten dann in gegenseitiger Übereinstimmung (und bei Berücksichtigung der Prärogative des Geschäftsführenden Vorstandes) alle Entscheidungen in bezug auf Repertoire, Sänger und Ensemble zu treffen und die jährlichen Spielpläne festzulegen – ebenso Vorstellungen, Proben usw. Damit sollten dann wohl alle Vorbehalte Toscaninis ausgeräumt sein ...
Wenn Sie und er einverstanden sind, bin ich sicher, daß wir in vollkommener Harmonie zusammenarbeiten könnten. Wenn Toscanini aber nicht einmal mit dieser Lösung zufrieden ist ..., was könnte ich noch mehr tun? Das würde nämlich bedeuten, daß, was wir für zutreffend halten, absolut richtig ist, und das heißt, daß für Toscaninis Entschluß, die Metropolitan zu verlassen, besondere seelische Gründe und Motive ausschlaggebend sind, die mit Kunst nichts zu tun haben und die wir auch gar nicht ausschalten können.«[47]

Das Wohltätigkeitskonzert fand Ende Juli statt, und Kahn schickte einen Scheck über 1000 Dollar. Toscanini antwortete nicht. Aber wie Gatti-Casazza vorausgesagt hatte, machten die Verhandlungen Anfang August gewisse Fortschritte, und zweifellos dachte Toscanini im Ernst daran, nach New York zurückzukehren. Kahn schrieb ihm:

»Ich bin glücklich zu erfahren, daß Sie Gatti-Casazzas Vorschlag in Erwägung ziehen, der meine volle Zustimmung hat, nicht nur, weil sich darin der offene Ausdruck unserer Bewunderung und Dankbarkeit für das abzeichnet, was die Metropolitan Ihrem einzigartigen Genie verdankt, sondern auch deshalb, weil er Ihrer großen Persönlichkeit einen größeren Rahmen und wirksamere Eingriffsmöglichkeiten in bezug auf die künstlerische Entwicklung der Metropolitan bieten wird. Ich übermittle Ihnen die aufrichtigen Gefühle des Vorstandes, des New Yorker Publikums und meiner selbst, wenn ich die freimütige Hoffnung zum Ausdruck bringe, daß wir weiterhin in der Lage sein mögen, die Inspiration Ihrer großartigen Kunst zu genießen. Ich versichere Sie, daß ich mit Vergnügen alles Erdenkliche tun werde, um Ihnen Ihre Arbeit hier angenehm und zufriedenstellend zu gestalten.«[48]

Letzten Endes entschloß sich Toscanini aber doch, die Vorschläge der Metropolitan nicht zu akzeptieren. Er sollte das Haus für immer verlassen haben.
Die letzte Spielzeit, in der er neunundfünfzig Vorstellungen von vierzehn

Opern und sieben Gastspiele in anderen Städten geleitet hatte, erhöhte sein Gesamtpensum in sieben Spielzeiten (bei Einschluß der Gastspiele) auf 446 Vorstellungen von einunddreißig Opern in New York, neun anderen amerikanischen Städten und Paris. Offensichtlich traf sein Weggang die Metropolitan hart, und zwar in einer Weise, die mehr bedeutete als das plötzliche Fehlen eines unermüdlichen Arbeitstieres. Ein Artikel von H. T. Parker im *Boston Evening Transcript* vom 30. September 1915 klingt eher wie eine Todesanzeige und nicht wie ein einfacher Abschiedsgruß: »[. . . in] der gesamten Spannweite der Opernmusik, von Gluck bis Dukas – er durchdrang Substanz, Stil und Geist und verstand sie seinem Publikum ausdrucksvoll zu vermitteln . . . Die ihm innewohnende nervliche Kraft, die er auf Musik und dramatisches Geschehen, Sänger, Orchester und Publikum übertrug, wenn er in bester und gelöstester Verfassung war . . . lud die Atmosphäre des Opernhauses mit elektrisierendem Feuer auf.«[49] Und Martinelli äußerte sich wie folgt: »Er war das Herz und die Seele der Metropolitan.«
Toscaninis Abreise von New York, die früher als geplant stattfand, war in wenigstens einer Weise unbestreitbar vom Glück begünstigt: Er konnte eine Überfahrt auf einem früher als ursprünglich vorgesehen abgehenden Schiff buchen. Das Schiff, für das er anfangs gebucht hatte, war die »Lusitania« – und deren Reise sollte ihre letzte sein.

Die Jahre 1915/20 stellen die wirrste Periode im Leben Toscaninis dar, wirr nicht nur wegen seiner enthusiastischen Begeisterung für den sinnlosesten und schrecklichsten aller sinnlosen und schrecklichen Kriege, sondern auch wegen seines offensichtlich mangelnden Interesses, nach Kriegsende seine Tätigkeit wiederaufzunehmen, und wegen seiner kurzfristigen Einmischung in die Politik.
Unbestreitbar ist, daß Toscanini, wie Gatti-Casazza bereits sagte, brennender Nationalist war und, wie Wally Toscanini anmerkte, die deutschen Militaristen haßte; es muß jedoch daran erinnert werden, daß er seine Vorstellungen zu diesen Themenbereichen in der Hauptsache von seinem Vater und anderen direkten Anhängern des Risorgimento übernommen hatte. In Wirklichkeit verstand er von Politik sehr wenig, war sich jedoch absolut sicher, daß Trient, Südtirol, Istrien usw. rechtens zu Italien gehörten. Claudio Toscanini hatte seinem Sohn Dutzende von Malen erzählt, wie er dem Tod ins Auge gesehen hatte, um in den Schlachten von Magenta und Solferino die Österreicher aus der Lombardei vertreiben zu helfen, und wie er seine schwangere Frau verlassen hatte, um Trient im Kampf gegen Franz Joseph beizustehen. Claudio und sein Rothemd waren inzwischen seit langem zur Ruhe gebettet worden, der alte Franz

Joseph aber hielt ein halbes Jahrhundert später noch immer Trient in Besitz. Es war die Zeit gekommen, das Risorgimento-Problem seiner endgültigen Lösung näherzubringen; und Toscanini wurde – wie so viele andere, die es eigentlich besser hätten wissen sollen – zunächst Interventionist und später glühender Kriegsbefürworter, Befürworter eines Krieges, dessen triumphaler Ausgang Europa dann für die glorreichen Ereignisse, die folgten, reif machte.
Zur Zeit des offiziellen Kriegseintritts Italiens verpflichtete sich Signora Carla beim Roten Kreuz. Sie und die jetzt fünfzehnjährige Wally verrichteten zu Hause Näharbeiten und halfen auch in den Krankenhäusern aus. (Als Wally nahezu sechzig Jahre später gefragt wurde, welche sinnvollen Kenntnisse ihr ihre Mutter mit auf den Weg gegeben habe, antwortete sie: »Sie schickte mich in Krankenhäuser anstatt in die Kirche.«) Wanda war erst acht; für den bereits siebzehnjährigen Walter aber war der Krieg schon ein Abenteuer. Er verpflichtete sich für den Frontdienst beim Roten Kreuz, und mit Erreichen des achtzehnten Lebensjahres trat er in die Armee ein.
Toscanini begann mit der Planung von Wohltätigkeitskonzerten für Kriegsopfer, deren erstes jenes Mammutkonzert am 26. Juli 1915 war, das in der Mailänder Arena unter freiem Himmel stattfand und das Gatti-Casazza bereits erwähnte. Ein Chor von 1500 Stimmen und ein entsprechend umfangreiches Orchester nahmen an dem Ereignis teil. Der *Corriere* berichtete, daß Toscanini beim Betreten des Stadions mit großem Applaus begrüßt wurde. Unmittelbar danach wurde der erste Schub von schwer kriegsverwundeten Mitbürgern hereingetragen, und alle hundertfünfzig Personen wurden mit herzlichem Beifall bedacht. Das ausschließlich aus Werken von Verdi bestehende Programm begann mit der Ouvertüre zu *La Forza del Destino* und setzte sich mit kürzeren Ausschnitten aus fünf anderen Opern fort. Es schloß mit dem *Inno delle Nazioni* und weiteren von der vierzigtausendköpfigen Zuhörerschaft angestimmten patriotischen Hymnen. Die Vorstellung erbrachte die Summe von 70 000 Lire.
Nachdem Toscanini das Konzert hinter sich gebracht hatte, übernahm er persönlich die Organisation einer zweimonatigen Sonderspielzeit am Teatro Dal Verme. Er schrieb an einige der bekanntesten Sänger der Zeit und warb um ihre Unterstützung für dieses Vorhaben, dessen Erlös den zahlreichen Mailänder Musikern zufließen sollte, die der Krieg und die damit zusammenhängende Schließung der meisten Operntheater arbeitslos gemacht hatte. Im Zusammenhang mit der Einstudierung der für dieses Gastspiel geplanten *I Pagliacci* erhielt Toscanini Anfang September einen Brief von Leoncavallo, der ihn an eine ähnlich absurde Forderung erinnert haben muß, wie sie Jahre zuvor Mascagni erhoben hatte:

»Den Zeitungen habe ich entnommen, daß der Bariton Montesanto in der großen Aufführung von *I Pagliacci* singen wird ... Ich bin sicher, daß Du die Aufführung meines Werkes so sorgsam überwachen wirst, wie Du es immer tust ... Montesanto hat unter meiner Leitung in Kalifornien gesungen, und ich kenne seine großen Vorzüge und Mängel. Wenn ich ihm damals bestimmte Dinge habe durchgehen lassen ..., so sollte das unter Deiner Leitung doch nicht wieder vorkommen.
Er hat die Angewohnheit (und ahmt damit den ›göttlichen‹ Battistini nach), den Prolog im Frack zu singen und dann die Partie des Silvio zu übernehmen!!! Ich werde es absolut nicht zulassen, daß der Prolog in Mailand im Frack gesungen wird, sondern im Kostüm des Tonio; und wer den Prolog singt, soll dann auch dessen Partie übernehmen. Es gibt einen philosophischen und einen moralischen Grund dafür, warum Tonio und nicht Silvio den Prolog zu singen hat, es ist jedoch sinnlos, das den Sängern zu erklären ...
Ich umarme Dich in unveränderter Zuneigung und großer Bewunderung.«[50]

Wie unverändert Leoncavallos Zuneigung war, ist bereits deutlich geworden. Und warum verzichten bloß so viele Komponisten darauf, die Verantwortung für gültige Aufführungen ihrer eigenen Werke zu übernehmen, wenn diese ihre Werke unter ihrer eigenen Leitung aufgeführt werden? Es wirkt abstoßend und pathetisch zugleich, den plumpen, bereits in den späten Fünfzigern stehenden Leoncavallo Toscanini hinter dessen Rücken verunglimpfen und ihn gleichzeitig auffordern zu sehen, die Freiheiten zu unterbinden, die er selbst bei seiner eigenen Aufführung des Werkes hatte durchgehen lassen!
Die Saison am Teatro Dal Verme wurde am 18. September mit der italienischen Premiere von Giordanos *Madame Sans-Gêne* eröffnet und mit einem Doppelprogramm – *I Pagliacci* (mit Caruso, Muzio, Montesanto) und Wolf-Ferraris *Il Segreto di Susanna* – fortgesetzt. Es folgten Aufführungen von *La Traviata* (Toscaninis letzter gemeinsamer Auftritt mit der Storchio), *Tosca* (mit der Muzio), *Un Ballo in Maschera* (mit Bonci und Mazzoleni) und *Falstaff* (mit Giacomo Rimini und Tito Schipa) – dreiundvierzig Vorstellungen in zwei Monaten, mit einer Gesamteinnahme von 369 000 Lire.
Bernardino Molinari kam aus Rom angereist, um einige der Vorstellungen am Teatro Dal Verme zu besuchen, und lud Toscanini ein, in der Hauptstadt einige Konzerte zu dem gleichen wohltätigen Zweck zu dirigieren wie beim Operngastspiel in Mailand. Toscanini erklärte sich bereit, im Januar drei Aufführungen von Beethovens neunter Symphonie zu

dirigieren, und akzeptierte etwa zur gleichen Zeit einen Vorvertrag für ein kurzes Operngastspiel in Turin, das für Januar/Februar terminiert war. Er sah sich jedoch von der Verteilung der Erlöse aus den Teatro-Dal-Verme-Vorstellungen, die er persönlich zu verwalten eingewilligt hatte, so in Anspruch genommen, daß das Turiner Projekt annulliert werden mußte. Auch die Neunte in Rom konnte er nicht leiten: Molinari informierte ihn brieflich, daß die militärische Einberufung die Reihen aller halbwegs tüchtigen Chöre der Stadt gelichtet hätte und daß die Programme deshalb geändert werden müßten. Am 18. Dezember telegraphierte Toscanini Molinari und bat ihn, die Konzerte um zwei Wochen zu verschieben. Schließlich wurden drei Aufführungen im Augusteum arrangiert, und zwar am 30. Januar und am 6. und 9. Februar. Neu in Toscaninis Repertoire waren Ausschnitte aus Igor Strawinskys *Petruschka*, die *Toteninsel* von Sergej Rachmaninow und Busonis *Berceuse élégiaque*. Im März kehrte er nach Rom zurück, um ein weiteres Konzert zu leiten, und im Mai dirigierte er drei Konzerte in Turin. Es waren so wenige musikalische Aktivitäten zu verwirklichen, daß er ganze fünf Monate lang keinerlei Dirigententätigkeit ausüben konnte. Dann unternahm er eine erneute Reise nach Rom, um weitere Konzerte im Augusteum zu leiten. Das erste Programm am 19. November begann mit Corellis *Weihnachtskonzert* und Martuccis erster Symphonie. Nach der Pause wurde ein anderes italienisches Werk – Tommasinis *Chiari di Luna* – erstaufgeführt, und daran schloß sich das »Waldweben« aus *Siegfried*. Der Geiger Augusto Rossi, der dem Orchester angehörte, erinnerte sich, daß während dieses letzten Stückes ein Teil des Publikums, der sich der Aufführung deutscher Musik während des Krieges widersetzte, in Lärm auszubrechen begann.

> ». . . Plötzlich kam Maestro Luigi Mancinelli, der beim römischen Publikum sehr beliebt war – und nicht weniger bei Toscanini –, aus seiner Loge herunter . . ., eilte auf die Bühne . . . und umarmte den Dirigenten in brüderlicher Freundschaft; so demonstrierte er seine Solidarität. Das hatte zur Folge, daß sich der Sturm beruhigte . . ., und das Konzert konnte fortgesetzt werden.
> Nach dem ›Waldweben‹ begannen wir den ›Trauermarsch‹ aus der *Götterdämmerung*. Der Maestro begann ihn mit dem Paukeneinsatz. Eine Stimme ließ sich aus dem Saal vernehmen: ›Für die Toten von Padua!‹ [In Padua waren kurz vorher während eines Luftangriffs Zivilisten umgekommen.]«[51]

Die Folge dieses Zwischenrufes war ein beträchtlich größerer Aufruhr als zuvor. Toscanini verschränkte die Arme vor der Brust und wartete, daß sich der Lärm legte. Als das nicht der Fall war, verließ er den Saal, beendete das Konzert und setzte die übrigen Vorstellungen ab. Einige Tage später erging eine Anordnung, die in Rom jegliche deutsche Musik bis zum Kriegsende verbot. Toscanini dirigierte erst wieder 1920 in der Hauptstadt.

Die folgenden Monate waren für ihn musikalisch unergiebig. Einem Brief Puccinis an Alfredo Vandini (18. Januar 1917) läßt sich entnehmen, daß der Plan bestand, die letzte Oper des Komponisten, *Il Tabarro*, unter Toscaninis Leitung in Turin aufzuführen; »ich fürchte jedoch, daß daraus nichts werden wird. Augenblicklich ist nichts sicher, weder in Rom noch in Turin. Ganz im Gegenteil! Es fehlt an Sängern – sie sind an der Front.«[52]

Toscanini fuhr nach Neapel, um sich als Dirigent in *Madame Sans-Gêne* nützlich zu machen; bei der Generalprobe wurde von Orchester und Chor jedoch ein Streik um höhere Gagen ausgerufen. Er reiste ab, und die Oper wurde schließlich von jemand anderem geleitet. Sein fünfzigster Geburtstag verstrich in erzwungener Muße, was seine Berufstätigkeit anlangte, und in schmerzlicher Betrübnis über die Verlängerung des schrecklichen und anscheinend endlosen Krieges.

Er war mit seinen Energien und anderen Ressourcen so verschwenderisch umgegangen, daß er sich schließlich ernsthaften finanziellen Schwierigkeiten ausgesetzt sah. Das Haus in der Via Durini mußte verkauft werden. Die Käufer erlaubten der Familie Toscaninis jedoch, es als Mietwohnung weiterzubenutzen, und ließen es schließlich sogar von ihr wiedererwerben, als Toscanini wieder Geld zu verdienen begann. Während der gesamten Kriegszeit und noch einige Monate später verdiente er keinen Heller.

Er verfolgte die Kriegsereignisse in aller Ausführlichkeit, hauptsächlich anhand der Berichte des *Corriere della Sera*, und pflegte die täglichen Bewegungen aller Truppenteile an der Front auf einer großen Landkarte mit kleinen Fähnchen, die er ständig umsteckte, zu markieren. Einige der bekanntesten italienischen Generäle waren ihm bei verschiedenen Wohltätigkeitskonzerten vorgestellt worden, und wenn er die meisten davon auch unangenehm fand (er pflegte zu sagen, sie erinnerten ihn nur zu sehr an Sänger), so faßte er doch eine herzliche Zuneigung zu General Antonio Cascino, der ihn im Sommer 1917 aufforderte, eine Militärkapelle zusammenzustellen und für die an der Isonzo-Front eingesetzten Soldaten zu spielen. Toscanini war von der Idee begeistert und begann auf der Stelle, Musiker zu verpflichten und geeignete Stücke auszuwählen.

Eines Tages hörte Walter Toscanini, damals neunzehn Jahre alt und Artillerieoffizier an ebendieser Front, die Klänge einer Kapelle, die Märsche und Hymnen spielte – und sie gut spielte. Im Scherz äußerte er sich einem Freund gegenüber dahingehend, die Kapelle klänge so viel besser als die

üblichen Militärformationen, daß er beinahe glauben möchte, sein Vater habe mit ihr geprobt. Einige Tage später erhielt er einen Anruf aus General Cascinos Hauptquartier mit einer Einladung zum Mittagessen. Da er wußte, wie mühsam ein Marsch in gebirgigem Gelände war, gab er zur Antwort, er habe bereits gegessen. Darauf erhielt er den dienstlichen Befehl, sich zum Essen einzufinden. Zornig und müde anlangend, sah er mit ungläubigem Staunen seinen Vater und Cascino selbst zu seiner Begrüßung heraustreten, und noch überraschter war er, als er erfuhr, daß es in der Tat Papa gewesen war, der die Leitung jener Kapelle gehabt hatte. Als der alte und der junge Toscanini später, am Nachmittag, zusammen einem Gebirgspfad folgten, erreichten sie einen mit Wasser gefüllten Granattrichter. Sie trennten sich, um ihn zu umgehen, und in ebendiesem Augenblick sauste ein Granatquerschläger den Pfad entlang. Der Luftdruck des vorbeizischenden Geschosses warf beide zu Boden, und wenn es auch nur ein Blindgänger war, hätte es ihnen doch beiden – aller Wahrscheinlichkeit nach – den Kopf vom Rumpf getrennt, wenn sie nicht um den Trichter herumgegangen wären.
Ende August führte Toscanini seine Kapelle beim italienischen Sturmangriff auf den Monte Santo. Pietro Toschi, der später an der Accademia di Santa Cecilia Kompositionsunterricht erteilte, gehörte ebenfalls der Brigade an. Er erinnerte sich, daß Toscanini nach jedem Stück »Viva l'Italia!« rief. Die große Trommel wurde von einem Schrapnell zerfetzt, aber keines der Mitglieder wurde verletzt. Am 3. September berichtete die *New York Times*:

> »Arturo Toscanini, der berühmte italienische Dirigent, ist von der italienischen Heeresführung wegen großer Tapferkeit vor dem Feind ausgezeichnet worden. Signor Toscanini leitete seine ununterbrochen spielende Militärkapelle bei der Schlacht am Monte Santo im Rahmen der gegenwärtigen Offensive an der italienischen Front. Die Soldaten stürmten die feindlichen Stellungen zu den Klängen von Militärmusik.
> Mitten im Kampfgetümmel und zu einem Zeitpunkt, als das österreichische Sperrfeuer am dichtesten war, führte Signor Toscanini seine Kapelle in die vordersten Linien, wo er, nur von einem großen Felsen gedeckt, ein Musikprogramm leitete, das von keiner Pause unterbrochen wurde, bis ihm die Nachricht zugetragen wurde, daß die italienischen Soldaten die Schützengräben der Österreicher zur Musik seiner Kapelle erstürmt und genommen hätten.«

Toscanini blieb an der Front bis zur Niederlage von Caporetto Ende Oktober. Als der Rückzug begann, wurde die bei Cormons stehende Kapelle im Trubel von der obersten Heeresleitung übersehen, und Toscanini fuhr in aller Ruhe fort, seine Musiker beim Vorspiel zum dritten Akt von *La Traviata* und bei Martuccis *Novelletta* zu leiten. Als die österreichischen Truppen sich der Stadt bereits unmittelbar genähert hatten, entschloß er sich endlich, die Kapelle wegtreten zu lassen. Dann rannte er herum, beschaffte Wagen und Eisenbahnzüge zur Evakuierung der Spieler, lief ins Krankenhaus, um Walter aufzugreifen, der sich dort von einer Verwundung erholte, begleitete ihn ins Lazarett von Udine und fuhr mit einem Bummelzug zurück nach Mailand. »Ich weiß noch ganz genau, wie er nach Hause kam«, berichtete Wally 1972:

> »Er öffnete die Tür des Dienstboteneingangs; sein Gesicht war aschgrau, schmutzig und seine Augen vom Weinen geschwollen. Mama, die befürchtete, daß Walter irgend etwas Schreckliches zugestoßen sei, sprang auf und schrie: ›Walter, Walter!‹ Mein Vater sagte: ›Nein. Es geht um Italien. Italien ist am Ende.‹ Er umarmte meine Mutter und begann zu weinen.«[53]

Nach einigen Wochen war es seinem alten Freund Gallignani gelungen, ihn seiner Niedergeschlagenheit bis zu einem gewissen Grade zu entreißen, indem er ihn überzeugte, daß er sich an einem neuen Projekt zur Unterstützung der Mailänder Musiker beteiligen müsse, die der Krieg inzwischen in bittere Armut gestürzt hatte. Sie verschickten gemeinsame Bittbriefe um anfängliche finanzielle Unterstützung an staatliche Ministerien, Banken, Zeitungen und private Persönlichkeiten. Toscanini selbst steuerte tausend Lire bei – ebensoviel wie manche Bank.
Für die Zeit vom 6. Januar bis zum 24. März 1918 wurden zwölf Konzerte im Konservatorium organisiert, die jeweils an den aufeinanderfolgenden Sonntagnachmittagen stattfanden, und nach Abschluß der Reihe wurden drei zusätzliche volkstümliche Konzerte gegeben. Die öffentliche Unterstützung war groß, und es kam eine Summe von 100 000 Lire zusammen. Einige Zuhörer stifteten Beträge, die weit über dem Eintrittspreis lagen, und zwei junge Engländerinnen, die beide Musikerinnen waren und beide Nora hießen, sandten eine gemeinsame Spende mit einer herzlichen Danksagung »für die so vollkommene Darbietung von Beethovens Dritter« direkt an Toscaninis Adresse. Gallignani und Toscanini erhielten auch Protestbriefe – anonyme ebenso wie höfliche und namentlich gezeichnete –, die sich gegen die Aufnahme von Kompositionen österreichischer und deutscher Musiker ins Programm wandten. Die Programme wurden jedoch nicht geändert, und es ereigneten sich keinerlei störende Zwischenfälle. (Es war allerdings auch kein Werk Wagners oder eines zeitgenössischen deutschen Komponisten eingeplant worden.) In Toscaninis Repertoire tauchten manche neue Stücke auf, nahezu alle aus Krei-

sen »alliierter« Musiker: *Ibéria* und *La Damoiselle élue* von Debussy (der während des Verlaufs der Konzertreihe starb), César Francks d-Moll-Symphonie und Ausschnitte aus seiner symphonischen Dichtung *Psyché*, Ottorino Respighis *Römische Brunnen*, Michail Glinkas Fantasie *Kamarinskaja*, Vincent d'Indys *Istar-Variationen*, Mozarts *Prager Symphonie*, Vivaldis Concerto grosso in e-Moll und sein Violinkonzert in a-Moll, Rimski-Korssakows Ouvertüre *Russische Ostern*, Gian Francesco Malipieros *Pause del Silenzio*, Strawinskys *Feuerwerk* und Werke von sieben anderen Komponisten.

Im Juni starb Boito. Er war seit langem kränklich gewesen; sein größter Kummer aber rührte von seiner noch immer unvollendeten Oper *Nerone* her. Eleonora Duse, Boitos frühere Geliebte und lebenslange Freundin, hatte am 6. Februar 1918 einem anderen Freund geschrieben:

> »Es hat den Anschein, daß niemand ihm gegenüber den Krieg erwähnt oder die Schlachten, die Piave, die Neva, Toscanini oder das schreckliche *Manuskript seiner Oper*, an der er mit den *tiefsten* Schichten seiner Seele hängt ... Ich kann das nicht vergessen ... als er sich darüber klar wurde, daß er noch nicht *zum Aufbruch* bereit sei, löste die bloße Nennung des Namens *Toscanini* bei ihm bittere Tränen aus ..., weil sie ihn an das Werk und die lange Wartezeit und das Gelöbnis von Jahren und Jahren und an das nagende Unbehagen erinnerte, daß Toscanini ihm nicht glauben und es für schlecht halten würde! *Niemand, niemand kann mir helfen* – sagte er schluchzend ... – außer vielleicht Toscanini, und *wenn man ihm erlauben würde, ihn bei sich zu sehen und mit ihm zu reden, welchen Trost würde das für ihn bedeuten!*«[54]

Als Toscanini hörte, daß Boito im Sterben lag, eilte er zu einem Besuch ins Krankenhaus: Ein Freund Boitos veranlaßte ihn jedoch umzukehren, weil das Gerücht sich verbreitet hatte, Toscanini habe sich abfällig über *Nerone* geäußert. Einige Tage später ging er erneut ins Krankenhaus und erhielt diesmal die Erlaubnis, einige Zeit bei dem alten Mann zu verbringen, der bereits so schwach war, daß das Sprechen ihm Schwierigkeiten bereitete. Toscanini kehrte nach Hause zurück und schloß sich in seinem Arbeitszimmer ein. Er und einige andere Freunde brachten die ganze Nacht vor Boitos Beisetzung an seiner Bahre zu und hielten ihm die Totenwache. Auf den Monat genau vor zwanzig Jahren hatte Boito das neue Direktorium der Scala überredet, Toscanini als Dirigenten zu verpflichten.

An der Scala hatte sich ein Sondergastspiel zugunsten von Opernsängern, Kriegsinvaliden und Kriegswaisen verwirklichen lassen, und Toscanini beteiligte sich daran, indem er *Mefistofele* mit Gigli und de Angelis dirigierte. Während der Proben zu dieser Aufführung traf die Nachricht ein, daß der Krieg zu Ende war.

Natürlich war er glücklich darüber; dennoch war seine Grundstimmung eher depressiv. »Er war entmutigt«, berichtete Wally, »und es hatte den Anschein, als habe er sogar seine Begeisterung für die Musik verloren.« Sehr wahrscheinlich fragte er sich, was die nächsten Jahre einem Musiker überhaupt bieten konnten. Ein Großteil Europas lag in Trümmern, und die wirtschaftlichen Grundlagen der vormals kriegführenden Nationen waren durchweg katastrophal. Er hätte nach Amerika zurückkehren können, mochte sein Heimatland zu einem derart schwierigen Zeitpunkt aber nicht im Stich lassen. Es gibt Zeiten, da jeder einsichtige Mensch vom Gefühl der völligen Nutzlosigkeit seiner eigenen Existenz geradezu überwältigt wird, und Toscanini war von Natur aus jedenfalls alles andere als ein hoffnungsfroher Charakter. Er blühte nur auf, wenn er ungeheuer hart arbeiten konnte, mit einem Grad von Anspannung, der jeden Normalmenschen zugrunde gerichtet haben würde. Zwischen dem Frühjahr 1915 und dem Frühjahr 1920 hatte er insgesamt weniger gearbeitet als zuvor in einem einzigen Jahr. Je weniger er zu tun hatte, desto verdorrter und nutzloser fühlte er sich.

Es ergaben sich Erörterungen darüber, ob er im Frühjahr 1919 nach London gehen und die europäische Premiere von Puccinis *Trittico* leiten sollte; der Komponist hatte jedoch von beiderseitigen »Freunden« erfahren, daß Toscanini die drei Einakter mit abfälligen Bemerkungen bedacht haben sollte, und war wütend. Er schrieb an seine Freundin Sybil Seligman in London:

> »Ich bin über Covent Garden im Bilde – ich habe beim Verlag Ricordi Widerspruch eingelegt, weil ich dieses *Schwein* von Toscanini nicht haben will; er hat alle möglichen boshaften Sachen über meine Opern gesagt und versucht, bestimmte Journalisten dahingehend zu beeinflussen, sie ebenfalls zu verreißen. Er hat damit zwar nicht in jedem Fall Erfolg gehabt, aber einer seiner Freunde (von *Secolo*) hat unter seinem Einfluß einen dreckigen Artikel geschrieben – und ich will diesen *Gott* nicht haben. Er ist für mich völlig wertlos – und ich wiederhole, was ich immer gesagt habe, daß ein Dirigent, wenn er über die Opern, die er zu leiten hat, abschätzig denkt, sie auch nicht ordentlich interpretieren kann . . .«[55]

Die Beziehung zwischen Puccini und Toscanini sollte während der fünf verbleibenden Lebensjahre des Komponisten noch häufig gekittet, in Frage gestellt und erneut gekittet werden. Sicherlich ist es möglich, daß Toscanini sich unfreundlich über diese Opern geäußert hat – in späteren

Jahren tat er es explizit, und er führte sie nie auf –, es ist jedoch äußerst unwahrscheinlich, daß er so böswillig oder so dumm gewesen sein sollte, bestimmte Kritiker dahingehend zu beeinflussen, sie zu verurteilen. (Vincent Seligman, der Sohn Sybils, hatte den gleichen Eindruck.) Er ging also nicht nach London; ob er aber aus Widerstreben gegen die Opern, aufgrund des Widerstandes von Puccini oder einfach wegen Meinungsverschiedenheit über einen Vertrag nicht ging, läßt sich heute nicht mehr zweifelsfrei entscheiden.

Das Turiner Publikum hörte im Mai und Juni seine ersten Nachkriegskonzerte. Er leitete zwei Abende mit einem Programm, das unter anderem Mozarts Symphonie Es-Dur Nr. 39 einschloß – eine Neuerscheinung in seinem Repertoire. Darauf folgten drei Aufführungen von Beethovens Neunter. Der kanadische Tenor Edoardo di Giovanni, der später unter seinem richtigen Namen Edward Johnson Generalintendant der Metropolitan Opera Company wurde, war an diesen Konzerten als Sänger beteiligt und erinnerte sich, daß die Altistin Ida Bergamasco bei der ersten Klavierprobe so nervös war, daß sie ihren Einsatz verpatzte. Toscanini wiederholte die Stelle, und es passierte das gleiche. Erneutes Dakapo, aber diesmal brachte sie nicht einmal mehr einen einzigen Ton heraus. Dann begann sie zu weinen; Toscanini sagte nichts. Schließlich fand sie ihre Selbstbeherrschung wieder. »Ancora«, gebot der Maestro und murmelte dann: »Und da sagen sie nun, ich sei ungeduldig.«[56]

Dennoch war es richtig, daß er ungeduldig war, und ein weitaus ernsterer Zwischenfall ereignete sich während einer der Orchesterproben zur Neunten. Es traf sich, daß Annibale Pastore, Professor für theoretische Philosophie an der Universität Turin, die Erlaubnis erhalten hatte, den Proben beizuwohnen, um Material für ein Buch mit dem Titel *L'Entusiasmo* zu sammeln, an dem er arbeitete. Er wurde Zeuge des Vorfalls und berichtete darüber:

> »Während des Finales, wenn der gewaltige Ausbruch des Chores sich zu höchster Intensität steigern muß . . ., gab es plötzlich drei trockene Schläge mit dem Taktstock . . . Der Maestro wandte sich einem der zweiten Geiger zu, der am zweiten Pult saß, und schrie: ›Was ist das für ein Gekratze? Zwei Zentimeter Bogen!‹ Und er warf sein zerknülltes Taschentuch, mit dem er sich Luft zugefächelt hatte, nach ihm. Der Geiger antwortete: ›Ich spiele, ich kratze nicht. Und Sie? Warum haben Sie mir Ihr Taschentuch hingeworfen?‹ Toscanini, noch immer vor Wut zitternd, entgegnete: ›Ich gebe hier alles hinein, was ich habe; und Sie – nichts. Sie sollten Ihren Bogen besser benutzen.‹ Bei diesen Worten . . . verließ er unwillkürlich das Dirigentenpult und näherte sich dem zweiten Pult der zweiten Violinen.

Der Geiger blieb hartnäckig: ›Ich habe immer gegeben, was ich konnte, und Sie sind ungehobelt.‹ Toscanini: ›Alles, was Sie konnten? Und das hier?‹ Und mit einem zuckenden Auffahren seines Taktstocks schlug er ihm den Bogen zur Seite. Er zerbrach und verletzte beim Zurückfedern den Geiger an der Stirn. Der wollte sich schon wehren, als sich schließlich Orchestermitglieder und Solisten zwischen die beiden warfen und sie trennten ... Der Geiger wurde von einem Kollegen beiseite geführt. Beim Verlassen der Bühne wandte er sich um und schrie Toscanini zu: ›Sie sind kein Maestro, Sie sind ein Schuft!‹
Die Probe wurde unterbrochen ... Nach einer halben Stunde wurde sie nur mit dem Orchester fortgesetzt. Toscanini gab seine Anweisungen mit gedämpfter Stimme, war sehr bleich und dirigierte sitzend. Am nächsten Morgen ... betrat er die Bühne wie im Traum, ohne jemanden anzusehen. Er ging zum Dirigentenpult und forderte das Orchester zum Einsatz auf ... Dann, nach dem üblichen Rundblick über das ganze Orchester, bemerkte er die Anwesenheit des zweiten Geigers, stieg hurtig vom Pult herab, ging zu ihm und schüttelte ihm die Hand ...«[57]

Trotz des versöhnlichen Händedrucks und des Kaufs eines neuen Bogens für den Betreffenden, den Signora Toscanini besorgte, wurde die Kopfverletzung Gegenstand eines Rechtsstreits. Toscanini wurde freigesprochen, und zwar aufgrund von Pastores lachhafter Theorie eines »heiligen Furors« – »der Künstler verfällt der Tyrannei des tragischen (nicht des individuellen) Willens« – und ähnlichen Unsinns mehr. Glücklicherweise ist das der einzige verbürgte Fall von körperlicher Gewaltanwendung in der Geschichte der turbulenten Proben Toscaninis.
Am 14. Juni, vier Tage nach der letzten Turiner Aufführung der Neunten, leitete er die erste von vier weiteren Aufführungen des Werkes in Mailand mit denselben Solisten, aber einem anderen Chor und Orchester. In die Mailänder Programme wurden auch das Vorspiel und der »Karfreitagszauber« aus *Parsifal* aufgenommen.
Sieben Monate sollten vergehen, bevor er sich erneut als Dirigent betätigte, und während dieser Phase hatte Toscanini die merkwürdigste Episode seines Lebens zu bestehen – eine Episode, die er später zu bedauern hatte.
Es gibt verschiedene Versionen über Toscaninis erste Begegnung mit dem Journalisten Benito Mussolini, der sechzehn Jahre jünger war als er selbst. Manchen Autoren zufolge fand sie statt, als Toscanini sich persönlich aufmachte, um gegen die feindliche Einstellung von Mussolinis Zeitung *Il popolo d'Italia* gegenüber der Aufnahme deutscher Musik in seine Konzertprogramme während des Krieges zu protestieren; andere be-

haupten, daß sie bei einer politischen Zusammenkunft in einer Schule in der Via Santo Spirito zustande kam; und es fehlt nicht an weiteren Versionen. Mussolini hinterließ bei Toscanini einen positiven Eindruck, und dieser Eindruck wurde durch die Bewunderung verstärkt, den einige Angehörige des künstlerischen und intellektuellen Bekanntenkreises des Dirigenten – namentlich der futuristische Dichter Filippo Tommaso Marinetti – dem Journalisten entgegenbrachten.

Die neue Bewegung, die später in den Faschismus einmündete, wurde im März 1919 bei einer Versammlung von etwa zweihundert Leuten in einem Saal an der Piazza San Sepolcro ins Leben gerufen, und Toscanini sah sich selbst bald darauf zum erstenmal in seinem Leben eine politische Partei unterstützen. Dieser »Früh-Faschismus« war eine reine Mailänder, keine nationale Bewegung, und ihre ursprünglichen Anhänger befürworteten eine sozialistische Politik, die mit Mussolinis späteren Aktionen nichts gemein hatte. Die Sansepolcristi, wie diese Männer genannt wurden, setzten ein Programm in Umlauf, das unter anderem die Bildung einer konstituierenden Versammlung, die die italienische Sektion einer internationalen konstituierenden Versammlung bilden sollte, die Proklamation einer italienischen Republik, das Wahlrecht für Frauen, die Abschaffung des Oberhauses im Parlament, aller Adelstitel und des obligatorischen Militärdienstes, eine internationale Abrüstung, ein wählbares Richtertum, die Auflösung aller Gesellschaften mit beschränkter Haftung, die Abschaffung der Banken und die Schließung der Börsen, die Beschränkung des Privatkapitals, die Konfiszierung unproduktiven Kapitals, Akkerland für die Bauern, Gewerkschafts- und Arbeitermitbestimmung bei Industrie-, Transport- und Staatsbetrieben, eine achtzigprozentige Steuer auf alle Kriegsgewinne, Erbschaftssteuern und die Konfiszierung ungenutzten Haus- und kirchlichen Eigentums forderte.

Es handelte sich offensichtlich also um alles andere als ein rechtsradikales Programm. Angesichts der schrecklichen wirtschaftlichen Verluste und der allgemeinen Nachkriegswirren im Lande glaubte Toscanini – wie viele andere –, daß ein reales Bedürfnis nach diesen einschneidenden Veränderungen bestünde. (Es sollte ebenfalls erwähnt werden, daß diesem Frühfaschismus kein rassistisches Element beigemischt war, und wirklich zählten zu seinen ersten Parteigängern auch viele Juden. Die Italiener wurden erst 1938 Arier.) Als sich Mussolini im letzten Augenblick entschloß, für die Parlamentswahlen am 16. November 1919 eine eigene Kandidatenliste aufzustellen, figurierte auch der Name Toscaninis auf dieser Liste. Laut Wally Toscanini war es dazu gekommen, als Marinetti und andere bedeutende Persönlichkeiten ihren Vater aufsuchten und ihn in einer Unterredung davon überzeugten, daß die Partei, wenn auch keine Chancen für einen Wahlsieg vorhanden wären, doch einen so angesehenen

Namen wie den seinen brauche, um Glaubwürdigkeit zu gewinnen. Er führte keinen aktiven Wahlkampf.
Die Mailänder Sozialisten bekamen bei diesen Wahlen 170 000 Stimmen, Mussolinis Vereinigung blieb unter 5000. Keiner seiner Kandidaten wurde gewählt – nicht einmal Mussolini selbst. Seine politische Laufbahn wurde für beendet gehalten, während sich bei ihm selbst lediglich die Neigung abschwächte, sich an Wahlen zu beteiligen. Toscaninis offizielle politische Laufbahn aber war damit auch schon abgeschlossen. Er hatte, wie die anderen Kandidaten auch, mit 30 000 Lire für die Parteikasse gebürgt und, laut Cesare Rossi, ohne Murren gezahlt. Sehr bald schon sollten sich seine Beziehungen zu den inzwischen gewandelten Faschisten jedoch radikal verändern.
Im Januar 1920 leitete Toscanini fünf Konzerte in Rom und nahm in deren Programme mehrere der neuen Werke auf, die er zwei Jahre zuvor in Mailand dirigiert hatte. Er hätte dann eigentlich zu Konzerten und Opernaufführungen nach Prag gehen sollen, erkrankte jedoch an Grippe und mußte das Projekt fahren lassen. Nachdem er wieder nach Rom zurückgekehrt war und dort im Mai vier weitere Konzerte absolviert hatte, ging er nach Padua, um dort im folgenden Monat bei einer internationalen Messe sechs Konzerte zu leiten, bevor er dasselbe Programm in Ferrara dirigierte, und zwar auf Einladung von Gatti-Casazza, der aus Ferrara stammte und dort den Sommer verbrachte. Gatti-Casazza schrieb an Edward Ziegler, ein Mitglied des Metropolitan-Direktoriums:

> »Ich hatte Gelegenheit, mit ihm zusammenzutreffen ... und zwar nach vier Jahren, in denen ich ihn weder gesehen noch irgendwie Kontakt mit ihm gehabt hatte. Mein Eindruck ist der, daß er charakterlich derselbe geblieben ist wie der, den wir kennen. Darüber hinaus habe ich jedoch bei ihm einen Pessimismus und eine Entmutigung bemerkt, die stärker hervortreten als in der Vergangenheit. Ich habe seine Konzerte besucht, und um der Gerechtigkeit willen muß ich sagen, daß er als Künstler keinen Vergleich zu scheuen braucht.«[58]

Im vorigen Herbst hatten Emilio Caldara, der sozialistische Bürgermeister von Mailand, und Luigi Albertini, der Herausgeber des *Corriere della Sera*, damit begonnen, ernstliche Überlegungen über eine Wiedereröffnung der Scala anzustellen, die, wie alle künstlerischen Institutionen des Landes, während des Krieges harte Zeiten durchzustehen gehabt hatte. Die Situation der Scala hatte sich insbesondere verändert, seit Herzog Uberto Visconti di Modrone 1917 das Präsidentenamt am Theater niedergelegt und sich kein ebenbürtiger Nachfolger gefunden hatte. Caldara und Albertini nahmen Fühlung mit Toscanini auf. Würde er an einer

Rückkehr an die Scala überhaupt interessiert sein? Er zögerte. Ein Theater, das geleitet wurde, wie die Scala letzthin geleitet worden war – oder auch die Metropolitan –, reizte ihn durchaus nicht. Ein ganz neues System war erforderlich – eine neue künstlerische Organisation und neue Wege der Finanzierung eines solchen Hauses. Ein derartiges Projekt würde zwangsläufig zeitraubend und mühsam zu verwirklichen sein. Es wurde der Vorschlag gemacht, mit der Bildung eines neuen Orchesters zu beginnen und mit ihm dann eine ausgedehnte Tournee zu unternehmen, vielleicht sogar nach Amerika. Toscanini war interessiert. Es wurde Ende Oktober bei Otto Kahn telegraphisch vorgefühlt, ob Interesse an der Tournee eines hundertköpfigen Orchesters unter Leitung Toscaninis und an einer unbegrenzten Zahl von Konzerten bestünde, die, bei wöchentlichen Gesamtkosten von 11 500 Dollar zuzüglich Reisekosten von 30 000 Dollar, im Januar 1920 beginnen könnten. Die Antwort lautete, es sei für diese Spielzeit zu spät; man möge nächstes Jahr erneut anfragen. Der Vorschlag wurde befolgt.

Am 14. Juli 1920 trat der Verwaltungsrat der Scala zusammen und ernannte Toscanini zum »generalbevollmächtigten Direktor«. Die Pläne zur Bildung des neuen Orchesters wurden abgeschlossen, die zur Verwirklichung einer neuen Organisation des Opernapparates in Angriff genommen. Das Jahrzehnt der Höhepunkte in Toscaninis Theaterkarriere hatte begonnen.

V

Mailand und New York

Im Laufe der ersten Hälfte des Jahres 1920 hatten sich Toscanini, Emilio Caldara und Luigi Albertini an der ungeheuer komplizierten Aufgabe der Schaffung einer vollkommen neuen Organisation für die Scala abgemüht. Die Probleme waren technischer, finanzieller und künstlerischer Art. Toscaninis alter Freund und Mitarbeiter, der Ingenieur Cesare Albertini (nicht zu verwechseln mit Luigi Albertini), wurde erneut ins Spiel gebracht, um die Modernisierung des technischen Apparates zu überwachen. Er machte eine Rundreise, besuchte Europas modernste Theater und begann Anfang August mit den erforderlichen »Behandlungs«-Maßnahmen. Der vor dem Vorhang befindliche Teil der Bühne wurde verkleinert, der Orchestergraben vergrößert und ein Lift eingebaut, das Dach über der Bühne wurde auf eine Höhe von etwa siebeneinhalb Metern gebracht und mit einer neuen Kuppel versehen, die ein zeitgemäßes Beleuchtungssystem aufnehmen konnte.

Das ökonomische Problem war schwieriger zu lösen. Man wird sich erinnern, daß das Theater, als Toscanini im Jahre 1898 zum erstenmal die musikalische Leitung der Scala übernahm, gerade einer Neuorganisation unterworfen worden war, im Zuge derer die finanzielle Verantwortlichkeit unter den Inhabern der erblichen Logen, der Stadtverwaltung und einer Aktionärsgesellschaft aufgeteilt wurde. Das Präsidentenamt hatte ein adliger Logeninhaber inne, und der Generalintendant sowie der musikalische Leiter waren ihm verantwortlich. Jetzt – im Jahre 1920 – bestand Toscanini darauf, daß dieses System verworfen würde. Sein neuer, in enger Zusammenarbeit mit Caldara und Luigi Albertini entworfener Plan war in der Tat revolutionär: Die Scala sollte sich als »ente autonomo« neu konstituieren – als »autonome Gesellschaft«. Die alten Verbände von Logeninhabern und Aktionären sollten aufgelöst und die vier Logenränge des Hauses dem allgemeinen Publikum auf dem Wege jährlicher Subskription oder gestaffelter Eintrittspreise zugänglich gemacht werden, genau wie die Sitzplätze im Parkett oder auf den beiden Galerien. (Als Geste des guten Willens wurde den früheren Logeninhabern für die Dauer von neun Jahren eine erste Option auf die Wiedervermietung ihrer alten Logen eingeräumt – jedoch zum einmal eingeführten Preis; und während ebendieser Frist erhielten sie Nominalzinsen für ihre »enteigneten« Plätze.) Die Stadt hatte ihr Titulareigentum am Theater aufzugeben und es dem Hause selbst zu überschreiben, wenn auch dem Bürgermeister automatisch das Präsidentenamt zufallen sollte. Überdies hatte die Stadt einen jährlichen Beitrag von 350 000 Lire zu leisten, und die verbleibende Finanzierungslücke sollte durch öffentliche Subskription, private Schenkungen und die Erhebung einer zweiprozentigen Sondersteuer auf die Eintrittspreise aller anderen Theater, Kinos und kommunalen Kulturinstitutionen von Mailand und seiner Provinz geschlossen werden. Der Grund dafür war der, daß jeder auch dafür zu zahlen hatte, wenn die Scala demokratisiert und ihre Pforten – wenigstens idealiter – jedermann offenstehen sollten.

Wenn Toscaninis Vorstellungen zur Erneuerung der technischen Anlagen und zur Neuordnung der fiskalischen Grundlagen der Scala schon klar und zweckmäßig waren, so war seine Konzeption der künstlerischen Verwaltung und der Methoden zur Gewährleistung bedeutender Aufführungen sogar von einer Luzidität und einer praktischen Brauchbarkeit, wie sie in der Geschichte des modernen Operntheaters außergewöhnlich selten vorgekommen sind. Und angesichts des ständig hohen Niveaus der Resultate ist es keine Übertreibung zu sagen, daß das System Toscaninis an der Scala zweifellos eine einzigartig erfolgreiche und unwiederholbare Leistung war.

Im wesentlichen war dieses System das folgende: Jeder, der mit irgendeinem Aspekt der künstlerischen Produktion befaßt war, war Arturo Toscanini persönlich verantwortlich. Seine Zuständigkeit erstreckte sich auf alles, und alle Entscheidungen fielen letztlich ihm zu. Richtig ist, daß Angelo Scandiani, vordem Ingenieur beim italienischen Edison-Konzern und ein ausgezeichneter Amateur-Baß, der im Jahre 1903 in Toscaninis *Parsifal*-Ausschnitten an der Scala die Partie des Gurnemanz gesungen hatte, zum Generaldirektor ernannt worden war; seine Funktion ließ sich jedoch in keiner Weise mit der eines Impresarios früherer Zeiten oder gar mit der eines Manager-Intendanten wie Gatti-Casazza vergleichen, der von Toscanini bei vielen Zusammenstößen grob angefahren worden war. Scandiani war in der Tat gerade das, was sich Toscanini von Gatti-Casazza immer gewünscht hatte: ein effizienter Verwalter, der tat, was man ihm auftrug. Anita Colombo, eine intelligente und unermüdliche junge Frau, wurde als eine Art stellvertretende Verwaltungsleiterin berufen. Sie war außergewöhnlich fähig, und Toscanini scheint sich mehr auf sie als auf Scandiani verlassen zu haben.

Er wünschte sich ein neues, erlesenes Orchester, das aus den besten Instrumentalisten Italiens bestehen sollte; er verpflichtete den erfahrenen Vittore Veneziani, einen ehemaligen Schüler Martuccis, als Chorleiter; er berief eine Reihe von hochbegabten musikalischen Stellvertretern; er wählte die Leiter der Abteilungen Bühnenbild und Bühnentechnik selbst aus; und er nahm schließlich das schwierigste der Probleme in Angriff – das der Bildung eines festen Ensembles hervorragender Sänger, die sich von ihm in ihren Rollen bereitwillig führen ließen. Er baute in der Tat so etwas wie ein Repertoire-Ensemble auf. Die Gründe dafür und die außergewöhnlichen Erfolge sollen später behandelt werden.

Das neue Orchester – ursprünglich »Orchestra Arturo Toscanini« genannt und von einer Gesellschaft finanziert, die nominell von Carla Toscanini geleitet wurde – war Ende August 1920 zusammengestellt worden. Die Proben begannen wahrscheinlich nur wenig später; und da die Scala wegen der Renovierungsarbeiten noch unzugänglich war, mußten sie im Konservatorium abgehalten werden. Es wurde ein substanzielles Repertoire vorbereitet – einunddreißig Werke von zwanzig Komponisten –, und am 23. Oktober begann das Orchester ein Unternehmen, das noch heute als längste und aufreibendste Tournee gelten darf, die je von einem bedeutenderen Orchester absolviert worden ist. Sie wurde in Mailand eröffnet, und bis zum 29. November hatte das Ensemble bereits dreiunddreißig Konzerte in einundzwanzig italienischen Städten hinter sich gebracht. Überall schlug den Musikern große Begeisterung entgegen, beim Publikum wie bei der Kritik.

Ein »illegales« Konzert wurde mit stillschweigender Billigung der Regierungsbehörden in der umstrittenen Stadt Fiume (Rijeka) gegeben. Nach dem Krieg hatten sich die nationalistischen Elemente Italiens nachdrücklich für die Annektierung der Stadt ausgesprochen; Jugoslawien und die Vereinigten Staaten aber standen derartigen Bestrebungen ganz und gar ablehnend gegenüber, und die italienische Regierung vertrat keinen sehr entschiedenen Standpunkt. Im September 1919 hatte der Schriftsteller Gabriele d'Annunzio – in seiner Rolle als »Mann der Tat« – eine kleine militärische Einheit in die Stadt geführt und sie besetzt. Sogar die Schrecknisse des Ersten Weltkrieges hatten Toscaninis Nationalismus nicht in Frage stellen können, und er hielt es für seine Pflicht und eine Ehre, für d'Annunzio und seine Soldaten zu spielen. Die erwiesen dem Maestro und seinem Orchester – in Grenzen – die militärischen Ehrenbezeigungen, sogar mit Kriegsgeschrei, und verliehen ihnen für ihre moralische Unterstützung des Fiume-Abenteuers verschiedene Orden. Als Huldigung für das, was d'Annunzio den »Symphonomanen« und seine »orphische Legion« nannte, hielt der Dichter eine Lobrede, die mit Phrasen wie »Sein Zepter ist ein lichter Zauberstab . . . und läßt die gewaltigen Wogen des Orchesters anschwellen, entfesselt die großen Stürme der Harmonien« gespickt war. »Wer ist er also? Er ist ein Führer, wie ich ein Führer bin, o mein Volk.«[1] Das städtische Teatro Verdi war beim abendlichen Konzert, das natürlich mit hysterischen Ovationen aufgenommen wurde, weit über sein Fassungsvermögen hinaus gefüllt.

Am 30. November schifften sich Toscanini und das Orchester in Neapel für den zweiten Teil ihrer Tournee ein, die sie in die Vereinigten Staaten und nach Kanada führte, mit Kahn und der Metropolitan als finanziellen Bürgen. Das Gastspiel, das ursprünglich zehn Wochen dauern und etwa 180000 Dollar kosten sollte, erstreckte sich schließlich über sechzehn Wochen und kostete wahrscheinlich entsprechend mehr. »Wenn alles nach Plan verläuft«, hatte Ziegler im vorigen Juni an Kahn geschrieben, »sollte diese Tournee eigentlich keinen Verlust bringen; aber das ist bei solchen Vorhaben selten der Fall, besonders dann nicht, wenn eine so unsichere Größe wie Toscanini im Spiel ist.«[2] Daß das Metropolitan-Direktorium die Tournee als Möglichkeit auffaßte, eine Art Rapprochement zwischen Toscanini und ihrem Opernensemble herbeizuführen, erhellt aus einem Brief, den Gatti-Casazza im Juli aus Italien an Kahn gerichtet hatte:

> »Ich stimme vollständig mit Ihnen überein, daß wir ihm während seines Aufenthaltes in Amerika die wärmste Sympathie und die größtmögliche Herzlichkeit entgegenbringen müssen ... Wir werden den angemessensten Weg überdenken, eine Demonstration zustande zu bringen, die jedermann von der Aufrichtigkeit unserer Gefühle überzeugt ... Er sagte mir, er sähe es lieber, wenn sein Konzert in der Carnegie Hall anstelle der Metropolitan stattfände, und zwar aus akustischen Gründen; weiter, daß er das Theater, die Sänger, die Inszenierungen usw. usw. jetzt hasse und, wenn er einwillige, für einige Zeit an die Scala zu gehen, das einfach aus dem Grunde geschehe, weil er einer großen nationalen Institution einen Dienst erweisen wolle usw. usw.; berücksichtigt man alle diese Formulierungen, so sollte man annehmen, daß er wahrscheinlich keinen von mir oder Ihnen ausgehenden Vorschlag annehmen würde, eine Vorstellung an der Metropolitan zu leiten.
>
> Vielleicht würde der geeignetste Weg, seine Zustimmung zu erhalten, der sein, an der Metropolitan ein Sonderkonzert zu organisieren, eine Matinee oder ein Samstagabend-Konzert, das einer italienischen Institution zugute käme ...«

Ein solches Sonderkonzert fand nie statt. Es ist andernorts berichtet worden, daß es, während Toscanini angenommen hatte, Kahn bürge für das Orchester im Sinne einer Geste des guten Willens, in Wirklichkeit sehr viel höhere Gagen habe »einstreichen« können als die vereinbarten Garantiesummen, so daß Kahn (und wahrscheinlich auch die Metropolitan)

einen hübschen Profit erzielt hätte. Toscanini soll wütend gewesen sein, als er davon erfuhr. Ich habe jedoch keinen Anhaltspunkt zur Bestätigung oder Dementierung dieser Geschichte finden können.
Das Orchester erhielt nach der Ankunft in New York (13. Dezember) zwei freie Tage. Am zweiten Abend waren alle Mitglieder Gäste der Metropolitan bei einer Aufführung von Jacques Halévys *La Juive* mit Caruso. Der Tenor war damals bereits schwer krank und starb acht Monate später.
Am 16. Dezember reisten Toscanini und die Truppe nach Philadelphia, um jenseits des Flusses in Camden, New Jersey, mit einer Reihe von Schallplattenaufnahmen für die »Victor Talking Machine Company« zu beginnen. Toscanini war damals dreiundfünfzig Jahre alt und übte, als diese Aufnahmen gemacht wurden, sein Dirigentenhandwerk seit vierunddreißig Jahren aus. Er sollte noch weitere vierunddreißig Jahre beruflich aktiv sein. Nuccio Fiorda, Repetitor im Scala-Stab und darüber hinaus in der Schlagzeuggruppe des Orchesters tätig, hat den folgenden Bericht über diese Schallplattensitzungen hinterlassen:

> »Das Orchester – auf seine Hauptakteure beschränkt – wurde in eine enorme holzverkleidete Nische hineingezwängt und -gepreßt ... Die Kontrabässe wurden zum Teil durch die Tuba verstärkt. Die Übereinkunft mit der Victor Company besagte, daß keine Platte ohne Zustimmung des Maestro zum Verkauf freigegeben werden dürfe. Die Technik der ›Wachsaufzeichnung‹ ließ kein direktes Playback vom Wachs eines bereits aufgenommenen Musikstückes zu; das hätte seine irreversible Zerstörung zur Folge gehabt. Folglich mußte man, wenn man es einmal abgehört hatte, das ganze Stück noch einmal machen! Unglücklicherweise kamen diese ›Wiederholungen‹ jedoch ziemlich häufig vor, wenn man die ständige Unzufriedenheit des Maestro berücksichtigt. Eines Tages sagte der Geschäftsführer: ›Wenn Toscanini noch einmal hierherkommt, wird die Firma Pleite machen!‹«[3]

Enrico Minetti, später Konzertmeister des Scala-Orchesters, damals aber noch namenloses Orchestermitglied, berichtete, Toscanini habe »unbeschreibliche Wutausbrüche« gehabt.

> »›Nein, nein‹, schrie er, ›nicht so, das taugt nichts! Unsere ganze Arbeit ist zum Teufel und nutzlos: veränderte Tempi, falsche Lautstärken, keine Dynamik, keine Klangschattierungen – ein regelrechter Haufen Abfall!‹ ... Nach diesem katastrophalen Versuch schwor sich der Maestro, nie wieder Schallplattenaufnahmen zu machen. Glücklicherweise sollte dies aber nicht der Fall sein.«[4]

Sieben Tage wurden im Dezember und acht im März im Studio verbracht; das Gesamtergebnis an verwertbaren Aufnahmen waren annähernd fünfzig Minuten Musik, die schließlich auf ein- und doppelseitigen Platten verbreitet wurden. Hört man sich diese Aufnahmen heute an, so wird man in Toscaninis Mißvergnügen leichthin einstimmen. Wie andere Plattenaufnahmen der Zeit vermitteln sie keine rechte Vorstellung davon, wie das Orchester an sich geklungen haben mag, und die trockene, gepreßte Akustik des Studios wird Toscanini sogar veranlaßt haben, seine Tempi beträchtlich zu verändern. Die Bedeutung dieser Aufnahmen ist deshalb eher historischer und nicht so sehr musikalischer Art.
Während des Aufenthaltes in Philadelphia fanden Toscanini und viele der Orchestermitglieder großes Vergnügen daran, abends im Hotel einer schwarzen Jazz-Band zuzuhören; und Fiorda berichtet, daß der Maestro geradezu entzückt war über die Art, wie der Schlagzeuger seine Schlagstöcke in die Luft warf und sie hinter seinem Rücken wieder auffing.
Das Orchester kehrte am Weihnachtstag wieder nach New York zurück und eröffnete seine Tournee mit einem Konzert in der Metropolitan (ein *Concerto grosso* von Vivaldi, Beethovens fünfte Symphonie, Respighis *Römische Brunnen* und Debussys *Ibéria*). Ebenso wurden Vorstellungen im Hippodrome Theatre und in der Carnegie Hall gegeben. Mit einem Sonderzug reisend, in dem sie jeden Abend auch übernachteten, besuchten sie dann Baltimore, Philadelphia, Boston, Washington, Montreal, Toronto, Cleveland, Detroit, Chicago, Des Moines, Tulsa und neunundzwanzig andere Städte. Viele berühmte Musiker hörten Toscanini während dieser Tournee zum erstenmal, und einige davon machten ihre Reaktionen der Öffentlichkeit zugänglich. Pierre Monteux schrieb drei Jahre später:

»Alle meine Freunde und Kollegen hatten mir so viel Gutes über ihn erzählt, daß ich sehnlichst eines seiner Konzerte zu hören wünschte ... Mein Eindruck war der, daß alles, was ich diesbezüglich bisher gehört hatte, angesichts der Realität verblaßte! Ich hatte ganz einfach einen Mann von Genie vor mir, einen Dirigenten, wie ich nie wieder einen in meinem Leben gesehen habe, eine wirkliche Offenbarung in der Kunst des Dirigierens und in der Kunst der Interpretation ... Dieser große Meister ist meiner Meinung nach nicht nur ›euer‹ [das heißt Italiens] größter Maestro, sondern ›der größte der größten‹.«[5]

Der Komponist Ernest Bloch äußerte sich folgendermaßen:

»Ich war verblüfft, als ich diesen kleinen, traurig dreinblickenden Mann sich nähern sah; er schien sich angesichts der Menge nicht wohl zu fühlen und hatte nichts von der abstoßenden Unterwürfigkeit der Virtuosen, die dem Publikum zu schmeicheln suchen ... Mir gefiel diese Einstellung sofort. Sie gab unverzüglich eine Seite von Toscaninis Charakter zu erkennen, die ich dann in seiner Art zu dirigieren wiederfand. Ich werde das Vorspiel und den ›Liebestod‹ aus *Tristan*, die er an diesem Abend dirigierte, nie vergessen. In diesem erstaunlichen Werk war wirklich *alle Musik* enthalten.«[6]

Der Geiger Fritz Kreisler, dem einige seiner deutschen Kollegen erzählt hatten, Toscanini könne die Fünfte von Beethoven eigentlich nicht korrekt spielen, bemerkte: »Ich glaube nicht, daß Toscanini sich irrt; aber selbst wenn er es täte, würde ich sie lieber falsch von Toscanini als korrekt von irgend jemandem anderen hören.«[7] Der Dirigent Arthur Bodanzky sagte: »Er ist der Dirigent aller Dirigenten schlechthin«; und Leopold Stokowski, dem eine Freikarte angeboten worden war, bestand darauf zu bezahlen und äußerte sich: »Jeder muß bezahlen, um etwas zu lernen.« Es kann durchaus auch der Fall gewesen sein, daß Ignaz Paderewski Toscanini zu dieser Zeit zum erstenmal hörte. Später schrieb er in seinen Memoiren: »Wenn alles gesagt und getan ist, so gibt es doch niemanden, niemanden, der mit Toscanini zu vergleichen wäre, denn er ist ein transzendentes Genie – ein Genie allerersten Ranges. Von Toscanini läßt sich nicht in gewöhnlichen Begriffen sprechen.«[8]

Das Orchester kehrte während der Tournee mehrfach zu zusätzlichen Konzerten nach New York zurück. Einmal passierte es, daß im allerletzten Augenblick vor einer Vorstellung jemand Toscanini benachrichtigte, daß der dritte Posaunist nicht auffindbar wäre; es war zu spät, einen Ersatzmann zu verpflichten, und Toscanini absolvierte das Konzert ärgerlich mit nur zwei Posaunen. Nachher war zu erfahren, daß der Betreffende in Haft genommen worden war, weil er versucht hatte, sich im Central Park einer Frau zu nähern. »Immer das gleiche mit diesen Italienern!« seufzte Toscanini; und es waren die Interventionen Gatti-Casazzas und des italienischen Generalkonsulats erforderlich, um eine Geldbuße von neunzig Dollar zu entrichten und den Mann freizubekommen.

Am Tag nach einem Konzert in Buffalo machten sich Toscanini und einige seiner Musiker zu einer Besichtigung der Niagara-Fälle auf. Einer dieser Gefährten war Ermanno Marchesi, der während der Überfahrt nach Amerika bereits eine besondere Ängstlichkeit an den Tag gelegt hatte:

»Wenn das Wetter stürmisch war, blieb der Maestro an Deck, um das Schauspiel mit größter Begeisterung zu genießen. Er wollte immer die schnellsten und modernsten Transportmittel ausprobieren. Ärgerlich war nur, daß er andere, die weniger beherzt waren als er, einlud mitzukommen ... Um mir meine Furchtsamkeit abzugewöhnen, flog er mit mir in einem wackligen Flugzeug über die Niagara-Fälle.«[9]

Auf die Schallplattenaufnahmen im März folgten zwei weitere mit Konzerten ausgefüllte Wochen – das letzte fand am 2. April statt –, und dann endlich reiste das Orchester zu Schiff nach Italien. Die Musiker hatten achtundsechzig Konzerte in Amerika hinter sich gebracht und die Feuerprobe zweifellos bestanden. Nach der Ankunft in Neapel begann eine weitere Italien-Tournee, die sie in neunzehn Städte (sechsunddreißig Konzerte) führte, und zwar zwischen dem 20. April und dem 16. Juni, mit einer zweiwöchigen Unterbrechung im Mai.
Daß Toscanini mit den Ergebnissen des amerikanischen Abenteuers im allgemeinen zufrieden war, ergibt sich daraus, daß er bei seiner Rückkehr nach Italien Gespräche mit Journalisten führte; die folgende Zitate sind einem Interview entnommen, das er am 18. April dem *Corriere della Sera* gab, und darüber hinaus Raffaelle de Rensis Buch *Musica vista*:

»... Abgesehen von einigen organisatorischen und reisebedingten Unzulänglichkeiten störte nichts das halsbrecherische Rennen – der einzige Weg, es überhaupt zustande zu bringen – durch die Staaten. Vertrauen, Ausdauer und leidenschaftliche Begeisterung halfen uns vom ersten bis zum letzten Konzert. Das erste fand in der Metropolitan statt, und der Willkommensgruß des Publikums war gewaltig ... Vor allem aber muß gesagt werden, daß dieser künstlerische Gewaltmarsch moralische Ergebnisse hervorbrachte, die uns wirklich befeuerten. In den USA und in Kanada ... wurden wir wirklich als Botschafter der italienischen Kunst willkommen geheißen ... Überall wurden wir mit Demonstrationen zu Ehren Italiens begrüßt.
Natürlich stellte ich in kleineren und weniger entwickelten Städten auch weniger anspruchsvolle Programme zusammen; aber ich verzichtete nicht auf ... Beethoven, Wagner, Brahms ... Was für mich einen großen Trost bedeutete, war die herzliche Aufnahme, die der neuesten italienischen Musik bereitet wurde. Im allgemeinen wurde sie sehr günstig beurteilt ...
›Das Scala-Orchester! ...‹ Toscanini beginnt zu strahlen, wenn er davon spricht ... ›Sie wissen, daß die Amerikaner es, neben seinen anderen Vorzügen, um seiner wirklich perfekten Disziplin willen bewundern!‹ Und er fügt hinzu: ›Es ist ein Orchester, das ich immer zur Verfügung zu haben hoffe.‹«

Mit dem Abschluß der Marathontournee in Mailand hatte das Orchester in knapp acht Monaten 133 Konzerte gegeben, die von mehr als einer Viertelmillion Menschen besucht worden waren.
Im Sommer desselben Jahres 1921 war Alfredo Frassati, der italienische Botschafter in Deutschland, gebeten worden, einmal bei Toscanini vorzufühlen, ob nicht die Möglichkeit einer Leitung der Berliner Staatsoper bestünde. Dieser Versuch war von einem guten Freund Toscaninis unternommen worden, dem Bildhauer Leonardo Bistolfi, der ebenso ein enger Freund von Frassati war; das Projekt zerschlug sich jedoch. Toscanini hatte sich der Scala verpfändet.
Die erste Spielzeit des neuen »ente autonomo« sollte zehn Opern, alle in völlig neuen Inszenierungen, bieten. Toscanini wollte fünf dieser Werke selbst leiten, und die übrigen sollten von Ettore Panizza dirigiert werden – wenn sich auch Toscanini bei allen Produktionen die letzte Entscheidungsbefugnis vorbehielt.
Nach der Tournee verblieb ihm nur wenig Zeit: Seine Aufmerksamkeit wurde von der Überwachung der technischen Modernisierung des Theaters, von der Auswahl der Sänger und Stellvertreter und sogar von der Kontrolle der Bühnenbilder in Anspruch genommen. Giuseppe Marchioro, der Sohn eines der berühmtesten Bühnenbildner der Scala, Edoardo Marchioro, berichtete, daß Toscanini in jedem Frühjahr die Vorentwürfe für die gemalten Rundhorizonte und die Maquettes für die Neuinszenierungen der kommenden Saison in Augenschein nahm. Im Herbst pflegte er im Zuschauerraum zu sitzen und die fertigen Kulissen zu betrachten, wie sie bei annähernd ähnlicher Beleuchtung wie in der Vorstellung auf der Bühne angeordnet wurden. Bei beiden Gelegenheiten behielt er sich das Recht vor, die Arbeit des Bühnenbildners zu akzeptieren, Änderungsvorschläge zu machen oder sie zu verwerfen.[10]
Panizza hatte den kaum fünfundzwanzig Jahre alten Antonino Votto als einen der leitenden Repetitoren und musikalischen Stellvertreter vorgeschlagen, und Toscanini hatte probeweise zugestimmt. Eines Nachmittags im Sommer 1921 kam Votto wie gewöhnlich in die Scala, um im oberen Foyer, das damals als Hauptprobenraum benutzt wurde, Partituren zu studieren. Plötzlich trat Panizza ein mit Toscanini – dem Votto zuvor noch nicht begegnet war – und einem Geiger. Toscanini begrüßte Votto herzlich und fragte ihn dann, ob er den Geiger, der sein Probespiel fürs Orchester zu absolvieren habe, in der Violinsonate von Franck begleiten wolle. »Glücklicherweise«, so Votto später, »hatte ich das Stück bereits früher einmal gespielt. Nachdem wir geendet hatten, lächelte Toscanini, klopfte mir auf die Schulter und sagte: ›Der Geiger spielt gut, aber es war in Wirklichkeit Ihr Probespiel!‹[11]

Cesare Albertini, der Ingenieur, schrieb in einem Artikel vom Juni 1924 über Toscaninis organisatorische Fähigkeiten:

»Das ist eine weitere sichtbare Manifestation eines ausgewogenen und harmonischen Intellekts ... Tief in die Herzen der Menschen eindringend, wählt Arturo Toscanini sich seine Kollegen mit scharfsinniger Vorsicht aus. Er mag keine Leute, die ihn umschmeicheln oder sich ihm unterwürfig oder schwerfällig fügsam nähern ... Er wünscht sich Mitarbeiter, die intelligent sind, die sich mit ihm auseinanderzusetzen wissen; er hört sich ihre Einwände an und schenkt denen Vertrauen, die zu erkennen geben, daß sie wirklich etwas können; sehr hoch schätzt er diejenigen ein, die energisch neue Wege einschlagen, selbst wenn diese Wege mit Schwierigkeiten gespickt sind ...
Es gibt wohl niemanden, der sich nicht geschmeichelt und geehrt fühlt, wenn ihm Arturo Toscanini in seiner starken und aufrichtigen Weise sein Vertrauen schenkt ... Wer diesen unermüdlichen Künstler von morgens früh bis abends spät an der Arbeit sieht, wie er die Inszenierung auf der Bühne überwacht, die Arbeit seiner musikalischen Stellvertreter, der Bühnenbildner und der Regisseure koordiniert, verwaltungstechnische Probleme und die Beziehungen zu Publikum und Presse handhabt ..., wer ihn so immer bereit sieht, seine Pflicht zu tun, kann nicht umhin, seiner Faszination zu erliegen und sich von einem so erstaunlichen Vorbild angezogen zu fühlen. So ... ist es ihm möglich gewesen, geradezu organisatorische Wunder zu vollbringen ...«[12]

Als Toscanini 1898 zum erstenmal die musikalische Leitung der Scala übernahm, hatte seine Arbeit im Zeichen Wagners gestanden; während der zwanziger Jahre aber war fraglos Verdi der Hausgott. Wie zu erwarten, wollte Toscanini das Theater mit seiner Lieblingsoper wiedereröffnen, mit *Falstaff*. Der Bariton Mariano Stabile gab sein Scala-Debüt in der Titelrolle – einer Partie, der er während seiner langen Laufbahn noch beinahe 1200mal singen sollte. Nahezu ein halbes Jahrhundert später erzählte er die Geschichte seines ersten Engagements:

»... Sie hatten die Liste der Namen derer durchzusehen begonnen, die unter Umständen die Hauptrolle übernehmen konnten ... Toscanini strich alle, die Falstaff bereits gesungen hatten ... ›Wenn wir doch nur einen jungen Mann für diese Partie hätten – kann sein, daß ich sie ihm selbst beibrächte.‹ Da wandte sich Calusio [einer der Repetitoren] dem Maestro zu und sagte: ›Ich glaube, da ist ein junger Mann, der das könnte.‹ ... Daraufhin bedeutete Maestro Toscanini Calusio: ›Laß ihn doch, ohne die Scala oder mich zu erwähnen, den ersten Teil und den

Monolog aus dem dritten Akt einstudieren. Wenn du meinst, daß er soweit ist, möchte ich ihn hören.‹
Ich begann, jeden Morgen um zehn Uhr zu Calusio zu gehen und mit ihm den Teil, den Toscanini bezeichnet hatte, einzustudieren... Schließlich, nach beinahe zwei Monaten..., sagte er zu mir: ›Paß auf, Freitag um fünf Uhr kommt der, der dich hören soll.‹ ›Und wo treffe ich dich?‹ ›Auf der Piazza della Scala.‹...
In der Scala ging alles drunter und drüber, die Bühnenmaschinerie fehlte noch, die Sitze fehlten noch, beinahe alles fehlte noch. Im Hintergrund sah ich eine Gruppe von Leuten, darunter Maestro Toscanini... Ich begann den ersten Akt zu singen... Danach sagte Maestro Toscanini: ›Singen Sie mir den Monolog aus dem letzten Akt vor!‹... Als ich damit fertig war, ging ich zu der kleinen Gruppe von Leuten mit Toscanini. Es trat eine jener Pausen ein, die die Leute gewöhnlich erzittern ließen; er zwirbelte seinen Schnurrbart mit zwei Fingern... Schließlich sagte er zu mir: ›Sie singen noch zu metronomisch.‹ ›Maestro‹, sagte ich, ›ich bin nicht gekommen, um Sie hören zu lassen, wie ich *Falstaff* singe. Ich bin gekommen, um Sie hören zu lassen, ob ich das Potential habe, eines Tages unter Ihrer Leitung *Falstaff* zu singen, wenn Sie mir sagen, was und wie ich es machen soll.‹ Das beeindruckte ihn natürlich. Erneut ein schreckliches Schweigen... ›Also gut, erscheinen Sie hier morgen um sechs, dann kann ich Ihnen vielleicht etwas beibringen.‹
Natürlich schlief ich in dieser Nacht schlecht... Am nächsten Nachmittag ging ich wieder hin und traf den Maestro... ›Sind Sie frei?‹ ›Ja, Maestro.‹ ›Wissen Sie, wo die Via Durini ist?‹ ›Ja.‹ ›Kommen Sie morgen früh um zehn Uhr zu mir nach Hause.‹... Um Punkt zehn Uhr begannen wir, den Monolog aus dem dritten Akt durchzugehen – ›Mondo ladro, mondo rubaldo‹; und diese Worte hatte ich bis eins oder halb zwei zu wiederholen, weil er mir eine Art Gurgeln beibringen wollte, dieses *oahh* des fetten Menschen, des Trunkenboldes und Freßsacks... Dann hörten wir auf... und er sagte: ›Guten Tag, wir treffen uns morgen um zehn wieder.‹ Wieder verging eine Nacht mit Alpträumen und – irgendwie beruhigte ich mich, nachdem ich zwei oder drei Tage zu ihm gegangen war, er duzte mich und begann mir Geschichten zu erzählen...
... Eines Tages schlug die Uhr zwei. Maestro Toscanini stand nie vom Klavier auf, weil er nicht rauchte, keine Cocktails trank, nicht aß und nie Hunger verspürte; plötzlich kam Signora Carla herein und sagte: ›Aber Arturo, begreifst du nicht, daß Stabile essen gehen muß? Willst du nicht eine Pause machen und ihn nach Hause gehen lassen?‹ Also verabschiedete ich mich lachend und scherzend.

Nach sieben Tagen dieses Kreuzweges begleitete er mich schließlich an die Wohnungstür und sagte: ›Geh zur Scala, suche Scandiani auf, den ich jetzt anrufe und der dir einen Vertrag für die Scala geben wird.‹ Man stelle sich meine Freude vor! ... Dann ging ich, um mit Maestro Calusio weiterzuproben. Manchmal – ein-, zwei- oder dreimal die Woche – gingen wir beide in die Via Durini, um den Maestro hören zu lassen, was wir gearbeitet hatten.«[13]

Die Scala feierte ihre Neueröffnung am 26. Dezember 1921. Der erste Abend geriet fast zur Katastrophe. Im Lande herrschte eine Phase großer politischer Unruhe, und einige Monate zuvor war bei einer Vorstellung im Mailänder Teatro Diana eine Bombe detoniert, die Tote und Schwerverletzte gefordert hatte. Es hatte sich das Gerücht verbreitet, daß in der Scala ebenfalls eine Bombe explodieren würde. Das Publikum wurde beim Eintritt ins Theater durchsucht und fand damit natürlich seine Sitzplätze nur mit einiger Verspätung. Dennoch ließ Toscanini die Vorstellung genau zum festgesetzten Zeitpunkt beginnen, und einige der schuldlosen Nachzügler, die beim Eintritt gewahr wurden, daß die Oper bereits begonnen hatte, beklagten sich lautstark. Toscanini fuhr fort zu dirigieren, und die Situation beruhigte sich schließlich weitgehend. Die folgenden Vorstellungen wurden mit großer Begeisterung aufgenommen. Verdis ironischer Vorschlag, freien Eintritt zu gewähren und billiges Bier auszuschenken, um *Falstaff* für das Publikum attraktiv zu machen, war gegenstandslos geworden.
Toscaninis zweite Oper dieser Spielzeit war ebenfalls eine Verdi-Oper; diesmal fiel seine Wahl auf eines der populärsten Werke aus der mittleren Periode des Komponisten – auf *Rigoletto* –, das am 14. Januar 1922 Premiere hatte. Und wenn Stabile einer der Stützpfeiler des großen Toscanini-Scala-Ensembles der zwanziger Jahre werden sollte, so traf das ebenso für die Protagonisten dieser Aufführung zu – für die Sopranistin Toti Dal Monte und den Bariton Carlo Galeffi.
Carla hatte die Dal Monte bereits einige Monate zuvor in Neapel als Gilda gehört und sie ihrem Mann empfohlen, der ihre Stimme seinerseits von den Aufführungen der Neunten her kannte, die sie 1919 gemeinsam absolviert hatten. Sie erinnerte sich später an die *Rigoletto*-Proben mit Toscanini:

»Diese ›meine‹ Probe im Roten Saal der Scala wird mir immer unvergeßlich sein. Während des ganzen ersten Teiles des zweiten Aktes – Duette mit dem Tenor und mit dem Bariton – unterbrach Toscanini mich nur selten ... Insbesondere forderte er mich auf, die Zeile ›Quanto affetto e quali cure‹ weicher zu binden. Er ließ sie mich wiederholen und war beim zweiten Mal zufrieden. Aber dann kam ich zu der berühmten Stelle ›Caro nome‹. Ich war sehr bänglich und versuchte mein Möglichstes. Toscanini unterbrach mich und sagte: ›Hör mal, meine Liebe, du singst diese Romanze technisch perfekt, aber heiliger Himmel! – du brauchst mehr als das. Zunächst einmal muß ich dir sagen, daß alle Frauen Verdis in genau der gleichen Weise lieben ... Sie haben alle den gleichen Herzschlag. Und doch gibt es da Unterschiede. Warum, glaubst du, hat Verdi dieses ›Caro nome‹ in einem solchen Staccato-Stil geschrieben? Zum Spaß? Nein, nein, nein. Verdi hat diese Technik der kurzen Pausen benutzt, um die Angst des Mädchens deutlicher hervortreten zu lassen. Sie empfindet zum erstenmal Liebe und fühlt sich beinahe atemlos werden beim Gedanken an den Mann, den sie liebt und der sie mit so vielen lockenden Worten berauscht hat.‹«[14]

Die Dal Monte berichtete weiter, daß Toscanini, als sie Gildas Todesszene – »Lassù in cielo vicina alla madre« – sang, ihr bedeutet habe, daß das Mädchen an dieser Stelle »mehr drüben (im Himmel) als hier« sei und daß die Stimme hier eine wirklich zarte und engelhafte Färbung haben müsse. Ebenso schilderte die Sopranistin, daß die Bühnenproben »sehr mühsam« gewesen seien:

»Toscanini spielte Galeffi seine ganze Szene im dritten Akt vor, indem er sich selbst in Rigoletto verwandelte, ihm jede Gebärde, jeden Gesichtsausdruck, jedes ›gesprochene‹ Rezitativ und jeden leidenschaftlichen Wutausbruch eigenhändig zeigte. Wie grenzenlos waren die Empfindungen, die dieser Mensch darzubieten verstand, und wie er, durch Musik und Worte, den tiefsten Grund der Verdischen Schöpfung zu erfassen wußte!«[15]

Der Tenor Giacomo Lauri-Volpi, der in dieser Aufführung den Herzog von Mantua sang, erzählte im Zusammenhang mit der Dal Monte, daß Toscanini sie bei einer Probe gebeten habe, das »Caro nome« mit vollerer und runderer Tongebung zu singen. Sie antwortete: »Maestro, wenn ich es so sänge, wie Sie es wollen, würde ich nie damit zu Ende kommen.« Toscanini sagte nichts und ließ sie gewähren. Ebenso fügte er eine häufig gestrichene Stelle wieder ein – das bereits früher erwähnte »Oh quanto affetto«. Der Tenor sagte:

»Toti Dal Monte gab sich nicht durch das ›Caro nome‹, wohl aber durch diese Phrase zu erkennen, durch diese Zeile, die das Publikum zuvor nicht gekannt hatte ...«[16]

Lauri-Volpi erging es in seiner Beziehung zu Toscanini weniger gut. Der Tenor wollte eine »traditionelle« Kadenz in das berühmte »La donna è mobile« einfügen, Toscanini aber mochte davon nichts hören. Votto saß bei der Probe am Klavier und erinnerte sich Jahre später:

»Als Lauri-Volpi ihm sagte, daß sogar Caruso das getan habe, antwortete ihm der Maestro, Caruso habe das zwar getan, aber mit einer anderen Stimme und in einem anderen Stil. Dann ergaben sich Meinungsverschiedenheiten, weil die Rolle des Herzogs nach den vier Abonnementsvorstellungen von *Rigoletto* von dem Ersatztenor Alessio de Paolis übernommen wurde, der weitere drei Vorstellungen absolvierte.«[17]

Lauri-Volpi nahm sieben Jahre lang an keiner weiteren Aufführung unter Toscaninis Leitung teil.
Am 16. Februar leitete Toscanini seine erste italienische Inszenierung von *Boris Godunow* mit Zygmunt Zalewski in der Titelrolle. Darauf folgte am 22. März *Mefistofele*, in der Aureliano Pertile, der während des ganzen Jahrzehnts sein Lieblingstenor bleiben sollte, die Rolle des Faust sang. Wie die Dal Monte, so war auch Pertile Toscanini von Signora Carla empfohlen worden, die ihn in derselben Rolle in der Arena von Verona gehört hatte. Toscanini hatte für diese Partie ursprünglich einen anderen Tenor vorgesehen, mit dem er jedoch nicht zufrieden gewesen war. Pertile war im letzten Augenblick eingesprungen – einen Tag vor der ersten Orchesterprobe. Gegen Ende jener Probe soll Toscanini ausgerufen haben: »Endlich habe ich einmal jemanden in meinem Sinne singen hören! Genauso muß man singen!«
Pertile war ein lyrischer Tenor mit einer natürlich-schönen, wenn auch keineswegs außergewöhnlichen Stimme. Seine Gesangsauffassung war intelligent, und er widmete sich seiner Arbeit mit aller Entschiedenheit. Wenn ihm auch Originalität abging, so war er doch anpassungsfähig, reaktionsschnell und vom Temperament eher phlegmatisch. Diese Kombination von Talent, Flexibilität, Lern- und Arbeitsbereitschaft und fehlender »Star«-Mentalität war, was Toscanini betraf, natürlich eine vollkommene Formel. Nicht nur vertraute er dem Tenor viele bedeutende Rollen an; er setzte ihn häufig auch kurzfristig in Partien ein, die er ursprünglich anderen Tenören angetragen hatte, die ihn jedoch enttäuschten. Während der acht Scala-Spielzeiten Toscaninis sang Pertile unter seiner Leitung die Hauptrollen in nicht weniger als siebenundzwanzig Inszenierungen von vierzehn Opern – so unterschiedliche Rollen wie Edgardo, Alfredo, Radames oder Walther von Stolzing. Er räumte bereitwillig ein, daß er Toscanini sehr viel verdankte:

»Man stelle sich vor, welche Hilfe ein solcher Lehrer für einen Sänger bedeuten kann. Natürlich besteht immer die Möglichkeit, daß man gesagt bekommt, man möge sich zur Hölle scheren; wenn man aber sein Bestes zu geben und die Scheu angesichts einer so bedeutenden Persönlichkeit zu überwinden vermag, fällt einem alles in den Schoß – Stimuli, Sicherheit, Selbstvertrauen, und dazu sogar noch eine künstlerische Ausbildung. Einem solchen Maestro gelten meine verehrungsvollen Gedanken, meine Dankbarkeit und meine Bewunderung.«[18]

Die letzte Aufführung der Saison waren *Die Meistersinger von Nürnberg* mit Marcel Journet als Sachs. Sein Scala-Debüt als Pogner gab der junge Bassist Ezio Pinza:

»Anstatt eines routinemäßigen Vorsingens sollte ich an einer Probe mit den anderen Sängern teilnehmen, die bereits einen Monat lang mit dem Maestro gearbeitet hatten. Zusammen mit allen anderen stellte ich mich zehn Minuten vor der Zeit ein und war von der Stille in dem weitläufigen Raum gebannt, so als ob Toscanini bereits da wäre. Er erschien pünktlich und wirkte kleiner, als ich erwartet hatte, füllte aber den Saal doch unverzüglich mit seiner Präsenz. Jeder der Anwesenden erhob sich mit militärischer Präzision – wie Soldaten, die einen General grüßen. Ohne ein Nicken, ein Lächeln oder gar ein Grußwort kündigte Toscanini an: ›Wir beginnen mit dem Einzug der Meistersinger.‹
Das bedeutete, daß er mit mir den Anfang zu machen hatte. Tatsächlich drehte sich der Großteil dieser Probe denn auch um meine Rolle. Ich konzentrierte mich auf meine Aufgabe mit solcher Intensität, daß ich außerstande war, mir Toscaninis Reaktion auszumalen, und wartete ungeduldig auf das Ende der Probe; dann würde der Maestro zweifellos seinen Bannfluch sprechen. Er tat jedoch nichts dergleichen. Lediglich mit einem flüchtigen Blick in meine Richtung sagte er: ›Morgen früh Probe um die gleiche Zeit.‹ Und verließ den Raum.
Einer der Baritone klopfte mir auf die Schulter: ›Glückwünsche, Pinza, du gehörst dazu!‹
›Aber der Maestro hat nichts gesagt!‹ wandte ich ein.
›Du kannst es ihm immer am Gesicht ablesen. Hast du es nicht gesehen?‹«[19]

Der Journalist Giulio Ciampelli hat Toscanini während einer Bühnenprobe zum dritten Akt jener *Meistersinger*-Aufführung geschildert – wie er im buchstäblichen Sinne über die Bühne rannte und bald zu dieser, bald zu jener Gruppe sprang, Gebärden und Stellungen demonstrierte, in

die Hände klatschte, um Klavier und die stark besetzten Chöre rhythmisch zusammenzuhalten, wie er rief und sang.
Nachdem er zwischen Dezember und Mai fünfundfünfzig Opernvorstellungen dirigiert hatte, leitete Toscanini das Orchester in drei Konzerten in der Scala und in drei weiteren im Teatro del Popolo, die im Juni und Juli stattfanden. Das Hauptwerk der Scala-Programme war Beethovens Neunte. Renato Simoni war bei den Proben zur Neunten anwesend und hat einige der Bemerkungen Toscaninis festgehalten:

›Ich möchte nicht mehr die Noten hören, es darf keine Noten mehr geben. Sondern nur noch den Geist!‹ ... ›Überlassen Sie sich dem Zug Ihres Herzens; es genügt nicht, die Notenzeichen auf dem Papier vor Ihren Augen zu interpretieren. Schauen Sie, hier schaudere ich. Sie müssen ebenfalls schaudern!‹ ... ›Was Sie zum Ausdruck bringen, ist Heiterkeit, Zufriedenheit, aber noch keine Freude. Danach müssen Sie in sich selbst suchen, nicht in der Musik ...‹«[20]

Ciampelli berichtet, Toscanini habe eine Reihe von Freilichtkonzerten für große Zuschauermengen in den öffentlichen Parks geplant; das Projekt wurde aber nie in die Tat umgesetzt. Der Dirigent gönnte sich dann einen sehr kurzen Urlaub und kehrte bald nach Mailand zurück, um die kommende Saison vorzubereiten.
Anderen Quellen läßt sich entnehmen, daß Toscanini für seine Arbeit an der Scala ein sehr bescheidenes Honorar bezog. Nach Abschluß der ersten Saison, die einen derart großen künstlerischen Erfolg und derart hohe Besucherzahlen gebracht hatte, sandte ihm der Verwaltungsrat einen Scheck über 100 000 Lire – als Anerkennungsprämie über sein Honorar hinaus. Er schickte den Scheck mit der Bemerkung zurück, er sei bereits angemessen bezahlt worden. Ganz verblüfft, retournierten die Direktoren ihm den Scheck erneut und gaben zu verstehen, er sei ein, wenn auch kleines, Zeichen ihrer Wertschätzung seiner Arbeit. Diesmal nahm Toscanini das Geschenk dankbar an, wandelte es aber unverzüglich in eine anonyme Stiftung von 100 000 Lire um, die er dem Theater vermachte. Ebenso wünschte er in anderen fiskalischen Bereichen ein Exempel zu statuieren: So bestand er beispielsweise darauf, den vollen Preis für eine Familienloge in der Scala zu entrichten, als er, nach Brauch und Herkommen, tatsächlich eine Gratisloge zur Verfügung gestellt bekam.
Einem Reporter der amerikanischen Zeitschrift *Musical Courier* gelang es, Toscanini im Juli in der Scala zu sprechen, als der Dirigent bereits mitten in der Probenarbeit für die kommende Saison steckte. Er fragte ihn, ob es wahr sei, daß die »Chicago Opera Association« ihn eingeladen habe, dort zu dirigieren, und er eine Gage von 50 000 Dollar pro Spielzeit

gefordert habe, die als zu hoch erachtet worden sei. Toscanini antwortete, daß Giorgio Polacco ihm im vorigen Jahr geschrieben und angefragt habe, ob er Lust habe, neben und zusammen mit ihm Chefdirigent in Chicago zu werden. Der Brief war von der Sopranistin Mary Garden mitunterzeichnet worden, die damals als Intendantin der Truppe fungierte. Er hatte aber nicht nur nicht 50 000 Dollar gefordert, er hatte den Brief nicht einmal beantwortet. Er setzte dem Reporter auseinander, daß er sich durchaus nicht mit Polacco oder irgend jemandem anders in die Leitung einer Operntruppe zu teilen vorhabe und jedenfalls auch nicht plane, je wieder an einem traditionell geführten Opernhaus wie dem von Chicago oder der Metropolitan zu arbeiten.
Die zweite Saison, in deren musikalische Leitung sich Toscanini mit Panizza, Antonio Guarnieri und Franco Ghione teilte, wurde am 2. Dezember eröffnet – wiederum mit *Falstaff*. Nur wenige Wochen zuvor hatten die Faschisten ihren Marsch auf Rom angetreten und der König seine Regentschaft fügsam in Mussolinis Hände gelegt. Die Ereignisse, die zu diesem Marsch führten, und der Marsch selbst hatten natürlich auch Toscanini aufgebracht, den Mussolinis Versäumnis der Durchsetzung seiner anti-monarchistischen Forderungen von 1919 anwiderte. Am Vorabend des Marsches hatte er einem Freund bedeutet: »Wenn ich fähig wäre, einen Menschen zu töten, so würde ich Mussolini töten.« In einer der *Falstaff*-Vorstellungen begann eine Gruppe von Faschisten unmittelbar vor Beginn des dritten Aktes laut die Parteihymne *Giovinezza* zu verlangen. Toscanini lehnte das ab und begann den dritten Akt, die Störer aber wollten sich durchaus nicht beruhigen lassen. Er zerbrach seinen Taktstock, verließ den Orchestergraben und ging, schreiend und fluchend, hinter die Bühne. Einer der Verwaltungsdirektoren kündigte dem Publikum an, die Hymne werde nach Schluß der Vorstellung gespielt werden. Toscanini kehrte ins Orchester zurück, und die Oper wurde regulär zu Ende gespielt. Maria Labia, die in dieser Inszenierung die Alice sang, berichtete:

> »Als die Oper zu Ende war, bedeutete uns der Intendant: ›Jeder bleibt an seinem Platz, die Hymne wird mit Klavierbegleitung gesungen.‹ Toscanini griff ein: ›Sie werden keine gottverdammte Hymne singen; die Scala-Künstler sind keine Vaudeville-Sänger. Gehen Sie in Ihre Garderoben, alle.‹ Und wir gingen. Die Hymne wurde lediglich am Klavier gespielt, weil das Orchester, laut Toscanini, sie nicht kannte . . .«[21]

Viele Angehörige des intellektuellen und künstlerischen Freundeskreises von Toscanini waren von seinem diesbezüglichen Verhalten schockiert oder doch wenigstens verwirrt. Es gab intelligente Leute genug, die überzeugt waren, daß Mussolini der Mann der Vorsehung sei, daß er genau zur richtigen Zeit auf der politischen Szene aufgetreten sei, um die Probleme des Landes zu lösen. Und da schien – in ebendem Augenblick, da Mussolini die Macht ergriff – einer der bekanntesten italienischen Künstler sich ihm entgegenzustellen. Toscaninis Gebaren wurde von manchen Beobachtern als rein künstlerischer Vorbehalt erklärt – und zwar in dem Sinne, daß er keine politischen Lieder unmittelbar neben seriösen Werken gespielt zu sehen wünschte. Das ist natürlich Unsinn. Er hatte sich immer dem Brauch gebeugt, nationale Hymnen bei Anlässen spielen zu lassen, die eine solche Geste seinem Gefühl nach auch verdienten. Offensichtlich war Toscanini aber weder ein klarsichtiger politischer Kopf noch ein Prophet: Er konnte den katastrophalen Verlauf der beiden folgenden Jahrzehnte nicht vorhergesehen haben. Dagegen verabscheute er einfach Mussolinis Taktieren, auch schon in dieser Frühphase. Und Wally Toscanini berichtete, daß ihr Vater, als Mussolini die Milizen in paramilitärische Verbände umformte (Februar 1923), gesagt habe: »Er ist nicht an diesem Land interessiert – er ist an sich selbst interessiert.« Die Beziehungen des Dirigenten zum neuen Regime sollten sich bald verschlechtern.

Toscaninis zweite Inszenierung der laufenden Spielzeit war die Uraufführung von Ildebrando Pizzettis *Dèbora e Jaéle*. Wie Toscanini in Parma geboren und ausgebildet, war Pizzetti einer der bedeutendsten italienischen Komponisten der Zeit zwischen den beiden Weltkriegen. Er verehrte Toscanini und übernahm seine musikalischen Ratschläge so bereitwillig, als stammten sie von einem göttlichen Wesen.

Eine Wiederaufnahme von *Manon Lescaut* (26. Dezember; mit Juanita Caracciolo und Pertile) gab Anlaß zu einer Versöhnung zwischen Toscanini und Puccini. Ihr im Jahre 1919 wegen *Trittico* entstandenes Zerwürfnis war in der Zwischenzeit nicht beigelegt worden; tatsächlich können Puccinis Kommentare über Toscanini in Briefen aus dieser Phase geradezu schizophren genannt werden. Am 15. Februar 1921 schrieb er an Carlo Paladini:

> »Dakapos werden nicht mehr zugelassen – Toscanini hat es so bestimmt. Im heutigen *Corriere* lese ich befremdliche Dinge über ihn. Er, der daran bei flüchtigem Zusehen so uninteressiert schien, den Blick starr auf die Kunst gerichtet, hat schließlich doch Schallplattenaufnahmen von sich und dem Orchester machen lassen! Dieser große Anreger ausländischer Dinge, der für unsere Musik so wenig empfänglich ist, [ist Gegenstand von] Artikeln und Lobeserhebungen, als hätte er, ein neuer Guido d'Arezzo, die Noten der Josephshymne entdeckt! Was

mich betrifft – er hat ein großartiges, erstaunliches Gedächtnis; aber Musik muß die Seele erzittern lassen. Unter seinen Händen verändert sich ihre Physiognomie ... Toscanini eignet sich hervorragend für Konzerte, besonders wenn er den Häkelkram und die kalten und farbigen Sachen Debussys dirigiert. Alles andere aber, wo die Seele menschlich schwingt – nihil – oder wenig mehr.«[22]

Als die Scala in jenem Sommer die Mailänder Premiere von *Trittico* für die kommende Spielzeit unter der Leitung von Panizza ins Auge faßte, schien sich Puccinis Einstellung zu Toscanini gewandelt zu haben. An Carlo Clausetti im Verlag Ricordi schrieb er am 4. Juli:

»... Was die Leitung der Oper angeht, so halte ich entschieden daran fest, daß ich, wenn sie nicht von Toscanini dirigiert wird, den Nachteil davon haben werde – nicht nur materiell (das heißt bei der Aufführung), sondern auch moralisch. Ich kenne Mailand (denk nur an *Butterfly*) ... Ohne Toscanini würde die Oper weniger glanzvoll geboten werden.
Ich würde es gern Dir anheimstellen, einen Weg ausfindig zu machen, um zwischen ihm und mir ›Frieden‹ zu schließen. Ich hege keinen tiefen Groll – das liegt nicht in meiner Natur. Wenn Du es versuchen willst, gut, und wenn Du Dich dem nicht gewachsen fühlst, halte doch bitte nach jemandem Ausschau, der entweder über die Autorität oder über die Macht der Freundschaft verfügt, ihn zu überreden, die Leitung von *Trittico* zu übernehmen ...«[23]

Diese Taktik blieb erfolglos, und Puccini weigerte sich zu glauben, daß Toscanini dieses spezielle Werk einfach nicht mochte. Einige Wochen später schrieb der Komponist an seinen Freund, den Grafen Riccardo Schnabl-Rossi:

»*Trittico* an der Scala, aber Panizza wird dirigieren. Toscanini dirigiert nur *Falstaff* und Werke, die er schon kennt – so wird mir berichtet –, und ich glaube deshalb, um nicht mich dirigieren zu müssen. Er ist wirklich ein schlechter Mensch – treulos –, und ich bestreite, daß er die Seele eines Künstlers hat – weil die, die sie haben, nicht so voller Bosheit und, wie ich glaube, auch Neid sind! Im Grunde macht mir das nichts aus – aber es beschäftigt mich um der Mailänder willen, weil meine Oper mit einem anderen Dirigenten vor dem mehr oder weniger intelligenten Publikum nicht im besten Licht dastehen wird.«[24]

Und im August an Renato Simoni:

»Das ist mir ein Dorn im Auge: dieser Toscanini, der in seiner Feindschaft mir gegenüber verharrt! Und warum? Wer weiß! Ich würde sicherlich Frieden schließen, aber er setzt seine Feindseligkeit fort.«[25]

Im folgenden Januar hörte Puccini *Rigoletto* an der Scala und schrieb an Schnabl-Rossi:

»*Rigoletto* wird wirklich gut gespielt, ohne ›fermate‹ oder Veränderungen von Verdi[s Werk]. Toti ist hervorragend, Galeffi und Lauri-Volpi gut. Toscaninis Tempi sind klar und richtig, der dritte Akt ausgezeichnet, sogar in dramatischer Hinsicht. Das Quartett nichts Bedeutendes, aber es gibt wenige annehmbare Stimmen . . . Mit dem Stück vertraute, ausgezeichnete Inszenierung. Der vierte Akt nicht außergewöhnlich; dennoch eine Aufführung, die fesselt.«[26]

Es mag durchaus in dieser *Rigoletto*-Zeit geschehen sein, daß Toscanini und Puccini ihre Freundschaft wieder kitteten und den Plan ins Auge zu fassen begannen, *Manon Lescaut* für die kommende Spielzeit neu einzustudieren. Im August trafen sie sich in Viareggio, um weitere Korrekturen der Partitur zu erörtern, mit der Toscanini bereits zwölf Jahre zuvor als Notarzt befaßt gewesen war. »Toscanini ist hier, zwei Schritte neben mir«, schrieb Puccini an Schnabl-Rossi am 13. August. »Er wird meine *Manon* an der Scala leiten. Ich habe einige entscheidende Umarbeitungen an der Partitur vorgenommen.«[27]
Puccini besuchte die Proben zur Aufführung und schrieb am Tage der Eröffnungsvorstellung an Schnabl-Rossi:

»Heute abend *Manon*, eine große *Manon*; und wenn das Publikum davon nicht bewegt ist, so kann das nur bedeuten, daß wir auf dem Saturn statt auf der Erde leben. Ich versichere Dir, daß Toscanini ein wahres Wunder an Gefühl, an Verfeinerung, an Sensibilität und an Ausgewogenheit ist. Welch ein Vergnügen waren die Proben für mich. Niemals, niemals habe ich meine Musik mit derartiger Lust gehört.«[28]

Das Publikum war wirklich bewegt, und *Manon Lescaut* wurde in der laufenden Spielzeit weitere sechzehn Male aufgeführt – häufiger als jede andere Oper. Am Tage nach der Premiere übersandte Puccini dem *Corriere della Sera* einen längeren Brief, den ich hier in Auszügen zitieren möchte:

»Ihr Musikkritiker behauptet, ich hätte die Instrumentation von *Manon* überarbeitet. ›Namentlich im zweiten und im vierten Akt kommen

verschiedene Korrekturen vor, einige weitere sind sogar im ersten Akt auszumachen.‹ Er bezieht sich da auf einige geringfügige Klangfarbenänderungen; aber die bei Ricordi gedruckt vorliegende Partitur kann bezeugen, daß ich die Instrumentation der Oper nicht grundlegend neu bearbeitet habe. Meine *Manon* ist genau die gleiche wie vor dreißig Jahren, nur ist sie von Arturo Toscanini geleitet worden, und das heißt: in einer Weise geleitet worden, die ihrem Komponisten die große und seltene Freude bereitet, seine Musik mit derselben Klarheit erleuchtet zu sehen, wie er sie sah und sich erträumte, als er sie komponierte – und seither nie wieder. Nur allzu lange hat in Italien der Brauch geherrscht, die sogenannten Repertoire-Opern – das heißt die Opern, die der Zeit und schlampigen Aufführungen getrotzt haben – in einem unangemessenen Stil zu bieten: Eine Orchesterprobe, keine für die Inszenierung, und fertig ist das wertlose Ding, von den Mißbräuchen entstellt, die es nach und nach, dank der schlechten Angewohnheiten von Dirigenten und Sängern, förmlich überkrustet haben.
Wenn Arturo Toscanini, mit der Überzeugung und Liebe, die von seiner wunderbaren Kunst entflammt werden, das Skalpell zur Hand nimmt, den Unrat hinwegfegt und der Oper wieder ihre ursprüngliche Gestalt zurückgibt, indem er dem Publikum die wahren Absichten des Komponisten enthüllt, so scheint die alte Oper ihm neu, und die Zuschauer sagen dann, sie sei weitgehend verändert. Nein, sie ist schlicht dieselbe, neubelebt vom größten Erwecker, deren sich die Kunst der Musik rühmen kann.
An der Scala sind solche Wunder heute häufig geworden; und als gestern abend der Gefühlsüberschwang des Publikums . . . auch auf mich übergriff und ich mich gedrängt fühlte, unseren Toscanini zu umarmen, da war diese Umarmung nicht nur eine Geste selbstsüchtiger Dankbarkeit für die Aufführung meiner *Manon*. Nein, sie war eine Geste der Dankbarkeit eines Künstlers einem anderen gegenüber, dem es gelungen war, die Scala in einen wirklichen Tempel für künstlerische Weihen und Neu-Weihen zu verwandeln. Was er an der Scala erreicht hat, ist wunderbar. Ich besuche alle Theater der Welt und sehe und studiere, was da getrieben wird. Dies scheint mir der Augenblick zu sagen, daß das, was heute an der Scala geleistet wird, kein anderes Theater zu bieten hat. Toscanini hat hier nicht nur eine organisatorische Meisterleistung vollbracht: Er hat eine Institution geschaffen, die der Stolz der italienischen Künste ist . . . Dieser Kristallisationskern von Energie, von Toscanini geleitet und befeuert, bringt Ergebnisse hervor, die, wie es gestern abend der Fall war, *Manon* als ganz neue Oper erscheinen lassen – in einem Maße, daß sie selbst mir dreißig Jahre jünger vorkam . . .«[29]

Vor der Abreise aus Mailand schrieb Puccini noch an Toscanini (2. Februar 1923):

»Lieber Arturo, Du hast mir die größte Befriedigung meines Lebens verschafft. *Manon* in Deiner Interpretation übertrifft alles, was ich mir in jenen fernen Tagen davon erträumte. Du hast diese meine Musik mit unerreichbarer Poesie, ›souplesse‹ und Leidenschaft dargeboten. Gestern abend fühlte ich tief Deinen umfassenden großen Geist und die Liebe, die Du Deinem alten Freund und Gefährten früherer Tage entgegenbringst. Ich bin beglückt, daß Du, mehr als irgend jemand anders, Verständnis für meine jugendliche und leidenschaftliche Begeisterung aus der Zeit vor dreißig Jahren zu wecken imstande warst. Dank dafür aus tiefstem Herzensgrunde!«[30]

Auf Wiederholungen von *Rigoletto* und den *Meistersingern* im Januar und Februar folgte am 25. Februar Charpentiers *Louise* mit Fanny Heldy und Pertile. Journet und später Pinza übernahmen die Rolle des Vaters. An *Louise* schloß sich *Boris Godunow* an, dem wiederum die vollständige Neuinszenierung einer der am häufigsten wiedergekäuten Repertoire-Opern folgte – *Lucia di Lammermoor* mit Toti Dal Monte, Pertile und Pinza. Toscanini hatte das Werk erst einmal zuvor aufgeführt.
Im vorangegangenen Herbst hatte »la Toti« in einer *Rigoletto*-Aufführung in Bergamo unter der Leitung von Antonio Guarnieri gesungen, der sie aufgefordert hatte, »Caro nome« einen Halbton tiefer zu singen und all die traditionellen langausgehaltenen Spitzentöne, Kadenzen usw. wieder einzuführen, die Toscanini ihr abgewöhnt hatte. Toscanini war wütend, als er davon unterrichtet wurde. Die Sopranistin wußte ihrerseits, daß er davon erfahren hatte, und fand sich sehr nervös zur ersten Klavierprobe zu *Lucia di Lammermoor* ein:

»Er setzte sich ans Klavier. Das Herz schlug mir bis zum Halse aus Angst vor einem Wutausbruch. Er schlug einige Akkorde an und schrie dann aufgebracht: ›Wie konntest du dir erlauben, *Rigoletto* anders zu singen, als ich es dir beigebracht habe? Und man stelle sich vor: so etwas habe ich unter die Auserwählten aufgenommen! Du bist eine Zirkusartistin, das bist du! Unter meiner Leitung wirst du nie mehr singen!‹ Er knallte den Klavierdeckel zu, sprang auf und stürmte hinaus, ohne mir auch nur die Möglichkeit einer Verteidigung geboten zu haben.
... Ich warf mich in einen Sessel und ließ meinen Tränen freien Lauf. Dann kam Scandiani, um mich zu trösten. Er bat mich, Geduld zu haben und mich zu beruhigen, und versicherte mir, daß der Sturm sich

ebenso schnell legen werde, wie er gekommen sei ... Nach und nach gewann ich meine Fassung wieder; so war ich denn, als der Maestro [nach einer halben Stunde], noch immer schlecht gelaunt, aber nicht mehr so feindselig, zurückkehrte, in der Lage, die Prüfung zu bestehen. Der Maestro bemerkte wahrscheinlich, daß meine Augen vom Weinen gerötet waren. Jedenfalls setzte er sich ans Klavier und begann mit der Probe.

Ich konnte nicht umhin zu bemerken, daß er, als ich mit wachsender Beherztheit sang, ruhiger wurde. Donizetti sei Dank! Als wir an die Stelle ›Verranno a te sull'aure‹ kamen, unterbrach Toscanini mich. ›Du singst diese Stelle gut‹, sagte er, ›aber du hast noch keinen genügend großen Atem. Da gehören noch mehr Farbe, mehr Süße, mehr Ausdruck dazu.‹

... Als wir zur ›Wahnsinnsszene‹ kamen, sang ich meine Kadenz mit einem gewissen Zittern. Der Maestro fragte mich: ›Wer hat dir diese Kadenz beigebracht?‹ ›Paolantonio [ihr Repetitor]‹, sagte ich, ›genau wie alle anderen Verzierungen in der Partitur.‹ ›Ja, in Ordnung, das ist alles ziemlich gut ..., aber noch zu kurz. Du mußt noch ein paar Takte einfügen. Sag ihm das.‹

Gegen Ende der Probe stand der Maestro vom Klavier auf und sagte in sehr herzlichem Ton zu mir: ›Du bist immer noch gut, trotz allem, und du hast eine schöne Stimme.‹

... Die *Lucia*-Proben waren sehr ausführlich und ermüdend ... Allein die ›Verfluchungsszene‹ erforderte dreizehn Bühnenproben. Bei einer der letzten ... nahm ich allen Mut zusammen und sagte: ›Maestro, wir haben die Wahnsinnsszene noch nicht geprobt – wie sollen wir das können?‹ Er sah mich von oben bis unten an und sagte dann scherzend: ›Hör schon auf! Du hast dein ganzes Leben lang die Verrückte gespielt; meinst du nicht, daß du das auch auf der Bühne fertigbringen wirst?‹ Ich war hartnäckig. ›In Ordnung‹, sagte er, ›wir machen morgen um drei eine Klavierprobe.‹

Am nächsten Nachmittag ... begann ich meinen Auftritt von der obersten Treppenstufe herab. Toscanini unterbrach mich augenblicklich. ›Denk daran, daß Wahnsinnige zunächst starr vor sich hinblicken und dann erst sprechen‹, tadelte er ... An einer Stelle legte Toscanini mir die Hand leicht auf die Schulter und sagte mit schwacher Stimme, ohne mich anzusehen: ›Das genügt ..., der Rest ist ein Konzertstück ... mit Flötenbegleitung ...‹«[31]

An anderer Stelle berichtete die Sopranistin, daß Toscanini ihr bei einer Probe des »Verranno a te« gesagt habe: »Weißt du, das ist eine Frau, die ihren Geliebten nachts heimlich trifft. *Du* hast dich nur darum zu kümmern, wie du piano singst, das ist alles. Vergiß das Piano, es ist kein Piano; du must dein Herz in diese Phrase legen!«[32]

Pertile wurde gebeten, in *Lucia di Lammermoor* die Rolle des Edgardo zu übernehmen, als ein anderer Tenor Toscanini nicht gefallen hatte:

> »Ich kannte die Oper nicht. Zusammen mit Toscanini studierte ich die Rolle in fünf Tagen ein; ich hatte jedoch nur eine Orchesterprobe ... Zwar sah ich der Premiere ziemlich gelassen entgegen, zitterte jedoch vor Angst, nicht angemessen vorbereitet zu sein. Einen Augenblick lang verlor ich bei dem berühmten Ensemble den Faden ... Nach der Vorstellung ... sagte ich zu Maestro Toscanini: ›Der Patzer tut mir leid, Maestro. Bitte geben Sie mir eine zusätzliche Orchesterprobe.‹ ... Er antwortete: ›Beruhige dich und komm zur nächsten Vorstellung.‹ Das tat ich, und alles ging gut.«[33]

Einen Monat nach der ersten *Lucia*-Vorstellung dirigierte Toscanini eine Neuinszenierung von *Madame Sans-Gêne*. Die darauf folgende Aufführung wurde jedoch mit überraschender Teilnahmslosigkeit aufgenommen. Mozarts *Zauberflöte* war seit hundertsieben Jahren nicht an der Scala zu hören gewesen. Das Scala-Publikum war es nicht gewohnt, in seinem Theater gesprochenen Dialog zu hören, und viele Zuschauer hielten dies Meisterwerk denn auch für eine Art Operette, die unter ihrer Würde und von minderer musikalischer Bedeutung sei. Das Werk erreichte nur drei Aufführungen. Toscanini war so erbittert, daß er, anstatt es aus dem Repertoire zu streichen, wie von anderer Seite vorgeschlagen worden war, es für die Premierenvorstellung der folgenden Saison wählte.

Seine letzte Oper der laufenden Spielzeit war *Mefistofele*, und im Mai leitete er auch zwei Aufführungen von Verdis *Messa da Requiem*. Einige Monate zuvor hatte sich Mussolini als neuer Staatschef bei einem Besuch in Mailand in der Scala zusammen mit Toscanini, den bedeutendsten Sängern des Ensembles und den Hauptvertretern des Verwaltungsrates und des technischen Stabes photographieren lassen. Auch hatte er Toscanini das Versprechen abgenommen, die Künstler, die bei *Falstaff* mitgewirkt hatten, nach Rom mitzubringen und am 10. Mai im Teatro Costanzi zu Ehren des Besuches von König Georg V. eine Sondervorstellung zu geben. Der *Corriere della Sera* berichtete jedoch in seiner Ausgabe vom 23. April, daß Toscanini »sehr enttäuscht« sei, das Projekt aus Gesundheitsgründen fahrenlassen zu müssen.

Er litt zu jener Zeit an Sehstörungen und Verdauungsbeschwerden; die Tatsache aber, daß es ihm dennoch gelang, zwischen Mitte April und Mitte Mai zwei neue und eine alte Opernaufführung zu leiten und dazu

noch Verdis *Requiem* zu dirigieren, gibt Anlaß genug, andere Spekulationen über seine Gründe, nicht nach Rom zu gehen, anzustellen.
Mussolinis Besuch der Scala sollte sein einziger während Toscaninis dortiger Amtszeit sein. Die beiden Männer trafen in den zwanziger Jahren zwei- oder dreimal zusammen: Toscanini fürchtete, daß, wenn er nicht mit Mussolini spräche oder ihm nicht einmal zuhörte, obwohl er dazu aufgefordert wurde, die Konsequenzen für die Scala schwerwiegend sein würden, da die Existenz des »ente autonomo« durch Bundesgesetz gesichert war. Er schenkte den an ihn ergangenen Aufforderungen jedoch keine Beachtung, und die Faschisten hatten – zu jener Zeit – noch nicht den Mut, ihn anzugreifen.
Auch Puccinis Briefe geben zu erkennen, daß Toscanini sich in dieser Phase gesundheitlich nicht wohl befand. Überdies hatten sich die diplomatischen Beziehungen zwischen Puccini und Toscanini wiederum verschlechtert, und zwar einfach deshalb, weil Ghione und nicht Toscanini die neue *Bohème*-Aufführung an der Scala (2. Juni) dirigiert hatte. Der Komponist verhielt sich in dieser Beziehung vollkommen unvernünftig und geradezu kindisch. Toscanini hatte in dieser Spielzeit fünfundsiebzig Aufführungen von elf Opern geleitet; der einzige Komponist, von dem er mehr als ein Werk dirigiert hatte, war Verdi (mit zweien). Seine *Manon*-Aufführung hatte Puccini, der sich des schlechten Gesundheitszustandes seines Freundes durchaus bewußt war, noch wenige Monate zuvor »die größte Befriedigung meines Lebens« vermittelt. Dennoch telegraphierte er, als Toscanini um seine Anwesenheit bei Ghiones letzten *Bohème*-Proben bat, irritiert zurück (28. Mai): »Wenn Du nicht dirigierst, habe ich kein Interesse, dabei zu sein.«[34] Als Toscanini sich dann zurückhaltend benahm und sich jeglicher Antwort auf diese und ähnliche Botschaften enthielt, beklagte sich Puccini bei Schnabl-Rossi (3. Juni):

> »*Bohème* gestern abend an der Scala – ich erhielt ein Telegramm, das mir von einem hervorragenden Erfolg berichtete. Der Gott dirigierte nicht! Maestro Ghione dirigierte. Das ärgert mich. Er ist ein seltsamer Mensch – nach dem vielen Guten, das er für *Manon* tat, und nach den Würdigungen mir zu Ehren –, und dann antwortet er nicht einmal auf die Telegramme, die ich ihm aus Wien schickte und in denen ich den Termin für die Premiere erfragte [und doch hatte Toscanini seine Anwesenheit während der letzten Proben erbeten; spätestens da muß Puccini sich über das Premierendatum im klaren gewesen sein], auch nicht auf ein anderes langes Telegramm, in dem ich ihn bat, selbst zu dirigieren . . . Ich weiß, daß er krank ist; aber ein wenig Freundschaft, ein wenig Zuvorkommenheit und einfach gutes Benehmen . . . Genug. Ich mache mir nichts daraus.«[35]

Die Freundschaft sollte noch weitere Krisen erleben.
Der Dirigent Wilhelm Furtwängler hatte im Juni seine ersten Auftritte an der Scala und leitete das Orchester des Hauses mit Werken von Strawinsky, Wagner, Beethoven, Schumann, Reger und anderen. Seine Sekretärin Berta Geismar schrieb später, daß während einer der Proben Furtwänglers

> »Toscanini, der unbemerkt im Hintergrund gesessen hatte, plötzlich nach vorn stürzte und ihm herzlich die Hände drückte; er und seine Familie begegneten ihm während seines ganzen Aufenthaltes mit äußerster Freundlichkeit. Im folgenden Jahr besuchte Furtwängler die Scala, um einige von Toscaninis eigenen Opernaufführungen zu hören.«[36]

Drei Tage nach der Eröffnung der Spielzeit 1923/24 mit Mozarts *Zauberflöte* (17. November) dirigierte Toscanini eine Wiederaufnahme von *Aida*, auf die eine wichtige Neuinszenierung von *La Traviata* (28. November) folgte. In dieser Aufführung gab auch die hochbegabte und schöne Gilda Dalla Rizza ihr Debüt. Interessanterweise war die Dalla Rizza ein lyrischer Sopran; sie hatte sich ihren Namen vor allem in den eindrucksvollen Rollen der Verismus-Schule gemacht und war durchaus nicht an liedhaftsängerische Rollen wie die der Violetta gewöhnt, die eine extreme stimmliche Beweglichkeit erforderten. In diesem Jahrhundert sind solche Partien zumeist sogenannten »soprani leggeri« anvertraut worden; Toscanini aber wünschte sich eine tragendere Stimme, die zugleich großer Leichtigkeit fähig war – eine Stimme, wie sie etwa die Storchio gehabt hatte, die sich aber damals bereits von der Bühne zurückgezogen hatte. Die Dalla Rizza äußerte sich darüber in einem einige Jahre später veröffentlichten Interview:

> »Ich begegnete dem Maestro vor 1923, weil er sich nach einer Stimme, einem Temperament umsah, das für *La Traviata* geeignet war ... Er hörte sich viele Stimmen an, auch solche, die, wie ich glaube, besser waren als die meine; da sie aber alle ›leicht‹ waren, paßten sie seines Erachtens nicht zum Charakter der Violetta ... ›Sing mir etwas aus der Partie Violettas‹ [sagte Toscanini]; ›laß mich etwas von deiner agilità hören.‹ ›Maestro‹, gab ich zur Antwort, ›ich habe nie mit agilità gesungen. Was wollen Sie von mir hören?‹ Ich sang, und er sagte: ›Wenn du so wie jetzt singst, klingst du wie ein Kontrabaß, aber versuch es immerhin und probe die Rolle.‹
> Geschmeichelt, wie ich war, begann ich den ersten Akt einzustudieren [den mit den größten technischen Schwierigkeiten], und probte *La*

Traviata vier Monate lang zweimal täglich mit Maestro Calusio, der mich geduldig zu überzeugen suchte, daß ich Erfolg haben würde ... Eines Morgens sagte er: ›Gilda, die Scala kann nicht länger warten. Wir müssen uns entscheiden – sonst werden sie die Muzio nehmen.‹ Die Muzio war damals die Königin aller Sopranistinnen. Schließlich entschloß ich mich und telegraphierte der Scala, daß ich annähme ...
Ich erinnere mich, daß ich die erste Orchesterprobe allein absolvieren wollte, ohne die anderen Solisten und ohne den Chor, aus Angst, nervös zu werden und nicht das geben zu können, was ich bei den Klavierproben gegeben hatte. Toscanini war sehr verständnisvoll und stimmte zu. Die Rolle der Violetta hatte ich schauspielerisch mit Forzano geprobt [Giovacchino Forzano, Dramatiker und Hans-Dampf-in-allen-(theatralischen)Gassen, den Toscanini im Jahr zuvor als leitenden Regisseur eingestellt hatte]; es gab jedoch keine einzige Bühnenprobe, an der nicht auch der Maestro teilgenommen hätte. Ich erinnere mich, daß er bei einer Ensembleprobe zum zweiten Akt darauf bestand, mir eindringlich auseinanderzusetzen, daß ich das berühmte ›Dite alla giovine‹ nicht mit letztem Einsatz sang. Ich versuchte es wieder und wieder, war aber nicht in der Lage, alle die Gefühle zum Ausdruck zu bringen, die Toscanini forderte. An einer bestimmten Stelle – wer weiß warum? – legte ich mich ins Zeug mit allem, was mir an Willen, Seele und Herz zu Gebote stand, und brach in wirkliche Tränen aus. ›Das ist es! Das ist es!‹ rief er mir vom Pult aus zu. ›*Traviata* braucht Gefühle!‹ ›Ja, Maestro‹, erwiderte ich, ›aber wenn mir das auf der Bühne passiert, weiß ich nicht, wie das enden wird!‹ Toscanini verausgabte sich, wenn er dirigierte, bis zum letzten; und wenn ich sang, sang er zusammen mit mir, um mir das gewünschte Gefühl zu vermitteln ...
Der verfluchte erste Abend kam schließlich, und ich weiß nicht, welcher Heiliger mir beigestanden hat, weil mir tatsächlich schon im ersten Akt Erfolg beschieden war ...«[37]

Manon Lescaut wurde an der Scala unter Toscaninis Leitung erneut aufgeführt (16. Dezember), diesmal mit der Dalla Rizza in der Hauptrolle. Toscaninis seelische Verfassung während dieser Vorstellung ist schwer vorstellbar, wenn man sich die Ereignisse der beiden vorhergehenden Tage vor Augen hält.
Sein alter Freund Giuseppe Gallignani, der seit 1897 das Mailänder Konservatorium geleitet hatte, war, ohne davon zu wissen, Opfer einer gegen ihn gerichteten Kampagne geworden, einer Kampagne, die im Unterrichtsministerium in Rom ausgeheckt worden war, das die immer stärkeren Faschisten übernommen hatten. Gallignani hatte der neuen Verwal-

tung gegenüber keine sonderliche Sympathie bekundet; und da er zweiundsiebzig Jahre alt war, fiel es seinen machthungrigen Feinden innerhalb des faschistischen Blocks im Konservatorium leicht, die Verantwortlichen davon zu überzeugen, daß er ersetzt werden müsse. Das geschah – ohne vorhergehende Warnung oder Fingerzeig – in der Form eines grausamen Telegramms aus Rom, das ihm seine Entlassung meldete. Der arme Mann war so schockiert und verwirrt, daß er nach Hause ging und sich noch am selben Tage, dem 15. Dezember, aus dem Fenster stürzte. Toscanini war einer der ersten, die davon erfuhren, und sein Kummer wurde nur von seiner jähen Wut übertroffen. Unverzüglich sandte er ein Telegramm an das Unterrichtsministerium in Rom:

> »Maestro Gallignani, der tat, was kein Minister oder Generaldirektor für unser Konservatorium zu tun imstande war, hat Selbstmord begangen. Meine Herren im Unterrichtsministerium, meine Herren Minister und Generaldirektoren: Ich sage Ihnen, daß dieser Selbstmord für immer auf Ihrem Gewissen lasten wird.«[38]

Am nächsten Tag nahm Toscanini an der Beisetzung teil, wie es auch der Bürgermeister und andere Vertreter des Stadtrats, Lehrkörper und Studentenschaft des Konservatoriums und eine weitläufige Versammlung von Vertretern der künstlerischen und intellektuellen Kreise der Stadt taten. Sacchi berichtet, daß außerhalb der Kirche, als der Sarg auf ein Traggestell gebettet wurde, um zum Friedhof überführt zu werden, ein großer Kranz mit der Aufschrift »Der Unterrichtsminister« dicht daneben niedergelegt wurde. Toscanini stürzte vor und sagte barsch: »Wir wollen uns dieses Zeug sofort vom Halse schaffen.« Er griff sich den Kranz und schleuderte ihn fort, so weit er konnte. Niemand wagte ihm in den Arm zu fallen. Auf dem Cimitero Monumentale hielt ein Stadtvertreter eine Gedenkrede, und danach schickte sich einer der Professoren des Konservatoriums an, eine Ansprache zu verlesen. Der Redner, der da hervortrat, war ein Mann, den gutunterrichtete Kreise als einen Rädelsführer der Machenschaften bei der Entlassung Gallignanis bezeichneten. Wiederum stürzte Toscanini in heftiger Bewegung vor. Er riß dem Professor sein Manuskript aus der Hand, warf es zu Boden, trampelte darauf herum und rief: »Nein! Sie werden hier nicht reden!« Wieder wagte niemand zu atmen. »Endlich gerächt«, schreibt Sacchi, »wurde der arme Mann schließlich ins Grab gebettet ... Noch viele Jahre später erinnerten sich die Totengräber des Cimitero Monumentale dieser Beerdigung als der aufregendsten, an der sie je teilgenommen hatten.«[39]
Vier Tage später stellte Toscanini dem Mailänder Publikum seine neue *Tristan*-Inszenierung mit Stefano Bielina und Nanny Larsén-Todsen in

den Hauptrollen vor. Der ungewöhnlichste Aspekt dieses Ereignisses war der, daß Toscanini, anstatt Forzano die Bühnenregie zu überlassen, in eigener Verantwortung den Schweizer Theatertheoretiker Adolphe Appia verpflichtet hatte. Appias mystischer und symbolistischer Ansatz bei der Inszenierung von Wagner-Opern wurde zu jener Zeit von vielen Kennern als der Gipfel avantgardistischer Narrheit aufgefaßt; heute wird Appia jedoch als Vorläufer einer modernen Wagner-Interpretation anerkannt. Toscanini war an Appias Ideen sehr interessiert, und seine Familie und er begegneten ihm während seines Mailänder Aufenthaltes sehr freundlich und entgegenkommend; das breite Publikum aber war verstört und nahm die Aufführung kühl auf. Der Dirigent Gianandrea Gavazzeni, damals noch Student, erinnerte sich, daß »wir jungen Leute von diesem neuen Versuch sehr angetan und heftig begeistert waren«. Luciano Alberti, Spezialist auf dem Gebiet der Geschichte der Opernaufführung, schrieb:

»Appia war Theoretiker; seine praktische Erfahrung war beschränkt und hinsichtlich seiner theoretischen Arbeit von untergeordneter Bedeutung ... Appias Arbeit an der Scala scheint von seinen dortigen Kollegen allerdings mit Zurückhaltung aufgenommen worden zu sein – so war etwa die Anwesenheit eines ständigen Spielleiters wie Forzano gewiß nicht förderlich. Es hatte deshalb den Anschein, daß Appia nicht einmal an der Scala in der Lage war, den *Tristan* zu inszenieren, den er sich vorstellte ... Dennoch muß es eine spektakuläre Aufführung gewesen sein, die alle unnötigen Schnörkel verbannte. Es war im zweiten Akt ein Triumph der Dunkelheit: Ein Kreis von Fackeln um die beiden Liebenden war das einzige szenische Element auf der Bühne ...«[40]

Das Experiment Appias mag an der Scala sehr vereinzelt geblieben sein; es spiegelte jedoch den ernsthaften Wunsch auf seiten Toscaninis wider, die Wagner-Inszenierungen annehmbarer zu gestalten. So sagte er einmal:

»Hören Sie sich *Siegfried* an: Man kann sich geradezu einbilden, daß die Blätter an den Bäumen rascheln. Und blickt man dann auf die Bühne: ein auf Pappe gemalter Baum. Es ist lachhaft! Man kann diese Opern nicht darstellen, ohne sie umzubringen! In der Musik ist Genie; auf der Bühne hat man es mit fetten und plumpen Sängerinnen zu tun. Welche Travestie!«[41]

Toscaninis musikalische Stellvertreter waren in der laufenden Saison Vittorio Gui und Arturo Lucon, und der junge Antonino Votto erhielt zum erstenmal die Gelegenheit, einige Vorstellungen zu leiten. Toscanini überwachte alle Aufführungen sorgsam und machte seinen jüngeren Kollegen das Leben zweifellos schwer. Er besuchte die Proben der anderen und scheute auch nicht davor zurück, grausam ehrliche Kommentare abzugeben, wenn er spürte, daß sein Eingreifen gerechtfertigt war. Toti Dal Monte erinnert sich, daß nach einer Probe zum zweiten Akt von *Il Barbiere di Siviglia* unter der Leitung von Lucon, bei der sie in ihre Arie »Una voce poco fa« und in ihr Duett mit Figaro allerlei traditionellen Zierat eingelegt hatte,

»Toscanini plötzlich wie ein Komet in meine Garderobe hineingeschossen kam. Er beschwor und beschimpfte mich: ›oberflächlich‹, ›Schmiere‹, ›Zirkussängerin‹ – das waren noch die harmlosesten Epitheta. Als der Wutausbruch sich gelegt hatte, knallte er die Tür zu und eilte davon; und ich überließ mich bestürzt meinen Tränen.«[42]

Einige Tage später begann sie mit den Proben zu Bellinis *La Sonnambula* unter der Leitung von Vittorio Gui:

»Toscanini war immer dabei und geizte nicht mit Ratschlägen für Borgioli, Pinza und alle anderen. Für mich interessierte er sich die ganze Zeit überhaupt nicht, oder wenigstens hatte ich den Eindruck ... Bei einer der letzten Proben schickte ich mich gerade an, die Rampe zu überqueren [die während der Proben aufgebaut wurde, um den Mitwirkenden die Möglichkeit zu geben, vom Zuschauerraum aus über den Orchestergraben auf die Bühne zu gelangen], die so hoch und eng war, daß einem schwindelig werden konnte ... Plötzlich fühlte ich eine kräftige Hand, die mich am Arm faßte; ich drehte mich um, und es war Toscanini selbst. Scherzend überquerte er die Rampe mit mir. Als die Szene zu Ende war ..., sagte ich zu ihm: ›Lieber Maestro, Sie haben bisher nichts zu mir gesagt. Hören Sie bitte: ich warte auf Ihre Einwände.‹ Er sah mich lächelnd an und sagte: ›Was den letzten Akt angeht, da habe ich dir nichts zu sagen. Ich würde nur die Tempi lebhafter nehmen. Wir wissen alle, daß du gut singst; aber um Himmels willen, steh bitte nicht so herum und hör dir selbst zu. Beweg dich, beweg dich mehr – vor allem bei den Rezitativen.‹
Am nächsten Abend, bei der Generalprobe, hatte ich nur den einen Gedanken: Beweg dich, reg dich und beflügele deine Interpretation. Während ich mich noch für die Premiere umkleidete, rief mir Toscanini durch die Tür zu: ›Ich habe dich gestern abend gehört. Sing so wie früher, denn gestern abend warst du nicht mehr du selbst.‹«[43]

Ein schockierenderer »Eingriff« Toscaninis ereignete sich in der folgenden Spielzeit, als Gui mit den Proben zur Erstaufführung von *Il Diavolo nel Campanile* von Adriano Lualdi beschäftigt war. In der Partitur dieser Oper kommt eine Stelle vor, die die Orchestermusiker anweist, zu spielen, was sie gerade mögen – freie Improvisation also. Manche Spaßvögel im Orchester hatten während der Proben denn auch heftige Mundgeräusche – ebenso wie instrumentalen Lärm – produziert, und Gui hatte sie ihren Spaß treiben lassen. Als die gleichen Geräusche aber sogar bei der Generalprobe laut wurden, trat er im buchstäblichen Sinne fest auf. Die Staubwolke, die vom Podium herunterwehte, nachdem er ärgerlich mit den Füßen gestampft hatte, verursachte weiteren Lärm – diesmal Protestlärm – im Orchester. »Gui verließ, außer sich, das Podium und eilte, Toscanini den Vorfall zu berichten«, erinnerte sich Minetti, »und das Orchester verließ die ›mystische Kluft‹ und debattierte aufgeregt die Geschehnisse.« Minetti fuhr fort:

»... Plötzlich kam der Maestro die Treppenstufen herunter, die in unseren Warteraum führten ... wie eine Lawine, brüllend, wie ich ihn nie hatte brüllen hören. In der Mitte des Raumes stand ein sehr schwerer, dicker Tisch. Toscanini ergriff ihn an einer Seite und begann, ihn zu rütteln und auf und ab tanzen zu lassen, während er weiter brüllte und uns zum Kampf mit ihm aufforderte. Er sah aus wie eine der Furien. ... Meine Kollegen, die sich mit aschfahlen Gesichtern rings herum an die Wände des Raumes gedrängt hatten, versuchten zu verschwinden. Einer, der sich möglichst nahe an der Wand vorbeidrückte, wollte das WC erreichen; andere versuchten, in den nächsten Raum zu fliehen ... Der erste Kontrabassist, dieser Unglückswurm, hatte den Nerv, sich zu verteidigen, weil er ... berechtigterweise nicht als Schuldiger gelten wollte. Toscanini warf ihm in seiner Wut in einem großen Wortschwall alles mögliche an den Kopf; uns immer weiter zum Kampf auffordernd, tobend und drohend, verschwand er schließlich, nachdem er sich bei seinen gymnastischen Übungen mit dem Tisch am Handgelenk verletzt hatte. Wir blieben bleich vor Angst zurück.«

Das Orchester beschloß, eine Entschuldigung von Toscanini zu verlangen.

»Am nächsten Morgen ... kam er zu uns herunter, um Frieden zu schließen. In diesem unserem Kellergeschoß war die Beleuchtung ausgefallen. Irgendwie gelang es einem unserer Burschen, eine Kerze aufzutreiben und sie anzuzünden; andere rissen Streichhölzer an. Toscanini murmelte mit leiser Stimme etwas, was einem Gruß ähnelte. Jeder

der Anwesenden war ein wenig verlegen. Und an dieser Stelle sprach unser alter, halbverrückter Baßklarinettist – der zusammen mit einem Huhn in einer Dachkammer lebte – den berühmten Satz über ›die Sonne und die Kerzen‹ aus, eine nur zu deutliche Anspielung, auf die der Maestro nur in halb-schroffem Ton mit ›Schwachkopf!‹ reagierte und verschwand. Der Friede war geschlossen!«[44]

Im Januar 1924 gab Toscanini Glucks *Orfeo* mit denselben Strichen und Einschüben, wie er sie bereits bei seiner Metropolitan-Aufführung benutzt hatte. Fanny Anitùa sang die Hauptrolle, und Ernst Lert, den Toscanini als Assistenten für Appia bei dessen *Tristan*-Inszenierung eingestellt hatte, war für das Bühnengeschehen verantwortlich. (Er sollte es für die kommenden Jahre auch bei den meisten deutschen Opern bleiben.) In der verbleibenden Spielzeit dirigierte Toscanini nur Opern, die bereits aus früheren Jahren im Repertoire standen; die Saison endete jedoch mit einer Uraufführung, die ein internationales musikalisches Ereignis war: Boitos lang erwarteter und heute fast gänzlich vergessener *Nerone*.
Der Dichter und Komponist war verstorben und hatte, was sein Meisterwerk werden sollte, nach fünfzig Jahren Arbeit, Planung und Selbstquälerei in unvollendetem Zustand hinterlassen. »Lange vor seinem Tod hatte der arme Boito mir ungezählte Male die Vollendung von *Nerone* angekündigt und mir seinen Wunsch mitgeteilt, das Werk an der Scala unter meiner Leitung aufgeführt zu sehen«, berichtete Toscanini im Jahre 1929 Raffaelle de Rensis.

»Jedesmal aber verschob er wegen seiner heute bereits legendären Unzufriedenheit mit sich selbst sein Vorhaben wieder, zerriß Stöße von Papier und veränderte oder schrieb ganze Szenen und Akte neu. Als er starb, wurde die Oper hinsichtlich Klavierauszug und Gesangsstimmen komplett vorgefunden, aber unvollständig, was die Instrumentation betraf. Es waren aber so reichliche und genaue Anweisungen vorhanden, daß es genügte, sie zu befolgen und zu deuten, um die Instrumentation zu Ende zu führen. Das wurde dann sehr gewissenhaft von Maestro [Vincenzo] Tommasini und mir selbst unternommen ... [Boitos] Anmerkungen zur harmonischen Ausführung und zur Orchestrierung waren genau, da sein intuitiver Klangsinn ihn kaum je trog; sobald er sie aber zu konkretisieren und zu verwirklichen hatte, irrte er oft weit vom Ziel ab und erreichte nicht die Effekte, die er vorgesehen und sich gewünscht hatte. Und an diesem Punkt verfiel er ins Grübeln, die Folgen waren Entmutigung, Stöße von Papier im Papierkorb und endlose Verschiebungen.«[45]

Boito starb, ohne eine Familie zu hinterlassen, und hatte seinen Freund Luigi Albertini zu seinem Erben und Testamentsvollstrecker eingesetzt. Albertini hatte die Aufgabe zur Vollendung von *Nerone* in Toscaninis Hände gelegt, und der Dirigent hatte anfangs mit Antonio Smareglia zusammengearbeitet und versucht, die fehlenden Partien zu ergänzen. Es mag jedoch der Fall eingetreten sein, daß Toscanini mit Smareglias Arbeit nicht zufrieden war oder daß er die Geduld verlor, wenn er dem armen blinden Mann jeden kleinen Ansatz aus Boitos Entwürfen wieder und wieder am Klavier vorspielen mußte, oder daß sie in manchen Punkten schlicht verschiedener Meinung waren. Jedenfalls wählte sich Toscanini schließlich Tommasini als Mitarbeiter. Sie arbeiteten in jeder freien Minute an der Partitur, die Toscanini während seiner Scala-Arbeit und besonders in den Sommermonaten erübrigen konnte. Im Frühjahr 1923 waren sie weit genug vorangekommen, um Toscanini den Plan für eine Aufführung in der kommenden Spielzeit fassen zu lassen, und die Nachricht von der bevorstehenden Premiere wurde veröffentlicht. In jenem Sommer führten Toscanini und Tommasini ihre Arbeit an der Oper zu Ende.

Die Premiere fand am 1. Mai 1924 statt; es war das aufwendigste Unternehmen in Toscaninis Scala-Amtszeit und wahrscheinlich auch seiner ganzen Laufbahn. Pertile übernahm die Rolle des Nero, und zum Ensemble gehörten Rosa Raisa, Journet, Galeffi und Pinza. Lodovico Pogliaghi entwarf das Bühnenbild und die Kostüme; Edoardo Marchioro und Alessandro Magnoni malten die Bühnenbilder; Forzano und Toscanini überwachten die Inszenierung, und Cia Fornaroli, die später Walter Toscanini heiratete, war die Primaballerina (wie in den meisten Scala-Aufführungen der zwanziger Jahre). Zwei Monate lang jagte eine Probe die andere. Die Spannung angesichts des bevorstehenden Ereignisses war fieberhaft: Komponisten, Kritiker und Bewunderer Boitos kamen aus ganz Europa und Nord- und Südamerika zusammen. Im Foyer mußten Notsitze aufgestellt werden für Besucher, die sich nicht abweisen und wegschicken lassen wollten: Sie konnten zwar nichts sehen, aber doch wenigstens irgend etwas hören. Mussolini rief von Rom aus nach dem Ende des ersten Aktes Scandiani an, um sich über den bis dahin erzielten Erfolg zu unterrichten. Die Aufnahme des Werkes beim Publikum und die Aufführung waren überwältigend.

Camille Bellaigue, der französische Musikkritiker, der mit Verdi und Boito befreundet gewesen war, schrieb: »Nach Boitos Tod konnte nur Toscanini die allmächtige Seele dieses großen Leibes sein.«[46] Die Wahrheit dieser Formulierung sollte sich allerdings in einem Sinne erweisen, der von Bellaigue nicht beabsichtigt gewesen war: Als nämlich Toscanini das Werk zu dirigieren aufhörte und sein persönliches Engagement dafür

als Folge seines Rückzugs vom regulären Opernbetrieb erlahmte, verschwand *Nerone* schnell ganz und gar aus dem Repertoire, in dem es nie wirklich hatte Fuß fassen können. Das Werk wird heute nur noch äußerst selten wieder ausgegraben, als eine Art neugierig bestaunte Monstrosität. Boitos Meisterwerke bleiben dagegen seine Libretti zu Verdis *Otello* und *Falstaff*.
Nachdem er einundachtzig Vorstellungen von vierzehn Opern in der soeben beendeten Spielzeit geleitet hatte, dirigierte Toscanini am 13. Juni im nahegelegenen Varese ein Konzert mit dem Scala-Orchester, mit dem er dann auf eine zweiwöchige Tournee in die Schweiz aufbrach, wo drei Konzerte in Zürich, je zwei in Bern, Lausanne und Genf und eines in Basel gegeben wurden, die sämtlich begeisterte Aufnahme fanden.
Im Alter von vierundachtzig Jahren starb im Juli Paolina Toscanini; sie war gegen Lebensende verhärtet, bitter, pessimistisch und sehr unzugänglich gewesen. Ihre sterblichen Reste wurden im Familiengrab beigesetzt, das ihr Sohn im Jahre 1911 auf dem Cimitero Monumentale von Bistolfi hatte erbauen lassen und das bereits die Leichname von Giorgio und Claudio Toscanini barg.
Kurz darauf reisten Toscanini und Scandiani nach Paris, wo sie die Möglichkeit einer Reihe von Gastspielen der gesamten Scala-Truppe an der Opéra erörterten. Der Vorschlag dazu war von Jacques Rouché, dem Generalintendanten der Opéra, ausgegangen, der Mailand besucht hatte und angesichts dessen, was er an der Scala gehört und gesehen hatte, verblüfft gewesen war. Bei der Zusammenkunft in Paris machte Rouché das Anerbieten, zwischen Mitte Mai und Mitte Juni des kommenden Jahres sechs italienische Opern zuzüglich der *Meistersinger* an der Opéra zu präsentieren; es standen dem vorgeschlagenen Gastspiel aber sowohl finanzielle als auch technische Probleme im Wege, und schließlich kam es gar nicht zustande.
Inzwischen hatte sich das Klima der Beziehung zwischen Toscanini und Puccini erneut drastisch verschlechtert, und diesmal ging das kindische Benehmen zu Lasten Toscaninis. Lange vor der Premiere von *Nerone* hatte Puccini bereits ernsthafte Zweifel an der künstlerischen Qualität des Werkes geäußert; und wenn er auch nicht so tollkühn gewesen war, sie Toscanini gegenüber explizit zum Ausdruck zu bringen, so hatte er im Gespräch mit dritten doch abträgliche Äußerungen über die Vergeblichkeit von Toscaninis Einsatz für diese Aufgabe fallenlassen. (»Ich habe erfahren, daß Toscanini und Tommasini sich in irgendeine Villa am Comer See zurückziehen wollen, um *Nerone* zu behandeln«, hatte er im Juni 1923 an Riccardo Schnabl-Rossi geschrieben.[47]) Von dieser blasphemischen Einstellung war Toscanini unterrichtet worden, der, in einem Anfall von Wut, Anweisung gegeben hatte, daß Puccini keinen Zutritt zur

Generalprobe der Oper bekommen sollte. Es sollte dies für den bereits schwer erkrankten Komponisten der letzte Besuch in Mailand sein. Er war ausschließlich um dieses Ereignisses willen gekommen und hatte die Stadt in schrecklicher Verstörung und tief verletzt verlassen. Nach einigen Monaten entschloß er sich, Toscanini zu berichten, was ihn bedrückte. Er schrieb ihm, daß der Ausschluß von der Probe ihn schwer getroffen habe und er »voller Bitterkeit, als unwillkommener Gast« aus der Stadt geschieden sei.

»Du kannst mich verstehen – es ist ziemlich schmerzlich für einen Mann wie mich, der sein ganzes Leben lang nicht ruhmlos gearbeitet hat, für einen Mann, dessen Name sich von selbst und unbestritten in der Welt lebendig erhält und der, seinem Alter entsprechend, das Recht auf einen gewissen Respekt haben sollte –, sich in seinem Heimatland auf diese Weise behandelt zu sehen, und dazu noch von den besten! Ja, das ist wirklich unangenehm und ungerecht, und ich kann Dir nicht sagen, wie betrübt ich im tiefsten Herzen darüber bin. Du würdest mir einen großen Gefallen erweisen, wenn Du – die Gefühle loyaler Freundschaft, die mich bewogen haben, Dir zu schreiben, so einschätzend, wie sie es verdienen – mir antwortetest [4. August].«[48]

Zwei Wochen später schrieb er an Schnabl-Rossi:

»Ich bin nicht wohlauf, ich habe dauernde Halsschmerzen, eine chronische Laryngitis – vier Spezialisten haben mich untersucht und mir vier verschiedene Kuren verordnet! [Puccini starb wenige Monate später an Kehlkopfkrebs] . . . heimlicher Krieg mit Toscanini! . . . Man sagt, ich habe mich abfällig über *Nerone* geäußert, Gott verdamme die Verleumder! *Turandot* liegt unvollendet da; ich habe jetzt monatelang kein Klavier angerührt und keine Note geschrieben.«[49]

Was den Komponisten vor allem beschäftigte, war sein Wunsch, die Premiere der beinahe fertigen *Turandot* an der Scala von Toscanini geleitet zu sehen, den er aber unter den gegebenen Umständen nicht zu äußern wagte. Schließlich kam Toscanini Anfang September nach Viareggio, um Puccini zu besuchen. Am 7. schrieb der Komponist an Schnabl-Rossi:

»Toscanini ist gerade weggegangen, und alle Wolken haben sich zerstreut, was mich sehr, sehr glücklich macht. Ich bin sicher, daß *Turandot* in seinen Händen die ideale Aufführung zuteil werden wird. Und das soll im April der Fall sein, so steht mir also alle Zeit der Welt zur Verfügung, um den kleinen Rest hinter mich zu bringen, der mir noch zu tun bleibt. Ich zeigte und spielte ihm einige Teile vor, und ich glaube, er war sehr zufrieden damit. Und damit hat die ganze unleidliche Situation ein Ende gefunden.«[50]

Wanda Toscanini hatte ihren Vater bei jenem Besuch Puccinis begleitet und berichtete viele Jahre später, daß er beim Aufbruch sehr verlegen gewesen sei, weil er *Turandot* zwar gemocht, aber keine große Begeisterung dafür haben zeigen können.

Den größten Teil der Monate September und Oktober verbrachte Toscanini in Bologna, um die Zweitaufführung von *Nerone* einzustudieren und zu leiten. Puccinis Gesundheitszustand hatte sich verschlechtert, und hinzugezogene Spezialisten hatten Krebs diagnostiziert. Toscanini war einer der wenigen Freunde, die über die wahren Umstände ins Bild gesetzt wurden, und er kehrte von Bologna aus zweimal im Oktober und noch einmal am 3. November nach Viareggio zurück, am Vorabend von Puccinis Abreise in die Radiologische Klinik in Brüssel, aus der er nicht mehr entlassen werden sollte.

Während seines Aufenthaltes in Bologna erlitt Toscanini einen Schock. Sieben Jahre zuvor hatte sich die damals siebzehnjährige Wally in den Grafen Emanuele Castelbarco verliebt, der bereits verheiratet war und zwei Kinder hatte. Da sie wußte, daß es ganz unwahrscheinlich war, daß ihr Vater in dieser Hinsicht Sympathie und Verständnis an den Tag legen würde, hielt sie die ganze Geschichte vor ihm verborgen. Als aber im Jahre 1924 schließlich von Castelbarco ein Scheidungsprozeß im Ausland in Gang gesetzt wurde, suchte Castelbarcos Gattin Toscanini in Bologna auf und machte ihm klar, daß Wally im Begriff sei, ihre Ehe und Familie zu zerstören. Er nahm diese Enthüllung sehr unwirsch auf, und nach der Rückkehr nach Mailand ließ er seine Tochter unmißverständlich spüren, wie er in dieser Hinsicht dachte. »Gläser, Schüsseln und alles, was ihm sonst noch in die Hände fiel, flogen durch die Luft«, berichtete sie viele Jahre später. »Er sagte mir schreckliche Dinge und verletzte mich tief. Es war das erstemal, daß er die Hand gegen eines seiner Kinder erhob. Er tat es mit großem Schmerz, und später bat er mich um Verzeihung.« Zunächst forderte er sie auf, das Haus zu verlassen; als sie aber tatsächlich ihre Habseligkeiten zusammenzupacken begann, besann er sich eines anderen.

Sechs weitere Jahre vergingen. Es gelang Castelbarco, eine Scheidung in Ungarn durchzusetzen, und Wally suchte, nachdem sie ein Glas Cognac heruntergestürzt hatte, ihren Vater auf, um ihm zu sagen, daß sie Castelbarco heiraten wollte, »aber ich möchte dich nicht verlieren«. Er bedeutete ihr, daß er, da sie Castelbarco schon seit so langer Zeit liebe, als ihr Vater kein Recht habe, von ihr zu verlangen, sie solle von ihm lassen. Er fügte jedoch hinzu, daß er nie mit ihm zusammenzutreffen wünsche. Die Hochzeit fand im Hause Zoltán Kodálys in Ungarn statt. Toscanini kam nicht zu Besuch, schickte jedoch ein Telegramm mit dem Wortlaut »Gott möge Dich segnen, wie ich Dich segne« an Wally. Für weitere drei Jahre blieb die Situation heikel. Wally konnte von ihrem Vater oder seinen Freunden nur empfangen werden, wenn sie ohne ihren Gatten auftrat. Und sogar als Toscaninis Enkelin Emanuela zur Welt gekommen war, bestand er weiter darauf, sie und ihre Mutter ohne den Vater zu sehen. Einen Wandel führte dann im Jahre 1933 eine zufällige Begegnung herbei. Toscanini hielt sich in Wien auf, um dort einige Konzerte zu leiten; in seiner Begleitung waren Carla und Wanda mit ihrem Bräutigam, Vladimir Horowitz. Wally war ebenfalls da, mit Tochter und Ehemann – aber in einem anderen Hotel. Da Toscanini von seinen Konzertvorbereitungen sehr in Anspruch genommen war, trafen sich die restlichen Familienmitglieder gelegentlich zu Stadtbesichtigungen. Eines Tages sahen sie Toscanini zufällig auf sich zukommen. Castelbarco machte schon Anstalten, sich von der Gruppe zu trennen, aber Wanda bat ihren Schwager zu bleiben. »Es ist Zeit, daß Papa endlich damit aufhört.« Später erinnerte sich Wally: »Als wir ihm gegenüberstanden, sagte ich: ›Schau, Papa, Emanuele ist auch hier.‹ Er wandte sich meinem Mann zu, lächelte ihn an, schüttelte ihm die Hand und sagte: ›Sehr erfreut, Sie zu sehen.‹ Es war, als wäre nie etwas zwischen den beiden vorgefallen. Von diesem Augenblick an war mein Mann in der Familie wohlgelitten.«[51]

Es handelte sich um den nur zu verbreiteten und pathetischen Fall eines Schein-Familienoberhauptes, das seine Lieben tyrannisierte und sie zur Anpassung an ein moralisches System zu zwingen suchte, an das er glaubte, dem die Treue zu halten er jedoch in der Praxis selbst unfähig war. Als er 1924 von der Affäre seiner Tochter erfuhr, war er – wie immer – gerade wieder einmal in zahllose kurzlebige »Zerstreuungen« verstrickt. Sein Ruhm hatte sich jetzt weltweit verbreitet, und sein immer schon gutes Aussehen schien mit zunehmendem Alter womöglich sogar noch besser zu werden. Er widmete seiner äußeren Erscheinung auch weiterhin viel Aufmerksamkeit. »Er ging zum besten Schneider, trug immer glänzend polierte Schuhe und benutzte Eau de Cologne d'Orsay – sogar auf dem Schnurrbart«, berichtete Wally.[52] Im Theater war er als notorischer Schürzenjäger bekannt, wenn ich auch um der Gerechtigkeit willen sagen muß, daß mir nie eine Geschichte zu Ohren gekommen ist, daß eine Sängerin eine Rolle nicht bekommen hätte, weil sie nicht mit ihm ins Bett gegangen war, oder daß eine Sängerin eine bekommen hätte, *weil* sie das tat. Und zusätzlich zu den Sängerinnen und Ballerinen gab es zahlreiche Damen der Gesellschaft, die sich ihm an den Hals warfen, gar nicht zu reden von den Frauen, die in irgendeiner Weise in Beziehung zu

Künstler- und Intellektuellenkreisen standen. »Er hatte viele Geliebte und war doch allen untreu«, sagte Wally. »Er hatte sogar manchmal Affären mit zweien oder dreien zur gleichen Zeit. Er war grausam ... Uns [Kinder] kümmerte das überhaupt nicht. Dagegen spürten wir, daß Mama dieser ganzen Geschichten überdrüssig war. ›Du solltest alle deine befreundeten Damen aus dem Hause jagen‹, pflegten wir ihr zu sagen. Sie mochte ihm jedoch nicht entgegentreten; sie wurde mürrisch und schlecht gelaunt.«[53]

Toscaninis vierte Scala-Saison begann am 15. November mit *Nerone* und setzte sich vier Abende später mit *Boris Godunow* fort. Am Nachmittag des 29. November war er gerade mitten in einer Orchesterprobe, als Puccinis Freund und Librettist Giuseppe Adami in den Orchestergraben herunterkam und zu ihm ans Pult trat. »Er wandte sich mir zu und verstand augenblicklich«, sagte Adami. »›Tot?‹ ›Tot.‹ Er senkte den Stab, eilte in seine Garderobe, warf sich, das Gesicht in den Händen bergend, aufs Sofa ... und brach in Tränen aus.«[54]

Toscanini hatte Carla nach Brüssel geschickt, um den wenigen guten Freunden beizustehen, die Puccini in seinen letzten Tagen umsorgten. Jetzt nahmen er und ein anderer Freund die undankbare Aufgabe auf sich, Elvira, der leidenden Witwe des Komponisten, die über die Schwere der Erkrankung ihres Gatten nie ins Bild gesetzt worden war, die traurige Nachricht zu übermitteln. Bis in die Nacht hinein blieben sie bei ihr. Am 3. Dezember dirigierte Toscanini das Scala-Orchester bei der Beisetzung im Mailänder Dom zu den Klängen des Trauergesangs aus *Edgar*, der zweiten Oper des Komponisten. Der Leichnam Puccinis wurde vorübergehend im Familiengrab der Toscanini auf dem Cimitero Monumentale aufgebahrt, während eine endgültige Grabstätte für ihn in der Toskana vorbereitet wurde.

Nachdem er am 6. Dezember Mascagnis *Iris* geleitet hatte, probte und dirigierte er die Uraufführung von Giordanos *La Cena delle Beffe* (20. Dezember). Am Nachmittag des 29. Dezember leitete er ein Gedenkkonzert zu Ehren von Puccini, und zwar im Mailänder Konservatorium, das der Komponist als Student besucht hatte. Das Programm sah als Ausführende Studenten des Hauses und umfaßte das Vorspiel zum zweiten Akt von *Le Villi*, das Zwischenspiel zum dritten Akt von *Manon Lescaut* und ein bisher unveröffentlichtes *Requiem*, das Puccini aus Anlaß von Verdis Tod geschrieben hatte. Am selben Abend dirigierte Toscanini in der Scala das *Villi*-Vorspiel, die Trauermusik aus *Edgar* und eine Sondervorstellung von *La Bohème*.

Nach deren Ende war der Journalist Ugo Ojetti, ein bekannter Korrespondent des *Corriere della Sera*, Gast in seinem Hause. Er bemerkte eine Büste des Dirigenten neben dem Klavier und spielte darauf an. Toscanini erwiderte, sie stamme von seinem Freund Wildt, und er habe 30000 Lire dafür bezahlt. Er konnte sie jedoch nicht mehr ertragen: Immer, wenn er sich ans Klavier setzte, kam sie ihm »doppelt so groß und doppelt so häßlich« vor. Ojetti versprach ihm, über eine diskrete Art und Weise nachzudenken, wie man sich des Werkes entledigen könne – etwa durch Stiftung an eine Gemäldegalerie –, ohne Wildts Gefühle zu verletzen. Ojetti hatte enge Beziehungen zu den Faschisten und vermerkte nach der Heimkehr in seinem Tagebuch, daß Carla während einer kurzen Abwesenheit Toscaninis ihm von ihrer Besorgnis berichtet habe, ihm könne vom neuen Regime ein Senatorsitz angeboten werden. (Tatsächlich gab es zu jener Zeit so oder ähnlich lautende Gerüchte.) Sie habe überdies gesagt, er hätte dieser Ehrung früher sicher positiv gegenübergestanden, würde sie heute jedoch zweifellos zurückweisen – »und wer weiß, mit welchen Worten«.[55]

Im vorigen Juni war der Parteisekretär der italienischen Sozialisten, Giacomo Matteotti, ermordet worden, der an einer Reihe von parlamentarischen Untersuchungsberichten beteiligt gewesen war, die die totalitären Ziele der Regierung demaskierten. Toscanini war, wie Millionen anderer Italiener, empört gewesen. Es hatte eine possenhafte Gerichtsverhandlung mit den Tatverdächtigen gegeben – während die faschistischen Führer, darunter Mussolini selbst, den Mord mit großer Wahrscheinlichkeit billigten. Inzwischen war jedoch Mussolinis Position von Militär und Königshaus so gefestigt worden, daß er in der Lage war, im Frühjahr 1925 viele der demokratischen Institutionen des Landes zu liquidieren. Als an die Scala die Anweisung erging, es hätten in allen öffentlichen Einrichtungen, also auch in den Theatern, Bildnisse des Duce und des Königs auszuhängen, weigerte sich Toscanini, ihr stattzugeben. Und tatsächlich wurden während seiner ganzen Amtszeit derartige Bilder auch nicht gezeigt.

Von Januar bis April 1925 dirigierte er *La Traviata, Louise*, die Uraufführung von Riccardo Zandonais *I Cavalieri di Ekebù, Manon Lescaut, Orfeo, Rigoletto* und *Falstaff*. Zum erstenmal nach dreiundzwanzig Jahren hörte und sah Mailand ihn wieder *Il Trovatore* leiten, den er am 30. April mit Pertile, Raisa, Anitùa und Benvenuto Franci neu herausbrachte, und die Reaktion war womöglich noch begeisterter als bei der erstaunlichen Aufführung des Jahres 1902. Franci hat über sein Probesingen für die Rolle des Conte di Luna berichtet:

»Toscanini sagte: ›Du bist ein kleiner Schreihals . . ., ein kleiner Heuler! Wenn wir *Trovatore* an der Scala machen, bringe ich's dir bei; weil ich beispielsweise gehört habe, daß du bei ›Leonora mia!‹ ein G eingefügt hast. Was soll dieses G da? Da äußert sich ein Graf, kein Lumpensammler, kein Schreihals. Also mußt du singen, wie es Verdi geschrieben hat – ohne das G!‹ Und indem er mir die Version des Komponisten vorspielte, sagte er: ›Hör mal, wie schön das ist.‹ Und er hatte recht.«[56]

Im März sah Turin Toscanini zum letztenmal eine Oper dirigieren, als er die dritte Inszenierung von *Nerone* leitete. Im Jahr zuvor hatte er die Stadt besucht, um die Arbeiten zur Vertiefung des Orchestergrabens des Teatro Regio zu inspizieren, die er zu einer der Vorbedingungen einer Aufführung dieser Oper erklärt hatte.
Seine letzte Aufführung der laufenden Scala-Saison war eine Wiederaufnahme von *Pelléas et Mélisande* (Mai), diesmal in französischer Sprache und mit Fanny Heldy, Alfred Legrand und Journet. Panizza, Gui und Votto hatten sich mit ihm während der Spielzeit in die musikalische Leitung geteilt; er selbst hatte vierundsiebzig Vorstellungen von vierzehn Opern dirigiert.
Im Juni begann er mit dem Scala-Orchester eine erneute Tournee durch die Schweiz: jeweils zwei Konzerte in Lausanne und Genf, jeweils eines in Zürich und Basel. Bedauerlicherweise verstrickte sich der Schweizer Geldgeber, Ernst Stamm, in betrügerische Machenschaften. Es hatten eigentlich mehr Konzerte stattfinden sollen; das Orchester mußte jedoch nach seiner ersten Vorstellung in Zürich nach Mailand zurückkehren, und Stamm wurde inhaftiert, weil er ungedeckte Schecks in Umlauf gebracht hatte. Der Dirigent Fritz Busch hatte das zweite Züricher Konzert besuchen wollen, das dann jedoch ausfiel:

»Mein Zürcher Kollege Volkmar Andreae wußte, daß [Toscanini] mit Freunden und Musikern in eine kleine italienische Wirtschaft gegangen war, und wir folgten ihm dorthin. Nach wenigen Minuten waren Toscanini und ich in der angeregtesten Unterhaltung über musikalische Fragen begriffen, obwohl mir heute noch unklar ist, wie. Unter den Folgen des Turmbaus zu Babel litten wir beide schwer. Unser Meinungsaustausch war das bunte Ergebnis von Toscaninis Wagnerdeutsch und meinen paar Brocken Italienisch, beiderseitig unterstützt von lautem Singen und heftigem Gestikulieren. Der hier gewonnene Kontakt, dessen sprachliche Basis sich später besserte [Busch lernte Italienisch, Toscanini lernte kein Deutsch], hat über zwanzig Jahre durchgehalten. Ich durfte ihn Freundschaft nennen, bis sich Toscanini – einen ganz vertrauten Kreis ausgenommen – mit zunehmend hohem Alter denen, die sich nicht zu ihm drängten, verstummend entzog.«[57]

Nach dem Schweizer Mißgeschick wurden eilends zwei Konzerte in Mailand arrangiert, um dem Orchester die Verluste zu ersetzen. Toscanini bestand darauf, daß der gesamte Erlös dieser beiden Sondervorstellungen den Ausführenden zufiel.

Ein von der Internationalen Gesellschaft für Neue Musik getragenes Festival wurde im September im Teatro La Fenice in Venedig abgehalten, und Toscanini war unter den Besuchern, nachdem er einen Teil des Sommers in Alpino verbracht hatte, einem winzigen, hoch über Stresa am Lago Maggiore gelegenen Dörfchen. Der Mann, der Italien mit den Werken von Wagner, Brahms, Strauß, Debussy und Dutzenden seiner Landsleute vertraut gemacht hatte, näherte sich jetzt den Sechzigern, und seine Meinung über das, was er da hörte, war – kaum überraschend – negativ. Nach Schluß der Konzertreihe ließ er sich mit dem Ausruf vernehmen: »Und jetzt sollten sie das Theater desinfizieren.«

Im Oktober wurden unter Toscaninis Leitung weitere Konzerte an der Scala gegeben – drei verschiedene Programme am 12., 14. und 16. Die Opernsaison wurde am 14. November mit einer Neuinszenierung von *Un Ballo in Maschera* eröffnet. Pertile, Galeffi und Maria Carena sangen die Hauptrollen. Ende Dezember hatte Toscanini darüber hinaus Neuinszenierungen von *Faust* und *Madama Butterfly* und Wiederaufnahmen von fünf Repertoirestücken geleitet – insgesamt also acht Opern in sechs Wochen! Er war dazu imstande, weil er ein Repertoirsystem aufgebaut und vervollkommnet hatte, in dem jedes Detail derart minutiös vorbereitet wurde, daß ganze Produktionen aus der vorigen Spielzeit mit einem absoluten Minimum an Probenzeit nahtlos übernommen werden konnten. Im Rückblick auf dieses Repertoirsystem sagte ein halbes Jahrhundert später Gianandrea Gavazzeni:

> »Es war eine für die italienische Operntradition völlig neue Arbeitsweise, weil er eine bestimmte Ordnung, eine bestimmte Methode – man könnte sogar sagen: eine bestimmte Tyrannei – einführte ... Vor Toscanini gab es sicher auch gute Aufführungen, große Dirigenten, große Sänger, aber eben keine Methode zur umfassenden Realisierung von einem ästhetischen oder sogar moralischen Standpunkt aus. Die Scala wurde eigens für Toscanini vollständig neu organisiert, und zwar in Hinsicht auf Probengepflogenheiten, Programmgestaltung, Einstudierungsarbeit mit den Sängern und auch in Hinsicht auf Erziehung und Bildung des Publikumsgeschmacks. Das Publikum wurde während der Ära Toscaninis dazu erzogen, das Theater nicht als Amüsierbetrieb aufzufassen, sondern als Institution mit ästhetischer und moralischer Funktion, als etwas, das ins Leben einer Gesellschaft, ins Leben einer Kultur eingreift.«[58]

Zweifellos war nicht immer alles vollkommen: Votto erinnerte sich, daß einmal bei einer Vorstellung der *Meistersinger* in einer der großen Ensembleszenen einige schwere Fehler unterliefen. Nach Aktschluß sah er Toscanini hinter den Kulissen, der vor Scham und Wut weinte und wieder und wieder murmelte: »Non ci posso credere (Ich kann's nicht glauben).« Und als in einer anderen Saison *Dèbora e Jaéle* wiederaufgenommen wurde, unterlief Toscanini selbst ein schwerer Fehler bei der Generalprobe – die eigentlich die einzige Probe hatte sein sollen. Votto berichtete, daß Toscanini so schockiert und bestürzt war, daß er alle Mitwirkenden nach Hause schickte und die Probe neu ansetzte. Aber Votto machte auch deutlich, daß diese Fälle seltene Ausnahmen waren.
Die Disziplin in der Truppe war streng, und wenn Toscanini dirigierte, waren die Nerven aller Beteiligten aufs äußerste angespannt. Wenn er überarbeitet war oder aus diesem oder jenem Grunde emotional stark unter Druck stand, neigte er um so mehr zu Wutausbrüchen, die manchmal unbegründet oder, was den fraglichen Fehler anging, unverhältnismäßig heftig waren. So wird etwa die Geschichte eines Geigers im Orchester kolportiert, eines gewissen Licari, der, bevor er sein Instrument ansetzte, um eine Passage zu beginnen, immer eine Reihe extravaganter Vorbereitungsmaßnahmen absolvierte; und er übertrieb diese Zwangshandlungen so, daß er manchmal Geige und Bogen erst im allerletzten Augenblick zum Einsatz parat hatte – und gelegentlich sogar wirklich zu spät einsetzte. Toscanini ärgerte sich darüber – wie es jeder andere auch getan haben würde; eines Tages aber konnte er nicht länger an sich halten. Laut Sacchi wandte er sich an Licari und sagte:

»›Sie bereiten sich immer im letzten Augenblick vor. Ich möchte die Geigen zwei Takte vor ihrem Einsatz in Position sehen. Ich will keine Bummelanten haben. Sie sind ein Bummelant.‹ . . . Licari, zunächst unsicher, wandte sich seinem Pultkollegen zu: ›Mit wem spricht er?‹ . . . ›Genau mit Ihnen spreche ich. Sie sind ein Bummelant, Sie haben keine Ahnung vom Geigespielen, und nächstes Jahr werden Sie nicht mehr in diesem Orchester sein.‹ ›Macht nichts‹, erwiderte Licari lachend. Das brachte Toscanini vollends in Wut: ›Sie haben keine Ahnung vom Geigespielen; als Lehrer sind Sie ein Krüppel, und Sie können auch nur Krüppel hervorbringen.‹ Bei diesen Worten stand Licari auf und verließ den Saal; und Toscanini schrie . . .: ›Endlich ist dieser Widerling verschwunden. Er ist mir seit fünf Jahren auf die Nerven gefallen!‹«[59]

Toscanini erhielt im Zusammenhang mit diesem Vorfall eine gerichtliche Vorladung; der Prozeß entwickelte sich jedoch nicht weiter. Der Richter vertrat »in camera« die Auffassung, daß Toscanini das Recht auf unbeschränkten »künstlerischen Tadel« habe. Toscanini stellte fest, er habe Licari nicht persönlich beleidigen wollen (!), und der unterzeichnete denn auch eine Klagerücknahmeerklärung. In dem Augenblick aber, als Licari gerade unterschrieb, rief Toscanini: »Was für ein Schwachkopf!« Seine Anwälte bestürmten ihn und redeten auf ihn ein, nicht wieder alles in Frage zu stellen, worauf er erwiderte: »Ich habe das gesagt, weil ich, wenn ich er wäre, nie unterschrieben hätte.«

Der *Corriere della Sera* berichtete, daß sich Toscanini am Morgen des 28. Dezember auf Wunsch Mussolinis, der gerade in der Stadt weilte, in der Mailänder Präfektur einfand. Eben dieses Zusammentreffen war es, von dem Toscanini später Freunden berichtete, es sei eine einzige weitschweifige Ansprache von seiten des Duce gewesen. Toscanini, der zu stehen hatte, starrte auf einen Fleck an der Wand über Mussolinis Kopf, während er einen Verweis für sein schlechtes Benehmen erhielt und vor den möglichen Konsequenzen für die Scala gewarnt wurde. Als die Strafpredigt beendet war, ging Toscanini. Der *Corriere*, der inzwischen Albertini aus der Hand genommen worden war und einen Maulkorb umgelegt bekommen hatte, schrieb, daß der »Regierungschef ... großes Interesse an dem Scala-Gerichtsverfahren und an [Toscaninis] bevorstehender Amerika-Reise zeigte«.

Tatsächlich verließ nämlich Toscanini zusammen mit Carla und Wally noch am selben Nachmittag Mailand in Richtung Cherbourg. Zwei Tage später schifften sie sich auf der »Berengaria« ein, deren Ziel New York war. Er hatte mit der Intendanz einen siebenwöchigen Urlaub von der Scala ausgehandelt, um eine Verpflichtung als Gastdirigent des New York Philharmonic Orchestra wahrnehmen zu können.

Bereits im Sommer 1922 waren Versuche unternommen worden, sich Toscaninis Mitwirkung an der Saison 1923/24 zu sichern. Der erste Annäherungsversuch war von Loudon Charlton ausgegangen, der die Amerika-Tournee des Scala-Orchesters geleitet hatte; einem Brief im Archiv des New York Philharmonic läßt sich jedoch entnehmen, daß »Toscanini nicht so viele Konzerte zu leiten imstande sein wird, wie der Philharmonic-Terminplan offenbar erfordert«, und daß »er vor der Saisoneröffnung wenigstens zwei Wochen Zeit haben muß, um das Orchester vorzubereiten«; und er stellte »andere Bedingungen, die finanziell und in anderer Hinsicht weit über den Rahmen der Gesellschaft hinausgehen«.[60] Neue Anstrengungen wurden vom ständigen Dirigenten des Orchesters, Willem Mengelberg, und seinem Verwalter S. Bottenheim unternommen, die aber ebenfalls zu nichts führten.

Es vergingen nahezu drei Jahre, bevor Clarence H. Mackay, der millionenschwere Vorsitzende des Verwaltungsrats des Orchesters, der für das New York Philharmonic das gleiche bedeutete, was Kahn für die Metropolitan war, die richtige Lösung für das Problem fand. Er entsandte Max Smith, den New Yorker Journalisten und Italienisch sprechenden Freund des Dirigenten, und es sollte sich herausstellen, daß sein Auftrag, Toscanini zu engagieren, von Erfolg gekrönt war. Am 5. April 1925 war Smith in der Lage, Mackay zu telegraphieren:

»Maestro kommt für die Zeit ab 14. Januar. Gerade mitgeteilte Entscheidung bereitet ihm gewaltige Mühe, weil unerwartete Probleme und Schwierigkeiten ihn hier in ein schlimmes Dilemma brachten. Meine Belastung ebenfalls hoch. Da die Honorarfrage bisher weder erwähnt noch gar direkt oder indirekt berührt worden ist, möchte ich, ohne mißverstanden zu werden, fragen, ob das Angebot der Übernahme der Reisekosten und der Steuerbelastung in Amerika nicht eine noble Geste Ihrerseits gegenüber diesem Mann von unvergleichlichem Genie wäre. Hoffe in Ihrem Sinne gehandelt zu haben, als ich sechs Vorbereitungsproben (den Tag des ersten Konzertes inbegriffen) und weitere Proben für jeden neu zu vereinbarenden Tag des Engagements angeboten habe, bemerkte jedoch die Wichtigkeit, alle Hindernisse, die seiner Einwilligung entgegenstehen könnten, zu vermeiden. Überdies wies mich seine Gattin darauf hin, daß sechs Vorbereitungsproben für den Erfolg ausschlaggebend seien.«[61]

Es läßt sich lediglich vermuten, daß die »Probleme und Schwierigkeiten« sich in der Hauptsache aus der Reaktion der Scala-Intendanz ergaben, und tatsächlich: nachdem Mackay Smith seine Freude und seinen Dank übermittelt hatte, konnte der am 12. April erwidern:

»Sie können jetzt absolut auf das Versprechen des Maestro bauen, in der Scala-Intendanz jedoch große Aufregung über diesen Entschluß. Hat mich gebeten, ihm als besondere Gunst eine einmonatige Frist auszubedingen, nach der er sich entscheiden will, ob er zur jetzt festgesetzten Zeit oder zu einem früheren Termin kommt.«[62]

Der ursprüngliche Termin wurde schließlich aufrechterhalten, und Toscanini begann mit der Planung für seine Programme. Smith schickte am 2. August einen vorläufigen Entwurf nach New York und fügte hinzu:

»Jetzt, wo Toscanini tatsächlich nach Amerika kommt, scheint er sehr viel mehr Interesse an seiner künftigen Arbeit mit den Philharmonikern zu haben. Er erkundigt sich nach den verschiedenen Orchestermusikern. Er zeigt seine Neugier an diesem und jenem. Er ist jetzt in außerordentlich guter Verfassung. Ich glaube, ich habe ihn tatsächlich nie bei derart guter Gesundheit gesehen.«[63]

Im weiteren Verlauf des Monats wurde der Vertrag von Toscanini unterschrieben und nach New York geschickt. Er sollte 20 000 Dollar für die Leitung von elf Konzerten mit dem Orchester erhalten; seine Einkommensteuer übernahm die Intendanz, und es wurden ihm zusätzlich 1500 Dollar für Reisespesen erstattet. Bis Oktober hatte sich die Reihe auf fünfzehn Konzerte erweitert, bei einem Sonderhonorar von 2000 Dollar für die zusätzlichen Vorstellungen. (Die beiden verbleibenden, Sonderkonzerte für Studenten, dirigierte er gratis.)

Die Toscaninis kamen am 5. Januar 1926 in New York an, und das erste Konzert fand am 14. in der Carnegie Hall statt. Das Programm umfaßte Haydns Symphonie Nr. 101 (*Die Uhr*), Respighis *Pinien von Rom* (als amerikanische Erstaufführung), Sibelius' *Schwan von Tuonela,* »Siegfrieds Tod« und den Trauermarsch aus der *Götterdämmerung* und die Ouvertüre zu Webers *Euryanthe.* Wie erwartet, war das Konzert ein großer Erfolg. Spätere Programme der Reihe umfaßten Beethovens *Leonoren-Ouvertüre Nr. 3,* seine erste, dritte und fünfte Symphonie, Brahms' *Haydn-Variationen,* Präludium, Choral und Fuge von Bach im Arrangement von Hermann Abert, Nocturno und Scherzo aus Mendelssohn-Bartholdys *Sommernachtstraum,* Schuberts *Unvollendete,* Debussys *La Mer,* die Szenen I und IV aus *Petruschka* von Strawinsky, Mozarts *Prager Symphonie,* Vorspiel und »Liebestod« aus *Tristan,* Vivaldis *Concerto grosso* d-Moll op. 3 Nr. 11 und Werke von de Sabata, Martucci, Tommasini und Roger-Ducasse. Eine Benefizvorstellung für den italienischen Wohlfahrtsbund, zwei Studentenkonzerte und je eine Vorstellung in Philadelphia und Brooklyn waren in den fünfzehn Konzerten der Reihe enthalten. Die »Brunswick Company« machte im Chapter Room im fünften Stock der Carnegie Hall Schallplattenaufnahmen von den *Sommernachtstraum*-Ausschnitten. Das letzte Konzert fand am Nachmittag des 7. Februar statt, und noch am selben Abend schifften sich die Toscaninis nach Italien ein.

Während dieses New Yorker Aufenthalts hatte Toscanini als Gast Respighis ein Konzert des Internationalen Komponistenverbandes besucht, bei dem er sich unverzüglich in eine Auseinandersetzung mit Edgard Varèse verstrickt hatte. Die Witwe des Komponisten, Louise, gab später über diesen Zusammenstoß in ihrem Buch *Varèse: A Looking-Glass Diary* den folgenden Bericht:

»Wie Varèse war auch Toscanini für sein unkontrollierbares Temperament notorisch bekannt, und als er Varèse zurief, es sei eine Schande, die Leute eine Art von Musik hören zu lassen, die er nicht nur als Organisator herausbringe, sondern selber schriebe, vergalt ihm Varèse das – Auge um Auge, Zahn um Zahn. Das Ganze wurde zu einem großen Skandal. Seit der Zeit wirkte auch nur die beiläufigste Erwähnung von Toscanini auf ihn wie die Muleta auf einen Kampfstier; Varèse rempelte zurück ... Varèse behauptete standhaft, Toscanini sei außerstande, irgend etwas anderes zu dirigieren als italienische Opern, er habe die Mentalität eines Friseurs und sehe auch genauso aus. Salzedo [der Harfenist], der ein Bewunderer und Freund Toscaninis war, stritt sich vergeblich mit Varèse herum.«[64]

Furtwängler, der bei seinen Gastspielen mit dem New York Philharmonic Orchestra sehr erfolgreich gewesen war, begann bald nach Toscaninis Ankunft die Unterstützung der Orchester-Intendanz einzubüßen. Varèse und Furtwängler standen auf durchaus freundlichem Fuße miteinander – obwohl der deutsche Dirigent mit Varèses Musik sicher nicht mehr anfangen konnte als Toscanini –, und Louise Varèse berichtet, daß »Furtwängler darüber sehr erbittert [war], und Varèse hatte das Vergnügen, in ihm einen Verbündeten zu finden, wenn es galt, Toscanini herunterzuputzen, wobei jedes Wort wie ein Nadelstich traf«.[65]
Edward Ervin, der stellvertretende Intendant des Orchesters, begleitete die Toscaninis zu dem Schiff, das sie nach Europa zurückbringen sollte, und besprach mit dem Dirigenten Einzelheiten seines Besuchs in der kommenden Saison, zu dem er sich offenbar während dieses Aufenthaltes bereit gefunden hatte. Er sollte zur gleichen Zeit stattfinden, also von Mitte Januar bis Anfang Februar.
Nach seiner Rückkehr nach Mailand stürzte sich Toscanini Hals über Kopf in einen geradezu gewaltsamen Spielplan, der ihn verpflichtete, während der beiden verbleibenden Monate der Spielzeit sieben Werke – darunter eine italienische Erstaufführung und eine Uraufführung – zu leiten. Auf Glucks *Orfeo* (27. Februar) folgte fünf Abende später die erste italienische Aufführung von Claude Debussys »Mysterium« *Le Martyre de Saint-Sébastien* nach einem Text von Gabriele d'Annunzio.
Bereits 1910, als die beiden noch mitten in der Arbeit an dem Stück waren, hatten sie an Toscanini telegraphiert: »Wir glauben, daß allein Sie in der Lage sein werden, unserem Werk ein vollkommenes Leben einzuhauchen«;[66] die Premiere hatte jedoch ohne ihn stattgefunden. Der Plan, *Le Martyre* in einer früheren Spielzeit an der Scala herauszubringen, hatte sich zerschlagen. Die Aufführung des Jahres 1926 war mit Ida

Rubinstein besetzt, die die Rolle des Heiligen sprach und tanzte. Der Kritiker der Zeitung *Unità* schrieb:

»Zuweilen schienen Baksts wunderbare Bühnenbilder kaum bemerkenswert, da die Orchesterklänge sehr viel herrlichere Bilder aufsteigen ließen ... Es war deshalb ein außerordentliches künstlerisches Ereignis, das das Scala-Publikum aber nicht in dem Maße zu schätzen schien, wie es das verdiente.«

Bei der Vorstellung am 13. März hielt d'Annunzio, der im Theater zugegen war, eine improvisierte Huldigungsrede an Debussy und Toscanini. Auf *Le Martyre de Saint-Sébastien* folgte eine Wiederaufnahme von Montemezzis *L'Amore dei Tre Re*, der sich wiederum *Nerone, Pelléas et Mélisande* und *La Traviata* anschlossen; das große Ereignis der Saison aber war, für das große Publikum wie für die Kritik, die Uraufführung von Puccinis letzter Oper *Turandot* am 25. April, die zugleich die letzte Episode in der bizarren Geschichte der Freundschaft zwischen Puccini und Toscanini darstellt.

Zur Zeit seines Todes hatte Puccini den letzten Akt der Oper noch nicht ganz fertiggestellt. Offenbar hatte der Verlag Ricordi Toscanini gebeten, jemanden vorzuschlagen, dem man die Vollendung des Werkes anvertrauen könne, und Toscanini hatte Riccardo Zandonai empfohlen. Dieser Empfehlung widersetzte sich Puccinis Sohn Tonio, und zwar aus dem Grunde, weil Zandonai als eigenständiger Komponist bereits zu bekannt sei. Daraufhin wurde der Name Franco Alfano ins Spiel gebracht, und Toscanini gab seine Zustimmung; aber Votto bemerkt, daß »Toscanini sehr ärgerlich war, als Alfano ihm die fertige Arbeit brachte«.[67] Laut einem Brief Alfanos an Gaetano Cesari, den Kritiker des *Corriere della Sera*, hatte Toscanini jedoch darauf bestanden, daß Alfano das Finale noch erweiterte, und zwar über die Version hinaus, die er ursprünglich geboten hatte; und ebendiese erweiterte Version war sehr heftig kritisiert und schließlich wieder gekürzt worden. Jedenfalls wird behauptet, daß Alfano sich nach der Generalprobe Toscanini genähert und ihn gefragt haben soll: »Was sagen Sie dazu, Maestro?« Toscaninis Antwort lautete: »Ich sage, daß ich Puccini hinter der Bühne habe hervorkommen sehen, um mich zu verprügeln.«[68]

Ein weiteres Problem warf die Auswahl der Sänger für die drei Hauptrollen auf. Lauri-Volpi, Gigli und Martinelli machten geltend, daß Puccini jedem von ihnen bedeutet habe, er hätte bei der Rolle des Kalaf an *seine* Stimme gedacht; Toscanini aber wählte Miguel Fleta, den der Komponist nicht hatte ausstehen können. Ähnlich erhoben die Dalla Rizza und die Dal Monte die gleichen Ansprüche auf den Part der Liù; aber Toscanini

wählte Maria Zamboni. Schließlich wollten sowohl Rosa Raisa als auch Maria Jeritza als mögliche Turandots in Betracht gezogen worden sein; und in diesem Falle wählte Toscanini die Raisa.
Zunächst Kalaf: Lauri-Volpi hatte, wie oben bereits dargestellt, im Jahre 1922 eine ernstliche Auseinandersetzung mit Toscanini gehabt, die der Dirigent ihm nicht vergessen hatte. Gigli spürte, daß die Rolle seiner Stimme nicht entgegenkam. Martinelli wurde von Gatti-Casazza darauf hingewiesen, daß er kein Engagement mehr an der Metropolitan bekommen würde, wenn er in *Turandot* an der Scala sänge. (Lauri-Volpi und Gigli standen in New York ebenfalls unter Vertrag und mögen ähnliche Warnungen erhalten haben.) Gavazzeni, der bei der Generalprobe der Oper zugegen war, erinnerte sich, daß alles übrige, wenn Fleta auch Schwierigkeiten mit Alfanos Schlußduett hatte, doch hervorragend war. »Mit dem gebotenen Respekt für all die anderen Kalafs der *Turandot*-Geschichte, ich habe nie wieder jemanden den Anfang von ›Non piangere Liù‹ so singen hören, wie er ihn gesungen hat. Und auch das Problem von ›Nessun dorma‹ – abgesehen von dem H, das manche andere Tenöre noch brillanter herausgebracht haben mögen –, aber alle vorhergehenden Phrasen waren außergewöhnlich.«[69]
Dann Liù: Auch Gavazzeni war sich bewußt, daß Puccinis Vorliebe für die Dalla Rizza und die Dal Monte in dieser Rolle eine Fehleinschätzung war. »Ich halte daran fest, daß Toscaninis Wahl der Zamboni richtig war, weil die Zamboni aufgrund ihrer stimmlichen Qualitäten für den Part in höchstem Maße geeignet war.«[70] Hier steht seine Meinung natürlich im Gegensatz zu der Puccinis.
Und schließlich Turandot: Der Baß Tancredi Pasero, der von 1926 an dem Scala-Ensemble angehörte, sagte, die Rolle habe der Raisa mehr gelegen als der Jeritza. »Eine große Künstlerin, die Jeritza, ein bißchen bizarr in ihrem manierierten Verhalten auf der Bühne – sie warf sich häufig zu Boden; aber wenn sie etwas in die höheren Register hinaufkam, mußte sie forcieren. Mit der Turandot läßt sich nicht spaßen: Das ist eine große Rolle, und sie hat nur wenige große Interpreten gehabt.«[71] Die Jeritza sang zu der Zeit auch an der Metropolitan, und so mag ihr die gleiche Warnung erteilt worden sein wie Martinelli. Überdies machte auch die Raisa geltend, daß Puccini ihr die Partie versprochen habe, und Gavazzeni behauptete, daß diese Wahl »absolut ideal« war.
Giorgio Gualerzi, ein bedeutender Historiker des italienischen Musiktheaters, ist der Meinung, daß Toscaninis Auswahl der Sänger zum Teil aus dem entschiedenen Bedürfnis herrührte, Puccinis Wünsche zu unterlaufen – Wünsche, die auf eine Auseinandersetzung zurückgingen, die die beiden um eine Frau geführt hatten. Er ist hier jedoch sehr ungenau, und obwohl eine derartige Situation durchaus vorgekommen sein mag, so

halte ich doch dafür, daß die oben dargelegten Fakten und der Erfolg der Einstudierung beweisen, daß Toscanini seine Wahl gemäß den Weisungen seines musikalischen Gewissens und seines Geschmacks traf – und nicht aus Rachsucht einem Freund gegenüber, der bereits seit mehr als einem Jahr verstorben war.
Die Proben waren zahlreich, langwierig und schwierig. Kurz vor der Eröffnungsvorstellung setzte Toscanini die Mitwirkenden davon in Kenntnis, daß die allererste Aufführung ohne Alfanos Schluß gegeben werden sollte. Und tatsächlich senkte Toscanini nach Liùs Tod im dritten Akt den Taktstock, wendete sich halb dem Publikum zu und sagte: »Hier endet die Oper, die der Tod des Maestro unvollendet gelassen hat.«[72] Mit Tränen in den Augen stieg er vom Pult und bahnte sich den Weg aus dem Orchestergraben. Niemand wagte zu applaudieren, bis schließlich eine Stimme »Viva Puccini!« rief, ein Signal, das eine ungeheure Ovation auslöste. Am nächsten Tage brachte der *Corriere della Sera* einen interessanten Bericht:

> »Während der Pause erwartete das Publikum die zuvor angekündigte Ankunft von Mussolini. Der Regierungschef wollte jedoch nicht, daß seine Gegenwart die Zuhörer in irgendeiner Weise ablenkte: Ihre Aufmerksamkeit sollte ganz und gar Puccini gelten.«

Was tatsächlich vorgefallen war, stellte sich jedoch als erheblich komplizierter heraus. Mussolini hatte den 21. April in einen Nationalfeiertag umgewandelt, den er Reichstag nannte, und er gab Anweisung, daß bei den Vorstellungen aller kulturellen Institutionen an diesem Abend die *Giovinezza*-Hymne gespielt werden sollte. Im Jahre 1925 hatte Toscanini dafür gesorgt, daß am betreffenden Tage an der Scala nur eine Probe, keine Abendvorstellung angesetzt war. In diesem Jahre, 1926, wurde er von hochgestellten Persönlichkeiten davon in Kenntnis gesetzt, daß er denselben Trick nicht noch einmal versuchen solle. Er ignorierte die Anweisung und beraumte erneut eine Probe an. Mussolini, der einen oder zwei Tage später in Mailand eingetroffen war, war wütend und ließ die Direktoren des Hauses zu sich kommen. Ihnen wurde klargemacht, daß sie, wenn sie Toscanini nicht im Zaum zu halten verstünden, sich entweder von ihm zu trennen hätten oder Mussolini nie wieder im Theater zu Gesicht bekämen. Er wolle die *Turandot*-Premiere besuchen; es müsse jedoch die *Giovinezza*-Hymne gespielt werden.
Die Scala-Direktoren fanden sich in einer wenig beneidenswerten Lage – hin- und hergerissen zwischen dem Ingrimm Toscaninis und dem Mussolinis. Sie berichteten dem Dirigenten von der Anweisung des Regierungschefs; Toscanini erwiderte ungerührt, sie könnten *Giovinezza* zu hören

bekommen, wenn es ihnen gelänge, jemanden anderen zu finden, der sowohl die Hymne als auch *Turandot* dirigierte. Bei diesem Stand der Dinge war natürlich Toscanini für das Wohlergehen der Scala wesentlich wichtiger als Mussolini; also wurde *Turandot* mit Toscanini und ohne Mussolini gegeben. Als nach der dritten Vorstellung Toscanini, der gegen Ende dieser besonders anspruchsvollen Spielzeit am Rande völliger nervlicher Erschöpfung stand, die verbleibenden Aufführungen Panizza überließ und sich zu einem kurzen Urlaub an die ligurische Küste zurückzog, setzte die faschistische Presse Gerüchte in Umlauf, daß er die Scala ein für allemal verlassen habe, weil er sich einem neuen Gesetz verweigerte, das die Schaffung eines nationalen Verbandes der Opernintendanten vorsah. In der Tat gaben die Faschisten damit der Scala eine Chance, Toscanini zu entmachten, und Toscanini die Möglichkeit, sich ohne Verletzung seiner Eigenliebe zurückzuziehen. Toscanini blieb.
Eine Folge dieses seines Erschöpfungszustandes war die, daß er nicht in der Lage war, *Tristan* oder die erste Scala-Einstudierung von Strawinskys *Le Rossignol* zu leiten, mit deren Vorbereitung er befaßt gewesen war. Strawinsky hatte einige der Proben dieses seines Werkes besucht und berichtete darüber in seiner Autobiographie:

> »Toscanini empfing mich in reizender Weise. Er ließ die Choristen zusammenrufen und forderte mich auf, sie am Klavier zu begleiten und ihnen alle Anweisungen zu geben, die mir nötig schienen. Ich war erstaunt zu sehen, wie sicher der Meister meine Partitur bis in die kleinsten Einzelheiten hinein beherrschte, und wie genau er die Werke studierte, die seiner Leitung anvertraut waren. Zwar ist allgemein bekannt, daß er immer so verfährt, aber mich berührte es damals besonders, weil es sich um ein Werk von mir handelte.«
> ». . . Ich habe niemals sonst bei einem Dirigenten von Weltruf ein solches Maß von Selbstverleugnung, Pflichtbewußtsein und künstlerischer Ehrlichkeit gefunden, wie bei ihm. Wie schade, daß er seine unerschöpfliche Energie und seine herrliche Begabung immer wieder an altbekannte Werke wendet, wie schade, daß man in der Zusammenstellung seiner Programme niemals einen leitenden Gedanken entdekken kann, und daß er in seinem modernen Repertoire so wenig wählerisch ist.«[73]

Strawinskys Einwände sind gerechtfertigt. Es ist schwer vorstellbar, was Toscanini bewogen haben mag, auf eine Aufführung von Schuberts großer C-Dur-Symphonie Busonis *Berceuse élégiaque, Vorspiel, Fanfare und Fuge* von Tommasini und Rossinis *Tell*-Ouvertüre folgen zu lassen oder vor Beethovens neunte Symphonie *Till Eulenspiegels lustige Streiche* oder

Francks *Rédemption* zu stellen. Zudem dirigierte er damals auch große Mengen drittklassiger Musik, wie ein Blick in sein Repertoireverzeichnis am Schluß des vorliegenden Buches deutlich macht. Ebenso verfuhr er mit bestimmten Werken höchsten Ranges überaus fragwürdig – etwa in der Weise, daß er einzelne Sätze aus Streichquartetten Beethovens von einer vollständigen Streichergruppe des Orchesters ausführen ließ. (Im Falle des C-Dur-Quartetts op. 59 Nr. 3 benutzte er einmal die Introduzione zum ersten als Einleitung zum dritten Satz!)
Was jedoch schlechte Musik ist, hängt davon ab, wen man danach befragt. Toscanini neigte dazu, belanglose italienische Musik zu dirigieren, wie andere belanglose Musik anderer Länder dirigierten. Überdies sehen sich Dirigenten mit einem Problem konfrontiert, das sich anderen Musikern in dieser Form nicht stellt. Ein solistisch auftretender Klaviervirtuose beispielsweise kann es sich einfallen lassen, alles oder einen Großteil der Musik Mozarts – oder Schuberts, Brahms' oder sogar Chopins – aus seinem Repertoire zu verbannen, wenn er das will: Er konzertiert jeden Abend in einer anderen Stadt und kann, nach Belieben, zwanzigmal das gleiche Programm en suite spielen. Ein Dirigent dagegen gibt im allgemeinen eine Reihe von Konzerten mit demselben Orchester in derselben Stadt, und das Orchester hat in einer Stadt eine ebenso bedeutsame kulturelle Funktion wie ein Museum oder eine Bibliothek. Die Verantwortung des Dirigenten ist bürgerlicher und sozialer ebenso wie künstlerischer Art. Toscanini war sich dieses Umstands deutlich bewußt; in dem Maße jedoch, wie er älter wurde und seine geschmacklichen Neigungen sich dem Wandel der Zeiten verschlossen, konzentrierten sich seine Versuche, die Konzert- und Opernprogramme zu variieren, mehr auf die Ausgrabung obskurer Werke, die er aus diesem oder jenem Grund interessant fand, als auf die Erforschung und Aneignung der zeitgenössischen musikalischen Strömungen. Er begann seine Studentenzeit am Konservatorium von Parma schließlich noch im selben Jahr, in dem Brahms' erste Symphonie uraufgeführt wurde, dem Jahr der ersten Bayreuther Festspiele – sechs Jahre vor der Geburt Strawinskys; und obwohl er zu der Zeit, als Pierre Boulez' *Le Marteau sans maître* uraufgeführt wurde, noch immer aktiv war, stand doch kaum zu erwarten, daß sich seine Vorlieben alle oder auch nur einen größeren Teil der myriadenfachen musikalischen Entwicklungen der gesamten dazwischenliegenden Periode assimiliert hätten. Wenn ein Musiker übrigens *jede* beliebige Musik – zeitgenössische wie andere – lediglich aus einer Art Pflichtgefühl spielt, sind die Ergebnisse für das Stück und den betreffenden Komponisten häufig eher schädlich als hilfreich.
Aber zurück zu Strawinsky und der Scala: Der Komponist wurde schließlich aufgefordert, nach Mailand zurückzukehren, um Toscanini bei der

Leitung seines eigenen Werkes zu vertreten, und war »angesichts der hohen Maßstäbe und der rigorosen Disziplin des Scala-Orchesters verblüfft«.[74]

Eric Walter White machte in seinem Buch über Strawinsky deutlich, daß Toscanini von Strawinsky nicht so beeindruckt war wie der von ihm. So sagt er, daß Toscanini, laut Ernest Ansermet, der mit Strawinsky in jungen Jahren herzlich befreundet war – wie mit Toscanini in späten –, »alles Vertrauen in seine [Strawinskys] Musikalität verlor, als er ihn laut den Takt mitzählen hörte, wenn er Teile davon [von *Le Rossignol*] am Klavier spielte«.[75] Was immer daran wahr sein mag – richtig ist, daß sich zwischen den beiden Musikern nie engere Beziehungen entwickelten.

Insgesamt hatte Toscanini einundfünfzig Vorstellungen von fünfzehn Opern dirigiert; andere Dirigenten dieser Spielzeit 1925/26 waren Panizza, Votto, Gabriele Santini und natürlich Strawinsky gewesen. Wieviel Zeit Toscanini in diesem Frühjahr und Sommer für eigenen Urlaub zur Verfügung stand, bleibt fraglich: Er bereitete eine Opernsaison vor, in der er sechs Neuaufführungen und verschiedene Wiederaufnahmen zu leiten hatte, studierte Partituren für seine Mailänder und New Yorker Konzertreihen und organisierte erneut Verdi-Gedenkfestspiele in Busseto.

Inzwischen waren die Direktoren des New York Philharmonic in höchstem Maße an einem Bruch Toscaninis mit den Faschisten interessiert: Sie sahen darin ein Mittel, ihn für einen ausgedehnteren Zeitraum an sich zu binden und ihn möglicherweise auch als musikalischen Leiter zu gewinnen. Bereits am 7. Mai – unmittelbar nach den Presseberichten über Toscaninis Mailänder Probleme – hatte Arthur Judson, der Verwaltungsdirektor des Orchesters, an Mackay geschrieben:

> »Das bringt uns in die Lage, unter Zwang eine sofortige Entscheidung für die Saison 1927/28 fällen zu müssen ... Ich würde es für vernünftig halten, wenn Sie Herrn Smith telegraphieren und ihn bitten würden, Toscanini davon abzuhalten, drüben oder mit der Metropolitan irgendwelche Verpflichtungen einzugehen, bevor ich nicht die Möglichkeit gehabt habe, Anfang Juni eine erste Unterredung mit ihm zu führen. Ich habe den begründeten Verdacht, daß Herr Kahn diese Gelegenheit ergreifen wird, um ihn für die Metropolitan zu gewinnen, was für das Philharmonic natürlich verhängnisvoll wäre ... Mein Vorschlag ist der, daß wir ihn für eine Reihe von Jahren als *den* Dirigenten des Philharmonic verpflichten und entweder zur Mitte der Spielzeit einen oder zwei Gastdirigenten herüberholen, um ihm einen Urlaub zu verschaffen, oder einen stellvertretenden Dirigenten seiner Wahl, jemanden wie Molinari, engagieren, um ihn zeitweilig zu entlasten.«[76]

Arthur Judson und Maurice Van Praag, der Mitglied des Orchesters und sein Personalchef war und mit dem Toscanini gut auszukommen schien, besuchten ihn im Juni in Mailand, und Van Praag schickte vor der Rückkehr nach New York diese folgende kurze Mitteilung an Clarence Mackay:

»Herr und Frau Smith holten uns am Bahnhof ab ... Dann fuhren wir zum Maestro; er war erfreut, uns zu sehen, und obwohl er bekümmert und überlastet aussah, dauerte es nicht lange, bis ich ihn in gute Laune versetzt hatte. Ich grüßte ihn herzlich von Ihnen, und dann erzählte er mir, wie zuvorkommend Sie ihm gegenüber letzten Winter gewesen seien und wie glücklich er mit dem Philharmonic gewesen sei; als er dann an die Scala zurückgekehrt sei, konnte er deren schreckliches Spiel kaum mehr aushalten. Ich fragte ihn dann, warum er sich mit ihnen denn überhaupt noch abgäbe, wenn Sie, Herr Mackay, ihm doch das beste Orchester der Welt anzubieten gewillt seien, das er ohne jede Reibung oder Unzufriedenheit von seiten der Musiker dirigieren könne, wie er sie in Italien auszustehen hat. Ich sagte ihm, es sei für ihn unmöglich, an Rücktritt zu denken, weil er der einzige heute lebende große Dirigent sei. Das beeindruckte ihn, und seine Antwort war: ›Mein lieber Van Praag, Herr Mackay, Sie und alle meine Freunde in Amerika sind sehr freundlich, aber ich bin nahezu sechzig Jahre alt, warum sollte ich weitermachen? Hier in Mailand habe ich viel Ärger und kann sie nicht im Stich lassen.‹ Judson sprach mit ihm dann über eine Europa-Tournee des Philharmonic Orchestra unter seiner Leitung, vielleicht 1928. Das interessierte ihn sehr, und Judson drang in ihn, indem er bemerkte, Sie würden ihn gern nächstes Jahr als ständigen Dirigenten haben. Er gab keine Antwort, und damit verließen wir ihn, nachdem wir versprochen hatten, uns am folgenden Tag zum Mittagessen in seinem Hause einzufinden. Auf dem Weg ins Hotel sagte Max Smith zu Judson, wenn er dem Maestro 100 000 Dollar für eine Saison böte, würde er vielleicht annehmen; aber Judson meinte, 75 000 Dollar seien die höchste Summe, die er zahlen könne. Am nächsten Tag unterhielt sich [Toscanini] mit mir allein und gab zu verstehen, daß er interessiert sei; eine ganze Saison wäre jedoch zuviel. Dann sprachen wir über unseren Plan, ihn zehn Wochen als Dirigenten zu haben, anschließend das Orchester für sechs Wochen einem außerordentlichen Dirigenten zu überlassen, während er zur Erholung nach Palm Beach führe, dann zurückzukehren und weitere acht Wochen zu dirigieren. Das gefiel ihm, wie ich deutlich sehen konnte, und so verschob ich alles weitere auf später. Wir sprachen dann über Sie, und er hofft Sie bald zu sehen. Am nächsten Abend hörte ich das Scala-Orchester im Konzert, mit Molinari als Dirigenten. Es spielte dürftig. Kein Wunder, daß der Maestro unzufrieden ist.«[77]

Das wirkliche Problem war das, daß Toscanini noch in einige größere Projekte verstrickt war, die er bis zur Reife voranzutreiben wünschte, bevor er das Haus verließ. Es war diesen Monat genau vierzig Jahre her, daß er in Rio de Janeiro *Aida* dirigiert hatte. Obwohl das Scala-Orchester keinen Vergleich mit den Maßstäben eines kapitalkräftigen und international anerkannten symphonischen Ensembles wie dem Philharmonic Orchestra aufnehmen konnte, so war es, allen Berichten zufolge, doch ein hervorragendes Opernorchester. Darüber hinaus hatte Toscanini, wie wir gesehen haben, die Form von Opernapparat entwickelt und in Bewegung gesetzt, die so viele Jahre lang sein Traum und sein Ziel gewesen war, und das in seinem eigenen Land – ein von seinem Standpunkt aus sehr bedeutsamer Aspekt. Kurzum, er konnte sich einfach nicht entschließen wegzugehen, trotz der Faschisten, des Orchesters, des sehr viel niedrigeren Honorars und des ständigen und hitzigen Kriegszustandes, der erforderlich war, um die gewünschten theatralischen Resultate zu erzielen.
Kurz nach der Abreise Judsons und Van Praags kam Bruno Walter in Mailand an, um ein Gastspiel mit dem Scala-Orchester zu geben, und er und Toscanini trafen zum erstenmal zusammen. »... die Begegnung, so flüchtig sie war, wirkte tief eindringlich und nachhaltig auf mich«, schrieb Walter in seinem Buch *Thema und Variationen,* »... ich wünschte mir sehr, ihn näher zu kennen und in das Geheimnis dieses seltenen Wesens zu blicken. Mein Wunsch sollte mir später erfüllt werden – unsere Wege sind zusammengetroffen, und ich habe dem Wirken des bedeutenden Musikers und machtvollen Menschen eine bereichernde Fülle musikalischer Erlebnisse zu verdanken.«[78]
Im September kehrte Toscanini nach dreizehnjähriger Abwesenheit nach Busseto zurück, um dort, zum Gedenken an Verdis fünfundzwanzigsten Todestag, seinen *Falstaff* zu leiten. Wenn er auch sein Scala-Ensemble mitbrachte, das die Oper unter seiner Leitung Dutzende von Malen aufgeführt hatte, so waren doch, wegen der vollständig anderen akustischen Bedingungen in dem winzigen Theater, neuerliche Proben erforderlich. Das Orchester wurde auf fünfzig Mitwirkende reduziert, und Orio Vergani, der für den *Corriere della Sera* über das Ereignis berichtete, hörte bei einer der Proben Toscanini den Musikern einschärfen: »Hier müßt ihr besser spielen als irgendwo sonst ... Ich würde alles dafür geben, wenn Verdi diesen hier aufgeführten *Falstaff* hören könnte!«
Nach seiner Rückkehr nach Mailand nahmen ihn die Proben für einen vollständigen Zyklus aller Beethoven-Symphonien an der Scala in Anspruch, der den herannahenden hundertsten Todestag des Komponisten

Toscanini und seine Frau, Carla de Martini, etwa um 1900

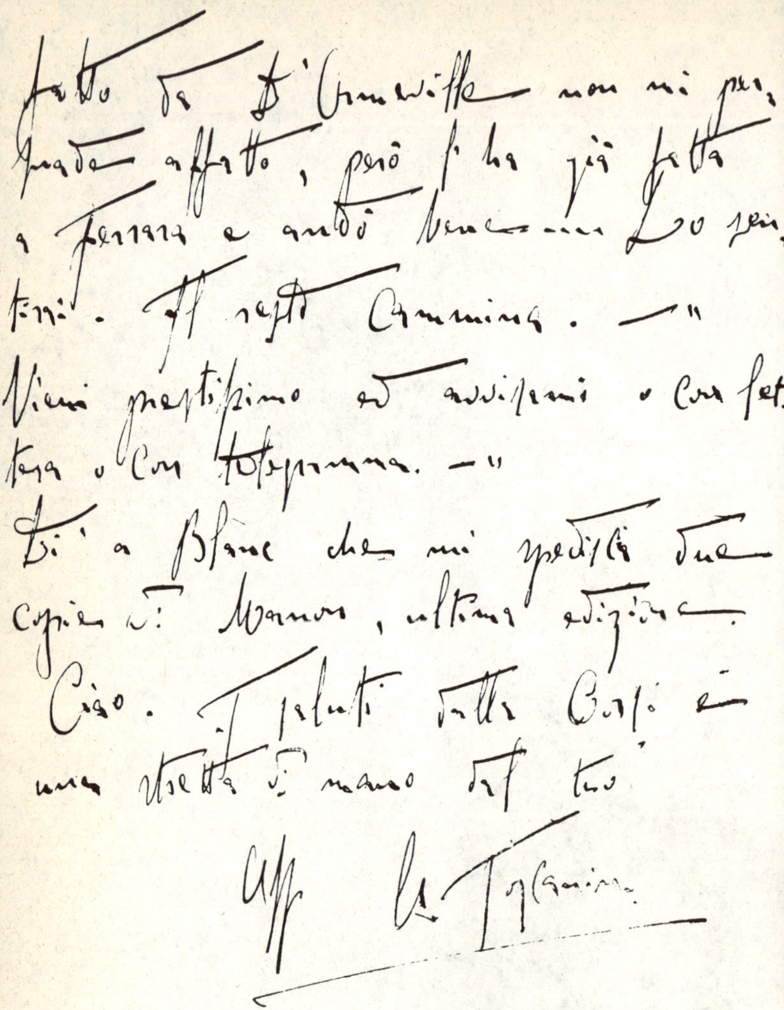
fatto da D'Ormeville non mi per-
suade affatto, però si ha già fatta
a Ferrara e andò benissimo lo stes-
sso. Al resto camminiamo. — "
Vieni prestissimo ed avvisami o con let-
tera o con telegramma. — "
Di' a Blanc che mi spedisca due
copie di Manon, ultima edizione.
Ciao. I saluti della [illegible] e
una stretta di mano del tuo
Aff A Toscanini

Brief Toscaninis an Puccini (aus Pisa, 1. März 1894), der sich auf die Vorbereitung zu Toscaninis erster Einstudierung von Manon Lescaut bezieht

Kampf um die italienische Premiere von Salome (1906): Ein Mailänder Karikaturist zeigt Toscanini, der Strauss mit seinem Taktstock auf den Kopf klatscht

Toscanini, etwa 1915, nach dem Rücktritt von der Leitung der Metropolitan Opera ▽

Toscanini in Verdis Geburtsort Roncole bei Busseto, 1926 ▽

Drei Sänger Toscaninis: der Tenor Francesco Tamagno als Arnoldo in Rossinis Guglielmo Tell, der Bariton Mariano Stabile als Falstaff und der Tenor Aureliano Pertile als Des Grieux in Manon Lescaut

Vier von Toscaninis Sopranistinnen: Cesira Ferrani als Mimì in La Bohème, Rosina Storchio als Zazà, Salomea Krusceniski als Salome und Gilda Dalla Rizza ▷

A Giacomo Puccini
Gilda Dalla Rizza
"... Umile ancella del Genio

Nach einer Falstaff-Aufführung in Salzburg während der dreißiger Jahre mit Maria Caniglia (Alice) und Mariano Stabile (Falstaff)

Toscanini mit seinem Sohn Walter im Keller ihres Heimes in Riverdale, New York, wo Toscaninis Aufnahmen archiviert wurden

Toscanini am Toten Meer, 1936 oder 1938

△ Konzert in Luzern mit Vladimir Horowitz als Solist im zweiten Klavierkonzert von Brahms am 29. August 1939 (das letzte Konzert, das Toscanini vor dem Ende des Zweiten Weltkriegs in Europa gab)

◁ 4. Juli 1946 – Toscanini trifft am Luzerner Bahnhof zu Konzerten mit dem Scala-Orchester ein: Links (sich zurückwendend) Walter Strebi, der Leiter der Festwochen; rechts (mit Stock) Aloys Mooser, der Musikwissenschaftler, mit dem Toscanini zuerst 1898 am Montblanc zusammengetroffen war

Toscanini und seine Frau Carla in ihrer Sommerresidenz auf der Insel San Giovanni im Lago Maggiore, dem Isolino, zwischen 1947 und 1949

Toscanini bei der Probe zu seinem letzten Konzert mit dem Scala-Orchester an der Scala, Mailand, September 1952

Toscanini verläßt nach seinem letzten Konzert an der Scala (19. September 1952) die Bühne

Toscanini mit Iris und Guido Cantelli in seiner Scala-Garderobe, 19. September 1952

Jazz-Improvisation auf einer Tournee mit dem NBC Symphony Orchestra im Sun Valley, 1950

Toscanini mit seiner Enkelin Sonia Horowitz in Salzburg

Toscanini auf dem Isolino im Gespräch mit Antonio Ghiringhelli, Sommer 1954

Toscanini bei Proben und Schallplattenaufnahmen ▷

Toscanini besucht eine Probe zu Spontinis La Vestale, Dezember 1954. Bei ihm Victor de Sabata, Antonino Votto (mit dem Rücken zur Kamera), Maria Callas

Der Trauerkondukt in Mailand, Piazza della Scala, 18. Februar 1957

vorbereiten sollte. Die Aufführungen fanden am 7., 8., 9. und 12. Oktober statt und wurden am 13., 14., 16. und 17. in Turin wiederholt. Die Erste und die Neunte wurden am 20. in Mailand in einem Sonderkonzert zu ermäßigten Eintrittspreisen aufgeführt. Walter Toscanini hatte in der Scala ein Aufnahmestudio installiert und versucht, einige der Proben seines Vaters für diesen Beethoven-Zyklus für die Schallplatte mitzuschneiden; die Ergebnisse waren jedoch ein Fehlschlag.

Ein interessantes Detail von einer dieser Proben berichtete mir der französische Dirigent Louis Fourestier, der die Erlaubnis bekommen hatte, an den Sitzungen teilzunehmen. Bei der Arbeit an der siebenten Symphonie hatte Toscanini beträchtliche Mühe auf die Ausbalancierung der Oboen, Klarinetten, Fagotte und Hörner im ausgehaltenen Einleitungsakkord des zweiten Satzes verwandt. »Sein Gespür für die klangliche Balance war verblüffend und hervorragend«, sagte Fourestier, »aber das ist letzten Endes eher ein physiologisches Phänomen als irgend etwas anderes. Aber nachdem er sein Ziel erreicht hatte und das Diminuendo von jedem der Musiker mit derselben gleichmäßigen Abstufung ausgeführt hörte, sagte er zum ersten Oboisten: ›Ihr Ton – Ihr E – lassen Sie es singen! Es ist eine Melodie!‹ *Ein* Ton eine Melodie . . . *Das* war genial!«[79]

Laut Taubman war der Beethoven-Zyklus in Turin so erfolgreich, daß die Theaterintendanz Toscanini einen Extrascheck übersandte – über die vorher vereinbarte Gage hinaus. Er schickte ihn mit Dank und der Bemerkung zurück, er sei bereits ausreichend bezahlt worden. Wenn Toscanini auch astronomisch hohe Honorare forderte und erhielt, wenn er für Organisationen arbeitete, die es sich leisten konnten, sie zu zahlen, verfuhr er in anderen Fällen doch nicht immer so. Wenn er von seinen Gastspielen in New York an die Scala zurückkehrte, stellte er gewöhnlich komplizierte Berechnungen an, um festzulegen, welcher Anteil seiner Gage wieder an das Theater zurückfließen sollte; und wenn die Intendanz darauf bestand, daß er als künstlerischer Leiter Anspruch auf das volle Honorar habe, so protestierte er und gab sich nur noch hartnäckiger, bis er – wie gewöhnlich – seinen Willen durchsetzte. Im allgemeinen legte er musikalischen Organisationen gegenüber eine Robin-Hood-Mentalität an den Tag: Nimm den Reichen und gib den Armen. Manche seiner wichtigsten Engagements erfüllte er für kleine Honorare oder sogar umsonst. Gewöhnlich bat er seine Frau, seine Verträge zu unterschreiben und die anfallenden Summen einzutreiben, und hatte keine Ahnung, was mit dem Geld von diesem Zeitpunkt an passierte. »Er hatte keinerlei praktische Begabung und nie eine Lira in der Tasche«, sagte Wally.

Die sechste Spielzeit des »ente autonomo« wurde am 14. November mit *Don Carlo* eröffnet, Toscaninis einziger Aufführung dieser Oper. Die sogenannte »dritte Fassung« – das heißt die Fassung in fünf Akten, ohne

das Ballett – wurde an der Scala zum erstenmal gespielt. Darauf folgte am 28. *Dèbora e Jaéle*; Toscanini hatte jedoch unter schrecklichen Schmerzen im rechten Arm zu leiden und dirigierte deshalb keine weiteren Opern vor seiner Abreise nach New York Ende Dezember oder Anfang Januar.
In New York quälte ihn die Nervenentzündung weiterhin, und zusätzlich litt er unter Bronchitis und nervösen Depressionen. Sein Arzt verordnete ihm völlige Ruhe. Also strich er die meisten seiner angesetzten Konzerte, entschloß sich aber, dem Arzt den Gehorsam zu verweigern, und leitete vor seiner Abreise doch noch vier Aufführungen (mit zwei verschiedenen Programmen).
Hinsichtlich des Repertoires, das Toscanini für diese Saison auswählte, sind ihm manche Vorwürfe gemacht worden. Daniel Gillis schreibt in seinem Buch *Furtwängler and America*, daß sich Toscanini im Februar, »jetzt ganz wiederhergestellt, obwohl sein Arzt ihm offiziell eine lange Pause angeraten hatte, bereit fand, zwei Beethoven-Programme zu leiten ... Das zweite sollte die Neunte bringen, mit Sängern, die ›bereits von der Schola Cantorum vorbereitet worden waren‹. In der Tat waren die Sänger für die Neunte vorbereitet worden – aber es hatte Furtwänglers Neunte sein sollen.« Gillis fährt fort:

> »Furtwängler ... war bestürzt über die willkürliche Entscheidung der Philharmonic-Intendanz, sein Programm Toscanini zu übertragen. Er erzählte einem Freund in New York, Albrecht Pagenstecher – wie Pagenstecher sich des Ereignisses viele Jahre später entsann –, er habe erfahren, daß Toscaninis Krankheit nur vorgetäuscht sei und er gedroht habe, alle seine Verpflichtungen abzusagen und nach Italien zurückzukehren, wenn man ihm nicht erlaube, die Neunte anstelle von Furtwängler zu dirigieren.«[80]

Der Fall lag nicht ganz so, wie Gillis ihn darstellt. Am 3. März 1926 – nahezu ein Jahr zuvor – hatte Toscanini an das Philharmonic Orchestra telegraphiert (und das Telegramm ist im Archiv des Orchesters noch einzusehen) und darauf hingewiesen, daß er seine erste Aufführung der Neunten in der kommenden Saison in der Carnegie Hall und nicht – wie ursprünglich vorgesehen – in der Metropolitan angesetzt haben wollte, weil diese Aufführung im selben Konzertsaal stattfinden sollte, in dem auch die Proben dazu stattgefunden hatten. Überdies macht das oben bereits zitierte Memorandum Van Praags für Mackay hinreichend deutlich, daß sogar Mitte Juni Furtwängler noch nicht einmal einen teilweisen Programmentwurf für seine Philharmonic-Konzerte vorgelegt hatte.
Im Oktober hatte die Philharmonic-Intendanz einen Brief von Anita Colombo erhalten, der besagte, daß Toscanini gern einen vollständigen

Beethoven-Zyklus als Teil seiner New Yorker Konzertreihen des bevorstehenden Winters leiten würde. Die Antwort lautete, daß das unmöglich sei, weil anderen Dirigenten bereits ebenfalls andere reine Beethoven-Programme zugesagt worden seien; die Neunte bleibe Toscanini aber natürlich weiterhin vorbehalten. Anscheinend unternahm er jedoch einen weiteren Versuch, um sich in dieser Hinsicht durchzusetzen. Nach einem erneuten Nein telegraphierte Smith aus Mailand an Mackay (20. November): »Unser Freund jetzt damit zufrieden, keinen Beethoven-Zyklus zu leiten. Bereitet Programme vor und wird sie bald schicken.«[81]

Die beiden Programme, die Toscanini dann schließlich in New York leitete, bestanden ausschließlich aus Beethoven-Symphonien: Das eine enthielt die Dritte und die Fünfte, das andere die Erste und die Neunte. Die Fünfte war in der laufenden Saison bereits von Mengelberg dirigiert worden; da aber Furtwänglers Programmplan ursprünglich die Erste ebenso wie die Siebente vorgesehen hatte, ist es unwahrscheinlich, daß die Wiederholung der Ersten irgendwelche Feindseligkeiten ausgelöst haben könnte. (Schließlich führte Furtwängler dann die Siebente, aber nicht die Erste auf.) Wenn es denn Auseinandersetzungen um die Neunte gab, so wird doch deutlich, daß sie nicht von Toscanini initiiert wurden. Und die andere von Gillis vorgebrachte Vermutung über Toscanini ist einfach ein unhaltbares Gerücht, weil er wenigstens seit dem vorigen Oktober an Neuritis gelitten hatte und seine Vorstellungen an der Scala tatsächlich aus Gesundheitsgründen abgesetzt worden waren, nicht anders als in New York.

Toscaninis New Yorker Konzerte fanden zwischen dem 1. und dem 6. Februar 1927 statt; eine der Aufführungen der Neunten wurde von der New Yorker Rundfunkstation WJZ gesendet und war wahrscheinlich Toscaninis erste Rundfunkübertragung. Am 9. Februar unterzeichnete er einen Vertrag für die Leitung von »annähernd zweiundvierzig Konzerten« mit dem Philharmonic in der kommenden Saison, bei einem Honorar von 75 000 Dollar zuzüglich Steuern und Reisespesen. Er sollte eher zum »ständigen« als zum »Gastdirigenten« berufen werden; und das hatte, laut einem Brief eines Philharmonic-Verantwortlichen an Anita Colombo, »überall weitverbreitete Begeisterung« hervorgerufen.[82] Nur Mengelberg, dessen hervorragende Arbeit damit in den Schatten gestellt wurde, war wahrscheinlich nicht so begeistert – ebensowenig Furtwängler, der nicht einmal gefragt worden war, ob er in der kommenden Saison als Gastdirigent auftreten wolle.

Ab März arbeitete Toscanini wieder an der Scala. Minetti, der damals am ersten Pult der ersten Violinen spielte, äußerte sich dahingehend, daß das Orchester Toscaninis New-York-Abstecher gewöhnlich als seinen »Winterurlaub« bezeichnete:

»Er war dann einige Monate lang weg, und während seiner Abwesenheit fühlten wir uns wie in den Ferien! Keine geistigen Heimsuchungen, keine Angst, kein Terror – alles lief glatt wie geschmiert; leider etwas zu glatt! Wenn er dann aber zurückkam, ließ er uns für unseren ›Urlaub‹ zahlen – mit Zinsen und Zinseszinsen! Er brachte es fertig, in einer Woche vier Generalproben abzuhalten und ebenso viele Premieren zu leiten (um die verlorene Zeit hereinzubringen, wie er sagte) ... Zähneknirschend und still in uns hineinfluchend gaben wir unser Bestes, um ihn zufriedenzustellen, und selten genug hatten wir damit sogar Erfolg! Wenn wir ihn dann aber glücklich sahen, vergaßen wir die Quälerei und die Angst, die Beleidigungen und die grobe Ausdrucksweise, denn wenn er uns auch schlecht behandelte – wir liebten ihn doch.«[83]

Nach vier Jahren tauchte zum erstenmal wieder *Lucia di Lammermoor* in Toscaninis Scala-Repertoire auf (17. März), wieder mit »la Toti« und Pertile. Darauf ließ er eine Woche später eine Neuinszenierung von *La Gioconda* und am 26. eine Wiederaufnahme von *Rigoletto* folgen. Am 7. April, zwei Wochen nach seinem sechzigsten Geburtstag, leitete er seine und die erste Scala-Aufführung eines ihm innerlich sehr nahestehenden Meisterwerks, an dem er sich bisher nie versucht hatte: Beethovens *Fidelio*. Wie die *Zauberflöte* fand auch *Fidelio* Beifall bei der Kritik und Gleichgültigkeit beim großen Publikum. Nur drei Vorstellungen wurden während dieser Spielzeit gegeben – dem hundertsten Todesjahr Beethovens! – und vier weitere in der folgenden.

Bis Ende April hatte Toscanini *Boris Godunow, Nerone* und *Falstaff* wiederaufgenommen und eine Neueinstudierung von *Tosca* mit Muzio, Pertile und Stabile geleitet. Im Mai folgten zwei weitere Aufführungen: *Faust* und *Ariane et Barbe-bleue*. Toscanini dirigierte während der Spielzeit 1926/27 also insgesamt fünfzig Vorstellungen von zwölf Opern und teilte sich das Dirigentenpult mit Panizza, Santini, Mascagni und Votto.

Im Juni erhielt Arthur Judson in New York zwei Briefe von Berta Geismar, der Sekretärin Furtwänglers, die sich in Andeutungen darüber ergingen, daß Toscanini sehr krank sei und wegen familiärer Probleme erheblicher nervlicher Belastung ausgesetzt sei.[84] Ich konnte nicht ermitteln, ob diese Andeutungen in irgendeiner Weise wahr oder ob sie falsch waren; interessant ist jedoch, daß Berta Geismar sich mit solchen alarmierenden Gerüchten überhaupt befaßte. Vorausgesetzt, daß Furtwängler für die Saison 1927/28 nicht mehr zu Gastspielen in New York eingeladen worden war, ließen sich dieser Geschichte doch wohl einige eher unangenehme Folgerungen entnehmen, vor allem, weil Toscanini ja letzten Endes gesund genug war, in dieser Spielzeit alle seine laufenden

Verpflichtungen – sowohl in Mailand als auch in New York – zu erfüllen.

Nachdem er einen Teil des Sommers in Alpino verbracht hatte, leitete er am 9., 12. und 13. Oktober drei Konzerte an der Scala, deren Programme – neben Werken aus seinem Standardrepertoire – seine persönlichen Erstaufführungen von Haydns Symphonie Nr. 88, Arthur Honeggers *Pastorale d'été* und *Pacific 231* und des »Höllentanzes« aus Strawinskys *Feuervogel* boten.

Die neue Spielzeit wurde am 16. November mit *Mefistofele* eröffnet und am 18. mit *Fidelio*, am 20. mit *Manon Lescaut* und am 22. mit einer sehnlichst erwarteten völligen Neueinstudierung von *Otello* fortgesetzt – vier Generalproben und vier Premieren in wenig mehr als einer Woche, wie Minetti bereits beklagt hatte! Verdis Meisterwerk wurde von Antonin Trantoul, Mariano Stabile und Bianca Scacciata als Otello, Iago und Desdemona gesungen. Im Dezember leitete Toscanini *Cavalleria rusticana* und *I Pagliacci,*und am 1. Januar 1928 setzte er erneut *Nerone* auf den Spielplan.

Am 9. des Monats reiste er nach New York ab und begann unmittelbar nach seiner Ankunft mit den Proben. Zwischen dem 26. Januar und dem 1. April leitete er das Philharmonic Orchestra in nicht weniger als dreiundvierzig Konzerten in Manhattan, Brooklyn, Baltimore, Washington, Philadelphia, Buffalo und Pittsburgh. Seine Programme wiesen zweiundvierzig Werke von achtundzwanzig Komponisten auf. Wiederum beendete er seinen New Yorker Aufenthalt mit Beethovens Neunter.

Kaum eine Woche nach seiner Rückkehr nach Mailand dirigierte er *Falstaff* und vier Tage darauf *Don Carlo*. Die Uraufführung von Pizzettis *Fra Gherardo* fand unter seiner Leitung am 16. Mai statt, und am 20. stand er bei *La Traviata* am Pult. Das Dirigentenpensum dieser Saison hatte er sich mit Panizza, Santini, Votto und Richard Strauss geteilt und selbst dreiundvierzig Vorstellungen von zehn Opern geleitet.

Noch in New York war Toscanini vom Plan der Philharmonic-Intendanz unterrichtet worden, das Orchester mit Walter Damroschs New York Symphony zu verschmelzen, der schon in der kommenden Saison verwirklicht werden sollte. Das bedeutete eine Vergrößerung der Mitgliederzahl und Verbesserung der Qualität; es bedeutete aber auch, daß einige der schwächeren Philharmonic-Musiker ihre Stammplätze an einige der besseren Symphony-Instrumentalisten verlieren und die meisten Symphony-Mitglieder arbeitslos werden würden.

Er verbrachte einen Teil des Sommers in einem Hotel auf der Isola dei Pescatori im Lago Maggiore; und von dem kleinen Städtchen Baveno an dessen Ufer telegraphierte er am 23. August an Judson: »Nach der nächsten Saison ziehe ich mich endgültig vom Theater zurück. Sie können fest auf meine Zusammenarbeit bei der Durchführung der [Europa-]Tournee Frühjahr 1930 bauen.«[85]

An der Scala dirigierte Toscanini im Oktober vier Konzerte, deren eines, aus Anlaß der hundertsten Wiederkehr des Todes des Komponisten, ausschließlich Schubert gewidmet war. Seine letzte umfassende Opernspielzeit begann am 15. November mit *Otello;* zwei Abende später gab er seine Wiederaufnahme von *La Forza del Destino.* Zwanzig Jahre waren verstrichen, seit er dieses Werk zuletzt aufgeführt hatte, und die damalige Aufführung war nach nur einer sehr erfolglosen Vorstellung abgesetzt worden. Jetzt reagierten das Scala-Publikum und die Kritiker mit Begeisterung. *Fra Gherardo* wurde am 28. November wiederaufgenommen, und am 16. Dezember verwirklichte Toscanini dann eines seiner großen Ziele, als er seine erste vollständige Aufführung von *Parsifal* leitete. Bedauerlicherweise litt Toscanini, der nie lange oder auch nur gut schlief, damals unter nahezu totaler Schlaflosigkeit aufgrund ständiger nervlicher Belastung und Überbeanspruchung. Er war sogar zu erschöpft, um seinen Philharmonic-Konzertverpflichtungen nachkommen zu können, und am 23. Dezember telegraphierte Carla an Judson, daß sie nicht vor dem 14. Februar in New York würden ankommen können – also mehrere Wochen später als geplant. Toscanini war schon im November wegen seiner Schmerzen in Schulter und Rücken geröntgt worden; der Arzt befand, daß die Ergebnisse nur leicht anomal seien. Also wurde nichts unternommen, und das Leiden dauerte an.

Trotz seiner Schlafstörungen setzte Toscanini am 23. Dezember wieder *Lucia di Lammermoor* auf den Scala-Spielplan, und drei Abende später feierte er den dreißigsten Jahrestag seiner ersten Amtsübernahme der musikalischen Leitung der Scala mit einer *Meistersinger*-Aufführung – demselben Werk, mit dem er am 26. Dezember 1898 seine Amtszeit begonnen hatte. Journet sang den Sachs, Pertile den Walter, und die junge Mafalda Favero gab ihr Scala-Debüt als Eva. Der *Corriere della Sera* berichtete:

> »Wer bei Toscaninis Triumph zugegen war, wird nicht umhin können, eine unvergeßliche Erinnerung daran mitzunehmen ... Um ein ähnliches Ereignis in den Annalen der Scala ausfindig zu machen, muß man schon bis in die Zeit der letzten Auftritte Verdis in diesem Hause zurückgehen. Als die Vorstellung zu sehr später Stunde endete, setzte die Demonstration erneut ein; und es war der krönende Augenblick eines Abends, der des hier geehrten Mannes und der von ihm in so einzigartiger Weise repräsentierten Kunst wahrhaft würdig war.
>
> Die Kundgebungen zu Ehren Toscaninis hallten mehr als einmal stürmisch durch den Saal, der auf bisher selten gesehene Weise glänzte.

Der Beifall, der den Maestro begrüßte, als er zum erstenmal auf dem Pult erschien, dauerte etwa zehn Minuten und setzte sich in einem Schwall von frenetischen Wellen fort, die er vergeblich zu beschwichtigen sich bemühte, indem er den Einsatz zum Vorspiel zu geben versuchte ... und gegen Ende des zweiten und dritten Aktes gab es zahlreiche Hervorrufe, in die auch der Chor einstimmte. Zu diesem Beifall gesellten sich Formen der Huldigung und Verehrung, die diesen Abend zu einem der denkwürdigsten in der Geschichte der Scala machten ... Nach Schluß der Vorstellung wollte das Publikum den Saal durchaus nicht verlassen und konnte sich gar nicht genug damit tun, Toscanini mit großer Lautstärke auf die Bühne zu rufen. Die Zuhörer schienen sich selbst dann nicht zufriedenzugeben, als schließlich, um ihrer leidenschaftlichen Hartnäckigkeit ein Ende zu setzen, die Lichter gelöscht wurden. Toscanini war von dieser grandiosen Kundgebung sichtlich bewegt. Als das Theater sich geleert hatte, versammelten sich etwa hundert Freunde und Bewunderer des Maestro im Foyer, um ihm noch einmal ihre herzlichsten Wünsche und ihre Beifallsbezeigungen darzubringen.«

Die Scala und die Stadt Mailand wollten Toscanini für dieses Ereignis auf besondere Weise ehren, waren sich jedoch bewußt, daß ein Geldgeschenk ihn verletzt haben und er sich mit keinerlei Zeremonie abfinden würde. Schließlich wurde beschlossen, eine »Toscanini-Stiftung« zu gründen, einen Kapitalfonds, aus dem allen kranken Kindern von Angehörigen des Orchesters, des Chors, der Bühnenarbeiterschaft und des Verwaltungsstabes der Scala ärztliche Betreuung und Luftkurort-Aufenthalte bezahlt werden konnten. Der Vorschlag wurde Toscanini unterbreitet, der dieses »Geschenk« bereitwillig annahm. Von Bewunderern in ganz Italien und in den Vereinigten Staaten kamen in kürzester Zeit 680 000 Lire zusammen. Im Jahre 1930 stiftete Toscanini selbst weitere 100 000 Lire.
Am 12. Januar 1929 leitete er die Uraufführung von Giordanos *Il Rè*, die mit *I Pagliacci* zu einer Doppelvorstellung gekoppelt wurde. Mitte Februar war er dann in New York, wo am 21. sein Konzertzyklus mit Werken von Mozart, Debussy, Wagner und Respighi begann; bis zum 1. April hatte er sechsundzwanzig Konzerte zuzüglich Gastspielen in sechs Städten geleitet. Die ersten bedeutenden Schallplattenaufnahmen seiner Laufbahn entstanden ebenfalls während dieses Aufenthaltes.
In dem Konzert, das am 28. Februar stattfand, drängten sich, als Toscanini gerade zum zweiten Satz des zweiten Programmstückes ansetzen wollte – Pizzettis *Concerto dell'estate* –, einige Nachzügler in die Zuhörermenge in der Carnegie Hall und nahmen unter auffälligen Nebengeräuschen ihre Plätze ein. Der *Herald Tribune* berichtete in seiner Ausgabe

vom folgenden Tage, daß »der Dirigent sich auf seinem Pult umdrehte, die Arme in napoleonischer Geste verschränkte und seine glänzenden, tiefliegenden Augen starr auf sie richtete ... ›Sie kommen zu spät!‹ sagte Herr Toscanini finster. Die Worte waren im ganzen Saal deutlich zu vernehmen. Das war alles, bis er sich dann wieder dem Orchester zuwandte, laut und nachdrücklich auf das Cellopult vor ihm klopfte und das Konzert fortsetzte.«

Er war mit der Qualität des Orchesters nach der Verschmelzung mit der New York Symphony sehr zufrieden, und Van Praag schrieb am 21. Februar an Judson:

> »Während der letzten paar Tage habe ich mehrfach die Möglichkeit gehabt, mit Maestro Toscanini zu sprechen ... und gestern gab er mir zu verstehen, daß das Orchester sehr viel besser sei als in der vergangenen Saison. Ich fragte ihn daraufhin, ob er der Ansicht sei, daß wir für die nächste Saison irgendwelche Umbesetzungen vornehmen sollten, und er antwortete, daß die Streichergruppen ausgezeichnet seien. Er konnte nicht verstehen, warum ich auf eine Umbesetzung bei der ersten Oboe, dem ersten Fagott und der Flöte drang. Er gab zu, daß Herr X manchmal etwas schwerfällig und nicht rasch genug sei, mochte aber seinen Ton und sah keinen Grund, ihn durch jemand anderen zu ersetzen.«[86]

Toscanini hatte inzwischen eingewilligt, mit Wirkung vom kommenden Saisonbeginn an Hauptdirigent des Philharmonic Orchestra zu werden, und es waren Verhandlungen über die erste Europa-Tournee des Orchesters eingeleitet worden, die die Saison beschließen sollte. Verschiedenen Mitteilungen und Briefen im Archiv des Orchesters läßt sich entnehmen, daß er nachdrücklich und mehr als einmal darauf drang, daß Mengelberg, dessen Nachfolge er angetreten hatte, als Gastdirigent wieder verpflichtet werden sollte; daß er sich entschlossen hatte, seine Rückkehr an die Scala in der kommenden Spielzeit ins Auge zu fassen, wenn auch mit sehr reduziertem Programmplan, falls die Faschisten ihn in Ruhe lassen würden (das sollte nicht der Fall sein); daß er versprochen hatte, das Philharmonic Orchestra wirklich weiter bis zum Ende der laufenden Saison zu leiten, aber daß die Verpflichtungen an der Scala ihn derart beunruhigten, daß er schon Anfang April abreisen zu müssen glaubte; und daß der einzige Musiker im Orchester, bei dem er mit dem Gedanken an Auswechslung spielte, der zweite Trompeter war, der, wie er sagte, nicht schlecht, aber auch nicht gut genug war, um neben dem ersten Trompeter Harry Glantz zu bestehen, der doch »ein so großartiger Künstler« war. Nach einem ganzen langen Leben in der Welt des italienischen Operntheaters war Toscanini gründlich vertraut mit einem System, in dem individuelle Leistungen oder sogar ganze Aufführungen nach Belieben ersetzt oder verschoben werden konnten, wenn mehr Zeit zur Vorbereitung erforderlich war oder ein bedeutender Sänger erkrankte. So ist es – aus sicherem Abstand – durchaus belustigend, über seine häufigen und selbstherrlichen Sinneswandlungen bezüglich seiner New Yorker Ankunfts- oder Abfahrtstermine, sein Schwanken, welche Konzerte er leiten wollte usw., zu lesen. Er war seit langer Zeit so verfahren und lebte offenbar in glückseliger Unkenntnis der schwierigen Probleme der Terminkoordination, vor die sich eine moderne Orchestervereinigung wie das Philharmonic gestellt sah. Mackay war »sehr verwirrt«, als er feststellen mußte, daß der neue musikalische Leiter im Februar 1929 nur die flüchtigsten Vorstellungen davon hatte, welchen Teil oder welche Teile der kommenden Saison er als Dirigent bestreiten wollte. Natürlich wünschte und brauchte das Philharmonic Toscanini mehr, als er das Philharmonic wünschte und brauchte; und deshalb wurden alle Versuche, ihn festzulegen, in sehr indirekter Weise vorgetragen. Die gesamte Korrespondenz des Philharmonic mit und über Toscanini bietet das Bild eines waffenlosen Mannes, der, freundlich lächelnd, ein sehr gefährliches Raubtier zur Rückkehr in seinen Käfig zu überreden versucht.

Nach der Rückkehr nach Mailand leitete Toscanini Aufführungen von *Aida, Germania, Falstaff* und je eine Vorstellung von *Rigoletto, Lucia di Lammermoor* und *Manon Lescaut.* Seine letzte Oper der laufenden Spielzeit hatte *Don Giovanni* sein sollen, die er nur ein einziges Mal zuvor aufgeführt hatte, nämlich 1906 in Buenos Aires. Wenn aber die *Meistersinger* ihn in dieser seiner letzten Saison an der Scala freundlich – oder wenigstens ohne Verdruß – auf seine erste Aufführung an diesem Hause zurückblicken ließen, so muß der *Don Giovanni* ihn an das schmerzlichste Ereignis jener Spielzeit 1898/99 erinnert haben: die Absetzung von *Norma* bei der Generalprobe. *Don Giovanni* erreichte nicht einmal die Generalprobe, durchlief jedoch alle Stadien bis zu den letzten Ensembleproben, bevor Toscanini sich entschloß, ihn abzusetzen.

Das Ensemble bestand aus Stabile als Don Giovanni, Vincenzo Bettoni als Leporello, Roberto d'Alessio als Ottavio, der Zamboni als Elvira, der Favero als Zerlina und einer belgischen Sopranistin, deren Name wie vom Erdboden verschwunden zu sein scheint, als Anna; und als offizielle Begründung für die Absetzung wurden die Indisposition von d'Alessio und die Unmöglichkeit, in letzter Minute einen Ersatz für ihn zu finden, angegeben. Das war natürlich nicht der wirkliche Grund; was aber der wirkliche Grund war, ist unmöglich zu ermitteln. Die Favero gab 1967 den folgenden Bericht:

»Wir waren schon beinahe bis zur Generalprobe gekommen, als Toscanini sagte: ›Nein, das kommt nicht auf die Bühne.‹ Wir erfuhren den Grund nie, [wenn er auch] die Sopranistin, die die Donna Anna sang, nicht mochte ... An einer bestimmten Stelle konnte er es nicht mehr aushalten und sagte: ›Genug, das bringe ich nicht auf die Bühne.‹ Und wir wurden auf dem trockenen sitzengelassen, bedauerlicherweise, weil wir viel Arbeit darauf verwendet hatten. Und ich erinnere mich an eine Einzelheit, weil es für mich das erstemal war, daß ich mit Mozart in Berührung kam. Ich sang erst seit kaum zwei Jahren, und Maestro Fornarini probte die Rolle mit mir ... Eines Tages, als wir gerade daran arbeiteten, öffnete sich die Tür, und Toscanini kam herein. Natürlich fühlte ich mich, als ob es ans Sterben ginge, weil Toscanini eben Toscanini war; und er sagte: ›Ich möchte hören, wie dieses Mädchen Mozart singt.‹ Ich sang zwei Romanzen, dann sagte Toscanini: ›Laß mich zwei Rezitative hören.‹ Ich sang die Rezitative, und er sagte: ›Alles in Ordnung, aber ich möchte die Acciaccaturen [Verzierungen] so, daß es von der unteren Nebennote zur Hauptnote geht und nicht von der oberen.‹ Er ließ mich die gesamten Acciaccaturen in den Rezitativen ändern, aber nicht in den Romanzen ... Fornarini war ein bißchen kleinlaut – [er sagte:] ›Entschuldigen Sie, Maestro, ich habe es immer in dieser Weise einstudiert!‹ ›Aber nein, ich möchte es eben anders haben.‹«[87]

Mit ziemlicher Sicherheit gab es, über diese Unzufriedenheit mit einem der acht Solisten hinaus, noch weitere Gründe für die Absetzung. Meine eigene Vermutung – und es ist wirklich bloße Vermutung – ist die, daß Toscanini von seinem eigenen Verständnis und seiner natürlichen Einstellung dem Werk gegenüber nicht überzeugt war.
Seine letzte Vorstellung der Saison fand am 14. Mai statt *(Aida)* – das letztemal auch, daß er eine vollständige Oper in Italien dirigierte. Während seiner letzten Scala-Saison, in die er sich mit Panizza, Santini, Votto und Antonio Sabino teilte, hatte er fünfundvierzig Vorstellungen von dreizehn Opern geleitet. Und daraufhin hatte er sich auf ein Projekt eingelassen, das, ohne daß das Mailänder Publikum davon wußte, seine Abschiedsgeste vom und mit dem Ensemble werden sollte. Fünf Jahre nach dem fallengelassenen Plan eines Gastspiels der gesamten Truppe in Paris verwirklichte sich ein ähnliches Projekt in Berlin; und als das Unternehmen in Wien bekannt wurde, wurden die Italiener gebeten, in der österreichischen Hauptstadt einen Zwischenaufenthalt einzulegen. Nur vierundzwanzig Stunden nach der letzten *Aida*-Vorstellung in Mailand bestiegen alle Scalaisten den Zug nach Wien.
Die wichtigsten Sänger, Orchester und Chor, Tänzer und Tänzerinnen

und die Leiter der musikalischen, bühnenbildnerischen, technischen und organisatorischen Abteilungen unternahmen die Reise in einem Sonderzug – insgesamt 302 Personen. Sie wurden von Massen jubelnder Anhänger zum Bahnhof geleitet. Arnaldo Fraccaroli vom *Corriere della Sera*, der mit Toscanini bekannt war, begleitete die Tournee und schickte Berichte darüber nach Mailand. Er sah Toscanini, der normalerweise ein mäßiger Esser war, im Zug ungeheure Mengen von Speisen zu sich nehmen und befragte ihn danach. »Wenn ich auf Reisen bin, ist mein Appetit immer ziemlich gut«, sagte er zu seiner Rechtfertigung.[88] Im Zug fanden auch Sitzungen zur Ausarbeitung von Programmplänen für Wien statt.

Am Morgen nach der Ankunft war Toscanini bereits seit neun Uhr dreißig in der Staatsoper, um die Bühneneinrichtung zu überwachen und mit Chor und Orchester die Akustik zu erproben. »Der Maestro, der sich um alles kümmert, was irgendwie mit der Aufführung zusammenhängt, scheint zufrieden zu sein«, schrieb Fraccaroli. »Das Theater ist ausverkauft, und das bei Preisen, die die Wiener zunächst glauben ließen, es handele sich um regelrechte Druckfehler auf den Anschlagtafeln.«[89] Gruppen junger Leute kampierten seit zwei Uhr nachts in der Nähe des Theaters, um sicherzugehen, für die erste Vorstellung auch wirklich Stehplatz-Karten zu bekommen.

Falstaff war die erste der beiden dem Wiener Publikum gebotenen Aufführungen, und sie wirkte auf die Zuhörer wie eine Art unglaublicher Überraschung. Der einundzwanzigjährige Herbert von Karajan, der im vierten Rang saß und dem Anführer der Claque, der mit der Oper nicht vertraut war, Zeichen gab, war Zeuge des Ereignisses, über das er später sagte:

> »Vom ersten Takt an hat es mich wie ein Schlag getroffen, ich war völlig fassungslos über die hier erreichte Perfektion, speziell bei diesem *Falstaff*, wo man doch weiß, daß Toscanini immer an diesem *Falstaff* herumgefeilt, herumprobiert und immer wieder einen anderen Sänger genommen hat. Diese Aufführung war damals vielleicht schon zehn oder zwölf Jahre alt [tatsächlich noch nicht einmal acht], nicht im tatsächlichen Sinn ›alt‹, sondern ausgereift. Zum erstenmal habe ich begriffen, was ›Regie‹ heißt. Toscanini hatte zwar einen Regisseur gehabt, aber im Grunde waren die wesentlichen Einfälle von ihm. Die Kongruenz von Musik und Bühnendarstellung war für uns etwas völlig Unfaßliches; anstatt dieses sinnlosen Herumstehens von Leuten hat hier alles seinen Platz und seinen Zweck gehabt. Ich glaube nicht einmal, daß die Wiener damals begriffen haben, wie groß das Verdienst der Scala gewesen war, nach Wien zu kommen und uns, den Jungen,

einmal vorgespielt zu haben, was man, wenn alle Dinge richtig am Platz stehen, aus einer Interpretation machen kann.«[90]

Der Kritiker des *Neuen Wiener Journals* schrieb:

»Der ›sagenhafte‹ Maestro Toscanini ist jetzt endlich nach Wien gekommen . . . Es war ein überwältigender Sieg: der Sieg eines Künstlers, einer Kunst, einer Nation. Die Überraschung begann unmittelbar mit den ersten Akkorden. Das Orchester perlt im Parlando der ersten Szene wie Champagner. Keine Silbe des Dialogs geht verloren. Die zweite Szene, im Garten: Toscaninis Kunst feiert ihren ersten Triumph. Ist jemand je in der Lage gewesen, im Theater ein Verdi-Quartett zu hören, das wie dieses hier gesungen worden wäre? Oder das Männerquintett? Und dann die neun Stimmen, mit Fentons süßer Melodie? . . . Wer von der italienischen Musik nur Klangexplosionen, Leidenschaft und melodische Überraschungen erwartet, wird nach diesem von Toscanini geleiteten *Falstaff* seine Meinung ändern müssen. Hier kommt ein anderer Aspekt der italienischen Natur zum Vorschein, der sublim verfeinert worden ist: Eleganz, Bewegung, Zartheit.«

Und das *Neue Wiener Tagblatt*:

»Es ist nicht leicht, das Wiener Musikpublikum zu erobern, aber die italienischen Künstler hatten Erfolg; und als der Maestro den ersten *Falstaff*-Akkord in Angriff nahm, konnte sich niemand der gewinnenden Macht seiner Persönlichkeit entziehen. Alles ist klar, alles findet auf der Bühne und im Orchester seine angemessene Interpretation, wenn auch das letztere nicht die strömende Klangfülle der Wiener Philharmoniker hat . . .«

Julius Korngold in der *Neuen Freien Presse*:

»Die Verschmelzung auf der Bühne ist vollkommen, und die wunderbare Lebhaftigkeit von *Falstaff* . . . findet in Maestro Toscanini einen unvergleichlichen und schlechterdings verblüffenden Interpreten . . .«

Am folgenden Abend bot die Scala-Truppe den Wienern *Lucia di Lammermoor*. Wieder können wir auf Herbert von Karajans Reaktion zurückgreifen:

»Dann war noch die *Lucia*, die man in Wien als eine ›Werkelkastenoper‹ bezeichnet hat. Als wir erfuhren, daß Toscanini dieses Werk in

Wien dirigieren wollte, hab' auch ich mich ehrlich beim Durchspielen des Klavierauszuges gefragt: Was kann daraus werden? Und es ist erstaunlich, daß diese Musik, die in einer normalen ›Repertoire-Aufführung‹ oder zum Beispiel am Klavier wirklich banal klingt, völlig entbanalisiert war. Es war einfach eine andere Musik. Sie hat mit den natürlich wunderbar melodischen, aber zugegebenermaßen manchmal nicht sehr originellen Einfällen in dem Moment, wo man sie unter Toscanini gehört hat, unendlich viel bedeutet.«[91]

Korngold schrieb:

»*Lucia di Lammermoor* ist in der Vergangenheit Hunderte von Malen in Wien aufgeführt worden, aber erst jetzt ist sie in ihrer ganzen Schönheit offenbar geworden ... Ein Mensch wie Toscanini taucht in der Geschichte der Kunst nur selten auf; aber Orchester, Solisten und Chor der Wiener Oper könnten durchaus mit denen der Scala konkurrieren, wenn sie nach den Methoden des großen italienischen Maestro vorbereitet und geleitet würden.«

Im Rückblick auf die beiden Aufführungen gab Paul Stefan in *Die Stunde* den folgenden Kommentar:

»Nur ein Ensemble wie das der Scala und ein Dirigent wie Toscanini konnten in der *Falstaff*-Aufführung absolute Perfektion erreichen und *Lucia* aus dem musikalischen Friedhof exhumieren und sie uns mit mehr und blühenderem Leben als zuvor zurückgeben. Jedermann im Theater hatte das Gefühl, Zeuge eines unwiederholbaren künstlerischen Ereignisses zu sein.«

Eine große Menschenmenge versammelte sich am Bahnhof, um der Truppe Beifall zu spenden, als sie am 20. Mai Wien verließ; und als der Zug die verschiedenen Stadtviertel passierte, standen die Leute auf Überführungen und an Wohnungsfenstern, um mit Taschentüchern zu winken. »Dies«, schrieb Fraccaroli, »ist die Popularität, die diese beiden Vorstellungen in Wien erreichten, dies ist die Begeisterung, die sie auslösten. Toscaninis Erlaubnis, die *Lucia* gleichzeitig auch in einer Rundfunkübertragung zu senden, trug ebenfalls zu dieser Popularität bei. Bei den verschiedenen Zwischenaufenthalten sahen wir Leute, die gekommen waren, um die Sänger zu begrüßen, die sie am Abend zuvor ... im Radio gehört hatten.«[92]

Das Berliner Publikum hörte die Scala-Truppe in je einer Vorstellung von sechs Opern, in die sich die Staatsoper Unter den Linden (*Falstaff, Il*

Trovatore, Manon Lescaut und *Aida*) und die Städtische Oper in Charlottenburg (*Rigoletto* und *Lucia di Lammermoor*) teilten. Wie in Wien weisen die Presseberichte auf die Reaktion verblüffter Bewunderung bei Publikum und Kritik hin. So der *Vorwärts*:

»Die Eröffnungsvorstellung, *Falstaff*, übertraf alle Erwartungen und war ein großes künstlerisches Ereignis. Das Produkt absoluter Perfektion ist das Ergebnis der Zusammenarbeit aller musikalischen und szenischen Kräfte unter der Leitung Toscaninis.«

Der Musikwissenschaftler Alfred Einstein schrieb im *Berliner Tagblatt*:

»Hoffen wir, daß die deutschen Künstler, die diese Vorstellung besuchten, etwas daraus gelernt haben; jedenfalls hat uns die italienische Operntruppe einen erfreulichen, aber auch gefährlichen Maßstab zur Beurteilung deutscher Kunstleistungen an die Hand gegeben ... Wenn das Gastspiel Toscaninis und seines Mailänder Ensembles nichts weiter wäre als eine Lektion im wirklichen italienischen Opernstil – es wäre schon ein wichtiges Datum, eine Epoche im Berliner Musikleben. Italienischer Opernstil: nicht wahr, das ist das freiestes Tempo rubato, Sitzbäder der Sänger auf den hohen Noten, bis zum Fortissimo geschwellte Fermaten; heftige orchestrale Steigerungen bis zur letzten dynamischen Explosion ... Und nun: das Fortissimo nicht gebrüllt; das Ganze unpathetisch, zum mindesten unrhetorisch ...«

Max Marschalk von der *Vossischen Zeitung* nahm auf die Disziplin Bezug, die Toscanini forderte und auferlegte:

»Es ist nicht richtig, daß sie die Sänger daran hindert, ihr Bestes zu geben, im Gegenteil. Toscanini bringt sie auf den richtigen Weg und ermöglicht es ihnen, ihre wirklichen Qualitäten individuell zu entwikkeln. So macht er sie, anstatt sie einzukerkern, freier, und das läßt Toscaninis Kunst zu einer großen Sache werden, die einem Wunder gleichkommt.«

Negative Bemerkungen wurden von manchen Kritikern gegen Forzanos Inszenierungen vorgebracht: Ein Rezensent schrieb, sie seien im Stil der Jahre um 1880 gehalten. (*Falstaff* und *Manon Lescaut* wurden von diesen Rügen im allgemeinen ausgenommen.) Die Sänger wurden größtenteils für höchst kompetent oder sehr gut erachtet, aber nicht für außergewöhnlich. Eine abweichende Ansicht über Toscanini ist schwer aufzutreiben. Höchstens die von Oscar Bie vom *Berliner Börsen-Courier*, der seine

Tempo-Modifikationen in *Aida* bemängelte – die Alfred Einstein wiederum geradezu bewunderte: »[Gehalten] im klassischen und zugleich vollkommen persönlichen Interpretationsstil, mit dem Toscanini die abgewracktesten und ausgewrungensten Werke zu neuem Leben erweckt...« Über den Scala-Besuch schrieb Einstein auch:

> »Aber es ist für uns viel mehr als ein außerordentliches Opernereignis. Es ist uns ein Beispiel, es ist die Enthüllung eines unendlich einfachen Geheimnisses: daß das Ungewöhnliche nur durch den absoluten Willen eines von Musik Besessenen, für die Musik (und sonst nichts) Besessenen erreicht werden kann, daß die Voraussetzung des Ungewöhnlichen ist: Arbeit, Dienst an der Sache und nichts weiter.«

Karl Holl schrieb einen langen Artikel in der *Frankfurter Zeitung* vom 9. Juni, in dem er den Erfolg der Scala analysierte und aus dem ich die folgenden Abschnitte zitieren möchte:

> »An sechs Abenden dankten Fremde, Einheimische und Leute ›vom Bau‹ mit stürmischen Huldigungen ihm und seinen Getreuen für das Geschenk buchstäblich unerhörter Operneindrücke ... Virtuosität, sosehr er sie besitzt und fordert, ist und bleibt für ihn nur Mittel zum Zweck ... Toscanini ist nicht die Scala; man kann ihn auch ohne sie denken. Aber die Scala von heute ist ein kollektiver Toscanini; sie ist sein Wille und seine Leistung ...
> Das Gastspiel der Scala hat alle Besucher ergriffen, erschüttert, entzückt. Tosender Beifall durchbrach und umrahmte besonders die Aufführungen der populärsten Werke. Selbst wenn man ein gut Teil Begeisterung der Werbekraft des Namens und der Sensation des Fremden zuschreibt, bleibt ein Erfolg, wie er in der neueren deutschen Operngeschichte ohne Beispiel dasteht ... Die Scala hat uns wieder an die Oper, an ein Opernwesen und an ein Opernpublikum glauben gelehrt ... Denn das Geheimnis dieses Volltreffers ins Ohr und Herz eines breiten Publikums, jenseits aller Zweifel und Mängel, läßt sich mit drei Worten erschließen: Ausnahmeleistung eines Ensembles.
> ... Die Bewunderung für die Italiener soll uns den Blick für die besonderen Vorzüge der führenden deutschen Ensembles gewiß nicht trüben. Aber sie mag uns eine unablässige Mahnung sein.«

Unter den Besuchern der Aufführungen waren auch Bruno Walter, Wilhelm Furtwängler, Fritz Busch, Otto Klemperer, Erich Kleiber, Karl Elmendorff, Paul Bekker, Siegfried Wagner, Leo Blech, Max von Schillings, Max Reinhardt und Alfred Einsteins Cousin Albert. Walter schrieb, daß

»ein höherer Begriff von den älteren italienischen Opern wie *Lucia, Troubadour* und *Rigoletto* sowie ein höchster von italienischer Opernkultur im allgemeinen ... durch seine meisterhaften Aufführungen« entstand. »Zu mir sprach aus jeder Einzelheit der Vorstellungen, denen ich beiwohnen konnte, die Lebensarbeit und das imperative moralische Verantwortungsgefühl eines bedeutenden Musikers ...«[93] Und Klemperer nannte die Aufführungen »wunderbar und unvergeßlich«.[94] Dies waren, im Lichte einiger nicht sehr schmeichelhafter Vergleiche, die, stillschweigend oder explizit, in der Presse zwischen Toscanini und verschiedenen deutschen und österreichischen Dirigenten angestellt worden waren, sehr großmütige Äußerungen. Im *Bayerischen Kurier* vom 29. Mai schrieb beispielsweise H. R. Gail:

> »Nicht nur Berlin: ganz Deutschland erschien in der letzten Woche als ein einziges großes Sprachrohr, durch das immer nur eine einzige Stimme redete: Toscanini. Die Faszination war in Berlin derart fiebrig, daß man für die deutschen Kunstkreise, für die deutsche Musikkultur fürchten könnte. Wird Italien auch in derartig himmelhochjauchzendem Enthusiasmus machen, wenn Blech, Kleiber oder Klemperer einmal mit der Berliner Staatsoper nach Italien kämen? *Nein!* Denn diese drei Dirigenten zusammengenommen machen noch lange nicht Toscanini aus – so sagen die Enthusiasten.«

Toscanini und die gesamte Truppe wurden bei ihrer Heimkehr nach Italien aufs wärmste begrüßt. An jeder Bahnstation jenseits der Grenze fanden sich Stadtvertreter zum Willkommen ein, streuten Kinder Blumen, dankten die Leute den Mitwirkenden für die Rundfunkübertragungen von *Lucia* aus Wien und von *Aida* aus Berlin. Als der Zug sich Mailand näherte, durchquerte Toscanini ihn der Länge nach und hielt in jedem Abteil inne, um den Sängern, Musikern und Bühnenarbeitern die Hände zu schütteln und ihnen zu danken. Er wußte – und viele andere hatten umlaufende Gerüchte gehört –, daß dies das Ende des glorreichen Jahrzehnts bedeutete, das er und die Scala miteinander verbracht hatten (denn es war genau zehn Jahre her, daß Caldara und Albertini mit ihm die Bildung des »ente autonomo« zu diskutieren begonnen hatten). Fraccaroli berichtete, daß seine Stimme vor Erregung bebte, daß viele Ensemblemitglieder in Tränen aufgelöst waren und daß die ganze Szene von einem unbeschreiblichen Ausbruch wechselseitiger Zuneigung beherrscht war. Als er von seinem Rundgang durch die Abteilkorridore zurückkehrte, schlugen ihm allerseits laute Hochrufe entgegen.

In Mailand erhielt Toscanini ein schwülstiges Telegramm Mussolinis, in dem es hieß, daß »die Aufführungen der Scala nicht nur die großen historischen Tugenden einer künstlerischen Organisation, sondern auch den neuen Geist des zeitgenössischen Italien bekannt gemacht haben, das sich in dem Willen vereint, die in jedem Bereich menschlicher Aktivität erforderliche harmonische Disziplin zu meistern«.[95] Toscanini verstand Mussolinis Implikation, daß er, gewollt oder nicht, wenn er zum Ruhm der Scala beitrug, auch den Ruhm der neuen faschistischen Gesellschaft mehrte. Er erwiderte, daß »ich heute, wie gestern und immer, meiner Kunst in Demut, aber heftiger Liebe diene und weiter dienen werde, in der Gewißheit, daß ich dabei auch meinem Lande diene und es ehre«.[96] Er muß sich bei der Niederschrift dieser Formulierungen zugleich aber auch gedacht haben, daß er seinem Lande diesen Dienst erwies, wo immer er arbeitete, ob innerhalb oder außerhalb Italiens. Am Tage nach seiner letzten Berliner Vorstellung hatte das *Berliner Tagblatt* eine Nachricht verbreitet, die in Italien der Öffentlichkeit noch nicht zur Kenntnis gebracht worden war: »Der Maestro wird die Scala verlassen und seine Tätigkeit als Operndirigent aufgeben.« Als er das nächstemal mit einem italienischen Klangkörper musizierte, waren Mussolini und die neue faschistische Gesellschaft bereits tot.

VI

Das Wagnis, nein zu sagen

Noch im Juni 1929 hoffte die Scala-Intendanz, daß Toscanini zurückkehren würde. »Nach dem triumphalen Ergebnis der Tournee in Österreich und Deutschland«, schrieb Scandiani an Lauri-Volpi (der sich zur Zeit der Tournee mit Toscanini wieder ausgesöhnt hatte), »und nach den Beifallskundgebungen, die ihm bei unserer Heimkehr entgegenschlugen, hoffe ich, daß er seinen Entschluß rückgängig machen und der nächsten Scala-Saison wieder einen Teil seiner Aktivitäten widmen wird.«[1] Tatsächlich trug Toscanini sich mit dem Gedanken, eine Neueinstudierung von Rossinis *Guglielmo Tell* zum hundertsten Geburtstag der Oper vorzubereiten, der in dieses Jahr fiel, und zwar mit Lauri-Volpi als Arnoldo. Im Juli aber informierte Scandiani den Tenor: »Maestro Toscanini hat sich entschlossen, wegen der exzessiven Arbeitsbelastung durch die Vorbereitung und Leitung seiner Konzerte in Amerika nicht an der Scala zu dirigieren.«[2]

Zwanzig Jahre später faßte Toscanini im Gespräch mit B. H. Haggin seine Jahre an der Scala folgendermaßen zusammen:

> »Nach dem Krieg [dem Ersten Weltkrieg] baten sie mich, an die Scala zurückzukehren. Ich wollte nicht, aber sie sagten, ich müßte. Ich begann mit fünf Opern; im nächsten Jahr zwölf [tatsächlich nur elf]; und ich dirigierte neunzig [tatsächlich nur etwa fünfundsiebzig] Vorstellungen pro Saison. Dann dirigierten mehr und mehr auch andere Dirigenten, und ich leitete nur noch fünfzig Vorstellungen. Dann hatte ich das Gefühl, nicht mehr die Verantwortung für die ganze Spielzeit übernehmen zu können, und trat zurück.«[3]

Natürlich wäre Toscanini sicherlich im Jahre 1921 nicht an die Scala zurückgekehrt, wenn er nicht auch ein gewisses Bedürfnis danach gehabt hätte; und die Intendanz wäre zweifellos überglücklich gewesen, ihm die Leitung aller Vorstellungen zu übertragen, wenn er das nur gewollt hätte. Nur wenige Monate nach seinem Weggang von der Scala hatte Toscanini eine längere Unterredung mit Raffaelle de Rensis, der zu entnehmen ist, daß er für kurze Zeit sogar mit dem Gedanken gespielt hatte, dem Operntheater ganz den Rücken zu kehren:

»Gerade das Operndirigieren bringt mich an den Rand der Erschöpfung. Und ich muß wiederholen, daß der einzige Grund für meinen Weggang von der Scala das Bedürfnis nach einem weniger aufreibenden Leben ist. Ich hatte mich neununddreißig Jahre lang an allen Opernhäusern der Welt herumgetrieben und überall meine Spuren hinterlassen, bevor ich den Entschluß faßte, dem Theater Lebewohl zu sagen, sobald ich Boitos *Nerone* auf die Bühne gebracht hatte. Das war für mich eine Freundes- und Dankesschuld.«[4]

In diesem Zusammenhang zeigte Toscanini de Rensis ein in seinem Besitz befindliches Manuskript von Boito, das ihn auf allen seinen Reisen begleitete. Der erste Satz lautete: »Gesegnet die Künste, die keiner Interpreten bedürfen.« Das veranlaßte Toscanini, über musikalische Interpretation zu sprechen:

»Die heutigen Dirigenten wetteifern im allgemeinen darin, sich voneinander zu unterscheiden, so daß man von der *Pastorale* von X oder der *Eroica* von Y sprechen kann und dabei völlig vergißt, daß Beethoven der alleinige Schöpfer ist. Es hat den Anschein, daß sie aus der Partitur immer ein bißchen von allem ausgraben wollen – nur nicht das, was darin steckt. Sogar Verdi hat sich zu seiner Zeit über die Eigenmächtigkeit von Sängern und Dirigenten beklagt, die beharrlich sich und ihre eigenen Intentionen über die des Komponisten stellten.«

De Rensis berichtet, Toscanini habe ihm erzählt, er halte Furtwänglers Art und Weise, Wagner zu dirigieren, für absolut genauso schlüssig wie seine eigene. Er fuhr dann fort und äußerte sich mit einer speziellen Bemerkung über zeitgenössische Opern: »Die heutigen Komponisten können ihre eigenen Opern nicht aushalten und lieben; und deshalb kann auch das Publikum sie nicht aushalten und lieben.« De Rensis fragte, ob nicht vielleicht der Mangel an wirklich neuen Opern für die Opernkrise verantwortlich sei, mehr als alles andere sonst.

»›Mangel? Nein, es ist eher ein Überfluß von Neuheiten, der die Ausgewogenheit unserer Opernspielpläne durcheinanderbringt. Die armen Verleger können sich gar nicht davor retten. Aber sehen Sie: Manche gestern geschriebenen Opern sind bereits verwelkt‹ – hier gab mir der Maestro einige Beispiele; ›andere, heute geschriebene werden kein Morgen kennenlernen‹ – weitere Beispiele. ›Und das Bedauerliche daran ist, daß die Komponisten beharrlich die Verleger und Dirigenten für den Mangel an Vitalität in ihren Opern verantwortlich machen. Das ist aber ganz und gar nicht der Fall. Zur Zeit kann man nicht von ehrwürdigen Kunstwerken sprechen. Die Verleger kaufen neue Werke an, die Theater setzen sie auf den Spielplan, wir dirigieren sie, und das Publikum strömt herbei. Wessen Schuld ist es, wenn die Oper ihre Schwingen entfaltet und nach kurzem Flug am Boden zerschellt? Ich gehe sogar noch weiter: Wo steht eigentlich geschrieben, daß alle Opern, die von modernen Komponisten geschrieben werden, beim Publikum auch wirklich Anklang finden müssen? Haben nicht sogar Verdi und Rossini Partituren hervorgebracht, die zu Recht tiefem Vergessen anheimgefallen sind?‹«

Schließlich eine letzte Anmerkung zu Toscaninis Weggang von der Scala: Am 13. November – das heißt in der Woche der Saisoneröffnung der Scala, als feststand, daß Toscanini nicht zurückkehren würde – traf aus Rom die Nachricht ein, daß das Mussolini-Regime der Scala den gewaltigen neuen Jahreszuschuß von eineinhalb Millionen Lire zugebilligt hatte.[5]

Inzwischen war Toscanini bereits seit sechs Wochen seinen New Yorker Verpflichtungen nachgekommen. Am 3. Oktober hatte er seine Konzertreihe mit Schumanns *Manfred*-Ouvertüre, seiner persönlichen Erstaufführung von Strauss' *Don Quixote* und Beethovens siebenter Symphonie eröffnet. Die Aufführungen setzten sich bis zum 24. November fort und boten ebenso seine persönlichen Erstaufführungen von Brahms' Doppelkonzert für Violine und Violoncello, Berlioz' *Harold in Italien*, Mozarts *Adagio und Fuge c-Moll* und Ravels *Bolero;* dazu kamen weitere Schallplattenaufnahmen. Nach einer längeren Unterbrechung für einen Italien-Aufenthalt kehrte er nach New York zurück, um am 27. Februar 1930 seine restlichen Konzertverpflichtungen wiederaufzunehmen und das Orchester auf seine bevorstehende Europa-Tournee vorzubereiten. Toscanini und Mengelberg waren für die Saison 1929/30 gemeinsam als leitende Dirigenten nominiert worden. Ohne Frage war Toscanini zu diesem Zeitpunkt jedoch de facto alleiniger Orchesterchef: Orchester und Intendanz behandelten ihn so, und er leitete jedes Konzert der Tournee. Verschiedene Orchestermitglieder hatten Toscanini bedeutet, daß Mengelberg sich bei Proben abfällig über ihn geäußert habe, und Toscanini hatte die Philharmonic-Intendanz aufgefordert, zwischen ihm und Mengelberg zu wählen. Mengelberg kam für die Saison 1930/31 nicht mehr nach New York zurück.

Die Konzerte vor der Tournee enthielten Werke von elf Komponisten, die neu in Toscaninis Repertoire waren. Am 22. März nahm er an einem Konzert für Kinder teil, bei dem er das *Meistersinger*-Vorspiel dirigierte. Diese Veranstaltungen wurden gewöhnlich von Ernest Schelling geleitet; Toscanini war jedoch gebeten worden, sich am letzten Konzert dieser Saison zu beteiligen. So half er, einigen der Kinder Ehrenbänder anzuheften (und bekam selbst eines von Schelling), und er hielt sogar eine kleine Ansprache auf Englisch. Er muß zu dieser Zeit in sehr ausgeglichener Stimmung gewesen sein, weil er drei Tage später, an seinem dreiundsechzigsten Geburtstag, die Ehrendoktorwürde des Music Department der Georgetown University in Washington annahm. Seine Dankesrede dauerte ungefähr fünfzehn Sekunden. Die gleiche Ehrung wurde an diesem Tage Paul Claudel zuteil.

Das letzte Konzert des Philharmonic Orchestra fand am 20. April statt; drei Tage später gingen Toscanini und das Orchester an Bord der »De Grasse«, mit dem Reiseziel Le Havre. Die Engagements in Europa waren vertraglich von Anita Colombo abgewickelt worden, die als Konzertagent des Philharmonic gearbeitet hatte. Toscanini und seine Familie reisten mit sechsundzwanzig Gepäckstücken, einem Hund, zwei Kanarienvögeln und drei eleganten Vogelkäfigen. Die Abwicklung der Zoll- und Einwanderungsformalitäten muß für die Offiziellen des Orchesters Gegenstand ständigen Kopfzerbrechens gewesen sein, da die hundertzwölf Orchestermitglieder vierunddreißig verschiedene Nationalitäten repräsentierten. (Es waren zu der Zeit nur ungefähr zwanzig gebürtige Amerikaner darunter.) Bei der Landung informierten einige der Musiker neugierige Reporter, daß Toscanini viel Zeit an Deck verbracht, die Spiele und athletischen Übungen der Passagiere beobachtet und bis zum frühen Morgen viel Zeit darauf verwendet habe, den Tänzern zuzusehen und der Jazz-Band zuzuhören. »Wir haben einen neuen Toscanini kennengelernt«, sagte einer der Musiker, »nicht mehr den noblen und unnahbaren Dirigenten, sondern einen umgänglichen, heiteren und sogar zu Späßen aufgelegten Reisegefährten ...«[6] Die Zeitungsleute erfuhren auch, daß die Philharmonic Society 200 000 Dollar als Bürgschaft für die Tournee ausgeworfen hatte.

Im Laufe der Tournee, die am 3. und 4. Mai mit zwei Konzerten in der Opéra von Paris eröffnet wurde, kamen Werke von neun damals noch lebenden Komponisten (Elgar, Goossens, Honegger, Kodály, Pizzetti, Ravel, Respighi, Strauss und Tommasini) und fünfzehn weiteren (Bach, Beethoven, Berlioz, Brahms, Debussy, Franck, Haydn, Mendelssohn, Mozart, Mussorgsky, Rossini, Schumann, Smetana, Wagner und Weber) zur Aufführung. Es wiederholten sich die Reaktionen der Wiener und Berliner Zuhörer und Kritiker auf die Scala-Tournee des vergangenen Jahres. Émile Vuillermoz, der für *Excelsior* schrieb, schlug als erster die Tonart an, die einen ganzen Monat lang zu hören sein sollte:

> »Toscanini hat Paris wie ein Meteor, wie eine Sternschnuppe überflogen. Er ist wahrlich ein Meister, nicht nur ein Dirigent, sondern der Meister aller Dirigenten ... Er erzielt Nuancen, Flexibilität, Einsätze

und Crescendi von einer Qualität, die absolut einmalig in der Welt ist. Er war imstande, eine Präzision der Ausführung aus seinem Orchester herauszuholen, die für uns etwas Unerklärliches und Wunderbares an sich hat: Sie ist absolute, unbestreitbare und überwältigende Materialperfektion.«

Beim zweiten Konzert, das unter anderem Ravels *Bolero* bot, ereignete sich ein seltsamer und verwirrender Vorfall. Der Komponist war anwesend und weigerte sich laut Zeitungsberichten, sich nach der Aufführung seines Stückes zu verbeugen, weil er meinte, Toscaninis Tempo sei zu schnell gewesen. Am 6. Mai schrieb Ravel an seine Freundin Hélène Kahn-Casella:

»Zu schade, daß Sie nicht hinter die Bühne gekommen sind: es gab fast eine kleine Szene. Die Leute waren konsterniert, daß ich die Kühnheit hatte, dem großen Virtuosen zu sagen, daß er das Stück doppelt so schnell gespielt habe. Ich war nur zu diesem Zweck gekommen ... er ist aber trotzdem ein hervorragender Virtuose, ebenso hervorragend wie sein Orchester.«[7]

Und zwei Tage später an Ida Godebska:

»Wenn ich in der Oper gesehen worden bin, so nur deshalb, weil ich wußte, daß Toscanini beim *Bolero* ein lächerliches Tempo nehmen würde und ich ihm das sagen wollte, was alle Welt verblüfft hat, angefangen mit dem großen Virtuosen.«[8]

Im September aber schrieb Ravel an Toscanini:

»Mein lieber Freund, ich habe kürzlich erfahren, daß es eine Toscanini-Ravel-›Affäre‹ gegeben haben soll. Sie selbst werden darüber zweifellos gar nicht im Bilde sein, obwohl man mir versichert hat, die Zeitungen hätten darüber berichtet: Es hat den Anschein, daß, als ich mich weigerte, mich zu erheben, als in der Oper applaudiert wurde, das geschah, um Sie dafür zu bestrafen, daß Sie beim *Bolero* nicht das korrekte Tempo genommen hatten.
Ich bin immer der Meinung gewesen, daß der Komponist, wenn er an einer Aufführung seines Werkes nicht beteiligt gewesen ist, auch keine Ovationen erhalten soll, die dann eigentlich nur dem Interpreten oder dem Werk zu gelten hätten, oder beiden.
Bedauerlicherweise saß ich zu schlecht – oder besser: zu gut –, als daß meine Enthaltsamkeit nicht bemerkt worden wäre. Dennoch versuchte

ich, damit meine Haltung nicht mißverstanden werden sollte, mich Ihnen zuwendend, Ihnen zu applaudieren und zu danken. Aber – nicht wahr? – Böswilligkeit ist für ›Sensations‹-Nachrichten eben besser geeignet als die Wahrheit...«[9]

Und nur zehn Tage später schrieb Ravel erneut an Toscanini:

»Und zwar nur, um Ihnen zu sagen, daß ich mir lebhaft wünschte, mein Konzert [das in D-Dur für Klavier linke Hand und Orchester], das ich für Wittgenstein geschrieben habe, von Ihnen und dem bewundernswerten Orchester, das Sie geformt haben, erstaufgeführt zu sehen. Und ich bin sicher, daß Wittgenstein darin ganz meiner Meinung ist.«[10]

Man kann kaum umhin zu bemerken, daß, nach dem ganzen Gerangel um das falsche Tempo, auf Ravels sanften und versöhnlichen ersten Brief an Toscanini – vier Monate nach dem Vorfall – geradezu verblüffend schnell das Gesuch um die Klavierkonzert-Premiere folgte. Ich weiß nicht, ob Toscanini Ravels Brief beantwortet hat; wenn er aber auch nie dies Konzert dirigiert hat, so hat er im weiteren Verlauf seiner Karriere doch stets andere Werke Ravels aufgeführt.
Von Paris reiste das Orchester nach Zürich, Mailand, Turin, Rom und Florenz. Die Anwesenheit der Prinzessin von Piemont beim Turiner Konzert hatte es erforderlich gemacht, den Königsmarsch zu spielen; und Mussolini hatte gesetzlich verankern lassen, daß, wann immer der Königsmarsch gespielt wurde, darauf die *Giovinezza*-Hymne zu folgen hatte. Toscanini erklärte, er könne diese Regelung nicht hinnehmen. So wurde ein Kompromiß ausgehandelt: Nachdem das Orchester Platz genommen und seine Instrumente gestimmt hatte, kam eine Militärkapelle auf die Bühne, um die beiden Hymnen zu spielen. In Rom wünschte die königliche Familie eine Vorstellung zu besuchen, und beinahe hätte sich ein ähnlicher – oder schlimmerer – Vorfall ereignet; aber die Hoheiten gaben klugerweise nach und kündigten an, daß ihr Besuch nur »inoffiziell« sei. Es wurden also keine Hymnen gespielt.
Ugo Ojetti besuchte das Konzert in Florenz und verbrachte danach einige Zeit zusammen mit Toscanini, seiner Familie und einigen Freunden im Haus des Pianisten Ernesto Consolo:

»... Toscanini ißt und trinkt, ohne sich lange bitten zu lassen. Ich habe ihn, was seine Gesichtsfarbe angeht, nie so blühend und faltenlos gesehen. Er macht einen gesunden Eindruck; die Lippen unter dem aufgezwirbelten Schnurrbart leuchten rot; seine grünen Augen ... blitzen lebhaft aus den Schattenringen hervor, die seine vorstehenden Augenbrauen bilden; und seine Stimme, irgendwo zwischen Rauhheit und vibrierender Klangfülle, verleiht jedem seiner Sätze den Tonfall von Zuversicht, wie sie nur die Macht der Aufrichtigkeit eingibt...

›Die wichtigste Eigenschaft eines Dirigenten? Demut, Demut‹, sagt er... ›Wenn irgend etwas schief läuft, so deshalb, weil ich den Komponisten nicht verstanden habe. Es ist immer meine Schuld. Wer glaubt, daß Mozart, Beethoven, Wagner oder Verdi sich irren und korrigiert werden müssen, ist ein Idiot. Man muß sie mehr studieren, das Studium erneut aufnehmen, sie noch besser verstehen lernen. Sie haben keine Musik geschrieben, damit ich gut dastehe. Ich bin es, der sie gut dastehen lassen muß, indem ich sie so zu erkennen gebe, wie sie sind, indem ich das Orchester und mich selbst ihnen näherzubringen versuche, so nahe ich kann, so daß nichts durch die Maschen schlüpft. Der Dirigent soll nicht schöpferisch tätig sein, sondern ausführen. Demut, Redlichkeit, Klarheit, Eintracht.‹ ... Maestro Tommasini flüstert mir ins Ohr: ›Er glaubt, sagt und tut all das wirklich. Aber von Demut bei – oder – zu hören...‹. Die Namen der beiden Dirigenten sind mir entfallen.

... Auf dem Weg von Rom nach Florenz hielt er sich fortwährend auf dem Gang des Waggons auf, um die Aussicht zu genießen. Er kam um vier Uhr nachmittags an, probte ein oder zwei Stunden, dirigierte abends drei Stunden, und jetzt ist es zwei Uhr nachts. ›Ich bin lieber auf den Beinen. Sie hätten die Begeisterung des Orchesters sehen sollen, im Zug, als wir durch die römische Campagna fuhren, dann über Orvieto, dann am Trasimenischen See entlang, dann durch diese toskanischen Berge. Wir hätten es so einrichten sollen, daß sie in Italien immer tagsüber reisen.‹ ...

Jemand merkt an: ›Die beiden Sünden, die Toscanini nicht entschuldigt, sind Nachlässigkeit und Faulheit.‹ Toscanini nimmt die Bemerkung auf. ›Sicher, weil sie das genaue Gegenteil von Liebe, das genaue Gegenteil von Zuverlässigkeit sind. Der da ist faul? Der da ist zerfahren? Dann sollen sie eben zu Hause bleiben! Wer hat denn gesagt, daß sie im Orchester spielen müssen? In diesem Beruf muß man alles geben, was man in sich hat. Technik und Beherrschung des Handwerks sind nicht genug. Ein perfekter Spieler und ein perfektes Instrument: das ist natürlich der erste Schritt. Aber dann muß auch das Herz beteiligt sein.‹

... ›Machen Sie weitere Schallplattenaufnahmen in Amerika?‹ – ›Hören Sie mir auf mit Schallplattenaufnahmen! Sie sind ein Martyrium. Da arbeitet man und arbeitet; der erreichte Stand des Könnens scheint ausgezeichnet. Und dann bekommt man die fertige Schallplatte, und es ist zum Haareausraufen. Geld? Wozu soll Geld nützen? Um in Frieden zu leben – ich meine, ohne irgend etwas zu tun? Wovon sprechen Sie!

Meine Gemäldesammlung? Hören Sie, in Mailand habe ich, wie Sie wissen, auf einer Auktion Telemaco Signorinis *Morgentoilette* gekauft. Dieses Licht, das durch die offenen grünen Fensterläden fällt, die Frau, die ihr Haar vor einem Spiegel kämmt, ihr auf dem Sofa hingestreckter Freund ... Konnte ich bei einem solchen Bild nein sagen? Niemals. Meine Frau – lassen Sie mich das sagen, es ist wahr – schalt mich und nahm mir das schriftliche Versprechen ab, zwei weitere Schallplattenaufnahmen zu machen. Ist das richtig oder nicht? Also habe ich Recht. Ich habe drei Leidenschaften: Gemälde – natürlich nur die, die ich mag –, Leopardis Briefe und Mozarts Briefe ...‹ Wenn er lächelt, wendet er sich herzlich seiner Frau zu, die ihr mißbilligendes Kopfnicken steigert. ... Die Stimme eines Mädchens wiederholt: ›Es ist vier Uhr nachts.‹ – ›Du denkst, es ist spät, Kleine? Die Nacht ist so viel schöner als der Tag. Der Tag ist für jeden da.‹ – ›Aber Sie haben um elf einen Empfang im Palazzo Vecchio.‹ – ›Tatsächlich? Aber bis dahin sind es ja noch sieben Stunden.‹ ...«[11]

Von Florenz reiste das Orchester weiter nach München, dann nach Wien, Budapest, Prag, Leipzig, Dresden und Berlin; überall erntete es verblüffte Bewunderung. Im Rückblick auf die Berliner Konzerte schrieb Bruno Walter fünfzehn Jahre später: »... und habe besonders eine hervorragende Aufführung von Debussys *La Mer* noch im Ohr.«[12] Noch später erinnerte sich der Kritiker Heinrich Strobel, daß sich unter den am höchsten begeisterten Zuhörern Walter, Klemperer und Kleiber befunden hätten:

»Die unvoreingenommene Anerkennung dieser Perfektion seitens der drei großen Dirigenten wiegt jeden kritischen Einwand auf ... Er wurde ein ›Fanatiker der Präzision und der künstlerischen Werktreue‹ genannt, weil er sich und das Orchester dem Kunstwerk vollständig unterordnete; und das ist absolut richtig ... Aber eine bloß handwerksähnliche Interpretation würde nie einen solchen Eindruck hinterlassen haben, wäre nicht in jenem als Toscanini bekannten ›Fanatiker der Gewissenhaftigkeit‹ der Geist eines leidenschaftlichen Feuers am Werk gewesen.«[13]

Brüssel empfing das Philharmonic zu einem Konzert im Palais des Beaux-Arts, und die Tournee endete in London mit zwei Aufführungen in der Albert Hall und in der Queen's Hall. (Das Konzertleben hat sich in den vergangenen fünfzig Jahren zweifellos gewandelt: Sieben der elf nichtitalienischen Städte, die das Philharmonic auf seiner Tournee besuchte – darunter London –, hatten Toscanini nie zuvor gehört, obwohl er doch schon dreiundsechzig Jahre alt und der berühmteste Dirigent seiner Zeit war.) Die Reaktion in England war genau die gleiche wie überall sonst im Laufe der gesamten Tournee: Verblüffung und ekstatische Begeisterung. *The Times* schrieb, daß die Klarheit des Orchesters so groß gewesen sei, daß »nicht einmal die Albert Hall sie verdunkeln konnte, jedenfalls nicht für lange«. Der König und die Königin besuchten das erste Konzert; desgleichen ein früherer Musikkritiker mit Namen Bernard Shaw und ein Freund von Brahms, der Dirigent George Henschel, der Toscanini hinterher einen herzlichen Dankesbrief schrieb. Er lobte die Aufführung der zweiten Symphonie von Brahms und hob hervor, daß Toscanini der beste aller Dirigenten sei, die er je gehört habe. Nach dem zweiten Konzert schrieb der Kritiker W. J. Turner:

> »Keinem Dirigenten, den ich gehört habe, ist es gelungen, eine ähnliche Virtuosität zu erreichen und sie stets im Dienst einer rein musikalischen Intention zu belassen. Es gibt in Toscaninis Art zu dirigieren nicht die geringste Spur ... von Zurschaustellung, eitler Pose oder Selbstüberschätzung. Sie ist absolut direkt.«[14]

Das letzte Londoner Konzert fand am 4. Juni in der Queen's Hall statt. In zweiunddreißig Tagen hatte das Philharmonic Orchestra dreiundzwanzig Vorstellungen in fünfzehn Städten und neun Ländern gegeben. Weil Toscanini nach Italien reiste, während das Orchester nach Amerika zurückkehrte, schrieb er vor dem Abschlußkonzert den Musikern einen Brief:

> »Meine sehr lieben Freunde, Mitglieder des Philharmonic Orchestra, ich bin von Herzen bekümmert! Der Gedanke, daß wir heute abend das letzte Konzert unserer erfolgreichen Tournee geben und uns morgen, nach sieben in herzlicher, familiärer menschlicher Wärme verbrachten Wochen trennen müssen, bewegt mich tief. Aber so ist das Leben. Es besteht beinahe immer nur aus schmerzlichen Abschieden. Und wenn wir nicht unseren Lieben oder nahen Freunden Lebewohl sagen, so sagen wir unseren Illusionen Lebewohl.
> Diesmal aber wird die Gewißheit, daß unsere Tournee eine hervorragende künstlerische Kundgebung gewesen ist, uns nicht verlassen. Ich bin völlig sicher, daß wir alle uns diese glückliche Erinnerung für immer bewahren werden. Was mich aber am meisten bewegt, Ihnen zu schreiben und mich Ihnen zu eröffnen, ist die große Freude, die ich jeden Tag mehr spürte, als ich Zeuge der Begeisterung und der Redlichkeit wurde, die Sie darauf verwendet haben, jedes Konzert das vorhergehende übertreffen zu machen; und Sie haben nie das geringste Zeichen von Müdigkeit zu erkennen gegeben! Sie sind wirklich wun-

derbar gewesen. Ich danke Ihnen, und ich darf Ihnen sagen, daß ich heute nicht nur stolz auf Sie bin, sondern Sie auch als treue Freunde liebe.

Und jetzt wünsche ich Ihnen eine angenehme Überfahrt, und auf Wiedersehen bis November.«[15]

Toscaninis Urlaubszeit zu Hause war kurz – nicht einmal drei Wochen. Ende Juni war er in Bayreuth, wo er eines der großen Ziele seiner Laufbahn verwirklichen sollte – als erster nicht-deutscher Dirigent dirigierte er hier Wagner.

Er hatte, wie bereits erwähnt, die Bayreuther Festspiele schon im Jahre 1899 besucht. Siegfried Wagner, der Sohn des Komponisten, hatte Toscanini seit der *Tristan*-Aufführung, die er 1901 an der Scala gesehen hatte, sehr bewundert und sich viele Jahre lang gewünscht, Toscanini nach Bayreuth holen zu können, war aber dem Widerstand konservativer Elemente unter den »einflußreichen Persönlichkeiten« der Festspiele ausgesetzt gewesen, für die die Vorstellung der Verpflichtung eines italienischen Dirigenten und seiner Mitwirkung im deutschen Allerheiligsten schlechthin undenkbar war. Der deutsche Dirigent Karl Muck, lange Zeit eine Säule der Festspiele, war der Hauptfaktor, der einem Engagement Toscaninis entgegenstand, und er hatte die Unterstützung von Siegfrieds Schwester, Eva Chamberlain, und Stiefschwester, Daniela Thode, für sich gehabt – die später zu Toscaninis fanatischsten Bewunderern zählen sollten. (Cosima war, wenn auch über neunzig Jahre alt, noch am Leben, als diese Auseinandersetzung ihren Höhepunkt erreichte; sie war, laut Friedelind Wagner, Siegfrieds Tochter, noch bei absolut klarem Verstand, hatte sich aber seit 1906 an Entscheidungen, die die Festspiele betrafen, nicht mehr beteiligt. Sie starb am 1. April 1930, und Toscanini leitete das Philharmonic Orchestra zwei Tage später beim Gedenkkonzert für sie mit dem Trauermarsch aus der *Götterdämmerung*.)

Im Jahre 1929 entschloß sich Siegfried Wagner sich über alle Widerstände hinwegzusetzen und Toscanini eine Einladung zu schicken. Der Dirigent würde, so hoffte er, Bayreuth nicht nur in künstlerischem Sinne zugute kommen, sondern auch die internationale Aufmerksamkeit auf die Festspiele lenken und ein neues Publikum anzulocken helfen. Siegfried und seine junge, aus England stammende Gattin Winifred reisten während der Scala-Tournee im Frühjahr 1929 nach Berlin und sprachen mit Toscanini, der interessiert war. Im Herbst kamen sie nach Mailand, um ihm einen definitiven Plan zu unterbreiten. Die Faszination der Aufgabe, in Bayreuth *Tristan und Isolde* und *Tannhäuser* zu leiten, war groß, und nicht nur unternahm Toscanini etwas, was für ihn eine Verpflichtung von enormer Tragweite und Verantwortlichkeit war: er weigerte sich darüber hinaus sogar, ein Honorar für seine Teilnahme anzunehmen, die er als eine Art Erfüllung eines religiösen Gelübdes auffaßte.*

Bayreuth mag für Wagnerianer ein Tempel gewesen sein; es hatte sich jedoch mit den gleichen künstlerischen Problemen auseinanderzusetzen, denen sich auch andere Opernhäuser gegenübersehen. In gewisser Hinsicht waren diese Probleme hier sogar komplizierter, weil es sich in Bayreuth nicht um ein festes Ensemble, sondern um einen Kreis von Mitwirkenden handelte, der jeden Sommer neu für einige wenige Wochen ausgewählt wurde und sich dann wieder zerstreute. Das verschlägt wenig bei Gesangssolisten und nicht einmal beim Chor, wenn genug Zeit zur Vorbereitung vorhanden ist – was in Bayreuth der Fall war; ein Orchester aber ist doch eine gänzlich andere Sache. Das Festspiel-Orchester rekrutierte sich aus Musikern, die aus einer ganzen Reihe deutscher Orchester zusammenkamen, und daraus ergab sich von Jahr zu Jahr zwangsläufig eine größere Personalfluktuation als bei einem regulären Orchester. Selbst wenn die Mitglieder als Einzelpersönlichkeiten hochkarätige

* Ich muß an dieser Stelle ein deutsches Buch erwähnen, das publiziert wurde, während ich selbst noch mit der vorliegenden Arbeit befaßt war, und in einer Darstellung der Toscanini-Überlieferung und -Legende wenigstens eine Fußnote verdient. Es handelt sich um Berndt W. Wesslings *Toscanini in Bayreuth*, eine Veröffentlichung, die reichlich neues und interessantes Material über Toscanini und Wagner, die Festspiele, politische Zusammenhänge usw. beiträgt. Bedauerlicherweise entdeckte ich jedoch beim Versuch, den vielen verlockenden »Hinweisen«, die das Buch enthält, nachzugehen, daß ein Großteil der neuen Informationen falsch ist – wenn ich auch nicht sagen kann, ob die Schuld daran beim Autor oder bei seinen Quellen liegt. Da werden Interviews zitiert, die nie stattgefunden haben, Briefe, die nie geschrieben worden sind, da gibt es unauffindbare mündliche Mitteilungen, nicht existente Stellen in Büchern und viele andere unerklärliche Einzelheiten mehr. So bringt der Autor beispielsweise ein Zitat aus einer Unterhaltung zwischen Elgar und Toscanini, die im Jahre 1928 stattgefunden haben soll und die, laut Wessling, in Luisa Tetrazzinis Buch *How to Sing* wiedergegeben wird. Nun ist aber diese Unterhaltung nicht nur nicht in dem Exemplar des Buches von Tetrazzini enthalten, das mir vorgelegen hat (noch gibt es darin überhaupt irgendeine Erwähnung Toscaninis): Das Buch ist darüber hinaus auch schon 1923 veröffentlicht worden, fünf Jahre vor der »Unterhaltung«! Ebenso behauptet Wessling, Carla Toscaninis Vater sei ein früher Anhänger Mussolinis gewesen; tatsächlich war der arme Mann aber schon tot, bevor seine Tochter 1895 zum erstenmal Toscanini begegnete. (Mussolini war damals zwölf Jahre alt.) Weiter gibt es da ein köstliches Zitat aus einem Brief Toscaninis an einen gewissen Falconetti, einen Regisseur an der Metropolitan Opera; aber dieser Brief ist im Metropolitan-Archiv, wo Wessling ihn gesehen zu haben behauptet, unauffindbar (wenigstens waren weder die Bibliothekare noch ich in der Lage, ihn zu finden), und es gibt keinen schriftlichen Hinweis darauf, daß ein Falconetti je an der Metropolitan angestellt gewesen wäre. Ich habe etwa drei Dutzend Rätsel dieser Art in einem Buch, das nur einen Umfang von 144 Seiten hat, gefunden und deshalb beschlossen, aus naheliegenden Gründen keinerlei Auszüge aus dem faszinierenden Material zu zitieren, das ich nicht in der Lage war nachzuprüfen. Ich erwähne diese ganze Angelegenheit hier nur, um zu erklären, warum ich manche offensichtlich unschätzbare Information in meinem vorliegenden Buch nicht verwendet habe.

Musiker waren, so bedeutete das doch nicht, daß ein erster Hornist der Münchener Staatsoper und ein zweiter Hornist der Berliner Philharmoniker gut zusammenpaßten oder daß der erste Flötist und der erste Oboist schon nach wenigen Wochen gelernt hätten, sich perfekt aufeinander einzustimmen. Überdies ist der Bayreuther Orchestergraben außergewöhnlich tief und wird von der Bühne beinahe vollständig überdeckt, und die Musiker haben deshalb das zusätzliche Problem, sich mit sehr ungewöhnlichen akustischen Bedingungen vertraut machen zu müssen.

Siegfried Wagner hatte Toscanini vor der ersten Orchesterprobe dem Orchester vorgestellt, und Toscanini hatte den Musikern von seinem tiefen und dauerhaften Wunsch berichtet, einmal in Bayreuth dirigieren zu können; als er aber das Orchester hörte, war er wie vom Donner gerührt und wütend. Bevor die Probe noch geendet hatte, war er entschlossen, nicht zu dirigieren, und erst als Siegfried Wagner ihm versicherte, daß die schwächeren Musiker leicht ersetzt werden könnten, kam die Situation unter Kontrolle. Kontrolle ist hier möglicherweise nicht das richtige Wort, weil das Orchester sich nur zu bald Toscaninis schlimmster Art von Schocktherapie ausgesetzt sah. Sie hatten nie etwas Ähnliches erlebt und waren auch nicht weniger fassungslos, als »der Italiener«, wie immer auswendig dirigierend, Fehler in den ausgeschriebenen Orchesterstimmen zu hören und zu korrigieren begann, die jahrzehntelang von den berühmten Dirigenten Bayreuths unbemerkt geblieben waren – nicht anders als an der Metropolitan.

Siegfried Wagner hatte eine neue *Tannhäuser*-Inszenierung vorbereitet, mit der Toscanini am 22. Juli sein Festpiel-Debüt gab, mit Sigismund Pilinszky als Tannhäuser, Herbert Janssen als Wolfram von Eschenbach und Maria Müller als Elisabeth. Die an der *Manesse*-Handschrift orientierten Kostüme hatte Daniela Thode entworfen. Es wurden insgesamt fünf Vorstellungen gegeben. Am Abend nach der *Tannhäuser*-Eröffnungsvorstellung folgte die erste der drei *Tristan*-Aufführungen, wiederum von Siegfried Wagner inszeniert (wenn auch keine Neueinstudierung) und mit Lauritz Melchior und Nanny Larsén-Todsen in den Titelrollen und Alexander Kipnis als Marke, Rudolf Bockelmann als Kurwenal und Anny Helm als Brangäne.

Kipnis berichtete Haggin über seine Erfahrungen mit dem Bayreuther *Tristan* (er sang auch den Hermann in einer der *Tannhäuser*-Aufführungen):

> »Wenn König Marke sagt: ›MIR dies? Dies, Tristan, MIR?‹ – in diesem Quasi-parlando-Aufschrei nahm ich die Lautstärke bei *mir* zurück und ging zu einer leicht gehauchten Tongebung über; und Toscanini sah auf, sagte aber nichts. Er bestand darauf, daß der *Rhythmus* immer in

der Weise genommen wurde, wie er ihn wünschte; aber er gab mir nie Anweisungen zur Phrasierung und sagte auch nie etwas über die Phrasierung oder die Betonungen, die meine Gefühle darstellten. Ich erinnere mich nur an eine Sache, auf der er bestand: In Bayreuth wurden die melodischen Wendungen im *Tannhäuser* auf die deutsche Art und Weise genommen, als Teil des Rhythmus des betreffenden Taktes; Toscanini beharrte aber auf der fließenderen italienischen Art und Weise, in der sie verzögert und als rasche Einleitung zum nächsten Takt gesungen wurden ...
Das Hauptmerkmal von Toscaninis *Tristan* war sein Lyrismus, auf den der typisch deutsche Dirigent bei diesem Werk nicht hinarbeitet ... Ich habe den lyrischen Ansatz bei *Tristan* immer geliebt, den ich sehr oft von anderen Dirigenten gehört habe, aber nie in dem Maße lyrisch wie bei Toscanini.«[16]

Auch Bockelmann hat sich über Toscaninis Proben in Bayreuth geäußert:

»Er pflegte auf Deutsch zu sagen und dabei mit dem Finger oder dem Taktstock auf die Partitur zu klopfen: ›Hier steht, hier steht.‹ Er sprach kein Deutsch, aber diese beiden Worte kannte er. Der Sänger, der Toscaninis Bemerkungen nicht im Gedächtnis bewahrte, wurde barsch behandelt. Wenn aber alles in Ordnung und er mit uns zufrieden war, plauderte er auch wohl ganz freundlich mit uns, erzählte uns von Verdi und redete über Richard Wagner. ›C'est mon grand maître‹ [Er ist mein großer Lehrer], sagte er dann gewöhnlich.«[17]

Der Dirigent Hans Schmidt-Isserstedt besuchte die Festspiele, und seine Erinnerungen an die *Tristan*-Aufführung sind von besonderem Interesse, weil sie W. J. Hendersons Bericht über Toscaninis erste New Yorker Aufführung zwanzig Jahre früher sehr stark ähneln:

»Das Vorspiel war sehr schön ... Der ganze erste Akt war für mich etwas enttäuschend: sehr langsam, die Pausen mit absoluter Präzision kalkuliert, und nichts, was nicht in der Partitur gestanden hätte. Dann kam der zweite Akt: eine andere Welt! Ich habe ihn nie wieder so schön ausgeführt gehört wie damals – so fließend; man konnte nahezu die italienische Melodie hören. Dann kam der dritte Akt: grandios, ekstatisch und vollständig frei.«[18]

Toscanini kam mit Siegfried Wagner sehr gut aus und schätzte seine Inszenierungen sehr hoch ein; er war jedoch mit dem »Bacchanale« im *Tannhäuser* gar nicht zufrieden. Friedelind Wagner sagt, daß ihr Vater für

den Augenblick des Schauplatzwechsels vom Venusberg zur Wartburg einen allmählichen, gleitenden Wandel der Beleuchtung vorgesehen hatte; Toscanini wollte den Übergang jedoch plötzlich haben, wie Wagner selbst ihn vorgeschrieben hatte.[19] Er trug sein Ansinnen Siegfried Wagner vor, der ihm auch sofort stattgab.[20]
Unglückseligerweise verschlimmerte sich Siegfried Wagners Herzleiden im weiteren Verlauf der Festspiele – akut ausgelöst, laut Friedelind, durch Mucks häßliches Benehmen angesichts der Verpflichtung von Toscanini. Am 4. August, genau zur Mitte dieser sehr ungewöhnlichen Spielzeit, starb Siegfried Wagner im Alter von einundsechzig Jahren, nur vier Monate nach dem Tode seiner Mutter. Friedelind, die damals zwölf Jahre alt war, hatte sich gerade in England aufgehalten, als der Gesundheitszustand ihres Vaters sich verschlechterte, und war kurz vor seinem Tode eilends nach Bayreuth zurückgekehrt. Sie schrieb, daß sie unmittelbar nach dem Hingang ihres Vaters, sobald sie fühlte, daß sie sich wieder in der Gewalt hatte, ihre Tante Eva aufgesucht habe:

> »Gleich darauf öffnete sich die Tür; ein schlanker Mann mit tiefliegenden, freundlichen Augen und ausdrucksvollem, feingeschnittenem Gesicht nahm erst Eva in die Arme, dann mich, das Kind, das er gar nicht kannte.
> Das war mein erstes Zusammentreffen mit dem Mann, der mir später näherkam als irgendein anderer Mensch und der mir fast meinen Vater ersetzte – Toscanini!«[21]

Vier Tage später dirigierte Toscanini das *Siegfried-Idyll* in einem Gedenkkonzert auf der Bühne des Festspielhauses. Karl Elmendorff, der in jenem Jahr den *Ring des Nibelungen* leitete, und Karl Muck, der bei *Parsifal* am Pult stand, nahmen ebenfalls daran teil. Toscanini war Winifred und ihren Kindern – Wieland, Wolfgang und Verena – sowie auch Friedelind gegenüber so freundlich wie möglich.
Seine letzte Vorstellung fand am 20. August statt. Winifred Wagner, in deren Händen jetzt die Leitung der Festspiele lag, schickte ihm ein Geschenk in Form eines Schecks über 10 000 Mark: Das war ein ausdrücklicher Wunsch ihres Gatten auf dem Sterbebett gewesen. Toscanini sandte ihn unverzüglich zurück und wiederholte, daß er für seine Bemühungen in Bayreuth kein Geld annehmen könne;[22] und er schrieb ihr, daß er nächstes Jahr wahrscheinlich wiederkommen werde. In Italien versuchte er sich zu erholen, verbrachte in Wirklichkeit aber seine meiste Zeit damit, sich auf die sehr anspruchsvolle Saison mit dem Philharmonic Orchestra vorzubereiten. Er besuchte den Kurort Salsomaggiore und brach am 30. Oktober nach New York auf.

Die Spielzeit wurde am 13. November eröffnet; kurz darauf trat Toscanini zum erstenmal als Gastdirigent des Philadelphia Orchestra in Erscheinung, während der ständige Dirigent in Philadelphia, Leopold Stokowski, in New York weilte und ein Gastspiel beim Philharmonic Orchestra gab. Zwischen dem 28. November und dem 8. Dezember leitete Toscanini sieben Konzerte mit drei Programmen. Die Publikumsreaktionen waren in beiden Städten hervorragend, Stokowski hatte jedoch Disziplinschwierigkeiten mit den Musikern des Philharmonic. So wie die Mitglieder des Scala-Orchesters Toscaninis Abwesenheiten als ihren »Winterurlaub« betrachtet hatten, so neigten die Philharmonic-Angehörigen dazu, sich gehen zu lassen, wenn der ständige Druck seiner Gegenwart von ihnen genommen war. Stokowski war natürlich ebenfalls ein außergewöhnlich begabter Dirigent; es mag jedoch der Fall gewesen sein, daß das Orchester sein manchmal anmaßendes Benehmen oder seine zuweilen grotesken Verfälschungen der Musik, die er aufführte, nur widerwillig hinnahm. Jedenfalls gelobte Stokowski, nachdem er sein Gastspiel beendet hatte, nie wieder das Philharmonic Orchestra zu dirigieren – ein Gelübde, dem er viele Jahre die Treue hielt. Und das Philharmonic Orchestra begann sich seinen Ruf als »Dirigentenfriedhof« zuzulegen – einen Ruf, den es selbst, häufig ungerechtfertigt, nur zu gern aufrechterhielt, manchmal aber auch zu seinem eigenen Schaden.

Toscanini leitete eine weitere Konzertreihe mit dreiundzwanzig Vorstellungen in New York und anderen Städten; dieser zwischen dem 11. Dezember und dem 18. Januar 1931 absolvierte Zyklus umfaßte auch zwei Aufführungen von Verdis *Messa da Requiem*. Dann kehrte Toscanini für etwa einen Monat nach Italien zurück, wo er einige Tage auf der Isola dei Pescatori im Lago Maggiore ausspannte und dann in seinem Arbeitszimmer in der Via Durini beschäftigt war. Winifred Wagner besuchte ihn in Mailand, um die Festspielpläne zum Abschluß zu bringen: Das Orchester sollte durch die Verpflichtung zahlreicher Musiker der Berliner Staatsoper verbessert werden; Heinz Tietjen, der von 1933 ab die künstlerische Leitung übernahm, würde anwesend sein; Muck, der alt, gehässig und krank war, hatte seine Verpflichtungen fahrenlassen, und *Parsifal*, der dreißig Jahre lang praktisch sein Bayreuther Erbhof gewesen war, sollte zusammen mit *Tannhäuser* Toscanini zufallen. (*Tristan* wurde Furtwängler überlassen, der *Ring* wiederum Elmendorff.) Toscanini lehnte erneut alle Honorar- oder Spesenangebote ab, wenn er auch, wie 1930, in einem der Häuser der Wagner-Familie Quartier beziehen wollte.

Sein zweiter New Yorker Konzertzyklus der Saison begann am 26. Februar, und bis zum 19. April hatte er zweiunddreißig Vorstellungen hinter sich gebracht, die Gastspiele in fünf anderen Städten eingeschlossen. Da er unter Beschuß geraten war, weil er keine amerikanische Musik spielte (die in Amerika gebürtigen Komponisten verübelten es ihm insbesondere, daß er bei der Europa-Tournee kein einziges amerikanisches Werk ins Repertoire aufgenommen hatte), erwies er diesem Tadel eine erste Reverenz, indem er Abram Chasins *Flirtation in a Chinese Garden* und *Parade* in vier seiner April-Konzerte aufnahm.

Ein Bericht, den Van Praag am 7. März schrieb, ist im Hinblick auf die Art und Weise von Interesse, wie Toscanini die Verpflichtung und Entlassung von Orchestermitgliedern handhabte. So erfährt man etwa, daß er mit seinem Konzertmeister Guidi unzufrieden geworden war und darauf brannte, das bevorstehende Probespiel von Mishel Piastro zu hören, der damals noch der San Francisco Symphony angehörte. (Piastro wurde gehört und verpflichtet.) Toscanini wünschte, daß alle ersten Violinen, bevor sie für die kommende Saison wiederverpflichtet wurden, ein Probespiel abzuleisten hätten; er verlangte, daß zwei zweite Violinen gegen Ende der Spielzeit entlassen werden sollten, »weil sie nicht genug Interesse an ihrer Arbeit zeigten«; ein Violaspieler sollte wegen ständiger Krankheiten gehen müssen und auch deshalb, »weil der Maestro der Ansicht ist, daß er kein guter Bratschist ist«. Die zweite Oboe bekam keine Wiederverpflichtung, »da dem Maestro Klagen von anderen Dirigenten zu Ohren gekommen sind und er der Meinung ist, daß Herr X kein Interesse zeigt. Herr Y, die vierte Oboe, soll keine Verlängerung seines Vertrages bekommen, weil der Maestro gern einen Oboisten verpflichten würde . . ., der ebenso gut das Englischhorn beherrscht.« Der Es-Klarinettist würde nicht wiederverpflichtet werden, wenn sich ein annehmbarer Ersatz für ihn fände. Toscanini hatte Anstoß am Benehmen eines der Schlagzeuger während der Tournee genommen und wollte wissen, wie er sich verhalten sollte; ebenso wünschte er eine Unterredung mit den beiden Cellisten am ersten Pult, bevor er sie wiederverpflichtete.[23]

Seine Einstellung zur Verpflichtung und Entlassung von Musikern war durchaus nicht konsequent. Wir werden auf seine indignierte Reaktion auf den Vorschlag der Intendanz des Philharmonic, 1935 mehrere Orchestermitglieder aus wirtschaftlichen Gründen einzusparen, noch zu sprechen kommen; und es gab ebenso Fälle, in denen er Musiker, die er nicht mochte (beispielsweise seinen angestammten ersten Klarinettisten im NBC-Orchester), zu halten versuchte, weil er spürte, daß es unbillig war, die Leute um ihre Stellung zu bringen. Und doch drängt er in Van Praags Bericht auf die Entlassung von sieben Musikern und die erneute Überprüfung dreier anderer – gar nicht zu reden von den gesamten ersten Violinen! (Heutige Dirigenten haben diese einseitigen Machtbefugnisse nicht mehr: Sie müssen in Übereinkunft mit den Orchesterausschüssen und den Gewerkschaften handeln.)

Ebenfalls im März unterzeichnete Toscanini einen Vertrag über die Leitung von sechzig Konzerten in fünfzehn Wochen während der kommenden Saison, für die er die Summe von 110 000 Dollar zuzüglich der Landes- und Bundeseinkommensteuern und der Überfahrt von und nach New York erhalten sollte. Zu dieser Zeit betrug das Jahreseinkommen eines durchschnittlichen Orchestermusikers etwa 3000 Dollar für dreißig Wochen, vor Steuern. Das bedeutet bei einer Umrechnung, daß Toscanini ungefähr achtzigmal soviel verdiente wie ein durchschnittlicher Orchestermusiker.

Er litt erneut unter schrecklichen Schmerzen in Schulter und Rücken, und im April suchte er bei der Philharmonic-Intendanz darum nach, seinen Terminplan für die kommende Saison in der Weise zu verändern, daß die Erholungspause zwischen den beiden Konzertreihen verlängert würde. Ebenso bat er darum, Hans Lange zu seinem hauptamtlichen (statt nur zum Teilzeit-) Stellvertreter zu berufen, um sich von einigen der Vorproben zu entlasten und um in dringenden Fällen abkömmlich zu sein. Der Terminplan konnte nicht mehr verändert werden; aber Lange erhielt die Anstellung.

Bis Ende April hielt sich Toscanini wieder in Italien auf. In Salsomaggiore hatte im vorigen Sommer der stellvertretende Bürgermeister von Bologna Kontakt mit ihm aufgenommen, der ihn eingeladen hatte, die Eröffnungsvorstellung des renovierten Teatro Comunale der Stadt zu leiten. Toscanini lehnte ab. Daraufhin wurde er gefragt, ob er im kommenden Mai dort eine Reihe von Sonderkonzerten dirigieren wolle. Die Programme sollten ausschließlich aus Werken seines alten Freundes Martucci bestehen, der viele Jahre lang das Konservatorium von Bologna geleitet und dessen erste italienische *Tristan*-Einstudierung Toscanini im Teatro Comunale vor so langer Zeit gehört hatte. Er stimmte zu, lehnte jedoch – wie in Bayreuth – jedes Honorar ab.

Anfang Mai traf er in Bologna ein, um dort sofort mit intensiver Probenarbeit zu beginnen. Aldo Pais, einer der Cellisten des Orchesters, erinnerte sich:

> »Die Bologneser Organisatoren hatten sich bemüht, das bestmögliche Orchester zusammenzustellen; aber trotz dieser Bemühungen erinnere ich mich, daß der ›Hexer‹ (wie er vom Orchester genannt wurde), als er zum erstenmal mit uns probte, sich wie ein furchtbarer Wirbelsturm aufführte, weil er nie mit irgend etwas zufrieden war ... Er ließ ein Team von Handwerkern anrücken, um die Plätze der Holzbläser zu erhöhen, weil sie vom Dirigentenpodium aus nicht zu hören waren. Er zerbrach an diesem Abend wenigstens zehn Taktstöcke mit den Händen und mit den Zähnen. Dann kamen wir aber unverzüglich in Form und machten unsere Sache recht gut.«[24]

Es wurde behauptet, daß Toscanini, nachdem er das Orchester nur einige Minuten hatte spielen hören, dem Intendanten zugerufen haben soll: »Wo haben Sie denn diese Burschen aufgetrieben? Im Leichenschauhaus?«

Bedauerlicherweise fanden die Konzerte nie statt. Statt dessen ereignete sich ein unangenehmer und brutaler Vorfall, der internationales Aufsehen erregte und zu einer der peinlichsten Verwicklungen führte, in die die faschistische Regierung seit der Matteotti-Affäre verstrickt war.

Am Nachmittag vor dem ersten Konzert war Toscanini aufgefordert worden, das Programm mit der *Giovinezza*-Hymne zu eröffnen, da zwei faschistische Staatsminister unter den Besuchern sein würden. Er weigerte sich. Als er, zusammen mit Carla und Wanda, im Theater ankam, umringte eine Gruppe von profaschistischen Rüpeln das Auto. »Werden Sie nun *Giovinezza* spielen?« fragte einer von ihnen, als Toscanini aus dem Wagen stieg. »Nein.« Daraufhin begannen sie ihm ins Gesicht zu schlagen. (Er war zu der Zeit vierundsechzig Jahre alt.) Der Chauffeur, der ihm zunächst stand, stürzte sich auf ihn und drängte ihn in den Wagen zurück. In diesem Augenblick kamen einige Carabinieri, die in ihren zeremoniellen federbuschgeschmückten Kopfbedeckungen in der Nähe gestanden hatten, herüber – nachdem alles bereits vorbei war – und riefen dem Chauffeur zu: »Fahren Sie los!«, der die Toscaninis denn auch in ihr Hotel zurückbrachte.[25]

Innerhalb weniger Minuten kursierten Gerüchte über das, was geschehen war, bereits im überfüllten Theater. Schließlich wurde bekanntgegeben, daß das Konzert verschoben werden müsse, weil der Maestro indisponiert sei. Pais berichtet, daß »viele Zuhörer riefen: ›Das ist nicht wahr! Das ist nicht wahr!‹ . . . Als wir das Theater verließen, hatte es den Anschein, als ob in Bologna die Revolution ausgebrochen wäre, weil überall in den Straßen eine solche Erregung, eine solche Unruhe herrschte.«[26]

Ottorino Respighi, der sich im Publikum befand, wurde über den Vorfall unterrichtet. Er und seine Frau verließen zusammen mit den Molinaris augenblicklich das Teatro Comunale und fuhren eilends zum Hotel Toscaninis. Sie fanden ihn, wie er seine Wunden im Gesicht und im Nacken kühlte. Glücklicherweise hatte er keine ernsthaften Verletzungen davongetragen; laut Elsa Respighi aber gebärdete er sich »wie ein wildes Tier im Käfig«.[27] Inzwischen waren zweihundert Faschisten vom Parteihauptquartier aus vor das Hotel gezogen, wo sie sich unter Toscaninis Fenstern versammelten und Beleidigungen und Obszönitäten heraufzurufen begannen; und es bestand begründeter Verdacht, daß den Worten bald Gegenstände folgen würden. Ghinelli, der Bundessekretär der Partei, kam ins Hotel und wünschte ein Mitglied der Toscanini-Familie zu sprechen. Toscanini selbst wurde wegen seines aufbrausenden Temperaments ausgeschlossen, also eilte Carla die Treppen herab; sie kehrte jedoch unverzüglich wieder zurück, weil die Faschisten nicht mit einer Frau verhandeln wollten. Daraufhin erklärte sich Respighi bereit, Toscanini zu vertreten. Ihm wurde bedeutet, der Dirigent und seine Familie hätten die Stadt bis morgens um sechs Uhr zu verlassen, anderenfalls könne für ihre Sicherheit keine Garantie mehr übernommen werden. Sie verließen Bologna um ein Uhr zwanzig und trafen bei Sonnenaufgang in Mailand ein. Die Pässe wurden ihnen entzogen und ihr Haus unter Polizeiaufsicht gestellt.

Leandro Arpinati, einer der beiden Staatsminister, rief unmittelbar nach dem Vorfall Mussolini an; und Gaetano Cesari, der leitende Musikkritiker des *Corriere della Sera*, der eigens zu dem Konzert nach Bologna gereist war, bestach eine Telephonvermittlerin, um herauszubekommen, was gesagt worden war. Laut dieser Telephonvermittlerin hatte Mussolini auf Arpinatis Meldungen mit den folgenden Bemerkungen geantwortet: »Sono proprio contento. Sarà una buona lezione per questi musicisti cafoni.« (Ich bin wirklich zufrieden. Das wird diesen Musikerlümmeln eine Lehre sein.)[28]

Einige Details der Affäre sind in einem von Toscanini selbst geschriebenen außergewöhnlichen Dokument enthalten – außergewöhnlich, weil er, wenn überhaupt, sich selten mit solcher Leidenschaftlichkeit über sich selbst geäußert hat. Wie dieses Dokument zustande kam, ist im Jahre 1972 von Wally Toscanini beschrieben worden:

> »Die Episode in Bologna brachte unseren Vater auf. Er wurde wütender und wütender, als er die Zeitungsberichte las. [In Italien erhielten nur offizielle Zeitungen die Erlaubnis, sorgsam redigierte Versionen der Geschichte zu verbreiten. Den meisten Blättern, darunter auch dem *Corriere della Sera*, war es viele Tage lang verboten, den Vorfall auch nur zu erwähnen.] . . . ›Ich will, daß die Wahrheit bekannt wird‹, schrie er. Er war sehr verbittert. Daraufhin sah ich ihn auf für ihn ganz ungewöhnliche Weise handeln. Er schrieb einen offenen Brief an die Zeitungen, um sein Verhalten zu erklären und sich angesichts der gegen ihn erhobenen Anklagen zu verteidigen. Er ließ mich zu sich kommen und sagte: ›Fahr nach Mailand und händige dies hier dem Herausgeber des *Corriere* aus.‹ In seinen Augen standen Tränen. [Inzwischen hatte Toscanini seinen Paß wiederbekommen und war, bevor er nach Bayreuth fuhr, zur Erholung nach St. Moritz gereist.]
>
> Ich machte mich sofort auf den Weg; aber ich hatte Mailand kaum erreicht, als ich erfuhr, daß Papa mich mehrfach telephonisch zu erreichen versucht hatte. Ich rief ihn an, und er sagte mir: ›Zerreiß die Blätter, die ich dir gegeben habe. Ich will niemandem eine Erklärung

zu meinem Verhalten und zu meinen Vorstellungen geben. Laß sie doch schreiben und denken, was sie wollen.‹ Während der Reise hatte ich die Seiten gelesen. Sie schienen mir ein gültiges Zeugnis zu sein, und ich zerriß sie nicht.«[29]

Ein Faksimile dieses Briefes ist in Barblans 1972 erschienenem Buch *Toscanini e la Scala* enthalten.*

»Nach dem gemeinen Angriff, den ich in Bologna über mich ergehen lassen mußte, und ohne mich des organisierten Schweigens der Presse noch der irrigen und voreingenommenen Berichte über das Ereignis versehen zu haben, schickte ich am folgenden Tag (15. Mai) das folgende Telegramm an das Staatsoberhaupt; es gibt, kurz aber getreu, die Wahrheit über das wieder, was am Abend des 14. geschah.

An Seine Exzellenz Benito Mussolini,

Gestern abend, als ich mit meiner Familie ins Teatro Comunale in Bologna fuhr, um einen Akt der Freundschaft und der Liebe zum Gedenken an Giuseppe Martucci zu erfüllen (nachdem der Bürgermeister dieser Stadt mich zu einer religiösen und künstlerischen Gedenkfeier eingeladen hatte, nicht aber zu einem Gala-Abend), wurde ich von einer unsäglichen Bande angegriffen, beleidigt und mehrfach ins Gesicht geschlagen. Der Unterstaatssekretär des Innenministeriums war in Bologna zugegen. – Damit aber noch nicht zufrieden, drängte sich die jetzt an Zahl angeschwollene Bande bedrohlich unter den Fenstern des Hotels Brun, wo ich abgestiegen war, und brüllte alle Arten von Beleidigungen und Drohungen zu mir herauf. Und nicht nur das, einer ihrer Führer forderte mich durch Maestro Respighi auf, die Stadt vor sechs Uhr morgens zu verlassen; anderenfalls könne keine Garantie für meine Sicherheit übernommen werden. Ich teile dies Eurer Exzellenz mit, damit Eure Exzellenz trotz des Schweigens oder der falschen Berichterstattung der Presse über eine genaue Darstellung des Ereignisses verfügen können und es nicht in Vergessenheit gerät.

Grüße — Arturo Toscanini

Das Staatsoberhaupt antwortete nicht. Am 16. Mai wurde mir mein Reisepaß entzogen und mein Haus unter Aufsicht gestellt.

Um den falschen Berichten der Presse entgegenzutreten und den wiederholten Versuchen ausländischer Blätter, Interviews von mir zu erhalten, ein Ende zu setzen, breche ich heute das Schweigen, das ich mir selbst auferlegt hatte, und bei erneuter Bekräftigung dessen, was ich

* Das Dokument wird hier jedoch zum erstenmal auf Englisch veröffentlicht [ebenso zum erstenmal auf Deutsch; A. d. Ü.].

dem Staatsoberhaupt bereits telegraphiert hatte, füge ich einige weitere Fakten zur Ergänzung und als weitere Klärung hinzu.
Der stellvertretende Bürgermeister von Bologna, Professor Giuseppe Lipparini, mit dem ich im vorigen August die Vereinbarung getroffen hatte, zwei Gedenkkonzerte für Giuseppe Martucci zu dirigieren, kündigte mir erst am Nachmittag des 14., kurz vor dem Konzert, an, daß Ihre Exzellenzen die Herren Minister [Costanzo] Ciano und [Leandro] Arpinati bei dem erwähnten Konzert anwesend sein würden und daß es deshalb erforderlich wäre, die Nationalhymnen zu spielen. Das ereignete sich wenige Minuten nach der letzten Probe, bei der ich die Mitglieder des Orchesters gebeten hatte, ihre Plätze erst zwei Minuten vor der Vorstellung und mit äußerster Konzentration einzunehmen, mit Rücksicht auf die ehrerbietige und herzliche Demonstration, an der sie teilnahmen – damit keine anderen Klänge als die von Martuccis Musik das Publikum erreichen sollten. Ich schloß mit der Aufforderung: ›Meine Herren, seien Sie Demokraten im Leben, aber Aristokraten in der Kunst.‹ Deshalb konnte ich mich nicht in Professor Lipparinis Forderung fügen – die ebenso unerwartet wie unangebracht war – und es zulassen, daß das Konzert plötzlich politischen oder Gala-Charakter bekam, zumal kein vorhergehendes Zeichen und keine Zeitungsankündigung darauf hingewiesen hatten. Statt dessen nahm ich sehr glücklich den Kompromißvorschlag an, der, vom Präfekten von Bologna zusammen mit dem stellvertretenden Bürgermeister formuliert, mir um fünf Uhr nachmittags zugänglich gemacht wurde. Der Vorschlag brachte die folgenden Vereinbarungen zum Ausdruck: Beim Eintritt der Herren Minister sollte eine Militärkapelle in der Vorhalle des Teatro Comunale die Nationalhymnen spielen. Um acht Uhr hatte sich der Stand der Dinge jedoch gewandelt. Der vermittelnde Schritt fand nicht die Billigung der Herren Minister; das alte Gesuch wurde erneut vorgetragen, und ich beharrte standhafter als zuvor auf meiner Entscheidung, am Gedenkcharakter des Abends festzuhalten. Um neun Uhr dreißig rief mich Herr Brianzi von der Stadtverwaltung an, ich möge ins Theater fahren, und setzte mich davon in Kenntnis, daß Ihre Exzellenzen von einem Besuch des Konzerts Abstand genommen hätten. Und ich geriet geradenwegs in den Hinterhalt.
Aber die Lektion, die man mir – laut einigen Journalisten – verabreichen wollte, war fruchtlos und wird auch in Zukunft fruchtlos bleiben; weil ich nämlich morgen wiederholen würde, was ich gestern getan habe, wenn dieselben Bedingungen in Italien oder irgendeinem anderen Teil der Welt herrschten.
Ich kenne die moralische, politische und patriotische Bedeutung einer Nationalhymne, wenn sie zum richtigen Zeitpunkt gespielt wird, nur

allzu gut – und ich habe mich nie geweigert, die Hymne der Nation, der ich angehöre, in jeder Situation zu spielen, in der ihre moralische und patriotische Bedeutung unmißverständlich war. Habe ich nicht Italien und Nordamerika nach Kriegsende an der Spitze des Scala-Orchesters in einer Reihe von nationalen Propagandakonzerten durchquert, bei denen ich überall die Nationalhymne meines Landes habe spielen lassen? Und habe ich sie nicht ungezählte Male im Verlauf meiner fünfundvierzigjährigen Tätigkeit bei patriotischen Abendveranstaltungen dirigiert – so etwa im August 1915 in der Arena von Mailand, bei Gala-Abenden oder bei Ausstellungseröffnungen, in Gegenwart von Mitgliedern königlicher Familien? Und habe ich sie nicht am Monte Santo im feindlichen Feuer gespielt? Ich bin angeklagt worden, die englische Hymne bei meiner Europa-Tournee in London mit dem amerikanischen Orchester gespielt zu haben. Dieses Konzert aber wurde, um Himmels willen, unter der erlauchten Schirmherrschaft der englischen Fürstenhäupter gegeben! Und wenn die Königin von Italien das Konzert in Rom gnädigerweise nur aus künstlerischer Sicht auffaßte, hat sich das gleiche nicht wenige Tage später in Brüssel vor dem König und der Königin von Belgien ereignet? Was nun also?
Zum Abschluß: Sollte ich nicht Zeitungen wie den *Resto del Carlino* oder den *Corriere della Sera* ernstlich verurteilen dürfen, wenn sie ihre ›Hosiannas‹ für Toscanini über Nacht gegen ein ›Kreuziget ihn‹ austauschen? Wenn sie, wie der *Popolo d'Italia* [die offizielle faschistische Zeitung], mich sogar ungeeignet finden, Giuseppe Martuccis zu gedenken? Und alle die anderen, die mich unpatriotisch genannt haben? Wie winzig und unwürdig sind doch alle diese armen Leute, die kaum mein Mitleid verdienen! ›Der Rücken krümmt sich, wenn die Seele gekrümmt ist.‹ Das ist richtig. Aber meine Lebensführung war, ist und wird immer sein das Echo und die Widerspiegelung meines Gewissens, das keine Verstellung oder Abweichungen dieser Art kennt – verstärkt von einem stolzen, spöttischen Charakter, sicher, der aber ebenso klar und auch so schneidend wie ein Kristall ist – stets und überall bereit, die Wahrheit laut herauszusagen – diese Wahrheit, die, wie Emerson so treffend sagt, immer in einer Krippe zur Welt kommt, dann aber rücksichtslos dem Leben ausgesetzt wird, bis sie von den Menschen völlig versklavt ist.«[30]

Mussolinis Schadenfreude über das, was diesem »Musikerlümmel« geschah, kann nicht allzu lange gewährt haben. Es dauerte nur kurze Zeit, bis künstlerische und intellektuelle Kreise überall im Lande – wenigstens bis zu einem gewissen Grade – die genaueren Umstände des Falles in Erfahrung gebracht hatten; und die internationale Presse veröffentlichte

ausführliche, wenn auch nicht immer zutreffende Berichte. Mussolini faßte den Entschluß, dem Fall Toscanini seine persönliche Aufmerksamkeit zu widmen; also wurden Regierungsfunktionäre angewiesen, dem persönlichen Referenten des Duce alles direkt zu übermitteln, was sie durch Überwachung des Hauses in der Via Durini, durch Abhören des Telephons oder berufsmäßige Gewährsmänner an Informationen sammeln konnten. (Wenn Mussolini auf Toscaninis Telegramm auch nicht antwortete, so äußerte er sich doch, laut Tommasini, einem beiderseitigen Bekannten gegenüber folgendermaßen: »Er leitet ein Orchester von hundert Leuten; ich habe eines von vierzig Millionen zu leiten, und das sind nicht alles Virtuosen.«) Das Dossier, das Mussolini über Toscanini anlegen ließ und das zeitlich von dem Zwischenfall in Bologna bis 1938 reicht, existiert noch heute und gibt einige interessante Aufschlüsse zur Geschichte der Beziehungen Toscaninis zu den Faschisten.
Das einzige nichtoffizielle Dokument, das sich in der Flut innerbehördlicher Mitteilungen über den Zwischenfall in Bologna erhalten hat, ist merkwürdigerweise ein anonymer Brief an Mussolini vom 16. Mai:

> »Ich frage, ob es im Jahre IX der faschistischen Ära irgendeinem Pinco Pallino [etwa: Hänschen Müller] erlaubt sein soll, Maestro Toscanini zu schlagen, der sich des Vergehens schuldig gemacht hat, das Abspielen von *Giovinezza* verweigert zu haben, und zwar bei einer Gelegenheit, wo diese Hymne, obwohl sie den Italienern so teuer ist, ungefähr so passend gewesen wäre wie Gurken mit Speiseeis. In diesen Zeiten, da alle moralischen Werte auf den Kopf gestellt werden, muß man sogar damit rechnen, daß morgen auch Marconi geschlagen wird, weil er sich geweigert hat, die einschläfernde Rede irgendeiner achtzehntklassigen Parteigröße im Rundfunk zu übertragen . . .
>
> Ein Faschist, der, auf die Gefahr, ein Feigling genannt zu werden, nicht mit seinem Namen unterzeichnet, weil er nicht im Gefängnis landen möchte. (Etwas, das einem heute sehr leicht passieren kann, selbst wenn man absolut recht hat) . . .«

Die Toscaninis mußten in diesen Tagen erfahren, wer ihre wirklichen Freunde waren. Da ihr Haus ständig überwacht wurde, wagten viele nicht anzurufen oder ihnen einen Besuch abzustatten; Toscanini war dadurch tief verletzt, und als Folge davon blieben manche alten Bekanntschaften für immer getrübt. Die meisten seiner Freunde aber – darunter die Komponisten Ildebrando Pizzetti, Mario Castelnuovo-Tedesco und Umberto Giordano – besuchten ihn wiederholt oder riefen an, und Mussolinis Referent wurde gebührend informiert.
Fünf Tage nach dem Zwischenfall erhielt der Innenminister ein Tele-

gramm vom Mailänder Präfekten. Es setzte ihn davon in Kenntnis, daß sieben Studenten, die vor dem Hause des Maestro »Viva Toscanini« gerufen hatten, identifiziert worden seien und gestanden hätten. Sie würden in Polizeigewahrsam gehalten. Das Telegramm fährt fort:

> »Gestern abend stießen gegen Ende des ersten Teils eines Symphoniekonzerts in der Scala einige junge Leute im zweiten Rang laute ›Viva Toscanini‹-Rufe aus, die von einem großen Teil des Publikums, das das Theater füllte, mit anhaltendem Applaus begrüßt wurden. Neun Individuen wurden alsbald von den anwesenden Wachen arretiert und als die Verantwortlichen identifiziert. Die Mehrheit dieser neun gestand und wurde in Gewahrsam gehalten ... Mehrere hundert Faschisten hatten sich inzwischen gegenüber dem Theater versammelt; nach dem Absingen von *Giovinezza* nahmen sie den Weg zur Via Durini, wo sie eine gegen Maestro Toscanini gerichtete feindselige Demonstration veranstalteten. Der anwesenden Polizei gelang es, den Versuch, das Gebäude zu stürmen, zu unterbinden.«

Telegramme aus aller Welt begannen in der Via Durini anzukommen. In Frankreich im Exil lebende Italiener drahteten: »10000 Italiener im Großraum Paris spenden Ihrem Verhalten Beifall.« Aus Leipzig: »Vor einem Jahr vermittelten Sie der Stadt Leipzig das Glück, Ihre sublime Kunst hören zu dürfen. Das Ihnen stets offenstehende Gewandhaus wünscht Ihnen seine große Zuneigung zum Ausdruck zu bringen im Verein mit der Hoffnung, Sie in Kürze wiederzusehen.« Vom Dirigenten Georg Schneevoigt in Riga: »Meine unveränderte Zuneigung und Bewunderung für den großen und unvergleichlichen Künstler.« Winifred Wagner, aufgebracht über die mögliche Rückwirkung des Vorfalls auf Toscaninis Bayreuth-Auftritt, schickte ein Telegramm an »Maestro Toscanini, Mailand«, das er nicht erhielt; also schickte sie ein weiteres an »Maestro Toscanini, Italien« – und das bekam er. Besorgte Telegramme und Briefe erreichten ihn von Freunden und Philharmonic-Mitgliedern in New York. Serge Koussevitzky sagte aus Protest gegen die Angelegenheit seine geplanten Konzerte an der Scala ab. »Maestro Toscanini gehört nicht nur Italien, sondern der ganzen Welt«, schrieb er der Intendanz des Hauses. Fritz Reiner, der ein Konzert mit dem Scala-Orchester vorbereitete, kam und besuchte Toscanini. (Als aber eine Gruppe von Faschisten ihn während seines Konzerts lautstark aufforderte, *Giovinezza* zu spielen, gab er sofort nach.)

Der Pianist und Dirigent Ossip Gabrilowitsch erfuhr von dem Zwischenfall in Bologna, als er in Zürich Ferien machte. Er und seine Gattin (Mark Twains Tochter, Clara Clemens) nahmen den nächsten Zug nach Mailand, wo sie Toscanini besuchten. Gabrilowitsch hinterließ einen Bericht über die Begegnung:

»Er begrüßte uns sehr herzlich und schien spontan geneigt, uns das ganze Bologna-Erlebnis zu beschreiben. Er tat es mit unverstellter Empörung über die faschistischen Horden, die ihm diese Falle gestellt hatten. Was in seinen Gefühlen zum Ausdruck kam, verriet in dem großen Künstler da vor uns auch den großen Menschen ... Seine Unmutserklärungen zum gegenwärtigen Stand der Dinge in Italien kamen in kühnen, abgerundeten Sätzen zum Ausdruck. Und diese Erklärung hat er wiederholt auch außerhalb der Privatsphäre seines Heimes abgegeben, so daß niemand seine Einstellung mißverstehen kann. ›Die Wahrheit‹, sagte er, ›die Wahrheit um jeden Preis müssen wir haben und Redefreiheit, und wenn dieser Preis der Tod sein sollte. Ich habe unseren Faschisten wieder und wieder gesagt: Ihr könnt mich töten, wenn ihr wollt, aber solange ich lebe, werde ich sagen, was ich denke.‹ ... Er war durchaus nicht der gebrochene Mann, den man vor sich zu sehen erwartet hatte. Im Gegenteil, er war voller Kraft und dynamischer Energie.«[31]

Béla Bartók, von dessen Musik Toscanini nie auch nur eine Note spielte, arbeitete die folgende Resolution aus und unterbreitete sie bei einer Zusammenkunft der UMZE (Neue Musikalische Gesellschaft Ungarns):

»1. Die UMZE ist zutiefst bestürzt und empört über die Nachrichten von dem schweren Anschlag, der auf Arturo Toscanini verübt wurde. Die Gesellschaft möchte ihn in ihrer aufrichtigen Sympathie und Solidarität versichern und grüßt ihn mit höchster Bewunderung.
2. Die UMZE sieht mit Betroffenheit und Sorge die ständig zunehmenden brutalen Eingriffe ins künstlerische Leben, Eingriffe von Vertretern, die mit dem Bereich der Kunst nichts zu schaffen haben. Diese Eingriffe machen nicht einmal vor der weltweiten Autorität eines Toscanini halt. Die UMZE hält es deshalb für angebracht, der Frage einer Verteidigungsaktion ihre Aufmerksamkeit zu schenken.«[32]

Die Pässe der Toscaninis wurden ihnen Anfang Juni zurückerstattet. Toscanini, Carla und Wally fuhren daraufhin nach St. Moritz, um für etwa zehn Tage auszuspannen. Ein bezahlter Agent folgte ihnen und schickte Berichte über die Leute, mit denen Toscanini Umgang hatte. Nach diesem kurzen Urlaub reisten Toscanini und seine Frau nach Bayreuth.
»Toscanini hat mit den Proben zu *Tannhäuser* und *Parsifal* begonnen«, schrieb Carla am 28. Juni an Elsa Respighi. »In einigen Proben hat er beide Opern bereits vollständig durchgespielt. Er ist sehr zufrieden mit

dem Orchester, das dieses Jahr sehr verbessert ist, und hat in seiner Arbeit Heiterkeit und Ruhe wiedergefunden.«[33] Carla muß, den Erinnerungen Friedelind Wagners nach zu urteilen, bald darauf nach Italien zurückgekehrt sein:

». . . Toscanini, der in dieser Saison ohne seine Frau kam, war Gast im Junggesellenhaus. Jeden Morgen nahm er sein Frühstück auf der kleinen Glasveranda ein, die im vollen Sonnenlicht lag und in der eine solche Hitze herrschte, daß Wieland sie ›Toscaninis türkisches Bad‹ taufte. Aber der Maestro liebte die Sonne. Er war einer der angenehmsten Gäste, die wir je beherbergt hatten. Die Dienstmädchen vergötterten ihn, denn er schien alles, was ihm vorgesetzt wurde, gern zu essen und bereitete ihnen nie Schwierigkeiten. Er hatte auch seinen eigenen Wagen und Chauffeur mit und belästigte niemals den Haushalt durch Beanspruchung besonderer Dienstleistungen.
Toscanini belustigten meine aufrichtigen Bemerkungen.
›Du bist zu koomiisch‹, sagte er oft lachend zu mir. An Tagen, an denen weder Proben noch Aufführungen stattfanden, fuhren wir zuweilen in die Berge, um dort unseren Tee zu nehmen, oder besuchten die malerischen Städtchen Frankens oder fuhren einfach an schönen Sommernachmittagen ins Grüne.«[34]

Diese friedliche Stimmung sollte jedoch nicht von langer Dauer sein. Zunächst begann Toscaninis rechte Schulter ihn wieder zu quälen. Er war geröntgt worden und hatte sich nach der Bologna-Affäre einer Behandlung in Mailand unterzogen, die jedoch wirkungslos geblieben war. Das Leiden verschlimmerte sich im Laufe des Sommers; zeitweilig strengte ihn das Dirigieren so an, daß ihm Tränen über die Wangen liefen, und oft mußte er sich damit begnügen, nur seinen linken Arm zu gebrauchen. Dieses körperliche Leiden trug natürlich nicht dazu bei, sein von Natur aus lebhaftes Temperament zu mäßigen.
Ein weiteres Problem war Toscaninis Beziehung zum Festspiel-Triumvirat Winifred Wagner–Furtwängler–Tietjen, wenn sich die tatsächlichen Spannungen auch innerhalb dieses ungleichen Dreigestirns selbst ergaben. Toscanini als Ausländer erwartete nicht, noch wünschte er sich, an der Festspiel-Verwaltung beteiligt zu werden. Er beanspruchte lediglich die Mittel, seine eigene Arbeit so gründlich wie möglich ausführen zu können, und das war alles. Tietjen, ein abgefeimter Politiker, wollte Furtwängler loswerden, um das größtmögliche Maß von Kontrolle über die Geschicke Bayreuths in Händen zu haben. Das bewerkstelligte er dadurch, daß er Unfrieden zwischen Furtwängler und Winifred Wagner stiftete, und zwar durch Ausstreuung von Gerüchten und durch Übertrei-

bung und Entstellung von harmlosen Bemerkungen. Winifred Wagner, einerseits neu in ihrer Position als Leiterin der Festspiele, andererseits unter ständigem Druck seitens ihrer Schwägerinnen und deren Clique, war für diese Art Taktiker eine natürliche Beute; und Furtwängler, eine unsichere Persönlichkeit, ließ sich ebenso leicht manipulieren.
Toscanini war Winifred Wagner persönlich sehr zugetan. Ihre Unabhängigkeit und Energie beeindruckten ihn, und er fand sie sehr anziehend. Er mischte sich jedoch nicht in die Bayreuth-Politik und unterhielt sowohl zur alten als auch zur neuen Garde freundliche Beziehungen. Was er Winifred Wagner vorwarf, war ihre Faszination angesichts der aufkommenden nationalsozialistischen Bewegung und namentlich ihres Führers Adolf Hitler. Er zögerte nicht, ihr das zu sagen; sie blieb jedoch überzeugt (und bleibt es auch im Jahre 1978 noch), daß Hitler der richtige Mann für Deutschland sei. Toscanini hatte eine instinktive Abneigung gegen Tietjen und sowenig Umgang mit ihm wie möglich. Seine Beziehungen zu Furtwängler waren zwiespältig. Er bewunderte ihn als Musiker, wenn ihre Auffassungen von musikalischer Interpretation auch sehr weit auseinander gingen. (Ich habe keiner Quelle irgendeine unhöfliche Äußerung Toscaninis in Hinsicht auf Furtwängler entnehmen können oder gehört, weder persönlicher noch musikalischer Art, bis sich im Jahre 1936 das Problem der Parteinahme Furtwänglers für die Nationalsozialisten stellte. Darüber jedoch später.) Aber sie waren absolut verschiedene Persönlichkeiten. Friedelind Wagner erzählte mir, daß »Toscanini als Person vollkommen geradlinig war: Man wußte immer, wo er stand; Furtwängler dagegen ließ sich nie auf etwas festlegen. Furtwängler war sehr eitel, und wenn irgend jemand irgendwo Karriere zu machen begann – er fühlte sich davon beeinträchtigt.«[35]
Am 4. August, dem ersten Jahrestag von Siegfried Wagners Tod, war im Festspielhaus ein Gedenkkonzert mit Toscanini, Furtwängler und Elmendorff als Dirigenten geplant. Toscanini sollte die *Faust-Ouvertüre* leiten. Er litt unter qualvollen Schmerzen und hatte darum gebeten, bei der Schlußprobe, die am Tage des Konzerts stattfand, keine Zuhörer zuzulassen. Als er aber im Festspielhaus ankam, wo Furtwänglers Probe gerade zu Ende gegangen war, fand er das Haus gefüllt: Es waren Eintrittskarten ans Publikum verkauft worden. Er begann mit der Probe; nach einigen wenigen Minuten aber legte er ruhig seinen Taktstock hin und verließ das Haus. Nachdem er dem ihm nachstürzenden Furtwängler bedeutet hatte, er werde an der Aufführung nicht teilnehmen, ließ er sich in die Berge fahren, wo er den Rest des Tages verbrachte. Während das Konzert am Abend ohne ihn stattfand, legte er an Siegfrieds Grab Blumen nieder.[36]
Trotz alledem verlief die Saison normal. *Tannhäuser*, am 21. Juli zuerst aufgeführt, wurde siebenmal gespielt, ebenso *Parsifal*, der am nächsten

Abend Premiere hatte. Nachdem der damals dreiundachtzigjährige Baron Hans Paul von Wolzogen, Wagners Schüler, die *Parsifal*-Aufführung gehört hatte, fühlte er sich veranlaßt, Toscanini einen überschwenglichen Lobesbrief zu schreiben; jener erwiderte am 5. August:

»Kein Wort des Lobes könnte mir teuer und sehnlicher erwünscht sein als das Ihre. Wenn meine Interpretation in der Lage gewesen ist, in Ihnen ein Echo jener denkwürdigen ersten wachzurufen [die Uraufführung des Werkes im Jahre 1882, geleitet von Hermann Levi unter Wagners Aufsicht], so ist das alles, wonach ich bei der Erfüllung meines idealen Traumes habe streben können – und das heißt: dem getreuen Ausdruck der Gedanken des Komponisten so nahe wie möglich zu kommen. Sie, Freund jenes großen Mannes und redlicher und kluger Verbreiter seiner Ideen, hätten mir keinen größeren Lohn zuteil werden lassen können. – Ihr Lob hat mich tief bewegt, und ich danke Ihnen von ganzem Herzen.«[37]

Nichtsdestoweniger machte Toscanini, nachdem die letzte Vorstellung am 19. August stattgefunden hatte, Winifred Wagner deutlich, daß mit ihm für die Festspiele des Jahres 1933 nicht mehr zu rechnen sein werde. (1932 sollten keine Festspiele stattfinden.) Daniela Thode schrieb später, daß Toscanini am Tage nach der letzten Aufführung mit verschiedenen Mitgliedern der Familie Wagner zusammengetroffen sei – ausgenommen Winifred – und ihnen mitgeteilt habe, daß er einen Brief der Witwe Siegfrieds, zusammen mit einem Wagner-Manuskript, das sie ihm als Geschenk zugedacht hatte, ungelesen zurückgeschickt hätte. Er hatte ihr geschrieben, um ihr für die erwiesene Gastfreundschaft zu danken; im übrigen mußte er jedoch gestehen, daß er von Bayreuth tief enttäuscht war und nicht mehr zurückkehren würde. Er sagte, er habe sich beim Gedanken, nach Bayreuth zu kommen, gefühlt, als betrete er einen Tempel, habe sich aber in einem gewöhnlichen Theater wiedergefunden.[38]
Nach einer ansehnlichen Urlaubs- und Studienzeit in Italien reiste Toscanini nach New York ab, wo er am 16. November ankam. Die Verwaltung des Philharmonic Orchestra war sehr besorgt, daß er, nach den Ereignissen im vergangenen Frühjahr, möglicherweise pro- oder antifaschistischen Demonstrationen seitens der verschiedenen Gruppen von Italo-Amerikanern ausgesetzt sein würde. Bruno Zirato, Carusos früherer Privatsekretär und Toscaninis langjähriger Freund, war als stellvertretender Orchesterintendant verpflichtet worden; seine Aufgabe bestand vor allem anderen darin, sich um Toscanini zu kümmern, sicherzustellen, daß er immer jemanden zur Verfügung hatte, dem gegenüber er auch die geringste Unzufriedenheit äußern konnte, und Judson und Mackay über alle

eventuellen Probleme ins Bild zu setzen. Zirato stand mit beiden italienischen Gruppen in New York auf gutem Fuße, und es gelang ihm zu arrangieren, daß Toscanini bei seiner Ankunft am Pier keinen Demonstranten zu begegnen hatte. Es waren Geheimpolizisten verpflichtet worden, die sich unter die Zuhörer seiner Konzerte mischten, in der Umgebung seiner Garderobe postiert waren und sich in seiner Nähe aufhielten, wenn er den Saal betrat oder verließ.[39] Trotz dieser Vorsichtsmaßnahmen – über die Toscanini gänzlich im unklaren gelassen wurde – gelang es einigen wenigen Leuten, gegen Ende des ersten Konzerts (26. November) Tausende von Flugblättern vom Balkon herabzuwerfen. Laut Taubman besagten die Flugblattexte: »Freiheit ist entscheidend für die Kunst – Evviva Arturo Toscanini!« (Taubman berichtet auch, daß einige Abende später, als der italienische Außenminister Dino Grandi eine Vorstellung der Metropolitan besuchte, andere Flugblätter mit »Nieder mit dem Faschismus«- und »Lang lebe Toscanini«-Parolen überall im Opernhaus verstreut wurden.)[40]

Zu seinem großen Bedauern entdeckte Toscanini bald, daß drei Monate ohne Taktstock nicht ausgereicht hatten, sein Schulterleiden zu lindern. Auf Betreiben Mackays konsultierte er einen Arzt des Rockefeller Institute und unterzog sich einer Reihe von Diathermie-Behandlungen, die überhaupt nicht anschlugen, ihn aber 400 Dollar kosteten. Zirato, der einen Großteil der Korrespondenz Toscaninis bearbeitete, scheute sich, ihm die Rechnung zu zeigen, die schließlich entweder von Mackay oder vom Philharmonic bezahlt wurde. Das Leiden wurde so unerträglich, daß Toscanini nach nur einem Monat Arbeit – vierzehn Konzerten – gezwungen war, sich geschlagen zu bekennen. Für die verbleibenden Konzerte seiner ersten Reihe wurde Ersatz gefunden, und nach dem Konzert vom 20. Dezember kehrte er nach Italien zurück. Er suchte Ärzte in Rom und Florenz auf, wurde geröntgt und fuhr schließlich in das Dorf Piazze in der Nähe von Siena, wo er von einem gewissen Dr. Rinaldi behandelt wurde. Rinaldi – ein Original, etwas zerrüttet, aber voller Vertrauen in seine Kuren – war eine jener seltsamen ärztlichen Gestalten, deren Patienten an ihre Heilkräfte »glauben«. Er scheint eine Mischung aus Arzt und Medizinmann gewesen zu sein. Toscanini verschrieb er eine Kur mit täglich vierundzwanzig Injektionen eines Spezialserums! »Sie hat für jedermann den Anschein einer ziemlich grausamen Roßkur, aber Toscanini unterzieht sich ihr mit großer Begeisterung«, schrieb Signora Carla am 23. Januar 1932 an Zirato.[41] Ihm wurde eine vollständige Kur verordnet, und es war erforderlich, die Philharmonic-Intendanz warnend darauf hinzuweisen, daß er nicht in der Lage sein würde, rechtzeitig zu den ersten Konzerten seiner zweiten Reihe einzutreffen.

Judson und seine Mitarbeiter wurden alarmiert: Sie fürchteten, daß Toscaninis verlängerte Krankheit schädliche Auswirkungen auf ihre Subskriptionskampagne für die kommende Saison haben könnte, und hatten darüber hinaus auch noch andere Sorgen. Gastdirigent Bruno Walter war in sehr gedrückter Verfassung, weil seine Tochter sich der Operation eines Magengeschwürs zu unterziehen hatte; Thomas Beecham, der nächste Gastdirigent, fiel bei einer Probe vom Podium und brach sich einen Fußknöchel; der Konzertmeister Mishel Piastro brach sich zwei Rippen bei einem Autounfall, und die Wirtschaftskrise in den Vereinigten Staaten stellte die künftige Existenz des New York Philharmonic Orchestra in Frage.

Schließlich dauerte Toscaninis Kur in Piazze drei Monate und machte es ihm unmöglich, irgendeine seiner New Yorker Verpflichtungen für die laufende Saison zu erfüllen. Er zeigte jedoch eine außerordentliche Geste guten Willens und guten Glaubens dem Orchester gegenüber, als er im Frühjahr die lange Seereise nach Amerika und zurück unternahm, um eine einzige Vorstellung zugunsten arbeitsloser Musiker zu dirigieren. Dieses Konzert fand am 28. April statt und umfaßte das Vorspiel und den »Karfreitagszauber« aus *Parsifal* und Beethovens neunte Symphonie. Noch in New York erfuhr er, daß das gesamte Orchester samt Verwaltung und Intendanz sich mit einer Gagenkürzung um zehn Prozent für die kommende Saison abgefunden hatte, um die Gesellschaft vor dem Zusammenbruch zu bewahren; so ließ er Judson wissen, er möge ihm 10 000 Dollar von seinem Gesamthonorar von 110 000 Dollar abziehen.[42]

Während seiner Überfahrt nach Europa an Bord der »Ile-de-France« war einer von Toscaninis Reisegefährten der sechzehnjährige Geiger Yehudi Menuhin. Der Vater des Jungen, Mosche Menuhin, schrieb voller Aufregung einem Freund in London über das Zusammentreffen:

> »... Wir haben eine ideale Überfahrt, die geistig anregender ist als körperlich. Denn Yehudis Lebenstraum ist Wirklichkeit geworden. Täglich verbringen er und ich Stunden um Stunden mit Toscanini, musizierend, über die Klassiker diskutierend und in freundschaftlicher, vertraulicher Atmosphäre ... Stell Dir unseren Koffer voller Partituren vor; sämtliche Werke Bachs, Beethovens, Mozarts und Schuberts liegen auf den Tischen. Wir sind die glücklichsten Leute an Bord, und ich glaube (mit ein wenig Unbescheidenheit), daß Toscanini über dieses unvorhergesehene Zusammentreffen beglückt ist.
>
> Sie haben beschlossen, täglich von elf bis ein oder zwei Uhr zu musizieren. Gelegentlich ist Yehudis Begleiter hereingerufen worden, um zu assistieren ... Von Anfang an bestand der Junge darauf: ›Bitte, Maestro, kritisieren Sie mich nach Herzenslust, ohne zu zögern. Das werden meine wertvollsten Unterrichtsstunden sein.‹ ... Nachdem Yehudi

Beethovens *Kreutzer-Sonate* beendet hatte, brach Toscanini in lauten Beifall aus: ›Yehudi, Lieber, bravo! Bravissimo! Das ist vollkommen, das ist wirkliche Musik. Wieviel besser du geworden bist, seit ich dich vor drei Jahren gehört habe; dein Herz, dein Geist! Oh, wie wenig gute Musik ich in meinem Leben höre . . . Komm, mein Kind, spiele, spiele! mach weiter, immer weiter!‹ . . .«[43]

Die wenigen Tage, die Toscanini in New York dirigiert hatte, hatten ihn davon überzeugt, daß sein Arm und seine Schulter sich sehr gebessert hatten; er fuhr wiederum nach Piazze, um die Behandlung fortzusetzen, und eine Röntgenaufnahme Ende Mai in Florenz bestätigte, daß das Problem jetzt weitestgehend beseitigt war. Toscanini litt auch weiterhin von Zeit zu Zeit unter solchen Schmerzen, wenn auch nicht mehr so heftig wie früher. Er kehrte mehrmals nach Piazze zurück und schickte sogar andere Dirigenten mit ähnlichen Beschwerden hin – beispielsweise Molinari und Artur Rodzinski –, bis Rinaldi, ein ebenso erklärter Antifaschist wie sein berühmtester Patient, schließlich ermordet wurde.
Während dieser Ruhepause antwortete Toscanini auf einen Fragebogenkatalog, den die *Berliner Börsen-Zeitung* an zahlreiche berühmte Musiker verschickt hatte:

»Ich liebe und bewundere alle Werke, die ich dirigiere, symphonische wie Opernmusik – weil ich nur Werke dirigiere, die ich liebe. Meine Vorlieben im symphonischen Bereich gelten den größten: Haydn, Mozart, Beethoven. In den letzten Jahren habe ich Bruckners monumentale Symphonien gründlich studiert. Ich überlasse moderne Werke mit Freuden anderen Dirigenten. Im Bereich der Oper schätze ich die von Wagner und Verdi über alles. Es ist schwer, einer der Opern Wagners den Vorzug zu geben. Mir ist aufgefallen, daß, wenn ich diese oder jene Wagner-Oper dirigiere oder am Klavier spiele, die betreffende stets auch mein Herz gewinnt, gleichgültig welche. Und doch sage ich mir immer, wenn ich einen Blick in die *Parsifal*-Partitur werfe: dies ist die unvergleichlichste. An Verdis Opern schätze ich nicht nur den melodischen Reichtum, sondern ebenso die wirksame und sichere musikalische und dramatische Kraft. Wenn ich in Busseto *Falstaff* dirigiere, überdenke ich die Möglichkeit eines Verdischen Bayreuth nach dem Vorbild von Wagners Festspielhaus. Diese beiden Meister sind fraglos die bezeichnendsten Repräsentanten der deutschen und der italienischen nationalen Musik.«[44]

Toscanini entschloß sich, nach Paris zu reisen, um an einem ungewöhnlichen Konzert am 17. Juni teilzunehmen, der mit der Enthüllung eines

Debussy-Denkmals zusammenfiel. Das Publikum des Théâtre des Champs-Elysées hörte zuerst Philippe Gaubert *Le Martyre de Saint-Sébastien* dirigieren (wahrscheinlich Auszüge) und darauf Gabriel Pierné die drei *Nocturnes.* Es folgte die Radioaufnahme von *Prélude à l'après-midi d'un faune*, das in Basel von Felix Weingartner geleitet und live ins Theater übertragen wurde, und schließlich *La Mer* mit Toscanini. Der Abend schloß mit dem fünften Akt von *Pelléas et Mélisande*, unter der Leitung von Désiré-Émile Inghelbrecht und mit der damals fünfundfünfzigjährigen Mary Garden als Mélisande, in einer Rolle, die sie bereits bei der Uraufführung dreißig Jahre zuvor gesungen hatte.
Zur gleichen Zeit wetteiferte die Wagner-Familie – die alte Garde wie die junge – in dem Versuch, Toscaninis Widerstand zu brechen und ihn zu überreden, im kommenden Jahr nach Bayreuth zurückzukehren. Eva Chamberlain-Wagner schrieb ihm am 22. März, drei Tage vor seinem fünfundsechzigsten Geburtstag:

> »Über diese armseligen Worte hinaus bin ich nicht in der Lage, Ihnen die tiefen Gefühle zum Ausdruck zu bringen, die mein Herz Ihnen entgegenfiebern lassen, lieber, gesegneter Maestro! Aber ich zweifle nicht daran, daß Sie die Sprache der Seele zu lesen verstehen – und die nimmt ein glühendes Gebet ganz in Anspruch: ›Oh kehr' zurück, Du kühner Sänger!‹ «[45]

Und als Toscanini in Paris weilte, stattete Winifred Wagner ihm dort einen Besuch ab. Sie muß ihm auseinandergesetzt haben, daß die weitgehende Besserung seines Armes das Haupthindernis für die kommende Saison beseitige; daß es unklar sei, ob Furtwängler überhaupt zurückkehren werde; daß die Spielzeit von besonderer Bedeutung sein würde, da sie mit dem fünfzigsten Jahrestag des Todes von Wagner zusammenfiele; und daß Toscanini zusätzlich zu *Parsifal* die *Meistersinger von Nürnberg* zu dirigieren haben sollte. Wenn er aber auch der Meinung war, daß *Parsifal* die unvergleichlichste aller Wagner-Opern sei, so waren die *Meistersinger* doch diejenige, die er am häufigsten zur Aufführung auswählte und die ihm – wenn er auch nicht das Wort »Lieblingsoper« verwendete – offenbar doch die größte Befriedigung verschaffte. Er bedeutete Winifred Wagner, sie könne 1933 in Bayreuth mit ihm rechnen.
Ein anderes Problem, das Toscanini zu dieser Zeit beschäftigte, war die Möglichkeit einer erneuten Dirigententätigkeit in Italien. Seit sich die Reaktionen auf den Zwischenfall von Bologna gemäßigt hatten, hatte er in seinem Heimatland nahezu aufgehört zu existieren. Die scharf kontrollierte nationale Presse brachte wenig Nachrichten über ihn, es sei denn, es ergab sich die Gelegenheit, ihn zu verunglimpfen. (Als allgemein damit

gerechnet wurde, er würde nicht mehr nach Bayreuth zurückkehren, hatte *Il Popolo di Roma* einen Artikel mit der Überschrift gebracht: »Der Mann, der alle Welt bekämpft: Toscanini ist sogar mit Beyrut [sic!] unzufrieden und gibt telegraphisch abstoßende Behauptungen über die Witwe Wagners und die Hitler-Partei ab.«) Am 29. März hatte er während einer kurzen Behandlungspause, die er bei Dr. Rinaldi durchzusetzen verstanden hatte, ein Konzert im Mailänder Konservatorium besucht. Die Präfektur informierte das Innenministerium folgendermaßen:

> »Sobald seine Anwesenheit bemerkt wurde, begrüßte ihn ein Teil des Publikums mit anhaltendem Beifall, in den sich einige Pfiffe mischten. Nach der Aufführung, während einige Studenten des Konservatoriums dem Maestro noch ihren Tribut durch Beifall zollten, dem sich wiederum Pfiffe entgegenstellten, näherte sich ein Individuum im Wagen, das hingebungsvoll in die Hände klatschte, ›Viva Maestro‹ rief und dann von der Szene zu verschwinden versuchte. Von der Polizei gestoppt, wurde es als der Sozialist Dr. Gino Fanoli identifiziert und bis auf weiteres inhaftiert.«

Im August stellte eine Gruppe von Orchestermusikern, offensichtlich auf Betreiben einiger einflußreicher Persönlichkeiten in der Musikwelt und bei Einschaltung mehrerer Parteifunktionäre als Mittelsmänner, das Gesuch, es möge für Toscanini »dalla illuminata bontà del Duce« (von der erleuchteten Güte des Duce) ein Gnadenakt ausgesprochen werden, da der Maestro sich bereit erklärt hatte, in Mailand ein Wohltätigkeitskonzert zugunsten des Winterhilfswerks zu leiten. Mussolini bekam das Gesuch zu Gesicht; aber ein derartiges Konzert fand nie statt. Im folgenden Jahr machte der Präfekt von Turin dem Innenministerium Mitteilung, daß Toscanini zugestimmt habe, Beethovens *Missa solemnis* in der Stadt zu dirigieren, aber keinen Zweifel daran gelassen habe, daß er die Nationalhymnen nicht spielen werde. Dieses Konzert fand ebenfalls nicht statt. Toscaninis Tourneekonzerte mit dem Philharmonic Orchestra im Frühjahr 1930 sollten für viele Jahre seine letzten Auftritte in seinem Heimatland bleiben.

Nach neun Monaten nahezu vollständiger beruflicher Inaktivität kehrte er im September nach New York zurück und begann einen vollständigen Konzertzyklus. Zwischen dem 6. Oktober und dem 27. November leitete er dreiunddreißig Konzerte in New York und in anderen Städten. Unter den Werken, die neu in seinem Repertoire auftauchten, war Arnold Schönbergs Bearbeitung von Bachs Präludium und Fuge Es-Dur (die einzige Art der Annäherung an Schönberg, zu der sich Toscanini bereit gefunden hat) und Anton Bruckners vierte Symphonie. Wie gewöhnlich verbrachte er zwischen den beiden Konzertreihen zwei Monate in Italien und kehrte dann nach Amerika zurück, um zwischen dem 1. März und dem 23. April weitere zweiunddreißig Konzerte in New York und fünf anderen Städten zu leiten. Das letzte Konzert der Saison brachte die einzige von ihm je geleitete Aufführung von Beethovens fünftem Klavierkonzert, in dem als Solist der neunundzwanzigjährige Vladimir Horowitz mitwirkte.

Der Geiger Adolf Busch hatte Horowitz an Toscanini empfohlen, dessen Tochter Wanda 1972 in einem Interview darüber berichtete:

> »Horowitz war bereits sehr berühmt und hatte überall in der Welt gespielt; als man ihm aber sagte, daß Toscanini darauf warte, ihn beim Probespiel zu hören, begannen ihm die Hände zu zittern. Überdies ließen ihm Busch und andere Freunde ständige Warnungen zukommen: ›Achte darauf, nicht zu spät zu kommen; wenn er zu brüllen beginnt, erschrick nicht; wenn er dich beleidigt, setz dich nicht zur Wehr‹ – und anderes mehr. Horowitz, der von Natur aus sehr scheu und zurückhaltend ist, war sehr erschrocken. Er kam eine halbe Stunde zu früh vor dem Hotel Astor an, in dem mein Vater abzusteigen pflegte ... Als die verabredete Stunde schlug, stellte er sich meinem Vater vor. Er erwartete eine stürmische Begrüßung, aber Papa war sehr reserviert. Er ließ ihn ein Stück spielen und sagte dann zu ihm: ›Das ist sehr gut. Und jetzt muß ich Sie bitten zu gehen, weil ich eine Menge Arbeit habe. Wir sehen uns bei der ersten Orchesterprobe.‹ «[46]

Ende Januar wurde das Problem der Rückkehr Toscaninis nach Bayreuth, das im vorigen Juni bereits gelöst schien, mit Hitlers Machtübernahme in Deutschland plötzlich wieder virulent. Im Februar, zu Wagners fünfzigstem Todestag, wurde Toscanini (natürlich in Abwesenheit) zum Ehrenbürger von Bayreuth ernannt. Er selbst tat keinen Schritt, sondern wartete ab, um zu sehen, was die Nazis im Schilde führten. Im März erreichten ihn Nachrichten, daß die Familie Busch Deutschland verlassen hatte (sie waren keine Juden, aber erklärte Anti-Nazis), daß Bruno Walter von einem Konzert mit seinem Leipziger Gewandhausorchester abgehalten worden war und ebenfalls das Land verlassen hatte, daß Klemperer im Begriff war, das gleiche zu tun, usw. Am 14. März erlaubte Toscanini die Herausgabe einer Mitteilung an die Presse, daß die Verfolgung jüdischer Musiker ihn veranlasse, sich seine Rückkehr nach Bayreuth noch einmal zu überlegen. (Offensichtlich gab er sich der Hoffnung hin, daß derartige Meldungen in Deutschland einen Propagandaeffekt erzielen würden.) Ende des Monats erhielt er einen Brief von Gabrilowitsch, der mit folgenden Worten schloß:

»Werden Sie unter solchen Umständen – Sie, Arturo Toscanini, der gefeiertste Künstler der Welt – den Glanz Ihres internationalen Ruhms den Bayreuther Festspielen leihen? Ein entschiedener Protest von Ihnen würde jetzt zu einer großen historischen Tat beitragen. Die Welt hat ein Recht, diese noble Geste von Ihnen zu erwarten.«[47]

Am 1. April wurde ein Protesttelegramm gegen den Boykott jüdischer Musiker und die neue deutsche Rassenpolitik im allgemeinen von New York aus an Hitler abgeschickt. Die erste Unterschrift war die von Toscanini; es folgten die von Damrosch, Koussevitzky, Bodanzky, Harold Bauer, Gabrilowitsch, Hertz, Charles Martin Loeffler, Reiner, Rubin Goldmark und Frederick Stock. Am nächsten Tag, einem Sonntag, erschien das Telegramm in den Morgenzeitungen. Toscanini, der auf die Bühne der Carnegie Hall zueilte, um das Nachmittagskonzert des Philharmonic zu beginnen, wurde von Wogen des Applauses, mit Jubel und Stampfen begrüßt – weit über die Art von Empfang hinaus, an die sogar er gewöhnt war.

In Berlin wurde am 4. April vom Rundfunkintendanten die folgende Order erteilt:

»Laut Zeitungsberichten haben mehrere Dirigenten und Musiker in den Vereinigten Staaten – Arturo Toscanini [und andere] – wegen der Zurückweisung bestimmter jüdischen und marxistischen Kreisen nahestehender Musiker in Deutschland Beschwerde beim Reichskanzler erhoben. Bis zur Klärung dieser Angelegenheit gebe ich Anweisung, daß die Kompositionen und Schallplattenaufnahmen der erwähnten Herren in den Programmen deutscher Rundfunkanstalten keinen Platz mehr finden sollen und daß ferner keine musikalische Aufführung, an der sie in irgendeiner Weise beteiligt sind, aus Konzertsälen oder anderen Quellen übertragen werden darf.«[48]

Die amerikanischen Blätter, die diese Nachricht verbreiteten, machten auch bekannt, daß Winifred Wagner an jenem Abend in Berlin bei Hitler zum Essen geladen war.

Winifred Wagner hatte Hitler bereits vor dem Münchener Putsch des Jahres 1923 gekannt und bewundert. Sie hatte ihn ins Haus Wahnfried eingeladen, und er hatte andächtig Wagners Grab besucht. Seine Liebe zur Musik des Komponisten wurde nur von seiner Bewunderung für Wagners antisemitische und seine anderen rassistischen Schriften in den Schatten gestellt. Als der künftige Führer nach dem Putsch inhaftiert worden war, erfuhr Winifred Wagner, daß er Schreibpapier benötigte. Mit Freuden versorgte sie ihn mit allem, was er brauchte, und *Mein*

Kampf wurde auf Bayreuther Bütten geschrieben. Dieses natürliche Bündnis zwischen bestimmten Aspekten der Wagnerschen und der Hitlerschen Mentalität wurde stärker und stärker, bis Bayreuth während der Tage einer zweifelhaften Größe des Dritten Reichs zum nationalen Kulturheiligtum des Nationalsozialismus und Hitler zum vertrauten Freund der Familie Wagner aufstieg.
Winifred Wagner hatte wegen ihrer hingebungsvollen Unterstützung der Nazis und vor allem wegen des Beinamens, den ihr Gatte ihr gegeben hatte, von dem Augenblick an, da Hitler an die Macht kam, leicht Zutritt bei ihm. Es überrascht deshalb nicht, daß es ihr möglich war, mit ihm beim Essen die Toscanini-Bayreuth-Konstellation zu erörtern; tatsächlich war die reale Krise jedoch schon zwei Tage zuvor telephonisch besprochen worden – unmittelbar nachdem Hitler das Protesttelegramm erhalten hatte. Die damals fünfzehnjährige Friedelind Wagner war bei ihrer Mutter in ihrer Hotelsuite in Berlin, als die Unterredung stattfand:

»... Aus der Unterhaltung, die ich zur Hälfte hörte,konnte ich entnehmen, daß Hitler sich schlecht behandelt fühlte, da er Mutter so großzügig erlaubt habe, ihre jüdischen Künstler zu behalten. Bei weiterer Überlegung muß er sich gesagt haben, was es bedeute, wenn ein so einflußreicher Mann wie Toscanini Nazi-Deutschland in der Welt anprangerte, denn seine Adjutanten eilten während des ganzen Tages zwischen der Reichskanzlei und dem Hotel hin und her. Schließlich wurde beschlossen, in Hitlers Namen ein Telegramm zu senden, mit der Bitte, Toscanini möge sich die Sache nochmals überlegen ...
Diesem Telegramm sandte Hitler [am 3. April] noch einen persönlichen Brief nach, überzeugt, daß der Maestro dem nicht widerstehen könne. Bevor er aufgegeben wurde, brachte ihn Bruckner und las ihn Mutter vor. Unter anderem stand darin: ›Bis jetzt sei es ihm (Hitler) nicht vergönnt gewesen, den großen Dirigenten zu hören, aber in diesem Jahr würde er sich besonders glücklich schätzen, in seiner Eigenschaft als Reichskanzler den großen Toscanini in Bayreuth begrüßen zu können.‹
Als ich das hörte, konnte ich nicht still bleiben.
›Es ist ein Wahnsinn, den Brief abzuschicken‹, widersprach ich. ›Das ist die sicherste Art, Toscanini für immer zu vertreiben. Wenn du wirklich willst, daß er kommt, schick' den Brief nicht ab, denn er kommt um Wagners willen nach Bayreuth, nicht wegen Hitler. Das wird ihn bestimmt wütend machen.‹
Mutter warf mir einen giftigen Blick zu und brauste auf. Wütend sagte sie mir, ich spreche wie ein Kind, und ich solle die Leitung der Festspiele gefälligst ihr überlassen ...«[49]

Toscanini antwortete am 29. April auf Hitlers Brief in einer für ihn merkwürdig gewundenen und unentschiedenen Art und Weise. Die Vorstellung, Bayreuth fahrenzulassen – und wahrscheinlich für immer –, traf ihn offenbar tief, und es wurde ihm schwer, den entscheidenden, unwiderruflichen Schritt zu tun. Der Antwortbrief war in Englisch:

»Euer Exzellenz: – Für Ihr sehr freundliches Schreiben möchte ich Ihnen sehr herzlich danken, wenn ich auch zutiefst bedaure, es nicht rascher beantwortet zu haben.
Sie wissen, wie eng ich mich Bayreuth verbunden fühle und welche tiefe Befriedigung es mir verschafft, mein ›Weniges‹ einem Genie wie Wagner zu weihen, den ich so grenzenlos liebe.
Es wäre deshalb eine bittere Enttäuschung für mich, wenn irgendwelche Umstände meine Absicht durchkreuzten, an den kommenden Festspielen teilzunehmen, und ich hoffe, daß meine Kräfte, die die letzten Wochen sehr dezimiert haben, ausreichen werden.
Mit dem erneuten Ausdruck meines Dankes für die freundliche Darlegung Ihrer Auffassungen unterzeichne ich als Euer Exzellenz aufrichtig ergebener usw.«[50]

Kurz nach der Abfassung dieses Briefes kehrte Toscanini nach Italien zurück. Im vorigen Jahr hatte er das Inselchen San Giovanni gemietet, ein winziges Stückchen Land im Lago Maggiore gegenüber der Stadt Pallanza. Sieben Jahre lang – und erneut nach den Exiljahren während des Zweiten Weltkrieges – sollte das sein Lieblingsrefugium bleiben. Eine amerikanische Musikgönnerin, Elizabeth Sprague Coolidge, hatte Toscanini überredet, einzuwilligen, daß die Uraufführung des – von ihr in Auftrag gegebenen – Streichquartetts von Pizzetti am 23. Mai 1933 auf der Insel stattfand. Das Busch-Quartett kam aus der Schweiz herüber, um das Werk zu spielen, und Musiker und Kritiker strömten von überall zuhauf. Im Exil lebende Deutsche wie Emil Ludwig und Erich Maria Remarque waren unter den Gästen und konnten Toscanini aus erster Hand Berichte über die Vorgänge in ihrem Heimatland geben. Der Dirigent Fritz Busch, Bruder von zweien der Quartettmitglieder, war ebenfalls anwesend. In seinen Memoiren schrieb er, Toscanini habe ihm bedeutet, er möchte ihn sprechen, nachdem die anderen Gäste gegangen seien:

»Ich fühlte, daß irgend etwas ihn stark beschäftigte. Als wir später allein in seinem Zimmer waren, zeigte er mir einen Brief von Hitler, worin dieser seiner Freude Ausdruck gab, ›den großen Maestro der befreundeten italienischen Nation bald in Bayreuth begrüßen zu kön-

nen‹ ... Beide, er wie ich, waren zu der Erkenntnis gelangt, daß vermeintlich geschändete Ehre *nichts* bedeutet gegen die wahre Schande, dem Bösen zu dienen.
Was Toscanini – seit seiner Jugend der Kunst Richard Wagners zugetan und ihr größter Interpret – jetzt bedrängte, war die Sorge um die Zukunft des Bayreuther Festspielgedankens. Aus diesem Empfinden heraus fragte er mich: ›Was wird Bayreuth tun, wenn ich absage?‹ ›Dann wird man mich einladen, Maestro‹, sagte ich. Toscanini war sprachlos. ›Das heißt, man *hat* mich bereits eingeladen. Tietjen, der Ihre Absage erwartet, hat schon vorgesorgt.‹ Ich weidete mich an seinem Erstaunen, und lachend setzte ich hinzu: ›Natürlich werde ich ebenso absagen wie Sie.‹
Toscanini machte den Mund zu, der ihm vor Staunen offenstehen geblieben war, und knurrte mit seiner heiseren, melancholischen Stimme: ›Eh, caro amico!‹ Wir schwiegen beide in einem Gefühl großer Traurigkeit.«[51]

Toscanini schickte Winifred Wagner ein Telegramm des Inhalts, er werde sich an den Festspielen nicht mehr beteiligen. Daniela Thode wurde nach Mailand geschickt, um ihn in einem elfstündigen Versuch dazu zu überreden, seine Einstellung zu ändern. Nach anderthalbtägigen diplomatischen Bemühungen mußte sie sich geschlagen geben, und Toscanini sandte, beraten von seinem Anwalt und von Daniela Thode, die folgende Botschaft an Winifred Wagner (28. Mai):

»Die schmerzlichen Ereignisse, die meine Gefühle als Mensch und Künstler verletzt haben, sind, entgegen meiner inständigen Hoffnung, keiner Veränderung gewichen. Ich halte es deshalb heute für meine Pflicht, das Schweigen zu brechen, das ich mir seit zwei Monaten auferlegt hatte, und Sie zu informieren, daß es – um meiner, Ihrer und jedermanns Ruhe willen – besser ist, mit meiner Teilnahme in Bayreuth nicht länger zu rechnen.
In unwandelbarer Freundschaft für das Haus Wagner,
Arturo Toscanini.«[52]

Die Nachricht von Toscaninis Verzicht auf Bayreuth erreichte die Presse am 6. Juni. Zwei Tage später gab die *New York Times* einen zusammenfassenden Bericht über die Reaktionen in Deutschland:

»Die meisten Nazi-Blätter ignorieren Signor Toscaninis Entschluß bisher, aber der nationalsozialistische ›Kampfbund für deutsche Kultur‹ veröffentlichte einen Bericht, der besagt, daß Signor Toscanini ›offensichtlich nicht in der Lage war, dem Einfluß der umfassenden antideutschen Propaganda zu widerstehen‹, und fügte hinzu: ›Keiner der bevollmächtigten Stellvertreter dieses Kampfbundes hat je gegen die künstlerische Arbeit Toscaninis Stellung genommen. Als Deutsche sind wir aber überzeugt, daß künstlerisch gleichwertige Interpreten der Werke Wagners durchaus gefunden werden können.‹ ... Die *Börsen Zeitung* schrieb: ›... Hoffen wir, daß er schließlich doch nach Bayreuth kommt, denn so viel steht außer Frage: Die Teilnahme von Signor Toscanini war die größte Attraktion der Bayreuther Festspiele. Er garantierte das hohe künstlerische Niveau, das die Festspiele nun einmal haben müssen ... Und er war auch der einzige Garant ihres finanziellen Gelingens.‹ ... Die *Vossische Zeitung*: ›Der große Musiker mit den unbestechlichen Ohren, der argwöhnisch und pedantisch auch noch über das letzte Sechzehntel wacht, hat nur den mißtönenden Klang des großen Orchesters wahrgenommen, das Deutschland ist.‹ «

Demselben Artikel läßt sich entnehmen, daß die über Toscaninis Schallplattenaufnahmen verhängte Rundfunksperre aufgehoben worden war – offenkundig ein letzter Versuch, ihn zu einer Sinnesänderung zu bewegen. Als sich dieser Versuch als nutzlos erwies, wurde die Rundfunksperre erneut ausgesprochen. Toscaninis Aufnahmen wurden schließlich sogar aus dem Markt gezogen, und laut Friedelind Wagner pflegte »Hitler rot [zu sehen], wann immer der Name des Maestro erwähnt wurde«[53] – ein Syndrom, das er mit seinem Freund Mussolini teilte. (Toscanini lehnte später auch ein Angebot ab, in der Sowjetunion zu dirigieren, und zwar wegen der repressiven Regierung des Landes. Stalins Reaktion ist unbekannt – wenn er denn überhaupt eine zeigte.) Die Hitler-Ära war erst vier Monate alt, und doch berichtete keine der oben erwähnten deutschen Zeitungen über Toscaninis wirkliche Gründe, nicht nach Bayreuth zurückzukehren. Richard Strauss ließ dagegen Frau Wagner wissen, daß er sich glücklich schätzen würde, Toscaninis *Parsifal*-Vorstellungen in Bayreuth zu übernehmen, so wie er Bruno Walters Gewandhauskonzerte übernahm, als der im Frühjahr Deutschland den Rücken gekehrt hatte. (Elmendorff, der bereits fest für die Leitung des *Ring* eingeplant war, dirigierte auch Toscaninis *Meistersinger*.)
Nach einer unerwartet langen Urlaubszeit ging Toscanini nach Paris, um drei Konzerte im Théâtre des Champs-Elysées mit dem Orchestre des Concerts Walther-Straram zu dirigieren, die am 12., 17. und 18. Oktober stattfanden. Daraufhin reiste er nach Wien, wo er seine ersten Auftritte mit den Wiener Philharmonikern absolvierte. Dies war der Beginn einer fruchtbaren Beziehung, die bis zum Anschluß Österreichs ans Deutsche Reich dauern sollte.

Toscanini hatte, wie bereits erwähnt, 1899 sein Interesse bekundet, die Wiener Philharmoniker als Gastdirigent zu leiten; die Orchesterleitung hatte seine Neigung jedoch nicht erwidert. In den zwanziger Jahren, als er der gefragteste Dirigent der Welt war, hatten die Wiener ihn dann selbst zu gewinnen versucht, ihr Orchester zu dirigieren. Da Toscanini im allgemeinen keine Sonderengagements zu übernehmen wünschte und da er damals keinen Sekretär oder Agenten hatte, war seine Antwort auf die Wiener Einladung die gleiche wie bei den Hunderten von anderen Angeboten, die aus der ganzen Welt an ihn ergingen: Schweigen. Im Jahre 1933 aber wurde eine genau verabredete Aktion gestartet. Hugo Burghauser, der erste Fagottist des Orchesters und sein kürzlich gewählter Vorstand (das Orchester war und ist noch heute eine sich selbst verwaltende Körperschaft), hatte, seit er ihn 1923 zum erstenmal an der Scala dirigieren hörte, davon geträumt, Toscanini und das Orchester einmal zusammenzuführen. Als Toscaninis Bayreuth-Verzicht bekannt wurde, nutzte Burghauser die Gelegenheit, Toscanini mit einer neuerlichen Einladung zu überraschen. Es erfolgte keine unverzügliche Antwort; zur selben Zeit aber wurde Toscanini von dem polnischen Geiger Bronislaw Huberman auf das Thema angesprochen.
Huberman war ein großer Bewunderer Toscaninis und ihm, wie die meisten jüdischen Musiker, für seine Weigerung, nach Bayreuth zurückzukehren, von Herzen dankbar. In jenem Sommer verbrachte Huberman seine Ferien in Caldè am Ostufer des Lago Maggiore, in nächster Nähe von Toscaninis Isolino. Ihm fiel plötzlich ein, daß Toscanini seinem Antinazi-Protest noch mehr Nachdruck verleihen könnte, wenn er käme und in Deutschlands »freiem« Nachbarland Österreich dirigierte. Huberman unternahm kurzentschlossen eine Blitzreise nach Österreich, um die Idee mit Freunden zu diskutieren – vor allem mit einem österreichischen Kabinettsmitglied –, kehrte dann im August an den Lago Maggiore zurück und unterbreitete Toscanini den Vorschlag, der auch sofort zustimmte, die Philharmoniker im Herbst zu leiten.
Wien hatte Toscanini bereits 1930 bei seinen beiden dortigen Konzerten mit dem New York Philharmonic Orchestra deutsche und österreichische Musik dirigieren gehört; dennoch wollte er dem Orchester in seiner gewohnten Umgebung und in seiner eigenen Domäne gegenübertreten. Deshalb wählte er für sein erstes Konzert, das am 24. Oktober stattfand, Mozarts *Haffner-Symphonie*, Brahms' *Haydn-Variationen*, Beethovens siebente Symphonie und das *Meistersinger*-Vorspiel aus. (Die traditionelle öffentliche Generalprobe wurde am 23. abgehalten.) Toscanini war am Morgen des 20. nach einer ermüdenden Reise im Schlafwagen angekommen. Er bat Burghauser, die für denselben Tag angesetzte Probe zu verschieben; Burghauser ersuchte ihn jedoch, wenigstens einige Minuten

zu proben, um allen Gerüchten über mögliche Störungen zuvorzukommen. Er willigte ein. Nach dieser verkürzten und zwei weiteren Proben von normaler Länge war er mit dem Orchester zufrieden. Burghauser beschrieb Haggin Toscaninis erstes Zusammentreffen mit dem Orchester:

»Obwohl ich das Orchester seit mehr als zwanzig Jahren kannte – fünfzehn Jahre als Mitglied und sehr viel länger als junger Student –, hatte ich nie das Phänomen einer solchen übermenschlichen Konzentration erlebt, die es bei diesen Proben an den Tag legte ... Das Orchester, das Tag für Tag mit Strauss, Weingartner, Bruno Walter und damals auch mit Klemperer zusammengearbeitet hatte, mit diesem Ensemble der größten Talente der Welt – dieses Orchester wurde unter Toscanini gewahr, daß das der Höhepunkt jeder musikalischen Erfahrung war. Nicht nur, weil er anderen Dirigenten überlegen war – das wurde als selbstverständlich vorausgesetzt; sondern weil er uns *über uns selbst* hinauswachsen ließ – und eben das war das praktisch unerklärliche Phänomen ... Dies war das Entscheidende; und auch, daß Beethovens alte Siebente, die jeder von uns im Schlaf spielen konnte, ebenso wie der Brahms und der Mozart uns wie für *uns neu geschrieben* vorkamen.«[54]

Der Geiger Felix Galimir, damals noch Student an der Musikhochschule, erzählte Haggin, daß es ihm gelungen sei, sich unbemerkt in eine der Proben Toscaninis einzuschleichen. »Und *vor* der Probe – das war ein historisches Ereignis – übten bereits alle ersten Geigen der Wiener Philharmoniker ihren Part – was seit dem Weggang Gustav Mahlers nicht mehr vorgekommen war!«[55]
Die Reaktion des Publikums und der Kritik war außergewöhnlich. Der Kritiker Ernst Decsey schrieb gegen Ende eines hymnischen Berichts:

»Es war der große italienische Künstler, der unsere deutschen Meister geehrt und den Philharmonikern zu einem bisher nicht erreichten Triumph verholfen hatte. Ihr Spielwinter begann unter den größten Auspizien. Einigermaßen schwer werden es nur die Nachfolger Toscaninis am philharmonischen Dirigentenpult haben, denn jeder wird an seinem Übermaß gemessen, jeder mit seiner Unvergleichlichkeit verglichen werden.«

Sein zweites Konzert (29. Oktober) bot Luigi Cherubinis *Anacréon*-Ouvertüre, Brahms' dritte Symphonie, *La Mer* und Respighis *Pinien von Rom.* Die gleiche Reaktion wiederholte sich – im Falle der Brahms-Symphonie von Erstaunen darüber begleitet, daß ein Katholik aus dem sonnendurchfluteten Süden einem Protestanten aus dem wolkenverhangenen Norden so weitgehendes Verständnis entgegenzubringen vermochte. (Diese idiotische nationalistische Idee läßt sich sogar heute noch in sehr vielen Musikkritiken dingfest machen.) Das erste Programm wurde am 30. Oktober in Budapest wiederholt. Als sich Burghauser am darauffolgenden Tage in Wien von Toscanini verabschiedete, hatte er ihm das Versprechen abgenommen, die beiden Konzerte im kommenden Sommer in Salzburg zu wiederholen und im nächsten Herbst auch wieder in Wien zu dirigieren.

Nachdem sie drei Wochen zu Hause verbracht hatten, verließen Toscanini und Signora Carla Mailand bereits wieder, und zwar diesmal mit einem für sie ganz ungewohnten Reiseziel. Tullio Voghera, der in New York Toscaninis Kapellmeisterstab an der Metropolitan angehört hatte, war jetzt Chorleiter am Königlichen Theater von Stockholm. Seine Gattin Iwa, eine Sängerin, war die Tochter von Tore Aulin, einem bekannten schwedischen Musiker. Stockholms Konsertföreningens Orkester (heute Stockholms Filharmoniska Orkester) hatte die Vogheras im Mai in diplomatischer Mission nach Italien geschickt, um Toscanini zu überreden, die Einladung zu einem Gastspiel im Herbst anzunehmen. Nachdem er Erkundigungen über Größe und Qualität des Orchesters angestellt hatte, willigte Toscanini ein, nach Stockholm zu kommen. »Ihr Honorar?« fragte Voghera zögernd . . . »Ich bin unfähig, einen Vertrag abzuschließen«, erwiderte Toscanini. Diese Seite der Angelegenheit wurde dann schließlich vom Orchester und von Signora Carla geregelt.[56]

Sein Besuch verursachte in Stockholm unglaubliche Aufregung. Das größte Warenhaus der Stadt, NK, bestritt mit Photos von ihm ganze Schaufensterdekorationen, die Zeitungen überschlugen sich, die Leute sprachen über ihn in Straßenbahnen und auf der Straße, und er wurde sogar in populären Theaterrevuen erwähnt. Iwa Voghera berichtete, daß die Proben glatt verliefen und ihr Gatte als Dolmetscher fungierte, wenn die italienische Musikterminologie sich als unzureichend erwies:

> »Nach der zweiten Probe verdüsterte sich das Gesicht des Maestro, und er brachte zögernd die Frage vor: ›Haben eigentlich alle Schweden einen solch desinteressierten Gesichtsausdruck? Ich frage mich, ob sie mich verstehen. Ich kann kaum eine Reaktion von ihren Gesichtern ablesen.‹ Wir lachten und erklärten ihm . . ., daß das nun eben ein Teil des nordischen Temperaments ist: Die Menschen geben nicht zu erkennen, was sie fühlen.«[57]

Die Stockholmer Konzerte fanden am 29. November und am 4. Dezember statt, und Toscanini begleitete das Orchester zu einem Konzert am

3. in Kopenhagen. Es gefiel ihm, und er erklärte sich bereit, im kommenden Jahr zurückzukehren.
Ein Reporter des schwedischen Wochenblattes *Vecko-Journalen* erhielt die Erlaubnis, eine Probe besuchen zu dürfen. Dabei unterhielt er sich mit Carla Toscanini, Iwa Voghera und später auch mit dem ersten Cellisten des Orchesters. Signora Carla fragte er, ob ihr Gatte schüchtern sei:

»Nein, nicht wenn man es versteht, in der richtigen Weise mit ihm umzugehen. Er lebt ausschließlich seiner Kunst. Wenn er das Publikum auf seiner Seite weiß, fühlt er sich im Himmel; aber Applaus schätzt er nicht sehr, noch weniger leere Lobhudelei und geheuchelte Ansichten – nicht zu reden von Photographen mit Blitzlichtern . . .‹
›Ja‹, sagt Frau Voghera, ›viele Leute haben behauptet, daß seine Bescheidenheit gekünstelt ist, aber das ist nicht wahr. Toscanini ist das menschlichste und natürlichste Geschöpf, das man sich vorstellen kann, liebenswert und ohne wichtigtuerische Allüren . . . Wer saß gestern abend bei uns zu Hause, klebte mit den Kindern Briefmarken ein und erzählte Märchen? – Toscanini!‹
›Sein Leben besteht nur aus Arbeit, aus dem ewigen Studium von Partituren und Texten‹, sagt Signora Carla. ›Vor jedem Konzert geht er noch einmal jede Partitur durch; er brennt sie sich geradezu ins Gedächtnis, getrieben von der nie erlahmenden Angst, einen Punkt oder eine Note übersehen zu haben . . . Mein Mann liebt Kinder: Jedes Jahr zu Weihnachten bittet er mich, Feste mit Geschenken und allen erdenklichen Arten von Lustbarkeiten für unsere Kinder, Enkel und die Kinder von Freunden zu arrangieren. Er liebt das ungekünstelte Glück der Kinder . . .‹
Carl Christiansen bezeugt: ›Natürlich waren wir gespannt – das ganze Orchester . . . Sicher ist er streng und anspruchsvoll, aber auch so menschlich; das war eigentlich das Eindrucksvollste . . . Er ist unglaublich sorgfältig; dennoch arbeitet er nur daran, eine neue und vitale Qualität zu erzielen . . .‹ «

Toscanini hatte im Dezember die San Francisco Symphony leiten sollen, bat jedoch darum, das Engagement zu verschieden. (Es kam schließlich nie zustande.) Statt dessen war er im Dezember in Mailand, um an Wandas Hochzeit mit Vladimir Horowitz teilzunehmen. Sie sagte später, ihr Vater habe sie gewarnt: »Du weißt sehr gut, daß das Leben mit einem Künstler sehr schwierig ist.« Nach einer Weile fügte er hinzu: »Moglie e buoi dei paesi tuoi« (Weib und Vieh aus deinem eigenen Dorf); und er äußerte sich nie wieder zu diesem Thema.[58] Im selben Monat empfing Toscanini auch die Familie Menuhin, die zu Yehudis erstem Konzert in

Mailand gekommen war. Er kümmerte sich als Fremdenführer um sie, machte abfällige Bemerkungen über die Faschisten, überredete Mosche Menuhin, ihm während des Konzerts die Vaterrolle abzutreten – was bedeutete, daß er als Yehudis Kammerdiener und moralische Stütze fungierte –, und gab Yehudi zu Ehren eine Party in seinem Hause. Das Spiel des jungen Geigers beeindruckte Toscanini sogar noch tiefer als zuvor, und er richtete es sofort so ein, daß er mit ihm das Violinkonzert von Beethoven bei einem Konzert des Philharmonic im kommenden Monat spielen konnte.

Die Menuhins trafen Ende Dezember an Bord der »Rex« erneut mit den Toscaninis zusammen. Weitere Reisegefährten waren das frisch vermählte Ehepaar Horowitz, Nathan Milstein, Gregor Piatigorsky und Molinari. Auf ebendieser Reise mag Piatigorsky wohl auch versucht haben, Toscanini dazu zu bewegen, für ihn Cello zu spielen. In seinen Memoiren schreibt er:

> »Auf einer unserer gemeinsamen Überfahrten gelang es mir endlich, ihn in meine Kabine zu locken. Mein Cello wartete mit ausgezogenem Stachel auf ihn. Er setzte sich auf einen Stuhl, aber als ich ihm das Cello reichte, sagte er: ›Nein – nein – keinen Stachel, das ist eine moderne Erfindung‹, und er stieß ihn wieder hinein. Ich gab ihm den Bogen, und er begann zu stimmen. ›Das A ist zu hoch; das G ist zu tief‹, brummte er. Fünfzehn Minuten waren vergangen, und er stimmte immer noch. Ich hoffe, er würde zu spielen beginnen. Oh bestia stupida, jetzt ist das D zu hoch! Er stimmte weiter, bis es Zeit war, zum Mittagessen zu gehen! Ich habe ihn nie Cello spielen hören. Ich frage mich, wer ihn je hörte.«[59]

Am 11. Januar 1934, eine Woche nach seiner Ankunft, eröffnete Toscanini seine Philharmonic-Konzertreihe mit dem ersten Abend eines Beethoven-Zyklus, der sich über die nächsten beiden Monate verteilte. Zusätzlich zu allen neun Symphonien und verschiedenen anderen Werken umfaßte dieser Zyklus auch seine erste Aufführung der *Missa solemnis* mit den Solisten Elisabeth Rethberg, Sigrid Onegin, Paul Althouse und Ezio Pinza.

Yehudi Menuhins Konzerte mit dem Philharmonic Orchestra fanden am 18. und 19. Januar statt. Einige Tage zuvor war der Junge ins Hotel Astor gekommen, um das Konzert mit Toscanini durchzugehen. Bei der zartesten Stelle im zweiten Satz läutete plötzlich das Telephon – obwohl Toscanini der Rezeption Anweisung gegeben hatte, keine Anrufe durchzustellen. Sie spielten weiter; aber nach dem dritten Klingeln schnellte Toscanini vom Klavierstuhl hoch, schritt mit mordlüsternem Blick auf das

Telephon zu und riß es mitsamt Verputz und Leitungskabel aus der Wand. Dann kehrte er, als sei nichts geschehen, zum Klavier zurück, und sie begannen in aller Ruhe wieder da, wo sie unterbrochen hatten.[60]
In einem Interview erzählte mir Menuhin mehrere Jahre später:

> »Ich erinnere mich, daß er die Partitur immer mit höchstem Respekt behandelte. Im ersten und im zweiten Satz kommen mehrere Phrasierungsbogen vor. Im langsamen Satz etwa der auf der G-Saite, und der Bindebogen reicht hier über zwei gebundene Takte. Wir diskutierten das mit großer Ausführlichkeit, als wir zusammen probten, und ich sagte: ›Gut, ich versuche mal, den Bogen in einem Strich auf der G-Saite zu nehmen.‹ Am nächsten Tage, ebendem Nachmittag, an dem das Konzert stattfinden sollte, erhielt ich einen handgeschriebenen Zettel von ihm, der besagte: ›Zu guter Letzt meine ich doch, Du solltest den Bindebogen in zwei Strichen auf der D-Saite nehmen.‹ Er war sehr gewissenhaft und peinlich genau um jedes Detail bemüht.«[61]

Die Sonntagnachmittagskonzerte des Philharmonic Orchestra wurden neuerdings vom Radio in viele amerikanische Städte übertragen, und das von seinen finanziellen Schwierigkeiten bedrängte Orchester lud sein Rundfunkpublikum ebenso wie seine Abonnenten und seine Förderer ein, jeden Beitrag beizusteuern, den es sich leisten konnte. Toscanini hatte Verständnis für die Situation und kooperierte sogar so weitgehend, daß er die Erlaubnis erteilte, daß an seinem siebenundsechzigsten Geburtstag auf seinen Namen ein Kapitalfonds eröffnet wurde; er verabscheute jedoch die Art und Weise, wie die Künste in einem derart reichen Land wie den Vereinigten Staaten betteln gehen mußten. Dem New Yorker Bürgermeister Fiorello La Guardia gegenüber äußerte er sich später dahin gehend, daß Vergnügungssteuern und Rundfunkgebühren in Amerika institutionalisiert werden sollten, wie das in vielen europäischen Ländern bereits der Fall war, um künstlerische Organisationen zu subventionieren. Diese Vorstellung war in den Vereinigten Staaten jedoch noch Anathema.
Die Kampagne des Philharmonic zielte darauf ab, die Summe von 500 000 Dollar aufzubringen, und während sie leidlich erfolgreich verlief, konnte sich die Presse nicht enthalten, abfällige Bemerkungen über Toscaninis angeblich (und tatsächlich) enormes Honorar einzustreuen, mit dem Tenor, es käme einem Mann zugute, »der wenig tut, um der amerikanischen Musik zu helfen«. Diese Formulierung sollte besagen, daß Toscanini nur sehr wenig Musik von amerikanischen Komponisten gespielt hatte, was richtig war. Die neueren Arbeiten dieser amerikanischen Komponisten waren im allgemeinen in einem musikalischen Idiom geschrieben, das ihm

fremd war; und die Werke früherer Generationen gebürtiger amerikanischer Musiker interessierten ihn nicht. Er begann jedoch wenigstens einen Versuch zu machen, und gegen Ende seiner Laufbahn hatte er Werke von etwa zwanzig amerikanischen Komponisten aufgeführt, darunter Samuel Barber, Aaron Copland und George Gershwin; er fühlte sich in diesem Repertoire jedoch nicht zu Hause, und die Ergebnisse waren häufig unbefriedigend – wie es gewöhnlich geschieht, wenn ausübende Künstler Musik aus Pflichtgefühl oder unter Druck spielen. Überdies scheint es ziemlich ungerecht zu sein, einen Mann anzuklagen, er tue wenig zur Unterstützung amerikanischer Musik – oder jedenfalls der Musik in Amerika –, der Amerika einen glänzenden musikalischen Höhepunkt nach dem anderen verschaffte. Zweifellos rief er in Amerika mehr Musikbegeisterung ins Leben als die meisten amerikanischen Komponisten.

Die »General Motors Company« finanzierte am 11. Februar ein Rundfunksymphoniekonzert des Philharmonic Orchestra, in dem Toscaninis Solistin Lotte Lehmann Arien aus *Tannhäuser* und *Fidelio* sang. Die große deutsche Sopranistin war ein Jahrzehnt zuvor eingeladen gewesen, in den *Meistersingern* die Eva – in italienischer Sprache – an der Scala zu singen; sie hatte jedoch in Erfahrung gebracht, daß der Umgang mit Toscanini schwierig sei, und deshalb abgelehnt. »Daß ich ablehnte, war eine der großen Torheiten des Lebens, die niemals wiedergutzumachen sind«, sagte sie später.[62] Toscanini hatte sie in der Wiener Erstaufführung der *Arabella* von Strauss (Oktober 1933) gehört und sie aufgefordert, mit ihm in New York aufzutreten. Sie berichtete, daß sie bei der ersten Klavierprobe für das Konzert

> »so zitterte, daß ich mein Programm: die Fidelio- und die Hallen-Arie, kaum singen konnte. Aber der Gefürchtete schien so sanft und freundlich, daß mir meine Angst schwand und ich frei wie immer sang. Es war mir später verschiedentlich vergönnt, unter seiner Führung zu singen. Ich wurde dem fanatischen Willen untertan wie jeder, der in den Bannkreis dieses wunderbaren Menschen gerät. Ich sah, wie er litt, wenn irgend etwas nicht genau so gebracht wurde, wie er es haben wollte. Nicht aus Eigensinn, sondern aus konzessionslosem Streben nach allerhöchster Vollendung. Er verlangt haargenaue Exaktheit und zugleich völlige seelische Hingabe in der Musik ... Und so bleibt es immer eine zitternde Freude, mit ihm zu singen ...«[63]

Manche Autoren haben Vermutungen angestellt, daß Lotte Lehmann und Toscanini ein Verhältnis gehabt hätten. Als ich nach dem Tod der Sopranistin an ihren Freund Frances Holden schrieb, um in Erfahrung zu bringen, ob sich ein Briefwechsel zwischen den beiden erhalten hätte, wurde mir geantwortet, daß Lotte Lehmann die Briefe, die sie von Toscanini erhielt, vernichtet habe und er mit ihren Briefen an ihn angeblich genauso verfahren sein soll.

Nachdem er sechsundvierzig Konzerte in vierzehn Wochen geleitet hatte (mit nur einem Gastspiel in einer anderen Stadt), unternahm Toscanini am 5. Mai die Überfahrt nach Europa an Bord der »Ile-de-France«. Ein Großteil des verbleibenden Frühlings und des Sommers verbrachte er auf seinem Isolino; bald aber weilte er in Paris, um das Orchestre Walther-Straram am 25. und 27. Mai in einem rein französischen Programm und am 3. und 6. Juni in einem gemischten zu dirigieren.

Im Juli 1934 wurde der österreichische Bundeskanzler Engelbert Dollfuß von einer pro-nationalsozialistischen Gruppe ermordet, die daraufhin ohne Erfolg die Macht zu übernehmen versuchte. Das Land hatte eine Phase schwerer Instabilität durchzumachen. Burghauser berichtet, daß damals niemand glaubte, Toscanini würde sein Versprechen erfüllen, im Sommer wieder in Salzburg zu dirigieren. Anfang August erhielt er jedoch ein Telegramm von Toscanini, mit der einfachen Nachricht, er werde in zehn Tagen zu den Proben eintreffen; und am 23. August leitete er seine erste Aufführung im Festspielhaus – eine Wiederholung seines ersten Wiener Konzerts vom vorigen August. Drei Tage später dirigierte er ein reines Wagner-Konzert mit Lotte Lehmann als Solistin, und das abschließende Konzert am 30. umfaßte Brahms' dritte Symphonie und verschiedene andere Werke.

Nach einem Zwischenaufenthalt in Italien fuhr Toscanini im Oktober zu weiteren Konzerten mit den Philharmonikern nach Wien. Am 10. leitete er ein Wagner-Programm, in dem die Lehmann den »Liebestod« aus *Tristan und Isolde* sang. Sie war nervös und unsicher, ob sie ihren ersten Ton nach dem Vorspiel genau treffen würde, und Toscanini hatte ihr bedeutet, er würde ihn ihr leise vorsummen. Sie erinnerte sich jedoch, daß es schwierig für sie gewesen sei, seiner krächzenden Stimme die richtige Tonhöhe zu entnehmen, aber schließlich gelang es ihr doch irgendwie. »Am Ende dieses Tages war er glücklich darüber, mir geholfen zu haben, richtig zu singen.«[64] Eine weitere Aufführung fand am 14. statt, und Teile dieser beiden Programme wurden zu einem Konzert in Prag kombiniert, das für den 15. arrangiert war. Kodálys *Psalmus Hungaricus* und Beethovens neunte Symphonie wurden am 21. in Wien geboten und am nächsten Abend in Budapest wiederholt, und am 1. November wurde in einem Gedenkkonzert für Dollfuß Verdis *Messa da Requiem* aufgeführt. Als Probenassistent beim *Psalmus* und der neunten Symphonie machte zum erstenmal der zweiundzwanzigjährige Erich Leinsdorf auf sich aufmerksam.

»Toscanini hat sich nach einem glorreichen Aufenthalt von mehreren Wochen in Wien verabschiedet«, schrieb Paul Stefan in einem Bericht, der am 25. November in *Musical America* erschien, und er fuhr fort:

»... Es gab viele Ohrenzeugen (darunter auch der Rezensent), die behaupteten, sie hätten das Finale der neunten Symphonie nie in solch wunderbarer Klarheit gehört. Die ersten drei Sätze brachten eine lange Reihe von Höhepunkten. Hervorragend ebenfalls der Eindruck vom *Psalmus Hungaricus*, bei dem der Budapester Chor Lob erntete. Er sang anstelle des Wiener Opernchors, der es abgelehnt hatte, unter Toscaninis Leitung aufzutreten, um – so die allgemein akzeptierte Version der Geschichte – nicht »die Gefühle des Operndirektors zu verletzen«, nämlich Clemens Krauss. Es hat Leute gegeben, die in aller Offenheit behauptet haben, daß der Operndirektor den explosiven Erfolg von Toscanini in Wien durchaus nicht gern gesehen hätte.
Kleinere Schwierigkeiten aller Art stellten sich Toscaninis letztem Konzert in den Weg ... trotz des Umstands, daß dieses Konzert eine Gedenkfeier aller Bundestheater für Kanzler Dollfuß war, eine von der Bundesregierung selbst angeordnete Gedenkfeier, deren Leitung Toscanini ohne jede Entschädigung übernahm. Nach vielen Verzögerungen und Verschiebungen fand das Konzert schließlich am 1. November statt (einem Feiertag hierzulande) ... Es war der krönende Abschluß seiner Wiener Tätigkeit, alle Regierungsmitglieder waren anwesend ...«

Die »kleineren Schwierigkeiten« begannen, laut Burghausers Bericht an Haggin, damit, daß Toscanini vor der ersten Probe der Zugang zur Oper verwehrt wurde (»Kein Fremder hat hier Zutritt!« sagte der Pförtner), und setzten sich mit dem Versäumnis der Opernintendanz fort, Toscanini für die erste Probe mit der Solo-Sopranistin einen Korrepetitor zur Verfügung zu stellen.

»Toscanini mußte sich also selbst ans Klavier setzen; er klemmte sich seinen Kneifer auf die Nase und begann für die Sopranistin zu spielen ... Schon bald unterbrach Toscanini und bat sie, eine bestimmte Phrase in einem Atemzug zu nehmen; sie antwortete, sie habe sich an diese ihre Art gewöhnt, und zeigte ihm ihre Partitur, in der ihr Bruno Walter die Stelle auf diese Weise bezeichnet hatte. Toscanini, noch immer ruhig, bedeutete ihr, sie solle sie so singen, wie er es wünschte. Es gab einiges Hin und Her, das die Gefahr eines drohenden Sturmes vergrößerte; und dann ließ eine abrupte Kopfbewegung Toscaninis plötzlich den Kneifer zu Boden fallen. Bevor Burghauser ihm noch zu

Hilfe eilen konnte, war Toscanini schon niedergekniet und tappte kurzsichtig auf dem Boden herum, um den Kneifer zu finden, was ihm schließlich gelang; wieder Platz nehmend, klemmte er ihn sich erneut auf die Nase, mußte aber entdecken, daß er nichts sehen konnte, weil die Gläser herausgefallen waren. Zornig und wütend sprang er auf und stampfte mit den Füßen; und beim plötzlich hörbar werdenden schrecklichen Geräusch der zerbrechenden Brillengläser brach die Sopranistin in Tränen aus und flüchtete aus dem Raum.«[65]

Dieser Zwischenfall verursachte die dreitägige Verschiebung, weil eine neue Sopranistin gefunden werden mußte. Die Ersatzsängerin, Anna Bathy, sang die *Messa da Requiem* zur selben Zeit auch in Budapest und mußte ständig hin- und herfliegen, um Proben und Aufführungen in beiden Städten aufeinander abzustimmen – und das in jenen gesegneten Tagen, da »fliegende« Sängerinnen noch ein sehr seltenes Phänomen waren.
Toscaninis Leitung des Verdischen *Requiems* zum Gedenken an Dollfuß war für einen überzeugten Demokraten ein befremdender Akt. Seitdem er Bundeskanzler geworden war, hatte Dollfuß, der der Christlich-Sozialen Partei angehörte, das Parlament aufgelöst, die Verfassung außer Kraft gesetzt, mit Hilfe von Notverordnungen regiert, sich Italien als Verbündeten gewählt (Dollfuß und Mussolini versuchten sich gegenseitig als »Puffer« gegen Hitler zu benutzen), im Februar 1934 einen Aufstand von Sozialdemokraten und Arbeitern brutal niedergeschlagen und die Partei für illegal erklärt. Kurzum, er regierte wie jeder andere Diktator auch. Zugunsten von Dollfuß ließ sich jedoch geltend machen, daß er keine antisemitische Politik betrieb, und der versuchte Nazi-Coup, der zu seinem Tod führte, war bedauerlich. Zweifellos symbolisierte Dollfuß für Toscanini Widerstand gegen Hitler-Deutschland; den toten Bundeskanzler aber mit einer Aufführung von Verdis *Requiem* zu ehren, erscheint aus heutiger Sicht als unglaublich naive und schlecht beratene Handlungsweise – und es läßt sich leicht vorstellen, daß sie einen beträchtlichen Teil der österreichischen Bevölkerung enttäuscht haben muß.
Der neue österreichische Bundeskanzler Kurt von Schuschnigg schenkte Toscanini als Dank für die Aufführung ein Exemplar der Erstausgabe des Klavierauszuges von *Fidelio*, das eine Widmung Beethovens an seinen Hauswirt, Baron Pasqualati, und einige Korrekturen von der Hand des Komponisten enthielt.
Für einige Tage kehrte er nach Mailand zurück – lange genug jedenfalls, um sich zu beklagen, daß die Scala Steuergelder verschleuderte, indem sie Respighi mit einer wertlosen Bearbeitung von Claudio Monteverdis *Orfeo* beauftragte –, dann reiste er nach Paris, um dort am 15., 16., 22.und

23. November Konzerte zu dirigieren, die drei Aufführungen von Beethovens Neunter ebenso wie Brahms' vierte Symphonie und Werke anderer Komponisten boten. Das Orchestre Walther-Straram ließ sich unter seiner Leitung am 19. und 20. November auch im Palais des Beaux-Arts in Brüssel hören.

Von Paris reiste er direkt nach Stockholm, wo er am 28. Werke von Mozart, Brahms, Mendelssohn, Sibelius und Rossini und vier Abende später die *Eroica* und Ausschnitte aus Wagner-Opern dirigierte. Die Leute fanden sich allabendlich in langen Schlangen zusammen, um Eintrittskarten zu bekommen, und wie schon 1933 wurden auch diesmal Teile des zweiten Konzerts vom Rundfunk übertragen.

Toscanini und seine Frau kehrten über die Feiertage nach Mailand zurück, die durch die Anwesenheit ihrer im Oktober geborenen Enkelin Sonia Horowitz besonders angenehm verliefen. Dann reisten sie an Bord der »Conte di Savoia« nach New York ab, wo sie am 17. Januar ankamen.

Während Toscaninis Abwesenheit war der Vorschlag gemacht worden, das Philharmonic Orchestra und die Metropolitan Opera miteinander zu verschmelzen – ein kostensparendes Projekt, das aus dem ökonomischen Druck der Wirtschaftskrise hervorgegangen war. Das Orchester der Metropolitan sollte vom Philharmonic ersetzt werden, das dann sowohl eine verkürzte Opernsaison als auch einen reduzierten Konzertzyklus im Opernhaus zu absolvieren haben würde, beides unter Leitung von Toscanini. Natürlich waren Chor, Corps de ballet und vor allem das Orchester der Metropolitan über die Nachricht aufgebracht, die nichts anderes als verkürzte Beschäftigung für einige und Entlassung für andere bedeutete. Zirato war im Dezember nach Mailand entsandt worden, um Toscanini die Idee vorzutragen, und kabelte an Judson:

> »Hatte verschiedene Unterhaltungen mit dem Maestro ... Er meint, daß die Zusammenlegung keiner der beiden Institutionen künstlerisch helfen würde. Wenn es Konzerte in der Metropolitan zu geben hätte, würde sich das bisher erreichte Niveau des Philharmonic senken. Er hält es für unmöglich, daß nur vierzig Vorstellungen von zehn Opern das Publikum zufriedenstellen. Jedenfalls würde er es nie befürworten, Konzerte in der Metropolitan zu geben, und zwar – trotz beabsichtigter Verbesserung der Bühneneinrichtungen – wegen der schlechteren akustischen Bedingungen. Der Maestro wünscht jedoch, daß Sie den Verwaltungsratsmitgliedern mitteilen, daß diese ehrlich geäußerte Ansicht sie durchaus nicht verunsichern oder irgendwelche Verhandlungen verzögern soll, wenn sie eine Verschmelzung mit der Metropolitan noch immer für vorteilhaft halten.«[66]

Die Verwaltungsratsmitglieder konnten natürlich nicht umhin zu bemerken, daß sie, wenn sie der beabsichtigten Verschmelzung zustimmten, Toscanini verlieren würden; und wenn sie ihn auch ohnehin bald darauf verloren, so ist doch offenkundig, daß der Plan, in die Tat umgesetzt, eine katastrophale Beschneidung des New Yorker Musiklebens zur Folge gehabt hätte.

Seine Konzertreihe des Jahres 1935 begann am 24. Januar – mit Bruckner und einer Bach-Bearbeitung von Respighi. Das zweite Programm enthielt Castelnuovo-Tedescos Violoncellokonzert mit Piatigorsky als Solist. Der Cellist schrieb später, er sei nach einer schrecklichen Überfahrt – mit Kälte, Fieber und Seekrankheit – gerade in New York angekommen, als er auch schon einen Telephonanruf von Toscanini erhalten habe, er möge kommen und sofort die Partitur mit ihm durchgehen. Als Piatigorsky sein Cello aus dem Kasten nahm, kam Toscanini

> »näher und näher an mich heran, bis sein Gesicht das meine beinahe berührte. Mit seinen fast blinden Augen sah er mich prüfend an, als wäre ich ein schrecklicher Druckfehler in einer Partitur. Er drehte seinen Schnurrbart, schüttelte den Kopf und sagte: ›Schlecht, sehr schlecht. Wieder Hämorrhoiden? Haben Sie nicht das Mittel versucht, das ich Ihnen in Milano gegeben habe? Es hat Puccini geholfen. Sie sind ganz grün im Gesicht‹, schloß er feierlich.
> . . . Maestro schlug dröhnend auf die Tasten in wahrer Kapellmeisterart. Er sprach und sang, und seine Spontaneität und Kraft rissen mich mit. Am Schluß unserer langen und aufheiternden Probe hatte ich wunderbarerweise meine Kräfte wiedergewonnen und kam in überschwenglicher Gemütsverfassung ins Hotel zurück.«[67]

Toscanini leitete siebenunddreißig Philharmonic-Konzerte, darunter Aufführungen in Hartford und Providence. Höhepunkt der Reihe war ein sechsteiliger Brahms-Zyklus mit allen Symphonien, dem ersten Klavierkonzert mit Vladimir Horowitz, dem Doppelkonzert mit Mishel Piastro und dem ersten Cellisten Alfred Wallenstein, dem Violinkonzert mit Jascha Heifetz, dem *Deutschen Requiem* mit Elisabeth Rethberg und Friedrich Schorr und den meisten anderen Orchesterwerken. (Das zweite Klavierkonzert war ursprünglich mit Ossip Gabrilowitsch geplant gewesen; Toscanini hatte ihn das Werk jedoch einige Wochen zuvor mit der National Orchestra Association spielen hören und war daraufhin zu dem Entschluß gekommen, daß ihre Auffassungen so unterschiedlich waren, daß die Aufführung besser fallengelassen wurde.) Er beendete die Philharmonic-Saison mit drei Aufführungen von Beethovens *Missa solemnis.*

Am 2. Mai verließ er mit seiner Frau New York und kehrte nach Italien zurück. Aber schon bald waren sie erneut auf Reisen anzutreffen: Er hatte eingewilligt, an den Sommerfestspielen des BBC Symphony Orchestra teilzunehmen – sein erster Auftritt mit einem englischen Orchester. Adrian Boult, der damalige Leiter des BBC, hat berichtet, wie nervös er bei der Ankunft seines neuen Gastdirigenten war. Er begleitete Toscanini bei der ersten Probe zum Podium:

»Ich stellte ihm das Orchester vor und sagte irgend etwas über die Erfüllung des brennenden Wunsches eines jeden von uns, wobei ich das Wort ›der Größte‹ benutzte. Dabei gab mir der Maestro einen herzlichen Schlag auf die Schulter: ›Nein, nein, nein, nein, nein. Überhaupt nicht: nur ein ehrlicher Musiker.‹ Wir alle lachten, und ich überließ ihm das Orchester ... Die beiden Mittelsätze von Brahms' e-Moll-Symphonie wurden ohne Unterbrechung durchgespielt. ›Bene, bene, bene‹, sagte er, ›nur drei Dinge.‹ Er bezeichnete dann die drei Stellen, rückte sie zurecht und ging weiter. Toscanini hielt nichts von ›Durchackern‹, wenn eine Sache einmal in Ordnung war.
Überflüssig zu sagen, daß das Orchester den Maestro von der ersten Probe an vergötterte ... Nur einer war gar nicht entzückt: Koussevitzky. Die überwältigende Reaktion des Londoner Publikums auf Toscaninis Konzerte des Jahres 1935 hatte natürlich die Erinnerung an seinen eigenen hervorragenden Beitrag zu jenen Festspielen ausgelöscht. Es war offensichtlich keine glückliche Hand, die ich da hatte, als ich die beiden erneut einlud, und ich frage mich, ob man mir das verziehen hat.«[68]

Außer Brahms' vierter Symphonie umfaßte Toscaninis erstes BBC-Programm (3. Juni) Werke von Cherubini und Wagner, dazu Elgars *Enigma-Variationen.* Dieses letzte Stück war das einzige, dem in der Presse eine ablehnende Kritik widerfuhr: Toscaninis Aufführung wurde als »un-englisch« bezeichnet. Landon Ronald, der bekannte Dirigent und Freund Elgars, widersprach dieser Auffassung in einem Brief, den die *Times* am 6. Juni veröffentlichte:

»Dieser große Dirigent gab das Werk genauso wieder, wie es Elgar vorgeschwebt hatte, und die Sprache des Komponisten birgt für Toscanini offensichtlich kein Geheimnis mehr. Einige der besten Aufführungen, die ich je gehört habe, leitete der Komponist selbst; Toscanini aber überragte ihn noch, weil er als Dirigent ein Genie ist, was Elgar nicht war.«

Der Dirigent John Barbirolli, dessen Vater und Onkel noch zusammen mit Toscanini bei der Uraufführung von *Otello* im Orchestergraben gesessen hatten, schrieb an seine künftige Frau, die Oboistin Evelyn Rothwell:

»Das Toscanini-Konzert war großartig. Ich war auch auf der Probe und von seiner Einstellung zur Musik sehr bewegt, einer Einstellung, die durch größtmögliche Ernsthaftigkeit, Bescheidenheit und Unterordnung unter das Werk charakterisiert ist. Es ist außergewöhnlich, wie ein Mensch von solcher individuellen Bannkraft die Illusion hervorbringen kann, daß nichts zwischen dir und der Musik steht. Er erzielt eine wunderbare Klangfarbe und ganz endlose Phrasierungsbogen, und das alles mit unfehlbarem Geschmack und Würde. Das Orchester spielte gut für ihn, besonders die Streicher, nur die Intonation war offengestanden *schlecht*. Das ist mir wirklich unverständlich.«[69]

Und in einem späteren Brief:

»Hatte gestern einen geradezu wunderbaren Tag. Die beiden mit Toscanini verbrachten Stunden waren herrlich. Er erzählte mir viel von Vater und der Zeit, in der sie zusammen waren, und ich hatte auch Gelegenheit, ihn vieles über die in Verdis Opern zulässige Freiheit zu fragen, und war sehr erleichtert, zu erfahren, daß der Standpunkt, den ich mir in dieser Hinsicht zurechtgelegt habe, vollkommen richtig ist. Als ich ihm manches von dem erzählte, was ich in Covent Garden in Kreisen sogenannter distinguierter italienischer Dirigenten gehört hatte, fing er an, sie als Menschen zu beschreiben, die nicht nur Ignoranten, sondern Verräter an der Musik seien ... Das am meisten Beeindruckende waren jedoch die große Einfachheit dieses Mannes und die flammende Aufrichtigkeit in seiner Liebe zur Musik ... Er war mir gegenüber so zuvorkommend, und ihn mich ›caro Maestro‹ nennen zu hören, hat mich aufs höchste belustigt. Ich sprach ihn auf das Thema Glyndebourne an, um ihm von Dir zu erzählen, und er hatte offensichtlich noch nie von einem weiblichen Oboisten gehört, denn er nannte das ›cosa buffa‹ (eine komische Sache) ... Das Orchester spielte gestern abend besser ... Der Brahms und der Wagner waren unvergeßlich. Ein solcher Adel des Musizierens wird einem zur großen Inspirationsquelle ...«[70]

Noch in London empfing Toscanini einen diplomatischen Emissär des New York Philharmonic Orchestra – seinen Stellvertreter Hans Lange. Zu der Zeit stellte die Musikergewerkschaft Ansprüche an den Verwaltungsrat, die die Intendanz des Philharmonic bewogen, eine Reduzierung des Ensembles von 110 auf 95 Mitglieder ins Auge zu fassen. Lange war angewiesen worden, die Angelegenheit Toscanini vorzutragen und zu versuchen, ihn davon zu überzeugen, daß die Verkleinerung künstlerisch keine Nachteile haben würde. Toscanini aber kam sofort zu dem Ergebnis, daß der Vorschlag schlecht war. Am 7. Juni schrieb Lange an Zirato:

> »Er ist der Meinung, daß die Verwaltungsdirektoren, wenn sie nicht das Geld auftreiben können, um die Forderungen der Musikergewerkschaft zu erfüllen, lieber das ganze Orchester verabschieden sollten als es zu verkleinern. Der Maestro hält den Vorschlag ... künstlerisch für ganz unsinnig. Vor allem die Einsparung der vierten Bläser ... Abgesehen von alledem ist der Maestro der Meinung, daß die Entlassung so vieler eine sehr *unmenschliche* und ungerechte Maßnahme ist, der er nie zustimmen wird. Da es nicht die Schuld der Orchestermitglieder ist, sondern die der Gewerkschaft, daß die augenblickliche Situation eingetreten ist, will er nicht, daß die armen Musiker darunter zu leiden haben. Vor allem nicht in Zeiten wie diesen, wo für sie keine Hoffnung besteht, andere Engagements zu bekommen.
> Seine Entscheidung lautet: Wenn das Direktorat ... Mittel und Wege findet, das Orchester in voller Besetzung zu erhalten, wird er in der nächsten Spielzeit kommen und dirigieren. Wenn das unmöglich ist und die Einsparungen verwirklicht werden sollten, würde er es vorziehen, in Europa zu bleiben und *nicht* nach Amerika zu kommen.«[71]

Dieser Brief wurde von Toscanini gelesen und gebilligt. In einem gesonderten, privaten Brief berichtete Lange Zirato:

> »Sie haben mir das Leben verleidet ... Anstatt meine Ferien genießen zu können, muß ich mich mit dem Maestro herumstreiten. Hölle!!! Er hat wieder Schmerzen in seinem Arm, und Sie wissen, wie reizbar er immer ist, wenn das passiert. Ich habe Ihnen jetzt alles geschrieben und möchte Sie bitten, Ihr Bestes zu tun, um seine Wünsche zu erfüllen. Ich bin sehr besorgt, daß wir ihn sonst verlieren. Er scheint die Gastspiele augenblicklich zu mögen und verabscheut eine feste Verpflichtung. Er ist müde und möchte sich verändern.
> Die Konzerte sind ein unglaublicher Erfolg gewesen. Das Publikum ist ganz verrückt. London versucht alles mögliche, um ihn für längere Zeit einzufangen, er mag das Orchester, und sie zahlen ihm mehr als in New York (jedenfalls behaupten das die Zeitungen). Es ist eine gefährliche Situation, Bruno. Tun Sie um Himmels willen in New York Ihr Bestes, und ich tue hier mein Bestes, um ihn zu überreden, uns nicht auf dem trockenen sitzen zu lassen ...«[72]

Am 11. Juni kabelte Toscanini dem Philharmonic Orchestra:

»Es ist mir unverständlich, warum der Verwaltungsrat des Philharmonic nicht den Mut hat, bis zum Äußersten zu gehen, um eine Anerkennung seiner verbrieften Rechte zu erzielen, anstatt nachzugeben und so viele Musiker zu opfern, die die Arbeitslosenzahl nur vermehren werden. Wenn Sie darauf bestehen, das Orchester zu verkleinern, werde ich zurücktreten!«[73]

Trotz der zusätzlichen Sorgen wegen des eben erwähnten Problems und seines schmerzenden Armes war er doch in der Lage, seine vier Londoner Konzerte zu leiten, und sogar mit großem Erfolg, wie Langes Brief bezeugt. Laut Adrian Boult erklärte sich Toscanini bereit, 1936 für acht Konzerte nach London zurückzukehren, und es wurde ein Honorar vereinbart:

»Im weiteren Verlauf des Briefwechsels ergab sich, daß sieben Konzerte eine bessere Programmstruktur ermöglichen würden, und man erzielte darüber Einigung. Bald darauf wurde dem Maestro ein Vertrag übersandt, und ein biederer, der BBC treu ergebener Buchhalter setzte nur sieben Achtel der ursprünglich vereinbarten Honorarsumme als Gage ein ... Aber so konnte man einem Toscanini nicht kommen. Wer hätte das von einem so großen Künstler auch erwartet! Die Korrespondenz brach abrupt ab. Uns war unverständlich warum, und als wir den eigentlichen Grund für sein plötzliches Schweigen ausfindig machten, war es schon zu spät.«[74]

Nach der Londoner Exkursion war es ihm möglich, einen kurzen Urlaub auf seinem Isolino zu verbringen, wo sich seine ganze Familie um ihn versammelte: seine Frau, sein Sohn Walter mit Frau, der Ballerina Cia Fornaroli, und ihrem sechsjährigen Sohn Walfredo, seine Tochter Wally, jetzt Gräfin Castelbarco, mit Mann und Tochter Emanuela – und natürlich das Ehepaar Horowitz mit ihrer kleinen Sonia. Der Dirigent Artur Rodzinski besuchte ihn damals mit seiner Frau Halina, und Toscanini erzählte ihnen, daß er sich mit dem Gedanken trage, das Philharmonic Orchestra in Kürze zu verlassen. »Sono stufo e sono stanco!« (Ich habe es satt und bin müde), sagte er.[75]
»Stufo« und »stanco« waren Adjektive, die er selbst sich oft beigelegt haben mag, aber Ausdrücke, die niemand, der ihn damals an der Arbeit sah oder seine Aufnahmen aus jener Zeit gehört hat, benutzt haben würde, um ihn zu beschreiben. Es existieren Tonbandaufzeichnungen von der *Missa solemnis*, die er im April zuvor in New York geleitet hatte, von

Brahms' vierter Symphonie mit dem BBC Orchestra usw. Der Geist, der sie prägt, und die Energie, die sie antreibt, werden von keinem anderen mir bekannten Dirigenten übertroffen – nicht einmal von Toscanini selbst in späteren Jahren. Diese Aufnahmen sind von atemberaubender Tiefe und Majestät; sie sind entspannt und geschmeidig und doch präzise und fließend. Und weitere Offenbarungen sollten sich in Salzburg ereignen.
Während seiner Salzburger Konzerte im Jahre 1934 hatte die Festspielintendanz bei ihm vorgefühlt, ob er bereit sei, im folgenden Jahr dort eine Oper zu dirigieren, und das Werk, das man ihm antrug, war *Fidelio*. Toscanini stimmte zu – aber nur unter der Bedingung, daß man ihm auch eine *Falstaff*-Inszenierung überließ. Clemens Krauss, der bei der *Messa da Requiem* von Verdi Schwierigkeiten heraufbeschworen hatte, entschloß sich, beim *Falstaff*-Projekt das gleiche zu tun, indem er eine eigene *Falstaff*-Einstudierung für Wien ankündigte (in deutscher Sprache). Diese seine Einstudierung sollte dann, herkömmlichen Gepflogenheiten gemäß, mitsamt dem Dirigenten und allen Mitwirkenden nach Salzburg »exportiert« werden. Es war offensichtlich, daß Krauss sich auf einen Machtkampf einlassen wollte: War die Intendanz mehr daran interessiert, ihn, Krauss, als musikalischen Leiter der Staatsoper oder Toscanini als Gastdirigenten in Salzburg zu haben? Toscanini wurde gefragt, ob er gewillt sei, *Falstaff* mit einer anderen Oper zu vertauschen; er antwortete jedoch: »Kein *Falstaff*, kein Toscanini.« Es war in letzter Instanz Bundeskanzler Schuschnigg, der die Entscheidung traf, daß *Falstaff* in Salzburg von Toscanini geleitet werden sollte; und als im Dezember 1934 Furtwängler aus Protest gegen die von den Nazis über Paul Hindemith verhängten Sanktionen die Leitung der Berliner Staatsoper niederlegte, vertauschte Krauss, der spürte, daß die goldene Zukunft auf seiten Hitlers lag, Wien (und damit Salzburg) gegen Berlin.
Die meisten der von Toscanini für den Salzburger *Falstaff* engagierten Sänger waren Angehörige seines alten Scala-Ensembles: Nessi als Bardolph, Autori als Pistol, Vasari als Meg und vor allem Stabile als Falstaff; und Badà gab den Cajus, eine Rolle, die er bereits 1913 in Busseto unter Toscanini gesungen hatte; so hatten bis auf drei alle Sänger bereits an der Scala mit ihm zusammengearbeitet. Guido Salvini bekam den Titel eines Bühnenregisseurs, wenn auch Burghauser berichtete, daß Toscanini einen Großteil der Bühneninszenierung selbst besorgte; Margarete Wallmann, damals Burghausers Frau, war für die Choreographie im letzten Akt zuständig, und die Bühnenbilder waren die, die Robert Kautsky für die Wiener Inszenierung von Krauss entworfen hatte. Eines dieser Bühnenbilder beschwor beinahe eine Katastrophe herauf. In Wien war Toscanini im Herbst zuvor auf dem Wege zu einer Chorprobe für das Verdische *Requiem* durch den Zuschauerraum gegangen, als gerade eine Bühnen-

probe für die erste Szene des dritten Aktes von *Falstaff* im Gange war; und er war aufgebracht, als er sah, daß Falstaff sich nicht, wie Verdi es vorgeschrieben hatte, vor dem Wirtshaus »Zum Hosenbande« in der Sonne trocknete, sondern im Bett, unter einem Turm von Decken. Er setzte Burghauser davon in Kenntnis, daß er, wenn dieser Regieeinfall auch in Salzburg auf die Bühne käme, seinen Abschied nehmen würde. Burghauser unterrichtete davon seine Vorgesetzten; doch er *kam* in Salzburg auf die Bühne, was dazu führte, daß Toscanini seinen Hut nahm; und nur einer krampfhaften Anstrengung der Intendanz, die innerhalb von vierundzwanzig Stunden einen annehmbaren Ersatz herbeischaffte, gelang es, ihn wieder ins Theater zu locken.
Trotz dieser und anderer Schwierigkeiten war die Aufführung ein außerordentliches Ereignis. Haggin hält Burghausers Bericht fest, daß der damals zweiundsiebzigjährige Weingartner nach dem ersten Akt in den Orchestergraben »sprang« und dem Orchester zurief: »Kinder, eine solche Perfektion habe ich noch nie gehört, nicht einmal im Traum!«[76] Leinsdorf erinnert sich, daß Toscanini, obwohl die Premiere (29. Juli) eine »Vorstellung von unerreichbarer Perfektion« war, ihn einen Tag vor der zweiten Vorstellung (3. August) bat, das Ensemble zu einer Klavierprobe zusammenzurufen. Nachdem Toscanini und die Sänger aber – so Leinsdorf – etwa eine Stunde lang herumgesessen und sich Geschichten erzählt hätten, habe der Maestro, sehr aufgeräumt, alle wieder entlassen. Als der junge Mann ihn später deswegen fragte, bedeutete Toscanini ihm, es sei wichtig gewesen, das Ensemble daran zu erinnern – auch wenn man nicht direkt darüber spräche –, daß eine Vorstellung bevorstünde, und ihm die richtige geistige Einstellung zu vermitteln. »Da bei der Premiere alles gutging, gab es für uns nichts zu proben.«[77]
Der französische Kritiker Émile Vuillermoz schrieb:

> »Toscaninis *Falstaff* ist ein Medium, das Verdi aus dem Jenseits zurückruft. Vor wenigen Wochen noch hörte ich das Werk an der Pariser Opéra in der Interpretation eines italienischen Ensembles und eines berühmten Maestro. Nun gut! In Salzburg hatte ich den förmlich überwältigenden Eindruck, der ersten Aufführung eines unveröffentlichten Werkes beizuwohnen. Ich habe *Falstaff* tatsächlich nicht gekannt . . .«[78]

Das *Fidelio*-Ensemble umfaßte Andreas von Rösler als Florestan und Lotte Lehmann als Leonore. Sie schrieb über die für sie neue Erfahrung der Zusammenarbeit mit Toscanini im Operntheater:

> ». . . Die fanatische Besessenheit dieses seltsamen Menschen zwingt alle, die unter seiner Führung arbeiten, zu Höchstleistungen. Er duldet

keine ›Routine‹, kein Sichgehenlassen. Jede Probe ist wie die Aufführung selbst. Und jede Aufführung ist ›Festspiel‹ – weg vom Alltag, der für ihn nicht zu existieren scheint ... Er beobachtet durch sein scharfes Augenglas alles, nichts entgeht dem unerbittlich wachen Blick. Es überraschte mich, wie er, der Vollblutmusiker, vom dramatischen Wort ausgeht. Lebendige Darstellung ist ihm ebenso wichtig wie völliges Aufgehen in der Musik ...
Sein *Fidelio* – glutdurchströmte Tragödie – war ein unerhörter Sensationserfolg ... Die Proben mit ihm waren ein ewiges ›Hangen und Bangen in schwebender Pein ...‹. Aber welche Entschädigung war dieser *Fidelio*!«[79]

Die Lehmann war zu dieser Zeit bereits siebenundvierzig Jahre alt und hatte gewisse Schwierigkeiten mit den Spitzentönen in Leonores großer Arie im ersten Akt. Leinsdorf hat die Situation folgendermaßen beschrieben:

»Toscanini ... wollte ihr die Angst nehmen und versuchte, ihr Hilfestellung zu geben. Zunächst schlug er vor, das ganze Stück zu transponieren, und ich wurde damit beauftragt, es mit dem Orchester in einer Sonderprobe am Tage der zweiten Wiederholungsvorstellung durchzugehen ... Nachdem wir die transponierte Arie gespielt hatten, war der Maestro, wie wir alle, der Ansicht, daß das Rezitativ in der tieferen Tonart zu kurz gekommen sei, namentlich Leonores Phrase ›Da leuchtet mir ein Farbenbogen‹, die in H-Dur nur sehr dürftig klang ... Um dem abzuhelfen und Lotte doch noch zu helfen, schlug Toscanini eine kluge Zwischenlösung vor, die das ganze Rezitativ in der originalen Tonhöhe beließ und die folgende Arie nach Es-Dur transponierte. Es gab viele gerunzelte Augenbrauen angesichts dieses Eingriffs in Beethovens Notentext ... Während dieses ganze Verfahren Anlaß zu legitimer Kritik gab, sah ich darin ein Dokument für Toscaninis Auseinandersetzung mit einem komplexen Meisterwerk ... Er war Pragmatiker und kein pedantischer Eiferer, der am gedruckten Tüpfelchen auf dem i festhielt. Und es zeigte, daß er alles Erdenkliche unternahm, um einem Künstler gefällig zu sein, den er bewunderte und schätzte.«[80]

Die letzte *Fidelio*-Aufführung des Sommers (31. August) wurde vom Rundfunk übertragen, und der erste Teil davon (bis einschließlich Leonores Arie) konnte im Kurzwellenbereich sogar in Amerika empfangen werden. Von diesem ganzen Abschnitt existiert eine äußerst dürftige Schallplattenaufnahme – die bedauerlicherweise nicht im Handel verfügbar ist; aber sogar auf der Grundlage dieser miserablen Schallplatte läßt sich ermessen, daß diese Aufführung ein hervorragender *Fidelio* gewesen sein muß. Sie ist grundverschieden von der Konzertfassung, die Toscanini 1944 mit dem NBC Symphony Orchestra aufnahm und die im Handel erhältlich ist. Das Grundtempo ist in der Salzburger Version breiter, die sängerischen Leistungen sind besser, und das Orchester läßt nicht die gelegentliche Spannungslosigkeit erkennen, die das NBC kennzeichnet; vor allem aber ist da eine durchgehaltene und monumentale dramatische Kraft am Werk (der zweifellos der Umstand zugute kommt, daß die Aufführung direkt im Theater aufgenommen wurde), die man mit Erstaunen zur Kenntnis nimmt. Einige Höhepunkte: der Schock der beiden Reihen von Allegro-Takten und der Kontrast der unglaublich langsamen und zunehmend spannungsreichen sechstaktigen Gruppe in der Ouvertüren-Einleitung; die volle, reiche und durchgehaltene Klangfarbe der tieferen Streicher in den Eröffnungstakten des Quartetts (Nr. 3) und die Detailperfektion in der Phrasierung bei Sängern und Orchester; die elektrisierende Spannung in Pizarros Arie (Nr. 7), die den Gefängnisdirektor aus einem Operetten-Bösewicht in ein Monstrum verwandelt, und natürlich Leonores Arie, die in jeder Hinsicht atemberaubend ist, ausgenommen die oben erwähnte offensive harmonische Rückung. Sie setzt nur einen kurzen Augenblick nach dem Duett Pizarro–Rocco ein; auf die bemerkenswerte Expressivität des Rezitativs folgt ein »Komm, Hoffnung« von ähnlich bemerkenswerter Größe und Wärme. Der Gesang der Lehmann ist ergreifend, die Leistung des Orchesters hervorragend, und das »Ich folg' dem innern Triebe« erreicht einen nahezu unerträglichen Grad von Intensität. Man kann nur hoffen, daß eines Tages irgendwo eine vollständigere und bessere Aufnahme dieser Aufführung entdeckt wird. (Fred Gaisberg, der englische Pionier der Tonregie und Aufnahmetechnik, versuchte Toscanini zu überreden, von den Salzburger Opern kommerzielle Schallplatten pressen zu lassen und weitere Aufnahmen symphonischer Musik in England zu machen, aber Toscanini hatte kein Interesse. J. N. Moore, der Biograph Gaisbergs, berichtet überdies, Toscanini habe Gaisberg erzählt, das New York Philharmonic Orchestra zahle ihm ein jährliches Pauschalhonorar von 20000 Dollar, damit er anderswo keine Schallplattenaufnahmen mache[81] – es muß jedoch ohne Frage die RCA Victor Company und nicht das Philharmonic gewesen sein, die dieses Honorar bezahlte, wenn überhaupt jemand. Andernorts liest man, daß Toscaninis Frau und seine Töchter ihn zu überreden versucht hätten, zu dieser Zeit weitere Schallplatten zu machen; und sie scheinen 1936 wenigstens teilweise Erfolg gehabt zu haben, denn von da an begann er häufiger im Studio zu arbeiten.)

Zusätzlich zu den je vier Vorstellungen von *Falstaff* und *Fidelio* dirigierte Toscanini die Wiener Philharmoniker in Salzburg auch in drei Konzerten, die im August stattfanden. Das Repertoire reichte von Händel bis Debussy. Im September kehrten die Toscaninis nach Italien zurück.

Noch kurz zuvor, als Barbirolli ihm gesagt hatte, er sehe gut aus, war Toscaninis unmittelbare und bündige Antwort gewesen: »Mein Junge, fünf Jahre *ohne* Oper.«[82] Er muß jedoch nach den Salzburger Anspannungen erschöpft gewesen sein, trotz des Umstands, daß er im nahegelegenen Liefering eine hübsche Villa gemietet hatte und in der Lage war, viel Zeit in der Gesellschaft von Bruno Walter, Stefan Zweig, Thomas Mann und einigen italienischen und amerikanischen Freunden zu verbringen, die nach Salzburg gekommen waren, um ihn zu hören und ihm nahe zu sein. Diese Erschöpfung und das wiederkehrende Schulterleiden hatten ihn zweifellos in keine gute Verfassung versetzt, als er routinemäßig vom New Yorker Philharmonic informiert wurde, daß für die kommende Saison Thomas Beecham als einer der Gastdirigenten verpflichtet worden sei. Er kabelte an Zirato und protestierte gegen diese Verpflichtung, die ohne seine Billigung zustande gekommen war. (Er war letzten Endes der verantwortliche musikalische Leiter.) Und er fügte hinzu: »Setz bitte den Verwaltungsrat davon in Kenntnis, daß er für die übernächste Saison mit mir nicht mehr rechnen kann.«[83]

Man hat die Vermutung geäußert, daß Toscanini eifersüchtig auf Beecham gewesen sei. Das ist absurd. Mehrere Dirigenten, die mindestens Beechams Rang hatten – so Walter, Klemperer, Kleiber und andere –, waren während Toscaninis Amtszeit wiederholt als Gastdirigenten aufgetreten. Beecham hatte in der Saison 1931/32 gastiert, und entweder wegen Van Praags alles andere als begeistertem Bericht über ihn (»Ich stehe Sir Beechams [sic] Probenvorstellung nicht ganz vorbehaltlos gegenüber«) oder deshalb, weil er bei seiner Rückkehr gespürt hatte, daß das Orchester nicht mehr so diszipliniert spielte wie vordem, und diesen Leistungsabfall – zu Recht oder Unrecht – Beecham anlastete: jedenfalls ist nicht zu bezweifeln, daß Toscanini ihn nicht wieder verpflichtet sehen wollte. Im Dezember war die Verschmelzung mit der Metropolitan erörtert worden, im Juni das Projekt der Personalreduzierung des Philharmonic Orchestra – beide hatte Toscanini für widersinnig gehalten. Und wenn die beiden Angelegenheiten auch zu seiner Befriedigung geregelt worden waren, so war er doch nicht der Mann, solche Sünden zu vergessen; und das Beecham-Engagement faßte er als ausschlaggebenden Affront auf.

Inzwischen waren seine Aufenthalte in Italien wegen der politischen Situation von Mal zu Mal weniger angenehm geworden, und es zeichnete sich immer deutlicher ab, daß er früher oder später das Land für immer zu verlassen haben würde. Hier die Nachschrift von Teilen eines abgehörten Telephongesprächs, das Toscanini am 19. Oktober 1935 mit einer lediglich als Signora Ada identifizierten befreundeten Dame führte – kurz nachdem die Regierung den Vertrieb aller ausländischen Zeitungen hatte verbieten lassen:

»Toscanini: Es ist wirklich ein schmutziges Stück Arbeit, ein Land in diese Situation zu bringen! Es ist unerhört, daß jemand nicht die Zeitung lesen kann, die er lesen will, und alles glauben muß, was die drucken! Das ist ja wie auf einem anderen Stern! Und es ist nicht einmal klug, weil sie nur neuen Zweifel säen werden. Ein Volk auf diese Art und Weise zu zwingen – mit einer Seilschlinge um den Hals! ... Man darf nur lesen und erfahren, was sie gestatten – es darf nur einen Kopf geben! Das ist kein Leben mehr!
Ada: Es ist schrecklich! Schlimmer als in Rußland! In den letzten Tagen hatten die Zeitungskioske bereits Anweisung, keine ausländischen Zeitungen mehr zu verkaufen ... Du siehst, daß sie etwas im Schilde führen.
T: Nein, nur das: das Volk muß in völliger Unwissenheit gehalten werden ...
A: Man hat förmlich das Gefühl zu ersticken.
T: Ich kann es gar nicht erwarten wegzugehen, weil ich es nicht mehr aushalten kann! Diese Dinge erschüttern mich ... Die Menschen auf diese Weise zu Sklaven gemacht zu sehen! Über schwarze Sklaverei sprechen ... Wir sind weiße Sklaven.
A: Sag nicht, daß du deinen Abschied nehmen willst. Wenn du nicht hier wärst, um mich davon abzuhalten, würde ich schon morgen meinen Abschied nehmen ...
T: ... Man muß genauso denken, wie *jener* Kopf denkt ... Und ich werde nie so denken, wie er denkt ... Ich habe nie so gedacht! Ich war nur einen Augenblick lang schwach, und jetzt schäme ich mich über mich selbst! Man kann nur ihre Zeitung lesen – weil man zu Recht sagen kann, daß es in ganz Italien nur eine Zeitung gibt ... Und doch gibt es Leute, die gar nichts davon spüren, die einfach so dahinleben ... Für mich aber bedeutet das eine Qual, die mich vernichtet.«

Von amtlicher Hand findet sich die folgende Bemerkung zur obigen Nachschrift eingetragen: »Das beweist, was wir schon gewußt haben – daß Toscanini unveränderlich ist.«[84]
Im November war er in Paris, um dort am 19. und 26. zwei Konzerte in der Oper zu leiten, die über Rundfunk in ganz Europa ausgestrahlt wurden. Von Paris reiste er nach Wien weiter, und zwar zu einer Reihe von Konzerten (1., 7., 8., 15. Dezember; 3. Dezember in Budapest), deren Programme die *Eroica*, Brahms' *Deutsches Requiem* und Schuberts große C-Dur-Symphonie umfaßten. Burghauser äußerte sich Haggin gegenüber

ausführlich über Toscaninis unkonventionelle Auseinandersetzung mit der Schubert-Symphonie. Ich sprach sowohl mit Burghauser als auch mit Otto Strasser, der im Orchester am ersten Pult der zweiten Geigen saß, und beide sagten, daß die Orchestermitglieder von dieser Aufführung vollständig überzeugt waren, nicht dagegen von manchen der Mozart-Interpretationen.

Ende Dezember war Toscanini in Monaco, wo er das Orchestre Monte Carlo am 1. Januar 1936 mit Werken von Beethoven, Debussy, Wagner und Verdi leitete. Der Kritiker Ernest Newman, der eine der bekanntesten Wagner-Biographien geschrieben hat, war ebenfalls zugegen und traf mit Toscanini zusammen, den er tief bewunderte. Nach ihrer ersten Unterredung äußerte sich Newman seiner Frau gegenüber: »Was für ein Gehirn! Was für ein faszinierender Mensch! Ich wünschte, ich hätte ihn schon vor Jahren kennengelernt. Da ist endlich einmal jemand, dem ich mit Vergnügen zuhören und mit dem ich reden kann.« Die Newmans besuchten einige von Toscaninis Proben.[85]

Zwischen dem 23. Januar und dem 29. April leitete Toscanini achtunddreißig Philharmonic-Konzerte in New York und zwei Gastspiele in anderen Städten. Ebenso »unterzog« er sich seinen ersten Schallplattenaufnahmen seit 1929: drei Stücke von Wagner, Beethovens siebente Symphonie, Brahms' *Haydn-Variationen* und zwei Rossini-Ouvertüren. Sie zählen zu den großen klassischen Toscanini-Aufnahmen und dokumentieren auf ganz außergewöhnliche Weise den spezifischen, einzigartigen Toscanini-Klang, von dem Klemperer gesprochen hatte – den Toscanini-Klang mit dem New York Philharmonic Orchestra. Zu den Solisten der Saison zählten Robert Casadesus im zweiten Klavierkonzert von Brahms, Rudolf Serkin mit seinem amerikanischen Debüt in Beethovens viertem Klavierkonzert und Mozarts B-Dur-Konzert KV 595 und Nathan Milstein im Violinkonzert von Mendelssohn.

Bei seiner Ankunft in Amerika hatte Toscanini seinen Abschied vom Philharmonic Orchestra noch einmal überdacht und mit Zirato die Möglichkeit diskutiert, einen kleineren Zyklus, der in der Saison 1936/37 nur vier bis sechs Wochen hätte dauern sollen, zu leiten. Anfang Februar aber hatte der aufreibende Terminkalender des Philharmonic ihn bereits erschöpft; so faßte er den Entschluß zum endgültigen Rücktritt und setzte die Intendanz davon in Kenntnis. Von allen Betroffenen wurde auf ihn soviel Druck wie möglich ausgeübt, aber Toscanini blieb standhaft. Am 12. Februar informierte Mackay den Verwaltungsrat, und noch am selben Abend wurde Toscanini ein Brief zugestellt, in dem sein Rücktritt bedauert wurde.[86]

Auf der Stelle wurde mit der Suche nach einem Nachfolger begonnen. Seine eigene erste Empfehlung ging dahin, Furtwängler zum Hauptdirigenten zu machen und ihn sich die Saison mit Rodzinski teilen zu lassen. Furtwängler wurde die Position angeboten, und er nahm auch bereitwillig an; unverzüglich brach jedoch ein Skandal wegen seiner politischen Verbindungen in Deutschland aus. Furtwängler war zu keiner Zeit Mitglied der nationalsozialistischen Partei und half, viele deutsch-jüdische Musiker und ihre Familien zu retten, oft unter großem persönlichen Risiko. Im Jahre 1933 hatte er bei einem Brahms-Festkonzert jedoch etwas von sich gegeben, was Alban Berg eine »nazihörige Rede« nannte, »die mich den ganzen Tag über deprimiert hat«, und bei der Eröffnung der Reichskulturkammer, bei der Goebbels sprach, Beethovens *Egmont*-Ouvertüre dirigiert. Im Jahre 1934 hatte er eine Italien-Tournee mit den Berliner Philharmonikern gemacht und war dabei von Mussolini empfangen und mit einem Orden ausgezeichnet worden. 1935 hatte er ein Winterhilfe-Konzert geleitet, bei dem er beim Händeschütteln mit Hitler photographiert worden war,[87] und 1936 hatte er sich bereit gefunden, zum erstenmal nach fünf Jahren wieder an den Bayreuther Festspielen mitzuwirken. Dieser Vorfälle wegen rief seine Berufung in New York große Aufregung hervor, zumal ein großer Prozentsatz sowohl der Orchestermitglieder als auch der Zuhörer Juden waren. Toscanini muß über Furtwänglers Aktivitäten in Deutschland im Bilde gewesen sein und auch gewußt haben, daß die Reaktion darauf in New York nicht positiv ausfallen würde. Ich persönlich glaube, daß er Furtwängler als seinen Nachfolger nicht nur deshalb empfahl, weil er ihn vom künstlerischen Standpunkt aus sehr hoch einschätzte, sondern auch, weil er ihm eine klare Alternative zum Verbleib in Deutschland eröffnen wollte. Furtwängler aber mochte der Aussicht, sein Heimatland hinter sich zu lassen, nicht ins Auge sehen (seine Witwe, Elisabeth Furtwängler, erzählte mir, Goebbels habe ihren Mann gewarnt, daß ihm, wenn er in anderen Ländern dirigierte als den von der deutschen Regierung gebilligten, die Rückkehr nach Deutschland verweigert werden würde); und als der entscheidende Augenblick dann herannahte, fühlte er sich gezwungen, die Leitung des Philharmonic Orchestra abzulehnen.

Toscaninis nächster Vorschlag für die Position des musikalischen Leiters war Fritz Busch, ein Musiker, den er sehr respektierte und der in bezug auf den Nationalsozialismus über jeden Verdacht der Kooperation erhaben war. Busch fühlte sich geehrt, war jedoch mit seiner Dirigententätigkeit in Kopenhagen durchaus glücklich und mochte die Verantwortung und den Druck, der auf einem Leiter des Philharmonic Orchestra lastete, nicht auf sich nehmen. Er lehnte dankend ab. Eine abschließende Entscheidung über die Nachfolge wurde verschoben, weil das Philharmonic Probleme hatte, die sogar noch dringlicher waren: wirtschaftliches Überleben, Auseinandersetzungen zwischen Musiker-Gewerkschaft und In-

tendanz, Abonnentenschwund – einzig Toscaninis Konzerte zogen das Publikum in gleichbleibend hohen Zahlen an – und drohende Abwanderungen von Musikern in Erwartung von Toscaninis Rücktritt. (Massenhafte Kündigungen fanden nicht statt, da die Beschäftigungslage zu jener Zeit sehr prekär war.)
Ein besonderes Abschiedskonzert wurde für den 29. April anberaumt, und Toscanini bat darum, daß der Reinerlös unter den Musikern, dem Verwaltungspersonal, den Angestellten der Carnegie Hall und dem Notfallfonds der Musiker aufgeteilt werden sollte. Das Programm umfaßte Beethovens *Leonoren-Ouvertüre Nr. 1* und sein Violinkonzert (mit Heifetz als Solist) und vier Stücke von Wagner. Das Konzert wurde in den Morgenzeitungen des 16. März angekündigt, und um ein Uhr mittags waren bereits alle Eintrittskarten verkauft. Die Einnahmen betrugen nahezu 25 000 Dollar. Am Tag des Konzerts begannen die Leute um sieben Uhr morgens für die hundertvierzig Stehplatz-Karten anzustehen, die mehr als dreizehn Stunden später zum Verkauf kommen sollten. Als die Türen um acht Uhr sechs geöffnet wurden, hatten sich etwa fünftausend Menschen in einer Schlange zusammengefunden, und ein ungeheurer Tumult brach los, als die Menge zwei berittene Polizisten an die Mauern drängte und sich mit fünfzig weiteren Beamten herumzuprügeln begann. Einige der glücklichen Hundertvierzig öffneten eine Notausgangstür und verschafften damit weiteren hundertfünfzig Personen Eintritt, bevor die Polizei in der Lage war, das Loch zu stopfen.
Toscanini erhielt vor und nach jedem Stück frenetischen Applaus; nach dem letzten Werk – dem »Walkürenritt« – stürzte ein Bildreporter auf die Bühne und machte ein Blitzlichtphoto von ihm. Der unmittelbar vor seinen schwachen Augen aufflammende Blitz ließ ihn beinahe erblinden, wenn auch nur kurzfristig, und er eilte von der Bühne, um nicht mehr wiederzukehren.
Nachdem er sich erholt hatte, wurden ihm hinter der Bühne Geschenke des Verwaltungsrats präsentiert, darunter ein Beethoven-Brief aus dem Jahre 1814. Dann kehrte er ins Hotel Astor zurück, wo er für die Orchestermusiker und ihre Frauen eine Party gab. Am nächsten Tag erhielt er ein Telegramm von Präsident Roosevelt, in dem er sein Bedauern über seinen Weggang und seine Wertschätzung zum Ausdruck brachte; Toscanini beantwortete es dankbar. Am 2. Mai ging er an Bord der »S. S. Champlain«, nachdem er eine seiner seltenen Pressemitteilungen hatte veröffentlichen lassen, in der er dem Philharmonic Orchestra, seiner Intendanz und dem Publikum dankte und Amerika Lebewohl sagte.[88]
In Paris leitete Toscanini ein Sonderkonzert mit ausschließlich französischer Musik, das am 22. Mai in der Salle Pleyel stattfand und Geld für eine Saint-Saëns-Gedenkstätte erbringen sollte. Nach weiteren zwei Wo-

chen Aufenthalt in Paris kehrte er nach Italien zurück, wo er am 30. Juni den fünfzigsten Jahrestag seines Debüts als Dirigent feierte.
Seine nächste Verpflichtung war im Juli und August Salzburg. Im Zusammenhang mit den Salzburger Festspielen mußte ihn irgend etwas im Frühjahr verärgert haben, weil Bruno Walter ihm am 1. Juni schrieb – sie waren zu der Zeit beide in Paris:

> »Ich bin von dem, was ich gehört habe, zutiefst bewegt und aufgewühlt. Ich kann mir Salzburg ohne Sie nicht mehr vorstellen. Salzburg braucht Sie, wir alle brauchen Sie. Ich bin sicher, daß Ihre Beweggründe stichhaltig sind – ebenso sicher bin ich aber, daß der Fehler von Kerber [dem Festspielleiter] oder anderen nichts weiter ist als österreichisches Laisser-aller, das zweifellos unannehmbar ist, zugleich aber doch weit entfernt davon, eine böse Absicht, und noch weiter entfernt, einen Mangel an Verständnis oder Respekt Ihnen gegenüber zu erkennen zu geben.
> Ich bitte Sie von Herzen, mich wissen zu lassen, was geschehen soll, um Sie zufriedenzustellen, und ich werde mich selbst darum kümmern, daß auch wirklich alles dafür getan wird. Morgen, Dienstag, werde ich schrecklich beschäftigt sein. Aber Mittwoch abend werde ich mich wohl freimachen können, um Sie zu besuchen und in Erfahrung zu bringen, welches Ihre Bedingungen sind.
> Sie wissen besser als ich – und das wird Ihnen vom letzten Sommer her noch in Erinnerung sein –, daß Salzburg der vielleicht letzte unpolitische Ort ist, an dem die Kunst noch ein Dach über dem Kopf hat. Lassen Sie diesen Ort nicht im Stich – ich wiederhole, daß wir Sie brauchen ...«[89]

Die Situation konnte offenbar nicht leichthin bereinigt werden: Walter mußte seinen Urlaub in Sils Maria unterbrechen und nach Mailand reisen, um bei Toscanini Fürsprache für den österreichischen Unterrichtsminister einzulegen. Schließlich erklärte sich Toscanini aber doch bereit zu kommen.
Außer *Fidelio* und *Falstaff* leitete er 1936 die *Meistersinger*. Im Jahre 1933 hatte er Wagners Lustspiel in Bayreuth dirigieren sollen; jetzt mußte jeder Deutsche, der seine Aufführung hören wollte, nach Österreich reisen.
Ein schweres Problem tauchte während der Proben auf, als Toscanini mit Friedrich Schorr, dem Baßbariton, den er für die Rolle des Hans Sachs verpflichtet hatte, unzufrieden wurde. Schorr hatte ein Jahr zuvor in New York unter seiner Leitung in Brahms' *Deutschem Requiem* gesungen; dennoch überzeugte sich Toscanini im Verlauf der Proben zunehmend

mehr davon, daß er in der Rolle des Sachs absolut fehlbesetzt war. Sie erzielten in keinem Punkt Übereinstimmung, und Schorr akzeptierte seine Vorschläge und Ansprüche durchaus nicht. Schließlich schickte Toscanini dem Sänger einen Brief und bat ihn auszuscheiden, und es wurde die Nachricht verbreitet, Schorr sei indisponiert. An seine Stelle trat Hans Hermann Nissen.

Die Partie der Eva wurde von Lotte Lehmann, die des Walter von Charles Kullmann gesungen. Taubman berichtet, daß Toscanini bei einer Ensembleprobe Kullmann aus dem Orchestergraben heraus zugerufen habe: »Stehen Sie gerade. Sie spielen einen Adeligen.« Kullmann zuckte die Achseln, richtete sich auf und murmelte: »Und ich dachte, er wäre kurzsichtig.«[90]

Burghauser berichtete Haggin über die Aufführung:

> »Seine *Meistersinger* dauerten volle fünf Stunden; aber sie schienen schnell zu vergehen, weil sie so lebendig im Ausdruck waren. Er ließ uns beispielsweise zu Beginn des dritten Aktes, in der Szene mit David und Sachs, in einem viel beschwingteren Ton spielen, als wir es gewohnt waren. Er sagte: ›Come una commedia, non tragedia.‹ ... Der erste und der dritte Akt waren, wie man sagen könnte, natürlich höchster Standard, aber eben bekannter Standard, keine Überraschungen – überzeugend, und doch etwas, mit dem wir bereits vertraut waren – mit Ausnahme der Szene ..., die ich bereits erwähnte ... *Aber der zweite Akt* war buchstäblich un-erhört! Die Poesie dessen, was sich zwischen Sachs und Eva abspielte! ... Und wiederum diese subtilen Tempoveränderungen! Im Dialog zwischen Sachs und Eva diese Subtilität, die zarte Polyphonie im Orchester! Damals hatte ich die *Meistersinger* schon fünfundzwanzig Jahre lang gehört; aber dieser zweite Akt war für mich eine völlig neue Erfahrung. In Tongebung und Dynamik, in Klarheit und Expressivität – das war das Höchste. Als wir uns später in Toscaninis Garderobe zusammenfanden, sah ich ihn, wie ich ihn nie wieder gesehen habe. Er sagte: ›Com'un sogno.‹ Wie ein Traum.«[91]

Es war eine interessante Erfahrung für ihn – wenn er sie auch bereits früher gemacht hatte –, zur gleichen Zeit abwechselnd Verdis und Wagners komisches Meisterwerk zu dirigieren. Einige Monate später äußerte er sich dem Komponisten Adriano Lualdi gegenüber bei einem zufälligen Zusammentreffen im Zug folgendermaßen:

> »Die *Meistersinger* sind eine hervorragende Oper, aber *Falstaff* ist etwas wirklich anderes. Es gibt keine schönere, geschlossenere, neuere und romanischere Oper als *Falstaff*. *Le Nozze di Figaro* ist sehr schön:

Vor vielen Jahren hörte ich eine von Richard Strauss geleitete Aufführung und war davon begeistert. Ich dachte jedoch – und sagte es auch zu meiner Begleiterin –, da ist etwas, was ich nicht verstehe, was ich nicht finden kann und was ich vermisse. *Il Barbiere di Siviglia* ist eine hervorragende Oper, hat aber seine fragwürdigen Stellen – ganze Seiten, die unnötig und durchaus nicht schön sind und gestrichen werden müssen; aber im Vergleich zu *Le Nozze di Figaro* – wieviel Sonne, wieviel Mannigfaltigkeit und wieviel wirkliche Heiterkeit liegt in dieser Musik!

Ich glaube, es besteht der gleiche grundlegende Unterschied zwischen *Falstaff*, dem absoluten Meisterwerk, und den *Meistersingern*, einem hervorragenden Werk unter den Wagner-Opern. Denken Sie nur einmal daran, wie viele musikalische Mittel – schöne zwar, sicherlich – Wagner braucht, um die Nacht in Nürnberg zu beschreiben. Und schauen Sie, wie Verdi einen ähnlich verblüffenden Effekt in einem ähnlichen Zusammenhang *mit nur drei Tönen* erzielt.«[92]

In Salzburg dirigierte Toscanini auch zwei Konzerte: das Brahms-Programm, das er im Dezember in Wien geleitet hatte, und ein anderes mit Schuberts großer C-Dur-Symphonie im Mittelpunkt, die er, laut Otto Strasser, nicht probte, obwohl acht Monate verstrichen waren, seit er sie zuletzt in Wien aufgeführt hatte.* Er war auch behilflich, eine Gastverpflichtung für Rodzinski zustande zu bringen, und besuchte die Proben und Aufführungen des jüngeren Kollegen mit Begeisterung. Andere Dirigenten sahen ihn ebenfalls als Gast bei ihren Proben und Aufführungen. Margarete Wallmann erinnert sich in ihren Memoiren, zusammen mit ihm einer *Tristan*-Probe Bruno Walters beigewohnt zu haben. Gegen Ende der langen Liebesszene im zweiten Akt wandte sich Toscanini ihr zu und sagte: »Wenn das Italiener wären, hätten sie sicher bereits sieben Kinder; aber es sind Deutsche, also reden sie noch immer.«[93]

Eines Abends ging Toscanini nach einer von Bruno Walter geleiteten *Don Giovanni*-Aufführung mit Mario Labroca, einem bekannten italienischen Musiker, der damals Leiter des Florentiner »Maggio Musicale« war, ins

* G. Finzi aus London, der Toscanini in den zwanziger und dreißiger Jahren gut gekannt hat und bei der fraglichen Probe anwesend war, schrieb mir nach der Publikation der englischen Originalfassung des vorliegenden Buches (und nur wenige Wochen vor seinem Tod), um mich darauf aufmerksam zu machen, daß Toscanini, »wenn er auch nicht das gesamte Werk probte . . ., die heiklen Passagen doch noch einmal peinlich genau durchging. Ich erinnere mich deutlich, daß er, bei den fünf einleitenden Takten vor Nr. 170 im Finale, sich abmühte, in den Triolenfiguren der Violinen und Violen eine Art Leichtigkeit und Schwung zu erzielen. Er versuchte es mehrfach, aber ohne Erfolg. Dann hielt er für eine Sekunde inne und stampfte, offensichtlich irritiert, mit dem Fuß aufs Dirigentenpult. Er bekam, was er wollte.«

Kaffeehaus. Labroca war von der Festspielintendanz gebeten worden, bei Toscanini einmal vorzufühlen, ob er gewillt sei, zurückzukehren und wieder in Italien zu dirigieren – insbesondere natürlich bei den Festspielen in Florenz:

»An einer bestimmten Stelle fragte ich ihn ganz unverblümt: ›Würden Sie gern wieder in Italien dirigieren?‹ Ich erwartete eine seiner heftigen Reaktionen; statt dessen antwortete er ganz natürlich: ›Freilich würde ich das gern!‹ ›Warum kommen Sie dann nicht zurück?‹ beharrte ich, gerührt. Er schwieg und war ebenfalls gerührt. Er sagte: ›Danke, Labroca‹, und fügte dem nichts mehr hinzu. Ich drang weiter in ihn und versicherte ihm, er würde willkommen sein, es sei sicher, daß kein unpassender Zwischenfall sich ereignen werde. Er hörte zu, als ob die Einladung ihn interessierte, äußerte sich aber nicht mehr dazu.«[94]

Im September dirigierte er zwei Sondervorstellungen des Salzburger *Fidelio* an der Wiener Staatsoper – eine Geste für Bruno Walter, der Weingartners Nachfolge als Chefdirigent angetreten hatte. Dann kehrte er nach Italien zurück, war aber zwei Monate später schon wieder zur Stelle, um eine bedeutende Konzertreihe mit den Wiener Philharmonikern zu absolvieren – vier Aufführungen in Wien (zuzüglich der üblichen öffentlichen Generalproben) und zwei in Budapest. Das letzte Konzert am 29. November bot die *Missa solemnis.* Ein deutscher Baß war ursprünglich als Solist verpflichtet worden; die Nazis hatten ihm jedoch für den Tag, an dem die erste Probe angesetzt war, keine Ausreisegenehmigung erteilt. Glücklicherweise war Alexander Kipnis als Ersatz verfügbar. Er meinte, daß die *Missa solemnis* eine der größten Leistungen Toscaninis war. »Das richtige Gespür [dafür] bekam ich erst, als ich sie unter der Leitung Toscaninis sang«, erzählte er Haggin.[95]
Von Wien flog Toscanini am 1. Dezember nach Paris und begann mit den Proben für seine Konzerte im Théâtre des Champs-Elysées, die am 8., 10. und 13. stattfanden und sich als seine letzten in Frankreich erweisen sollten.
Der französische Dirigent Désiré-Émile Inghelbrecht schrieb sehr einsichtig über Toscanini in einem Buch mit dem Titel *Le Chef d'orchestre parle au public,* das zu ebender Zeit erschien, da Toscanini häufiger Gast in Paris war. Da es nicht mehr greifbar ist, seien hier einige Abschnitte zitiert:

». . . Als ich eines Tages voller Verwunderung Toscanini *La Mer* proben hörte, wurde ich Zeuge, wie hinter mir zwei Dirigenten, und zwar von durchaus achtbarem Rang, mit einem Lächeln bemerkten: ›Dieser

Tick, dem Orchester einzuschärfen, daß er immer die Melodie hören will – wie typisch italienisch!‹ Sie waren jedoch durchaus im Unrecht. Worum Toscanini sich bemühte, war ein spezifisch *musikalisches* Problem. Was er Melodie nannte, war in Wirklichkeit die Linie, der Ariadnefaden, den der Ausführende dem Zuhörer nie zu verlieren erlauben darf.

... Es bedurfte einer geraumen Zeit, bis anerkannt wurde, welchen Einfluß sein Genie auch auf alle nicht-italienische Musik ausüben konnte. So hatte ich beispielsweise immer sagen hören, daß Wagner für ihn ein verschlossenes Geheimnis geblieben sei. Als ich durch Mailand kam, versäumte ich deshalb nicht die Gelegenheit, ihn die *Meistersinger* dirigieren zu hören. Ist es noch erforderlich, den unvergeßlichen Eindruck dieser Aufführung zu beschreiben ...? ›Schon möglich‹, hatten andere Kritiker mir bedeutet, ›aber vermeiden Sie es, ihn mit Debussy zu hören ...!‹ Zu jener Zeit lag die gewaltige Offenbarung von *La Mer*, die mir eines Abends in der Opéra zuteil wurde, für mich noch in ferner Zukunft.

... Kaum hat er das Orchester allein gelassen, nach einer Probe sogar noch mehr in Schweiß gebadet als nach einem Konzert, die Stimme noch heiser vom fortgesetzten Erklären und Kommentieren, spricht er beim Weggehen schon wieder über Musik. Wenn irgend etwas noch verblüffender ist als seine beispiellose Meisterschaft des Dirigierens und sein erstaunliches Gedächtnis, dann diese seine beständige Glut ... Natürlich weiß er, daß sich ein Orchester bei einer Probe nicht völlig verausgabt und sein Bestes erst angesichts des Publikums gibt, wie die Mehrheit der Dirigenten auch. So läßt er die Musiker nicht zur Ruhe kommen. *Er* würde so etwas *nie* tun – sich schonen! ›Sie machen immer alles *halbherzig* ...! Spielen Sie nicht so, *als ob das schon eine alte Gewohnheit wäre* ...!‹ ... Er warf seine Partitur in einem Wutausbruch zu Boden und löste im Orchester damit ein Murren aus. Aber das berührte ihn weiter gar nicht. Ganz im Gegenteil. Er ließ die Musiker über sein eigenes Verhalten in der Zukunft nicht im unklaren, sondern brüllte: ›So wie jetzt werde ich mich immer aufführen!‹ Ein andermal, nach längeren, erfolglosen Versuchen, den gewünschten Effekt durch Überredung zu erzielen, schloß er ruhig seine Partitur und sagte: ›Es ist nicht das, was ich wollte, und es hat mir nicht gefallen, aber mein Gewissen ist rein.‹ ...

... Man muß ihn nur bei einer Probe des Trauermarsches aus der *Götterdämmerung* hören, um sich darüber klar zu werden, daß, was immer man selbst auch gedacht haben mag, es zumeist er ist, der recht hat ... Solange er nicht die genau gleiche Klangqualität bei den beiden Einleitungsakkorden erzielt hat, bleibt er hartnäckig. Er erklärt ihnen dann, daß sie *immer* falsch daran getan haben, den zweiten Akkord des ersten Viertels und den Akkord vor dem dritten Viertel mit weniger Nachdruck zu nehmen. Dann geht er zum vierten Viertel *desselben* Taktes über und verweilt bei der chromatischen Triolenfigur der Bässe, die er säuberlich auseinanderpflückt, weil sie, beim Versuch, sie irgendwie hinzustümpern, immer und überall überhastet genommen wird. ›Ich habe diesen Triolenunterricht weltweit vergebens erteilt‹, sagt er dann . . .«[96]

Wenn Wien und Paris inzwischen für Toscanini vertrautes Gelände waren, so galt das für den Schauplatz seines nächsten Engagements durchaus nicht. Die Geschichte dieses ungewöhnlichen Abenteuers begann im Februar zuvor in New York, als er einen Brief von Huberman erhielt, der ebenfalls in der Stadt weilte und um ein Zusammentreffen bat, um »eine konstruktive Idee im künstlerischen Bereich« zu diskutieren, von der der Geiger »besessen« war.[97] Toscanini willigte gern ein, ihn zu empfangen, und Huberman konnte über erste Einzelheiten seines Projekts sprechen, ein erstklassiges Orchester in Palästina aufzubauen, das ausschließlich aus jüdischen Musikern bestehen sollte, weitgehend natürlich aus Musikern, die der tatsächlichen und potentiellen Judenverfolgung in Mitteleuropa zu entkommen suchten. Es war ihm auch schon gelungen, finanzielle Unterstützung für das Projekt zu bekommen, namentlich seitens amerikanischer Juden. An Toscanini richtete er jetzt die Bitte, nach Palästina zu gehen und die Antrittskonzerte des Orchesters zu leiten. Das würde nicht nur einen nachdrücklichen Solidaritätsbeweis für die unschuldigen Opfer eines abscheulichen politischen Systems bedeuten und die Aufmerksamkeit auf das Orchester lenken und damit weitere ökonomische Unterstützung anregen: Es würde überdies den bestmöglichen musikalischen Start des neuen Ensembles garantieren. Toscanini erklärte sich sofort bereit und stimmte begeistert zu, und er weigerte sich, über eine Entschädigung für seine Reisekosten auch nur zu reden.
Die Nachricht verbreitete sich rasch in der Öffentlichkeit, und zu den ersten, die ihre Dankbarkeit zum Ausdruck brachten, gehörte Albert Einstein, der am 1. März aus Princeton an Toscanini schrieb:

»Verehrter Meister!
Es ist mir Bedürfnis, Ihnen einmal zu sagen, wie sehr ich Sie bewundere und verehre. Sie sind nicht nur der unerreichbare Interpret der musikalischen Welt-Literatur, dessen Gestaltungen die höchste Bewunderung verdient. Sie haben auch im Kampfe gegen die faschistischen Verbrecher sich als ein Mann von höchster Würde gezeigt. Auch empfinde ich tiefste Dankbarkeit dafür, daß Sie dem neu zu gründen-

den Palästiner-Orchester eine Förderung von unschätzbarer Bedeutung in Aussicht gestellt haben.
Die Tatsache, daß es einen solchen Zeitgenossen gibt, wiegt viele Enttäuschungen auf, welche man an der *species minorum gentium* ohne Ende erleben muß!
In Liebe und hoher Verehrung grüßt Sie herzlich Ihr

A. Einstein.«[98]

Schon am 23. März war Huberman in der Lage, Toscanini davon zu unterrichten, daß ein Großteil der für die ersten drei Jahre der Existenz des Orchesters benötigten Gelder zusammengetragen worden war und daß Einstein den Ehrenvorsitz des amerikanischen Komitees des Orchesters übernommen hatte. Die Gründungsveranstaltung war ursprünglich für Oktober geplant gewesen; politische Probleme erzwangen jedoch eine Verschiebung bis Dezember. Knapp eine Woche nach seinem letzten Pariser Konzert verließ Toscanini in Begleitung von Signora Carla erneut Mailand. Mit dem Zug reisten sie nach Brindisi und flogen dann nach Athen, Alexandria und Tel Aviv, wo sie am 20. Dezember ankamen. »Huberman war verzweifelt, weil er keinerlei Nachricht von uns bekommen hatte«, schrieb Signora Carla an Wanda; »aber Papa war ruhig und glücklich, diese lange und entspannende Reise unternommen zu haben.«[99]
In ganz Palästina herrschte unglaubliche Aufregung über Toscaninis Besuch und große Nervosität im Orchester. Huberman war besonders besorgt, aus Angst, daß Toscanini das Orchester unzureichend finden würde. Die Streicher waren sämtlich von sehr hohem Niveau; die Bläser konnten mit ihnen nicht ganz Schritt halten. Hans Wilhelm Steinberg – später unter dem Namen William Steinberg bekannt –, selbst Flüchtling vor der deutschen Judenverfolgung, hatte das Orchester zusammengestellt und es einer ersten Vorausschulung unterzogen. Ein Journalist überredete ein Orchestermitglied, ihm über Toscaninis erste Proben zu berichten.

»Sie dürfen glauben, daß wir alle in außerordentlich angespannter Verfassung waren ... Toscanini kam an, warf sich in das Jackett, das er gewöhnlich bei Proben trägt, stieg aufs Podium und sagte nur: ›Die Brahms-Symphonie.‹ Alles ging hervorragend, und der Maestro erklärte, er sei zufrieden. Bei der zweiten Probe spürten wir, daß wir nicht so gut gewesen waren wie beim ersten Mal. Toscanini sagte nichts. Wir waren sehr unglücklich und dachten, er nähme uns nicht ernst. Bei der nächsten Probe stauchte er uns furchtbar zusammen; wir waren entzückt.

... Wir verstanden kein Italienisch; also bemühte er sich, Deutsch zu sprechen. Es war Zeitverschwendung. Huberman schlug eine Mischung aus Gebärden und Worten vor ... Wir waren durchaus in der Lage, uns einander verständlich zu machen, in jeder Hinsicht.
... Man verliert alle Nervosität, weil sein Taktstock so sicher ist. Bei ihm verfehlt man nie seinen Einsatz ... Er verlangt, daß jeder Musiker mit dem ganzen Werk vertraut ist und nicht nur mit seiner eigenen Stimme ... Er sagt, daß das Orchester deshalb so gut ist, weil viele seiner Mitglieder früher Kammermusik gespielt haben ...«[100]

Signora Carla schrieb an Wanda:

»Am Tag unserer Ankunft absolvierte Papa seine erste Probe und ist mit dem Orchester zufrieden. Es finden täglich zwei Proben statt, aber sie sind nur kurz und wenig ermüdend ... Man hat uns in einer entzükkenden kleinen Villa am Stadtrand untergebracht. In bezug auf Schönheit und Komfort ist alles vorhanden, was man sich nur wünschen kann, und wir haben einen Wagen, einen Diener und eine Köchin zur Verfügung. Wir werden behandelt, als wären wir Könige. Abends aber sind wir sehr isoliert, und die Villa, ein modernes Bauwerk, hat enorm hohe Fenster im Erdgeschoß; zum erstenmal in meinem Leben fühle ich mich unsicher. Ich habe Angst – Angst vor allem und jedem. Papa lacht mich aus, aber ich habe mein schönes großes Zimmer aufgegeben, und wir schlafen zusammen in einem kleineren. Bis heute habe ich noch immer denselben Geldbetrag bei mir wie am Tage unserer Ankunft. Wenn Papa auch protestiert, ich lasse sie doch zahlen.«[101]

Das erste Konzertprogramm war anspruchsvoll und lang: Brahms' zweite Symphonie, Rossinis Ouvertüre zu *La Scala di Seta*, Schuberts »*Unvollendete*«, das Notturno und das Scherzo aus Mendelssohns *Sommernachtstraum* und Webers *Oberon*-Ouvertüre. An die Künstler und Handwerker wurden für die Abschlußprobe Freikarten ausgegeben, die am Weihnachtstage in der Großen Halle des Messegeländes von Tel Aviv stattfand, und das Publikum reagierte mit eindrucksvoller Ergriffenheit. Der Rektor der Hebräischen Universität konnte sich der Tränen nicht erwehren. Nach dem Ende der Probe bestand Toscanini darauf, daß Huberman erschien und gemeinsam mit ihm die Ovationen entgegennahm.
Beim offiziellen ersten Konzert am nächsten Abend war unter den Ehrengästen auch der englische Hochkommissar, ebenso Chaim Weizmann und David Ben-Gurion. Der Saal war überfüllt, und Leute, die keine Eintrittskarten mehr bekommen hatten, umringten das Gelände und kletterten sogar auf die Dächer, in der Hoffnung, doch noch irgendetwas zu

hören. Ein brausender Applaus, der mehrere Minuten währte, begrüßte Toscanini, als er sich seinen Weg zur Bühne bahnte. Wie bei seinem letzten Konzert im April nahm auch der Aufruhr dieses Abends mit dem Aufflammen eines Blitzlichts unmittelbar vor seinen Augen ein böses Ende für ihn.

Das Konzert wurde in Tel Aviv selbst und dann in Jerusalem und Haifa wiederholt, und ein zweites Konzert, ein reines Beethoven-Programm, wurde ebenfalls in allen drei Städten geboten. Überall und immer waren Begeisterung und Dankbarkeit gleich groß. Das erste Konzert in Haifa (31. Dezember) wurde jedoch durch ein unglückliches musikalisches Mißgeschick getrübt, das Felix Galimir, einer der Geiger des Orchesters, Haggin folgendermaßen schilderte:

> »Bei einer Probe der Brahms-Symphonie war es vorgekommen, daß der erste Trompeter im dritten Satz die Partituranweisung ›Im dritten Satz tacet‹ übersah und den dritten Satz mit seinem Einsatz für den vierten begann. Toscanini warf ihm einen Blick zu; es war jedoch nur eine Probe, und es handelte sich um einen kleinen Fehler, der durchaus einmal vorkommen konnte. Aber wir wiederholten dasselbe Programm mehrfach... Es wird dann für den Ausführenden schon ein bißchen zur Routine; er paßt nicht mehr richtig auf, und so passierte dem Trompeter in Haifa das gleiche Mißgeschick. Sie werden sich erinnern, daß der vierte Satz sehr piano beginnt, wobei die Trompete nur einen Ton zu spielen hat: ein D. Und der Trompeter spielte diesen einen Ton zu Beginn des *dritten* Satzes. Toscanini wurde wütend; während er noch weiterdirigierte, fluchte er und schoß dolchartige Blicke auf den armen Trompeter ab, der vor Angst beinahe starb; er fluchte ständig weiter, während wir die Symphonie zu Ende spielten; er wurde schneller und schneller im Tempo; er hielt die Fermate nicht aus und endete in wütender Wildheit, prestissimo und fortissimo. Das Publikum, das natürlich nicht wissen konnte, was da vorging, hatte ein solches Feuer und solche Klänge noch nie zu hören bekommen, und es ertönte ein gewaltiger Applaus. Toscanini aber stürzte hinaus, links und rechts die Notenpulte umstoßend..., und betrat die Bühne vorerst nicht wieder. Die Unterbrechung dauerte eineinhalb Stunden...«[102]

Toscanini brannte darauf, Palästina zu sehen – seine biblischen und anderen historischen Stätten, seine Kaligruben und landwirtschaftlichen Versuchssiedlungen und das Alltagsleben seiner Bewohner. Er war tief beeindruckt von einer Aufführung des *Kaufmanns von Venedig* im Habimah-Theater; er besuchte die Hebräische Universität und wurde mit donnerndem Applaus begrüßt, als er das Auditorium betrat, um einer Vorlesung über hebräische Literatur beizuwohnen, die für ihn ins Englische übersetzt wurde; er nahm an mehreren Empfängen teil – obwohl er solche Ereignisse normalerweise verabscheute – und ließ sich überall im Lande herumfahren und besichtigte Kibbuzim und Versuchsfarmen. Eines Tages waren Toscanini und Huberman auf einer solchen Fahrt begriffen, als sie ein Unwetter überraschte. Ihr Chauffeur fuhr sie in die nahegelegene landwirtschaftliche Siedlung Ramoth Hashavim, und sie betraten das Hauptgebäude zur Überraschung der Einwohner der Siedlung. Einer der Betriebsleiter erinnerte sich Jahre später:

»Nahezu alle diese Landwirte waren Professoren, Doktoren, Rechtsanwälte, die sich nach der Zerstörung ihrer jeweiligen Existenz in Deutschland entschlossen hatten ..., in Palästina als Siedler zu arbeiten. Alle diese Leute waren im Bannkreis der deutschen Kultur aufgewachsen; sie waren samt und sonders Musikliebhaber und, wie das ganze Land, voller Liebe und Dankbarkeit gegenüber Toscanini und Huberman, die ihrer neuen Heimat so bedeutende und unerwartete musikalische Ereignisse vermittelt hatten. An diesem Nachmittag ergab sich ein lebhafter Gedankenaustausch, und Toscanini war von diesen Menschen so beeindruckt, daß er versicherte, er werde bald wiederkommen. Einige Tage später kam er wirklich wieder ... mit seiner Frau, und sie verbrachten mehrere Stunden angeregter Unterhaltung im Hause eines der Leiter der Siedlung. Die Siedler waren überglücklich, Frau Toscanini mit einem Korb Eier aus ihren eigenen Hühnerställen beschenken zu können. Es gab weitere Besuche. Als Zeichen ihrer Dankbarkeit für Toscaninis Eintreten für das jüdische Volk ... stellte ihm das Dorf ein Stück Land zur Verfügung.«[103]

Die Toscaninis und Huberman pflanzten auf diesem Stück Land in einer feierlichen Zeremonie Bäume, und die Schulkinder sangen Volks- und Kinderlieder für sie. Toscanini sagte, es falle ihm schwer zu reden, so stark sei die Macht der Eindrücke, und Signora Carla ließ ihren Tränen freien Lauf. Sie schrieb an Wanda über diese »wunderbare Siedlung von fünfzig Häusern«:

»Die jungen Leute haben sich hier eingewöhnt, aber für die, die fünfzig und mehr Jahre alt sind, ist es sehr hart. Einer war da, der ausgezeichnet Französisch sprach, und es war so traurig, daß wir Qualen litten. Aber er ließ kein rebellisches Wort laut werden. Man spürte lediglich eine grenzenlose Traurigkeit bei ihm, und als wir abfuhren, weinten wir beide. Wenn man sich einmal überlegt, was sie alles durch ihrer Hände Arbeit erreicht haben, so grenzt das nahezu an ein Wunder.«[104]

Eines der Konzerte in Jerusalem wurde im Rundfunk übertragen; und der Straßenverkehr im Lande kam nahezu zum Erliegen, als die Menschen zu Hause oder im Café dem Programm lauschten. Toscanini war vom musikalischen Heißhunger der Menge so bewegt, daß er eine weitere Generalprobe dem Publikum zugänglich machte, um manche von denen zufriedenzustellen, die keine Karten mehr bekommen hatten. Als er sich eine halbe Stunde zuvor zum Konzertsaal fahren ließ, sah er keinen Andrang mehr und glaubte schon, das Interesse sei letztlich eben doch nicht so groß gewesen. Einmal drinnen, mußte er jedoch zur Kenntnis nehmen, daß die gesamte Zuhörerschaft schon sehr viel früher eingetroffen und jeder Sitzplatz besetzt war.
Eines Nachmittags kam Toscaninis junger Chauffeur, der ihn zur Probe fahren sollte, zwei Minuten zu spät. Er mußte erleben, daß der ärgerliche Toscanini, geradezu ein Wunder an Pünktlichkeit, das Haus bereits verlassen hatte und zu Fuß dem Konzertsaal zustrebte. Mit dem Wagen holte er ihn rasch ein, Toscanini aber weigerte sich einzusteigen; so fuhr der arme Chauffeur ganz einfach im Schrittempo hinter ihm her. Als sie den Konzertsaal erreicht hatten, wandte sich Toscanini um, lächelte den Fahrer an, sagte »Shalom«, und damit war die Angelegenheit bereinigt. Derselbe Fahrer erzählte Toscanini eines Tages, wie traurig er darüber sei, daß seine Frau das Konzert nicht besuchen könne, weil sie in allernächster Zeit ein Baby erwartete. So fanden sich Toscanini und seine Frau wenig später bei dem jungen Paar zum Tee ein.
Zwischen dem 7. und dem 12. Januar 1937 wiederholten Toscanini und das Orchester jedes ihrer Konzerte in Kairo und Alexandria; vor der Abreise aus Palästina sagte Toscanini zu Huberman: »Ich bin so traurig, dieses Land verlassen zu müssen, dieses Volk, dieses Publikum, dieses Orchester. Ich muß wiederkommen – und ich werde wiederkommen!«[105]
Der Geiger Lorand Fenyves gehörte in Ägypten zu einer Gruppe von Musikern, die zusammen mit Toscanini die Pyramiden und andere archäologische Sehenswürdigkeiten besuchten:

»Er war begeisterungsfähig für alles, was irgendwie mit Schönheit zu tun hatte. Er interessierte sich für archäologische Funde ... Was immer er auch sah – er wollte alles darüber wissen und allen Dingen auf den Grund gehen. Er hörte sehr aufmerksam zu und fragte, bis er die Bedeutung einer Stätte oder eines Dinges verstanden hatte. Er bemühte sich um ein wirkliches Verständnis und um wirkliche Erkenntnis der Dinge, die ihn interessierten.«[106]

Tatsächlich war er von Ägypten so fasziniert, daß er eine Einladung annahm, nilaufwärts zu reisen. Aus Luxor schrieb Signora Carla an Huberman:

> »Es ist schon einen Monat her, seit wir Italien verlassen haben, ein Monat, den wir sehr glücklich verbracht haben und an den wir uns immer mit wirklicher Rührung und Lebhaftigkeit erinnern werden. Toscanini denkt wehmütig an die Tage in Tel Aviv zurück. Ich glaube, sie waren die bewegendsten überhaupt für ihn.
> Ich hoffe, man wird Ihnen davon berichtet haben, daß wir uns nach einer langen Diskussion mit unserem Freund Dr. Simon geeinigt haben, mit Colonel Kisch einen Abstecher nach Oberägypten zu machen! Und da sind wir nun, noch immer Ihre Gäste!! Und auch hier haben wir neun bezaubernde und erholungsreiche Tage verbracht. Danke, danke, danke! Wir werden am 24. nach Kairo zurückkehren und am 27. nach Bengasi und Rom weiterfliegen, und zwar direkt, in einem italienischen Flugzeug. Am 25. werden wir Buschs Konzert in Kairo besuchen ... Noch einmal herzlichen Dank, auch von Toscanini, und Ihnen unsere besten Grüße.«[107]

Noch vor der Abreise aus New York im April zuvor hatte Toscanini Zirato bedeutet, er könne unter Umständen damit rechnen, daß er zu einer Tournee mit dem Philharmonic Orchestra wiederkehren werde. Die Intendanz des Orchesters begann unverzüglich damit, die sich bietenden Möglichkeiten zu erkunden. Im Dezember kam man schließlich zu einer Einigung mit David Sarnoff, dem Leiter der »Radio Corporation of America«, der Organisation, die Toscaninis Victor-Schallplatten produzierte und die »National Broadcasting Company« leitete: Toscanini sollte eingeladen werden, eine am 19. April 1937 beginnende fünfwöchige Amerika-Tournee mit fünfundzwanzig Konzerten des Philharmonic Orchestra zu dirigieren. Er sollte ein Honorar von 50 000 Dollar zuzüglich Steuern und Überfahrtskosten bekommen. Zirato regte an, daß jemand nach Europa geschickt werden sollte, um ihm den Plan vorzutragen, aber Sarnoff legte sein Veto dagegen ein. Statt dessen wurde ein Telegramm an den gerade in Paris weilenden Toscanini gerichtet; er antwortete nicht. Ein anderes Telegramm folgte, und diesmal reagierte er (14. Dezember): »Dieses Jahr unmöglich. Einzige Möglichkeit April für Schallplattenaufnahmen und Wohltätigkeitskonzerte ...« In New York wurden neue Pläne ausgearbeitet, und Ende Dezember erhielt Toscanini in Tel Aviv ein Telegramm des Inhalts, daß er, wenn er Schallplattenaufnahmen machen würde, entweder sein volles Konzerthonorar (ungefähr 2000 Dollar) für jede Aufnahmesitzung oder einen Gewinnanteil von fünf Prozent an den Schallplatten bekommen könne, ganz nach seinem Belieben. Am 15. Januar erwiderte Signora Toscanini aus Assuan: »Toscanini möchte absolut keine Schallplatten machen. Leider. Danke.« Es folgte ein Brief, in dem sie erklärte, daß zur gleichen Zeit wie das RCA-Telegramm auch eines von »His Master's Voice« in London gekommen sei, der europäischen Tochtergesellschaft von RCA; die englische Gesellschaft habe jedoch einen Gewinnanteil von zwölfeinhalb Prozent angeboten. Keinen der beiden Vorschläge, stellte sie fest, werde Toscanini annehmen, und zwar aus Fairneß dem Philharmonic gegenüber.[108]

Innerhalb sehr kurzer Zeit sollte dieses Gefühl der Verpflichtung gegenüber dem Philharmonic Orchestra jedoch schwinden. Im Dezember war die Meldung veröffentlicht worden, daß der junge John Barbirolli einen Dreijahresvertrag erhalten habe. Als Toscanini davon erfuhr, war er wütend – in erster Linie deshalb, weil er selbst Rodzinski empfohlen hatte, noch vor Barbirolli, und in zweiter, weil das Philharmonic ihn nicht zu Rate gezogen hatte. Unwahrscheinlich ist, daß er irgendeinen persönlichen Groll gegen Barbirolli hegte. Er war jedoch der Meinung, daß Rodzinski die guten Eigenschaften des Orchesters besser auf dem alten Niveau hätte halten können. Kurz darauf erhielt Zirato einen Brief von Signora Carla, dessen Inhalt er Judson gegenüber folgendermaßen zusammenfaßte:

> »Der Maestro glaubt nicht, daß es richtig war, die Verpflichtung von Barbirolli bekanntzugeben – nach lediglich kurzer Arbeitszeit mit dem Orchester und bevor noch die anderen Dirigenten ihre Bedingungen geäußert haben. Soweit er sich erinnert, ist dies ein neues Verfahren in den Annalen der Gesellschaft, den Dirigenten für die nächste Saison schon im Dezember anzukündigen. Auf diese Weise, fügt er hinzu, treten die Dirigenten, deren Termine auf die von Herrn Barbirolli folgen, dem Publikum unter schlechteren Bedingungen gegenüber, weil die Gesellschaft mit der Verpflichtung von Herrn Barbirolli bereits die Entscheidung gefällt hat, daß er anderen, die nicht einmal gehört worden sind, überlegen sei. Zweitens hätte Herr Toscanini gern eine offizielle Mitteilung über die Verpflichtung Herrn Barbirollis bekommen, und zwar gerade als Höflichkeitsgeste. Er erfuhr von seinem Engagement erst aus privaten Briefen von Herrn Walter Price und mir. Er war von diesem Mangel an Respekt und Höflichkeit ziemlich getroffen.«[109]

Natürlich hatte Toscanini jedes erdenkliche Recht, seine professionellen Auffassungen über Barbirolli und das Philharmonic Orchestra und seine Situation zu äußern; als er aber später nach New York zurückkehrte, hatte er es satt und trug dazu bei, abträgliche Gerüchte über seinen Nachfolger in die Welt zu setzen. Schließlich entschuldigte er sich dafür sogar bei Barbirolli und seiner Frau und bedeutete ihnen, er habe »behaved like a pig« (sich geradezu säuisch benommen).

Die folgende Entwicklung dieser Geschichte wird, was ihre Kompliziertheit anbetrifft, noch byzantinischer, und ihre Hauptfigur ist David Sarnoff. Sarnoff war im Jahre 1900 im Alter von neun Jahren aus Rußland in die Vereinigten Staaten eingewandert und 1929 Direktor der RCA geworden. Von Musik verstand er nicht viel, wußte aber, daß Toscanini hohe Qualität repräsentierte und eine enorme Anziehungskraft auf das Publikum ausübte. Es mag durchaus zur Zeit der Verhandlungen der RCA mit der Philharmonic-Intendanz über die geplante, aber nie verwirklichte Amerika-Tournee Toscaninis gewesen sein, daß er auf die Idee eines speziellen Rundfunkorchesters von höchster Qualität verfiel – wie es die BBC in London bereits eingerichtet hatte. Natürlich war – und ist – die Situation in beiden Ländern grundverschieden: Die BBC ist eine Körperschaft des öffentlichen Rechts, die RCA eine private Gesellschaft; obwohl es jedoch allgemeingültige Serviceregeln gab, die bestimmte Aspekte des Rundfunkbetriebs in den Staaten steuerten, waren die größeren Gesellschaften doch so mächtig, daß sie die Auslegungsmöglichkeiten dieser Regeln unter sich ausmachen konnten. Sarnoff muß sich auch ganz klar darüber gewesen sein, daß der nach der RCA nächstkleinere Gigant, die NBC, bald Verhandlungen mit der sehr starken »American Federation of Musicians« aufnehmen sollte, die auf einen Zuwachs an Sendezeit für Live-Musik abzielten. (Im Sommer des Jahres 1937 war die NBC tatsächlich gezwungen, die Zahl ihrer New Yorker Orchestermusiker für die Saison 1938 von 74 auf 115 anzuheben und ihren Jahresetat für live gesendete Musik um zusätzliche 500 000 Dollar zu erhöhen.)

Im Dezember hatte sich Sarnoff dagegen gewandt, einen persönlichen Emissär nach Europa zu schicken, der mit Toscanini die geplante Philharmonic-Tournee diskutieren sollte; im Januar aber entsandte er seinen eigenen, persönlich ausgesuchten Botschafter nach Mailand, um ihn den neuen Vorschlag vortragen zu lassen. Dieser Vertreter war Samuel Chotzinoff, der früher Klavierbegleiter mehrerer bekannter Sänger und Instrumentalisten gewesen war – unter anderem auch Begleiter von Heifetz, dessen Schwester er geheiratet hatte. Er verehrte Toscanini und hatte dem angehört, was mehrere Leute, mit denen ich Gelegenheit hatte zu sprechen, als die »Clique von Sykophanten« bezeichneten, die ihn in seinen Jahren beim Philharmonic Orchestra, wann immer möglich, umgab. Später war er Musikkritiker für die New Yorker Zeitungen *The World* und *The Post*.

Ich vermute, daß der Bericht über Chotzinoffs Mission, wie er in einem

Artikel in der Zeitschrift *Fortune* (Januar 1938) veröffentlicht wurde, der wahrscheinlich aus der Feder seiner Freunde Russell und Marcia Davenport stammte, auf dem fußte, was er ihnen bei seiner Rückkehr erzählte und deshalb wahrscheinlich wahr ist (wogegen sein davon völlig abweichender Bericht in seinem Buch *Toscanini: An Intimate Portrait* achtzehn Jahre später offenbar zu persönlichen Zwecken erfunden worden ist). Laut seinem Bericht in *Fortune* hatte Chotzinoff dem damals in Kairo weilenden Toscanini telegraphiert, daß er ihm einen »bedeutsamen Vorschlag« zu unterbreiten habe, und zwar persönlich, der »weder Sie noch mich verpflichtet«. Toscaninis Antwort hatte auf Mailand verwiesen. Chotzinoff und seine Frau kamen am 31. Januar in Mailand an – nur zwei oder drei Tage nach der Rückkehr der Toscaninis aus Ägypten; und erst beim zweiten Zusammentreffen mit dem Maestro faßte er den Mut, ihm den Plan zur Gründung eines neuen Rundfunkorchesters vorzutragen. Toscanini prüfte die verschiedenen ihm angebotenen Vertragsmöglichkeiten und wählte die kürzeste: zehn Rundfunkkonzerte in einer Zeitspanne von zehn Wochen, beginnend mit dem kommenden Dezember, bei einem Honorar von 4000 Dollar pro Sendung zuzüglich der vom NBC bezahlten Steuern. Das Orchester sollte von höchstmöglicher Qualität sein, und er wählte sich Rodzinski aus, der es zusammenstellen und die ersten Proben mit ihm abhalten sollte.
Chotzinoff rief vom Hause der Toscaninis aus unverzüglich in New York an. In einem oder zwei Tagen hatten er und Sarnoff einen genauen Vertrag ausgearbeitet, den Toscanini dann unterzeichnete. Da die Faschisten Toscaninis Telephon abhörten und ein- und ausgehende telegraphische Botschaften kontrollierten, erfuhren der *Corriere della Sera* und dann auch die ganze Welt sehr rasch von der Geschichte. (Interessanterweise behauptet Leinsdorf, daß er Toscanini nach dessen Rückkehr aus dem Nahen Osten in Rom getroffen habe und Toscanini zu der Zeit bereits genau über das im Bilde war, was Chotzinoff später mit ihm diskutieren sollte.[110])
Rodzinskis Frau erhielt von der Gattin Walter Toscaninis einen Brief des Inhalts, daß die ganze Familie Toscanini empört über die Abfuhr sei, die Rodzinski vom Philharmonic Orchestra erhalten hatte, und daß Toscanini teilweise nur deshalb eingewilligt habe, das NBC-Rundfunkorchester zu übernehmen, um seinen früheren Verbündeten eine Lektion zu erteilen.[111] Intendanz und Verwaltungsrat des Philharmonic waren sicherlich nicht wenig aufgebracht! Bruno Zirato telegraphierte Signora Carla am 8. Februar:

»Sehr überrascht von Annahme des Rundfunkangebotes. Würde gern wissen, ob Maestro die nachteiligen Folgen bedacht hat, die dieser

Vertrag für unsere Saison haben kann, im Falle er öffentlich zugängliche Rundfunkkonzerte erlaubt, gratis oder mit Eintrittskarten, und ob diese Rundfunkkonzerte donnerstagabends oder sonntagnachmittags gesendet werden [das heißt zu dem Zeitpunkt, da die Abonnementskonzerte des Philharmonic stattfanden].«

Toscanini selbst beantwortete dieses Telegramm in durchaus eindeutiger Weise:

»War überrascht von Deiner Überraschung. Ich werde von Sarnoff nichts verlangen, der alle Angelegenheiten im Sinne seiner eigenen Interessen regeln wird, ganz wie es das Philharmonic getan hat und immer tun wird.«

Zirato entgegnete:

»Meine Überraschung rührte daher, daß ich mir nach Ihrem Abschiedskonzert gar nicht vorstellen konnte, daß Sie sich je wieder bereit finden würden, in Amerika zu dirigieren, vor allem nicht im Rundfunk, was Sie ja immer gehaßt haben. Ich halte das Radio nicht für den geeigneten Altar für den Gott der Musikwelt. Da Sie sagen, daß Sie von Sarnoff nichts verlangen werden, habe ich dem nichts hinzuzufügen, glaube Ihnen jedoch sagen zu müssen, daß Sie offensichtlich schlecht beraten und falsch informiert worden sind.«

Und Toscanini:

»Für den Priester, der die Wahrheit predigt, kommt es nicht darauf an, ob sein Altar in der Peterskirche in Rom oder in einer kleinen Kirche im entlegensten Dorf Italiens steht. Meine Information beruht auf eindeutigen Fakten. Grüße.«[112]

Einen Monat nach der Rückkehr aus Palästina reiste Toscanini nach Holland, um dort mit dem Residentie Orkest, das seinen Hauptstützpunkt in Den Haag hat, zwei Sonderkonzerte zu geben. Es war dies sein erster Auftritt mit einem holländischen Ensemble. Das Engagement war von Jaap Stotijn vermittelt worden, dem ersten Oboisten des Orchesters, der im Dezember im allerletzten Augenblick nach Palästina geeilt war, um einen Musiker zu ersetzen, den Toscanini vollkommen unzulänglich gefunden hatte. Während der Pause des Kairoer Konzerts hatte Stotijn Toscanini erzählt, daß das Residentie Orkest ein sehr gutes Orchester sei – »aber ich bin nicht der beste Musiker dieses Orchesters«. Toscanini war

von Stotijns Spiel sehr beeindruckt und nahm seine im Namen der Orchesterintendanz in Den Haag ausgesprochene Einladung an, nach Holland zu kommen.[113]
Bei der ersten Probe schien er mit dem Orchester zufrieden zu sein, und einer der Musiker berichtete, daß seine Kollegen, die in der Pause dieser Probe kaffeetrinkend beisammenstanden, gar nicht aufhören konnten, »über dieses einzigartige Ereignis zu reden. Man hörte Worte wie ›hervorragend‹, ›einzigartig‹ oder ›unglaublich‹ in allen Ecken des Saales. Das beste war, zu schweigen und dankbar dafür zu sein, daß es uns erlaubt war, Zeugen dieses Ereignisses zu sein.«[114] Am nächsten Tage aber empörte sich Toscanini sehr über die dürftige Qualität einiger Bläser, produzierte einen Wutanfall katastrophalen Ausmaßes und verließ den Raum. Er behauptete, das Orchester hätte »keine Disziplin«, und wenn man einem der Musiker Glauben schenken will, hatte er damit recht – weil nämlich zu der Zeit kein ständiger Dirigent, sondern nur eine Reihe von Gaststars verpflichtet waren. George Szell, der in der kommenden Saison die Funktion des ständigen Dirigenten übernahm, berichtete, daß der Orchestervorstand Toscanini bat, die Musiker nicht im Stich zu lassen, ihm bedeutete, daß damit das Orchester zerstört würde, und ihm so viel Probenzeit anbot, wie er nur wollte. Er willigte ein; zwei Musiker wurden ersetzt, und die Konzerte fanden am 6. März in Rotterdam und zwei Abende später in Den Haag statt. Schließlich war er sogar ganz zufrieden mit dem Orchester und willigte ein, im folgenden Jahr wiederzukommen.[115]
Noch in Kairo hatte Carla Toscanini den Vogheras geschrieben, daß ihr Gatte im März gern nach Stockholm reisen würde; also krempelte das Konsertföreningens Orkester seinen Terminplan um, um zwei Konzerte mit ihm unterzubringen. Die Toscaninis flogen von Holland aus nach Stockholm, und er begann mit den Proben für sein erstes Konzert. Dann setzten aber wieder schreckliche Schulterschmerzen ein, und er ließ sich von einem schwedischen Arzt untersuchen und röntgen (der sich das Röntgenbild rahmen ließ und es in seinem Sprechzimmer aufhängte); aber ergebnislos. Die Proben waren spannungsgeladen, und Iwa Voghera sah ihn in seiner Garderobe auf und ab gehen und sich beklagen: »Mein Arm gehorcht mir nicht mehr.« Zu allem Überfluß kam auch noch ein mysteriöses Telegramm aus Italien an, das ihn noch mehr aus der Fassung brachte. (Die Vogheras konnten seinen Inhalt nicht in Erfahrung bringen.) Nach dem ersten Konzert (16. März) schrieb er an Iwa Voghera und bat sie, seinen Brief bekanntzumachen:

»Es tut mir leid, Ihnen eine unangenehme Aufgabe zumuten zu müssen, aber ich kann nicht umhin, es zu tun, wenn ich die kurze Zeit, die mir bleibt, und die dringliche Arbeit, die vor dem zweiten Konzert erledigt werden muß, in Rechnung stelle. *Ich fühle mich müde*, wirklich müde, und ich habe nicht mehr die Nerven oder die Kraft, morgen früh wieder mit den Proben zu beginnen, die, wenn ich mir die wenigen Tage bis zum Konzert vor Augen führe, überstürzt werden müßten ... Ich könnte ein paar Tage Ruhe gebrauchen. Ich habe meinen körperlichen Kräften zuviel zugetraut und werde jetzt dafür bestraft. Wenn ich freie Zeit zur Verfügung hätte, würde ich sagen: Verschieben wir das Konzert auf nächste Woche; aber wie Sie wissen, muß ich nächsten Montag wieder in Mailand sein. Deshalb fühle ich mich verpflichtet, dem Konsertföreningens Orkester gegenüber die Schuld für dieses ausgefallene Konzert auf mich zu nehmen. Ich werde sie in nächster Zukunft, wenn ich mehr Zeit habe, abtragen.«

Er kehrte nie wieder nach Stockholm zurück.
Er mußte in Mailand sein, weil er sich bereit gefunden hatte, seine Familie eine Feier zu seinem siebzigsten Geburtstag ausrichten zu lassen, bei der Freunde aus vielen Ländern anwesend sein würden. Signora Carla berichtete Iwa Voghera später brieflich über das Ereignis:

»Der 25. März war ein bewegender Tag! Um acht Uhr morgens kam das Busch-Quartett und spielte im Hof eine Serenade für Toscanini ... dann traf der Bürgermeister von Salzburg ein, um ihm die Pläne für das [neue] Opernhaus zu zeigen;* dann sprach der Unterrichtsminister im Radio, dann kamen Geschenke, Glückwunschtelegramme, Blumen ... Am Abend waren mehr als hundertzwanzig Freunde in unserem Haus versammelt, wo dann außer dem Busch-Quartett auch Horowitz spielte ...«

»Jetzt bin ich ein alter Mann«, sagte Toscanini bei der Feier zu Burghauser. »Und wer weiß: Jeder neue Tag ist ein Geschenk des Himmels, das ich nicht einmal erwarten und erhoffen kann. Ich bin nicht kränklich, aber was will man schon, wenn man über die Siebzig hinaus ist? Sollte ich vielleicht noch einmal anfangen und dirigieren?«[116]
Im April flog Toscanini nach Wien, um eine Aufführung der *Zauberflöte* zu besuchen, die er im kommenden Sommer in Salzburg dirigieren sollte. Was er zu hören bekam, gefiel ihm ganz und gar nicht. Sein Besuch in Wien wurde jedoch zu einem besonderen Ereignis, über das Herbert F. Peyser sich in einem Bericht für die *New York Times* folgendermaßen äußerte:

* Wahrscheinlich Blaupausen der Entwürfe für das neue Festspielhaus; vgl. S. 360.

».. . Nach der *Zauberflöte* war Toscanini zusammen mit dem Orchestervorstand der Wiener Philharmoniker, Professor Hugo Burghauser, Ehrengast bei einem Empfang. Professor Burghauser, der sich die Gelegenheit zunutze machte, daß der Maestro in außergewöhnlich guter Laune war, unternahm einen Vorstoß und schlug ein Konzert für folgenden Samstag und Sonntag vor. Toscanini stimmte auf der Stelle und begeistert zu. Die Berichte auf den Titelseiten der Zeitungen, die am folgenden Tag erschienen, lockten die halbe Stadt an, die zur Konzertkasse der Philharmoniker stürzte, um so mehr, als die Eintrittspreise nicht erhöht worden waren. Das Programm umfaßte ... Rossinis Ouvertüre zur *L'Italiana in Algeri*, die *Pastorale*, Haydns Londoner B-Dur-Symphonie und Strauss' *Tod und Verklärung*.

Besondere Befriedigung bereitete der Umstand, daß Toscanini endlich doch auch Wien die Möglichkeit bot, seine *Pastorale* zu hören ... Die Aufführung übertraf alle Erwartungen. Ob je ein anderer Dirigent gerade diese unbestechliche Korrektheit der Tempi, diese exquisite Einfachheit, ... diese klangliche Durchsichtigkeit erreicht haben mag? Die Haydn-Symphonie, die Toscanini, entgegen deutschem und österreichischem Brauch, mit einem verkleinerten Orchester spielte, bot einen weiteren dieser Eindrücke, die wie Meilensteine ein Musikerleben krönen. Wenn der Maestro nie etwas anderes dirigiert hätte als dieses einleitende Adagio, würde er dennoch immer als einer der größten Dirigenten aller Zeiten zu gelten haben. In mancher Hinsicht bedauerte man, daß Strauss' Tondichtung auf Haydn und Beethoven zu folgen hatte. Obwohl jedes Detail von Toscaninis Aufführung hervorragend geriet, klang das Stück insgesamt doch vergleichsweise banal und theatralisch. Gewaltige Ovationen wurden dem Dirigenten bei jeder Gelegenheit dargebracht, und das Philharmonische Orchester klingt unter niemandes Leitung so wie hier ...

... Toscanini besuchte die Staatsoper eine Woche lang beinahe jeden Abend ... Ich gäbe viel darum zu wissen, was in Toscaninis Kopf vorgegangen sein mag, als er *Carmen* hörte, eine der barbarischsten Sünden der Staatsoper und in Wien auch allgemein so gewertet. Jedenfalls sah *Tristan* Bruno Walter am Dirigentenpult und Kipnis als König Marke auf der Bühne. In *Le Nozze di Figaro* war es Josef Krips, dem die zweifelhafte Befriedigung zuteil wurde, den Taktstock zu schwingen, während Walter und Toscanini zuschauten und zuhörten ...«

Nach der Rückkehr nach Mailand, der sich einige Wochen Urlaub anschlossen, reiste Toscanini nach London, wo er sechs vollständig verschiedene Konzertprogramme (für ein Gesamthonorar von 3000 Pfund) mit dem BBC Symphony Orchestra leitete, die zwischen dem 26. Mai und dem 16. Juni stattfanden. Oxford hatte ihm die Ehrendoktorwürde angeboten; nach der Verirrung mit der Ehrendoktorwürde von Georgetown einige Jahre zuvor hatte er sich jedoch entschlossen, künftig keine akademischen Auszeichnungen mehr anzunehmen. Um aber darzulegen, daß er den Einfall zu würdigen verstand, kam er am 8. Juni mit dem Orchester zu einem Sonderkonzert zugunsten des Notfonds der Universität nach Oxford. Er dirigierte ein Mammutprogramm, das eine Rossini-Ouvertüre und drei Symphonien umfaßte – die *Pastorale*, Brahms' erste Symphonie und Haydns *Oxford-Symphonie*. Die Toscaninis erneuerten ihre Bekanntschaft mit Ernest und Vera Newman und fanden sich zu einem erbaulichen Besuch in ihrem Heim in Tadworth ein; Toscanini besuchte Vorstellungen von *Pelléas et Mélisande* und *Tosca* in Covent Garden, die jeweils von Albert Wolff und Barbirolli geleitet wurden.

Nach einem erneuten zwei- oder dreiwöchigen Aufenthalt in Italien verbrachte er fast den ganzen Juli und August in Salzburg. Zusätzlich zur neuen *Zauberflöte*-Aufführung nahm er seine drei früheren Salzburger Operninszenierungen wieder ins Programm. In *Fidelio* sang jetzt Kipnis die Rolle des Rocco. Er erzählte Haggin:

> »Toscanini ließ sich von der *Fidelio*-Musik vollkommen gefangennehmen: Ich glaube, er war in Wirklichkeit gar nicht *dort* anwesend. Er wirkte wie ein Hoherpriester seiner Kunst: Es war, als ob in allem, was er tat, Beethoven gegenwärtig war; und es gelang uns eine wunderbare Aufführung. Bei der ersten Klavierprobe gingen wir das Werk von Anfang an durch; und nach jeder Nummer hielten wir inne und warteten auf Korrekturanweisungen Toscaninis. Er war kurz angebunden und sachlich ... Nach Florestans Arie zu Beginn des zweiten Aktes kommt das berühmte Grabes-Duett [Nr. 12, Fidelio, Rocco], und als Fidelio [Lehmann] und ich es beendet hatten, warteten wir auf seine Einwände. Toscanini saß mit tief in den Händen verborgenem Gesicht da und sagte kein Wort. Erst nach einigen Minuten blickte er uns an und flüsterte: ›Was für eine Musik!‹«[117]

Die *Zauberflöte*, von Herbert Graf inszeniert und mit Kipnis, Helge Roswaenge, Jarmila Novotna und Willi Domgraf-Fassbaender als Solisten (und Georg Solti am Glockenspiel im Orchestergraben) besetzt, erregte beträchtliche Kontroversen – sogar bei denen, die als Aufführende daran beteiligt waren. Viele Tempi Toscaninis waren unkonventionell – sowohl was die schnellen als auch was die langsamen betraf. Ich bewundere seine Mozart-Interpretationen im allgemeinen nicht rückhaltlos; diese besondere Aufführung aber halte ich (und zwar nach einem »Raub«-Mitschnitt auf Schallplatte, den ich gehört habe) für originell, faszinierend und über weite Strecken sehr schön. Toscanini bestand, nebenbei gesagt, darauf, den Dialog nahezu ohne Striche zu bringen, und Kipnis – einer der Sänger, den Toscaninis Behandlung der Oper nicht restlos überzeugte – erwähnte Haggin gegenüber auch, daß

> »Toscanini uns aufforderte, bei den Dialogen immer schon auf die Tonart der nachfolgenden Arie hinzusteuern. Mich bat er beispielsweise, vor der Arie ›O Isis und Osiris‹ nach F-Dur und vor ›In diesen heil'gen Hallen‹ nach E-Dur zu modulieren.«[118]

Alle vier von Toscanini geleiteten Opern dieses Festspielsommers wurden vom österreichischen Rundfunk auf einer Apparatur mit dem Namen Selenophon aufgezeichnet, die die vertikal laufende Aufnahme auf 8-mm-Azetatfilm umschnitt. Laut Robert Hupka, dessen detaillierte Beschäftigung mit der Geschichte der Toscanini-Aufnahmen von größter Bedeutung ist (und dessen Photos von Toscanini bei der Arbeit – in Anteks Buch *This Was Toscanini* – die schönsten dieser Art sind), schrieb John N. Royal, ein leitender Angestellter der NBC, nach Österreich, um Kopien dieser Aufnahmen zu bekommen; aufgrund eines Irrtums seines Sekretariats wurde jedoch die *Fidelio*-Aufnahme nicht in seine Wunschliste aufgenommen. Die NBC erhielt die drei anderen Opernmitschnitte und archivierte sie, und die Lücke wurde jahrelang nicht einmal bemerkt. Während des Krieges wurden die Originalfilme in Wien entweder zerstört oder gestohlen; und so ist das oben erwähnte Fragment der *Fidelio*-Kurzwellensendung des Jahres 1935 der einzige heute bekannte Rest von Toscaninis Salzburger *Fidelio* geblieben.
Bedauerlicherweise sind die drei anderen Aufnahmen noch nicht im Handel. Die Tonqualität der Originale ist dürftig, aber eine geschickte Überarbeitung könnte manche Tonhöhenschwankung zumindest mildern. Dietrich Fischer-Dieskau hat die *Meistersinger*-Aufnahme als »wunderbar« bezeichnet, und *Falstaff* und *Die Zauberflöte* sind nicht weniger hörenswert.*
In jenem Salzburger Sommer des Jahres 1937 geschah es auch, daß Toscanini mit Furtwängler brach, der gekommen war, um eine Aufführung von Beethovens Neunter zu leiten. Laut Burghauser bestand Furtwängler darauf, mit Toscanini über die Möglichkeit einer Aufführung des *Frei-*

* *Die Zauberflöte* wurde 1978 von Fonit-Cetra in Italien neu veröffentlicht. Die Tonhöhen variieren jedoch (manchmal bis um einen Halbton nach oben, was natürlich auch die Tempi beschleunigt), der sorgfältig behandelte Dialog ist vollständig gestrichen, und es gehen häufig ganze Abschnitte ohne Pause ineinander über. Kurzum, einige der im Handel zirkulierenden dürftigen »Raub«-Pressungen sind dieser kommerziellen Wiederveröffentlichung tatsächlich weit überlegen.

schütz unter seiner, Furtwänglers, Leitung im kommenden Jahr zu verhandeln. Toscaninis Antwort hatte gelautet, er könne verfahren, wie es ihm beliebe – »ich aber werde dann nicht da sein«.[119] Elisabeth Furtwängler macht jedoch geltend, ihr Gatte habe ihr gesagt, daß Toscanini einfach darauf gedrungen habe: »Sie müssen zwischen Bayreuth und Salzburg wählen.« Offensichtlich spürte Toscanini, daß Furtwängler versuchte, beiden Welten das jeweils Beste abzugewinnen, ohne einen festen Standpunkt zu beziehen. Und Furtwängler merkte wahrscheinlich erst, als es bereits zu spät war, wieviel besser es für ihn gewesen wäre, einen solchen Standpunkt wirklich mit Entschiedenheit zu vertreten.

Toscaninis Salzburger Auftritte des Jahres 1937 umfaßten auch eine Aufführung von Verdis *Te Deum* und seiner *Messa da Requiem* und zwei andere Konzerte. Als er am 31. August die letzte Aufführung der Saison leitete, versammelten sich bereits Gruppen von Arbeitern, um den Abriß der Bühne und der Baulichkeiten hinter der Bühne vorzubereiten. Toscanini war sich der Unzulänglichkeiten des alten Festspielhauses deutlich bewußt gewesen und im vorigen Jahr mit Schuschnigg und dem Salzburger Landeshauptmann – mit Burghauser als Dolmetscher – zusammengetroffen, um Pläne für ein neues Opernhaus zu formulieren. Er stellte seine Gewinnanteile aus den amerikanischen Rundfunksendungen seiner Festspielaufführungen persönlich zur Verfügung und erklärte sich freiwillig bereit, Wohltätigkeitskonzerte zur Unterstützung des Projekts zu leiten.

Für den kommenden Sommer plante er, seine vier Salzburger Opern durch den *Tannhäuser* zu ergänzen (mit Lehmann, Kipnis und anderen), und er spielte in Gedanken bereits mit *Boris Godunow, Il Barbiere di Siviglia* und Glucks *Iphigénie en Aulide* für künftige Spielzeiten.

Im Oktober tauchte er erneut in Wien auf, um zu erkunden, wie die Arbeit in Salzburg voranging, und er legte in Salzburg sogar einen Zwischenaufenthalt ein, um sich persönlich vom Fortschritt der Bauarbeiten zu überzeugen. Er leitete die Wiener Philharmoniker in zwei Konzerten in Wien und einem in Budapest, und unmittelbar nach seinem letzten Termin in Wien (17. Oktober) brach er nach London auf. Österreich sah ihn nie wieder.

Diesmal begann seine Arbeit beim BBC mit dreitägigen Studioaufnahmen für Schallplatten von Beethovens erster und sechster Symphonie und Brahms' *Tragischer Ouvertüre.* Am 30. Oktober leitete er ein Brahms- und am 3. November ein Beethoven-Konzert.

Nach diesem London-Besuch hatte er eigentlich nach Palästina zurückkehren sollen; es wurde jedoch beschlossen, die Reise bis zum Frühjahr zu verschieben. »Eine große Angst ist von mir genommen«, schrieb Daniela Thode an Enrico Polo. »Es war für mich eine unerträgliche Vorstel-

lung, daß der Maestro erneut in diesem Land und unter diesen Leuten weilen würde, die Unseren Herrn gekreuzigt haben.«[120] Es läßt sich leicht vorstellen, welche Reaktion Toscanini wohl an den Tag gelegt haben würde, hätte Polo ihm diesen Brief von einer seiner glühendsten Verehrerinnen aus dem Hause Wagner gezeigt.
Vor der Rückkehr nach Italien fand er sich in London in unerwartete Probleme verstrickt, die sich bei der Bildung des neuen NBC-Orchesters ergeben hatten. Das folgende Zitat ist ein Abschnitt aus einer Pressemeldung, die am 8. November von der »American Radio Telegraphists Association« verbreitet wurde:

> »Kendall E. Davis, Vizepräsident der Rundfunkabteilung der ARTA, einer Tochtergesellschaft der CIO, sandte heute das folgende Telegramm an Maestro Toscanini in London:
> ... NBC entläßt zahlreiche Angestellte. Veröffentlichung der Kosten Ihres Engagements erzwingt Budgetkürzungen. Unsere Organisation vertraut darauf, daß Sie als Künstler und fortschrittlicher Mensch den Mißbrauch Ihres Namens nicht dulden werden, und drängt Sie, unverzüglich Schritte zu unternehmen, um NBC zu zwingen, diese Entlassungen zurückzunehmen, die Bestandteil einer Open-Shop-Politik sind [das heißt einer Politik, die auch nichtorganisierte Arbeitnehmer als Preisbrecher in die Betriebe einschleusen wollte; d. Übers.], und die Versuche zu unterbinden, gewerkschaftsfeindliche Bestrebungen unter dem Deckmantel des Kostenaufwands für Ihr Engagement zu verschleiern. Dank und Grüße. American Radio Telegraphists Association.«[121]

Der empörte Toscanini telegraphierte, daß er das NBC-Engagement fahrenlasse, was bei Chotzinoff und anderen nahezu einen kollektiven Herzschlag bewirkte. Sie wußten, daß Toscanini nichts über die Bildung des neuen Orchesters erfahren hatte, und hatten Angst, was er da wohl ausfindig machen konnte. Chotzinoff hatte Toscanini in Mailand erzählt, daß die NBC im Begriff sei, »ihm ein großes Orchester zusammenzustellen«, eine Formulierung, die er, wie jeder andere auch, dahin gehend verstanden hatte, daß die Gesellschaft ein neues Orchester ausschließlich für ihn und einige wenige Gastdirigenten auswählte. Was er ihm nicht erzählt hatte, war, daß die 92 Musiker der NBC Symphony zum NBC-Rundfunkorchester gehören sollten, das 1937 von 74 auf 115 Mitglieder vergrößert worden war, und ihre dreißig wöchentlichen Arbeitsstunden zu gleichen Teilen zwischen Toscaninis Proben und Konzerten und anderen NBC-Programmen zu teilen haben würden, und daß von den 92 NBC-Symphony-Musikern 31 aus dem alten Verband von 1937 stammten und 61 neuverpflichtet waren, und zwar neuverpflichtet erstens als höherqualifizierter Ersatz für Mitglieder des alten Orchesters, die wahrscheinlich damals ihre Anstellungen zumeist schon verloren hatten, und zweitens als Ergänzung des Orchesterpersonals von 1938.

Chotzinoffs telegraphische Antwort an Toscanini – daß sein Engagement, weit entfernt, auch nur einen Musiker um seinen Posten zu bringen, die NBC veranlaßt habe, »ein vollständiges Symphonieorchester« und anderes Personal einzustellen – war deshalb unwahr. Da aber Chotzinoff ein persönlicher Freund war, schenkte Toscanini ihm Glauben und entschloß sich, an dem Projekt festzuhalten.

Aber das waren nicht die einzigen Schwierigkeiten bei der Bildung des Orchesters: Rodzinski, der darauf brannte, mit der Arbeit anzufangen, war äußerst besorgt, daß seine Auswahl der Musiker Toscanini nicht zufriedenstellen würde. Bei reiflicher Überlegung wurde er an manchen der verpflichteten Orchestermitglieder, besonders an manchen der jüngeren, wieder irre, als es aber schon zu spät war, die Vereinbarungen rückgängig zu machen; und diese Musiker hatten bei seinen Proben eine schwere Zeit durchzumachen. Im Orchester und seiner Intendanz herrschten Nervosität und Besorgnis, und schließlich wurde Pierre Monteux gebeten, anstelle von Rodzinski die ersten Konzerte zu leiten. Monteux dirigierte dann auch zwei, Rodzinski die nächsten drei. Deren letztes fand Mitte Dezember statt und sah Toscanini im Publikum, der gerade in New York angekommen war; und am nächsten Tag begann er mit den Proben für *sein* erstes Konzert. Der Geiger Samuel Antek schrieb über diese erste Probe:

> ». . . Aus einer Tür an der rechten Seite der Bühne trat ein kleiner, gutgebauter Mann hervor. Sofort erkennbar waren das schlohweiße Haar und das leidenschaftslose, eckige, hochwangige und schnurrbartgeschmückte Gesicht. Er war in ein strenggeschnittenes schwarzes Alpaka-Jackett mit nach klerikaler Art hochgeschlossenem Kragen gekleidet; dazu trug er förmliche, gestreifte Hosen und auffällige, slipperähnliche Schuhe . . .
>
> Als er zum Podium schritt, erhoben wir alle uns auf ein vorher verabredetes Zeichen . . . Er blickte sich um, offensichtlich überrascht von unserer unerwarteten Aktion, und deutete mit beiden Armen eine schüchterne Begrüßungsgeste an, wobei einen Augenblick lang ein mechanisches Lächeln sein Gesicht erhellte. Etwas verlegen nahmen wir wieder Platz. Dann rief er, in rauhem, barschem Tonfall: ›Brahms!‹ Er schaute uns einen kurzen Moment lang durchdringend an und hob dann die Arme. Mit einem heftigen Schlag senkte sich der Taktstock . . .

Mit jedem der herzschlagähnlichen Paukenschläge in den Eröffnungstakten der ersten Symphonie von Brahms wurde sein Taktschlag nachdrücklicher und bestimmter, seine Schultern strafften und wölbten sich vor, als gelte es, gegen einen gigantischen Sturm anzukämpfen. Sein ausgestreckter linker Arm peitschte krampfartig die Luft, die geballte Faust wurde zu Hilfe genommen ... Sein Gesicht rötete sich, die Muskeln strafften sich, und Augen und Augenbrauen waren in ständiger Bewegung.

Als wir in der Streichergruppe mit den Bogen über die Saiten fuhren, spürte ich, daß ich in einen brausenden Klangmahlstrom eingesogen wurde – die letzten Reserven von Kraft und Können wurden gefordert und angespannt ... Ich fühlte mehr, als daß ich sie hörte, die neuen Klänge um mich herum, nahezu ungläubig. War das noch dieselbe Musik, die wir tagelang so beharrlich geprobt hatten? ... Mit welch neuer, ungestümer Freude wir spielten!«[122]

Das erste Konzert fand am Weihnachtsabend des Jahres 1937 statt, im Studio 8-H der NBC, ihrem größten Sendesaal, der eine Kapazität von 1200 Sitzplätzen hatte. Das Studio war akustisch sehr trocken und verhinderte, daß Toscaninis einzigartige und unverwechselbare Art der Klangformung zum Tragen kam; anders war es, wenn das Orchester Wohltätigkeitskonzerte in der Carnegie Hall gab oder gelegentliche Tourneegastspiele absolvierte. Es war teilweise auch für die eher roh klingenden Aufnahmen verantwortlich, die Toscanini den heutigen Hörern vorstellen. Der Eintritt zu den NBC-Konzerten war frei, und Platzkarten waren immer nur schwer zu bekommen. Neben der Brahms-Symphonie bestand das erste Programm aus Vivaldis Concerto grosso d-Moll op. 3 Nr. 11 und Mozarts Symphonie g-Moll Nr. 40. Die Zuhörerschaft zählte nach Millionen.

Toscanini leitete die zehn Rundfunkkonzerte, für die er sich vertraglich bereit erklärt hatte, ebenso zwei Wohltätigkeitskonzerte in der Carnegie Hall: Beethovens erste und neunte Symphonie am 6. Februar 1938 und Verdis *Messa da Requiem* am 4. März. Schallplattensitzungen fanden am 7. und 8. März statt. Das neue Orchester stellte ihn in einem Maße zufrieden, daß er einwilligte, einen Vertrag für die nächsten drei Jahre mit sechzehn Konzerten pro Saison zu unterschreiben.

Sarnoff war ebenfalls zufrieden: In einer Rede in der Pause des letzten Konzerts der Spielzeit sagte er, daß »die National Broadcasting Company ein Wirtschaftsunternehmen [ist]. Es hat Angestellte; es hat Aktionäre; und es dient ihnen am besten, wenn es nach Kräften dem Publikum dient.« Mit anderen Worten: In diesem Abenteuer mit der »Hochkultur« steckten Profitaussichten.

Der Reinerlös aus den beiden Sonderkonzerten hatte ursprünglich dem Salzburger Festspielhaus zugute kommen sollen; zu der Zeit, da das erste der beiden stattfand, war Österreichs Situation im Hinblick auf Deutschland aber so hoffnungslos geworden, daß Toscanini bestimmte, das Geld sollte anderen Nutznießern zufallen. Ebenso telegraphierte er, daß er selbst diesen Sommer nicht nach Salzburg kommen werde. Die Bundesregierung bat sowohl Bruno Walter wie Huberman um Vermittlung; er blieb jedoch fest. Wenige Wochen später hatte das Deutsche Reich sich Österreich einverleibt; und genau wie Strauss sich fünf Jahre zuvor Toscaninis Funktion in Bayreuth angeeignet hatte, so erklärte sich jetzt Furtwängler bereit, die *Meistersinger*-Aufführung zu leiten, die eigentlich Toscaninis Aufgabe hatte sein sollen. Alle Aufführungen bedienten sich der Neuerungen, die Toscanini zu realisieren mitgeholfen hatte. Wieder einmal ließ Daniela Thode ihrer Bestürzung in einem Brief an Polo freien Lauf:

> »Inmitten aller dieser neuen und erregenden Ereignisse habe ich nur unseren geliebten, großen, heroischen Bruder im Sinn – aber einen irregeleiteten Bruder ... Er, der Feind – aber warum nur? – des faschistischen Italien und des faschistischen Deutschland, kann in einem faschistischen Österreich nicht dirigieren; das ist eine Folge seines prinzipientreuen Standpunktes. Warum aber einen solchen Standpunkt vertreten? Warum nicht, in christlicher Weisheit, dem Kaiser geben, was des Kaisers ist, und sich in den Bereich zurückziehen, wo er Souverän, absoluter Herrscher, vollständig unabhängig und unvergleichlich ist?«[123]

Warum wohl nicht? Seine Gründe waren bereits in jenem Telephongespräch mit »Signora Ada« im Jahre 1935 deutlich geworden: »Und doch gibt es Leute, die gar nichts davon spüren, die einfach so dahinleben ... Für mich aber bedeutet das eine Qual, die mich vernichtet.«

Toscanini muß nahezu sofort nach seiner letzten Schallplattensitzung bei der NBC (8. März) nach Europa aufgebrochen sein: Zwischen dem 21. und 25. dirigierte er erneut das holländische Residentie Orkest, diesmal bei vier Konzerten – drei in Den Haag und eines in Rotterdam.

Im April – demselben Monat, in dem die italienische Regierung Hitler mit der Proklamation ihres beschämenden antisemitischen »Rassenmanifests« schmeichelte – kehrte Toscanini nach Palästina zurück. Zu der Zeit gab es schwere arabisch-jüdische Auseinandersetzungen, und Weizmann hatte Huberman gebeten, Toscanini zu raten, seine Reise zu verschieben, da keine Garantien für seine Sicherheit gegeben werden könnten. Huberman telegraphierte an Toscanini und traf später sogar mit ihm in Den

Haag zusammen; es war ihm jedoch unmöglich, ihn dazu zu überreden. Er und seine Frau kamen am 8. April mit dem Flugzeug an. Am 13. leitete er ein Konzert für Arbeiter in Haifa; am nächsten Abend wiederholte er das Konzert für reguläre Abonnenten. Dasselbe Schema wurde am 16. und 17. in Tel Aviv befolgt, und am 20. wurde in Jerusalem ein kombiniertes Konzert gegeben. Am 24. und 26. dirigierte er in Tel Aviv und Jerusalem ein zweites Konzert, dessen Programm, unter anderen Werken, die einzigen Stücke Wagners umfaßte, die von diesem Orchester sowohl vor als auch nach der Proklamation des Staates Israel je aufgeführt worden sind: die Vorspiele zum ersten und dritten Akt von *Lohengrin.*

Während ihres Aufenthalts reisten die Toscaninis erneut im Lande herum, verbrachten einen Tag mit Weizmann in Rehovoth und besuchten auch wieder Ramoth Hashavim, wo sie in Tränen ausbrachen, als man ihnen die ersten Orangen von »ihrem« Stück Land überreichte. Ende des Monats traten sie mit dem Flugzeug von Haifa aus die Rückreise an, nachdem sie das Versprechen gegeben hatten, so bald wie möglich zurückzukehren. Die internationalen Ereignisse sollten die Erfüllung dieses Versprechens jedoch vereiteln. Von Mitte Mai bis Mitte Juni hielt sich Toscanini in London auf, wo er sechs Konzerte und drei Schallplattensitzungen mit dem BBC-Orchester in Queen's Hall leitete. Solist bei Strauss' *Don Quixote* war in einer dieser Aufführungen der Cellist Emmanuel Feuermann; eine andere bot Verdis *Messa da Requiem.* Etwa zu dieser Zeit erschien unter dem Titel *The Orchestra Speaks* in England ein von Bernard Shore, dem ersten Geiger des BBC-Orchesters, geschriebenes Buch – eine in jeder Hinsicht sehr scharfsichtige Arbeit, deren Toscanini-Kapitel ausgezeichnet ist:

> ». . . Unter Toscanini wird das Spiel des Orchesters zu einer ganz anderen Kunst. Er stimuliert seine Leute, frischt sie geistig auf, und Musik, die bereits schal geworden ist, erstrahlt in ihrer früheren unverdorbenen Schönheit. Man freut sich geradezu auf die Proben. Es gibt keinen Augenblick der Langeweile – alles ist beinahe zu konzentriert und vital – noch gar irgendwelche sinnlosen Wiederholungen. Der Faktor Zeit tritt in den Hintergrund. Die reine körperliche Ermüdung ersetzt die Uhr . . .
>
> Unter Toscanini gibt es keinerlei Zeitverschwendung. Die Proben sind beendet, sobald er spürt, daß nichts mehr zu tun bleibt. Er ist nie zufrieden, aber er scheint eine genaue Vorstellung von dem Höchstmaß an Leistung zu haben, das irgendein Orchester erreichen kann. Man merkt, daß sein fortgesetztes Streben nach Perfektion eher ihm selbst gilt, als daß es sich aus Unzufriedenheit mit dem Orchester er-

gäbe. Wenn er sich selbst nicht Genüge tun kann, läßt er es auch bei den Musikern nicht zu, daß ein Gefühl der Unzulänglichkeit bei ihnen aufkommt.

... Ohne jedes vorgefaßte Schema bringt Toscanini bei den vorbereitenden Proben ein großes Pensum hinter sich, und die abschließende Generalprobe – bei so vielen Dirigenten ein rasendes Wettrennen gegen die Zeit – leitet er mit Ruhe und umsichtiger Organisation, wenn auch mit geradezu elektrisierender Vitalität ... Sein bescheidenes, entschuldigendes Benehmen nach dem Konzert, wenn er sich mit dem Orchester in den Beifall teilt, ist vollkommen natürlich. Wie groß die Ovationen auch immer sein mögen, nachdem er sich ein- oder zweimal im wachsenden Tumult gezeigt hat, fordert er den Konzertmeister flüsternd auf, das Orchester von der Bühne zu führen – und das ist das Ende.

... Seine Konzentration, die wohl die eigentliche Wurzel seiner Größe ist, befähigt ihn, die Musik, die er aufführt, so tief und intensiv zu erleben und sich vorzustellen, daß alle, die mit ihm zusammenarbeiten, sich direkt ins Herz des Komponisten versetzt fühlen. Es ist eine geistige Verfassung, die alles tilgt – außer dem, was der Gegenstand erfordert. Er tritt in eine andere Welt ein und reißt das Orchester mit. Häufig kann man bei der Probe bemerken, daß er, wenn er tief in eine gedankliche Linie versunken ist und irgend etwas Unerwartetes passiert, das sie unterbricht, heftig reagiert, während ihn bei der eigentlichen Aufführung so gut wie nichts aus der Ruhe zu bringen vermag. Wenn er begonnen hat, so zaubert ein kleiner Fehler nicht gleich einen verhängnisvollen Ausdruck auf sein Gesicht. Wenn er aber bei der Probe einen Höhepunkt herausarbeitet und ein tragendes Instrument sich den Anforderungen nicht gewachsen zeigt, indem es nicht sein Bestes gibt, wird Toscanini wütend. Partitur und Taktstock fliegen herum, und für einen oder zwei Augenblicke bricht ein Inferno los ... Alle technischen Schwierigkeiten und die Arbeit an einzelnen heiklen Stellen scheinen unter Toscanini leichter zu werden ... Es ist eine sehr subtile Art und Weise, die das Publikum möglicherweise gar nicht bemerkt, deren sich das Orchester jedoch mit äußerster Deutlichkeit bewußt ist. Auf technischem Gebiet liegt nur eine Haaresbreite zwischen Leichtigkeit und großer Schwierigkeit, und es gelingt Toscanini stets und immer wieder, den Weg der Leichtigkeit zu finden.«[124]

Nach seinen Londoner Konzerten kehrte er wieder nach Italien zurück und verbrachte einen Großteil des Sommers damit, sich zu erholen und sich auf die zweite NBC-Saison vorzubereiten. Im August nahm er dennoch eine kurze Gastspielverpflichtung an.

Kurz nach dem österreichischen Anschluß kamen der Bürgermeister von Luzern und andere bedeutende Persönlichkeiten der Schweizer Stadt zu dem Entschluß, den Versuch zu machen, ein kleines Musikfestival zu veranstalten, das vor allem manche der Musiker einbeziehen sollte, die jetzt nicht mehr in der Lage oder willens waren, in Salzburg zu spielen. Toscanini wurde eingeladen, und er erklärte sich schnell bereit, ein Konzert zu leiten. In kürzester Zeit war ein Zyklus von acht Konzerten organisiert, und unter den Teilnehmern ragten Alfred Cortot, Ansermet, Feuermann, Serkin, Fritz und Adolf Busch, Walter und Mengelberg hervor. Es wurde ein Schweizer Festspiel-Orchester gebildet, mit Mitgliedern des Busch-Quartetts als Leiter der Streichergruppen und mit Angehörigen von fünf anderen führenden Schweizer Streichquartetten in seinen Reihen. Auch Enrico Polo kam aus Mailand herbei, um das Ensemble zu vervollständigen.

Alle Konzerte mit Ausnahme von dem Toscaninis fanden entweder im Kursaal oder im Kunsthaus statt; seines wurde in den Park nahe der Villa von Tribschen am Vierwaldstätter See verlegt, wo Wagner von 1866 bis 1872 gelebt und gearbeitet hatte. Für das Ereignis, das am 25. August stattfand, wurde eigens ein spezielles Holzgerüst aufgebaut. Toscanini stellte seine Dienste unentgeltlich zur Verfügung; die Eintrittspreise für seine Aufführung lagen jedoch viermal so hoch wie die der anderen. Sein Programm umfaßte – neben dem *Siegfried-Idyll*, das in der Villa komponiert und uraufgeführt worden war – Werke von Mozart, Beethoven, Rossini und weitere Stücke von Wagner. Da die Kartenwünsche so überaus zahlreich gewesen waren, willigte er ein, zwei Tage später ein weiteres Konzert zu leiten – diesmal mit Werken von Cherubini, Brahms, Mendelssohn und Wagner. Er war von der Atmosphäre der neuen Festspiele sehr angetan und versprach, im kommenden Sommer zurückzukehren.

Bei seiner Heimkehr nach Italien wurde ihm der Paß entzogen, und alle Versuche, ihn wiederzubekommen, erwiesen sich zunächst als nutzlos. Seine Existenz war für Mussolini ein schreckliches Reizmittel, und im Frühjahr zuvor hatte die faschistische Presse eine abgefeimte Kampagne gegen ihn begonnen. Ein verleumderischer Artikel im Cremoneser *Il Regime fascista* trug den Titel »Der Ehrenjude«. Nach einigen haltlosen Anwürfen gegen Toscanini wurden darin die polizeilichen Kennzeichen mehrerer italienischer Wagen aufgeführt, die von Zuträgern in Luzern gesehen worden waren, und die »Kameraden« in den betreffenden Heimatstädten angespornt, geeignete Maßnahmen zu ergreifen.[125]

Toscanini wurde sich darüber klar, daß es für ihn und seine Familie geradezu lächerlich gefährlich wurde, weiterhin nach Italien zurückzukehren, und sei es nur als Besucher. Beim Warten auf die Rückerstattung seines Passes verbrachte er einige Zeit in einem alten, von ihm gekauften Bau-

ernhof in Ripalta Guerrina in der Nähe von Crema und auf seinem Isolino; und er stattete Parma einen Besuch ab, um seine einzige überlebende Schwester Ada wiederzusehen und sich wehmütig und zu Tränen gerührt vom Konservatorium und einigen anderen ihm teuren Stätten zu verabschieden.
In Venedig kümmerte sich Wally bei Fulvio de Suvich, dem italienischen Botschafter in den Vereinigten Staaten, um die Rückerstattung des Passes ihres Vaters. Der Botschafter sprach mit Graf Galeazzo Ciano, dem Außenminister, der ihn jedoch warnte, sich in diese Angelegenheit einzumischen: »Der Duce gerät augenblicklich in Harnisch, wenn Sie ihm von Toscanini sprechen.« So suchte Wally selbst Ciano auf, der am 7. September in seinem Tagebuch notierte:

> »Ich empfing die Gräfin Castelbarco-Toscanini, die sich über die Einziehung des Passes ihres Vaters beklagte und sich Sorgen über die Reaktion in Amerika machte, wo er in Kürze Konzerte zu geben hat. Der Duce ist ärgerlich, weil viele Italiener, und vor allem die Prinzessin von Piemont, zu dem Wagner-Konzert nach Luzern gereist sind. Aber die Einziehung seines Passes hängt mit einem abgehörten Telephongespräch zusammen, aus dem hervorgeht, daß Toscanini den Duce wegen seiner antisemitischen Politik angegriffen hat, die er als ›mittelalterlichen Unsinn‹ bezeichnet.«

Suvich traf mit Mussolini in Triest zusammen und schnitt, entgegen Cianos Warnung, das Thema an, wobei er auf die weltweite Empörung hinwies, die daraus entstehen könne. Mussolini erklärte sich bereit, den Paß zurückzuerstatten, Toscanini sollte aber selbst darum zu ersuchen haben. Toscanini weigerte sich. Es wurde ein Plan ausgearbeitet, ihn in einem Wasserflugzeug von der italienischen auf die Schweizer Seite des Lago Maggiore zu entführen. Das schmeichelte zwar seiner Abenteuerlust; er fürchtete jedoch Repressalien gegen seine Familie und seine Freunde. Schließlich ermutigte Walter Toscanini einen ihm befreundeten Schweizer Journalisten, einen Tumult in der Weltpresse zu entfesseln. Der Duce gab nach, und Toscanini reiste nach Amerika ab. Er war zu der Zeit einundsiebzig Jahre alt, und die Faschisten saßen fest im Sattel. Es bestand begründete Aussicht, daß er sein Heimatland nie wiedersehen würde.
Er erreichte New York am 10. Oktober an Bord der »Normandie« und begann am nächsten Tag mit den Proben. Das Orchester verfügte jetzt über vierundneunzig fest angestellte Mitglieder, von denen zwanzig als Ersatz für diejenigen verpflichtet worden waren, die nach der ersten Spielzeit gegangen waren. (Ich weiß nicht, ob einige dieser Kündigungen unfreiwillig waren.) Steinberg war als stellvertretender Dirigent engagiert

worden und hatte mit dem Orchester bereits zehn Tage vor Toscaninis Ankunft gearbeitet. Bei Toscaninis erster Probe bereitete ihm das Orchester, das über die Probleme, mit denen er sich in Italien auseinanderzusetzen gehabt hatte, im Bilde war, eine große Ovation, als er die Bühne betrat. Er gab seinen Dank zu erkennen, aber seine Gebärde zum Abbruch des Beifalls und des Jubels blieb wirkungslos. Diesmal wollten seine »Burschen« ihm wirklich zu verstehen geben, was und wie sie fühlten. Mehrere Minuten verstrichen, bevor er mit der Probe beginnen konnte.
Die Rundfunkkonzerte wurden am 15. Oktober wiederaufgenommen. Das zweite Konzert bot Feuermann als Solisten in *Don Quixote*; das dritte brachte Toscaninis erste Aufführung von Tschaikowskis *Pathétique* seit mehr als vierzig Jahren; im vierten dirigierte er Samuel Barbers *Adagio für Streicher* und *Essay für Orchester*; William Primrose spielte am 21. Januar 1939 den Solopart in Berlioz' *Harold in Italien*, und im Februar wurden reine Brahms-, Sibelius- und Wagner-Konzerte gespielt. Toscanini leitete das Orchester auch in Konzerten in Newark, Baltimore, Boston, Chicago, Pittsburgh, Providence und Washington – Aufführungen, die nicht im Rundfunk übertragen wurden – und machte im Februar, März und April auch wieder mehrere Schallplattenaufnahmen. In diesem Winter brach Toscanini mit Rodzinski: laut Rodzinskis Gattin deshalb, weil Toscanini von einer Lüge Spitalnys, des Personalchefs des Orchesters, irregeführt wurde, was durchaus möglich ist, denn ihm wurden von den Verantwortlichen der NBC viele Lügen aufgetischt. Ein enger Freund der Familie Toscanini erzählte mir jedoch, daß in diesem Fall die Lüge von Rodzinski selbst ausgegangen sei: Er habe Toscanini erzählt, daß die NBC ihn für eines seiner Engagements nicht bezahlt hätte; und als Toscanini die NBC-Leitung danach fragte, hätte die ihm den eingelösten und von Rodzinski indossierten Scheck vorgewiesen. Ich weiß nicht, welche der beiden Versionen richtig ist – wenn überhaupt eine.
Er kehrte nach London und zum BBC zurück, zu einem sieben Konzerte umfassenden Beethoven-Zyklus, der sich fast über den ganzen Monat Mai verteilte und alle Symphonien, zwei Aufführungen der *Missa solemnis* und einige kürzere Werke umfaßte. (Sein Gesamthonorar betrug 3675 Pfund.) Nur ein Bruchteil der 75 000 Menschen, die Kartenwünsche geäußert hatten, war zufriedengestellt worden. Am 1. Juni dirigierte er zudem bei einer Schallplattenaufnahme.
Er besuchte eine Vorstellung des Balletts *Checkmate* von Arthur Bliss, die ihm sehr gefiel. Bliss besuchte seinerseits Toscaninis Proben und war von »diesem Mann, der sich so offenkundig der Musik geweiht hat«, tief beeindruckt. Die Toscaninis luden ihn zu einem Gegenbesuch in ihr Hotel ein.

»Ich werde nie die ersten Worte vergessen, die er an mich richtete, weil sie geradezu ein Beispiel dafür waren, wie höflich und ungezwungen man einen unbedeutenderen Musiker behandeln kann. Indem er mich beim Arm nahm, zu einem Sofa führte und mich zum Sitzen aufforderte, fragte er: ›Sagen Sie, Mr. Bliss, finden *Sie* – als englischer Musiker –, daß ich als Italiener die langsamen Beethoven-Sätze eher zu schnell nehme?‹ Und sofort spürte ich, daß ich frei und natürlich sprechen konnte, während Signora Toscanini hin und her eilte und uns den Tee servierte. Ich habe in meinem Leben zuzeiten unter dem arroganten Benehmen zu leiden gehabt, das manche berühmte Dirigenten mir gegenüber an den Tag legten; deshalb erinnere ich mich mit Freuden an diese Stunde mit Toscanini, als bemerkenswerten Beweis für meine Überzeugung, daß ein großer Mensch gewöhnlich auch ein bescheidener Mensch ist.«[126]

Toscanini besuchte auch eine von Busch in Glyndebourne geleitete Aufführung von Verdis *Macbeth.* Später lud Busch – durch Vermittlung von Alberto Erede – Toscanini ein, dort den *Falstaff* zu dirigieren. Er gab zur Antwort, daß er Glyndebourne zwar liebe, aber einfach keine Zeit habe. Und er fügte hinzu: »*Macbeth* ist wunderbar. Busch kann *Falstaff* sehr gut machen – ich könnte es jedenfalls auch nicht besser.«[127]
Einen Großteil des Sommers verbrachte er in Luzern. Das Festival war erweitert worden, und unter seinen Mitwirkenden tauchten – außer denen des Vorjahres – auch Sergej Rachmaninoff, Horowitz, Pablo Casals, Boult und Huberman auf. In diesem Jahr leitete Toscanini sieben Konzerte – vier im Kunsthaus, zwei Aufführungen von Verdis *Messa da Requiem* in der Jesuitenkirche und ein Sonderkonzert für geladene Gäste, darunter Friedelind Wagner und ihre alten Tanten, bei dem eine kleine Gruppe von Musikern das *Siegfried-Idyll* in ebender Villa in Tribschen spielte, in der es im Jahre 1870 uraufgeführt worden war.
Seine Stimmung während der Festwochen war düster. Wie jedermann sonst wußte auch er, daß Europa einer neuen Katastrophe entgegensah. Einige Freunde brachen in Tränen aus, als sie seiner letzten Probe für sein letztes Konzert dieses Sommers lauschten. Darunter waren auch zwei schöne Schauspielerinnen, Luisa Rainer und Madeleine Carrol; eine selbst bereits alte Enkelin von Mathilde Wesendonck; die italienische Journalistin Camilla Cederna und Renato Levi, der in unmittelbarer Nähe der Scala ein Schallplattengeschäft besaß und fünf Jahre später in einem deutschen Konzentrationslager umkommen sollte. Das letzte Konzert fand am 29. August statt und bot unter anderem Brahms' zweites Klavierkonzert mit Horowitz. Drei Tage später fiel Deutschland in Polen ein. Es sollte lange dauern, bis Toscanini wieder in Europa dirigierte.

VII

Das Phänomen

Damit war Toscanini ein Verbannter. Bei seiner Rückkehr nach New York in jenem schrecklichen Herbst des Jahres 1939 schloß er sich der »Mazzini Society« an, einer Gruppe liberaler und sozialistischer italienischer Emigranten, die die Begründung einer italienischen Republik nach dem Untergang des Faschismus befürworteten, den sie alle leidenschaftlich herbeisehnten. Unter ihren Führern waren der Historiker Gaetano Salvemini, der Kunstkritiker Lionello Venturi, der Kirchenhistoriker Giorgio La Piana, der Literaturhistoriker Giuseppe Antonio Borgese, Oberst Randolfo Pacciardi, Alberto Tarchiani (später italienischer Botschafter in den Vereinigten Staaten) und Graf Carlo Sforza, der sowohl vor als auch nach dem faschistischen Intermezzo Staatsminister war. Diese Männer baten Toscanini, den Vorsitz der Gruppe zu übernehmen; er weigerte sich, bot ihnen jedoch an, daß sie jederzeit mit seiner Unterstützung rechnen könnten.

Die Toscaninis zogen vom Hotel Astor in ein weitläufiges Haus um, das sie im Außenbezirk Riverdale gemietet hatten. Das Haus, Villa Pauline benannt, hatte eine dunkel getäfelte Eingangshalle, einen großen Salon, eine Bibliothek, einen glasgedeckten Wintergarten und einen Außenbalkon im Erdgeschoß. Von diesem Balkon aus – und auch von Toscaninis Arbeitszimmer im nächsten Stockwerk, das durch einen großen Treppenaufgang zu erreichen war – schweifte der Blick über den fünf Morgen großen Landsitz hinunter zum Hudson River und weiter zu den New Jersey Palisades. Die Umgebung war friedlich, und Toscanini war in der Lage zu arbeiten, Besucher zu empfangen und sich zu entspannen. Im Herbst des Jahres 1942 zogen sie in ein anderes Haus in derselben Gegend um. Es hieß Wave Hill und war ehedem der Wohnsitz Mark Twains gewesen; schließlich aber kehrten sie einige Jahre später doch wieder in die Villa Pauline zurück und kauften sie.

Signora Carla überwachte den Haushalt und kümmerte sich um die finanziellen Angelegenheiten ihres Gatten, von denen er nichts verstand – und auch nichts verstehen wollte. Sie war eine auf natürliche Weise entgegenkommende, hilfsbereite und großzügige Frau, und ihr Hauptanliegen während der Vorkriegs- und Kriegszeit war es, amerikanische Einreisevisa, Arbeitsplätze und Wohnungen für europäische Freunde und Musiker zu besorgen, die als Flüchtlinge weniger gut zurechtkamen als ihr Mann. Eine ihrer liebsten Freizeitbeschäftigungen war das Einkaufen, und sie galt als unerschrockene Feilscherin und hatte ein sicheres Gespür für günstige Gelegenheiten. Nahezu jeder, der sie kannte, erinnert sich an sie als angenehme und intelligente Person. Wenn sie auch keine förmliche musikalische Ausbildung genossen hatte, so war sie doch der einzige Mensch auf Erden, der regelmäßig und in aller Offenheit Toscaninis Aufführungen in seinem Beisein kritisieren durfte; und er nahm ihre Meinung immer durchaus ernst.

Obwohl jetzt in den Siebzigern, machte er dem Alter in seinem Alltagsleben doch kaum Zugeständnisse. Er ging gewöhnlich in den frühen Morgenstunden zu Bett, erwachte um sechs Uhr dreißig und nahm häufig sogar Schlaftabletten, die ihm vier oder fünf Stunden Ruhe schenken sollten. Eine Tasse starken italienischen Kaffees wurde ihm im Bett serviert, und bis acht Uhr las er dann oder arbeitete, bevor er mit seiner Frau zusammen frühstückte, wieder mit Kaffee und Hörnchen. Den verbleibenden Vormittag füllte er wiederum mit Arbeit aus, wenn er auch oft Spaziergänge unternahm oder nach den Blumen in seinem Gewächshaus sah. Das Mittagessen wurde um halb zwei serviert. Er liebte Minestrone und andere üppige Suppen, aß aber ebenso gern wohl auch einen Risotto oder eine Polenta als ersten Gang. Der zweite Gang war häufig ein Gericht aus Kalbfleisch, auf das Käse, Kaffee und unter Umständen Früchte folgten. Kein Dessert. Natürlich wurde zu den Mahlzeiten Wein serviert. Das Abendessen war leichter als das Mittagessen.

Er kleidete sich wie immer sehr förmlich und war in Hinsicht auf seine persönlichen Dinge und Gewohnheiten äußerst anspruchsvoll. Seine Frau schnitt ihm die Haare; er rasierte sich immer selbst, ohne in den Spiegel zu sehen, und benutzte zur Pflege seines aufgezwirbelten Schnurrbarts eine altmodische eiserne Brennschere, die über dem Feuer erhitzt wurde. Noch immer war er ein unverbesserlicher Schürzenjäger – dank seiner Lebendigkeit, seines Ruhms, seiner guten Gesundheit, seines blendenden Aussehens und vor allem seines unverminderten Appetits. Eine seiner derzeitigen Affären war die mit Eleonora von Mendelssohn, einer Urgroßnichte des Komponisten. Ihr Vater Robert war ein exzentrischer Berliner Finanzmann, der Giulietta Gordigiani, eine Freundin der Schauspielerin Eleonora Duse, geheiratet hatte. Sie selbst war Schauspielerin von mäßigen Fähigkeiten, hatte jedoch von Jugend an ein wildes Leben geführt. Laut einer Person aus ihrer Umgebung, die sie gut gekannt hat, soll sie in diesem ihrem Leben zwei große Lieben gehabt haben: Max Reinhardt und Toscanini. Sie emigrierte zur Zeit der Machtergreifung Hitlers nach Amerika und arbeitete zusammen mit Signora Carla, mit der sie gut auskam, unermüdlich daran, anderen Europa-Flüchtlingen zu helfen. Ihre Verehrung für Toscanini, der zum Zeitpunkt ihrer Bekanntschaft mehr als doppelt so alt war wie sie, war für eine Reihe von Jahren geradezu fanatisch; ihre Beziehung fand jedoch schließlich ein Ende, und sie starb einige Jahre später unter mysteriösen Umständen.

Er war häufig von jungen, schönen und bewundernden Frauen umgeben und machte sich, übereinstimmenden Andeutungen zufolge, die Stiuation auch fraglos zunutze, bis er die durchschnittliche menschliche Lebenserwartung weit hinter sich gelassen hatte. Erheblich weniger amüsant und beneidenswert als dieser Aspekt seines Lebens ist dagegen die Geschichte seiner Beziehungen zum Kreis seiner »Freunde« in New York.

Jemand, der Toscanini ziemlich gut kannte, äußerte sich dahin gehend, daß sein schwerwiegendstes Problem in seinen Alltagsbeziehungen zu anderen Menschen seine Vorliebe für Klatsch war und daß diese Neigung, die bei einer mit durchschnittlichem Zynismus gewappneten Person folgenlos geblieben wäre, im Falle Toscaninis gefährlich wurde, weil er im Grunde eher arglos war und die Leute ihn bis zum Wahnsinn treiben oder reizen konnten, wenn sie Dinge über beiderseitige Freunde und Kollegen erzählten, die andere ohne eine Spur Betroffenheit hingenommen hätten, die er jedoch für bare Münze zu nehmen neigte. (Sacchi hat, in der zweiten italienischen Auflage seiner Toscanini-Biographie, ähnliche Beobachtungen gemacht, und auch er kannte Toscanini persönlich.)

Eine Frau mit Namen Margherita de Vecchi, die Tochter eines italoamerikanischen Bankiers, den die Toscaninis seit den Tagen des Philharmonic Orchestra kannten, hatte sich zum selbsternannten Faktotum des Toscanini-Haushaltes aufgeschwungen und soll eine sehr gewinnende Person, aber auch eine geradezu phantastische Klatschtante gewesen sein. Sie war – wie Toscanini – eine Nachteule; spät um zwei oder drei Uhr nachts telephonierten sie miteinander und tauschten Neuigkeiten über die verschiedensten Leute aus. Er liebte es auch, andere Freunde anzurufen, um mit ihnen zu »chiacchierare« – ein italienisches Verbum mit der Bedeutung von »plaudern«, aber auch mit der Nebenbedeutung von »klatschen«, »hecheln«. Bedauerlicherweise machte er sich, wenn er sich auf diesen offenkundig harmlosen Zeitvertreib einließ, oft zum Opfer von gewitzten Intriganten und Speichelleckern und hielt Menschen auf Distanz, zu denen er fruchtbarere und erfreulichere Beziehungen hätte eingehen können. Das aber ist vergebliches Moralisieren von seiten des Autors. Es scheint angemessen zu sagen, daß die Verwicklungen mit seiner Umwelt, in die sich Toscanini in seinen späten Jahren verstrickte, sich aus der Tatsache ergaben, daß er nicht mehr so beschäftigt war wie in früheren Tagen, daß er Zeit auszufüllen hatte. Daß Toscanini sich darüber im klaren war, daß die Leute ihn »benutzten«, wird aus einem Bericht deutlich, den Haggin über einen Besuch in Riverdale im Jahre 1948 gab, in dessen Verlauf er und Toscanini eine Aufnahme eines im Jahr zuvor gesendeten Konzerts mit Berlioz' *Roméo et Juliette* abgehört hatten:

»Später, nachdem er die Partitur beiseite gelegt hatte, schaute er mich mit einem Lächeln an und sagte: ›Nun, Haggin, was möchten Sie?‹
›Alles, was Sie auch hören möchten‹, antwortete ich.
›Nein‹, erwiderte er, weiterhin lächelnd, ›was würden Sie – was möchten Sie haben?‹ Und als ich ihn verständnislos anstarrte, fügte er hinzu: ›Sie sind einfach nur gekommen, um mich zu besuchen?‹
›Ja, natürlich‹, brachte ich heraus, so schockiert, daß ich erst später begriff, was er mir auf diese Weise zu verstehen geben wollte . . .«[1]

Zwei der Kinder Toscaninis lebten jetzt ebenfalls in Amerika. Walter, der zusammen mit seinem Schwager, dem Grafen Castelbarco, ein ausgezeichnetes Buchantiquariat in Mailand betrieben hatte (und aufs äußerste bemüht gewesen war, Beschäftigungen und andere Hilfsmöglichkeiten für Sozialisten und andere »Unberührbare« ausfindig zu machen, die während des faschistischen Regimes ihre Stellungen verloren), war mit Frau und Sohn nach Camden, New Jersey, gezogen, wo ihm sein Vater eine Arbeit bei der RCA besorgt hatte. Später zogen sie nach New York weiter und nahmen schließlich den dritten Stock der Villa Pauline als endgültiges Domizil. Walter betätigte sich dann mehr oder weniger als Manager seines Vaters. Die Familie Horowitz lebte in Manhattan; die kleine Sonia aber, die ihr Großvater absolut vergötterte, weilte oft bei ihren Großeltern, wenn ihre Eltern auf einer Tournee waren. Nur Wally blieb mit Mann und Tochter in Italien.
Toscaninis dritte NBC-Saison begann im Oktober mit zwei gemischten Programmen und setzte sich mit sechs reinen Beethoven-Konzerten fort – sein erster amerikanischer Beethoven-Zyklus nach über sechs Jahren. Dann schob er einen langen Zwischenurlaub ein, der durch seine Teilnahme an einem Benefizkonzert zugunsten der »Chatham Square Music School« in der New Yorker Lower East Side unterbrochen wurde. Für seinen Beitrag an der Aufführung kleidete er sich in einen altmodischen Schulmeister-Bratenrock und dirigierte ein kleines Orchester (mit Heifetz, Milstein, Busch, Primrose und Feuermann) in Mozarts *Ein musikalischer Spaß* und Gillets *Loin du bal*. Die sämtlich in kurzen Hosen auftretenden Musiker wurden als »Toscanini's Children's Orchestra« angekündigt.
Im Februar leitete er ein Gastspiel in Newark, und im März nahm er Beethovens Violinkonzert mit Jascha Heifetz auf Schallplatte auf; dann dirigierte er die letzten acht Konzerte der NBC-Saison. Eine weitere Studiositzung folgte im Mai (Brahms' zweites Klavierkonzert mit Vladi-

mir Horowitz), und daran schloß sich ein Sonderkonzert des Rundfunks in Washington an, das auf Einladung der Regierung der Vereinigten Staaten und aus Anlaß des »American Scientific Congress« gegeben wurde. Ende des Monats schifften das Orchester und er sich auf der »Brazil« ein und starteten zu einer größeren Südamerika-Tournee.

Jahrelang hatten südamerikanische musikalische Organisationen versucht, Toscanini zu einer Rückkehr auf ihren Kontinent zu bewegen; immer hatte er abgelehnt. Im Jahre 1939 hatte aber ein prominenter Finanzier und Musikliebhaber namens Bogdan aus Buenos Aires an Chotzinoff geschrieben und den Vorschlag gemacht, Toscanini möge mit dem NBC-Orchester nach Südamerika herüberkommen. »Wir sind bereit, vor nichts zurückzuschrecken, um Ihre und Toscaninis Bedingungen zu erfüllen«, sagte er. Als man Toscanini bedeutete, eine solche Tournee würde als große Geste internationaler Freundschaft gewertet werden, willigte er ein. Er und die Musiker erklärten sich mit einer Kürzung ihrer Gagen einverstanden, und die finanzielle Rückendeckung wurde von der NBC und von Komitees in den vier Städten übernommen, in denen das Orchester gastieren sollte.

Die Reise nach Rio de Janeiro dauerte nahezu zwei Wochen. Toscanini und seine Frau hielten sich oft an Deck auf und plauderten und scherzten mit den Orchestermusikern. Am 10. Juni, einem der letzten Tage auf See, kam die Nachricht, daß Italien Frankreich angegriffen hatte, was Toscanini so aufregte, daß er sich in seiner Kabine einschloß und wie ein wildes Tier wütete.

Eine enorme Menschenmenge begrüßte das Orchester bei der Ankunft in Rio de Janeiro, wo zwei Konzerte gegeben wurden. Es waren Toscaninis erste Auftritte in der Stadt seit seinem Dirigenten-Debüt vor vierundfünfzig Jahren. Das Orchester reiste dann zu einem Konzert nach São Paulo weiter, auf das acht Auftritte in Buenos Aires folgten – wo Toscanini zuletzt im Jahre 1912 gewesen und die Begeisterung besonders groß war – und zwei abschließende in Montevideo. In der Hauptstadt Uruguays wurden pronazistische Demonstrationen erwartet, die jedoch unterblieben. Ein weiteres Konzert wurde am 8. Juli in São Paulo gegeben, und die beiden letzten fanden an den beiden folgenden Abenden in Rio de Janeiro statt.

Das Orchester kehrte an Bord der »Uruguay« zurück und traf am 22. Juli in New York ein. Erst am letzten Tag der Reise wurde Toscanini davon in Kenntnis gesetzt, daß einer seiner Orchestermusiker, der Geiger Jacques Tuschinsky, am Tage des letzten Konzerts in Rio bei einem Verkehrsunfall ums Leben gekommen war. Als er die Nachricht hörte, brach er in Tränen aus und weigerte sich, seine Kabinensuite zu verlassen und zu essen. Er stiftete tausend Dollar für einen Fonds, den das Orchester gegründet hatte, um der Familie des Musikers zu helfen.

Im weiteren Verlauf des Sommers unternahmen Toscanini und seine Frau eine Reise zur Besichtigung des Grand Canyon. Seine vierte NBC-Saison begann mit einem Benefizkonzert am 23. November in der Carnegie Hall, das Verdis *Te Deum* und seine *Messa da Requiem* bot. Die Solisten waren Zinka Milanov, Bruna Castagna, Jussi Björling und Nicola Moscona. (Ich habe ungefähr ein halbes Dutzend *Requiem*-Aufnahmen gehört, die Toscanini zwischen 1938 und 1951 gemacht hat; diese hier ist meines Erachtens die beste von allen.) Sein fünftes Saisonkonzert, wiederum ein Wohltätigkeitskonzert in der Carnegie Hall, bot die *Missa solemnis*, mit denselben Solisten wie beim *Requiem*, mit Ausnahme von Alexander Kipnis, der Moscona ersetzte. Ein Zwischenfall bei einer Probe für diese Aufführung führte zu einer ernsthaften Auseinandersetzung zwischen Toscanini und der NBC.

Das Orchester, dessen musikalische Leitung Toscanini 1937 übernommen hatte, umfaßte eine große Zahl junger Streichervirtuosen, die eigene Konzertkarrieren oder Streichquartettverpflichtungen aufgegeben hatten, um bei ihm spielen zu können, und ihn mit ihrem außergewöhnlichen Talent, ihrer jugendlichen Energie und ihrer warmherzigen Empfänglichkeit in Entzücken versetzten. Allmählich fühlte er sich jedoch vor den Kopf gestoßen und frustriert angesichts der Tatsache, daß sie an manchen Tagen wie »müde alte Männer« spielten. »Er brauchte einige Zeit, um herauszufinden, daß das NBC Orchestra, das angeblich ausschließlich für ihn zusammengestellt worden war, auch in anderen Programmen und unter anderen Dirigenten spielte«, berichtete der Cellist Alan Shulman Haggin, »und das machte ihn wütend, weil es unsere Arbeit mit ihm in Mitleidenschaft zog.« Und Shulman fuhr mit der folgenden Geschichte fort:

> »An einem Freitag im Dezember 1940 stand auf unserem Terminplan eine Probe für eine Aufführung der *Missa solemnis* in der Carnegie Hall, die von fünf bis sieben Uhr dreißig angesetzt war. An jenem Nachmittag war in der Carnegie Hall auch ein Konzert der Chicago Symphony anberaumt, nach dem die Tribüne für den Chor in der *Missa solemnis* wieder aufgebaut werden mußte, so daß die Probe erst um fünf Uhr dreißig beginnen konnte, was bedeutete, daß sie bis acht Uhr dauern würde. Nun hatten aber fünfunddreißig Orchestermitglieder mit Frank Black im Studio 8-H um acht Uhr im »Cities Service Program« zu spielen, und die mußten um sieben Uhr dreißig gehen, wenn sie . . . für die Sendung um acht noch zurechtkommen wollten. Und da wir die *Missa* mit dem Maestro zum erstenmal probten, war er wirklich

darauf erpicht, mit uns zu arbeiten. Es wurde also sieben Uhr dreißig, und er fuhr schnurstracks mit der Arbeit fort; es wurde sieben Uhr zweiunddreißig und sieben Uhr dreiunddreißig, und zu diesem Zeitpunkt tauchte der Personalchef hinter Toscanini auf und signalisierte den betreffenden Leuten, sich einer nach dem anderen hinauszuschleichen. Ich sah Carlton Cooley, wie er sich geradezu unter den Augen des Maestro auf Hände und Knie niederließ und hinauskroch; und erst nachdem mehrere Männer es ihm nachgetan hatten, erhaschte das Auge des alten Mannes die Bewegung eines Fagotts, das einer der Männer beim Hinauskriechen in der Hand hielt, und er merkte, was da vor sich ging. Er steigerte sich in eine so rasende Wut hinein, daß er sein Pult umwarf und verschwand. Er leitete die Aufführung am nächsten Abend und beendete auch noch die Saison; aber einige Monate später, als die Dirigenten für 1941/42 angekündigt wurden, war sein Name nicht mehr dabei, und wir erfuhren, daß uns an seiner Stelle Stokowski dirigieren sollte.«[2]

Nach dem *Missa*-Zwischenfall begannen sich im Orchester Gerüchte zu verbreiten, daß Toscanini drauf und dran sei zurückzutreten. Eines der wichtigsten Orchestermitglieder erzählte mir letzthin, daß er eines Tages mit William Steinberg zu Mittag gegessen und der ihn ermutigt habe, Toscanini einen Brief zu schreiben und ihn zum Bleiben zu drängen, »weil er auf Orchestermitglieder hört«. Dieser Musiker schrieb also den Brief und brachte ihn zur nächsten Probe mit, in der Absicht, ihn von mehreren gleichgesinnten Kollegen mitunterzeichnen zu lassen, und noch vor Probenbeginn kündigte er an, daß er hinterher etwas zu diskutieren wünschte.
Es wurde eine sehr stürmische Probe: Toscanini zeterte und wetterte über alles und jedes. (Die Proben waren zu jener Zeit alle grausam, weil Toscanini über das, was geschehen war, so empört war.) Hinterher mochte der Musiker das Thema nicht anschneiden, weil er spürte, daß es der falsche Augenblick gewesen wäre. Das Orchester bestand jedoch darauf. Also sagte er, daß sie alle Gerüchte des Inhalts gehört hätten, daß Toscanini gehen wolle, und er ihm deshalb einen Brief geschrieben habe, in dem sein Wunsch zum Ausdruck komme, er möge bleiben. Er hoffe, daß andere Orchestermitglieder auch ihre Unterschriften beisteuern würden. Alle bejahten, und er schickte sich gerade an, den Brief zu verlesen, als Spitalny, der Personalchef, aufsprang und rief: »Sie haben kein Recht, diesen Brief hier vorzulesen!« »Warum nicht?« Spitalny platzte, bevor er noch darüber nachgedacht hatte, was er eigentlich sagte, mit der Bemerkung heraus: »Wieso wissen Sie, daß wir ihn überhaupt wiederhaben wollen?« Dann wurde ihm klar, was er da eigentlich gesagt hatte, und er

schwieg konsterniert. Die anderen Musiker sagten, es sei egal, ob der Brief nun laut vorgelesen würde oder nicht: sie wollten ihn unterschreiben. Der Schreiber hatte sich jedoch eines anderen besonnen und meinte jetzt, es sei sinnvoller, wenn jeder einen eigenen Brief schriebe.

Einige Tage später rief Toscanini ihn an und lud ihn zum Essen in sein Haus ein. Während der Mahlzeit sagte Toscanini plötzlich zu ihm: »Etwas kann ich nicht verstehen. Wenn mein Schwiegersohn in einer Stadt ein Konzert gibt und sie ihn im nächsten Jahr nicht wiederhaben wollen, fordern sie ihn nicht erst auf, einen Verzichtsbrief zu schreiben.« »Warum erwähnen Sie das, Maestro?« »Weil die NBC wünscht, daß ich einen Verzichtsbrief schreibe.« »Sie meinen, sie wollen Sie nicht mehr wiederhaben?« »So ist es.«

Als im Frühjahr die Zeit der Vertragsverlängerungen heranrückte, wurde dieser Musiker vom Verwaltungsrat »übersehen«, und erst als Leopold Stokowski auf seiner Weiterbeschäftigung bestand, wurde sein Vertrag verlängert.

Ungefähr gleichzeitig mit dem *Missa*-Zwischenfall verärgerte es Toscanini, als er erfuhr, daß man Burghauser, der zur Zeit des österreichischen Anschlusses nach Amerika gekommen war, einen Platz im NBC-Orchester verweigert hatte – ein Engagement, für das Toscanini ihn empfohlen hatte, als die Position vakant wurde. Spitalny und Chotzinoff machten Burghauser ganz unzweideutig darauf aufmerksam, daß in Wirklichkeit, wenn auch Toscanini das Recht zustand, gegen Musiker, die sie verpflichtet hatten, sein Veto einzulegen, nur *sie* das Recht hatten, Leute unter Vertrag zu nehmen. Aber trotz dieser Streitigkeiten leitete Toscanini dreizehn Rundfunkkonzerte im Laufe dieser heiklen Saison 1940/41. Im April war er zum ersten und einzigen Mal Gastdirigent des Chicago Symphony Orchestra und nahm dann eine Einladung nach Buenos Aires an, um dort im Juni und im Juli vier Aufführungen von Beethovens Neunter (und weitere, kürzere Werke) und drei von Verdis *Messa da Requiem* mit Chor und Orchester des Teatro Colón zu leiten. (Er brachte aus den USA sechs Bläser mit, um das dortige Orchester zu verstärken.) Das waren seine letzten Auftritte in Südamerika.

Die Toscaninis trafen in Buenos Aires auch wieder mit Friedelind Wagner zusammen. Sie war bei ihnen in Luzern gewesen, als der Krieg ausbrach, und da sie – im Gegensatz zu ihrer Mutter – überzeugte Antifaschistin war, hatte Toscanini den Bürgermeister von Luzern dahin gehend zu überreden verstanden, daß sie in der Schweiz bleiben durfte. Sie schlug sich schließlich nach England durch, um sich gleich darauf auf der Isle of Man interniert zu sehen. Toscanini plagte die englischen Behörden monatelang um ihretwillen, und sie erhielt im März 1941 schließlich die Erlaubnis, nach Argentinien auszureisen. Die Toscaninis erhielten ein amerikanisches Einreisevisum für sie und benachrichtigten sie, daß sie mit ihnen nach New York heimkehren könne. Sie erinnerte sich, daß ihr Flug nach New York wegen schlechten Wetters verschoben werden mußte und sie belustigt gewahr wurde, daß die Nachricht von Toscaninis Verspätung bereits in den Zeitungen von Buenos Aires erschien, als sie noch immer auf den Abflug warteten. Sie zeigte ihm den Artikel. »Werfen Sie ihn weg«, sagte er ihr, »es ist geschmacklos, etwas über sich selbst zu lesen.«[3] (Tatsächlich las er durchaus vieles über sich selbst – Zeitschriften und auch andere Veröffentlichungen –, worauf er sich in Gesprächen manchmal bezog; er erzählte den Leuten gewöhnlich jedoch, daß er nichts davon läse.)

Offensichtlich ist, daß Toscanini sich nicht klar darüber war, wie er sich hinsichtlich der NBC-Affäre verhalten sollte. Während des vergangenen halben Jahrhunderts hatte er sich eine sehr effektive Art und Weise des Umgangs mit Orchesterleitungen und Opernimpresarios zurechtgelegt: Er setzte durch, was er für vernünftige Forderungen hielt, und wenn man diesen Forderungen nicht entgegenkam, ging er. An der Scala, in der Metropolitan, beim Philharmonic und bei zahllosen anderen Institutionen war er immer die Hauptfigur gewesen, die Person, deren Anwesenheit die beste Garantie für hervorragende Leistungen und deren Weggang immer Anlaß zu allgemeinem Bedauern gewesen war. Aber die NBC Symphony hatte keinen Verwaltungsrat, der zu tyrannisieren gewesen wäre: Sie war lediglich das winzige Anhängsel eines gewaltigen Unternehmensverbandes; und wenn auch die RCA Toscanini als Trumpf auffaßte – in dem Sinne, daß er, außer daß er der Gesellschaft Prestige brachte, auch noch weitere Radiohörer anzog und RCA-Schallplatten verkaufen half –, so war doch niemand in der Gesellschaft überspannt genug, zu glauben, die Zukunft der RCA hinge von Toscaninis fortwährender Präsenz ab. Umgekehrt waren viele leitende Angestellte der Meinung, daß die NBC Symphony mehr kostet, als sie wert war, und deshalb eigentlich ganz und gar aufgelöst werden sollte. So mußte Toscanini erfahren, daß, während ihm von seiten der Leute, die mit der Abteilung der Gesellschaft, in der er angestellt war, in direkter Beziehung standen, Schmeicheleien entgegengebracht wurden, das gesamte Schicksal des Orchesters (ganz abgesehen von seinen künstlerischen Maßstäben und Leistungen) nur von geringer Bedeutung für die Leute war, die die tatsächliche Kontrolle ausübten.

Während der Zeit, in der seine Auseinandersetzungen mit der NBC ihren Höhepunkt erreicht hatten, ging er sogar so weit, Verhandlungen mit William Paley aufzunehmen, dem Leiter der Rivalin CBS, die jedoch zu nichts führten; und er nahm Einladungen zu Gastauftritten beim Philadelphia Orchestra und dem New York Philharmonic Orchestra für die Saison 1941/42 an. Er war aber nicht zufriedengestellt. Er wollte mehr zu tun haben, wenn er auch nicht weiter ständiger Dirigent eines regulären Orchesters sein mochte, mit den zahlreichen Konzertwiederholungen, Tourneen, administrativen Entscheidungen und Geldbeschaffungs- und Abonnementskampagnen, die mit einer solchen Position unausbleiblich verbunden waren. Dieses Problem hielt ihn monatelang in Atem; und der sehr milde und höfliche Brief, in dem er Sarnoff im April 1941 seinen Rücktritt ankündigte, war ein Hinweis darauf, daß er seine Beziehungen zur NBC nicht restlos abbrechen wollte.

Gelegentlich überkam ihn wieder der Wunsch, Opern zu dirigieren – nur allzu natürlich bei einem Mann, der einen Großteil seines Lebens im Theater verbracht hatte; und er diskutierte diese Möglichkeit mehr als einmal mit dem Regisseur Herbert Graf, einem seiner Salzburger Mitarbeiter, der jetzt ebenfalls in den Vereinigten Staaten lebte. Graf erinnerte sich:

> »Während meines Aufenthalts in New York versuchte er zweimal, vollständige Opern aufzuführen: bei der New Yorker Weltausstellung des Jahres 1939 und später für das Rote Kreuz. Er wollte *Falstaff* und *La Traviata* machen; aber da die finanziellen Bürgschaften, die für eine perfekte Realisierung erforderlich waren, sich nicht auftreiben ließen, mußte er sich damit begnügen, sie im Rundfunk zu dirigieren ... «[4]

Was für ein Verlust für Amerika!

Im November 1941 kehrte Toscanini zum erstenmal nach elf Jahren ans Dirigentenpult des Philadelphia Orchestra zurück und ließ sich im Januar und Februar erneut dort hören; drei Programme wurden je zweimal in Philadelphia gespielt, und es folgten zwei weitere Gastspiele – eines in Washington, das andere in New York. Einige der bei dieser Konzertreihe aufgeführten Werke wurden in acht Sitzungen in der »Academy of Music« von Philadelphia aufgenommen. Die Aufnahmen umfaßten Schuberts große C-Dur-Symphonie, Mendelssohns Zwischenaktsmusik zu *Ein Sommernachtstraum*, Berlioz' »Fee-Mab-Scherzo« aus *Roméo*, Debussys *La Mer* und *Ibéria*, Strauss' *Tod und Verklärung*, Tschaikowskis sechste Symphonie und Respighis *Römische Feste*. Die Entstehungsgeschichte dieser wunderbaren Aufnahmen ist detailliert in B. H. Haggins *The Toscanini Musicians Knew* wiedergegeben und muß hier aufs äußerste gerafft werden. Toscanini hörte im Herbst 1942 die Versuchspressungen ab, wobei er manche Plattenseiten guthieß, andere verwarf. Im Normalfall wären die verworfenen Seiten zu einem Toscanini und dem Orchester in gleicher Weise passenden Zeitpunkt wiederholt worden; die »American Federation of Musicians« hatte ihren Mitgliedern inzwischen jedoch weitere Aufnahmen untersagt, und zwar bis zum Abschluß eines neuen Abkommens mit den Schallplattenfirmen. Dieser Bann sollte zwei Jahre lang dauern, und als er endete, stand das Philadelphia Orchestra bei Columbia unter Vertrag und nicht mehr bei RCA. Haggin berichtet:

»Das Orchester hätte zur Verbesserung und Vervollständigung seiner Victor-Aufnahmen mit Toscanini zur Verfügung gestanden; Walter Toscanini erzählte mir zu der Zeit jedoch, daß Victor die Philadelphia-Orchestra-Aufnahmen fallenlassen wollte und statt dessen lieber Neuaufnahmen von Toscanini mit dem NBC-Orchester gehabt hätte und daß ›wir versuchen, Vater dahin gehend zu überreden, die Philadelphia-Aufnahmen zu vergessen‹. Er sagte nicht, warum Victor so verfahren wollte, und man konnte nur vermuten, daß die Gesellschaft offenbar nicht damit einverstanden war, daß Toscaninis Name ein Columbia-Orchester begünstigte, und es deshalb vorzog, Aufnahmen zu opfern, die die Zusammenarbeit dieses großen Dirigenten und dieses großen Orchesters in einigen der größten Aufführungen dokumentierten, die Toscanini je für die Schallplatte gemacht hat; und daß für Victors Zwecke eine Toscanini-Aufführung so gut war wie die andere ... Das Argument, daß das Philadelphia Orchestra jetzt ja ein Columbia-Orchester war, hätte bei Toscanini nicht viel Gewicht gehabt; und Victor konnte kaum in der Weise argumentieren, daß die Aufführungen dürftig waren. Sie konnte aber darlegen – und tat es mit Erfolg –, daß die Philadelphia-Aufnahmen technisch defekt waren, und zwar irreparabel.

Durchaus möglich, daß Victor beim Versuch, auf Toscanini einzuwirken, sich auch selbst einredete, daß die Aufnahmen scheußlich seien – besonders in dem Sinne, daß das eigentliche Klangbild von starken Nebengeräuschen überlagert würde – und sie deshalb nicht ausgeliefert werden könnten. Das aber war nicht richtig: Zwar waren die Nebengeräusche stärker als die gewöhnlichen Nebengeräusche von 78er Schallplatten, aber sie überdeckten das klangliche Geschehen dennoch nicht. Das Ohr war in der Lage, sie von den Klangkonturen deutlich zu unterscheiden, die in aller Klarheit hörbar und auf wunderbare Weise schön waren ... «[5]*

Im Jahre 1963 wurde Toscaninis Aufnahme von Schuberts großer C-Dur-Symphonie mit dem Philadelphia Orchestra von der RCA freigegeben, nachdem ihr Toningenieur John Corbett achthundert Arbeitsstunden

* Mehrere Jahre später wurde Haggin von einem der Hauptverantwortlichen der RCA bedeutet, daß Walter Toscanini selbst die Gesellschaft gezwungen hatte, die Aufnahmen aus Gründen technischer Mängel zurückzuziehen.

darauf verwendet hatte, den Nebengeräuschpegel zu reduzieren und das Klicken der beschädigten Metallmatrizen auszumerzen. Und im Herbst 1976, fünfunddreißig Jahre nach der Aufnahme, wurden auch die restlichen Aufführungen vorgestellt, die allerdings weniger Sorgfalt bei der Beseitigung der hier größeren Mängel erkennen ließen.

Toscaninis Rückkehr ans Pult des New York Philharmonic Orchestra fand im April und Mai des Jahres 1942, als Abschluß der hundertsten und Jubiläumssaison des Orchesters, statt. Er war eineinhalb Jahre zuvor vom Verwaltungsrat des Philharmonic eingeladen worden und hatte monatelang geschwankt, ob er annehmen sollte oder nicht. Seine endgültige Entscheidung traf er sogar erst, als die betreffende Saison bereits begonnen und Walter Price, ein Mitglied der Geschäftsführung, ihm ins Gesicht hinein gesagt hatte, daß sein Benehmen einer Institution gegenüber, die immer alles getan habe, um ihn zufriedenzustellen, sehr schlecht sei. Daraufhin war eine erregte Auseinandersetzung entbrannt; Toscanini war sich letztlich aber doch bewußt geworden, daß Price recht hatte, und faßte den Entschluß, ihnen mehr zu geben, als sie sich erhofft hatten: Mit unglaublicher Vitalität und Ausdauer für einen Mann, der gerade seinen fünfundsiebzigsten Geburtstag hinter sich gebracht hatte, probte und führte er alle neun Beethoven-Symphonien, die *Missa solemnis*, das Tripelkonzert und vier Ouvertüren auf – und das in einer sechsteiligen Konzertreihe, innerhalb von zwei Wochen! Die Proben verliefen sehr glatt. Haggin, der ihnen beiwohnte, berichtete, daß das Orchester auf Toscanini in einer Weise einging, als wären, seit er zuletzt sein Dirigentenpult betreten hatte, »nicht sechs Jahre, sondern ein einziger Tag« verstrichen; daß er nach der zweiten Probe »strahlte« (»Mein lieber Haggin, heute darf ich Hoffnung haben«) und daß er in den wenigen verbleibenden Minuten einer anderen Probe, »sich dem Finale der ersten Symphonie widmend, das Orchester ohne Unterbrechung und in einem Zuge durch das Stück führte und die Aufführung von vor ... sechs Jahren in allen ihren schönen Einzelheiten wiederholte«.[6]

Toscanini leitete dann das NBC Symphony Orchestra in fünf Kriegsopfer-Benefizkonzerten, die in der Saison 1941/42 im Rundfunk gesendet wurden, und zwar zwei im Dezember und je eines im Januar, März und April; im Dezember und im März widmete er sich Schallplattenaufnahmen. Die NBC fand, daß mit Stokowski ebenso schwer auszukommen sei wie mit Toscanini, und das Orchester und das Publikum wünschten sich Toscanini zurück. Also wurde Walter zu dem Versuch aufgefordert, seinen Vater zur Rückkehr zu überreden. Es bedurfte wahrscheinlich keiner großen Anstrengung, um das zu bewerkstelligen: Er wollte mit dem Dirigieren noch nicht aufhören, die bedeutenderen amerikanischen Orchester hatten bereits Dirigenten unter Vertrag genommen, Europa zerstörte sich selbst, die NBC-Saison wurde auf seine Bedürfnisse zugeschnitten, und das Honorar war unerreichbar. Er willigte ein, seine frühere Position wieder zu übernehmen, allerdings unter dem Vorbehalt – so jedenfalls eines der Orchestermitglieder –, daß Spitalny und Chotzinoff sich während der Proben nicht im Studio blicken lassen sollten, und Walter erhielt einen Brief von der NBC, die ihm für seine Arbeit zugunsten der »RCA-Familie« ihren Dank aussprach.[7] Toscanini teilte sich die Arbeit der beiden folgenden Spielzeiten mit Stokowski (dem wahrscheinlich ein Dreijahresvertrag angeboten worden war), später dann mit anderen Dirigenten seiner eigenen Wahl.

Am 19. Juli leitete Toscanini die amerikanische Premiere der siebenten Symphonie von Dimitrij Schostakowitsch, die im vergangenen Jahr als Huldigung an den russischen Widerstand gegen die deutsche Belagerung von Leningrad entstanden war. Die Partitur war in Kuibyschew auf Mikrofilm aufgenommen, nach Teheran geflogen und von da per Bahn und Schiff nach Kairo und New York gebracht worden. Stokowski hatte die NBC im Dezember davor überredet, die amerikanischen Erstaufführungsrechte zu erwerben; jetzt aber wollte die NBC Toscanini als Dirigenten. Er bestand darauf, die Partitur zu sehen, bevor er einen Entschluß faßte. Sie wurde ihm am 14. Juni ausgehändigt; er las sie durch und entschied sich für die Aufführung. Stokowski schrieb ihm sofort und bat ihn, ihm die Premiere abzutreten. Toscanini antwortete:

> »Ich möchte nicht und will auch in gar keiner Weise versuchen, die Argumente zu entkräften, die Sie in Ihrem Brief vorbringen, um Ihr Recht auf die erste Rundfunksendung der siebenten Symphonie von Schostakowitsch zu beweisen und geltend zu machen. Im Laufe meiner langen Laufbahn habe ich mich nie nach der Ehre gedrängt, die Erstaufführung eines Werkes irgendeines Komponisten zu leiten! [Und doch gab es da die *Salome*-Affäre ...]
>
> Ich bewundere Schostakowitschs Musik, aber ich bringe ihr nicht die gleiche verrückte Liebe entgegen wie Sie. Ich hatte vor einiger Zeit versprochen, die neue Partitur durchzugehen, sobald sie aus Rußland eintrifft. Tatsächlich haben mir jetzt zwei Leute der amerikanisch-russischen Musikvereinigung den Film und einige Tage später auch die erste Kopie der Partitur gebracht ...
>
> Wie Sie sich vorstellen können, habe ich sie einige Tage lang neugierig durchgelesen ... Plötzlich war ich von ihrer Schönheit, ihrer antifaschistischen Tendenz und – ich muß es Ihnen gestehen – von dem heftigsten Wunsch, sie zu dirigieren, tief durchdrungen.
>
> Glauben Sie nicht, mein lieber Stokowski, daß es für jedermann – und auch für Sie selbst – interessant sein könnte, den alten italienischen

Dirigenten (einen der ersten Künstler, der energisch gegen die Faschisten kämpfte) dieses Werk eines jungen russischen und antinazistischen Komponisten spielen zu hören? Ich habe keinen Tropfen slawischen Blutes in meinen Adern – ich bin nur ein echter und reinblütiger Romane . . . Möglicherweise bin ich kein sehr intensiver Interpret dieser Art von Musik, aber ich bin sicher, daß ich sie mit Liebe und Bescheidenheit sehr einfach bewältigen werde . . .
Nebenbei hat diese Aufführung für mich *heute* eine ganz besondere Bedeutung.
Denken Sie, mein lieber Stokowski, nur einige Minuten darüber nach, und Sie werden sich sicherlich bereit finden, den Argumenten, die Sie in Ihrem letzten Brief vorgebracht haben, nicht zuviel Bedeutung beizumessen . . .«[8]

Stokowski deutete das auf seine Weise und schrieb: »Ich bin glücklich, daß Sie an meiner Stelle die erste Rundfunksendung übernehmen wollen.« Toscanini antwortete:

»Ihr Brief vom Dienstag hat mich sehr beunruhigt, weil ich ihn für das Ergebnis eines vollständigen Mißverständnisses gehalten habe – möglicherweise ist mein dürftiges Englisch der Grund dafür gewesen, und das täte mit leid . . .
Ich weiß nicht, ob Sie darüber im Bilde sind, daß ich in der Saison 1938/39 bei der NBC darauf verzichtet habe, der erste Dirigent der fünften Symphonie von Schostakowitsch zu sein, und zwar wegen meines mageren Interesses dafür – und ich möchte noch einmal wiederholen, daß ich diesmal nach sorgfältigem Studium der Siebenten für dieses besondere Werk die stärksten Sympathien und Neigungen hatte, also drängte ich die NBC, es von mir aufführen zu lassen. Versuchen Sie mich zu verstehen, mein lieber Stokowski, nur wegen der besonderen Bedeutung dieser Symphonie. Glücklicherweise sind Sie viel jünger als ich, und Schostakowitsch wird nicht aufhören, neue Symphonien zu schreiben. Sie werden sicherlich alle Gelegenheiten bekommen, die Sie sich wünschen, um sie aufzuführen. Seien Sie sicher, daß ich Ihnen nie wieder im Wege stehen werde . . .«[9]

Er leitete das Philharmonic Orchestra im Oktober und November erneut. Eines seiner Programme bot seine persönliche Erstaufführung der vollständigen dramatischen Symphonie *Roméo et Juliette* von Berlioz, und das letzte war ein reines Wagner-Programm zugunsten des Roten Kreuzes. Er wollte sichergehen, daß der Nutznießer aus dem Ereignis wenigstens einen Reinerlös von 20000 Dollar bekommen sollte, und schickte

deshalb einen unterschriebenen Blankoscheck an die Orchesterverwaltung – für den Fall, daß dieses Ziel nicht erreicht werden würde. Sein eigener Beitrag belief sich schließlich dann auf etwa 1000 Dollar.
Die Saison 1942/43 bei der NBC begann für ihn am 1. November mit einem Programm, das nur aus Werken amerikanischer Komponisten bestand (Loeffler, Creston, Gould und Gershwin), und ein ähnliches Konzert (Gilbert, Kennan, Griffes und Grofé) fand im Frühjahr statt.* Er leitete insgesamt dreizehn Rundfunkkonzerte, darunter einen sechsteiligen Brahms-Zyklus, und dirigierte im Februar auch Gastspiele der Orchester von Cincinnati und Philadelphia. Am 25. April bestritt er in der Carnegie Hall ein reines Tschaikowski-Konzert mit Horowitz als Solist. Die Sitzplätze wurden nur gegen Zeichnung von Kriegsanleihen vergeben, und der Gesamterlös belief sich auf weit über zehn Millionen Dollar. Das Manuskript von Toscaninis Orchesterbearbeitung von *The Star-Spangled Banner* wurde bei einer Auktion in der Pause für eine Million Dollar in Anleihen versteigert. Er leitete im Zuge der Kriegsanleihen-Kampagne vier weitere Konzerte im Juni, Juli und September. Die Sendung am 25. Juli bot ein Programm mit Verdi-Ausschnitten, und Toscanini und die Sopranistin Gertrude Ribla hatten nach der Arie »Pace, pace mio Dio« aus *La Forza del Destino* gerade die Bühne verlassen, als die Nachricht im Saal und über Rundfunk verbreitet wurde: Benito Mussolini war entmachtet worden. Toscanini, außer sich, stürmte auf die Bühne zurück, rang die Hände und starrte himmelwärts in danksagender Geste, während das Publikum, ebenfalls fassungslos, applaudierte, jubelte und lärmte und beinahe das Studio verwüstet hätte. Toscanini wußte nicht, daß am selben Tage gedruckte Plakate an allen Anschlagtafeln der Scala auftauchten. Sie proklamierten: »Evviva Toscanini, Ritorni Toscanini.«
Zu Anfang des Jahres hatten Salvemini und La Piana in ihrem kleinen Büchlein *What to Do with Italy*, das bereits die politischen Kämpfe der Zeit nach Mussolini antizipierte, Toscanini die folgende Widmung zugedacht:

> »Für Maestro Arturo Toscanini, der in den dunkelsten Tagen der faschistischen Verbrechen, der Entehrung Italiens und des weltweiten Wahnsinns den Idealen von Mazzini und Garibaldi unverbrüchlich treu

* Andere amerikanische Komponisten, deren Werke Toscanini während seiner NBC-Zeit aufführte, waren Copland, Gillis, Rieti (ein naturalisierter Amerikaner), Siegmeister, Sousa und Strong. Mit dem Philharmonic Orchestra hatte er bereits Stücke von Chasins, Hanson, Harris und Schelling gespielt; so erreichte seine Liste amerikanischer Komponisten schließlich die Zahl achtzehn. (Für die Titel der Stücke vergleiche man den Anhang II.)

blieb und in beharrlichem Vertrauen die Morgenröte des zweiten italienischen Risorgimento erwartete.«[10]

Jetzt war der entscheidende Augenblick gekommen; diese Männer guten Willens waren bereit, sich dafür einzusetzen, daß keiner der Leute, die sich mit den Faschisten in irgendeiner Weise kompromittiert hatten, zur Teilnahme am politischen Aufbau eines neuen Italien zugelassen sein sollte. Sie versuchten, zumeist vergeblich, sich im amerikanischen Außenministerium Gehör zu verschaffen und Einfluß auf die amerikanische Öffentlichkeit auszuüben. Sie fragten Toscanini, ob er eine öffentliche Erklärung abgeben wolle, die im Druck erscheinen sollte; zum erstenmal in seinem Leben willigte er ein. Die Herausgeber von *Life* stellten ihm die Leitartikel-Seite ihrer Ausgabe vom 13. September 1943 zur Verfügung. Er schrieb direkt auf Englisch und gab sich große Mühe. (Ich habe erfahren, daß er in den Artikel einen kritischen Hinweis auf das Verhältnis der katholischen Kirche zum Faschismus eingearbeitet hatte, der aber vor der Veröffentlichung gestrichen wurde.)
In dieser Erklärung – »An das amerikanische Volk« – sagte Toscanini, daß er fühle, er könne als Dolmetscher der Wünsche des italienischen Volkes auftreten, das »mehr als zwanzig Jahre gewürgt« worden sei. Und, fügte er hinzu – und das war sein Hauptanliegen –, »der König und Badoglio [Mussolinis Nachfolger] können auf gar keine Weise von der faschistischen und militaristischen Clique ausgenommen werden. Sie können keine Repräsentanten des italienischen Volkes sein: Sie können keinesfalls im Namen des von ihnen derart verratenen Italien Frieden mit den Alliierten schließen.« Er sagte voraus, daß in Italien eine Revolution stattfinden würde und daß es, »damit sie in eine förmliche demokratische Regierungsform übergeht, wie wir sie uns erhoffen, nötig sein wird, daß die Alliierten alle demokratischen Elemente unterstützen, die sich gegenwärtig gegen den König und Badoglio zusammengeschlossen haben«. Diese »Elemente« umfaßten natürlich auch die lange unterdrückten Sozialisten und Kommunisten, und die Vorstellung, sie zu unterstützen, statt mit dem König und Badoglio zu verhandeln, hatte wenig Aussicht, von den westlichen Alliierten mit Begeisterung aufgenommen zu werden. Toscanini fuhr mit dem Vorschlag fort, daß die italienischen Grenzen vor der Machtergreifung Mussolinis wieder Gültigkeit haben sollten; daß die neue Regierung wirtschaftliche Unterstützung bekommen sollte und daß »die Alliierten unseren Freiwilligen erlauben, gegen die verhaßten Nazis unter italienischer Fahne zu kämpfen, unter substanziell ähnlichen Bedingungen wie denen der Freien Franzosen«, um eine bedingungslose Kapitulation der bewaffneten italienischen Streitkräfte zu erleichtern. *Heinrich VI.* zitierend, schrieb er:

»Man soll nicht vergessen, daß wir Italiener die ersten waren, die die Unterdrückung seitens einer tyrannischen Bande von Kriminellen zu ertragen hatten, wie sie von jenem ›kleinmütigen und degenerierten König‹ von Italien unterstützt wurde – daß wir uns ihnen aber nie willentlich unterworfen haben. Ungezählte Tausende italienischer Männer und Frauen haben ihr Blut vergossen und Gefängnis und Tod erdulden müssen, die erbittert gegen die Horde von Verbrechern angekämpft und auch die Apathie und Gleichgültigkeit einer Welt ertragen haben, die damals Mussolini nichts als Bewunderung entgegenbrachte.«

Als aber die Alliierten eine Kapitulation mit dem König und Badoglio aushandelten, spaltete sich die »Mazzini Society«: Sforza, Tarchiani und ihre Fraktion billigten den Kompromiß; Toscanini, Salvemini und andere dagegen blieben unbeugsam und traten aus der Vereinigung aus. Sforza schrieb an Toscanini, um ihm seine Position zu erklären. Toscanini antwortete ihm am 10. Oktober ganz unmißverständlich:

»Von diesem Augenblick an können Sie mich für einen *Verräter an meinem Lande* halten. Nicht einmal, um Italien zu retten, möchte ich eine Einigung mit denen erzielen, die es mehr als zwanzig Jahre lang schamlos verraten haben! Ich könnte diese beiden Wichte nicht einmal ansehen oder mit ihnen sprechen. Es tut mir leid für Sie... Unsere Einstellungen sind sehr verschieden... Ihre Politik mag sehr intelligent und gewitzt sein, aber ich verdamme und verachte sie – und ich spreche mich gegen Sie und die alliierte Regierung aus, die ihre völlige Ignoranz und ihre Unfähigkeit unter Beweis gestellt hat, die aufrichtige und einfache italienische Seele zu verstehen. Ihre Politik hinsichtlich Italiens ist ein schändliches Fiasko gewesen – und, wie Dorothy Thompson sagt, ein völliger Fehlschlag. Ihre *›bedingungslose Kapitulation‹* ist lächerlich... Und heute wollen sie die antifaschistischen Kräfte denen unterstellen, die sie lange und leider auch schmerzliche Jahre verraten haben!«[11]

Am selben Tag beantwortete Toscanini den Brief eines Italo-Amerikaners namens Gian Luca Cicogna, der ihm geschrieben hatte:

»Ihr Artikel... hat mich gründlich abgestoßen. Warum fahren Sie nicht weiterhin fort, sich ausschließlich mit Musik zu befassen, und lassen die Politik in Ruhe, von der Sie doch nichts verstehen? Wer hat Sie ermächtigt, die Gefühle der Italiener in bezug auf Seine Majestät den König zum Ausdruck zu bringen? Ich antworte auf Ihre dummen

Behauptungen mit einem: ›Lang lebe der König, lang lebe das Haus Savoyen!‹«[12]

Toscanini antwortete:

»Nein – ich war nie so geschmacklos, dem amerikanischen Volk die Gefühle solcher unverschämten Italiener zum Ausdruck zu bringen, die, wie Sie, diesen entarteten Feigling bewundern und respektieren, den König von Italien, der *alles* und *jeden* verraten hat.
Ein konstitutioneller Monarch hat die Verfassung verraten und das Statut unterzeichnet, das ein freies Volk zu Sklaven einer Bande von Verbrechern machte! Mehr als zwanzig Jahre lang hat er mit seiner Unterschrift alle die Niederträchtigkeiten sanktioniert, die sein *würdiger* Vetter Mussolini, der verrückte Kriminelle, ihm vorlegte. Schließlich hat er, um sich selbst zu retten, sogar Mussolini und die schändliche Allianz mit Deutschland verraten. Wo läßt sich wohl ein gemeineres Wesen finden???? Wo??
– Nein – Verehrter Gian Luca Cicogna – mein Brief an das amerikanische Volk deutete die Gefühle der anderen Italiener ... der guten – der reinen – die Italien und die Freiheit aufrichtig lieben ... Sie haben mit ihnen nichts zu schaffen – und auch nicht jene Faschisten, die sich in der letzten Minute aus Bequemlichkeit und Feigheit wieder selbst entfaschisierten! ... Sie haben meinen Brief mißverstanden.«[13]

Am 9. September leitete Toscanini das NBC Symphony Orchestra in einem Sonderkonzert, dem er, um den Untergang des italienischen Faschismus zu brandmarken, den Titel »Siegessymphonie, Teil I« gab. Es bot, neben anderen Werken, auch den ersten Satz der fünften Symphonie von Beethoven. Er kündigte an, er werde die vollständige Symphonie aufführen, wenn Deutschland gefallen sei.
Zur gleichen Zeit willigte er ein, in einem Film aufzutreten. In Paris hatte er 1936 beinahe das Angebot des Regisseurs Max Ophüls angenommen, der ihm eine Million Lire bot, wenn er in einem Tonfilm mitwirkte – nachdem er Ophüls' Film *Die verkaufte Braut* nach der Oper von Smetana gesehen und geschätzt hatte; dann aber waren ihm doch wieder Zweifel gekommen, und er hatte abgelehnt. Seither hatte er Angebote der bedeutendsten amerikanischen Filmgesellschaften in der Höhe bis zu 250 000 Dollar ausgeschlagen. Jetzt trat das »Office of War Information« an ihn heran und fragte, ob er sich für die Produktion eines Propagandafilms zur Verfügung stellen wollte, der in den befreiten Teilen Europas gezeigt werden sollte. Er sagte ja. Der Film zeigt ihn, wie er die Ouvertüre zu *La Forza del Destino* und ein anderes, verdientermaßen unbe-

kanntes Verdi-Werk mit dem Titel *Inno delle Nazioni* dirigierte – eine für die Londoner Weltausstellung des Jahres 1862 geschriebene Brotarbeit, die die Themen von *God Save the Queen,* der *Marseillaise* und der Garibaldi-Hymne benutzt. Toscanini veränderte den Text der letzteren von »Italia, patria mia« in »Italia, patria mia tradita« (Italien, mein verratenes Vaterland) um, schrieb einen Übergangsteil am Ende und fügte die sozialistische *Internationale* und *The Star-Spangled Banner* als Huldigung an die beiden anderen Hauptverbündeten ein.

Einer der Menschen, die während der Jahre des Exils – und namentlich während der Schlußphase des Krieges – gelegentlich Gefallen am Umgang mit Toscanini fanden, war der italienische Anarchist Armando Borghi, der sich über ihre Bekanntschaft sehr herzlich in einem Artikel äußerte, der kurz nach Toscaninis Tod in *Il Mondo* erschien. Borghi erwähnt, daß die Antifaschisten bis zum Krieg nur eine kleine Minderheit unter den einflußreichen Italo-Amerikanern waren:

> »... Was die Rowdys der Kolonie anging, so hatte für sie Toscanini Italien und den Duce verraten ... Dabei sollte man berücksichtigen, daß Toscanini die einzige [italienische] Berühmtheit von Weltrang war, die sich nie beim Papst sehen ließ, die sich nie mit Priestern, Mönchen und Nonnen umgab, nie Kirchenmusik in Kirchen dirigierte [Toscanini dirigierte zwar tatsächlich bei drei oder vier Gelegenheiten in Kirchen, aber nie bei religiösen Feierlichkeiten] und nie Wohltätigkeitskonzerte für religiöse Organisationen gab – weder in Italien noch in Amerika.
>
> ... Toscanini – das muß wiederholt werden – war nicht die Art Mensch, der sich im Laufe der Zeit umstilisiert, nicht einmal (man sollte sogar sagen: *vor allem nicht*) im Ausland. Sogar in der Umgebung von gesellschaftlich hochstehenden Bewunderern blieb er der Sohn eines Schneidermeisters aus Parmas Oltretorrento. Ein berühmter Journalist wollte von ihm wissen, welchen Komponisten er am meisten liebe. Der Maestro antwortete: ›Verdi.‹ ›Und warum?‹ ›Weil er ein Kleinbauer geblieben ist.‹ Natürlich sagte Toscanini solche Dinge nur zu Leuten, die keine Ahnung hatten. Was er meinte, war, daß Verdi seiner Ursprungswelt treu geblieben und kein *Emporkömmling* geworden war.
>
> Eines Tages fragte er mich: ›Wie bringen Sie es nur fertig zu reden, während Sie dem Publikum ins Gesicht sehen?‹ Ich antwortete, daß ich, wenn ich das Publikum nicht anblickte, gar nicht wüßte, wie ich den Mund öffnen sollte. Er entgegnete mir: ›Wenn ich meinem Publikum nicht den Arsch zukehrte, könnte ich nicht dirigieren.‹
>
> ... Er war tausendmal stärker als wir anderen, die wir mit ›politischer‹

Schulung und ›politischem‹ Vorsatz handelten. Zur Zeit des faschistischen Aufschwungs war er *schutzlos*; er verfügte nicht über den Panzer aus Selbstvertrauen, den wir hatten und der uns aus unseren politischen Überzeugungen erwuchs. Toscanini war ... gefesselt von der Majestät seiner Kunst; seine innere Welt aber prädestinierte ihn zu sein, was er war ... Hätte es sich nicht um das ›Hier stehe ich, hier stehe ich nicht‹ gehandelt, das die Rettung nicht einiger armer Teufel, sondern hoher Tiere wie Farinacci und Starace betraf, so wären die Meinungsverschiedenheiten zwischen den antifaschistischen Führern in New York sicher unbemerkt und im Hintergrund geblieben. Diese Notwendigkeit, in der damaligen entscheidenden Stunde des Krieges *nicht weich zu werden*, zeigte alles und jedermann in seinem wahren Licht. In dieser Stunde ergriff Toscanini offen gegen den Kompromiß und gegen die Vermittler dieses Kompromisses Partei. Als Folge davon brach er mit der ›Mazzini Society‹, und zwar in dem Augenblick, wo sie ... im Begriff war, zu einer Art Arche Noah zur Rettung der hohen Tiere der Schwarzhemden der ganzen Kolonie zu werden ...
Wir kamen zu der Zeit häufig in Berührung miteinander. Wir diskutierten über Politik und über eine nachfaschistische Gesellschaft. Ebenso erörterten wir den Anarchismus, den er für ein ›vernünftiges‹ Ideal hielt. Er lachte über diejenigen, die ihn für einen kommenden Paderewski hielten. Tatsächlich hat er nie – und hat es auch später nicht – Ehren- und Ordenauszeichnungen angenommen, die er, wenn ihm daran gelegen gewesen wäre, in Italien, Amerika und der ganzen Welt hätte haben können ...«[14]

Am 12. Juni 1944 brachte die Zeitschrift *Life* einen längeren Artikel mit dem Titel »Ein italienisches Manifest«, der von Salvemini, Toscanini und vier anderen führenden italienischen Emigranten unterzeichnet war. Erneut drängten sie die Engländer und Amerikaner, ihre Parteinahme für den König und Badoglio zu beenden, und verschärften ihre Verurteilung der Politik der Alliierten. Der Artikel war eine verzweifelte, von Herzen kommende und leidenschaftliche Anklage; sie wurde nicht zur Kenntnis genommen.

Zugleich mit der öffentlichen Besorgnis machte sich natürlich auch persönliche und private Angst geltend. Toscanini war sehr in Anspruch genommen von der Sorge um Wally, die in Italien geblieben war. Gelegentlich gelang es ihnen, auf Geheimwegen Briefe auszutauschen. Er hatte ihr am 17. Mai 1943 geschrieben, als sie mit ihrer Familie und einer Gruppe Mailänder Freunde, die während der Luftangriffe den Aufenthalt in der Stadt fürchteten, auf dem Landsitz in der Nähe von Crema weilte:

»Vor einigen Wochen habe ich meine Konzerte beendet und erhole mich zur Zeit in diesem angenehmen Riverdale, das mich so sehr an unseren lieben Isolino erinnert – wenn auch in abgeschwächterem Sinne. Ich werde von Zeit zu Zeit noch einige Konzerte leiten ... aber nur Benefizvorstellungen – und dann beginnt am 31. Oktober wieder die richtige Musiksaison.
Wie Du siehst, hat meine Aktivität trotz meiner sechsundsiebzig Jahre nicht nachgelassen – ein Zeichen dafür, daß unser guter Herr (oder jemand an seiner Stelle) mich beschützt, mich bei guter Gesundheit erhält und mir die immer glühendere Hoffnung eingibt, daß wir einander früher wiedersehen, als wir gedacht hatten. Liebe Wally, wie oft sind meine Gedanken bei Dir – oder besser unsere Gedanken (weil Mama, Walter und Wanda Dich nicht weniger lieben als ich), wie oft sehne ich mich danach zu wissen, wie Dein Leben verläuft, wie Euer aller Leben verläuft. Du kannst es Dir sicher vorstellen, wenn Du Dir die Sorge vor Augen führst, die Du um uns hast. Noch einmal aber, ich hoffe, wir werden früher wieder beisammen sein, als wir gedacht hatten ...
Und unsere liebe Emanuela? Wie gern würden wir alle sie sehen! Sonia und Walfredo sind anbetungswürdig. Immer schön, lebendig und gut. Ich bin so glücklich über die Kolonie, die Du gegründet hast. Recht so! Du bist ein Wunder an Güte und Umsicht. Und ich bin nicht nur um Deinetwillen glücklich, sondern auch in Hinsicht auf unsere Angehörigen und Freunde. Ich umarme und küsse Dich in grenzenloser Zärtlichkeit ...«[15]

Am 27. September 1944 schrieb er ihr erneut. Zu der Zeit war ihre Ehe aufgelöst, und sie und Emanuela hatten in die Schweiz entkommen können.

»Der bloße Gedanke, daß Du in einigen Tagen diese wenigen Zeilen erhalten wirst, die ich mit nervöser und zitternder Hand hier zu Papier bringe, läßt mich ein wenig aufatmen. Aber ich kann es nicht mehr aushalten. Es scheint mir bereits ein Jahrtausend her zu sein, daß ich Dich gesehen habe. Das vollständige Fehlen von Nachrichten von Dir macht mich ›unvernünftig‹. Ich kann verstehen, daß Du uns nicht schreiben kannst. Es gibt Gründe von höherer Gewalt – aber daß keiner unserer Freunde das für Dich tun kann, kommt mir unwahrscheinlich vor. Aber ich will Dir mit meinen Klagen nicht das Herz schwermachen. Mir scheint, daß – so Gott will – der Anfang vom Ende dieser schrecklichen Tragödie bereits begonnen hat – hoffen wir auf eine rasche Lösung und darauf, daß Du bald heimkommen kannst. –

Gesundheitlich geht es uns gut. Ich werde in wenigen Wochen meine Konzerte wiederaufnehmen. Ich werde dieses Jahr sechzehn leiten – vier mehr als im letzten Jahr. Du siehst also, daß Dein alter Vater noch immer auf der Höhe ist und sich recht gut hält.«[16]

Und am 9. November:

»Dein langer Brief war wie ein himmlischer ›Sonnenstrahl‹. Wie ich das brauchte – nach langen Monaten sorgenvollen Wartens. Meine liebe Tochter, es war ein schwerer Fehler, nicht mit Emanuela geflohen zu sein, als wir in der Schweiz waren.
Für heute will ich Dir nur schnell sagen, daß ich vor drei Wochen wieder mit der Arbeit begonnen habe. Ja, es hilft mir, auf andere Gedanken zu kommen, aber nicht, mir den Druck und die Qual vom Herzen zu nehmen. Ich denke an mein armes, teures Italien, wie es mißhandelt und von Freunden und Feinden gleichermaßen auseinandergerissen wird, und ich weiß nicht, warum ich nicht dort bin, um etwas Besseres zu tun, als ich hier tun kann. Ich versichere Dir, daß ich deshalb bereits Gewissensbisse habe . . .«[17]

Trotz der Beunruhigungen jener Tage tat Toscanini auch weiterhin bei der NBC mit gewohnter Energie, Neigung und Beharrlichkeit seine Pflicht. Er leitete dreizehn Rundfunkkonzerte während der Saison 1943/44.* Am 25. Mai wurde im Madison Square Garden ein Benefizkonzert mit Werken von Wagner und Verdi für das Rote Kreuz gegeben, das 100 000 Dollar erbrachte. Bei dieser Veranstaltung wirkten die vereinigten Kräfte des NBC Symphony und des Philharmonic Orchestra und der All-City High School Chorus und mehrere Gesangsvereine zusammen. Die bemerkenswerte Aufnahme des letzten Aktes von *Rigoletto* mit Zinka Milanov, Nan Merriman, Jan Peerce, Leonard Warren und Nicola Moscona, die sogar noch in den Schallplattenkatalogen des Jahres 1978 geführt wird, entstand bei diesem Konzert. Sein einziges Gastspiel dieser

* Das Orchester wurde jetzt von General Motors finanziert; damit hatte die NBC eine öffentliche Dienstleistung offiziell in privaten Profit verkehrt. Als General Motors die Rundfunkkonzerte später strich und kein anderer Geldgeber gefunden werden konnte, verkaufte die NBC den ursprünglichen Sonntagnachmittagstermin, der damals den Konzerten vorbehalten war, an Ford und verschob Toscaninis Auftritte auf Samstag um sechs Uhr dreißig, einen Zeitpunkt, zu dem ein Großteil der amerikanischen Bevölkerung das Abendessen einnahm oder sich zum Ausgehen vorbereitete. Toscanini wurde jedoch von der NBC bedeutet, daß zu diesem Zeitpunkt mehr Leute in der Lage sein würden, die Rundfunkkonzerte zu verfolgen; und die ihm Nahestehenden, die es besser wußten, beließen ihn in diesem Glauben.

Saison absolvierte er im Februar beim Philadelphia Orchestra – ein reines Beethoven-Programm für den Pensionsfonds des Orchesters und sein letzter Auftritt mit diesem Ensemble. Das NBC Symphony Orchestra gab vier Sommerkonzerte unter seiner Leitung, wiederum zugunsten von Kriegsanleihen.
Die ersten neun Rundfunkkonzerte der Saison 1944/45 waren Beethoven gewidmet. Dieser Sonderzyklus endete mit einer konzertanten Aufführung des *Fidelio* (der erste Akt am 10. Dezember, der zweite eine Woche später), der ersten Oper von insgesamt sieben, die er während seiner Amtszeit bei der NBC leitete. Im Oktober und im Februar dirigierte er Sonderkonzerte, die nicht im Rundfunk übertragen wurden – das erste im New Yorker City Centre, das zweite in der Carnegie Hall, mit Horowitz als Solisten. Am 13. Januar leitete er zum letztenmal das New York Philharmonic Orchestra, und zwar in einem Sonderkonzert zugunsten des Pensionsfonds, das das Programm seines ersten Konzerts mit dem Orchester (14. Januar 1926) wiederholte; und am 8. Mai dirigierte er zum »Siegestag in Europa«, wie versprochen, eine vollständige Aufführung von Beethovens fünfter Symphonie in der NBC. Da der gewerkschaftliche Bann nunmehr aufgehoben war, begann er auch wieder viele Schallplattenaufnahmen zu machen.
Zum erstenmal besuchte er auch die amerikanische Westküste, um am 19. April ein Sonderkonzert zugunsten des Pensionsfonds des Los Angeles Philharmonic Orchestra zu dirigieren. Eines der letzten Werke des Programms war Webers *Aufforderung zum Tanz*, in dessen Verlauf eine junge Frau barfüßig auf die Bühne sprang und zu tanzen begann. Toscanini unterbrach; die Frau tanzte schließlich einigen Bühnenwachmännern in die Arme und wurde zur Beobachtung in ein psychiatrisches Krankenhaus gebracht. Das Konzert verlief dann normal weiter.
Unmittelbar nach Kriegsende erhielt Toscanini Einladungen zur Rückkehr nach Italien. Gerüchte über seine bevorstehende Heimkehr begannen sich zu verbreiten – und nicht nur in Italien. Der Mailänder Maler Aldo Carpi, der im Konzentrationslager Mauthausen auf seinen Heimtransport wartete, schrieb am 2. Juni in sein Tagebuch: »Ist es wahr, daß Toscanini in Mailand ist und in der Scala gesprochen hat?« Es war nicht wahr; Toscaninis Wiederauftritt aber wurde dort als Zeichen dafür, daß der Alptraum wirklich zu Ende war, sehnlichst erwartet.[18]
Die Scala war im August 1943 von Bomben der Alliierten schwer beschädigt worden. Toscanini ermächtigte Wally, die in Amerika wieder mit ihrer Familie zusammengetroffen war, in seinem Namen eine Million Lire für den Wiederaufbau zu stiften; der Rest wurde aus anderen Schenkungen und von den Regierungen der Alliierten aufgebracht. Toscanini weigerte sich jedoch, nach Italien zurückzukehren, solange die Monarchie

dort nicht abgeschafft war – oder bevor die Bevölkerung nicht wenigstens die Chance freier Wahlen erhalten hatte. Auf eine Einladung des Scala-Orchesters antwortete er folgendermaßen:

»... In allen diesen schmerzlichen Jahren des Kampfes, der Trauer und der Hoffnungslosigkeit bin ich Ihnen von ganzem Herzen nahe gewesen. Ich habe nie, nicht einmal in den traurigsten und schwärzesten Augenblicken, den großmütigen Beitrag bezweifelt, den italienische Patrioten im Kampf um die Weltbefreiung in der Stunde der Erlösung von der nazifaschistischen Tyrannei leisteten.
Aber die Zehntausende italienischer Patrioten, die in diesem Krieg an der Seite der alliierten Soldaten gefallen sind, die Entschlossenheit und die Disziplin, die Sie Mailänder in der Stunde der Revolte bewiesen haben, und die unerbittliche und rasche Hinrichtung der faschistischen Rädelsführer geben mir die Sicherheit, daß die republikanischen Ideale von Cattaneo, Garibaldi und Mazzini von Ihnen und dem italienischen Volk in vollem Umfang verwirklicht werden. Jede Spur der schändlichen Vergangenheit und des Verrats muß getilgt werden.
Die Gerechtigkeit erfordert es auch, daß er, der der faschistischen Tyrannei moralische und finanzielle Unterstützung, Waffen und gesetzliche Macht lieh, um das italienische Volk für zwanzig schmerzliche Jahre zum Schweigen zu bringen, gefügig zu machen und zu unterdrükken, für seine eigene Mittäterschaft bei den Verbrechen zur Rechtfertigung gezogen wird, die von den Faschisten in seinem Namen begangen worden sind, für alle die Verletzungen des Statuts, das das italienische Volk zu den ersten Opfern des nazifaschistischen Terrors machte. Sie Mailänder, die Sie sich im Jahre 1848 gegen die deutsche Tyrannei zu erheben begannen, verdienten es wohl, diesen Kampf um unser Risorgimento zu Ende zu führen. Ich bin stolz, als Bürger eines freien Italien in Ihren Kreis zurückzukehren, nicht aber als Untertan der Könige und Prinzen des Hauses Savoyen.«[19]

Ich kann mich nicht enthalten, mir die bitteren Tränen vorzustellen, die Claudio Toscaninis unbeugsamer achtundsiebzigjähriger Sohn vergossen haben mag, als er diesen Brief unterzeichnete, der seine Heimkehr auf unbestimmte Zeit verschob.
Am 1. September leitete Toscanini eine Rundfunksendung der *Eroica*, um das Ende des Krieges im Pazifik hervorzuheben. Im selben Monat dirigierte er zwei weitere Rundfunksendungen, eine Schallplatteneinspielung und ein Beethoven-Konzert (mit der Neunten) in der Carnegie Hall, dessen Eintrittskartenerlös verschiedenen italienischen Wohlfahrtsverbänden und den Komitees der Kriegswaisen zuflossen. Nach dieser Auf-

führung versuchten Bürgermeister La Guardia und Botschafter Tarchiani ihm in seiner Garderobe einen Besuch abzustatten; er empfing sie jedoch nicht: Tarchiani war einer von denen, die den Kompromiß mit den »Demo-Faschisten« geschlossen hatten.

Diese Aufführung der Neunten war eine der ersten Gelegenheiten, bei denen der junge Robert Shaw den Chor für Toscanini vorbereitet und einstudiert hatte; und Toscanini kam schließlich zu der Auffassung, daß Shaw der beste Chorleiter war, mit dem er je zusammengearbeitet hatte. Shaw berichtete Haggin über ihr erstes Zusammentreffen:

> »Ich ging zu ihm, um die Tempowechsel mit ihm zu verabreden und mit ihm bestimmte technische Dinge zu klären. Weil wir in den Kriegsjahren immer etwas knapp an Männerstimmen gewesen waren, hatten wir die Gewohnheit angenommen, gelegentlich manche Altstimmen die hohen Tenorstellen singen zu lassen, und in der Neunten, glaubte ich, würde es angemessen sein, gelegentlich einige Tenöre auch bei tiefen Altpassagen einzusetzen. Ich fragte Toscanini, ob er damit einverstanden wäre. Er fragte: ›Bringt es die Partitur zum Klingen?‹ Ich sagte: ›Maestro, ich glaube, es ist der einzige Weg, wie sie zum Klingen gebracht werden kann.‹ Und er erwiderte: ›Alles, was die Partitur zum Klingen bringt, ist mir recht.‹ Und dann sagte er: ›Wissen Sie, ich habe nie eine gute Aufführung dieses Werkes zustande gebracht. Manchmal ist der Chor schlecht; manchmal ist das Orchester schlecht; manchmal sind die Solisten schlecht. Und oft bin *ich* schrecklich.«[20]

Toscaninis reguläre Rundfunkkonzerte begannen am 28. Oktober, und er leitete in dieser Saison – neben Schallplattenaufnahmen im März und April – sechzehn Programme. Am 3. und 10. Februar 1946 dirigierte er eine zweigeteilte konzertante Aufführung von *La Bohème* aus Anlaß des fünfzigsten Jahrestags der Uraufführung, die er selbst im Teatro Regio von Turin geleitet hatte. Mitte April erfolgte die Ankündigung, daß im Juni in Italien ein Volksentscheid über die Abschaffung der Monarchie durchgeführt werden sollte. Hans, der Sohn von Fritz Busch, der bei den alliierten Truppen in Mailand stationiert war, rief Toscanini in New York an und lud ihn ein, heimzukehren und die Wiedereröffnungsvorstellung der Scala zu leiten. Er konnte nicht länger zögern und machte sich auf den Weg nach Italien.

Die Toscaninis unternahmen eine Flugreise nach Europa, die damals noch als Langstreckenflug galt, und landeten am 22. April in Genf. Am folgenden Tag setzten sie ihren Weg per Bahn nach Chiasso an der italienisch-schweizerischen Grenze fort, wo sie von Wally und Emanuela (die inzwischen nach Hause zurückgekehrt waren), einer Gruppe enger

Freunde, Toti Dal Monte und dem Sonderbevollmächtigten und späteren Generaldirektor der Scala, Antonio Ghiringhelli, empfangen wurden. Ihre Wohnungen in Mailand und auf dem Isolino waren noch nicht wieder bezugsfertig; also reisten sie direkt nach Ripalta Guerrina.
Ghiringhelli und er begannen noch am selben Abend, sich über die Wiedereröffnung der Scala zu verständigen, und ihre Unterredung wurde am folgenden Tag fortgesetzt. Die Restaurierungsarbeiten im Theater waren noch nicht beendet, das Orchester mußte neu zusammengestellt werden (Toscanini bestand darauf, daß aus politischen oder religiösen Gründen hinausgeworfene Personen wiederaufgenommen wurden), über Programme und andere Dirigenten mußte entschieden werden.
Es war an einem der letzten Apriltage, als Toscanini die Scala wieder betrat, um nach dem Vorankommen der Arbeit zu sehen. Bis auf wenige Monate genau sechzig Jahre zuvor hatte er die Figners beim Probesingen auf jener Bühne begleitet; auf die Woche genau vor fünfzig Jahren hatte er dort zum erstenmal dirigiert; fünfundzwanzig Jahre zuvor hatte er mit den Proben zur ersten Saison des »ente autonomo« begonnen, und sechzehn Jahre waren bereits verstrichen, seit er dort zuletzt aufgetreten war – mit dem New York Philharmonic Orchestra. Als er vom Bühneneingang aus den Zuschauerraum betrat, erbot sich ein Angehöriger des Bühnenpersonals, ihm seinen Hut aufzuhängen. »Danke sehr«, antwortete er, »aber ich bin nicht die Primadonna – und ich bin nicht einmal der Bariton.« Er hatte sich nicht verändert.
Er nannte die Restaurierung hervorragend und setzte die erste Probe für den 3. Mai an. Er wollte jedoch mit seinem alten Orchester bereits vor der ersten Probe zusammentreffen, weil er sich klar darüber war, daß die erste Begegnung nicht frei von Emotionen sein würde, und er die Arbeitsatmosphäre der Proben durch nichts gestört sehen wollte. Also trafen sie sich in der »Sala gialla« (im gelben Saal) der Scala, wo er und die »alten Hasen« sich in die Arme fielen und ihren Tränen freien Lauf ließen und er den jüngeren Mitgliedern die Hand schüttelte.
Minetti, der zu jener Zeit (und noch geraume Zeit danach) noch immer die Position des Konzertmeisters innehatte, hat beschrieben, wie die älteren Musiker ihre jüngeren Kollegen auf das vorbereiteten, was sich während der Proben ereignete:

> ». . . Wir hatten . . . die Wirklichkeit jener weit zurückliegenden Jahre mit ihm geschildert, seine künstlerische Unnachgiebigkeit, seinen unbeugsamen Willen, seine redliche und reine Hingabe an die Musik und – warum auch nicht! – seine Ausbrüche, seine Nerven, die Szenen und – unsere Angst!
> Wir begannen die Proben in einer Atmosphäre absoluter Herzlichkeit

(auf seiner Seite, natürlich!). Er lächelte sogar ein paarmal. Ein richtiges Idyll! Die jungen Leute, ganz verzückt, sahen uns beinahe mit Sympathie an. War das der Toscanini, den wir ihnen beschrieben hatten? War dies der Ritter Blaubart? Der Schrecken der Orchester? Aber es war nur eine Frage der Zeit: Nach und nach wurden die Bemerkungen des Maestro immer autoritärer, immer schneidender, immer unfreundlicher; die Aufforderungen, ›sich mal anzustrengen‹, und die Ermahnungen, ›ruhig etwas Schweiß zu vergießen‹, waren zwingend, immer begleitet von der bekannten Geste des anklagenden Zeigefingers; und seine Blicke begannen unsere Augen und Herzen zu durchbohren. Erneut sahen wir Partituren ins neue und schöne Auditorium fliegen, und (nichts Neues unter der Sonne) mehr als ein Taschentuch wurde unbarmherzig zerrissen, und viele Taktstöcke wurden zerbrochen und in die Luft geworfen!

Die Jüngeren hatten aufgehört, uns erstaunt zu betrachten, und schienen eher betroffen. Jetzt war die Reihe an uns, sie lächelnd anzublikken ... Schließlich hatten wir ›unseren‹ Maestro wiedergefunden, und zwar gerade so wiedergefunden, wie er uns aus entlegenen Zeiten in Erinnerung geblieben war, wie wir ihn gekannt, bewundert, gefürchtet und geliebt hatten ...«[21]

Das Konzert fand am 11. Mai statt. Die Scala, die noch immer nach frischer Farbe roch, war weit über ihr normales Fassungsvermögen gefüllt: Zehn und sogar zwölf Personen wurden in einer Loge zusammengepfercht, die normalerweise für vier oder sechs bestimmt war, und die Stehplatzbesucher drängten sich in ungewöhnlich großer Zahl auf den Rängen. Zehntausende hatten sich auf der Piazza del Duomo versammelt, um an der Aufführung mit Hilfe von eigens zu diesem Ereignis aufgestellten Lautsprechern teilzunehmen, und das Konzert wurde von allen Rundfunkstationen des Landes und über Kurzwelle übertragen. Als Toscanini um genau neun Uhr die Bühne betrat, sprangen die Zuhörer auf und applaudierten einem Mann mit Beifallrufen und Jubelstürmen, der für das Mailänder Publikum nicht nur einfach *ein* Dirigent war, als der er sich ein halbes Jahrhundert zuvor vorgestellt hatte, noch gar *der* Dirigent wie vor einem Vierteljahrhundert, sondern derjenige, der zu einem lebendigen Symbol für musikalische Größe und persönliche Integrität und für jene Mischung aus Gesundheit, Aufrichtigkeit und Menschlichkeit geworden war, die ihrem Lande einen Dante, einen Michelangelo, einen Verdi geschenkt hatte.

Das Programm bestand ausschließlich aus italienischen Werken – von Rossini, Verdi, Puccini und Boito –, und unter den Solisten fanden sich einige der alten Weggefährten Toscaninis wie Stabile, Pasero, Nessi, Fa-

vero und die junge Renata Tebaldi, die er kurz nach seiner Ankunft beim Probesingen gehört hatte.
Der alte Chorleiter der Scala, Vittore Veneziani, der aufgrund der Rassengesetze seiner Stellung im Hause verlustig gegangen war, hatte – mit Hilfe eines Edikts von Toscanini – seine frühere Position zurückerhalten. Auf jedes Werk des Programms folgten ungezügelte Begeisterungsstürme, und Toscanini strahlte, war nahezu verzückt. Als er nach seinen Verbeugungen die Bühne verließ, hielt er inne, um mit einigen der Holzbläser zu sprechen und ihnen auf die Schulter zu klopfen. Niemand – nicht einmal Toscanini selbst – war ganz sicher, daß dies alles Wirklichkeit war. Später verehrte ihm das Orchester eine goldene Medaille mit der Inschrift: »Dem Maestro, der nie abwesend gewesen ist – sein Orchester.«
Im Mai und Juni sollte er darüber hinaus drei weitere Programme leiten, und es bestand der Plan, ihn mit dem Orchester zu Sonderkonzerten nach Paris und London reisen zu lassen. Das zweite Programm war ein echter Prüfstein für ein erst vor kurzem zusammengestelltes Orchester: Es umfaßte Debussys *La Mer* und Brahms' vierte Symphonie. Ein Besucher, der Zutritt zu den Proben hatte, überlieferte einige der nicht immer geduldigen Bemerkungen Toscaninis:

> »Lassen Sie den Bogen ein bißchen springen – trennen Sie diese beiden verdammten Noten.
> Das ganze Crescendo, wirklich das ganze, das *ganze*! Geben Sie sich ganz in Ihre Arbeit hinein!
> Wir stehen vor einer Reise in andere Länder, und Reisen ist anstrengend ... Wachen Sie auf! Es geht los! Machen Sie schon! Ich habe nun sechzig Jahre dirigieren müssen, um schließlich ein solches Spiel zu hören! Es ist beschämend! Was für ein schrecklicher Tag.
> Vor sechzig Jahren habe ich angefangen, und ich fühle mich durchaus noch nicht so, als ob das schon so lange her wäre. Ich bin noch immer der einfache Student von damals. Kann sein, daß Sie gut gespielt haben, es besteht aber noch immer die Möglichkeit, daß Sie schlecht spielen – es ist viel leichter.
> Narr, der ich bin, ich dachte, Sie hätten das auch fürs nächste Mal gleich mitverstanden, aber Sie haben es noch immer nicht im Kopf.
> Horn ... Ich kenne Sie, X, und Ihre Hand. Spielen Sie offen, *offen*, OFFEN – und wenn Sie nicht wissen, wie man das macht, wechseln Sie den Beruf! – Er möchte so spielen, wie *er* will, aber er macht mich noch verrückt.
> Denken Sie nie, Sie wären jetzt gut gewesen. Versuchen Sie immer, noch besser zu sein – andernfalls fahren Sie zur Hölle.

Ein Lied Toscaninis aus seiner Studentenzeit, im Alter von ihm aus dem Gedächtnis niedergeschrieben

[Vierter Satz der Brahms-Symphonie] Er heißt *Allegro energico e passionato. Energico* – aber Sie spielen ihn durchaus nicht energisch! *Passionato* – aber Sie spielen ihn ganz ohne Leidenschaft!! Die Satzbezeichnung ist in Italienisch, aber hier gibt es doch tatsächlich Italiener, die sie nicht verstehen!«[22]

Seine Programme umfaßten auch Musik von Dimitrij Schostakowitsch, Dimitrij Kabalewski und George Gershwin – Komponisten, deren Werke während des Krieges in Italien geächtet gewesen waren – und eine Aufführung von Beethovens Neunter. Am 2. Juni gab er seine Stimme beim entscheidenden Referendum ab, das der Monarchie den Todesstoß versetzte. Ende des Monats, als er sich gerade auf die Abreise mit dem Orchester nach Paris vorbereitete, kam die Nachricht, daß die Alliierten zu dem Entschluß gekommen waren, ein winziges Stück italienischen Territoriums (Briga und Tenda) Frankreich zuzuschlagen. Alle organisatorischen Vorbereitungen waren bereits getroffen, und der Zug stand zur Abreise am Nachmittag bereit; Toscanini aber entschied sich dafür, die Reise abzusagen. Ghiringhelli und der Musikkritiker Franco Abbiati eilten in die Via Durini, um ihn zu einem Sinneswandel zu überreden – wie immer eine unmögliche Aufgabe. Schließlich formulierten sie für die Presse eine Erklärung:

»Die Intendanz der Scala möchte das Publikum dahin gehend unterrichten, daß Maestro Toscanini, der heute morgen von den Italien betreffenden Entschlüssen der Viermächtekonferenz erfuhr, sich dafür entschieden hat, das Konzert, das am Sonntagabend in Paris stattfinden sollte [30. Juni], abzusagen ... Dieser Entschluß wurde in völliger Übereinstimmung mit dem Stadtrat und der Intendanz der Scala gefaßt. Die Absage des Konzerts – dessen Reinerlös voll und ganz dem französischen Roten Kreuz zufließen sollte – ergab sich nicht aus verletztem Nationalstolz; sie bekräftigt lediglich die Trauer der Italiener angesichts dieser neuerlichen Demütigungen.«[23]

Das Londoner Konzert, das am 3. Juli in Covent Garden hatte stattfinden sollen, wurde ebenfalls gestrichen. Die sowjetische Nachrichtenagentur TASS schalt Toscanini für diesen Protestakt einen Reaktionär. Interessanterweise hatte Toscanini der Meinung Ausdruck gegeben, daß die sowjetische Regierung reaktionär handelte, als sie im Jahre 1944 Viktor Emanuels Regierung in der Zeit nach Mussolini offiziell anerkannte.
Die Organisatoren der Luzerner Festwochen nutzten die Situation schnell zu ihrem Vorteil aus und luden das Scala-Ensemble zur Teilnahme ein. Toscanini willigte ein, und am 4. Juli unternahm die Truppe die kurze

Reise. Die Konzerte fanden am 5. und 8. statt und wurden zu einem großen Erfolg.
Es gab durchaus Kenner, die der Meinung waren, Toscanini würde die Position eines künstlerischen Leiters der Scala übernehmen; er hatte aber nichts dergleichen im Sinn. Er erklärte sich jedoch bereit, zur Eröffnungsvorstellung der ersten Inszenierung der ersten Nachkriegssaison ans Pult der Scala zurückzukehren – einer *Otello*-Aufführung mit Ramón Vinay in der Hauptrolle. Dennoch hat es den Anschein, daß er später mit Ghiringhelli haderte; und was ein historisches Ereignis hätte werden können, fand nicht statt. Der Regisseur Nicola Benois erinnerte sich an die Unterredungen, die er mit Toscanini bezüglich der Aufführung führte, die schließlich dann von Victor de Sabata geleitet wurde:

»... Er gab mir sehr wertvolle Ratschläge, die ich dann in die Praxis umsetzte. Einer der interessantesten war der, den dritten Akt von *Otello* in zwei Szenen aufzuteilen, um dem ersten Teil, der die Episode mit dem Taschentuch umfaßt, ein intimeres und dramatischeres Gepräge zu verleihen. Toscanini schlug vor, ich solle die Szenerie dunkel halten und räumlich eingeschränkt gestalten, und riet mir, vier Säulen zu benutzen, die dazu beitragen würden, die Handlung und das Spiel und Widerspiel der vier Charaktere interessanter zu machen.
Tatsächlich faßte Toscanini die Bühnenbilder nicht nur in einem ästhetischen Sinne, sondern vor allem in ihrer Beziehung zum dramatischen Geschehen auf. Wiederum in Übereinstimmung mit dem Vorschlag des Maestro sollte sich diese Szene dann in eine enorme Empfangshalle für die Ankunft der Botschafter verwandeln; die Verwandlung sollte [bei völliger Dunkelheit] zu den Klängen der Trompetenfanfaren hinter der Bühne vor sich gehen ...«[24]

Am 20. August kehrte Toscanini nach New York zurück und begann mit den Vorbereitungen zu seiner NBC-Saison, die er am 28. Oktober eröffnete. Im November gab es eine Aufführung von Tschaikowskis *Manfred-Symphonie*, und es mag bei einer der Proben dazu vorgekommen sein, daß er das Orchester unmittelbar nach dem Anfang unterbrach:

»*E passione, dolore* – Schmerz, Leidenschaft, *entusiasmo* – *ma* nicht einschlafen, wenn Sie spielen! Legen Sie *entusiasmo* hinein, so wie ich! Ich liebe das Dirigieren nicht – nein, nein, ich hasse es, ich *hasse es*!! Weil ich dabei zu sehr leide – *troppo*! [Und dann, ganz entwaffnend:] Was – Sie schauen mich an? Warum? Sind Sie erstaunt? Sie denken, ich bin verrückt? Nein, nein. [Pause, um das richtige englische Wort zu treffen.] Einfühlsam, ja! Schauen Sie mich nicht so an.«

Im Dezember leitete er eine zweigeteilte konzertante Aufführung von *La Traviata*. Robert Merrill, der die Rolle des Georg Germont sang, erinnerte sich, daß er bei einer Probe des Duetts mit Violetta im zweiten Akt (Licia Albanese sang die Violetta) Mühe mit den Synkopen in der Phrase »Siate, siate l'angiol consolator« hatte. Toscanini half ihm aus der Klemme, indem er Merrill den Takt auf den Kopf klopfte.[25] Strawinskys Freund Nicolas Nabokov berichtete, daß er einen ganzen Abend lang mit dem Komponisten zusammensaß, um die Aufnahme dieser Aufführung abzuhören, die die NBC auf Ersuchen Strawinskys gemacht hatte. Sie gelangte später auf Schallplatten überspielt in den Handel.

Im Februar führte er erneut die vollständige Fassung von Berlioz' *Roméo et Juliette* auf, zusammen mit einer Szene aus *La Damnation de Faust*. Auf den 25. März fiel dann sein achtzigster Geburtstag, und er feierte ihn lediglich damit, daß er dem Verdi-Heim für bejahrte Musiker in Mailand zwei Millionen Lire zukommen ließ. Ugo Stille, Reporter des *Corriere della Sera*, der zu jener Zeit Riverdale besuchte, berichtete, daß Toscanini damals einen Großteil seiner Zeit damit zubrachte, Rundfunkaufnahmen der verschiedensten amerikanischen Orchester abzuhören, und auch eine Menge las, vor allem, um den Kontakt mit der zeitgenössischen italienischen Literatur aufrechtzuerhalten.

Nach seinen sechzehn Rundfunkkonzerten und mehreren Schallplatteneinspielungen flog Toscanini nach Italien zurück und reiste nahezu unverzüglich zum Isolino weiter. Am 21. Juni feierte er dort mit seiner Frau und Walter, Wally, den Polos und wenigen vertrauten Freunden ihren fünfzigsten Hochzeitstag. Natale Gallini, Musiker und Sammler seltener Manuskripte, der damals dem Scala-Direktorat angehörte, erinnerte sich, daß Toscanini herunterkam, um diese Gäste am Landungssteg zu empfangen:

»... Als wir zur Villa hinaufstiegen, versuchte die jüngste der Damen, als wir an einem alten Baum vorbeikamen, hochzuspringen, einen Ast zu ergreifen und sich daran in die Höhe zu ziehen. Es mißlang ihr jedoch. Dann ergriff der achtzig Jahre alte Maestro ganz lässig den Zweig und zog sich, ohne die leiseste Anstrengung, fünf- oder sechsmal in die Höhe. ›Es genügt schon, gewollt zu haben‹, sagte er lächelnd. Ich legte ihm die Mappen mit den Manuskripten von Briefen Verdis vor, die ich mitgebracht hatte, und zeigte sie ihm. Um ihn nicht in Verlegenheit zu bringen, sagte ich: ›Ihre Wally möchte, daß Sie den schönsten dieser Briefe auswählen, den für Sie interessantesten.‹

Er nahm seine Brille ab und starrte mich einige Sekunden lang mit ziemlich ernstem Blick an; dann faßte er sich, blickte seine Tochter an und ergriff mit einem Lächeln die zwei Bände. Nachdem er zahlreiche

Briefe gegeneinander abgewogen hatte ..., lud er mich mit Signora Carla in den Garten ein. Wir setzen uns auf die kleine Mauer, die einen Überblick über den See gewährte, und seinen Eindruck von einigen der Briefe Verdis an Francesco Maria Piave zusammenfassend, rief er aus: ›Was für ein Mann! Was für präzise Vorstellungen! Wagner schrieb sich seine Libretti selbst, während Verdi sich von anderen Librettisten abhängig zu machen hatte; aber er quälte sie, er beharrte auf seinen Vorstellungen. Sehen Sie sich diesen Brief an: Er selbst wandelt die Persönlichkeit seiner Charaktere ab und löst die wichtigsten Situationen auf der Bühne.‹ ... Toscanini sprach sich für eine modernen Erfordernissen angepaßte Neuausgabe aus, während ich dafür plädierte, die gesamte Korrespondenz als Rohmaterial für eine umfassende Biographie Verdis, seines Lebens und seiner Werke, zu benutzen. In diesem Augenblick entstand die Idee, Franco Abbiati den Vorschlag zu machen, diese große Arbeit über Verdi zu schreiben.

Bevor wir ins Haus zurückkehrten, wählte Toscanini den Brief aus, der ihn am meisten interessierte. Es war nicht der bedeutsamste ..., aber der zeitlich entlegenste, und er bezog sich auf eine Oper, die Verdi eigens für Parmas Teatro Ducale zu komponieren beabsichtigte, und zwar noch vor *Oberto* – eine Oper, die er aber nie schrieb.

... Unsere Unterhaltung schweifte zu dem Komponisten Giovanni Bottesini aus Crema ab, dem Kontrabaßvirtuosen, der später die Leitung des Konservatoriums von Parma übernahm ... Bei der Erwähnung der Oper, die Bottesini nach einem Libretto Boitos – *Ero e Leandro* – komponiert hatte, war ich unvorsichtig genug, die Verse aus dem Prolog der Oper zu zitieren: ›Canto pei cuori innamorati, canto / per gli occhi vaghi e per le guance smorte ...‹ Der Maestro unterbrach mich mit einer schroffen Geste und begann zu deklamieren: ›Canto la storia di Leandro e d'Ero / su cui con tanti secoli passati ...‹ – das heißt, er begann die Verse des Prologs wirklich von Anfang an zu zitieren, was mich in Erstaunen versetzte, weil er erst kurz zuvor gesagt hatte, er kenne Bottesinis Oper, deren Partitur er einst, mehr als sechzig Jahre zuvor, als Student am Konservatorium von Parma gelesen habe ...«[26]

Toscanini war Ende August wieder in New York. Am 6. September leitete er ein Benefizkonzert mit einer Reihe von Musikern aus dem NBC-Orchester, und zwar in der High School von Ridgefield, Connecticut. Am 21. September dirigierte er einen Sommerzyklus und nahm am 25. Oktober seine regulären Rundfunkkonzerte wieder auf. Am 1. November wurde – zum hundertsten Todestag des Komponisten – ein reines Mendelssohn-Programm aufgeführt, und am 6. und 13. Dezember fanden die historischen Sendungen von *Otello* statt, die glücklicherweise erhalten und auf Schallplatten verfügbar sind. Am 20. März, fünf Tage vor seinem einundachtzigsten Geburtstag, wurde eines seiner NBC-Konzerte – ein reines Wagner-Programm – zum erstenmal vom Fernsehen aufgezeichnet und übertragen, und zwei Wochen später folgte die zweite Fernsehsendung – diesmal Beethovens Neunte. (Ein Reporter der *New York Times* sah die erste Sendung in einem Lokal in der Greenwich Street und schrieb am nächsten Tage, daß ein Stammgast, »der offensichtlich Herrn Toscanini nie zuvor gesehen hatte, bemerkte: ›Der versteht sein Geschäft, der alte Knabe. Seht ihr die Zeichen, die er gibt?‹«) Zwischen 1948 und 1952 wurden schließlich zehn NBC-Konzerte Toscaninis im Fernsehen übertragen. Sie wurden sämtlich auf Film aufgezeichnet, aber keine dieser Aufzeichnungen ist bisher wieder in voller Länge gesendet worden. Das ist bedauerlich, denn darunter finden sich die außergewöhnlichsten Dokumente eines der außergewöhnlichsten ausführenden Musiker der Geschichte. (Acht dieser Fernsehaufzeichnungen und der *Inno delle Nazioni* sind jetzt den Mitgliedern des Museum of Broadcasting in New York zugänglich.)

Es gab in dieser Saison wiederum sechzehn Rundfunkkonzerte, dazu zahlreiche Schallplattenaufnahmen und ein Benefizkonzert (Verdis *Te Deum* und seine *Messa da Requiem*) für den New Yorker Krankenhausfonds, das am 26. April in der Carnegie Hall stattfand. Toscanini hatte eine Einladung erhalten und angenommen, zum dreißigsten Jahrestag des Todes von Arrigo Boito ein Gedenkkonzert in der Scala zu leiten. Nach der Abreise von New York am 3. Mai an Bord der »Saturnia« kam er eine Woche später in Neapel an und kehrte dann nach Mailand zurück.

Die Aufführung fand am 10. Juni statt, und das Programm bestand aus Ausschnitten aus *Mefistofele* und *Nerone*, die in regulärer Opernform geboten wurden. Toscanini sah sich zum erstenmal seit elf Jahren wieder mit Sängern auf der Bühne proben, Gebärden und Stellungen anweisen – und zum letztenmal in seinem Leben. Während einer Pause bei einer der Proben stand er im Mittelgang des Erdgeschosses und sagte zu einigen Freunden über Boito: »Ich erinnere mich noch, wie er bei meiner ersten *Meistersinger*-Probe dasaß – in genau jenem Sessel. Ich sehe ihn so deutlich vor mir, als sei das gestern gewesen.« Es war in diesem Monat tatsächlich genau fünfzig Jahre her, daß Boito die Scala-Intendanz überredet hatte, Toscanini als musikalischen Leiter zu akzeptieren; und die *Meistersinger*-Aufführung hatte ein Jahr später stattgefunden.

Einen Großteil des Sommers verbrachte er erholungsuchend auf dem Isolino; dann kehrte er zu einem für den 19. September geplanten Scala-Konzert mit Schuberts großer C-Dur-Symphonie nach Mailand zurück. Bei einer der Proben gelang es ihm nicht, das Orchester den dritten Satz mit ebender Leichtigkeit und Raschheit beginnen zu lassen, wie er es sich wünschte. Nach verschiedenen Anläufen sagte er: »Sie müssen aufhören, sich Schubert als einen traurigen, schwachen Mann vorzustellen, der durch Krankheit so geschwächt ist, daß er sich tastend und verzweifelt seinen Weg durch die Straßen von Wien sucht. Schubert war jung, liebte heitere Gesellschaft, Lieder, Wein und Frauen ... Und wenn er sie tatsächlich nicht liebte, um so schlimmer für ihn.« Gelächter im Orchester, und die Stelle gelang jetzt flüssiger.[27]

Im Mai hatte Toscanini die Proben des damals achtundzwanzigjährigen Guido Cantelli besucht, der sich auf sein erstes Scala-Konzert vorbereitete. Er war vom Musikertum des jungen Mannes, von seiner Ernsthaftigkeit und Intensität sehr beeindruckt und begann sich für seine Laufbahn zu interessieren. Er vermittelte Cantelli vier Gastkonzerte für seine nächste NBC-Saison; diese Aufführungen wurden sehr gut aufgenommen, und später schrieb Toscanini an Cantellis Frau Iris:

> »Ich bin glücklich und bewegt, Sie von Guidos großem Erfolg unterrichten zu können, glücklich und bewegt auch, daß ich ihn meinem Orchester vorgestellt habe, das ihn ebenso liebt wie ich. Es ist das erstemal in meinem langen Leben, daß ich einem so begabten jungen Mann begegnet bin. Er wird es weit bringen, sehr weit. Bewahren Sie ihm Ihre Liebe, weil Guido auch gut, einfach und bescheiden ist. Seine Abreise wird hier eine große Lücke hinterlassen.«[28]

Am 10. Oktober nach New York zurückgekehrt, bereitete er sich auf seinen sechzehnteiligen NBC-Zyklus vor, der mit einer Reihe von sechs Brahms-Konzerten begann. Die Saison schloß mit einer zweigeteilten konzertanten Aufführung von *Aida*, die auch vom Fernsehen übernommen wurde (wie bereits zwei frühere Konzerte der laufenden Saison) und später überdies in einer Schallplattenversion in den Handel kam. Toscanini hatte ursprünglich geplant, eine Woche nach seinem Benefizkonzert für das City College von New York in der Carnegie Hall (20. April 1949) nach Italien zurückzukehren; er rutschte jedoch in der Badewanne aus, zog sich einen Rippenbruch zu und mußte seine Abreise um einen Monat verschieben.

Den größten Teil des Sommers verbrachte er auf dem Isolino. Am 3. September aber eröffnete er das zwölfte Festival der zeitgenössischen Musik in Venedig, in dem er das Scala-Orchester in einem Konzertprogramm leitete, dessen modernstes Werk der mehr als sechzig Jahre zuvor geschriebene *Don Juan* von Richard Strauss war. Er besuchte im Teatro La Fenice von Venedig eine Probe zu Alban Bergs *Lulu*, und irgend jemand bedeutete dem jungen Regisseur Giorgio Strehler, er möge doch mit

Toscanini zusammentreffen. Er wurde zu einer geeigneten Loge geführt; als er aber die Tür öffnete, hörte er Toscanini die Musik und ihren Komponisten verwünschen. Strehler gab Fersengeld und suchte das Weite. Später bot Toscanini einigen Freunden, die ihn in seinem Hotelzimmer aufgesucht hatten, eine Demonstration davon, wie *Lulu* seines Erachtens klang: Er öffnete den Klavierdeckel und setzte sich auf die Tastatur. Mit Minetti sprach er auch über *Wozzeck*:

»Ich weiß nicht – ich glaube, ich habe ein ausgezeichnetes Gedächtnis, und ich habe tatsächlich keinerlei Schwierigkeit, eine Partitur zu studieren; bei *Wozzeck* aber, der mir geistig völlig fremd ist, gebe ich nach einigen Seiten auf. Und ich kann nicht verstehen, wie Mitropoulos fähig ist, sich diesen ganzen Plunder in den Kopf zu stopfen.«[29]

Toscanini leitete dann zwei Konzerte an der Scala (8. und 10. September) und kehrte daraufhin nach New York zurück. Am 7. Oktober dirigierte er ein weiteres Wohltätigkeitskonzert in Ridgefield, Connecticut, bevor er am 29. seine regulären Rundfunkkonzerte wiederaufnahm.
Eine unerwartete Überraschung widerfuhr ihm im Dezember, als Luigi Einaudi, der damalige Staatspräsident Italiens, ihm telegraphierte und ihn davon in Kenntnis setzte, daß er zum Ehrensenator auf Lebenszeit ernannt worden war. Zwei Jahre zuvor war ihm bereits angedeutet worden, daß etwas Derartiges in Vorbereitung war, und er hatte kategorisch abgelehnt; diesmal kam die Nachricht ohne vorherige Ankündigung. Sie erschütterte ihn, und schließlich antwortete er folgendermaßen:

»Ein alter italienischer Künstler, den Ihr unerwartetes Telegramm heftig verstört hat, wendet sich an Sie und bittet Sie um Verständnis dafür, daß diese ihm übermittelte Ernennung ... in krassem Gegensatz zu seinen Denk- und Empfindungsgewohnheiten steht und er sich deshalb, wenn auch mit großem Bedauern, gezwungen sieht, diese Ehrung abzulehnen.
Jeder Ehrung, jeder akademischen Auszeichnung und jeder Ordensverleihung abhold und in dem Wunsch, meine Existenz in derselben schlichten Weise zu beenden, in der ich mein Leben geführt habe, dankbar und glücklich über die mir erwiesene Anerkennung, die in meiner Person meinem Lande gilt, und bereit, ihm in jedem denkbaren Falle erneut zu dienen, möchte ich Sie bitten, diesen meinen Wunsch nicht als grobe oder arrogante Handlungsweise aufzufassen, sondern ihn eher im Geiste der Einfachheit und Bescheidenheit zu sehen, der ihn lenkt. Empfangen Sie bitte den Ausdruck meiner ehrerbietigen Grüße und respektvollen Huldigung.«[30]

Toscanini dirigierte im Laufe der Saison 1949/50 insgesamt sechzehn Rundfunkkonzerte und beschloß die Spielzeit wiederum mit einer hervorragenden Aufführung einer Verdi-Oper – *Falstaff*. Nan Merriman, die die Rolle der Meg Page sang, schrieb später, daß die durchschnittliche Dauer der Klavierproben sechs Wochen lang täglich etwa sechs Stunden betragen habe. Die NBC hatte einen hervorragenden Korrepetitor verpflichtet, der die Sitzungen zu begleiten hatte; Toscanini spielte jedoch einen Großteil des Pensums selbst. Auf diese Weise konnte er alle von ihm gewünschten dynamischen und Tempomodulationen direkt angeben, ohne zu verbalen Erklärungen seine Zuflucht nehmen zu müssen. »Seine beschwörenden Kräfte waren ungeheuer«, sagte die Merriman.[31]

Im Jahre 1910 hatte Toscanini die Metropolitan Opera nach Paris gebracht, im Jahre 1920 das Scala-Orchester nach Nordamerika, im Jahre 1930 das New York Philharmonic Orchestra nach Europa und im Jahre 1940 das NBC Symphony Orchestra nach Südamerika. Im Jahre 1950 sollte er jetzt, im Alter von dreiundachtzig Jahren, das NBC-Orchester auf einer sechswöchigen Tournee begleiten, die durch den gesamten Kontinent und wieder zurück führen sollte.

Im allgemeinen hassen Orchestermusiker Tourneen: Ohne Unterbrechung spielen oder reisen sie bzw. ziehen von einem Hotel zum anderen. Sie bekommen von den Orten, die sie besuchen, sehr wenig zu sehen, sie spielen im Verlauf der Tournee schlechter und schlechter und kommen erschöpft zu Hause an. Diese Tournee war jedoch gänzlich anders. Ein kompletter Eisenbahnzug mit zwölf Waggons wurde für die Reise gechartert; die Musiker genossen, was Unterkunft und Verpflegung anging, alle Annehmlichkeiten direkt im Zug, und die Konzerte wurden im Abstand von zwei oder drei Tagen gegeben, so daß genug Zeit für Besichtigungen blieb. Darüber hinaus konnte ein Orchester, das daran gewöhnt war, nur einige wenige Stunden wöchentlich unter guten Dirigenten zu spielen – und das sogar noch in unangenehm klingenden Rundfunkstudios –, jetzt sechs Wochen miteinander verbringen und unter entspannten Bedingungen in mehr oder weniger angemessenen Konzertsälen zahllose Proben und einundzwanzig Konzerte gemeinsam durchführen – und das alles unter der Leitung Toscaninis. Und da er nicht wollte, daß seine Musiker sich langweilten, nahm er ins Repertoire achtundzwanzig Werke von Beethoven, Brahms, Debussy, Dukas, Dvořák, Glinka, Kabalewski, Mendelssohn, Ravel, Rossini, Saint-Saëns, Schubert, Smetana, Strauss, Tschaikowski und Wagner auf – mehr als fünf vollständig verschiedene (und umfangreiche) Programme.

Der letzte Wagen des Zuges war für ihn reserviert, und er bot ihm eine vollständig ausgestattete Suite von Räumen. Signora Carla befand sich nicht wohl – sie erholte sich von zwei Schlaganfällen, die sie im Laufe des

Winters erlitten hatte –, deshalb fuhr Walter mit, um sich um seinen Vater zu kümmern. Walter und Alfred Walker, der seit 1938 Toscaninis Laufbursche und »Leibwächter« gewesen war, hatten alle Hände voll zu tun, um seinen Bedürfnissen gerecht zu werden – in Atlanta Krawattenknoten aus Zelluloid für ihn aufzutreiben, selbstklemmende Manschettenschnallen zu besorgen und einen neuen Hut zu kaufen, seine Brille reparieren zu lassen (immer wieder setzte er sich versehentlich darauf), seine schmutzigen Hemden zum Flughafen zu bringen und sie nach New York, zur Hemdenwäscherei von Forziati, transportieren zu lassen und sich tausend anderer Einzelheiten anzunehmen. Ihr Hauptproblem war jedoch, ganz einfach mit ihm Schritt zu halten. »Mit seiner Energie wird er uns alle noch umbringen«, sagte Walter eines Nachts, als der Zug gerade nach einem Konzert Richmond verließ.

> »Er treibt mich wirklich bis zur Erschöpfung. Bereits in dem Augenblick, als wir nach dem abendlichen Konzert seinen Waggon erreichten, bestand er darauf, noch einmal durch den ganzen Zug zu gehen; er sagte, er wolle seine Musiker sehen. ›Vater‹, sagte ich, ›die Musiker sind noch gar nicht hier im Zug angekommen.‹ Aber nein, er mußte durch jeden Wagen gehen, zuerst in einer Richtung, dann wieder zurück. Dann aß er etwas Suppe und trank Rotwein, und dann sagte er auch schon wieder: ›Walter, ich will dir einen Trick zeigen‹, stellte sich vor einem Sofa auf und sprang rückwärts hinauf.«[32]

Walters Sohn Walfredo, der damals in Yale Architektur studierte, berichtete mir: »Ich flog hinunter, um bei einem Teil der Tournee dabei zu sein, und schon nach einigen Tagen war ich krank und erschöpft. Und dabei war alles, was *ich* tat, nur das Zuhören bei den Konzerten und gelegentliche Besichtigungsausflüge. Großvater aber unternahm diese Besichtigungen *zusätzlich* zu den Proben und Konzerten.«[33]
Der Geiger Samuel Antek erinnerte sich an einen aufführungsfreien Tag, den die meisten Orchestermitglieder im Sun Valley verbrachten:

> »Um zehn Uhr morgens traf ich Toscanini, wie er in voller Länge auf dem Rasen ausgestreckt lag und den schönen Bergen einen Champagnertoast darbrachte! Am selben Tag waren wir später, auf dem Gipfel des mehr als dreitausend Meter hohen Mount Baldy, geradezu verblüfft, ihn mit dem Skilift heraufkommen zu sehen, und brachen in laute Hochrufe aus, als sein Sessel in Sicht kam. Das übermütige Barett auf seinem Kopf und seine lebhaft geschwenkten Arme verliehen ihm das Aussehen eines glücklichen Jungen, der die Schule schwänzt ... ›Maestro‹, sagte ich zu ihm, ›Sie sind ein mutiger Mann. Manche der

Jüngeren hatten Angst, hier herauf zu kommen.‹ Er schaute mich sehr ernst an und erwiderte: ›Ich habe nie in meinem Leben vor irgend etwas Angst gehabt. Ich liebe es, alles auszuprobieren.‹ Den ganzen Tag über war er ›einer von den Kameraden‹, der uns bei einer herrlichen Barbecue-Party im Freien Gesellschaft leistete und den Scherzen einer ›Abfall-Symphonie‹ Beifall klatschte, die mit Töpfen, Pfannen und Schüsseln von den Musikern aufgeführt wurde, die auf diese Weise die Stücke parodierten, die sie im Laufe der Tournee aufgeführt hatten. Wir brachen in wilden Jubel aus, als er, nahezu verwirrt, eine Einladung annahm, uns bei *Stars and Stripes Forever* zu dirigieren. In jener Nacht hätte sich eine erschöpftere, ähnlich krebsrote Gruppe von Musikern schwerlich finden lassen.«[34]

Es bedarf eigentlich kaum der Erwähnung, daß die Konzerte in allen zwanzig Städten, in denen das Orchester spielte, vollständig ausverkauft und von überwältigendem Erfolg begleitet waren. Und Antek sagte: »Insgesamt waren die Aufführungen unzweifelhaft die besten, die ich unser Orchester je geben hörte.«[35] Nach der Eröffnung am 14. April in New York endete die Tournee nach 8600 Meilen am 27. Mai in Philadelphia. Am 29. gab Toscanini in seinem Haus eine riesige Party für die Orchestermusiker, ihre Frauen und das Verwaltungspersonal, bei der er alle dreihundert Gäste persönlich begrüßte und vier Stunden lang auf den Beinen war. Am 1. und 2. Juni leitete er dann abends je eine Schallplattensitzung, die nahezu drei Stunden dauerte – das Ergebnis waren seine ausgezeichneten Aufnahmen von *La Mer* und *Ibéria*.
Am 17. Juni war er wieder in Mailand zurück und begann, unverwüstlich, sofort mit den Proben zu einer Aufführung von Verdis *Te Deum* und seiner *Messa da Requiem* an der Scala, die dann am 24. stattfand. Das Konzert stellte ihn nicht zufrieden, und er schrieb später an einen Freund:

»An der Scala hörte ich nach meiner Aufführung von Verdis *Messa da Requiem*, die bei mir einen schlechten Nachgeschmack hinterließ, Beethovens *Missa solemnis* und Bachs *h-Moll-Messe* mit dem Wiener Chor und Orchester [unter der Leitung von Karajan] ... Das Publikum nahm den Beethoven kalt und den Bach mit Wärme auf. Ich war bei beiden gelangweilt. Nicht einmal das himmlische ›Kyrie‹ bewegte mich so, wie es das viele Jahre zuvor bei einer Aufführung von einem Berliner Chor getan hatte [mit Georg Schumann im Jahre 1928 an der Scala]. Damals weinte und weinte ich. Möglich, daß das vorgerückte Alter mir das Herz verhärtet hat. Nach diesen beiden Aufführungen reiste ich zum Isolino, wo ich mich jetzt aufhalte. Ich führe ein kontemplatives Leben. Ich habe einen Teil meines Lebens an meinem geistigen Auge vorüberziehen lassen, seit 1932, als ich zum erstenmal hierherkam. Vor achtzehn Jahren. Ich schaue achtzehn Jahre voraus und sehe mich selbst im Alter von 101 Jahren. Die Vorstellung, vielleicht in der Lage zu sein, ein solches Alter zu erreichen, macht mich lachen. Was denkst Du, mein alter Freund? Aber wirklich, ich möchte so lange nicht leben.«[36]

Und an einen anderen Freund schrieb er:

»Welches Entzücken! Welche Schönheit! Dies ist wirklich ein bezauberndes Plätzchen! Es scheint den Menschen zur Freude vom Himmel herabgeregnet zu sein ... Ich habe mein Klavier hergebracht und klimpere von Zeit zu Zeit darauf herum.«[37]

Bei einem Besuch in Rom, den er dazu verwendete, Dr. Cesare Frugoni wegen der Schmerzen in einem seiner Knie zu konsultieren, sah Toscanini auch Elsa Respighi und andere alte Freunde wieder. Der Architekt Marcello Piacentini bewog ihn, sich das riesige neue Auditorium Pio im Vatikan anzusehen; er war von der Akustik sehr positiv beeindruckt und äußerte sich dahin gehend, er würde gern das Eröffnungskonzert dirigieren – was er dann aber doch nicht tat.
Zu Hause in Mailand verbrachte er viele Stunden damit, Radio zu hören. Unter anderem hörte er Furtwänglers Rundfunkaufführung von *La Damnation de Faust*, die von den Luzerner Festwochen übertragen wurde, und ließ ihn durch einen beiderseitigen Freund wissen, daß er sie hervorragend gefunden habe. (Es ist behauptet worden, daß Toscanini an der Kampagne, Furtwängler nach dem Krieg von Amerika fernzuhalten, beteiligt gewesen sein soll; ich bezweifle diese Auffassung ernstlich – erstens deshalb, weil mir nie irgendwelches Material, nicht einmal fragwürdiges, vor Augen gekommen ist, das sie stützte, und zweitens, weil er auch nicht versuchte, Furtwänglers Rückkehr an die Scala zu verhindern, die doch immer noch *sein* Territorium war.)
Inzwischen hatte Chotzinoff, der wiederum Persona grata geworden war, Toscanini informiert, daß das Studio 8 H in ein Fernsehstudio umgewandelt werden sollte und dem Orchester mithin nicht mehr zur Verfügung stünde. Ob er die Carnegie Hall oder das Manhattan Centre vorzöge? Toscanini verabscheute das Manhattan Centre und wählte natürlich die Carnegie Hall. Daraufhin erhielt er ein Telegramm des Inhalts, daß die Carnegie Hall aus Termingründen nicht mehr verfügbar sei und die Rundfunkkonzerte deshalb im Centre stattzufinden hätten.
Wütend kehrte er nach New York zurück, überdies zunehmend von seinem in Mitleidenschaft gezogenen Knie malträtiert. Als Folge dieser bei-

den Behinderungen setzte er seine Herbstkonzerte ab. Eine Klinik in Philadelphia nahm ihn wiederholt zur Behandlung auf, und zur gleichen Zeit löste sich auch das Carnegie-Hall-Problem. Schließlich fühlte er sich stark genug für eine Schallplattensitzung am 10. Januar und für ein Benefizkonzert mit Verdis *Te Deum* und seiner *Messa da Requiem* am 27. Januar, dem fünfzigsten Todestag des Komponisten, dessen Reinerlös der Casa Verdi in Mailand zugute kam. Es folgten drei weitere Rundfunkkonzerte, deren letztes (17. Februar) Musik von Debussy, Respighi und Elgar bot. Seine Energie war verblüffend. Als er das Spiel des Orchesters im Finale der *Enigma-Variationen* zu phlegmatisch fand, rief er: »Quando sarò morto, avrò più vita di voialtri tutti! Ja, wenn ich mal tot bin, werde ich – *ooohhh!* – doch noch lebendiger sein als *ihr* alle!« Sein Knie vertrug die Belastung jedoch nicht so gut, und da er sich weigerte, sich bei den Proben oder Konzerten zu setzen, begann er sich in die Überzeugung hineinzusteigern, daß dieses Konzert sein letztes sein würde. Er ersuchte darum, keinen Beifall zu spenden.

Im Jahre 1951 sollte noch Schlimmeres kommen. Auf den Rat seines Arztes hin hatte er sich zu Hause ein Trainingsfahrrad aufbauen lassen, um mit seinem Knie üben zu können. Er war jedoch so ungeduldig, daß er allzu forsch in die Pedale trat. Während einer Trainingsstunde am 1. März fühlte er sich plötzlich schrecklich elend; es gelang ihm aber, einen Sturz vom Rad zu vermeiden und sich sogar die Treppe hinaufzuschleppen, wo er sich in der Badezimmertür zu Boden sinken ließ. Sein unglaublicher Stolz ließ es jedoch nicht zu, daß er um Hilfe rief, und einige Zeit später fanden ihn seine Angehörigen. Er hatte einen leichten Schlaganfall erlitten, und wenn er sich auch rasch und gründlich erholte, so war ihm doch deutlich bewußt, daß das Ende nahe war.

Es war sein Traum gewesen, in diesem Verdi-Jahr in Busseto noch einmal *Falstaff* und möglicherweise auch *Macbeth* zu leiten, und er hatte den Organisatoren der Festveranstaltung versprochen, es zu tun. (Er hatte auch bereits Maria Callas vorsingen lassen und sie für die Rolle der Lady Macbeth akzeptiert.) Jetzt mußte er das Projekt ebenso fahrenlassen wie seine geplante Wiederkehr nach London, wo er die Eröffnung der Royal Festival Hall hatte leiten wollen. Die NBC kündigte jedoch optimistisch an, daß mit seiner Rückkehr im Herbst zu rechnen sei.

Anfang April erhielt er dann einen Anruf aus Mailand: Seine Frau, deren Gesundheitszustand es ihr nicht erlaubt hatte, ihn in dieser Saison nach New York zu begleiten, hatte einen schweren Herzanfall erlitten und nur geringe Überlebenschancen. Er orderte ein Flugzeug nach Italien, um an ihrer Seite zu sein. Glücklicherweise erholte sie sich, wenn auch nur vorübergehend. Wally sagte später, daß »Papa sehr fürsorglich und voller Zärtlichkeit« war; Carla aber schenkte ihm nicht mehr Glauben. »Er ist immer ein Lügner gewesen«, seufzte Mama.[38] Sein Knie hatte sich etwas gebessert, und er begann nachts einsame Spaziergänge durch die Stadt zu unternehmen. Ein Cellist aus Parma sah ihn einstens ohne Schirm durch den Regen streifen. Als Toscanini innehielt, um auf der Piazza San Babila ein Wahlplakat zu lesen, nahm er allen seinen Mut zusammen und näherte sich ihm. »Maestro«, sagte er, »Sie werden naß.« »Sie etwa nicht?« antwortete Toscanini. Aber er ließ es zu, daß sein Landsmann ihn bis zu seiner Tür begleitete. Giacomo Lauri-Volpi besuchte ihn eines Tages und äußerte im Gespräch, er hoffe, Toscanini würde hundert Jahre alt werden. »Und was, wenn mir das gelänge? Sechzehn Jahre gehen schnell vorbei. Und was dann?« Zu dieser Zeit machte er auch die Bekanntschaft von Carlo Maria Giulini: Nachdem er ihn im Radio dirigieren gehört hatte, lud er ihn zu sich ein. »Ich versuchte fortgesetzt, seinen Vorstellungen, seinen Anschauungen und seiner Musikerfahrung auf die Spur zu kommen und ihn nicht um Gefälligkeiten zu bitten«, sagte Giulini Jahre später. »Er war nicht nur unglaublich umgänglich, sondern auch sehr höflich. Natürlich konnte er auch unsäglich grob sein, und oft terrorisierte er seine Orchester, aber er war ebenso freundlich, etwas, was von Leuten, die sich heute über ihn äußern, oft vergessen wird.«[39]

Mitte Juni erlitt Carla Toscanini einen erneuten Herzanfall. Sie versank in einem mehrere Tage dauernden Koma, und ihr Gatte hielt an ihrem Krankenbett Wache. So verbrachten sie zusammen ihren vierundfünfzigsten Hochzeitstag am 21. Juni. Von ihrer Familie umgeben, starb sie zwei Tage später, kurz vor ihrem vierundsiebzigsten Geburtstag; sie wurde in jenem Grab zur Ruhe gebettet, das viele Jahre zuvor für den kleinen Giorgio Toscanini errichtet worden war.

Toscaninis Kummer, seine Schlaflosigkeit und seine Weigerung, Speise und Trank zu sich zu nehmen, stifteten in seiner Familie mehrere Wochen lang tiefe Verwirrung. Dann faßte er einen Entschluß: Er hatte vor langer Zeit versprochen, mit dem Scala-Orchester einige Schallplattenaufnahmen zu machen, deren Verkaufserlös der Casa Verdi zugute kommen sollte. Jetzt spürte er, daß ihm das eine Möglichkeit bieten würde, fern der Öffentlichkeit zu erproben, ob er weiterzumachen imstande sei.

Deshalb kehrte er Anfang August an die Scala zurück, und zwar zu drei längeren Schallplattensitzungen, aus denen Aufnahmen der Ouvertüre zu *I Vespri siciliani* und der beiden Vorspiele zu *La Traviata* resultierten. Später verwarf er die *Vespri*-Ouvertüre, und die beiden *Traviata*-Vorspiele kamen lediglich in Brasilien in den Handel. Nichtsdestoweniger konnte kein Zweifel bestehen, wie alle, die ihn bei der Arbeit beobachteten, bezeugten: Er hatte alle Schocks des ersten Halbjahres überwunden und war bereit und in der Lage, die Arbeit wiederaufzunehmen. Die NBC wurde davon in Kenntnis gesetzt, daß er zurückkehren würde.

Nach den Scala-Sitzungen unternahm er eine Reise nach Ischia; von dort schrieb er am 26. August an Maria Cecchini, die Erzieherin Emanuelas und Freundin der Familie Toscanini:

»Welche Schönheit – welche Leuchtkraft in diesen Breiten! Es scheint, als ob Sonne, Luft, Sterne hier leuchtender sind als zu Hause. Traumland. Der Mensch könnte mit einer Handbreit Erde leben, wenn er Augen zu sehen und ein Herz hätte, um zu fühlen.«

Er kehrte zum Isolino zurück und flog Mitte September wieder nach New York, um mit einer Reihe von Schallplattenaufnahmen zu beginnen. Am 3. Oktober schrieb er an Wally:

»Ich kann es mir selbst nicht verzeihen, daß ich abgereist bin, ohne zuvor den Friedhof besucht zu haben! Und dann vergiftete mir die derart überstürzte Abreise, so überstürzt, daß ich nicht einmal in der Lage war, ein paar ruhige Augenblicke mit Euch allen zu verbringen, die Fahrt vollends. Sie schien mir ewig lang und traurig, und ich fühlte mich fortgesetzt dem Ersticken nahe – in dem Maße, daß ich geschworen habe, nie mehr mit dem Flugzeug zu reisen.
Die Ankunft in Riverdale war auch nicht angenehm! Cia [seine Schwiegertochter] lag einige Tage lang mit nervösen Herzstörungen aus Kummer zu Bett. Sie hat noch immer nicht die Erlaubnis, Mamas Zimmer unten aufzusuchen. Sie ist immer gut und geduldig.
Ich fühle mich wie immer: gut – sagen die anderen; nicht gut – sage ich selbst. Ich bin krank vor Heimweh nach meinem alten Haus in der Via Durini. Aber was könnte ich tun? Ich will arbeiten. In Italien kann ich es aber nicht. Einzig und allein hier ist meine Arbeitsumgebung. Und arbeiten muß ich, sonst ist das Leben für mich unerträglich. Ich habe zwei Schallplatten gemacht. Eineinhalb Stunden waren ausreichend dafür. Howe [sein Arzt, der ihm als Hobby gleichzeitig seine Taktstöcke schnitzte] maß mir hinterher den Blutdruck – 122 zu 80. Ich habe mich nicht müde gefühlt. Nächsten Freitag habe ich eine weitere Probe. Beethovens zweite Symphonie und die *Don Pasquale*-Ouvertüre. Du siehst also, daß Dein alter Vater sich mit Begeisterung an die Arbeit gemacht hat . . .«[40]

Das erste Rundfunkkonzert der neuen Saison (3. November) wurde auch vom Fernsehen übertragen. Es bot Webers Ouvertüre zu *Euryanthe* und Brahms' erste Symphonie, und im Laufe der Saison fanden drei weitere Fernsehübertragungen statt. Insgesamt leitete Toscanini zwölf Rundfunkkonzerte und einundzwanzig Schallplattensitzungen und beschloß die

Spielzeit mit Beethovens Neunter, die er zum letztenmal dirigierte – vier Tage nach seinem fünfundachtzigsten Geburtstag – und dabei für die Schallplatte aufnahm. Bandaufnahmen von den Proben aus dieser Zeit – ganz zu schweigen von den Aufführungen selbst – zeigen ihn auf der Höhe seines Könnens, ein fast erschreckendes Phänomen.
Anfang Mai brach er sein übereilt abgelegtes Gelübde, nie wieder zu fliegen, und kehrte mit dem Flugzeug nach Mailand zurück. Ende des Monats versammelte der Geiger Michelangelo Abbado sein Kammerorchester in der Via Durini, um für ihn zu spielen. Abbados neunzehnjähriger Sohn Claudio spielte in Bachs d-Moll-Konzert das Klavier, und Toscanini lobte ihn, daß sein Spiel »wie ein Handschuh gepaßt« hätte.[41]
Eines Nachmittags kam, in Begleitung des Parmaer Schriftstellers Ubaldo Bertoli, der Maler Renato Vernizzi, um ein Porträt Toscaninis zu malen. Während er ihm Modell saß, plauderte Toscanini über die verschiedensten Dinge. So berichtete er über seine Kindheit in Parma:

»Da gab es eine kleine Kirche, Santa Teresa, in die meine Mutter zur Messe zu gehen pflegte; da residierte ein fetter Priester mit einer violetten Nase. Er war immer in geschäftiger Eile. In jenen Tagen war das eine friedliche Straße. Wir sagten gewöhnlich: Immer wenn ein Bischof stirbt, kommt ein Karren durch.
Ich bin kürzlich in Parma gewesen. Ich ging zur Piazza del Duomo, um mir noch einmal Antelamis *Kreuzabnahme* anzusehen, die schönste Plastik der Welt, eine überwältigende Symphonie von Schmerz und Reinheit. Auf den Stufen kam ein kleiner Mann auf mich zu und fragte mich, ob ich einen Führer brauchte. Ich bedeutete ihm, daß ich den Dom sehr gut kannte, sprach aber Dialekt. Das war ein großer Fehler! Er starrte mich an und rief: ›Ma lu l'è al mestor Toscanen.‹ [Aber Sie sind ja Maestro Toscanini.] Ich bat ihn, niemandem davon zu erzählen, und stieg rasch wieder in meinen Wagen.
[Er sprach über Stefan Zweig, der während des Krieges Selbstmord begangen hatte.] Es steht dem Menschen nicht zu, Selbstmord zu begehen. Würde und Mut müssen gewahrt bleiben, auch wenn das heikle Begriffe geworden sind. Er war mir ein Freund, und ich liebte ihn; aber es war mir nie möglich, ihm diesen seinen Selbstmord zu verzeihen.«[42]

Toscanini entschloß sich, erneut Frugoni in Rom aufzusuchen und ihn wegen seines Knies zu konsultieren. Er hatte sich vorgenommen, während des Hinweges im Wagen zu schlafen; statt dessen genoß er die Reise jedoch unendlich und weckte Wally an Stellen mit interessanter Aussicht verschiedentlich auf, um sie darauf hinzuweisen. Im Hause einer römischen Freundin, Mimì Finzi, traf er einen alten Bekannten wieder, den römischen Journalisten Raffaele Calzini, der über ihre Begegnung schrieb:

»... Er sah mich an: ›Du hast zugenommen! Sogar du hast zugenommen! Alle Leute werden fett, bei Gott! Sieh mich an! Sieh! Kein Bauch. Man muß Feuer in sich haben, um nicht fett zu werden. Ihr habt alle kein Feuer in euch!‹ Er war sehr aufgeräumt, heiter und glücklich. Ich dachte, er würde mir über Rom erzählen, vielleicht über irgendein Museum, eine Anbeterin oder seine künftigen Pläne. Nein: Er sprach mit mir über Musik.
›Ich bin begeistert: Gerade komme ich von der RAI [Radio Italiana] in der Via Asiago, wo ich zwölf glänzende, ausgezeichnete Jungen gehört habe, ein perfektes Kammerorchester – zwölf junge Leute, wißt ihr, achtzehn oder zwanzig Jahre alt – das Orchester von Barbara Giuranna. Sie spielen ohne Dirigenten. Ich sprach mit den Jungen – ich applaudierte ihnen und bedankte mich bei ihnen. Nein, die Musik wird nicht untergehen. Sie studieren mehr heutzutage. Zu meiner Zeit gab es mehr Dilettanten, Bohemiens und Trunkenbolde. Es gibt in Italien Orchesterensembles, die dem Lande und unserer Tradition zur Ehre gereichen – etwa das römische Collegium, das nach Amerika gegangen und dort sehr herzlich aufgenommen worden ist. Nicht wahr, Wally? Nicht wahr? Wo ist sie denn wieder hingerannt? Sie ist wie ihre Mutter, wie die arme Carla: Keine Minute kann sie stillsitzen! Wally, Wally, wo ist sie denn jetzt schon wieder?‹ Plötzlich kam Wally; er streichelte ihr über das schwarze Haar, als ob sie achtzehn Jahre alt wäre. ›Erzähl ihm, wie gut sie gespielt haben, erzähl es ihm, erzähl es ihm ...‹ ›Der Sohn von Giuranna, den ich eben gerade mit seiner Gruppe gehört habe – sie heißt I Musici –, spielte Viola d'amore, wie es nur wenige können; und es ist schwer, Viola d'amore zu spielen, es strengt an. Siehst du, Wally?‹
Er wendet sich nicht mir zu, sondern Wally; aber Wally ist inzwischen zum Telephon gegangen. ›Siehst du?‹ sagte er zu mir, indem er sich mit meiner Gegenwart zufriedengab. Und seinen linken Arm hebend, als ob er eine Viola d'amore hielte, zeigte er mir, wie die Finger auf den Saiten liegen müssen. ›Etwa so, siehst du?‹ Er wußte, daß ich nichts davon verstand, und wechselte lächelnd das Thema. ›Riechst du diesen Duft? Es ist der Duft von Rom. Ich hatte ihn nie zuvor bemerkt; während meiner schlaflosen Stunden habe ich ihn dann entdeckt. Ich habe hier keine Musik im Radio, die mir die Nachtstunden vertreiben hilft, deshalb habe ich die Gerüche analysiert: Jasmin, Magnolien und vor allem Pinien – Pinienharz.‹
›... Es tat mir gut, die Bekanntschaft dieser jungen Leute zu machen,

dieser ausgezeichneten jungen Männer. Aber ich habe auch einige alte Wracks wie mich selbst bei meinem Besuch aufgefischt! Pintorno, der am Mailänder Konservatorium Gesangsunterricht gegeben hat, hat mich besucht. Er ist neunzig. Mit Gurcha, einem Sänger, der jetzt sechsundneunzig ist, habe ich nur am Telephon geredet ... Ich möchte so schnell wie möglich wieder nach Mailand zurück. Ich muß, ich muß. Mein Sohn Walter hat mir eine Probepressung der Neunten aus Amerika geschickt; ich möchte sie abhören und prüfen, wie sie geworden ist, um sie möglicherweise noch zu verbessern. Diese Langspielplatten machen mich häufig glücklich ... Man muß arbeiten, immer weiter arbeiten.‹ ...«[43]

Und er arbeitete wirklich! Am 8. Juli flog er nach New York zurück, um zwei Rundfunkkonzerte und zwei Aufnahmen mit leichterer klassischer Musik für Schallplatten zu leiten – darunter zwei Stücke von Alfredo Catalani, den er nie vergessen hatte. Ende August weilte er dann wieder in Mailand. An der Scala leitete er dort am 19. September eine Aufführung, die sich als seine letzte erweisen sollte – ein reines Wagner-Programm. Das Orchester fand ihn sogar in noch besserer Verfassung als im Vorjahr. »Es ist mir peinlich, diese Anmerkungen machen zu müssen«, sagte er, nachdem er bei einer der ersten Proben einige grundlegende Rhythmusprobleme geklärt hatte; und bei »Isoldes Liebestod« rief er: »Crescendo, voce, voce! Um Himmels willen – was haben Sie eigentlich an der Stelle, wo Ihr Herz sitzen sollte?«[44] Mario Labroca war nach dem Konzert in den Garderoberäumen und berichtete:

»Als wir Toscanini [in seine Garderobe] geleiteten (er brauchte Ruhe), sahen wir einen hochberühmten ausländischen Dirigenten auftauchen, der an jenem Abend Gast im Theater war. Auf den Maestro zueilend, sagte er auf Französisch: ›Was für ein wunderbares Konzert, wunderbar, wunderbar!‹ Toscanini, der angesichts des unvorhergesehenen Hindernisses innehalten mußte, blickte ihn eine Sekunde lang an und rief dann – natürlich auf Italienisch: ›Esel!‹ Wir waren sämtlich verblüfft; aber unsere Besorgnis verkehrte sich in Erleichterung, als wir ein strahlendes Lächeln auf dem Gesicht des Dirigenten auftauchen sahen und er glücklich erwiderte: ›Oh, wie liebenswürdig, wie liebenswürdig!‹ Glücklicherweise verstand er kein Wort Italienisch.«[45]

Fünf Tage später traf Toscanini in London ein, wo er mit dem Philharmonia Orchestra zwei reine Brahms-Konzerte vorzubereiten begann – sein erster Auftritt in England nach dreizehn Jahren und sein Abschiedsgruß an das Land (wenn auch nicht als solcher angekündigt). Die Eintrittskarten, die preislich von fünf Schilling bis zu fünf Pfund reichten, waren innerhalb wenige. Stunden ausverkauft gewesen, und die Stehplatzbesucher standen bereits achtundvierzig Stunden zuvor in langen Schlangen für die dreihundert verfügbaren Plätze an. Toscaninis Honorar betrug 1800 Pfund pro Konzert, wenn man den Zeitungen Glauben schenken will – die höchste Summe, die in England bisher einem Musiker gezahlt worden war. Beide Konzerte wurden von der BBC übertragen und erreichten ein Publikum von schätzungsweise fünfzehn Millionen Hörern, und da sie auf Band mitgeschnitten wurden, *könnte* die Schönheit und Transparenz dieser Aufnahmen auch noch dem Publikum von heute zugänglich gemacht werden.

Charles Chaplin und seine Frau Oona begrüßten ebenso wie Laurence Olivier und seine Gattin Vivian Leigh Toscanini nach dem ersten Konzert hinter der Bühne und nahmen das Abendessen mit ihm in seiner Suite im Hotel Savoy ein. Nach der zweiten Aufführung wurde ihm ein um eine italienische Flagge drapierter Lorbeerkranz überreicht, und zwar im Namen der Stehplatzbesucher, von denen jeder einen Pence zu diesem Geschenk beigesteuert hatte. Er war zutiefst bewegt und forderte sie auf, ihn hinterher in seiner Garderobe aufzusuchen.

Erneut kehrte er dann nach New York zurück und bereitete sich auf seinen NBC-Zyklus vor. In der neuen Saison standen ihm vierzehn Rundfunkkonzerte und elf Schallplattensitzungen bevor. Am 22. November leitete er eine konzertante Aufführung des zweiten Aktes von Glucks *Orfeo* mit Nan Merriman in der Titelrolle, die sie bereits im Jahre 1945 unter seiner Leitung gesungen hatte. Sie erzählte später, daß sich die Proben für die Aufführung von 1952 über einen Zeitraum von acht Monaten erstreckten und Toscanini sie ihre Rolle direkt nach der Orchesterpartitur studieren ließ. Auf diese Weise machte er sie auf jedes Detail der Klangfarbe des Werkes aufmerksam und erklärte ihr seine Gründe für alles, was er von ihr verlangte.[46]

Die Saison schloß am 28. März 1953 mit seiner letzten Aufführung der *Missa solemnis*, und im Laufe der folgenden Tage nahm er das Werk auch für die Schallplatte auf. Vor der Aufführung hatte er einem Freund über Beethoven geschrieben:

> »Wenn ich mit meiner Begeisterung und Verehrung für diesen Heiligen irgend etwas Beständiges erreichen könnte, so wäre das der größte Lohn für mein langes, zu langes künstlerisches Leben.«[47]

Später schrieb er an Maria Cecchini, um sich dafür zu bedanken, daß sie ihm Zeitungsausschnitte über eine Gruppe junger, an der Scala ausgebildeter Sänger geschickt hatte:

»Ich hätte diesen Brief schon vor längerer Zeit schreiben sollen, sobald ich die Zeitungsberichte über den Scala-Nachwuchs erhielt; ich war jedoch so sehr mit Beethovens *Missa solemnis* beschäftigt und davon in Anspruch genommen, daß ich gar kein normales Leben mehr geführt habe ... Du kannst Dir nicht meine Freude vorstellen, als ich die Berichte über diese wertvollen jungen Künstler las! Wenn ich nach Italien zurückkomme, müssen wir zusammen einmal ihre Proben besuchen. Ich liebe die Jungen mehr als die Alten und Berühmten ... Entschuldige meine schlechte Schrift, aber ich bin sehr nervös, und meine Hand flattert übers Papier. Ich bin alt, sehr alt. Ich bringe das alles nicht mehr fertig. Empfiehl mich Deiner Familie, und bitte Deine Mutter um Entschuldigung dafür, daß ich ihr keinen Besuch mehr gemacht habe. Sag ihr, daß ich alt bin, sehr alt und in sehr schlechter Verfassung.«[48]

Am 16. Mai schrieb er ihr erneut, und wieder begann er mit den gleichen Formulierungen über seine schlechte Schrift und sein Alter. Dann fuhr er folgendermaßen fort:

»Ich fühle mich nicht wohl, und niemand schenkt mir Glauben, diese Dummköpfe, aber ich bin nicht mehr der, der ich einmal war. Meine Augen haben sich so sehr verschlechtert, daß ich nicht einmal mehr die Brille finden kann, die mir Erleichterung verschafft. Meine Beine und mein Gedächtnis lassen nach. Ich schlafe wenig und schlecht, von tragischen, nichtssagenden oder Angstträumen geschüttelt. Alles in allem ein armer, unglücklicher Mann – und sie waren so geschmacklos, mich zu zwingen, mich für eine weitere Spielzeit zu verdingen. Und ich – Dummkopf, der ich bin, und müde, dauernd belästigt zu werden – ich habe eingewilligt. Das amerikanische Publikum wird erneut die Geduld aufbringen müssen und sich damit abzufinden haben, einen alten Mann von sechsundachtzig Jahren zu ertragen.«[49]

Natürlich hatte ihn niemand gezwungen – oder hätte ihn zwingen können –, die Vertragsverlängerung zu akzeptieren. In den letzten Monaten hatte er begonnen, Zeichen des Verfalls erkennen zu lassen; und niemand war sich dieser Zeichen deutlicher bewußt als er selbst. Er war immer hart mit anderen Musikern ins Gericht gegangen, die ihre Laufbahn seines Erachtens über Gebühr verlängert hatten; zum erstenmal in seinem Leben sah er sich jetzt jedoch nicht in der Lage, eine Entscheidung zu treffen. »Und arbeiten muß ich, sonst ist das Leben unerträglich«, hatte er einige wenige Monate zuvor noch an Wally geschrieben. Es war zu schrecklich, den definitiven Rücktritt ins Auge zu fassen.

Im Sommer wieder in Italien, reiste er erneut zu einer ärztlichen Untersuchung nach Rom und dann weiter nach Mailand. Am 3. August schrieb er an Maria Cecchini:

»Ich habe vier Tage in Rom verbracht, um Frugoni zu konsultieren ... Alles war besser als vor zwei oder drei Jahren. Ich habe entdeckt, daß Frugoni, ein prächtiger und gutaussehender Mann, sich um seine äußere Erscheinung kümmert. – Er steigt jeden Tag auf die Waage ... Ich wunderte mich, daß ein gelehrter Spezialist wie er Zeit findet, sich um solche Dinge Sorgen zu machen. Ich bin dann nach Mailand zurückgekehrt und gerade im Begriff, zum Isolino zu reisen, wo ich bereits zwei Sonntage verbracht habe; aber jetzt will ich dort ständig bleiben, weil Walter und Cicogna [ein Toningenieur] damit beschäftigt sind, mir dort eine Anlage einzurichten, mit der ich die Aufnahmen, die ich studieren muß, auch ohne die Hilfe anderer Leute abhören kann, die intelligenter sind als ich – *so wie Du!*« [Er war notorisch unfähig, eine mechanische Apparatur zu bedienen, darunter auch einen Plattenspieler.][50]

Der Journalist Enzo Biagi traf ihn eines Tages, als er mit Emanuela in Mailand umherbummelte, und blieb stehen, um mit ihm zu plaudern. Toscanini brachte ihm gegenüber zum Ausdruck, daß die kommende Saison seine letzte sein würde. »Ich hoffe auf Gottes Hilfe, weil ich auch diese Reise erfolgreich beenden möchte«, sagte er und fügte hinzu: »Verdi machte sich in meinem Alter davon, und bedenken Sie, daß er bedeutend mehr aß als ich.«
Im September kehrte er nach New York zurück, um sein Programm vorzubereiten. Schließlich leitete er elf Rundfunkkonzerte; Arthur Fierro, während der sechziger Jahre Walter Toscaninis Mitarbeiter, erzählte mir jedoch, daß sein ursprünglicher Terminplan umfangreicher gewesen sei. So hatte Toscanini beispielsweise Bachs zweites *Brandenburgisches Konzert* aufführen wollen, das er seit fünfzehn Jahren nicht dirigiert hatte; sein erster Trompeter, Harry Glantz, der seit den Tagen des Philharmonic Orchestra mit ihm zusammenarbeitete, bedeutete ihm jedoch, daß er sich nicht mehr jung genug fühlte, den schwierigen Solopart zu übernehmen. Ebenso hatte Toscanini Kodálys *Psalmus Hungaricus* erneut aufführen und die Saison mit Brahms' *Deutschem Requiem* beschließen wollen; aber sein Gesundheitszustand ließ das nicht mehr zu. Tatsächlich fühlte er sich nicht einmal mehr in der Lage, die ersten beiden Konzerte der Saison zu leiten, die daraufhin von dem erst achtundsiebzigjährigen Pierre Monteux übernommen wurden. Toscaninis erstes Konzert fand am 22. November statt und umfaßte Brahms' *Tragische Ouvertüre*

und den *Don Quixote* von Richard Strauss. Die Sendungen wurden jetzt von der »Socony-Vacuum Oil Company« finanziert, die nach der Ouvertüre einen kommerziellen Werbespot über Funk und in die Carnegie Hall einspielte, während Toscanini auf dem Podium stehenblieb und mit einem seiner Musiker plauderte.
Es begannen sich bei ihm Gedächtnislücken bemerkbar zu machen, und aus einem am 25. November geschriebenen Brief an Maria Cecchinis Mutter geht hervor, daß er sich dieser Tatsache schmerzlich bewußt war:

> »Ich habe Ihren lieben Brief, der am 15. hier ankam, erst nach vielen Tagen gelesen ... Ich war in einer so deprimierten Verfassung, daß ich nicht den Mut fand, irgendwelche Neuigkeiten aufzunehmen oder mich mit irgendeiner Arbeit zu befassen ... Ein regelrechtes Wrack ... Das Schreiben fällt mir schwer. Ich habe am 22. mehr schlecht als recht ein Konzert geleitet. Ihr schöner Brief bewegt mich zu sehr, ich war seiner nicht würdig. Signora Elena, behalten Sie mich immer als Ihren aufrichtigen, schlichten Freund im Gedächtnis – ich habe es so satt, M ... Arturo Toscanini zu sein, daß es mich schon langweilt, auch nur meinen eigenen Namen lesen zu müssen ...«[51]

(Verdi hatte viele Jahre zuvor eine ähnliche Wendung in einem Brief an Boito gebraucht.)
Sein Hauptprojekt der Saison war eine zweiteilige konzertante Aufführung von Verdis *Un Ballo in Maschera*, die am 17. und 24. Januar 1954 stattfand. Laut Della Corte sagte Toscanini nach dem Ende der letzten Sendung: »Dies war meine letzte Opernaufführung. Angefangen habe ich, als ich im Alter von vier Jahren oben auf der Galerie *Un Ballo in Maschera* hörte, und den Schlußpunkt habe ich gesetzt, als ich das Werk mit siebenundachtzig Jahren dirigiert habe. Von jetzt an werde ich nur noch tun, wozu meine Kräfte reichen: kurze symphonische Werke und, was Opern betrifft, höchstens noch Ouvertüren.«
Die Aufführung von Verdis *Te Deum* am 14. März, die später auch auf Schallplatten veröffentlicht wurde, geriet hervorragend; Haggin berichtet jedoch, daß Tschaikowskis *Pathétique* in der Woche darauf nicht mehr »die Kontinuität von Impetus und Spannung« hatte, an die man bei Toscaninis Art des Musizierens gewöhnt war. Ein NBC-Musiker erzählte Haggin: »Bei der Probe war er noch ganz präsent, aber nicht mehr bei der Aufführung.«[52]
Verschiedene Quellen berichteten auch im März, daß Toscanini gegen Ende der Saison eine Europa-Tournee mit dem NBC Symphony Orchestra unternehmen wollte; die Wahrheit sieht jedoch beträchtlich anders aus. Ein Vierteljahrhundert nach dem Ereignis ist es noch immer unmög-

lich, die Wahrheit über Toscaninis Ausscheiden bei der NBC zu ermitteln. Das einzige, was sich tun läßt, ist, die wenigen verfügbaren Informationsbruchstücke vorzulegen.

Wenigstens seit 1951 hielten sich Gerüchte, daß das Orchester, wenn Toscanini sich endgültig zurückziehen sollte, aufgelöst werden würde. (Das stand völlig in Einklang mit der damals bei der NBC vertretenen Politik, daß »jedes Programm sich selbst tragen muß«. Symphonieorchester können sich in finanzieller Hinsicht nie selbst unterhalten; es war deshalb offensichtlich, daß die NBC, wann immer Toscanini zurücktrat, diesen Anlaß dazu benutzen würde, sich einer kulturellen Last zu entledigen, an deren Bedeutung sie nicht mehr glaubte.) Mehrere Musiker trennten sich bereits damals vom Orchester, weil sie voraussahen, daß der Stellenmarkt geradezu überflutet sein würde, wenn dieser Fall tatsächlich einträte. Wir wissen, daß Toscanini im Frühjahr 1953 einen Vertrag für die kommende Spielzeit unterzeichnet hatte, das dann aber bedauerte und im Sommer explizit erklärte, daß die nächste Saison auch seine letzte sein würde. Es mag sein, daß Walter Toscanini die Möglichkeit vermeiden wollte, daß sein Vater sich anders besann, einen neuen Vertrag unterschrieb und sich der Anspannung einer weiteren Spielzeit unterwarf. Diese Vermutung würde die Geschichte bekräftigen, die Sarnoff im Herbst 1953 Alfred Wallenstein erzählte – daß sie nämlich, als er und Chotzinoff mit Toscaninis Vertrag für die Saison 1954/55 nach Riverdale gekommen seien, von Walter Toscanini abgefangen worden seien, der sie gebeten habe, ihn seinem Vater nicht vorzulegen.

Laut Cantellis Bericht an einen Freund, der ihn seinerseits Haggin wiedergab, war der Inhalt dessen, was Walter seinem Vater anvertraute, daß Chotzinoff ihn davon unterrichtet habe, daß die NBC ihre Rundfunksendungen im Frühjahr 1954 zu beenden beabsichtigte und sein Vater um des äußeren Scheins willen seinen Rücktritt einreichen möge. Das führte, so Cantelli, in Riverdale zu heftigen Szenen.

Schließlich wurde ein Rücktrittsgesuch für Toscanini vorbereitet. Ein Mitglied der Familie berichtete mir, der Brief sei von der Familie selbst entworfen worden, ich will jedoch die Möglichkeit nicht ausschließen, daß die NBC-Leitung bei seiner Formulierung einige substantielle Beiträge eingebracht hat. »Und jetzt ist der traurige Zeitpunkt gekommen, wo ich meinen Taktstock beiseitelegen und meinem Orchester Lebewohl sagen muß«, hieß es darin. Mehrere Wochen verstrichen, bevor er am 25. März, seinem siebenundachtzigsten Geburtstag, mit unsicherer Hand seine Unterschrift darunter setzte. Sarnoff bestätigte dieses Rücktrittsgesuch am 29. und nahm es an.

Manche normalerweise verläßlichen Quellen haben mir zu verstehen gegeben, daß Toscanini seit langem gewußt habe, daß die NBC das Orche-

ster auflösen würde, wenn er zurückträte, und daß einer seiner Hauptgründe dafür, so lange weiterzumachen, der gewesen sei, dieses Ereignis hinauszuzögern. Andere Gewährsmänner haben behauptet, daß sowohl Toscanini als auch das Orchester erst ganz kurz vor dem letzten Konzert im Jahre 1954 erfahren hätten, daß seine Zukunft endgültig besiegelt war. Beide Versionen stehen wenigstens teilweise im Widerspruch zur Aussage Cantellis und zu Sarnoffs Bericht an Wallenstein. Es ist höchst unwahrscheinlich, daß die ganze Wahrheit je bekannt wird. Als ich Wally Toscanini über den Rücktritt ihres Vaters befragte, sagte sie nur: »Er merkte, daß er sehr alt geworden war, und fühlte, daß die Zeit gekommen war, aufzuhören.«
Das letzte Konzert – ein reines Wagner-Programm – war für Sonntag, den 4. April angesetzt. Bei der ersten Probe am Donnerstagnachmittag sagte er dem Orchester, daß er im *Lohengrin*-Vorspiel alla breve (zwei Halbe pro Takt) schlagen würde, hatte aber Schwierigkeiten, das durchzuhalten, und verfiel manchmal wieder in vier Viertel, womit er das Orchester verwirrte. Und Haggin berichtet, daß er im darauf folgenden *Meistersinger*-Vorspiel überrascht war, daß »Toscanini nichts gegen das kraftlose, armselige Spiel unternahm«. Und er fährt fort:

> »Dann kam ›Morgenröte‹ und ›Rheinfahrt‹ aus der *Götterdämmerung*, wo es verschiedene Unterbrechungen und Einwände gab, an die ich mich nicht mehr erinnere, aber auch eine Unterbrechung wegen eines Mißverständnisses, das zwei Tage später sehr bedeutsam werden sollte. Die Stelle war der Einsatz der Kesselpauke unmittelbar nach den Hornrufen hinter der Bühne; Toscanini behauptete, daß der Mann am Schlagwerk zu früh eingesetzt habe. ›So spiele ich das immer‹, sagte der Musiker. ›Möglich‹, antwortete Toscanini. ›Also gut, ich habe eben immer . . .‹ – das letzte Wort des Paukisten entging mir; ich vermute jedoch, daß es ›Unrecht‹ hieß. Schließlich wurde die Stelle auf die Art und Weise gespielt, die Toscanini für korrekt hielt, und das Stück zu Ende gebracht.«

Die Probe am nächsten Morgen ging gut, und Haggin notierte, daß »Feuer« darin gesteckt habe. Dann kam die Abschlußprobe am Samstagnachmittag:

> »Wiederum Feuer in der Aufführung des *Lohengrin*-Vorspiels, des ›Waldwebens‹ aus *Siegfried* und des Ausschnitts aus der *Götterdämmerung*, soweit Toscanini richtig hineinkam. Meine Notizen halten seine Unterbrechung an einer Stelle der ›Morgenröte‹ und seinen Ausruf fest: ›Staccato! Staccato! Ignoranti, tutti!‹ Ebenso halten sie seine wü-

tende Unterbrechung bei der Stelle fest, wo sich zwei Tage zuvor der Zwischenfall mit der Kesselpauke ereignet hatte. Während Toscanini wütete, hörte ich den ersten Cellisten Frank Miller dem Paukisten zurufen: ›Mach doch eine Pause von dreizehn Takten anstatt von zwölf.‹ Zwölf war richtig, und der Paukist hatte diese Anzahl von Takten auch korrekt pausiert. Toscanini aber war irrtümlicherweise der Ansicht, es müßte ein Takt mehr sein, und Miller bedeutete dem Paukisten, das zu tun, was Toscanini richtig erschien. ›E' vergogna! Vergogna! [Es ist beschämend!]‹, rief er. Und als die Passage wiederholt wurde, und zwar so, wie er meinte, daß sie richtig sei, unterbrach er erneut und brüllte: ›Finalmente!‹ Dann, in bitterem Zorn: ›L'ultima prova!‹ [Die letzte Probe!][53]

Nach diesen Worten ging Toscanini hinaus, ohne die Probe zu Ende zu führen.
Die Vorstellung am nächsten Tag begann mit dem *Lohengrin*-Vorspiel; dann kam der *Siegfried*-Ausschnitt, in dem Toscanini einige Tempoveränderungen anzuzeigen vergaß. Das Orchester beging jedoch keinen Fehler. Die *Götterdämmerung*-Auszüge verliefen normal; darauf folgten die Ouvertüre zu *Tannhäuser* und das »Bacchanale« aus derselben Oper. Nach dem Höhepunkt des »Bacchanale« hörte Toscanini plötzlich zu dirigieren auf und bedeckte seine Augen mit der linken Hand; die psychische Belastung und die emotionale Bedrängnis dieses Augenblicks waren zu viel für ihn. Im Orchester begannen sich falsche Einsätze zu häufen, und Cantelli, der sich im Aufnahmestudio befand, bestand darauf, daß die Übertragung ausgeblendet wurde. Es wurden technische Störungen zur Entschuldigung angeführt und statt dessen Toscaninis Aufnahme der ersten Symphonie von Brahms gesendet. In der Zwischenzeit hatte Miller begonnen, Zeichen für die Einsätze zu geben, und schließlich gelang es Toscanini, die Selbstbeherrschung wiederzugewinnen. Er begann erneut den Takt zu schlagen, und das laufende Programm wurde wieder eingeblendet. Nach dem Schluß des »Bacchanale« stieg er vom Podium und schickte sich an, die Bühne zu verlassen; Miller aber stellte ihn und erinnerte ihn daran, daß er noch das *Meistersinger*-Vorspiel zu dirigieren hatte. Toscanini nickte, kehrte aufs Podium zurück und begann benommen das letzte Werk zu leiten. Als das Orchester die letzten, bekräftigenden Takte in C-Dur hinausschmetterte, als die Streicher jubelnd dem Schlußakkord zutaumelten, muß sich diese Benommenheit zu einem Erstickungsgefühl gesteigert haben, zu einem Bedürfnis nach Entlastung und Flucht, das sogar stärker war als sein eisenhartes Pflichtgefühl der Musik und dem Orchester gegenüber. Denn während die letzten Akkorde noch ausklangen, senkte er seinen Taktstock, stieg langsam vom

Podium herab und schlug den Weg in Richtung Ausgang ein. Ein überwältigend langes Leben, ein Leben voller Liebe und Arbeit, ein Leben, das aus einem Guß und gesund und vor allem ohne jeden Zynismus und ohne jede Berechnung gelebt worden war, hatte sein Ziel gefunden.

VIII
Letzte Jahre

Toscaninis Rücktritt begann mit jenem langsamen Weg vom Podium in seine Garderobe, wo er sich tränenüberströmt einschloß. Im weiteren Verlauf dieses Abends, beim Essen, fand der Zwischenfall keinerlei Erwähnung; als er sich jedoch erhob, um sein Schlafzimmer aufzusuchen, sagte er: »Ich habe dirigiert, als sei das ein böser Traum gewesen. Es hatte beinahe den Anschein, als ob ich gar nicht da war.«[1]
Wie in vielen früheren Jahren wurde auch in diesem für das Orchester in Riverdale zum Abschluß der Saison eine Party vorbereitet. In Wirklichkeit wurden diesmal sogar drei Partys arrangiert, zu deren jeder ein Teil des Orchesters eingeladen wurde. Der Bassist David Walter, der bei der ersten zu Gast war, berichtete Haggin, daß Toscanini nicht zur Stelle war, um das Orchester zu begrüßen, wie er es immer getan hatte:

> »Schließlich gingen Ghignatti [Englischhorn] und Cooley hinauf, um ihn zu begrüßen. Sie berichteten, daß er in Tränen aufgelöst gewesen sei und gerufen habe: ›Mein armes Orchester! Mein armes Orchester!‹ – offenbar im Gefühl, daß er für die Auflösung des Ensembles verantwortlich war und dieser Tatsache nicht ins Auge sehen wollte. Und die beiden anderen Partys wurden abgesagt.«[2]

Kurz darauf kam auch Sarnoff nach Riverdale, um ihn zu besuchen; Toscanini war jedoch so aufgebracht, daß er ihn nicht empfangen wollte. Er kam nicht aus seinem Zimmer heraus, blieb auf seinem Bett sitzen und weinte.[3]
Als er aber am 3. und 5. Juni in die Carnegie Hall zurückkehrte, um zwei lange Aufnahmesitzungen zu leiten, bei denen einige unannehmbare Passagen der Rundfunksendungen von *Un Ballo in Maschera* und *Aida* neu eingespielt werden sollten, kam er, laut Alan Shulman, herein »wie ein Haus in Flammen ... Wir sagten: ›Mein Gott, er ist ein verjüngter Mann!‹« Und die Kraft und Schönheit der wiederholten Passagen bewiesen ihm, daß er noch *nicht* am Ende war, wie es beim letzten Rundfunkkonzert den Anschein gehabt hatte, sondern noch immer im Vollbesitz seiner Kräfte. Er ließ Herva Nelli die lange Phrase auf dem Höhepunkt der Arie Aidas – »O cieli azzurri« (»No, mai più! non ti vedrò, non ti

vedrò mai più«) – mit ihrem hohen C in einem Atemzug singen, wie bei Verdi vorgeschrieben; und als Toscanini vom Podium herabstieg, legte sie ihm die Arme um den Hals, und er gab ihr einen aufmunternden Klaps auf den Hintern. Friedelind Wagner, die anwesend war, erinnerte sich, daß Toscanini sich bei einer der beiden Sitzungen über irgend etwas, das schiefging, heftig erboste, die schwere Partitur einer der Opern ergriff und sie mit solcher Wucht wegschleuderte, daß sie in der zehnten Sitzreihe des Zuschauerraums landete.

Zwei Tage später war er in Mailand, umgeben von seiner Familie, alten Freunden und den Relikten der Vergangenheit. Es kann keine glückliche Zeit für ihn gewesen sein. Der Kritiker Beniamino Dal Fabbro sah ihn bei einer Probe zu Beethovens viertem Klavierkonzert mit Arthur Rubinstein und Guido Cantelli in der Scala und schrieb in seinem Tagebuch (24. Juni):

> »Rubinstein kam von der Bühne herunter ... und Toscanini erhob sich. Rubinstein küßte ihm die Hand und küßte sie erneut, bevor er sich verabschiedete. Jedermann küßt ihm heute die Hand, Männer und Frauen, so als ob er der Papst wäre ... Ermattet und zerstreut, wird er heute als eine Art lebendige Mumie dessen verehrt, was der große Toscanini einst war.«[4]

Eines Abends kam Michelangelo Abbado mit seinem Kammerorchester in die Via Durini, um für Toscanini zu spielen, wie er es bereits zwei Jahre zuvor getan hatte. Abbado erinnerte sich, daß sie, nach fünf oder sechs kürzeren Stücken von bekannten Barockkomponisten, das D-Dur-Violinkonzert von Francesco Bonporti, einem Schüler von Arcangelo Corelli, zu spielen begannen. Abbado selbst spielte den Solopart und dirigierte gleichzeitig. An einer bestimmten Stelle stand Toscanini auf, näherte sich bis auf einen halben Meter Abbado, schaute ihn unverwandt an und verharrte in dieser Stellung bis zum Ende des Stückes. »Ich kann nicht sagen, daß ich mich sehr behaglich fühlte«, sagte Abbado. »Es waren tatsächlich die qualvollsten Augenblicke, die ich mich je erlebt zu haben erinnere. Schließlich fand auch diese Feuerprobe ihr Ende. Mehrere Sekunden lang herrschte tiefes Schweigen; dann sagte Toscanini, der das Werk nie zuvor gehört hatte, ganz plötzlich: ›Per la madonna! – Questa è la perfezione!‹ Ich kann gar nicht sagen, welchen Seufzer der Erleichterung wir alle hören ließen.«[5]

In ebendiesen Wochen war Toscanini von der abergläubischen fixen Idee beherrscht, daß er in genau dem gleichen Alter wie Verdi sterben würde, nämlich im Alter von siebenundachtzig Jahren, drei Monaten und siebzehn Tagen – ein Datum, das der 12. Juli gewesen wäre. (Mehrere Jahre zuvor hatte er es sich in den Kopf gesetzt, daß er das Alter, das seine Mutter erreicht hatte, nicht überleben würde, nämlich vierundachtzig Jahre.) Am Vorabend kamen Iris und Guido Cantelli zu Besuch, zusammen mit dem Ingenieur Sandro Cicogna; nach vielem Betteln konnten sie ihn überreden, sie in die nahegelegene Stadt Vigevano zu begleiten, um den erleuchteten Hauptplatz zu besichtigen.

»O Gott, ich habe meine Pantoffeln noch an«, sagte er, als er mit Anita Colombo zum Landungssteg hinausging. Sich umwendend, um wieder ins Haus zu gehen, strauchelte er, fiel einige Stufen hinab und schlug mit dem Kopf gegen die Wand. Überrascht, sich selbst unverletzt zu finden, entschloß er sich schließlich, doch zu gehen. In Vigevano spazierte er um die Piazza herum und betrachtete die Schaufenster; nichtsdestoweniger aber beschäftigte ihn der kommende Tag. Am Morgen rief er Wally an, die zu der Zeit zu einer Theaterpremiere in Venedig weilte, und bat sie, nach Mailand zurückzukehren, was ihr unmöglich war. Der Tag verstrich ereignislos, und um Mitternacht trank er ein Glas eisgekühlten Champagner. Als Freunde über diese Geschichte lachten, blaffte er: »Und *ihr* erzählt mir doch immer, was für ein Risiko es für jemanden in meinem Alter ist, sich so den Kopf anzuschlagen!« Dann lachte er über sich selbst und murmelte: »Mein Gott, wie alt ich bin!«

Er rasierte sich noch immer, ohne in den Spiegel zu sehen, wie er es seit jeher getan hatte, und konnte auch noch immer Gedichte von Arnaldo Fusinato rezitieren, die ihm in der Schneiderwerkstatt in Parma beigebracht worden waren, als er vier Jahre alt war. Er wollte trotz allem gern wieder arbeiten. »Sie sind unter einem guten Stern geboren!« sagte sein Arzt, Augusto Murri, zu ihm, als er zu einer Generaluntersuchung kam. »Aber diese Schulter plagt mich«, beklagte sich Toscanini. »Dann dirigieren Sie eben mit dem anderen Arm«, erwiderte Murri. Dirigieren? Es war schlechterdings undenkbar. Und doch ...

Ende Juli traf der RCA-Toningenieur Richard Gardner in Mailand ein, um die Tonbänder seiner Aufnahme von Verdis *Messa da Requiem* aus dem Jahre 1951 mit ihm durchzugehen; zusammen mit Cicogna begann er seine lange und sorgfältige Arbeit. Toscanini war schließlich überzeugt, daß die Aufnahme nur dann veröffentlicht werden sollte, wenn Gardner ihm Ausschnitte aus den Versionen anderer Dirigenten vorspielte. Es ist eine ausgezeichnete Aufführung; aber Hörer, die mit der einen oder anderen privat vertriebenen Ausgabe seiner Rundfunksendung von 1940 vertraut sind, mögen sich wünschen, daß diese frühere Fassung mit ihrer größeren Elastizität, ihrer verblüffenden Perfektion im Detail und ihren ausgezeichneten sängerischen Leistungen ebenso dem Publikum zugänglich gemacht worden wäre. Gardner kehrte nach Amerika zurück; Toscanini aber ging zusammen mit Cicogna weiter seine früheren Aufnahmen

durch. Er hatte das Band seiner Aufführung des letzten *Rigoletto*-Aktes aus dem Jahre 1944 eigentlich nicht hören wollen; schließlich gelang es Cicogna jedoch, seinen Widerstand zu brechen. »Ich warne dich: es wird mich zornig machen«, sagte Toscanini, bevor sie anfingen. »Nach dem Ende der Aufführung war Toscanini in Tränen aufgelöst«, berichtete Cicogna. »Er sagte: ›Ich weiß nicht, ob es mir möglich wäre, das heute noch einmal so gut zu dirigieren.‹ Ich habe ihn nie wieder so nahe daran gesehen, sich selbst oder irgend etwas, was er getan hatte, zu loben.«[6]
Im August starb Walters Frau Cia, nachdem sie jahrelang an Herzbeschwerden gelitten hatte. Toscanini hatte sie sehr lieb gehabt, und diese unglücklichen Monate müssen für ihn aufgrund dieses Ereignisses noch unerträglicher gewesen sein.
Es erreichte ihn ein Telegramm von denjenigen Mitgliedern des NBC Symphony Orchestra, die sich unter dem Namen Symphony of the Air neu zusammengefunden hatten; sie luden ihn ein, nach New York zurückzukehren, um ihr Ensemble zu dirigieren, wann immer er Lust dazu hatte. Er telegraphierte seinen Dank zurück, beharrte aber darauf, daß er ein derartiges Projekt nicht ernstlich ins Auge fassen könne, und das neue Orchester gab sein erstes Konzert im Oktober unter ungewöhnlichen Umständen:

> »Weil niemand von uns der Ansicht ist, daß Ihren Platz bei diesem unserem ersten Konzert ein anderer Dirigent einnehmen sollte, haben wir uns entschlossen, dieses Konzert mit leerem Pult zu geben, einzig mit dem inspirierenden Gedenken an Ihre uns führenden Hände vor uns, und weihen unsere Zukunft den hohen Idealen und den langen Jahren der Tradition, die Sie, als unser geliebter Maestro, der Welt gegeben haben. Empfangen Sie bitte den Ausdruck unserer Liebe und unsere besten Wünsche ... – Ihr Orchester.«

Es steht jedoch außer Zweifel, daß Toscanini sich tatsächlich mit verschiedenen Projekten trug. Yehudi Menuhin besuchte ihn in diesem Sommer auf dem Isolino, und Toscanini vertraute ihm an, daß er fühle, er habe der Welt immer noch etwas zu geben. Er wollte wieder nach London reisen, um dort zu dirigieren; die Idee wurde nie verwirklicht.[7] Sie war jedoch von untergeordneter Bedeutung im Vergleich zu seinem sehnlichen Wunsch, die Eröffnungsvorstellung der Piccola Scala zu leiten, des kleinen Theaters, das damals in unmittelbarer Nähe der Scala selbst erbaut wurde. Noch vor Toscaninis kürzlicher Rückkehr nach Italien hatte Emilio Radius in der Bologneser Zeitung *Il Resto del Carlino* (23. Mai) geschrieben, daß Toscanini sich mit dem Gedanken trüge, Puccinis *La Rondine* zu dirigieren – eine Oper, die er nie zuvor aufgeführt hatte –, und zwar zum dreißigsten Todestag des Komponisten (29. November), wenn das Theater rechtzeitig fertig würde. Als es offensichtlich wurde, daß damit nicht zu rechnen war, faßte er den Entschluß, im kommenden Frühjahr dort *Falstaff* zu dirigieren.

Anfang August schrieb er an Maria Cecchini: »Ich habe mich noch nicht entschieden, ob ich zum Isolino zurückkehre. Ich bleibe zwischen meinem Arbeits- und meinem Schlafzimmer festgebannt. Ich arbeite mit meinem Kopf, weil ich nicht mit meinen armseligen Augen arbeiten kann ...«[8]

Tatsächlich reiste er dann kurz darauf doch zum Isolino und schrieb: »Nach einer schlaflosen Nacht träumte ich in der Morgenfrühe von Gubbio. Diese wunderbare, entzückende kleine Stadt lag in magisches Mondlicht getaucht da. Sie wirkte wie ein magisches Gemälde meines Malerfreundes Marius Pictor.«[9]

Im Herbst weilte er mit Wally in Sirmione am Gardasee, um Schlammpackungen für seinen Arm zu nehmen. Natale Gallini war mit seiner Frau ebenfalls Gast dieses Kurortes. Eines Nachmittags trafen sie sich alle in einer Villa, die Toscanini gemietet hatte. Als es sich zufällig ergab, daß Toscanini und Gallini gegenüber von Signora Gallini und Wally nebeneinander saßen, erzählte Toscanini Gallini plötzlich von seinem Wunsch, *Falstaff* zu dirigieren. Gallini reagierte begeistert, gab jedoch zu bedenken, daß er nicht genau sagen könne, ob das Theater im Frühjahr fertig sein würde. Toscanini bestand auf der Piccola Scala, weil er das Werk in einer intimen Umgebung aufführen wollte, wie er es 1913 und 1926 bereits in Busseto getan hatte. Inzwischen sah Gallini Wally, wie sie ihm hinter dem Rücken ihres Vaters Zeichen gab – mit Gesten, die ihm offensichtlich bedeuten sollten, er möge ihn nicht auch noch dazu ermutigen. Er versuchte also so unverbindlich wie möglich zu bleiben und brachte später in Erfahrung, daß Wally der Ansicht war, die Belastung der musikalischen Leitung einer Oper auf der Bühne wäre für ihren Vater zu groß gewesen.[10]

Sie hatte recht. Er setzte seine Planung jedoch hartnäckig fort, weil ein Leben ohne solche Pläne und ohne die Aussicht, Musik zu machen, für ihn kein Leben war. Nachdem er im weiteren Verlauf des Herbstes einen Anfall von Lungenentzündung überwunden hatte, begann er, sich über die Besetzung der Rollen Gedanken zu machen, und führte Diskussionen über die Inszenierung mit Luchino Visconti, dem Enkel des Herzogs Guido Visconti di Modrone, der Präsident des Verwaltungsrates der Scala gewesen war, als Toscanini im Jahre 1898 dort zum Dirigenten gewählt wurde. Als Visconti noch ein Kind war, hatte Toscanini ihn gescholten, wenn er, seine Bücher und Wanda auf dem Gepäckträger, zu schnell mit dem Fahrrad gefahren war; und Wanda war Viscontis Hauptdarstellerin bei den ersten Bühnenstücken gewesen, die er zu Hause inszeniert hatte.

»Warum versucht ihr jungen Leute nicht, euch etwas ganz anderes auszudenken und es mir vorzuschlagen?« fragte Toscanini ihn. »Ich kann mir immer nur die alten Szenen vorstellen – die übliche Schenke, den üblichen Garten. Schlagt mir doch etwas ganz Neues vor, etwas Schönes.«[11]
»Er wollte den wirklichen *Falstaff*«, sagte Visconti, »in dem die Charaktere die Komödie auch richtig darstellten, und zwar mehr darstellten, als daß sie sie sangen.«[12]
Falstaff wurde für die Saison 1954/55 der Scala angekündigt, und Toscanini wurde zunehmend fassungsloser, weil die Arbeit an der Piccola Scala ihm viel zu langsam voranging. »Ja, ich bin wohlauf«, pflegte er den Leuten zu erzählen. »Aber es ist wohl nicht überraschend, daß ich in Eile bin. Nur die Jungen können Geduld haben; in meinem Alter geht das nicht mehr so leicht. Ich kann nicht mehr allzulange warten. Jetzt geht es mir noch gut, aber in einigen Monaten – wer weiß?« Die Journalistin Camilla Cederna saß bei einer Zusammenkunft in der Via Durini, die im November stattfand, in seiner unmittelbaren Nähe. Es gab zu der Zeit eine regelrechte Modewelle in bezug auf chinesische Pilze, und sie verbreitete sich über ihre gesundheitsfördernden Auswirkungen. Toscaninis Augen leuchteten auf. »Haben Sie welche?« Als sie ja sagte, bat er sie, ihr unverzüglich einige davon zukommen zu lassen. »Ich kann nicht allzulange warten. Ich muß alles tun, um bei guter Gesundheit zu bleiben.« Dann erzählte er ihr, daß es, wenn es ihm gelungen sei, gesundheitlich immer wohlauf zu bleiben, daran gelegen habe, daß er nie an Verdauungsstörungen gelitten (was absolut falsch war), nie geraucht habe und nie betrunken gewesen sei. »Mein Atem ist immer frisch; ich stinke nicht wie ein alter Mann.« Er hatte in den letzten beiden Jahren sogar auf Kaffee verzichtet – ein großes Opfer –, um Walter beizubringen, wie man das Rauchen aufgibt. Er schlief wenig, hatte gelegentlich jedoch einen »friedlichen« Traum, in dem er sich in einen Sarg eingeschlossen sah und sich doch wohl darin fühlte.[13]
Während jedermann glaubte, daß er sich einer Selbsttäuschung hingab, war er mit sich selbst bereits dahin gehend ins reine gekommen, daß es ihm wahrscheinlich nicht mehr vergönnt sein würde, sein *Falstaff*-Projekt zur Reife zu bringen. Er besuchte eine der Proben Viscontis zu Gasparo Spontinis *La Vestale*, mit der die Scala ihre Saison im Dezember eröffnen wollte. Victor de Sabata, damals künstlerischer Leiter (mit dem Toscanini viele Jahre lang nicht auf gutem Fuße gestanden hatte), Antonino Votto, der die Aufführung dirigierte, und die Sängerin der Titelrolle, Maria Callas, kamen sämtlich von der Bühne herunter, um ihn zu begrüßen. De Sabata erinnerte sich später, daß »Toscanini mir zuwisperte: ›Sie wissen, es ist sinnlos, über eine Auswahl der anderen Sänger [für *Falstaff*] nachzudenken, da ich nicht mehr in der Lage sein werde, ihn zu dirigieren. Ich

sehe wohlauf aus, aber in Wirklichkeit ...‹ Ich fühlte beinahe mein Herz vor Angst stillstehen.«[14]

Visconti berichtete, daß »der Maestro mich später zu sich rief und mir sagte: ›Ich finde sehr gut, was du machst, aber du mußt Verständnis dafür haben, daß mein Augenlicht sehr schlecht ist. Ich finde diese Callas sehr gut, sie hat eine schöne Stimme und ist eine interessante Künstlerin, aber ihre Sprachgebung ist unverständlich ... Oper ist Theater, und die Worte sind bedeutsamer als die Musik.‹ Ich war verblüfft – das konnte Toscanini fraglos nicht meinen – und erklärte ihm, daß Maria Amerikanerin griechischer Abstammung war und nicht perfekt italienisch sprach. Aber Toscanini ließ sich in dieser Hinsicht nicht beirren. ›Nein. Nein! Man *muß* jedes Wort verstehen, sonst ist es nur ein Konzert.‹«[15]

Toscanini saß in Ghiringhellis Loge direkt über der Bühne, als die Premiere von *La Vestale* stattfand, und das Publikum geriet außer sich, als die Callas bei einer Verbeugung zu seiner Loge herüberkam und ihm beglückt einen Blumenstrauß aushändigte, den man ihr zugeworfen hatte. Fügsam nahm er ihn entgegen. Später besuchten Toscanini, Wally, Giulini, Visconti und einige andere ein Restaurant. Visconti über den Tisch hinweg zulächelnd, brachte der alte Mann einen Toast aus: »Al nostro Falstaff.«[16]

Eines Abends kam Ghiringhelli, um sich mit Toscanini über die *Falstaff*-Besetzung zu einigen, der noch immer entschlossen war, zu sehen, wie weit er kommen würde. »Dieser Abend war einer der glücklichsten von Papa«, schrieb Wally einem Freund etwa zwei Jahre später. »Er sah seinen Traum Wirklichkeit werden. Im Laufe der Nacht – vielleicht wegen des Verantwortungsgefühls und der Angst, sich eine für sein Alter zu schwierige Aufgabe zugemutet zu haben – steigerte er sich in eine derart aufgeregte Verfassung hinein, daß er schließlich einen Herzanfall erlitt. Als er vorüber war, hatte Papa sofort begriffen, daß er dazu verurteilt war, diesen seinen Plan aufzugeben ...«[17] Der in New York weilende Walter schrieb an Cicogna:

> »Ich bin sehr glücklich, daß die *Falstaff*-Idee nun endgültig zu Grabe getragen worden ist. Es war für mich ein Alptraum ... Überdies schien es mir grausam, ihn sich selbst etwas vormachen zu sehen, als er sich auf eine Aufgabe vorbereitete, der er nicht mehr gewachsen ist, wenn man berücksichtigt, daß die Solisten, angefangen mit Valdengo [Falstaff], in schlechterer Verfassung sind als noch vor vier Jahren [zur Zeit der NBC-Rundfunkkonzerte] ...«[18]

Der Herzanfall war nur ein leichter, der dem Publikum verschwiegen wurde. Toscanini erholte sich rasch; seinen Vertrauten aber wurde ange-

raten, ihn vor allen emotionalen Aufregungen zu bewahren. Früher waren häufig Freunde zu Besuch gekommen, um mit ihm über die Vergangenheit zu reden oder mit ihm zusammen Probepressungen seiner Aufnahmen abzuhören (laut Votto sogar in unglaublicher Lautstärke). Jetzt wurden auch diese Besuche für ihn zur Last, weil sie ihn an seine Hilflosigkeit gemahnten. Aber sein Stolz war noch immer ungebrochen. Er war entschlossen, solange wie möglich an der Herausgabe seiner Aufnahmen zu arbeiten, und er war noch fester entschlossen, die wenigen verbleibenden alten Freunde nicht Zeuge werden zu lassen, wie Senilität und körperlicher Verfall ihn übermannten; und deshalb verzichtete er auf das Vorrecht, in seinem geliebten Heimatland zu sterben. Wally schrieb später, daß ihr Vater sich seines Alters schämte und das Bedürfnis verspürte, »sich selbst zu verstecken, von allen vergessen im Exil zu enden«. Einige wenige Freunde besuchten ihn am Vorabend seiner Abreise nach New York. Gallini versuchte ihn zu überreden, zu bleiben und ein Institut für Verdi-Studien zu leiten. »Maestro«, sagte er, »geben Sie mir jenes Flugticket, damit ich es zerreißen kann!« Aber sein Entschluß stand fest, und am 28. Februar war er in Riverdale zurück. (Wenige Stunden vor der Abreise Toscaninis rief Votto an, um Lebewohl zu sagen. »Er sagte überhaupt nichts davon, daß er sich nicht wohl fühlte. Er fragte mich über meine Pläne aus. Ich erzählte ihm, daß die Scala mir vorgeschlagen hatte, Donizettis *Poliuto* mit der Callas, mit Franco Corelli und Ettore Bastianini zu dirigieren. Er war begeistert, sagte, das sei eine große Oper, und begann noch am Telephon Ausschnitte daraus zu singen. Sein Gedächtnis war immer noch erstaunlich, unglaublich.«)[19]
Nahezu zwei Jahre lang arbeiteten Toscanini, Walter und die Toningenieure der RCA an der Aufgabe der Herausgabe seiner Tonbandaufnahmen, solange der alte Herr dazu in der Lage war. Den Rest seiner Zeit verbrachte er im Kreise seiner Familie, in dem die ergebene Anita Colombo immer gegenwärtig war. Gelegentlich wurden einige Freunde zu Besuch geladen, und einige frühere NBC-Musiker kamen, um für ihn Streichquartette zu spielen. Mario Delli Ponti, ein blutjunger italienischer Pianist, besuchte Toscanini 1955 und 1956 während seiner Amerika-Tournee mehrfach. Beim ersten Mal (Oktober 1955) begrüßte Toscanini ihn herzlich, stellte ihm Fragen zu seiner Tournee und erkundigte sich angelegentlich nach seinen Honoraren. Delli Ponti erinnerte sich:

> »Sie lagen unter dem Minimum; durch strenges Sparen konnte ich meine Auslagen bezahlen. Der Maestro war sehr beunruhigt. ›Wie bringst du das fertig?‹ Dann sagte er: ›Ich will dir ein Geheimnis verraten. Entschuldige mich einen Augenblick.‹ Ich wartete also. Ich verstand nicht recht, was er vorhatte; ich sah ihn fluchend hin und her

gehen. Schließlich kam er wieder ins Zimmer und händigte mir eine Münze aus, wobei er sagte: ›Siehst du das hier? Das ist ein Zehn-Cent-Stück. Man nennt es auch einen Dime. Ich gebe dir jetzt meine private Telephonnummer, und du mußt sie dir aufschreiben. Du wirst sicherlich knapp bei Kasse sein, aber mach dir keine Sorgen: Ruf mich unter dieser Nummer an – und wenn du nicht einmal genug Kleingeld für den Anruf hast, sag einfach ›R-Gespräch‹. Das hier ist Amerika, weißt du, und du bist ein junger Mann. Wenn du mit einer Frau ausgehst, kostet dich das ein Vermögen. Zunächst einmal mußt du ihr am Nachmittag einen Blumenstrauß schicken‹ – das muß offenbar zu Woodrow Wilsons Zeiten Brauch gewesen sein; ›dann das Restaurant ... du wirst bald Pleite sein.‹ Das alles sagte er ohne zu lachen, nahezu melancholisch, und schüttelte dabei den Kopf.«[20]

Toscaninis Augen versagten ihm nahezu völlig den Dienst, aber er hielt den Kontakt zu den wenigen alten Freunden in Italien, die noch am Leben waren, aufrecht. Im August 1956 schrieb Wally für ihn einen Brief an seinen früheren Schulkameraden Guido Zavadini, den Englischhornisten und Musikhistoriker. Darin hieß es:

»Ich habe einige Monate bei Papa verbracht, und wir sprechen oft von Ihnen. Papa erzählt von alten Zeiten und seinen fernen Freunden. Ich habe ihm Ihre interessante Donizetti-Biographie wieder vorgelesen, und er wünscht, daß ich Ihnen ... die folgenden paar Worte von ihm übermittle: ›Lieber Zavadini, ich habe in den letzten Tagen so oft an Dich gedacht und würde gern einige neuere Nachrichten von Dir haben. Ich bin wohlauf, nur meine Beine sind etwas schwach geworden, und meine Augen erlauben mir nicht mehr, Dir selbst zu schreiben. Ich möchte Dir dennoch eine herzliche Umarmung zukommen lassen ... Dein sehr alter Freund, Arturo Toscanini.«[21]

Im Oktober und Dezember 1956 empfing er erneut Delli Ponti, mit dem er sich des längeren und breiteren über Musik und Musiker unterhielt:

»Er äußerte sich wohlwollend über Tullio Serafin: ›Er ist bedeutend.‹ Aber er sprach schlecht über Antonio Guarnieri und de Sabata. Er warf de Sabata vor, sich aus dem aktiven Leben und von der Arbeit zurückgezogen zu haben: ›Als ich ihn das letztemal sah, roch er bereits wie eine Leiche.‹ Die Menschen teilten sich für ihn in zwei Gruppen: solche, die arbeiteten, und solche, die nicht arbeiteten, und er sprach ausführlich über die Beziehung zwischen Arbeit und dem guten Duft der Minestra, der Mittagssuppe. Über Puccini sprach er mit großer Wärme. Ich hörte, im Zusammenhang mit Catalani, auch eine Art Diskurs über Künstlertum und Hunger – Hunger als Stimulus für die Einbildungskraft.

Ich fragte ihn über Mussorgskys *Bilder einer Ausstellung* aus, die ich damals gerade studierte. Er erzählte mir, daß er Horowitz' Arrangement davon nicht möge, und erwähnte auch, daß er der Ansicht sei, daß der Komponist selbst ursprünglich vorgehabt habe, das Werk zu orchestrieren, genau wie *Eine Nacht auf dem kahlen Berge*, die ursprünglich auch in einer Klavierfassung geschrieben worden sei. Er bewunderte Ravels Orchestrierung des Stückes ungeheuer und sagte, daß die beiden großen Abhandlungen zur Instrumentationslehre die schriftlich niedergelegte von Berlioz und von Ravels Orchestrierung der *Bilder einer Ausstellung* seien.

Wir redeten über Schumann, über die *Kreisleriana* und die *Humoreske* – er kannte sie, hatte das ganze Material in allen Einzelheiten im Gedächtnis und äußerte eigene Vorstellungen zu allem. Seine Bewunderung für den Komponisten Schumann war grenzenlos, die kritischen Schriften Schumanns aber hielt er für wertlos.

Eines Tages hörten wir eine Bandaufnahme seiner Aufführung des ›Tanzes der sieben Schleier‹ aus *Salome* ab. Kurz nach dem Anfang begann Toscanini, der in einem der großen, hochlehnigen Sessel im Wohnzimmer saß, mit seiner rechten Hand zaghaft den Takt mitzuschlagen; als die Musik sich dann steigerte, fing er an, mit voller Gestik zu ›dirigieren‹. Bei dem langen Triller unmittelbar vor dem Schluß aber hielt er geradezu verlegen inne, und ich möchte schwören, daß er mit dem Kopf nickte und vorgab, eingeschlafen zu sein. Er sagte mir, daß er wünsche, er könne alle seine Aufnahmen zerstören; aber er gab mir dann doch auch zwei davon mit. Eine war Mozarts g-Moll-Symphonie, und als er sie mir aushändigte, bedeutete er mir, Bruno Walters Aufnahme sei besser als seine eigene.

Ich erzählte ihm von meinen Erfahrungen, als ich in Alaska konzertierte. Er war überrascht zu hören, daß ich mit guten Amateurquartetten Kammermusik gespielt hatte und daß es dort hochgebildete Musikliebhaber gab. Toscanini sagte mir, das seien die Leute, für die professionelle Musiker wie unsereiner spielten; ohne sie sei es sinnlos, weiter Musik zu machen. Ich erwähnte auch, daß einer meiner Freunde, ein Sammler von Musikhandschriften und Briefen in Kalifornien, mich gebeten hatte, seine Meinung darüber in Erfahrung zu bringen, ob einige wenig bekannte Briefe Verdis an eine Frau, die Verdi in einem weniger verklärten Licht als gewöhnlich erscheinen lassen, publiziert werden sollten oder nicht. Er hatte die Briefe, auf die ich mich bezog, gesehen und sagte mit allem Nachdruck: ›Ich *verbiete*, daß sie veröffentlicht werden!‹«[22]

Die unverbrüchliche Freundschaft Guido Cantellis, der ihn besuchte, mit ihm telephonierte und ihm ausführliche Briefe über seine eigenen Aktivitäten schickte, war für Toscanini in seinen letzten Jahren ein großer Trost. »Der glückliche Guido«, pflegte er zu sagen, »der dirigiert und noch ein ganzes Leben vor sich hat. Aber er ist fähig und gut, er verdient alles erdenkliche Glück.«[23] Dann kam der schreckliche Flugzeugabsturz vom 23. November 1956 in Paris, bei dem Cantelli den Tod fand. Toscanini wurde nie darüber ins Bild gesetzt.
Zu Weihnachten dieses Jahres besuchten ihn Hugo Burghauser und der Dirigent Jonel Perlea in Riverdale. Burghauser berichtete Haggin:

»Er schwelgte in Erinnerungen über Salzburg und den *Falstaff* und redete über die Unzulänglichkeiten von Walter und Furtwängler und dies und das – daß nie *alles* gut ist und deshalb eben wirklich *nie* gut ist... Einen gab es jedoch, der gut war: Nikisch. Und Ernst von Schuch in Dresden... Und worüber redete er zu guter Letzt? Er sagte: ›Vorbereitungen für meinen neunzigsten Geburtstag am 25. März – heute in genau drei Monaten. Sie erzählen mir, daß sie etwas Schönes vorbereiten, und ich werde meine Freude daran haben.‹...«[24]

Am nächsten Tag kam Delli Ponti, um ihm etwas vorzuspielen:

»Ich sagte, ich würde ihm die Klavierfassung eines Stückes von Michelangelo Rossi vorspielen, eines unbekannten Komponisten des 17. Jahrhunderts, der Schüler Frescobaldis gewesen war. Als ich den Titel des Stückes nannte, sagte Toscanini sofort: ›Es gibt zwei Ausgaben davon, aber beide haben einen Fehler im vierten Takt‹; und er erklärte mir, was das für ein Fehler war. Ich war verblüfft. Ich meine, sogar vorausgesetzt, daß sein Gedächtnis mit extremer Leichtigkeit arbeitete – wann hatte er eigentlich je die Zeit gehabt, sich in solche entlegenen Bereiche des musikalischen Repertoires zu vertiefen und diese Werke nicht nur flüchtig durchgesehen, sondern eigene Ideen dazu entwickelt zu haben, wie sie gespielt werden mußten?* Jedenfalls spielte ich das

* Dieses Interesse an vorbarocker und frühbarocker Musik, das bei Musikern der Generation Toscaninis sehr ungewöhnlich war, entwickelte er nicht erst in späten Jahren. Der *Corriere della Sera* vom 18. Juli 1920 berichtet, daß auf Vorschlag Toscaninis ein Forschungsauftrag unter der Leitung der Bibliothek des Mailänder Konservatoriums vergeben wurde, der die Kosten der Forschungsarbeit für eine geplante Ricordi-Edition älterer italienischer Musik decken sollte; er selbst stiftete fünfhundert Lire.

Stück und danach noch eine Toccata von Frescobaldi selbst, die Toscanini entzückte. Er äußerte sich sehr ausführlich über Frescobaldi – wie unnötig es doch sei, bis zum *Parsifal* auszugreifen, um außergewöhnliche Harmonien zu hören: man könne sie bereits bei Frescobaldi finden. Und er sagte von Frescobaldi, daß er ein populärer Komponist gewesen sei, was für Toscanini sehr bedeutsam war – daß nämlich ein Komponist Musik schrieb, der die Leute auch wirklich zuhörten. Darauf spielte ich einiges von Bach und dann die B-Dur-Sonate von Schubert, die ihm besonders lieb war. Ich glaube, das war das letztemal, daß irgend jemand ihm vorspielte. – Später erzählte ich ihm, daß ich stundenweise einen Klavierübungsraum im Apartment einer alten russischen Dame gemietet hatte, ganz in der Nähe meines New Yorker Hotels. Eines Tages mußte die alte Dame ausgehen und bat mich, die anderen Studiomieter einzulassen. Die Glocke klingelte oft, und jedesmal, wenn ich die Tür öffnete, stand da ein Mann mit einem jungen Mädchen, und ich mußte ihnen ein Studio zeigen. Nach einer gewissen Zeit sah ich, daß dieselben Mädchen immer wieder mit verschiedenen Männern zurückkamen, und merkte, daß ich mich als Pförtner in einem Bordell betätigte. Als die alte Dame zurückkehrte, sagte ich nichts; als ich jedoch Anstalten machte, ihr meine Miete für die Klavierübungsstunden zu entrichten, erwiderte sie: ›Nein, nein, ich könnte von Ihnen heute wirklich kein Geld annehmen; Sie sind mir eine große Hilfe gewesen.‹ Ich habe Toscanini nie so herzlich lachen gesehen wie bei dieser Geschichte, und er lachte noch stürmischer, als ich erwähnte, daß die alte Dame ein handsigniertes Photo von Caruso auf ihrem Flügel stehen hatte, mit einer Widmung darauf, die irgend etwas besagte wie ›Das Gesicht Carusos, der schließlich doch noch nicht so alt ist, dankt Ihnen‹. Toscanini erzählte von Carusos Fähigkeiten als Liebhaber, die sogar er, trotz allem, zu beneiden gezwungen war.«[25]

31. Dezember 1956 – eine Silvesterparty in Riverdale. Toscanini fühlte sich wohlauf, war lebhaft und gesprächig; und er war hingerissen, daß seine Enkelin Emanuela, die Filippo d'Acquarone geheiratet hatte, ihm in nächster Zukunft seinen ersten Urenkel präsentieren würde. Alle seine Kinder und Enkel waren zugegen, ebenso Anita Colombo, Wallenstein und mehrere andere Freunde, darunter der Tenor Virginio Assandri, ein Landsmann aus Parma, dem es gelungen war, einen ungeheuren Culatello (eine spezielle Parmaer Wurst) für den Maestro aufzutreiben. Es gab zu Essen und zu Trinken in Hülle und Fülle, Toasts und angeregte Unterhaltung. Um Mitternacht umarmte Toscanini jeden Gast, ebenso den Koch, den Chauffeur und das Zimmermädchen.
Laut einem Artikel, der im Jahre 1967 in der Mailänder Zeitung *Il Giorno*

erschien und auf Informationen von Wally und Anita Colombo beruhte, fragte Wanda etwa um ein Uhr nachts: »Papa, du mußt müde sein. Möchtest du nicht zu Bett gehen?« »Es fällt mir nicht im Traum ein! Ich fühle mich ganz ausgezeichnet.« Kurz nach zwei Uhr begleitete er seine Gäste zur Tür und ging in sein Zimmer hinauf. Der Artikel fuhr fort:

> »Eine Zeitlang hatte er nicht mehr allein geschlafen. Er hatte gern jemanden in seiner Nähe. So leisteten ihm Wally und Anita Colombo jede Nacht Gesellschaft. Sie schliefen abwechselnd im Bett, er dagegen in einem Lehnstuhl, weil das Bett für ihn zu hoch und deshalb schwer zu ersteigen war. Er schlief gewöhnlich in mehreren kurzen, unruhigen Phasen voller Beklemmungen und Träume, an die er sich beim Erwachen peinlich genau erinnerte: ein Zug, der nie den Weg aus einem langen Tunnel hinausfand, oder er und ein Freund von ihm waren blinde Passagiere auf einem Schiff ...
>
> An jenem Morgen erwachte er um sieben Uhr, zog seinen Bademantel an und ging ins Badezimmer. Als er wieder in der Tür erschien, war er sehr bleich und schwankte. Er lehnte sich an den Türrahmen und fuhr sich mit der Hand über die Stirn. Anita lief zu ihm, stützte ihn und geleitete ihn mit großer Mühe wieder zum Bett ... Walter wurde aus seinem Zimmer geklopft, und der Arzt traf kurz darauf ein. Es handelte sich um einen Gehirnschlag.«[26]

Er kam wieder zu Bewußtsein, und als Sonia Horowitz nachmittags eintraf, um ihm zur Seite zu stehen, flüsterte er ihr zu: »Cara, cara, du bist gerade rechtzeitig gekommen, weil dein Großvater im Sterben liegt.« Er erholte sich sogar so weit, daß er zu gehen versuchte. »Sein eiserner Wille half ihm, das Leid zu überwinden«, sagte Wally, »aber er war nicht mehr er selbst. In meinen Augen starb Papa an jenem Neujahrsmorgen.« Weitere Anfälle folgten. Und der *Giorno*-Artikel fuhr fort:

> »... Die schlimme Nachricht wurde von der Familie zwei Wochen lang geheimgehalten ... Seine Natur war hart und widerstandsfähig. Eines Morgens sah Wally ihn seine Hände bewegen ... Toscanini öffnete die Augen und sah einen Krankenpfleger, der auf Anraten des Arztes verpflichtet worden war. Toscanini war nie in der Lage gewesen, mit Pflegepersonal auszukommen. ›Wer ist der Mann?‹ fragte er. Man ließ den Pfleger sich vor ihm verbergen ...
>
> ›Gelegentlich‹, sagte Anita Colombo, ›hatte man den Eindruck, daß er Stimmen hörte. Er nickte mit dem Kopf und sagte yes oder si oder ein Wort im Parmaer Dialekt. An einem der letzten Tage ... murmelte er: No, non così, più morbido, prego, più morbido. Ripetiamo. Più mor-

bido. Ecco, bravi, così va bene. (Nein, nicht so, weicher, bitte, weicher. Wiederholen wir. Weicher. Ja, ja, gut, jetzt ist es richtig.)‹...«[27]

Noch in Italien hatte Wally versucht, Don Carlo Gnocchi, einen Freund der Familie und den einzigen Priester, den Toscanini ertragen konnte, zu überreden, nach Amerika zu kommen und ihm dort die Beichte abzunehmen, ihm, der seit seiner Zeit im Konservatorium von Parma nicht mehr gebeichtet hatte, das heißt seit mehr als siebzig Jahren! Hochwürden Gnocchi, der sich möglicherweise bewußt war, welcher Art von Empfang ein solcher Versuch begegnen würde, erwiderte: »Es ist nicht erforderlich, daß ich nach Amerika komme. Ihr Vater hat im Leben so viel Gutes getan, daß er meine Absolution nicht braucht.«[28] Als jetzt offenkundig geworden war, daß dem alten Mann nicht mehr viel Zeit verblieb, wurde ein Priester für die Letzte Ölung gerufen. Toscaninis Augen waren geschlossen; er öffnete sie nur für einen kurzen Augenblick, als er während der Verlesung der liturgischen Formeln seinen Namen aussprechen hörte. Er starb am nächsten Morgen, am 16. Januar 1957, um acht Uhr vierzig, zwei Monate und neun Tage vor seinem neunzigsten Geburtstag, im Kreise seiner Kinder, Enkel und Anita Colombos. Es war Wallys Geburtstag.
Tausende von Menschen defilierten an seinem in der Frank Campbell Chapel aufgebahrten offenen Sarg vorbei, und eine Totenmesse wurde in der St. Patrick's Cathedral gehalten. Einen Monat später wurde sein Leichnam mit dem Flugzeug nach Italien überführt. Am 18. Februar erwiesen zwischen sieben Uhr dreißig und neun Uhr dreißig morgens rund 40 000 Menschen seinem Sarg im Foyer der Scala die letzte Ehre. Nach dem Segen wurden die inneren Türen des Theaters geöffnet, und das Scala-Orchester unter der Leitung von Victor de Sabata war mit dem Trauermarsch aus der *Eroica* zu hören, der auch durch Lautsprecher auf die überfüllte Piazza della Scala übertragen wurde. Die ungeheure Menschenmenge folgte dem Leichenwagen und seinem Weg über die Piazza San Babila zur Via Durini, wo eine kurze Pause vor Toscaninis Haus eingelegt wurde, dann weiter zum Dom, wo der Erzbischof, Kardinal Montini (der spätere Papst Paul VI.), die Messe las und de Sabata das Scala-Ensemble im »Libera me« aus Verdis *Messa da Requiem* mit Leyla Gencer als Solistin leitete. Von da nahm der Trauerkondukt seinen Weg zum Cimitero Monumentale, wo der Sarg ins Familiengrab gebettet werden sollte. Am Eingang zum Friedhof sangen die vereinigten Chöre der Scala, des Konservatoriums und von Radio Italiana das »Va, pensiero« aus *Nabucco*, dasselbe Stück, das Toscanini an derselben Stelle sechsundfünfzig Jahre zuvor geleitet hatte, seinem Komponisten zu Ehren.

Einige Bemerkungen

Ein bekannter amerikanischer Musikkritiker, der ehedem sogar unter Toscaninis Leitung im New York Philharmonic Orchestra gespielt hatte, veröffentlichte vor einigen Jahren einen Bericht über eine Aufführung der fünften Symphonie von Tschaikowski mit Herbert von Karajan. Er wandte die interessante Methode eines bis in kleinste Einzelheiten gehenden Vergleichs zwischen Karajans und Toscaninis Art und Weise der Annäherung an das Werk an. Toscanini aber hatte Tschaikowskis fünfte Symphonie nie dirigiert – und einer der Leser des Kritikers schrieb ihm eilends, um ihn darauf hinzuweisen. Es war einer jener erstklassigen Kritiker-Schnitzer, der die Herzen der ausübenden Musiker mit schadenfroher und vollkommen gerechtfertigter Freude erfüllt. Aber der betreffende Kritiker gab sich nicht geschlagen: Er entschuldigte sich für seinen »Fehler«, fuhr aber mit der Bemerkung fort, er sei mit Toscaninis Art des Musizierens so vertraut, daß er zu wissen glaube, wie eine Aufführung dieses Werkes geklungen habe, wenn sie tatsächlich existierte!

Das ist ein Extremfall jener Form von anmaßender Dummheit, die einen Großteil der Musikkritik im allgemeinen und der Toscanini-Kritik im besonderen charakterisiert. Nahezu alles, was heute zum Thema Toscanini-Aufführungen zu lesen und zu hören ist (ausgenommen Berichte einiger älterer Zeitgenossen), ist ebenso lächerlich und unerheblich wie die oben zitierten Bemerkungen über die phantasierte Fünfte von Tschaikowski.

In den zwanziger und dreißiger Jahren, als Toscanini auf der Höhe seines Könnens und seines Ruhms stand, wurde er von der überwältigenden Mehrheit der Musiker und Hörer als jemand betrachtet, dessen Format größer war als das irgendeines anderen auf seinem Gebiet. Das bedeutete nicht, daß er über alle Kritik erhaben war, daß alles, was er tat, groß oder zumindest gut war: Es bedeutete eher, daß seine Fähigkeiten so offenkundig und seine Ergebnisse so überzeugend waren, daß so verschiedenartige Musiker wie Fritz Kreisler, Ignaz Paderewski und Pierre Monteux – um nur einige wenige zu nennen – ihn für ein Phänomen hielten, für jemanden, der »außerhalb« des Kreises seiner Kollegen stand, für »le plus grand de tous« (Monteux). Die Situation hat sich jedoch in den letzten Jahren drastisch verändert. Es hat den Anschein, daß die »Toscanini-Frage« nur noch von zwei Hauptgruppen von Leuten bestritten wird: den Mitgliedern der Fanatikerzirkel auf der einen Seite, die lieber einer »Piraten«-Bandaufnahme Toscaninis von Bolzonis *Serenade in einem mittelalterlichen Schloß* zuhören als irgend jemandem anders, selbst wenn er eine Beethoven-Symphonie dirigiert; und den Lästerern auf der anderen, die einem zu verstehen geben, daß sie »die Toscanini-Aufnahmen kennen« und wissen, daß er alle Tempi zu schnell nahm.

Offensichtlich ist das ganze Problem der Toscanini-Kritik zum augenblicklichen Zeitpunkt – nahezu ein Vierteljahrhundert nach dem Rücktritt des Dirigenten – und sicherlich auch in Zukunft eng und unauflöslich mit seinen Schallplattenaufnahmen verbunden und wird es auch weiterhin bleiben. Bedauerlicherweise aber repräsentieren ihn diese Schallplattenaufnahmen nicht angemessen und können es auch gar nicht. Als er 1920/21 mit dem Scala-Orchester in Amerika seine ersten Schallplattenaufnahmen machte, war er dreiundfünfzig Jahre alt und übte seit vierunddreißig Jahren den Dirigentenberuf aus, das heißt, er stand mit seiner Laufbahn genau auf halbem Wege. Diese Aufnahmesitzungen erbrachten ungefähr fünfzig Minuten kommerziell nahezu unverwertbaren Materials, das heute jedenfalls nicht mehr auf dem Markt ist. Zwischen diesem Datum und seinem siebzigsten Geburtstag machte er Aufnahmen mit einer Gesamtdauer von weniger als dreieinhalb Stunden, und nur ein Bruchteil dieser eher bescheidenen Produktion steht dem Schallplattenkäufer der späten siebziger Jahre zur Verfügung. Toscanini begann erst regelmäßig Schallplattenaufnahmen zu machen, als er bereits über siebzig war; und nahezu alle gegenwärtig verfügbaren Aufnahmen seines Gesamtrepertoires entstanden, als er bereits hoch in den Achtzigern war – alle Beethoven- und Brahms-Symphonien, drei Schubert-Symphonien, *La Mer* und *Ibéria*, seine Aufnahmen von vier Tondichtungen von Richard Strauss, seine fünf vollständigen Verdi-Opern (wenn auch *La Traviata* bereits einige Monate vor seinem achtzigsten Geburtstag aufgenommen wurde) und nahezu alle seine Wagner-Auszüge.

Ich bin nicht der Meinung, daß diese sehr späten Toscanini-Aufnahmen nicht ernst genommen werden sollten oder für sich genommen keine Bedeutung haben. Im Gegenteil: Sie bezeugen sämtlich die ungebrochene bohrende und analytische Leidenschaft eines außergewöhnlichen Musikers, und in den meisten Fällen ist die ihnen innewohnende musikalische Schönheit und Bedeutung sehr groß. Das Problem ist jedoch, daß sie keine wirkliche Vorstellung von seinem Werk vermitteln. Ein Beispiel: Es existiert ein Rundfunk-Mitschnitt eines Konzerts vom April 1935, in dem Toscanini mit dem New York Philharmonic Orchestra die *Missa solemnis* aufführte. Die meisten seiner Tempi sind die langsamsten, die ich je in einer Aufführung dieses Werkes – live oder auf Schallplatte –

gehört habe. Und doch ist darin eine außergewöhnliche Flexibilität in der Behandlung jeder einzelnen Orchestergruppe spürbar, und der Gesamteffekt ist auf einzigartige Weise fesselnd und bewegend, trotz der sehr dürftigen technischen Qualität der Aufnahme selbst und trotz der Unangemessenheit von Martinelli im Vergleich mit den anderen Solisten. Ebenso existieren Raubmitschnitte einer Toscanini-Aufführung desselben Werkes mit dem NBC Symphony Orchestra vom Dezember 1940. Wenn die Gesamtdauer dieser Aufnahme auch nur eine Minute weniger beträgt als die der Version von 1935, so ist die allgemeine Konzeption des Werkes doch weniger massiv und dramatischer geraten. Schließlich die Aufnahme von 1953, die einzige, die im Handel verfügbar ist. Die Gesamtdauer dieser Aufführung beträgt eine Stunde, vierzehn Minuten und zweiundfünfzig Sekunden, im Gegensatz zu einer Stunde, dreiundzwanzig Minuten und fünfundvierzig Sekunden im Jahre 1940 – eine sehr bemerkenswerte Differenz. Nicht nur sind die Tempi schneller geworden, auch die Modifikationen innerhalb der jeweiligen Tempi sind auf das äußerste Minimum reduziert; alles wird mit größtmöglicher Einfachheit ausgeführt. Die drei Aufführungen fanden samt und sonders in der Carnegie Hall statt, so daß das Problem verschiedener Tempi in akustisch verschiedenen Räumlichkeiten hier nicht in Betracht kommt. Auch läßt sich nicht einwenden – wie manche Autoren haben durchblicken lassen –, daß eine Arteriosklerose für die Steigerung der Geschwindigkeit und Starrheit der Tempi Toscaninis verantwortlich zu machen sei: Wenn es auch richtig ist, daß seine Tempi in dem Maße, wie er älter wurde, häufig auch rascher und unveränderlicher wurden, so läßt sich doch auf viele Gegenbeispiele verweisen – eine *Tragische Ouvertüre* aus dem Jahre 1953, die viel langsamer und gewichtiger ist als eine andere von 1937, eine *Pastorale*, die im Jahre 1952 lyrischer ist als fünfzehn Jahre zuvor, eine zweite Symphonie von Brahms, in der der fünfundachtzigjährige Toscanini das zweite Thema im letzten Satz beträchtlich langsamer nimmt als das Hauptthema usw.

Meine eigene Vorliebe in bezug auf die drei *Missas* gilt der frühesten; ich finde es jedoch faszinierend und aufschlußreich, die Entwicklung der Auseinandersetzung Toscaninis mit diesem Werk über eine Zeitspanne von achtzehn Jahren hinweg zu verfolgen. Man wähle, wie man will – oder man wähle alle oder gar keine –, gültig bleibt, daß Toscanini kein Musiker war, dessen Arbeit vorwiegend auf der Grundlage dessen gewürdigt werden kann, was er ungefähr um 1950 leistete. Jeder, der seine auf geradezu verblüffende Weise divergierenden Aufnahmen von Schuberts großer C-Dur-Symphonie gehört hat (1941, 1947 und 1953; alle zu ihrer Zeit auf dem Markt), sollte sich davor hüten, weitreichende Verallgemeinerungen über Toscaninis »Art und Weise« des Dirigierens anzustellen.

Man fragt sich vergebens, wie seine Aufführung des Werkes wohl geklungen haben mag, als er es 1896 zum erstenmal dirigierte, ebenso in all den dazwischenliegenden Jahren ... »Man sagt, daß ich immer derselbe geblieben bin«, erzählte der achtzigjährige Toscanini eines Tages Gianandrea Gavazzeni. »Nichts Alberneres ist je über mich gesagt worden. Ich bin nie derselbe gewesen – nicht einmal von einem Tag zum anderen. Ich wußte das, wenn auch andere es nicht wußten.«[1] Seine Art und Weise der Aufführung bestimmter musikalischer Werke wandelte sich im Laufe der Jahre radikal, weil er ein in hohem Maße reflektierender und selbstkritischer Künstler und sehr selten davon überzeugt war, daß er seine Arbeit leidlich, geschweige denn gut, getan habe.

Ein weiteres Problem (in Wirklichkeit ein Scheinproblem, das zu einem Problem hochstilisiert wird), das in die Kategorie der Toscanini-Kritik fällt, ist das von »Objektivität versus Subjektivität« bei der Reproduktion von Musik. Die Gegenüberstellung von Toscaninis sogenanntem »buchstäblichen«, werktreuen Ansatz und dem eher »persönlichen« von beispielsweise Wilhelm Furtwängler ist in bestimmten Zirkeln nachgerade zu einer Art Sport geworden; und wir armen Teufel, die wir Biographien von ausübenden Musikern zu schreiben versuchen, sehen uns häufig in die Situation verstrickt, langschweifige und äußerst fade Diskussionen über Neue Sachlichkeit oder »le divin imprévu« verdauen zu müssen.

Es sei hier kategorisch behauptet, daß der ganze Begriff der »buchstäblichen« und »objektiven« Interpretation einer Irreführung gleichkommt! Ein gedruckt vorliegendes Musikstück wird von jedem Ausführenden auf verschiedene Weise interpretiert werden, und auch der Komponist selbst wird es nicht auf genau dieselbe Weise spielen, wenn er es studiert oder aufführt. Alle ausführenden Musiker interpretieren alle Musik, die sie aufführen, innerhalb der Grenzen, die ihnen ihre technischen und intellektuellen Fähigkeiten, ihre Neigungen und Überzeugungen, ihre psychische Verfassung usw. setzen. Das ist unvermeidlich so. Die »richtige« Art und Weise, ein Stück zu spielen, ausfindig zu machen, ist ein Ideal, dem so viele gewissenhafte Musiker nahezukommen versuchen, die sich doch deutlich bewußt sind, daß ein solches Ziel letztlich unerreichbar ist. Toscanini versuchte – wie andere große Musiker auch – so intensiv wie möglich, sich das Herz des von ihm aufgeführten Werkes zu erschließen. Es ist richtig, daß er beispielsweise im dritten Satz der fünften Symphonie von Beethoven das im siebenten und achten Takt vorgeschriebene *poco ritardando* so zu spielen versuchte, wie Beethoven es vorgeschrieben hat, und nicht wie das zwei Takte früher vorgeschriebene *molto ritardando*, wie manche Dirigenten vor und nach ihm das ausführen zu müssen glaubten. Ebenso richtig ist, daß das Wort »Allegretto« am Anfang des zweiten Satzes der siebenten Symphonie für Toscanini bedeutete, daß Beethoven diesen Satz nicht wie eine Totenklage gespielt haben wollte. Und es ist schließlich richtig, daß Toscanini überzeugt war, daß Verdi, als er die Arie »Caro nome« für seinen *Rigoletto* schrieb, darin alle Verzierungen vorschrieb, die er für wünschenswert hielt. Wenn das alles Beispiele für haarspalterische Pedanterie sind, so darf man Toscanini – und ebenso eine große Zahl anderer hervorragender Musiker – getrost einen Pedanten, Buchstabengläubigen und ähnliches nennen.*

Eine der haltlosen Legenden über Toscanini, die Bücher wie das von Chotzinoff unterstützen halfen, ist die des vollständig einseitigen Genies, das zwar in seiner Arbeit eine phänomenale geistige Tiefgründigkeit unter Beweis stellte, aber von allem anderen nur sehr wenig verstand und sich die meiste Zeit wie ein nörgelndes dreijähriges Kind aufführte. Daß Toscanini durchaus fähig war, sich als nörgelnder Querulant aufzuführen, ist ganz offensichtlich; ich hoffe jedoch, deutlich gemacht zu haben, daß er ebenso in der Lage war, persönliche Großmut und Vornehmheit an den Tag zu legen. Darüber hinaus war er auf vielen anderen Gebieten, die seinem unmittelbaren Arbeitsbereich fernstanden, alles andere als ein Idiot. Seine Kenntnis der klassischen und romantischen Literatur war sehr ansehnlich. Er hatte fast den ganzen Dante und einen großen Teil von Shakespeare (auf Englisch) auswendig gelernt. Die italienischen Schriftsteller des 19. Jahrhunderts, namentlich Giacomo Leopardi und Giosuè Carducci (mit seinen Prosawerken), waren seine ständigen Begleiter, und in seinen Siebzigern, als er in Riverdale lebte, begann ihn die frühe amerikanische Literatur zu faszinieren, vor allem Washington Irving, dessen Hudson-Erzählungen ihm zusagten. Seine Lektüre umfaßte auch die französischen und russischen Romanciers, Ralph Waldo Emerson, die griechischen Dramatiker und Theoretiker einer zukünftigen Weltregierung – und angesichts seiner außerordentlichen Konzentrationsfähigkeit und seines enormen Gedächtnisvermögens bedeutete Lesen vollständiges Absorbieren. Auf seinem eigenen Gebiet, der Musik, verschlang seine Lektüre alles, was er in die Hände bekommen konnte – Musikgeschichten, Biographien und Briefwechsel von Komponisten, analytische Arbeiten –, und er eignete sich ruhelos und unausgesetzt jede weitere Information an, die in irgendeiner erdenklichen Weise zu seiner Arbeit beitragen konnte. Erich Leinsdorf nannte Toscanini einen »äußerst intelligenten und sehr bewußten Menschen, der ohne Zweifel alles kannte, worüber man in seinem Beruf Bescheid wissen mußte.«[2]

Auch seine Vertrautheit mit den bildenden Künsten war sehr beeindruk-

* Erwähnt werden sollte, daß Toscanini, wie viele seiner Kollegen, häufig Veränderungen – im allgemeinen geringfügige, gelegentlich aber auch einschneidendere – in bezug auf die Instrumentierung der von ihm geleiteten Werke vornahm; und diese Überarbeitungen zeugten gelegentlich von fragwürdigem Geschmack.

kend. »Ich weiß nicht«, sagte er eines Tages zu Sacchi, »ob ich die Musik oder die Malerei mehr liebe.«[3] Wenn er natürlicherweise auch mit der Kunst der Renaissance vertraut war, so galt seine große Liebe doch den zeitgenössischen italienischen Künstlern der Jahrhundertwende, von denen viele zu seinen engsten Freunden zählten – der pointillistische Maler Vittore Grubicy und der Bildhauer Leonardo Bistolfi beispielsweise. Er konnte gelegentlich ganze Stunden in Grubicys Atelier verbringen, und er pflegte einen anderen Malerfreund, Arturo Tosi, bei seinen Entdeckungsfahrten mit dem Skizzenblock aufs Land zu begleiten. Schließlich trug er eine schöne Sammlung von Werken dieser Künstler zusammen, die daneben auch Arbeiten von Signorini, Sernesi, Lega und sogar Tiepolo und Fontanesi umfaßte. Seine Tochter Wanda berichtete, daß es ihm Entspannung verschaffte, wenn er die Gemälde umhängte:

> »Er hatte immer Hammer und Nägel zur Hand und liebte es, die Bilder umzugruppieren. Oft tat er das mitten in der Nacht, wenn er keinen Schlaf finden konnte. Er vergötterte Bilder geradezu. Wenn er ein neues kaufte, nahm er es mit in sein Schlafzimmer, setzte sich aufs Bett und betrachtete es. Mutter erzählte, daß sie eines Nachts aufgewacht sei und Vater mit einem Bild in Händen schlafend angetroffen habe. Sie war froh, daß sie ihn geweckt hatte – sonst wäre ihm das Bild aufs Gesicht gefallen.«[4]

Alle diese Details sind hier nicht aufgeführt worden, um darzulegen, daß Toscanini ein Intellektueller war. Er war es nicht – und wehe dem Künstler, der von sich glaubt, er sei es; er war aber auch nicht das vollkommen einseitige Geschöpf, als das manche Autoren ihn hingestellt haben. Es muß ebenso erwähnt werden, daß er Gefallen daran fand, vor dem Fernseher zu sitzen, als nach dem Zweiten Weltkrieg in Amerika das Fernsehen eingeführt wurde, und besonders mochte er Kindersendungen, Slapstick-Komödien, Box- und Ringkämpfe. Sein Interesse für das Boxen wurde in einem Maße geweckt, daß er sich sogar Lektüre darüber verschaffte, und schließlich lernte er auch noch Primo Carnera, Antonino Rocca und andere italo-amerikanische Boxmatadore persönlich kennen. (Ich habe einmal ein spaßiges Interview mit Rocca gehört, der dabei die Theorie äußerte, daß Toscaninis Gesundheitszustand so gut und seine körperliche Stärke so groß gewesen seien, daß er, »wenn er hart trainiert hätte, ein Champion hätte werden können«.)

Ausübende Musiker – große, achtbare und dürftige – kommen und gehen; sogar die besten davon hinterlassen nur eine Spur, die rasch verblaßt. Schallplattenaufnahmen haben bewiesen, daß nichts diesen Prozeß aufhalten kann: Unter den heutigen Schallplattenkäufern ist die Zahl derer, die die Aufnahme einer Beethoven-Symphonie von Furtwängler oder Toscanini einer modernen Version vorziehen, in der Tat gering. Bruno Walter und Thomas Beecham, die lange genug lebten, um noch stereophone Aufnahmen machen zu können, sind bereits in Billigpreislabels abgedrängt worden, und das gleiche Schicksal erwartet Otto Klemperer und andere. Natürlich gibt es ausgezeichnete und schöne moderne Aufnahmen von einem Großteil des Repertoires, und es besteht kein Grund, warum sie nicht ihre Liebhaber finden sollten. Tatsache aber ist, daß die Menschen ein kurzes Gedächtnis haben – sogar für das, was sie früher liebten; und neue Generationen kommen herauf, die, abgesehen von Sonderfällen, kein Bedürfnis spüren, Aufnahmen zu hören, die zu Zeiten ihrer Großeltern gemacht wurden. Wer heute noch hören möchte, wie Arthur Nikisch, Willem Mengelberg, Felix Weingartner oder Richard Strauss manche Stücke gespielt haben, ist entweder Berufsmusiker oder außergewöhnlich begeisterter Amateur.

Welches ist also der Angelpunkt? Räumt man ein, daß die europäische Kultur lediglich *ein* Ausschnitt aus einem weitläufigen Komplex ist, räumt man weiter ein, daß die »professionell komponierte« polyphone Musik nur *ein* Entwicklungsstrang dieses Ausschnitts ist, so scheint es absurd, daß ein hochbegabtes menschliches Wesen wie Toscanini seine vitalen Energien auf den Versuch verschwendet haben sollte, diese oder jene melodische Figur auf eine bestimmte Weise – anstatt auf eine andere – zu verwirklichen. Das Verblüffendste am Phänomen Toscanini war jedoch die Tatsache, daß sein Kampf um die Verwirklichung einer schönen Aufnahme schlechterdings eine Sache von Leben und Tod war – der Kampf selbst sogar mehr noch als die Verwirklichung. Ziel seiner Bestrebungen, die ihn sich selbst und andere so unbändig antreiben ließen, war es fraglos nicht, einem Publikum zu gefallen, das weitgehend aus Gelegenheitshörern bestand. Die Schönheit mußte ganz einfach nachgeschaffen werden, und ohne das war die Welt für ihn sinnlos. Diese Leidenschaft, dieser Fanatismus, diese Verrücktheit – man nenne es, wie man will – schlugen ihn so vollständig in Bann, daß sein Werk *zwangsläufig* Kommunikation auf einem Niveau wurde, wie es sich die meisten seiner ausübenden Kollegen nicht einmal erträumten.

Ich persönlich halte seine Aufführungen – oder was von ihnen heute bleibt – für wertvoll und einzigartig schön. Das vorliegende Buch ist jedoch nicht zum Lobe der Leistungen Arturo Toscaninis geschrieben worden (die meines Lobes jedenfalls nicht bedürfen), sondern eher als Huldigung an seine Konzentrationsfähigkeit zu verstehen, an seine schreckliche Ehrlichkeit, seinen untrüglichen Richtungssinn und seine unerbittliche Unzufriedenheit mit sich selbst.

Anmerkungen

Vorwort (S. 13–17)

1 Walter Toscanini, Brief an den Autor, 10. August 1964
2 Peter Heyworth, Interview mit Otto Klemperer, gesendet von der Canadian Broadcasting Corporation, 1969
3 Fedele d'Amico et al., *La lezione di Toscanini*, S. 226

Kapitel I (S. 19–40)

1 Gaspare Nello Vetro, *Toscanini alla Regia Scuola del Carmine*, S. 20 ff.
2 Filippo Sacchi, *Toscanini*, S. 28
3 Luciana Frassati, *Il Maestro*, S. 270 f.
4 Vetro, op. cit., S. 15
5 Camilla Cederna, *La voce dei padroni*, S. 13 f.
6 Vetro, op. cit., S. 128 f.
7 ebda., S. 138
8 ebda., S. 101
9 Alfredo Segre, *Toscanini – The First Forty Years*, S. 162
10 Vetro, op. cit., S. 171 f.
11 Walter Toscanini, Brief an Mario Medici, 6. Juni 1964
12 Ayres de Andrede, *Um episódio brasileiro na carreira de Toscanini*
13 Dieses und die folgenden direkten Zitate von Äußerungen Toscaninis in diesem Kapitel sind einer Tonbandaufzeichnung (die ohne Wissen Toscaninis aufgenommen wurde) eines Gesprächs entnommen, das er am 1. September 1955 in seinem Heim in New York mit seinem Sohn Walter, seiner Tochter Wally und seinen Freunden Anita Colombo und Wilfrid Pelletier führte.
14 Eugene Weintraub, »A Visit to Toscanini«, in: *Musical America*, 10. Februar 1943
15 Igor Strawinsky, *Erinnerungen*, S. 165

Kapitel II (S. 41–92)

1 Vgl. Anm. 13 von Kapitel I
2 d'Amico et al., op. cit., S. 176 f.
3 Carlo Gatti, *Catalani*, S. 140 f.
4 Andrea Della Corte, *Toscanini visto da un critico*, S. 25
5 Sacchi, op. cit., S. 89 f.
6 *L'Elettore*, Casale Monferrato, 10. Juni 1887
7 Guglielmo Barblan, *Toscanini e la Scala*, S. 28
8 Howard Taubman, *The Maestro*, S. 40
9 George R. Marek, *Toscanini*, S. 112
10 d'Amico et al., op. cit., S. 181

11 Ambrogio Brocca, *Il Politeama Genovese*, S. 171
12 Giulio Gatti-Casazza, *Memories of the Opera*, S. 52
13 Ein Großteil der Informationen über die Voghera-Spielzeit wurde einem Aufsatz von Giuseppe Mazza entnommen: »Teatro Sociale: Stagione lirica 1889«, in: *Ultrapadum*, Voghera, September 1957
14 Segre, op. cit., S. 157
15 Barblan, op. cit., S. 37
16 Segre, op. cit., S. 157
17 G. B. Vallebona, *Il Teatro Carlo Felice*, S. 194
18 ebda.
19 ebda.
20 Segre, op. cit., S. 158
21 Catalani, Brief an Giulio Ricordi, 19. Februar 1892, Museo Teatrale alla Scala, Mailand
22 Segre, op. cit., S. 158
23 Vallebona, op. cit., S. 195
24 Museo Teatrale alla Scala, Mailand
25 ebda.
26 Barblan, op. cit., S. 315
27 John W. Klein, *Toscanini and Catalani – A Unique Friendship*, S. 221
28 Barblan, op. cit., S. 316
29 Della Corte, op. cit., S. 37
30 ebda., S. 38
31 ebda.
32 Segre, op. cit., S. 160
33 Frassati, op. cit., S. 20
34 Gatti-Casazza, op. cit., S. 142
35 Klein, op. cit., S. 213
36 Mario Morini, *Pagliacci, Leoncavallo e Toscanini*, S. 93
37 Gatti-Casazza, op. cit., S. 51
38 Franco Abbiati, *Giuseppe Verdi*, Bd. IV, S. 565
39 ebda., S. 566
40 Segre, op. cit., S. 163
41 *La Gazzetta di Venezia*, 21. April 1895
42 *Il Pianoforte*, Juni 1924, S. 174 f.
43 d'Amico et al., op. cit., S. 176
44 Stanley Jackson, *Monsieur Butterfly*, S. 70
45 Giacomo Puccini, *Carteggi Pucciniani*, S. 137
46 ebda., S. 139
47 Frassati, op. cit., S. 73
48 B. H. Haggin, *Conversations with Toscanini*, S. 79
49 Barblan, op. cit., S. 37
50 Della Corte, op. cit., S. 54
51 Barblan, op. cit., S. 316
52 ebda., S. 317 f.
53 Renzo Allegri, *Nostro Padre Arturo Toscanini*, 1. April 1972
54 Giuseppe Valdengo, *Ho cantato con Toscanini*
55 Haggin, op. cit., S. 68
56 Istituto di Studi Verdiani, Parma
57 Raffaelle de Rensis, *Lettere di Arrigo Boito*, S. 243
58 ebda., S. 243 f.

Kapitel III (S. 93–150)

1 Carlo Arner, »Storia della questione della Scala«, in: *Annuario dell'Arte Lirica e Coreografica*, Mailand 1899
2 *Parma a Toscanini*, 1958, S. 61 f.
3 Barblan, op. cit., S. 319 f.
4 ebda., S. 320
5 Della Corte, op. cit., S. 73 f.
6 ebda., S. 75
7 Gatti-Casazza, op. cit., S. 74
8 *Il Pianoforte*, Juni 1924, S. 175
9 Museo Teatrale alla Scala, Mailand
10 Paul Stefan, *Arturo Toscanini*
11 Barblan, op. cit., S. 323
12 ebda., S. 322 f.
13 Abbiati, op. cit., S. 637
14 ebda., S. 637 f.
15 Giuseppe Verdi, *I Copialettere*, S. 256
16 ebda.
17 *La Gazzetta musicale di Milano*, 16. März 1899
18 Abbiati, op. cit., S. 638
19 ebda.
20 Istituto di Studi Verdiani, Parma
21 Abbiati, op. cit., S. 640
22 Archiv der Wiener Philharmoniker
23 Barblan, op. cit., S. 61
24 Segre, op. cit., S. 170
25 Barblan, op. cit., S. 65
26 Puccini, op. cit., S. 195
27 ebda., S. 195 f.
28 Allegri, op. cit., 1. April 1972, S. 60
29 Puccini, op. cit., S. 204
30 Interview des Autors mit Friedelind Wagner, 1977
31 Barblan, op. cit., S. 324
32 ebda., S. 86
33 Gatti-Casazza, op. cit., S. 110
34 Haggin, op. cit., S. 61
35 Feodor Chaliapin, Maxim Gorky, *Chaliapin*, S. 146 f.
36 Haggin, op. cit., S. 78
37 Romeo Carugati, in: *Lombardia*, 3. April 1902
38 Sacchi, op. cit., S. 177
39 Museo Teatrale alla Scala, Mailand
40 Jackson, op. cit., S. 117
41 *Il Pianoforte*, Juni 1924, S. 171
42 Barblan, op. cit., S. 330
43 Enrico di San Martino, *Ricordi*, S. 100
44 »Toscanini Memorial Archives« in der Library of the Performing Arts, Lincoln Center, New York
45 Sacchi, op. cit., gegenüber S. 176; Barblan, op. cit., S. 119
46 Della Corte, op. cit., S. 101
47 Barblan, op. cit., S. 121
48 Guglielmo Barblan, *Toscanini Alpinista*, S. 60
49 *Il Pianoforte*, Juni 1924, S. 182

50 Enzo Biagi, in: *La Stampa*, 27. April 1972
51 Barblan, *Toscanini e la Scala*, S. 329 f.
52 ebda., S. 330 f.
53 ebda., S. 331 f.
54 ebda., S. 332
55 ebda., S. 334
56 Richard Strauss, *Die Welt um Strauss in Briefen*, S. 175
57 Frances Alda, *Men, Women and Tenors*, S. 83 f.
58 Gatti-Casazza, op. cit., S. 148
59 Archiv der Metropolitan Opera
60 Mario Labroca, Virgilio Boccardi, *Arte di Toscanini*, S. 52 f.
61 Barblan, op. cit., S. 343
62 ebda., S. 146
63 ebda., S. 146

Kapitel IV (S. 151–202)

1 Emma Eames, *Some Memories and Reflections*, S. 294
2 Gustav Mahler, *Briefe*, S. 430
3 Alma Mahler, *Gustav Mahler. Erinnerungen und Briefe* (italienische Ausgabe)
4 Alma Mahler, *Gustav Mahler. Erinnerungen und Briefe*, S. 224
5 ebda., S. 212
6 Bruno Walter, *Thema und Variationen*, S. 388
7 Taubman, op. cit., S. 119
8 Haggin, op. cit., S. 77
9 Museo Teatrale alla Scala, Mailand
10 Interview des Autors mit Erich Leinsdorf, 1972
11 Eames, op. cit., S. 298
12 Interview des Autors mit Carlo Maria Giulini, 1977
13 Anne Homer, *Louise Homer*, S. 276 f.
14 Frieda Hempel, *Mein Leben dem Gesang*, S. 184
15 Barblan, op. cit., S. 174
16 Puccini, op. cit., S. 376
17 Partitur in den Archiven des Verlages Ricordi, Mailand
18 Puccini, op. cit., S. 377
19 ebda., S. 379
20 ebda., S. 383
21 ebda., S. 384
22 Ferruccio Busoni, *Briefe an seine Frau*, S. 183
23 Edward J. Dent, *Ferruccio Busoni*, S. 209
24 Allegri, op. cit., 8. April 1972, S. 60
25 Barblan, op. cit., S. 339 f.
26 Frassati, op. cit., S. 53
27 Labroca, Boccardi, op. cit., S. 62 f.
28 Della Corte, op. cit., S. 127 f.
29 ebda., S. 128 f.
30 Frassati, op. cit., S. 102
31 de Rensis, op. cit., S. 245
32 Haggin, op. cit., S. 78
33 Max Smith, »Toscanini at the Baton«, in: *The Century*
34 Haggin, op. cit., S. 68
35 Interview des Autors.mit Giulio Riccardi, 1977

36 Verdi, op. cit., S. 255 f.
37 ebda., S. 264 f.
38 Barblan, op. cit., S. 183
39 Haggin, op. cit., S. 79
40 Allegri, op. cit., 1. April 1972, S. 60
41 Morini, op. cit., S. 96
42 Della Corte, op. cit., S. 239
43 Interview von Edward Downes mit Giovanni Martinelli, »Metropolitan Opera Broadcast«, März 1967
44 Giovanni Martinelli, »Singing Verdi«, in: *Musical America*, März 1963
45 Barblan, op. cit., S. 337 f.
46 Taubman, op. cit., S. 119 f.
47 Archiv der Metropolitan Opera
48 ebda.
49 Irving Kolodin, *The Metropolitan Opera*, S. 215
50 Barblan, op. cit., S. 338 f.
51 Labroca, Boccardi, op. cit., S. 69
52 Puccini, op. cit., S. 450
53 Allegri, op. cit., 1. April 1972, S. 60
54 Dora Setti, *Eleonora Duse ad Antonietta Pisa*
55 Vincent Seligman, *Puccini among Friends*, S. 292 f.
56 Taubman, op. cit., S. 141
57 Della Corte, op. cit., S. 150 f.
58 Archiv der Metropolitan Opera

Kapitel V (S. 203–273)

1 Della Corte, op. cit., S. 160
2 Archiv der Metropolitan Opera
3 Nuccio Fiorda, *Arte, beghe e bizze di Toscanini*, S. 49
4 Enrico Minetti, *Ricordi scaligeri*, S. 75
5 *Il Pianoforte,* Juni 1924, S. 177
6 ebda., S. 170
7 Della Corte, op. cit., S. 168
8 Ignace J. Paderewski, Mary Lawton, *The Paderewski Memoirs*, S. 124
9 *Parma a Toscanini,* 1958, S. 52
10 Interview des Autors mit Giuseppe Marchioro, 1976
11 Interview des Autors mit Antonino Votto, 1977
12 *Il Pianoforte,* Juni 1924, S. 167 f.
13 d'Amico et al., op. cit., S. 214–218
14 Toti Dal Monte, *Una voce nel mondo*, S. 107
15 ebda., S. 108
16 Giacomo Lauri-Volpi, *Voci parallele*, S. 21
17 d'Amico et al., op. cit., S. 226
18 Domenico Silvestrini, *Aureliano Pertile*, S. 34
19 Ezio Pinza, Robert Magidoff, *Ezio Pinza*, S. 100
20 Renato Simoni, *Ritratti*, S. 20 f.
21 Maria Labia, *Guardare indietro: che fatica!*, S. 117
22 Carlo Paladini, *Giacomo Puccini*, S. 154
23 Puccini, op. cit., S. 509 f.
24 Barblan, op. cit., S. 204
25 Puccini, op. cit., S. 512

26 ebda., S. 521
27 Barblan, op. cit., S. 205
28 Puccini, op. cit., S. 534
29 Barblan, op. cit., S. 345 ff.
30 Frassati, op. cit., S. 161
31 Dal Monte, op. cit., S. 118 f.
32 d'Amico et al., op. cit., S. 222
33 Silvestrini, op. cit., S. 30 ff.
34 Barblan, op. cit., S. 206
35 ebda., S. 207
36 Berta Geismar, *Musik im Schatten der Politik*, S. 124
37 Labroca, Boccardi, op. cit., S. 99 f.
38 Faksimile der Botschaft Toscaninis in *L'illustrazione italiana*, Mailand, 13. Juni 1948
39 Sacchi, op. cit., S. 298 f.
40 d'Amico et al., op. cit., S. 189
41 Labroca, Boccardi, op. cit., S. 159
42 Dal Monte, op. cit., S. 125
43 ebda., S. 126 f.
44 Minetti, op. cit., S. 76 ff.
45 Della Corte, op. cit., S. 234
46 Piero Nardi, *Vita di Arrigo Boito*, S. 722
47 Barblan, op. cit., S. 207
48 Puccini, op. cit., S. 553 f.
49 Barblan, op. cit., S. 207
50 Puccini, op. cit., S. 555
51 Allegri, op. cit., 8. April 1972, S. 56
52 Enzo Biagi, in: *La Stampa*, 27. April 1972
53 ebda.
54 Giuseppe Adami, *Puccini*, S. 218
55 Ugo Ojetti, *I Taccuini*, S. 156 f.
56 Labroca, Boccardi, op. cit., S. 106
57 Fritz Busch, *Aus dem Leben eines Musikers*, S. 179
58 Interview des Autors mit Gianandrea Gavazzeni, 1972
59 Sacchi, op. cit., S. 263 f.
60 Archiv des New York Philharmonic Orchestra
61 ebda.
62 ebda.
63 ebda.
64 Louise Varèse, *Varèse: A Looking-Glass Diary*, S. 249
65 ebda.
66 Barblan, op. cit., gegenüber S. 113
67 Interview des Autors mit Antonino Votto, 1977
68 Frassati, op. cit., S. 182
69 d'Amico et. al., op. cit., S. 210
70 ebda.
71 ebda., S. 211
72 Minetti, op. cit., S. 79
73 Igor Strawinsky, *Erinnerungen*, S. 165 f.
74 ebda., S. 166
75 Eric Walter White, *Stravinsky*, S. 518
76 Archiv des New York Philharmonic Orchestra
77 ebda.

78 Walter, op. cit., S. 388
79 Unterhaltung zwischen Louis Fourestier und dem Autor, 1971
80 Daniel Gillis, *Furtwängler and America*, S. 18 f.
81 Archiv des New York Philharmonic Orchestra
82 ebda.
83 Minetti, op. cit., S. 73
84 Archiv des New York Philharmonic Orchestra
85 ebda.
86 ebda.
87 d'Amico et al., op. cit., S. 201 f.
88 Arnaldo Fraccaroli, *La Scala a Vienna e a Berlino, Maggio 1929*
89 ebda.
90 Ernst Häussermann, *Herbert von Karajan*, S. 112
91 ebda.
92 Fraccaroli, op. cit.
93 Walter, op. cit., S. 399
94 Peter Heyworth, *Conversations with Klemperer*, S. 91
95 Ente Autonomo Teatro alla Scala, *Cronistoria della stagione 1928–29*, S. 142
96 ebda.

Kapitel VI (S. 275–370)

1 Museo Teatrale alla Scala, Mailand
2 ebda.
3 Haggin, op. cit., S. 79 f.
4 Raffaelle de Rensis, *Musica vista*, S. 117
5 *Emporium*, Bergamo, Dezember 1930
6 Della Corte, op. cit., S. 250
7 René Chalupt, *Ravel au miroir de ses lettres*, S. 244
8 ebda., S. 244 f.
9 Barblan, op. cit., S. 362
10 ebda., S. 363
11 *Arturo Toscanini: Parma nel centenario della nascita*, S. 85 ff.
12 Walter, op. cit., S. 290
13 Labroca, Boccardi, op. cit., S. 130 f.
14 B. H. Haggin, *Toscanini and his Critics*
15 Barblan, op. cit., S. 361
16 B. H. Haggin, *The Toscanini Musicians Knew*, S. 63 f.
17 Labroca, Boccardi, op. cit., S. 133 f.
18 ebda., S. 133
19 Interview des Autors mit Friedelind Wagner, 1977
20 Interview von Edward Downes mit Wanda Toscanini-Horowitz, »Metropolitan Opera Broadcast«, März 1967
21 Friedelind Wagner, Page Cooper, *Heritage of Fire*, dt. *Nacht über Bayreuth*, o. O., o. J., S. 88
22 Daniela Thode, *Bayreuth seit 1930*, Typoskript, Richard-Wagner-Gedenkstätte, Bayreuth
23 Archiv des New York Philharmonic Orchestra
24 Labroca, Boccardi, op. cit., S. 136
25 vgl. Anm. 20
26 Labroca, Boccardi, op. cit., S. 137
27 Interview mit Elsa Respighi, RAI, August 1977
28 Interview des Autors mit Natale Gallini, 1977

29 Allegri, op. cit., 15. April 1972, S. 48, 51
30 Barblan, op. cit., gegenüber S. 360 u. ö.
31 Clara Clemens, *My Husband Gabrilowitsch*, S. 206
32 Josef Szigeti, *With Strings Attached*, S. 347 f.
33 Frassati, op. cit., S. 206
34 Wagner, Cooper, op. cit., S. 99 f.
35 Interview des Autors mit Friedelind Wagner, 1977
36 Thode, op. cit.
37 Barblan, op. cit., S. 364
38 Thode, op. cit.
39 Archiv des New York Philharmonic Orchestra
40 Taubman, op. cit., S. 195
41 Archiv des New York Philharmonic Orchestra
42 ebda.
43 *New York Times,* Mai 1932
44 Della Corte, op. cit., S. 281 f.
45 Barblan, op. cit., S. 364 f.
46 Allegri, op. cit., 8. April 1972, S. 56
47 Clemens, op. cit., S. 211
48 ebda., S. 212
49 Wagner, Cooper, op. cit., S. 138 f.
50 Richard-Wagner-Gedenkstätte, Bayreuth
51 Busch, op. cit., S. 206
52 Frassati, op. cit., S. 249
53 Wagner, Cooper, op. cit., S. 89
54 Haggin, op. cit., S. 154 f.
55 ebda., S. 192
56 unveröffentlichte Erinnerungen von Iwa Aulin Voghera
57 ebda.
58 Allegri, op. cit., 8. April 1972, S. 56
59 Gregor Piatigorsky, *Mein Cello und ich*, S. 137
60 Robert Magidoff, *Yehudi Menuhin*, S. 157
61 Interview des Autors mit Yehudi Menuhin, 1971
62 Lotte Lehmann, *Anfang und Aufstieg*, S. 162
63 ebda., S. 219
64 Lotte Lehmann, auf Band aufgezeichnete Erinnerungen, »Metropolitan Opera Broadcast«, März 1967
65 Haggin, op. cit., S. 229 f.
66 Archiv des New York Philharmonic Orchestra
67 Piatigorsky, op. cit., S. 137 f.
68 Adrian Boult, *My Own Trumpet*, S. 101 f.
69 Michael Kennedy, *Barbirolli*, S. 96
70 ebda.
71 Archiv des New York Philharmonic Orchestra
72 ebda.
73 ebda.
74 Boult, op. cit., S. 102
75 Halina Rodzinski, *Our Two Lives*, S. 129
76 B. H. Haggin, *Vienna's Great Conductors*, S. 34
77 Erich Leinsdorf, *Cadenza – A Musical Career*, S. 41 f.
78 Adriano Lualdi, *L'arte di dirigere l'orchestra*, S. 230
79 Lehmann, op. cit., S. 224 f.
80 Leinsdorf, op. cit., S. 40 f.

81 J. N. Moore, *A Voice in Time*
82 Kennedy, op. cit., S. 95
83 Archiv des New York Philharmonic Orchestra
84 faschistisches Dossier über Toscanini, St. Anthony's College, Oxford
85 Vera Newman, *Ernest Newman*, S. 150
86 Archiv des New York Philharmonic Orchestra
87 Haggin, op. cit., S. 40
88 Archiv des New York Philharmonic Orchestra
89 Barblan, op. cit., S. 366
90 Taubman, op. cit., S. 215
91 Haggin, *The Toscanini Musicians Knew*, S. 169 f.
92 Lualdi, op. cit., S. 228 ff.
93 Margarete Wallmann, *Les Balcons du ciel*
94 Labroca, Boccardi, op. cit., S. 142 f.
95 Haggin, op. cit., S. 70
96 D. E. Ingelbrecht, *The Conductor's World*, S. 19–29
97 Bronislaw Huberman Archive, Central Library for Music and Dance, Tel Aviv
98 Geburtshaus von Toscanini, Parma
99 *Arturo Toscanini,* America-Israel Cultural Foundation
100 *La Bourse Égyptienne,* 7. Januar 1937
101 vgl. Anm. 99
102 Haggin, op. cit., S. 193 f.
103 vgl. Anm. 97
104 vgl. Anm. 99
105 vgl. Anm. 97
106 Interview des Autors mit Lorand Fenyves, 1971
107 vgl. Anm. 97
108 Archiv des New York Philharmonic Orchestra
109 ebda.
110 Leinsdorf, op. cit., S. 47 f.
111 Rodzinski, op. cit., S. 159
112 Archiv des New York Philharmonic Orchestra
113 Jaap Stotijn, *Even uitblazen*, S. 32
114 *Het Vaderland,* Den Haag, 2. März 1937
115 Interview des Autors mit George Szell, 1965
116 Haggin, op. cit., S. 174
117 ebda., S. 68
118 ebda., S. 67
119 Haggin, *Vienna's Great Conductors*, S. 38 f.
120 Barblan, op. cit., S. 308
121 Archiv des New York Philharmonic Orchestra
122 Samuel Antek, *This Was Toscanini*, S. 15 f.
123 Barblan, op. cit., S. 308
124 Bernard Shore, *The Orchestra Speaks*, S. 161–182
125 Della Corte, op. cit., S. 321
126 Arthur Bliss, *As I Remember*, S. 116
127 Grete Busch, *Fritz Busch*, S. 156

Kapitel VII (S. 371–424)

1 Haggin, *Conversations with Toscanini*, S. 66
2 Haggin, *The Toscanini Musicians Knew*, S. 35 f.

3 Interview des Autors mit Friedelind Wagner, 1977
4 Labroca, Boccardi, op. cit., S. 156 f.
5 Haggin, op. cit., S. 221 f.
6 Haggin, *Conversations with Toscanini*, S. 20 ff.
7 Unterhaltung zwischen dem Autor und Arthur Fierro, 1977
8 Schallplattenbeilage der RCA zu *A Toscanini Treasury of Historic Recordings*, LM 6711
9 ebda.
10 Gaetano Salvemini, *L'Italia vista dall'America*, Bd. I, II, S. 165
11 Salvemini-Archiv, Rom
12 ebda.
13 ebda.
14 Armando Borghi, »Esilio americano«, in: *Il mondo*, 14. Mai 1957
15 Barblan, op. cit., S. 368
16 ebda., S. 369
17 ebda., S. 370
18 Aldo Carpi, *Diario di Gusen*, S. 174
19 Della Corte, op. cit., S. 337 f.
20 Haggin, *The Toscanini Musicians Knew*, S. 80 f.
21 Minetti, op. cit., S. 67 f.
22 nach Aufzeichnungen von Lily Seppilli
23 Frassati, op. cit., S. 267
24 Labroca, Boccardi, op. cit., S. 226
25 Interview von Edward Downes mit Robert Merrill, »Metropolitan Opera Broadcast«, März 1967
26 *Il Giorno*, Mailand, 25. März 1967
27 Labroca, Boccardi, op. cit., S. 201
28 Della Corte, op. cit., S. 370
29 Minetti, op. cit., S. 20
30 Della Corte, op. cit., S. 382
31 Nan Merriman, »A Singer's View of Toscanini«, in: *Saturday Review*, 25. März 1967
32 Philip Hamburger, »Toscanini Train«, in: *New Yorker*, 20. Mai 1950
33 Interview des Autors mit Walfredo Toscanini, 1977
34 Antek, op. cit., S. 99 f.
35 ebda., S. 101
36 Allegri, op. cit., 22. April 1972, S. 50
37 freundliche Mitteilung von Maria Cecchini Montarsolo
38 Enzo Biagi, in: *La Stampa*, 27. April 1972
39 Richard Osborne, »All in Good Time«, in: *Records and Recordings*, Februar 1973
40 Barblan, op. cit., S. 371
41 Interview des Autors mit Michelangelo Abbado, 1977
42 *Il Giorno*, 25. März 1967
43 Della Corte, op. cit., S. 394–398
44 Cederna, op. cit., S. 9 f.
45 Labroca, Boccardi, op. cit., S. 274
46 vgl. Anm. 31
47 Allegri, op. cit., 22. April 1972, S. 53
48 ebda.
49 freundliche Mitteilung von Maria Cecchini Montarsolo
50 ebda.
51 ebda.
52 Haggin, *Conversations with Toscanini*, S. 103
53 ebda., S. 103 ff.

Kapitel VIII (S. 425–438)

1 Della Corte, op. cit., S. 426
2 Haggin, *The Toscanini Musicians Knew*, S. 15
3 Unterhaltung zwischen dem Autor und Arthur Fierro, 1977
4 Beniamino Dal Fabbro, *Musica e verità*, S. 173
5 Interview des Autors mit Michelangelo Abbado, 1977
6 Unterhaltung zwischen dem Autor und Sandro Cicogna, 1977
7 Interview des Autors mit Yehudi Menuhin, 1971
8 freundliche Mitteilung von Maria Cecchini Montarsolo
9 ebda.
10 Interview des Autors mit Natale Gallini, 1976
11 d'Amico et al., op. cit., S. 179 f.
12 Luchino Visconti, »Il vero Falstaff«, in: *Il Contemporaneo*, Rom, 26. Januar 1957
13 Cederna, op. cit., S. 10 ff.
14 *Oggi*, 31. Januar 1957
15 John Ardoin, Gerald Fitzgerald, *Callas*, S. 89
16 vgl. Anm. 12
17 *Arturo Toscanini: Parma nel centenario della nascita*, S. 136
18 freundliche Mitteilung von Sandro Cicogna
19 Gualtiero Trambali: »Sono vecchissimo, non ne posso più«, in: *Epoca*, 26. Januar 1977
20 Unterhaltung zwischen dem Autor und Mario Delli Ponti, 1977
21 *La Gazzetta di Parma*, 20. Januar 1957
22 vgl. Anm. 20
23 Giuseppe Tarozzi, *Non muore la musica*, S. 284
24 Haggin, *The Toscanini Musicians Knew*, S. 173 f.
25 vgl. Anm. 20
26 *Il Giorno*, Mailand, 25. März 1967
27 ebda.
28 Allegri, op. cit., 22. April 1972, S. 56

Einige Bemerkungen (S. 439–445)

1 Interview des Autors mit Gianandrea Gavazzeni, 1972
2 Interview des Autors mit Erich Leinsdorf, 1972
3 Sacchi, op. cit., S. 244
4 Interview von Edward Downes mit Wanda Toscanini-Horowitz, »Metropolitan Opera Broadcast«, März 1967

Anhang I

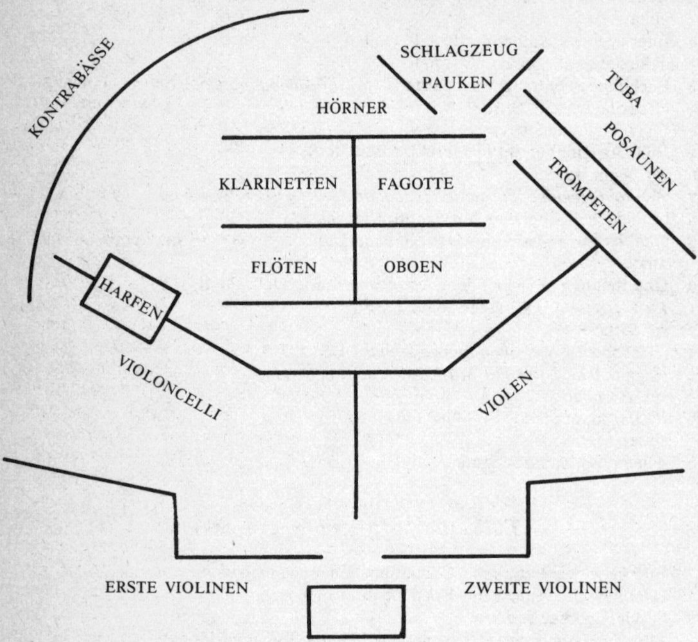

Toscaninis übliche Orchesteraufstellung

Anhang II

Toscaninis Repertoire

Wenn das von Walter Toscanini zusammengetragene Archiv tatsächlich einmal wissenschaftlicher Forschung zugänglich gemacht wird, sollte es auch möglich sein, ein umfassendes Repertoireverzeichnis Toscaninis zu publizieren. Ohnehin würde der von früheren Sammlern und mir selbst aufgearbeitete Bestand bereits einen sehr viel umfangreicheren Band füllen. Was hier also folgt, ist lediglich das dürftigste Skelett eines Kataloges. In der »Opern«-Abteilung habe ich die Namen von Komponisten und Opern verzeichnet, überdies die Städte, in denen Toscanini jede Oper dirigierte; für den Abschnitt »Im Konzertsaal« konnten nicht so viele Detailangaben gemacht werden: lediglich die Namen der Komponisten und ihrer Werke sind aufgeführt. In den Abschnitten C und D habe ich versucht, einige der größten Lücken zu schließen.
Das statistische Resümee auf seinem augenblicklichen Stand ist beeindruckend, ja sogar überwältigend. Im Theater leitete Toscanini 117 Opern (und dazu Debussys *Le Martyre de Saint-Sébastien*) von 53 Komponisten; im Konzertsaal wurden 175 Komponisten (von denen 38 sich mit den Opernkomponisten überschneiden) mit über 480 Werken vorgestellt – nicht eingeschlossen Opern und Opernauszüge, die er bei Bühnenaufführungen leitete. Insgesamt also ungefähr 600 größere und kleinere Werke von etwa 190 Komponisten – und das alles aus dem Gedächtnis geprobt und aufgeführt. Zweifellos würde das Familienarchiv diese Zahlen noch steigern, wenn auch wohl nicht beträchtlich.
Ich habe die folgenden Abkürzungen benutzt: arr. – arrangiert; BA – Buenos Aires; Balt – Baltimore; Bo – Bologna; Bos – Boston; Br – Brooklyn; Chi – Chicago; Gen – Genua; Mi – Mailand; Mont – Montevideo; NY – New York; orch. – orchestriert; Phil – Philadelphia; Pitts – Pittsburgh; Rio – Rio de Janeiro; Sg – Salzburg; Tur – Turin; Ven – Venedig.

Im Opernhaus

Beethoven, Ludwig van: *Fidelio* (Mi, Sg).
Bellini, Vincenzo: *I Capuleti ed i Montecchi* (Barcelona); *I Puritani* (Brescia); *Norma* (Palermo, Tur).
Berlioz, Hector: *La Damnation de Faust* (Mi, BA, Mont, Tur).
Bizet, Georges: *Carmen* (Verona, Tur, Gen, Rom, Mi, NY, Phil, Br).
Boito, Arrigo: *Mefistofele* (Tur, Mi, BA, Mont); *Nerone* (Mi, Bo, Tur).
Buzzi-Peccia, Arturo: *La Forza d'Amore* (Tur).
Cagnoni, Antonio: *Francesca da Rimini* (Mi, Gen).
Canti, Natale: *Savitri* (Bo, Gen).
Catalani, Alfredo: *Edmea* (Tur); *Loreley* (Gen, Palermo, Treviso, Tur, BA, Mont); *La Wally* (Lucca, BA, Mont, Mi, NY).
Charpentier, Gustave: *Louise* (Mi).

Cilea, Francesco: *Adriana Lecouvreur* (BA, Mont); *Gloria* (Mi).
Debussy, Claude: *Le Martyre de Saint-Sébastien* (Mi); *Pelléas et Mélisande* (Mi).
Donizetti, Gaetano: *Don Pasquale* (BA, Mont, NY); *L'Elisir d'Amore* (Mi, BA, Mont); *La Favorita* (Rio, Voghera, Bergamo); *Linda di Chamounix* (Mi, BA, Mont); *Lucia di Lammermoor* (Mi, Wien, Berlin); *Lucrezia Borgia* (Verona).
Dukas, Paul: *Ariane et Barbe-bleue* (NY, BA, Mi).
Franchetti, Alberto: *Asrael* (BA, Mi); *Cristoforo Colombo* (Gen, Treviso, Bo, Pisa, Ven, Trient, BA, Mi); *La Figlia d'oro* (BA); *Germania* (Mi, BA, NY, Phil, Chi).
Galeotti, Cesare: *Anton* (Mi).
Giordano, Umberto: *Andrea Chénier* (Tur); *La Cena delle Beffe* (Mi); *Madame Sans-Gêne* (NY, Phil, Br, Mi); *Il Re* (Mi); *Siberia* (BA, Tur).
Gluck, Christoph Willibald: *Armide* (NY); *Orfeo ed Euridice* (Mi, NY, Br).
Gnaga, Andrea: *Guglielmo Swarten* (Rom).
Gnecchi, Vittorio: *Cassandra* (Bo).
Goldmark, Karl: *Die Königin von Saba* (Mi, BA).
Gomes, Carlos: *Salvator Rosa* (Rio).
Gounod, Charles: *Faust* (Rio, Tur, BA, Mont, Paris [nur die Schlußszene], Mi).
Humperdinck, Engelbert: *Hänsel und Gretel* (Mi, BA, Bo); *Königskinder* (BA).
Lara, Isidore de: *Messalina* (Mi).
Leoncavallo, Ruggiero: *I Pagliacci* (Mi, Palermo, Rom); *Zazà* (Mi).
Leva, Enrico de: *La Camargo* (Tur).
Lozzi, Antonio: *Emma Liona* (Ven, Tur).
Machado, Augusto: *Laurianna* (Rio).
Mancinelli, Luigi: *Ero e Leandro* (Tur).
Mascagni, Pietro: *L'Amico Fritz* (Gen); *Cavalleria rusticana* (Senigallia, Tur, Palermo, Gen, Mi, NY, Phil); *Iris* (Mi, BA, Mont, NY); *Le Maschere* (Mi).
Masetti, Umberto: *Vindice* (Gen).
Massenet, Jules: *Griselda* (BA, Mont); *Manon* (Brescia, BA, Mont, NY, Atlanta); *Le Roi de Lahore* (Ravenna, Mi).
Meyerbeer, Giacomo: *L'Africaine* (Casale Monferrato); *Dinorah* (Bo); *Les Huguenots* (Rio, Novara, Mi); *Le Prophète* (Gen).
Montemezzi, Italo: *L'Amore dei Tre Re* (NY, Phil, Mi).
Mozart, Wolfgang Amadeus: *Don Giovanni* (BA); *Die Zauberflöte* (Mi, Sg).
Mussorgsky, Modest Petrowitsch: *Boris Godunow* (NY, Mi).
Paer, Ferdinando: *Le Maître de chapelle* (Tur).
Panizza, Ettore: *Medio Evo latino* (BA).
Pizzetti, Ildebrando: *Dèbora e Jaéle* (Mi); *Fra Gherardo* (Mi).
Ponchielli, Amilcare: *La Gioconda* (Rio, Casale Monferrato, Brescia, Palermo, BA, Mi, NY, Phil, Balt, Br, Chi, Atlanta); *I Lituani* (Mi); *Marion Delorme* (Rio); *I Promessi Sposi* (Mi).
Puccini, Giacomo: *La Bohème* (Tur, Brescia, Ven, Mi, BA, Paris [nur der 3. Akt], NY); *La Fanciulla del West* (NY, Phil, Br, Rom); *Madama Butterfly* (BA, Mont, Bo, Tur, NY, Br, Phil, Balt, Chi, Pitts, Albany, Atlanta, Rom [nur der 2. Akt], Mi); *Manon Lescaut* (Pisa, Mi, BA, Mont, Paris, Berlin); *Tosca* (Mi, BA, Mont, NY, Phil, Br, Atlanta); *Turandot* (Mi); *Le Villi* (Brescia, Ven, Bo, NY, Phil).
Rossini, Gioacchino: *Il Barbiere di Siviglia* (Palermo, BA, Mont); *Guglielmo Tell* (Mi).
Saint-Saëns, Camille: *Samson et Délilah* (Tur, BA).
Smareglia, Antonio: *Oceana* (Mi).
Strauss, Richard: *Salome* (Mi).
Thomas, Ambroise: *Hamlet* (Rio, Mi); *Mignon* (Verona, Gen, Tur).
Tschaikowski, Peter Iljitsch: *Eugen Onegin* (Mi).
Verdi, Giuseppe: *Aida* (Rio, Macerata, Novara, Voghera, BA, Lugo, Mont, Mi, NY, Phil, Br, Chi, Pitts, Bos, Paris, Montreal, Cleveland, Berlin); *Un Ballo in Maschera*

(Trient, Mi, NY, Atlanta); *Don Carlo* (Mi); *Falstaff* (Treviso, Bo, Gen, Pisa, Ven, Tur, Mi, BA, NY, Phil, Paris, Rom, Busseto, Wien, Berlin, Sg); *La Forza del Destino* (Mi, Novara, Rom, Gen, Ven); *I Lombardi* (Casale Monferrato); *Luisa Miller* (Tur, Mi); *Otello* (Pisa, Mi, BA, NY, Phil, Br, Chi, Paris, Cleveland, Cincinnati, Atlanta); *Rigoletto* (Rio, Palermo, BA, Mont, Br, Mi, Berlin); *Simon Boccanegra* (Gen); *La Traviata* (Rio, Brescia, BA, Mont, Busseto, Mi); *Il Trovatore* (Rio, Mi, NY, Berlin).

Wagner, Richard: *Der fliegende Holländer* (Palermo); *Götterdämmerung* (Tur, Mi, NY, BA); *Lohengrin* (Mi, BA, Mont); *Die Meistersinger von Nürnberg* (Mi, BA, Mont, Bo, NY, Bos, Chi, Sg); *Parsifal* (Mi, Bayreuth); *Siegfried* (Mi, Bo, Tur); *Tannhäuser* (Gen, Treviso, BA, Bayreuth); *Tristan und Isolde* (Tur, Mi, BA, Mont, NY, Phil, Bos, Paris [nur der 2. Akt], Bayreuth); *Die Walküre* (Tur, Mi, BA).

Weber, Carl Maria von: *Euryanthe* (Mi, NY, Br); *Der Freischütz* (BA).

Wolf-Ferrari, Ermanno: *L'Amore Medico* (NY); *Le Donne curiose* (NY); *Il Segreto di Susanna* (Mi).

Zandonai, Riccardo: *I Cavalieri di Ekebù* (Mi).

Im Konzertsaal

Aguirre, Julian: Zwei Tänze.

Atterberg, Kurt: Symphonie Nr. 6.

Bach, Johann Christian: Symphonien op. 18,1 und op. 18,3.

Bach, Johann Sebastian: Brandenburgische Konzerte Nr. 2 und 6; Kantaten Nr. 46 und 209; Weihnachtsoratorium (Sinfonia von Teil II); Konzert für vier Cembali (auf Klavieren gespielt); Violinkonzert a-Moll; Konzert für zwei Violinen d-Moll; h-Moll-Messe (Kyrie); Matthäus-Passion (Schlußchor); Orchestersuite Nr. 3.

Bach, J. S., arr. von Hermann Abert: Präludium, Choral und Fuge.

Bach, J. S., arr. von Gustav Mahler: Orchestersuite Nr. 2.

Bach, J. S., arr. von Ottorino Respighi: Drei Choralvorspiele; Passacaglia und Fuge c-Moll; Präludium und Fuge D-Dur.

Bach, J. S., arr. von Arnold Schönberg: Präludium und Fuge Es-Dur.

Bach, J. S., arr. von Wood: Toccata und Fuge d-Moll.

Barber, Samuel: Adagio für Streicher; Essay für Orchester.

Bazzini, Antonio: Allegro drammatico für Violine und Orchester; Saul: Ouvertüre.

Beethoven, Ludwig van: Chorfantasie; Fidelio (vollständige Konzertfassung, Ouvertüre, »Abscheulicher...«); Die Geschöpfe des Prometheus (Ouvertüre, Adagio, Andante, Allegretto); Klavierkonzerte Nr. 1, 3–5; Missa solemnis; Ouvertüren Coriolan, Egmont, König Stephan, Leonore Nr. 1, 2, 3, Die Weihe des Hauses; Septett (mit verstärkten Streichern); Streichquartette op. 59,3 (Einleitung des 1. Satzes, Coda des 3. Satzes, 4. Satz), op. 130 (Cavatina), op. 135 (3. und 2. Satz); Symphonien Nr. 1–9; Tripelkonzert; Violinkonzert.

Bellini, Vincenzo: Norma (1. Akt: Vorspiel, Druidenchor).

Berlioz, Hector: Benvenuto Cellini (Ouvertüre); La Damnation de Faust (Rákóczy-Marsch, Tanz der Sylphen, Szene 7); Les-Francs-Juges-Ouvertüre; Harold in Italien; Römischer Karneval; Roméo et Juliette (vollständig, Liebesszene, »Roméo seul«, »Grande fête chez Capulet«, Fee-Mab-Scherzo); Symphonie fantastique (4. und 5. Satz).

Bizet, Georges: Arlésienne-Suiten Nr. 1 und Nr. 2; Carmen-Suite Nr. 1; La Jolie fille de Perth (Suite); La Patrie-Ouvertüre.

Bloch, Ernest: Three Hebrew Poems.

Boccherini, Luigi: Cellokonzert B-Dur; Streichquartett D-Dur; Streichquintett E-Dur (Menuett).

Boito, Arrigo: Mefistofele (Prolog).
Bolzoni, Giovanni: Capriccio sinfonico; Dramatische Suite; Serenade »Ein mittelalterliches Schloß«; Menuett B-Dur; Il Ruscello; Tempesta in un Bicchier d'Acqua; Thema und Variationen für Streicher.
Borodin, Alexander: Eine Steppenskizze aus Mittelasien; Fürst Igor (Polowetzer Tänze); Symphonie Nr. 2.
Bossi, Marco Enrico: Intermezzi goldoniani; Suite D-Dur.
Brahms, Johannes: Akademische Festouvertüre; Doppelkonzert; Ein deutsches Requiem; Gesänge für Frauenchor (3); Haydn-Variationen; Klavierkonzerte Nr. 1 und 2; Liebeslieder-Walzer; Serenaden Nr. 1 und 2; Symphonien Nr. 1–4; Tragische Ouvertüre; Violinkonzert.
Brahms, J., orch. Antonín Dvořák: Ungarische Tänze Nr. 1, 5, 6, 17, 20 und 21.
Brahms, J., orch. Edmund Rubbra: Händel-Variationen.
Bruch, Max: Violinkonzert g-Moll; Schottische Fantasie.
Bruckner, Anton: Symphonien Nr. 4 und 7.
Busch, Fritz: Mozart-Variationen.
Busi, Alessandro: Elegia funebre.
Busoni, Ferruccio: Berceuse élégiaque; Rondò arlecchinesco.
Buzzi-Peccia, Arturo: Re Harfagar.
Castelnuovo-Tedesco, Mario: Cellokonzert; Violinkonzert Nr. 2; Ouvertüre zu einem Märchen; Der Widerspenstigen Zähmung: Ouvertüre; Violin-Variationen.
Catalani, Alfredo: A sera; Dejanice (Vorspiel zum 4. Akt); Loreley (Tanz der Wassernymphen), La Wally (Vorspiele zum 2. und 4. Akt).
Celega, Nicola (?): The Enchantment: Gavotte für Streicher; The Heart of Fingal.
Chabrier, Emmanuel: Gwendoline (Ouvertüre).
Chasins, Abram: Flirtation in a Chinese Garden; Parade.
Cherubini, Luigi: Ali Baba (Ouvertüre); Anacréon (Ouvertüre); Faniska (Ouvertüre); Médée (Ouvertüre); Requiem; Streichquartett Es-Dur (Scherzo); Symphonie D-Dur.
Cimarosa, Domenico: Il Matrimonio per Raggiro (Ouvertüre); Il Matrimonio segreto (Ouvertüre).
Copland, Aaron: El Salón México.
Corelli, Arcangelo: Andante und Gigue für Streicher; Concerto grosso Nr. 8.
Corelli-Geminiani: Concerto grosso Nr. 12 »La follia«.
Cowen, Frederick: Skandinavische Symphonie (Ein Abend am Fjord).
Creston, Paul: Chortanz Nr. 2; Frontiers.
Debussy, Claude: La Cour des Lys; La Damoiselle élue; Ibéria; Marche écossaise; Le Martyre de Saint-Sébastien; La Mer; Nocturnes (Nuages und Fêtes); Prélude à l'après-midi d'un faune.
Debussy, C., orch. Maurice Ravel: Danse.
Donizetti, Gaetano: Don Pasquale (Ouvertüre); Maria di Rohan (Ouvertüre); verschiedene Opernausschnitte.
Dukas, Paul: Ariane et Barbe-bleue (Auszüge); Der Zauberlehrling.
Dvořák, Antonín: Cellokonzert; Karneval-Ouvertüre; Othello-Ouvertüre; Scherzo capriccioso; Slawischer Tanz Nr. 6; Symphonie Nr. 9; Symphonische Variationen.
Elgar, Edward: Enigma-Variationen; Introduktion und Allegro.
Enescu, Georges: Rumänische Rhapsodie Nr. 1.
Ernst, Heinrich Wilhelm: Fantasie über Rossinis Otello.
Faccio, Franco: Amleto (Trauermarsch).
Falla, Manuel de: El amor brujo.
Fernandez Caballero, Manuel: Batuque; Reisado do pastoredo.
Ferraria, L. E. (?): Adagio und Allegretto für Streicher.
Foroni, Jacopo: Ouvertüren c-Moll, A-Dur.

Franchetti, Alberto: Cristoforo Colombo (Nocturne); Nella Foresta nera; Symphonie Es-Dur (1. Satz).
Franck, César: Les Éolides; Psyché (Psyches Schlummer, Psyche und Eros); Rédemption (symphonisches Zwischenspiel); Symphonie d-Moll.
Franck, C., orch. Gabriel Pierné: Präludium, Choral und Fuge.
Fuchs, Robert: Des Meeres und der Liebe Wellen (Ouvertüre).
Geminiani, Francesco: Concerti grossi op. 2,2 und op. 3,2.
Gershwin, George: An American in Paris; Klavierkonzert F-Dur; Rhapsody in Blue.
Gilbert, Henry F. B.: Comedy-Overture on Negro Themes.
Gillet, F.: Loin du bal.
Gillis, Don: Symphonie Nr. 5 1/2.
Giordano, Umberto: Il Re (Tanz des Mauren); Siberia (Vorspiel zum 2. Akt).
Girard, Narcisse: Sarabande für Streicher.
Glasunow, Alexander: Symphonie Nr. 6.
Glinka, Michail: Jota aragonesa; Kamarinskaja.
Gluck, Christoph Willibald: Armide (Tänze); Iphigénie en Aulide (Ouvertüre); Orfeo ed Euridice (2. Akt).
Goldmark, Karl: Der gefesselte Prometheus (Ouvertüre); Die Königin von Saba (Ouvertüre und Vorspiel zum 2. Akt); Ländliche Hochzeit (2.–4. Satz); Sappho (Ouvertüre).
Golinelli, Stefano, orch. Mugellini: Sonate (Scherzo).
Gomes, Carlos: Fosca (Duett); Il Guarany (Ouvertüre).
Goossens, Eugene: Sinfonietta.
Gould, Morton: A Lincoln Legend.
Gounod, Charles: Colombe (Intermezzo).
Graener, Paul: Die Flöte von Sanssouci.
Grieg, Edvard: Aus Holbergs Zeit; Erste Begegnung; Lento und Presto al saltarello für Streicher; Peer Gynt (Suite Nr. 2 und andere Auszüge).
Griffes, Charles T.: The White Peacock.
Grofé, Ferde: Grand-Canyon-Suite.
Händel, Georg Friedrich: Concerto grosso Nr. 5 (?); Concerto grosso op. 6,12; Largo für Oboe und Streicher; Menuett für Streicher; Susanna (Ouvertüre).
Hanson, Howard: Symphonie Nr. 2.
Harris, Roy: Symphonie Nr. 3.
Haydn, Joseph: Sinfonia concertante B-Dur; Streichquartette op. 3,5 (Serenade) und op. 76,3 (Adagio con variazioni); Symphonien Nr. 31, 88, 92, 94, 98, 99, 101 und 104.
Hérold, Ferdinand: Zampa (Ouvertüre).
Honegger, Arthur: Pastorale d'été; Pacific 231.
Humperdinck, Engelbert: Hänsel und Gretel (Ouvertüre); Königskinder (Vorspiel zum 3. Akt).
Indy, Vincent d': Der Zauberwald; Istar-Variationen.
Kabalewski, Dimitrij Borisowitsch: Colas Breugnon (Ouvertüre); Symphonie Nr. 2.
Kalinnikow, Wassilij: Symphonie Nr. 1.
Kennan, Kent: Night Soliloquy.
Kodály, Zoltán: Háry-János-Suite; Marosszéker Tänze; Psalmus hungaricus; Ein Sommerabend.
Kozeluch, Leopold Antonín: Quartett Nr. 2 (Andante und Allegro).
Lalo, Edouard: Norwegische Rhapsodie.
Lassen, Eduard: Festouvertüre.
Liadow, Anatol: Kikimora.
Liszt, Franz: Danse macabre; Mephisto-Walzer; Orpheus; Les Préludes; Ungarische Rhapsodie Nr. 2; Von der Wiege bis zur Bahre.
Loeffler, Charles M.: Memories of My Childhood.

Lualdi, Adriano: Figlia del Re (Zwischenspiel).
Lully, Jean-Baptiste: Menuett für Streicher.
Malipiero, Gian Francesco: Pause del Silenzio.
Mancinelli, Luigi: Cleopatra (Barcarole); Eröffnungskantate zur Turiner Weltausstellung von 1898; Scene veneziane (Ausschnitte).
Manfredini, Francesco: Weihnachts-Konzert.
Marcello, Benedetto: Psalm Nr. 47.
Martucci, Giuseppe: Canzone dei Ricordi; Danza (Tarantella); Klavierkonzert b-Moll; Notturno; Novelletta; Piccola Suite; Symphonien Nr. 1 und 2.
Massenet, Jules: Le Dernier sommeil de la vierge; Les Erinnys; Scènes alsaciennes; Scènes napolitaines; Sous les tilleuls.
Mendelssohn-Bartholdy, Felix: Ein Sommernachtstraum (Ouvertüre, Intermezzo, Notturno, Lied mit Chor, Hochzeitsmarsch, Scherzo, Chor und Finale); Oktett (arr.); Ouvertüren Die Hebriden, Meeresstille und glückliche Fahrt, Ruy Blas, Die schöne Melusine; Streichquartett Es-Dur (Canzonetta); Streichquintett B-Dur (Adagio); Symphonien Nr. 3, 4 und 5; Violinkonzert e-Moll.
Meyerbeer, Giacomo: Dinorah (Ouvertüre).
Mignone, Francesco: Congada; Fantasia brasileira; Symphonische Eindrücke von vier alten brasilianischen Kirchen.
Montemezzi, Italo: Cantico dei cantici.
Monteverdi, Claudio, arr. von Bernardino Molinari: Sonata sopra Sancta Maria.
Morlacchi, Francesco: Francesca da Rimini (Ouvertüre).
Mossolow, Alexander: Eisengießerei.
Mozart, Leopold: Kindersymphonie.
Mozart, Wolfgang Amadeus: Adagio und Fuge c-Moll; Divertimento KV 287; Don Giovanni (Ouvertüre, »La ci darem la mano« [?]); Fagottkonzert; Klavierkonzerte Nr. 20, 21 und 27; Ein musikalischer Spaß; Le Nozze di Figaro (Ouvertüre); Sinfonia concertante Es-Dur; Symphonien Nr, 1, 28, 29, 32, 35, 38, 39, 40 und 41; Violinkonzert Nr. 6; Die Zauberflöte (Ouvertüre).
Mussorgsky, Modest Petrowitsch: Boris Godunow (Einleitung und Polonaise aus dem 3. Akt); Die Chowanschtschina (Vorspiel); Eine Nacht auf dem kahlen Berge.
Mussorgsky, M. P., orch. Maurice Ravel: Bilder einer Ausstellung.
Nicolai, Otto: Die lustigen Weiber von Windsor (Ouvertüre).
Orefice, Giacomo: Wald-Symphonie (Suite); Quattro anacreontiche.
Paer, Ferdinando: Ero e Leandro (Ouvertüre); Il Sargino (Ouvertüre).
Paganini, Niccolò: Moto perpetuo.
Paisiello, Giovanni: Nina, Pazza per amore (Ouvertüre).
Pedrollo, Arrigo: Symphonie.
Perosi, Lorenzo: Mosé; La Risurrezzione di Lazzaro.
Pick-Mangiagalli, Riccardo: Notturno e Rondò fantastico; Sortilegi.
Pizzetti, Ildebrando: Concerto dell'estate; Introduktion zu Aeschylos' Agamemnon; Drei Lieder für Singstimme und Streichquartett; Ouverture per una farsa tragica; La Pisanelle (Suite); Rondò veneziano.
Ponchielli, Amilcare: La Gioconda (Tanz der Stunden); I Lituani (Ouvertüre); Marion Delorme (Trauermarsch, Zwischenspiel zum 4. Akt).
Prokofieff, Serge Sergejewitsch: Symphonie Nr. 1.
Puccini, Giacomo: La Bohème (vollständige Konzertfassung); Edgar (Vorspiel und Grabelegie); Manon Lescaut (vollständige Konzertfassung des 3. Aktes, Zwischenspiel zum 3. Akt); Requiem; Le Villi (Vorspiel zum 2. Akt).
Rabaud, Henri: Nocturnal Procession.
Rachmaninow, Sergej Wassiljewitsch: Die Toteninsel.
Raff, Josef Joachim: Tanz der Dryaden; Quartett; Die schöne Müllerin (Auszüge); Symphonien E-Dur und F-Dur.

Ravel, Maurice: Bolero; Daphnis et Chloé (Suite Nr. 2); Rhapsodie espagnole; La Valse.
Reinecke, Carl: Harfenkonzert (1. Satz).
Respighi, Ottorino: Antiche Danze ed Arie; Ballata delle Gnomidi; Die Pinien von Rom; Römische Brunnen; Römische Feste.
Rieti, Vittorio: Sinfonia tripartita.
Rimski-Korssakow, Nikolai Andrejewitsch: Antar; Scheherazade (2. Teil); Russische Ostern; Schneeflöckchen (Suite).
Rocchi, Guido: Gavotte.
Roger-Ducasse, Jean-Jules: Sarabande.
Rossini, Gioacchino: Ouvertüren zu: Il Barbiere di Siviglia, La Cenerentola, La Gazza ladra, Guglielmo Tell, L'Italiana in Algeri, La Scala di Seta, Semiramide, Le Siège de Corinthe, Il Signor Bruschino; Sonata Nr. 3 für Streicher; verschiedene Opernauszüge (so aus Guglielmo Tell: 1. Akt »Passo a sei«, 3. Akt »Soldatentanz«).
Roussel, Albert: Das Fest der Spinne; Symphonie Nr. 4.
Rubinstein, Anton, orch. Müller-Berghaus: Valse Caprice.
Sabata, Victor de: Gethsemane; Juventus.
Saint-Saëns, Camille: Cellokonzert; Klavierkonzert Nr. 4; Danse macabre; Suite algérienne (Un soir à Blidah); Symphonie Nr. 3.
Sammartini, Giovanni Battista: Symphonie Nr. 3.
Scarlatti, Domenico, orch. Vincenzo Tommasini: Die lustigen Weiber.
Schelling, Ernst: Eindrücke aus dem Leben eines Künstlers.
Schostakowitsch, Dmitri: Symphonien Nr. 1 und 7.
Schubert, Franz: Der Teufel als Hydraulicus (Ouvertüre); Ständchen für Alt, Frauenchor und Klavier; Symphonien Nr. 2, 5, 8 und 9.
Schubert, F., orch. Johannes Brahms: Ellens zweites Lied.
Schubert, F., orch. Joseph Joachim: Gasteiner Symphonie.
Schubert, F., orch. Franz Liszt: Ungarische Tänze; Ungarischer Marsch; Wanderer-Fantasie.
Schubert, F., orch. Felix Mottl: Tecla.
Schumann, Robert: Cellokonzert; Hermann und Dorothea (Ouvertüre); Konzertstück für Klavier und Orchester; Manfred-Ouvertüre; Symphonien Nr. 2–4.
Schumann, R., orch. Hector Berlioz: Abendlied.
Sgambati, Giovanni: Klavierkonzert g-Moll; Symphonie D-Dur (Ausschnitte).
Sibelius, Jean: En Saga; Finlandia; Lemminkäinens Heimkehr; Pohjolas Tochter; Der Schwan von Tuonela; Symphonien Nr. 2 und 4.
Siegmeister, Elie: Western-Suite.
Sinigaglia, Leone: La Baruffe chiozzotte; Piemont-Suite; Hora mistica; Scherzo für Streicher; Violinkonzert; Danze piemontese nuove.
Smareglia, Antonio: Oceana (Ouvertüre).
Smetana, Bedřich: Prodaná nevěsta (Ouvertüre); Die Moldau.
Sonzogno, Giulio: Il Negro; Tango.
Sousa, John Philip: Märsche (El Capitan, Semper Fidelis, The Stars and Stripes Forever).
Stanford, Charles Villiers: Irish Symphony.
Strauß, Johann, d. J.: An der schönen blauen Donau; Frühlingsstimmen; Tritsch-Tratsch-Polka.
Strauss, Richard: Don Juan; Don Quixote; Ein Heldenleben; Salome (Der Tanz der sieben Schleier); Till Eulenspiegels lustige Streiche; Tod und Verklärung;
Strawinsky, Igor Feodorowitsch: Der Feuervogel (Höllentanz); Feuerwerk; Petruschka (1. und 4. Szene).
Strong, George T.: Die Nacht.
Suppé, Franz von: Dichter und Bauer.

Svendsen, Johan S.: Pariser Karneval; Symphonie Nr. 4.
Tansman, Alexander: Vier polnische Tänze.
Taubert, Karl: Pizzikato für Streicher.
Thomas, Ambroise: Mignon (Ouvertüre).
Tommasini, Vincenzo: Chiari di Luna; Der Karneval von Venedig; Präludium, Fanfare und Fuge; Toskanische Landschaften.
Toscanini, Arturo: Andante und Scherzo.
Trucco, Edoardo: Kleine Suite B-Dur.
Tschaikowski, Peter Iljitsch: Eugen Onegin (Walzer); Klavierkonzert Nr. 1; Manfred-Symphonie; Nußknacker-Suite Nr. 1; Romeo und Julia; Streichquartett Nr. 1 (Andante cantabile); Symphonie Nr. 6; Der Sturm; Der Wojewode (Ouvertüre).
Vaughan Williams, Ralph: Fantasie über ein Thema von Thomas Tallis.
Venezia, Franco da: Konzertallegro.
Verdi, Giuseppe: Aida (vollständige Konzertfassung, Ouvertüre [unveröffentlicht], »O cieli azzurri«); Attila (»Allor che i forti corrono«); Un Ballo in Maschera (vollständige Konzertfassung, »Teco io sto, Eri tu«); La Battaglia di Legnano (»Inno e giuramento«); Don Carlo (»O don fatale«); Falstaff (vollständige Konzertfassung); La Forza del Destino (Ouvertüre, Finale des 2. Aktes, »Rataplan«, »Col sangue sol cancellasi«, »Pace, pace, mio dio«); Pezzi sacri (mit Ausnahme des Ave Maria); Inno delle Nazioni; I Lombardi (»O signore, dal tetto natio«, »Qui posa il fianco«); Luisa Miller (Ouvertüre, »Quando le sere«); Nabucco (Ouvertüre, »Va pensiero sull'ali dorate«); Oberto (Vorspiel); Otello (vollständige Konzertfassung, Ballettmusik, Ave Maria); Messa da Requiem; Rigoletto (vollständige Konzertfassung des 4. Aktes, »Bella figlia dell'amore«); Streichquartett e-Moll; La Traviata (vollständige Konzertfassung, Vorspiele zum 1. und 3. Akt); I Vespri siciliani (Ouvertüre); verschiedene Opernauszüge.
Vieuxtemps, Henri: Ballade und Polonaise.
Viotti, Giovanni Battista: Violinkonzert Nr. 22.
Vivaldi, Antonio: Konzert A-Dur (?); Konzert d-Moll op. 3,11; Violinkonzerte a-Moll und B-Dur; Die Jahreszeiten (Frühling, Winter).
Wagenaar, Bernhard: Symphonie Nr. 2.
Wagner, Richard: Faust-Ouvertüre; Der fliegende Holländer (Ouvertüre); Götterdämmerung: »Morgenröte« und »Siegfrieds Rheinfahrt«, »Siegfrieds Tod« und Trauermarsch, Opferszene und Finale); Lohengrin (Vorspiele zum 1. und 3. Akt); Die Meistersinger von Nürnberg (Vorspiele zum 1. und 3. Akt); Parsifal (Vorspiele zum 1. und 3. Akt, »Karfreitagszauber«, »Klingsors Zaubergarten«, unspezifizierte Ausschnitte aus dem 3. Akt); Rheingold (»Einzug der Götter in Walhall«); Rienzi (Ouvertüre); Siegfried (»Waldweben«); Siegfried-Idyll; Tannhäuser (Ouvertüre [Dresdner Fassung], Ouvertüre und Bacchanale [Pariser Fassung], Vorspiel zum 3. Akt [Originalfassung], »Dich, teure Halle«); Tristan und Isolde (Vorspiel, Auszüge aus dem 2. Akt, »Liebestod«); Die Walküre: 1. Akt, Szene 3, »Walkürenritt«, »Wotans Abschied«); Wesendonck-Lieder (3).
Waldteufel, Emil: Schlittschuhläufer-Walzer.
Weber, Carl Maria von: Euryanthe (Ouvertüre); Der Freischütz (Ouvertüre); Jubelouvertüre; Oberon (Ouvertüre); Ouvertüre Beherrscher der Geister; verschiedene Opernauszüge.
Weprik, Alexander: Tänze und Gesänge aus dem Getto.
Wetzler, Hermann: Symphonischer Tanz »Die baskische Venus«.
Williams, Alberto: Symphonie Nr. 7.
Wolf-Ferrari, Ermanno: Le Donne curiose (Ouvertüre); Il Segreto di Susanna (Ouvertüre).
Zandonai, Riccardo: Suite Patria lontana.

Einige bedeutende Opernproduktionen Toscaninis

s – Sopran, ms – Mezzosopran, t – Tenor, bar – Bariton, b – Baß (die angegebenen Daten sind die Premierendaten der jeweiligen Produktion)

30. 6. 1886 Rio, Teatro Imperial – Verdi: *Aida* (Boulicioff, s; Mei, ms; Figner, t; Lhérie, bar), Toscaninis Dirigentendebüt.

4. 11. 1886 Tur, Teatro Carignano – Catalani: *Edmea* (Ferni-Germano, s; Figner, t), Toscaninis Dirigentendebüt in Italien.

21. 5. 1892 Mi, Teatro dal Verme – Leoncavallo: *I Pagliacci* (Stehle, s; Giraud, t; Maurel, bar), Uraufführung.

22. 12. 1895 Tur, Teatro Regio – Wagner: *Götterdämmerung* (Ehrenstein, s; Grani, t), erste Aufführung des Werkes von einem italienischen Ensemble, Toscaninis erste Aufführung als Leiter des Regio.

1. 2. 1896 Tur, Regio – Puccini: *La Bohème* (Ferrani, s; Gorga, t; Wilmant, bar), Uraufführung.

14. 2. 1897 Tur, Regio – Wagner: *Tristan und Isolde* (Prossnitz, s; Dupeyron, t), Toscaninis erste *Tristan*-Aufführung.

26. 12. 1898 Mi, Teatro alla Scala – Wagner: *Die Meistersinger von Nürnberg* (Pandolfini, s; Marchi, t; Scotti, bar), Toscaninis erste Aufführung als Leiter der Scala.

26. 12. 1899 Mi, Scala – Wagner: *Siegfried* (Bianchini-Cappelli, s; Borgatti, t), erste Aufführung des Werkes von einem italienischen Ensemble.

7. 4. 1900 Mi, Scala – Tschaikowski: *Eugen Onegin* (Carelli, s; Zeni, t; Giraldoni, bar), italienische Erstaufführung.

29. 12. 1900 Mi, Scala – Wagner: *Tristan und Isolde* (Pinto, s; Borgatti, t).

9. 2. 1902 Mi, Scala – Verdi: *Il Trovatore* (Calligaris, s; Bruno, ms; Biel, t; Magini-Coletti, bar).

2. 4. 1902 Mi, Scala – Weber: *Euryanthe* (Storchio, s; Cossira, t), italienische Erstaufführung.

22. 12. 1902 Mi, Scala – Berlioz: *La Damnation de Faust* (Petri, s; Zenatello, t; Renaud, bar).

11. 3. 1903 Mi, Scala – Verdi: *Un Ballo in Maschera* (Micucci-Betti, s; Parsi-Pettinella, ms; Zenatello, t; Magini-Coletti, bar).

6. 8. 1904 BA, Teatro de la Opéra – Weber: *Der Freischütz* (Pandolfini, s; Borgatti, t; Didur, b), Toscaninis einzige Aufführung dieses Werkes.

29. 7. 1906 BA, T. de la O. – Mozart: *Don Giovanni* (Tolexis – Anna, Storchio – Zerlina, Clarenti – Elvira, Anselmi – Ottavio, Luca – Don Giovanni, Didur – Leporello), Toscaninis einzige Aufführung dieses Werkes.

26. 12. 1906 Mi, Scala – Strauss: *Salome* (Krusceniski, s; Borgatti, t).

2. 4. 1908 Mi, Scala – Debussy: *Pelléas et Mélisande* (Ferrani, s; Giraud, t; Amato, bar), italienische Erstaufführung.

16. 11. 1908 NY, Metropolitan Opera – Verdi: *Aida* (Destinn, s; Homer, ms; Caruso, t; Scotti, bar; Didur, b), Toscaninis Nordamerika-Debüt.

10. 12. 1908 NY, Metropolitan – Wagner: *Götterdämmerung* (Fremstadt, s; Schmedes, t).

20. 3. 1909 NY, Metropolitan – Verdi: *Falstaff* (Destinn – Alice, Scotti – Falstaff, Campanari – Ford).

17. 11. 1909 NY, Metropolitan – Verdi: *Otello* (Alda, s; Slezak, t; Scotti, bar).

27. 11. 1909 NY, Metropolitan – Wagner: *Tristan und Isolde* (Gadski, s; Burrian, t).

23. 12. 1909 NY, Metropolitan – Gluck: *Orfeo* (Gadski, s; Homer, ms).

26. 3. 1910 NY, Metropolitan – Wagner: *Die Meistersinger von Nürnberg* (Gadski, s; Slezak, t; Soomer, bar).

14. 11. 1910 NY, Metropolitan – Gluck: *Armide* (Fremstad, s; Homer, ms; Caruso, t; Amato, bar).

10. 12. 1910 NY, Metropolitan – Puccini: *La Fanciulla del West* (Destinn, s; Caruso, t; Amato, bar), Uraufführung.

29. 3. 1911 NY, Metropolitan – Dukas: *Ariane et Barbe-bleue* (Farrar, s; Rothier, b), amerikanische Erstaufführung.

19. 3. 1913 NY, Metropolitan – Mussorgsky: *Boris Godunow* (Homer, ms; Althouse, t; Didur, b), amerikanische Erstaufführung.

20. 9. 1913 Busseto, Teatro Verdi – Verdi: *La Traviata* (Bori, s; Garbin, t; Amato, bar), Verdi-Hundertjahrfeier.

28. 9. 1913 Busseto, Verdi – Verdi: *Falstaff* (Bori – Alice, Amato – Falstaff, Giardini – Ford), Verdi-Hundertjahrfeier.

22. 11. 1913 NY, Metropolitan – Verdi: *Un Ballo in Maschera* (Destinn, s; Matzenauer, ms; Caruso, t; Amato, bar).

2. 1. 1914 NY, Metropolitan – Montemezzi: *L'Amore dei Tre Re* (Bori, s; Amato, bar; Didur, b), amerikanische Erstaufführung.

19. 11. 1914 NY, Metropolitan – Bizet: *Carmen* (Farrar, s; Caruso, t; Amato, bar).

19. 12. 1914 NY, Metropolitan – Weber: *Euryanthe* (Hempel, s; Sembach, t).

25. 1. 1915 NY, Metropolitan – Giordano: *Madame Sans-Gêne* (Farrar, s; Martinelli, t), Uraufführung.

20. 2. 1915 NY, Metropolitan – Verdi: *Il Trovatore* (Destinn, s; Ober, ms; Martinelli, t; Amato, bar).

26. 12. 1921 Mi, Scala – Verdi: *Falstaff* (Cannetti – Alice, Stabile – Falstaff, Badini – Ford), erste Aufführung des reorganisierten Ente autonomo.

14. 1. 1922 Mi, Scala – Verdi: *Rigoletto* (Dal Monte, s; Lauri-Volpi, t; Galeffi, bar).

16. 2. 1922 Mi, Scala – Mussorgsky: *Boris Godunow* (Casazza, ms; Zalewski, b).

23. 4. 1922 Mi, Scala – Wagner: *Die Meistersinger von Nürnberg* (Caracciolo, s; Merli, t; Journet, bar).

26. 12. 1922 Mi, Scala – Puccini: *Manon Lescaut* (Caracciolo, s; Pertile, t).

22. 3. 1923 Mi, Scala – Donizetti: *Lucia di Lammermoor* (Dal Monte, s; Pertile, t; Stracciari, bar).

12. 5. 1923 Mi, Scala – Mozart: *Die Zauberflöte* (Sari – Königin der Nacht, Alfani-Tellini – Pamina, Ciniselli – Tamino, Badini – Papageno, Melnik – Sarastro), Toscaninis erste Aufführung dieses Werkes.

28. 11. 1923 Mi, Scala – Verdi: *La Traviata* (Dalla Riza, s; Pertile, t; Montesanto, bar).

20. 12. 1923 Mi, Scala – Wagner: *Tristan und Isolde* (Larsén-Todsen, s; Bielina, t).

1. 5. 1924 Mi, Scala – Boito: *Nerone* (Raisa, s; Pertile, t; Galeffi, bar; Journet, b), Uraufführung.

30. 4. 1925 Mi, Scala – Verdi: *Il Trovatore* (Raisa, s; Anitùa, ms; Pertile, t; Franci, bar).

17. 5. 1925 Mi, Scala – Debussy: *Pelléas et Mélisande* (Heldy, s; Legrand, t; Journet, bar).

14. 11. 1925 Mi, Scala – Verdi: *Un Ballo in Maschera* (Carena, s; Anitùa, ms; Pertile, t; Galeffi, bar).

25. 4. 1926 Mi, Scala – Puccini: *Turandot* (Raisa – Turandot, Zamboni – Liù, Fleta – Kalaf), Uraufführung.

14. 11. 1926 Mi, Scala – Verdi: *Don Carlo* (Scacciati, s; Cobelli, ms; Trantoul, t; Galeffi, bar; Pasero – Philipp II., Marone – Großinquisitor), Toscaninis einzige Aufführung dieses Werkes.

7. 4. 1927 Mi, Scala – Beethoven: *Fidelio* (Pasetti – Leonore, Ferraris – Marzelline, Merli – Florestan, Franci – Pizarro, Bettoni – Rocco), Toscaninis erste Aufführung dieses Werkes.

22. 11. 1927 Mi, Scala – Verdi: *Otello* (Scacciati, s; Trantoul, t; Stabile, bar).

17. 11. 1928 Mi, Scala – Verdi: *La Forza del Destino* (Scacciati, s; Merli, t; Franci, bar).

16. 12. 1928 Mi, Scala – Wagner: *Parsifal* (Pasetti, s; Fagoaga, t; Rossi-Morelli, bar; Pasero, b), Toscaninis erste vollständige Aufführung des Werkes.

22. 7. 1930 Bayreuth, Festspiele – Wagner: *Tannhäuser* (Müller – Elisabeth, Jost-Arden – Venus, Pilinszky – Tannhäuser, Janssen – Wolfram), Toscaninis Bayreuth-Debüt.

23. 7. 1930 Bayreuth – Wagner: *Tristan und Isolde* (Larsén-Todsen, s; Melchior, t).

22. 7. 1931 Bayreuth – Wagner: *Parsifal* (Ohms, s; Wolff, t; Janssen, bar; Andrésen, b).

29. 7. 1935 Sg, Festspiele – Verdi: *Falstaff* (Caniglia – Alice, Stabile – Falstaff, Biasini – Ford).

7. 8. 1935 Sg – Beethoven: *Fidelio* (Lehmann – Leonore, Helletsgruber – Marzelline, Rösler – Florestan, Jerger – Pizarro, Baumann – Rocco).

8. 8. 1936 Sg – Wagner: *Die Meistersinger von Nürnberg* (Lehmann, s; Kullmann, t; Nissen, bar).

30. 8. 1937 Sg – Mozart: *Die Zauberflöte* (Osvath – Königin der Nacht, Novotna – Pamina, Roswaenge – Tamino, Domgraf-Fassbaender – Papageno, Kipnis – Sarastro).

Vollständige Opern in Konzertform, aufgeführt mit dem NBC Symphony Orchestra (jeweils in zwei Teilen)

10. u. 17. 12. 1944 Beethoven: *Fidelio* (Bampton – Leonore, Steber – Marzelline, Peerce – Florestan, Janssen – Pizarro, Belarsky – Rocco).

3. u. 10. 2. 1946 Puccini: *La Bohème* (Albanese, s; Peerce, t; Valentino, bar), 50. Jahrestag der Uraufführung.

1. u. 8. 12. 1946 Verdi: *La Traviata* (Albanese, s; Peerce, t; Merrill, bar).

6. u. 13. 12. 1947 Verdi: *Otello* (Nelli, s; Vinay, t; Valdengo, bar).

26. 3., 2. 4. 1949 Verdi: *Aida* (Nelli, s; Gustavson, ms; Tucker, t; Valdengo, bar; Scott, b).

1. u. 8. 4. 1950 Verdi: *Falstaff* (Nelli – Alice, Valdengo – Falstaff, Guarrera – Ford).

17. u. 24. 1. 1954 Verdi: *Un Ballo in Maschera* (Nelli, s; Turner, ms; Peerce, t; Merrill, bar).

Toscaninis Vokalsolisten in vier wichtigen Chorwerken

Ludwig van Beethoven: Missa solemnis op. 123
NY, 8., 9., 11. 3. 1934: Rethberg, Onegin, Althouse, Pinza. NY, 25., 26., 28. 4. 1935: Rethberg, Telva, Martinelli, Pinza. Wien, 28., 29. 11. 1936: Vincent, Thorborg, Pataky, Kipnis. London, 26., 28. 5. 1939: Milanov, Thorborg, Pataky, Moscona. NY, 28. 12. 1940: Milanov, Castagna, Björling, Kipnis. NY, 22. 4. 1942: Kirk, Castagna, Johnson, Kipnis. NY, 28. 3. 1953: Marshall, Merriman, Conley, Hines.

Ludwig van Beethoven: Symphonie d-Moll Nr. 9 op. 125
Mi, 20., 25., 27. 4. 1902: Silvestri, Cernuschi, Borgatti, Nicoletti. NY, 13., 18. 4. 1913: Hempel, Homer, Jörn, Griswold. Tur, 7., 8., 10. 6. 1919: Dal Monte, Bergamasco, Giovanni, Ludikar. Mi, 14., 15., 16., 18. 6. 1919: dies. Solisten wie davor. Mi, 25., 29. 6., 2., 12. 7. 1922: Dal Monte, Bertana, Alabiso, Pinza. Mi, 12., 17. (Tur), 20. 10. 1926: Ferraris, Stignani, Menescaldi, Righetti. NY, 5., 6. 2. 1927: Rethberg, Homer, Crooks,

Gange. NY, 29., 30. 3., 1. 4. 1928: Morgana, Braslau, Crooks, Pinza. NY, 28. 4. 1932: Rethberg, Matzenauer, Martinelli, Pinza. NY, 15., 16., 18. 2. 1934: Tentoni, Onegin, Althouse, Pinza. Wien, 20., 21., 22. (Budapest) 10. 1934: Schumann, Szanto, Rösler, Mayr. Paris, 16., 22., 23. 11. 1934: Mahé, Cernay, Cathelat, Cabanel. NY, 5., 6., 8. 3. 1936: Tentoni, Bampton, Kullmann, Pinza. London, 3. 11. 1937: Baillie, Jarred, Jones, Williams. NY, 6. 2. 1938: Bovy, Thorborg, Peerce, Pinza. London, 22. 5. 1939: Baillie, Balfour, Jones, Williams. NY, 2. 12. 1939: Novotna, Thorborg, Peerce, Moscona. BA, 20., 25., 29. 6., 24. 7. 1941: Hellweg, Kindermann, Maison, Kipnis. NY, 3. 5. 1942: Kirk, Eustis, Johnson, Kipnis. NY, 25. 9. 1945: Andreotti, Merriman, Peerce, Alvary. Mi, 24., 26. 6. 1946: Gatti, Barbieri, Prandelli, Pasero. NY, 3. 4. 1948: McKnight, Hobson, Horne, Scott. NY, 29. 3. 1952: Farrell, Merriman, Peerce, Scott.

Johannes Brahms: Ein deutsches Requiem op. 45
NY, 7., 8., 10. 3. 1935: Rethberg, Schorr. Wien, 7., 8. 12. 1935: Bathy, Sved. Sg, 12. 8. 1936: Bathy, Sved. London, 30. 10. 1937: Baillie, Sved. NY, 24. 1. 1943: Della Chiesa, Janssen.

Giuseppe Verdi: Messa da Requiem
Mi, 27. 1. 1902: Bruno, Karola, Cossira, Nicolay. NY, 21., 28. 2., 28. 3., 9. 4. 1909: Destinn, Homer, Martin, Hinckley (ersten beiden Auff.), Witherspoon (letzten beiden). NY, 6. 2., 13. 3. 1910: Destinn, Homer, Martin, Witherspoon. Rom, 4., 6., 8. 7. 1911: Gagliardi, Guerrini, Martinelli, Mardones. Mi, 12., 14., 18. 10. 1913: Gagliardi, Guerrini, Giorgini, Angelis. Mi, 22. 5. 1923: Besanzoni, Rinolfi, Merli, Pinza. NY, 15., 16. 1. 1931: Rethberg, Matzenauer, Chamlee, Pinza. Wien, 1. 11. 1934: Bathy, Rünger, Kullmann, Manowarda. Sg, 14. 8. 1937: Kunz, Thorborg, Roswaenge, Kipnis. NY, 4. 3. 1938: Milanov, Castagna, Kullmann, Moscona. London, 27. 5. 1938: Milanov, Thorborg, Roswaenge, Moscona. Luzern, 16., 17. 8. 1939: Milanov, Thorborg, Björling, Moscona. NY, 23. 11. 1940: Milanov, Castagna, Björling, Moscona. BA, 15., 19., 22. 7. 1941: Milanov, Castagna, Maison, Kipnis. NY, 26. 4. 1948: Nelli, Merriman, McGrath, Scott. Mi, 25. 6. 1950: Tebaldi, Elmo, Prandelli, Siepi. NY, 27. 1. 1951: Nelli, Barbieri, Stefano, Siepi.

Bibliographie

Bücher

Abbiati, Franco: *Giuseppe Verdi.* Ricordi, Mailand 1959.
Adami, Giuseppe: *Eduardo Marchioro.* Emilio Bestetti, Mailand 1945.
–: *Puccini,* Fratelli Treves, Mailand 1935.
Alda, Frances: *Men, Women and Tenors.* Houghton, Mifflin, Boston 1937.
Antek, Samuel, und Hupka, Robert: *This was Toscanini.* Vanguard, New York 1963; dt. *So war Toscanini.* A. Müller, Stuttgart 1964.
Ardoin, John und Fitzgerald, Gerald: *Callas.* Holt, Rinehart & Winston, New York 1974.
Aroma, Nino d': *Mussolini segreto.* Cappelli, Bologna 1958.
Ashbrook, William: *The Operas of Puccini.* Cassell, London 1969.
Barblan, Guglielmo: *Toscanini e la Scala.* Edizioni della Scala, Mailand 1972.
Beetz, Wilhelm: *Das Wiener Opernhaus, 1869–1945.* Panorama, Wien 1948.
Blaukopf, Kurt: *Gustav Mahler.* Molden, Wien/München 1969 u. ö.
Bliss, Arthur: *As I Remember.* Faber & Faber, London 1970.
Bonardi, Dino: *Toscanini.* Libreria Editrice Milanese, Mailand 1929.
Borghi, Armando: *Mezzo secolo di anarchia (1898–1945).* Edizioni scientifiche italiane, Neapel 1954.
Boult, Adrian: *My Own Trumpet.* Hamish Hamilton, London 1973.
Briggs, John: *Leonard Bernstein.* World Publishing Co., Cleveland 1961.
Brocca, Ambrogio: *Il Politeama Genovese.* Antonio Montorfano, Genua 1895.
Busch, Fritz: *Aus dem Leben eines Musikers.* Rascher, Zürich 1951.
Busch, Grete: *Fritz Busch. Dirigent.* S. Fischer, Frankfurt/M. 1970.
Busoni, Ferruccio: *Briefe an seine Frau,* hrsg. von F. Schnapp. Rotapfel, Zürich/Leipzig 1935.
Carelli, Augusto: *Emma Carelli. Trent'anni di vita del teatro lirico.* Edizioni Maglione, Rom 1932.
Carner, Mosco: *Puccini.* Duckworth, London 1958 u. ö.
Carpi, Aldo: *Diario di Gusen.* Garzanti, Mailand 1971.
Casella, Alfredo: *Music in My Time.* Übers. v. S. Norton. University of Oklahoma Press, Oklahoma 1955.
Cederna, Camilla: *La voce dei padroni.* Longanesi, Mailand 1962.
Cernicchiaro, Vincenzo: *Storia della musica nel Brasile.* Fratelli Rusconi, Mailand 1926.
Chailly, Luciano: *Cronache di vita musicale.* Edizioni De Santis, Roma 1973.
Chaliapin, Feodor, und Gorky, Maxim: *Chaliapin.* Macdonald, London 1968.
Chalupt, René: *Ravel au miroir de ses lettres.* Robert Laffont, Paris 1956.
Cherubini, Renato: *Come ho visto Toscanini.* Reggio Emilia 1961.
Chotzinoff, Samuel: *Toscanini – An Intimate Portrait.* Alfred A. Knopf, New York 1956.
Ciampelli, Giulio Mario: *Toscanini.* La Modernissima, Mailand 1923.
Ciano, Galeazzo: *Diario, 1937–1938.* Cappelli, Bologna 1948.
Clemens, Clara: *My Husband Gabrilowitsch.* Harper and Brothers, New York 1938.

Cortopassi, Rinaldo: *Il dramma di Alfredo Catalani.* La Voce, Florenz 1954.
Cozzani, Ettore: *Arturo Toscanini.* Eroica, Mailand 1927.
Cushing, Mary W.: *The Rainbow Bridge.* G. P. Putnam's Sons, New York 1954.
Dal Fabbro, Beniamino: *Musica e verità.* Feltrinelli, Mailand 1967.
Dal Monte, Toti: *Una voce nel mondo.* Longanesi, Mailand 1962.
Della Corte, Andrea: *Toscanini visto da un critico.* ILTE, Turin 1958.
Dent, Edward J.: *Ferruccio Busoni.* Oxford University Press, London 1933.
Eames, Emma: *Some Memories and Reflections.* D. Appleton, New York 1927.
Eaton, Quaintance: *Opera Caravan.* Farrar, Straus and Cudahy, New York 1957.
Erskine, John: *The Philharmonic-Symphony Society of New York: Its First Hundred Years.* MacMillan, New York 1943.
Ewen, David: *The Man with the Baton.* Thomas Y. Crowell Co., New York 1936.
Ferrari, Vittorio, und Albertini, Cesare: *Il Teatro della Scala,* Tamburini, Mailand 1921.
Ferrarini, Mario: *Parma teatrale ottocentesca.* Casanova, Parma 1946.
Filippis, F. de, und Arnese, R.: *Cronache del Teatro San Carlo.* Edizioni Politica Popolare, Neapel 1963.
Fiorda, Nuccio: *Arte, beghe e bizze di Toscanini.* Palombi, Rom 1969.
Forzano, Giovacchino: *Come li ho conosciuti.* ERI, Turin 1957.
Fraccaroli, Arnaldo: *La Scala a Vienna e a Berlino.* Corriere della Sera, Mailand 1929.
Frassati, Luciana: *Il Maestro.* Bottega d'Erasmo, Turin 1967.
Furlong, William B.: *Season with Solti.* MacMillan, New York 1974.
Gara, Eugenio: *Caruso.* Cisalpino-Golliardica, Mailand 1947.
Gatti, Carlo: *Catalani.* Garzanti, Mailand 1953.
–: *Il Teatro alla Scala rinnovato.* Fratelli Treves, Mailand 1926.
Gatti-Casazza, Giulio: *Memories of the Opera.* Vienna House, New York 1973.
Gavazzeni, Gianandrea: *Non eseguire Beethoven.* Il Saggiatore, Mailand 1974.
Geismar, Berta: *Musik im Schatten der Politik.* Atlantis, Zürich/Freiburg 1947.
Giazzotto, Remo: *Quattro secoli di storia dell'Accademia Nazionale di Santa Cecilia.* Accademia Nazionale di Santa Cecilia, Rom 1970.
Gillis, Daniel: *Furtwängler and America.* Maryland Books, New York 1970.
Gilman, Lawrence: *Toscanini and Great Music.* Farrar, New York 1938.
Guerrieri, G.: *Eleonora Duse nel suo tempo.* Quaderni del Piccolo Teatro, Mailand 1962.
Häussermann, Ernst: *Herbert von Karajan.* C. Bertelsmann, Gütersloh 1968.
Haggin, B. H.: *Conversations with Toscanini.* Doubleday, Garden City, NY 1959.
–: *A Decade of Music.* Horizon Press, New York 1973.
–: *Music in the Nation.* Books for Libraries Press, Freeport, NY 1971.
–: *The Toscanini Musicians Knew.* Horizon Press, New York 1967.
Hempel, Frieda: *Mein Leben dem Gesang.* Argon Verlag, Berlin 1955.
Herzfeld, Friedrich: *Wilhelm Furtwängler.* Wilhelm Goldmann, Leipzig 1941.
Heyworth, Peter: *Conversations with Klemperer.* Victor Gollancz, London 1973; dt. *Gespräche mit Klemperer.* S. Fischer, Frankfurt/M. 1974.
Hoeller, Susanne Winternitz: *Arturo Toscanini. A Photobiography.* Island Press, New York 1943.
Homer, Anne: *Louise Homer.* W. Morrow, New York 1974.
Hughes, Spike: *The Toscanini Legacy.* Putnam, London 1959.
Incagliati, M.: *Il Teatro Costanzi.* Tipografia editrice, Rom 1907.
Inghelbrecht, D. E.: *Le Chef d'orchestre parle au public.* René Juillard, Paris 1957.
–: *The Conductor's World.* Übers. v. G. Prerauer und S. Kirk. Peter Nevill, London 1953.
Jackson, Stanley: *Monsieur Butterfly.* W. H. Allen, London 1974.
Jellinek, George: *Callas.* Ziff-Davis, New York 1960.
Kennedy, Michael: *Barbirolli.* McGibbon & Kee, London 1971.

–: *Portrait of Elgar*. Oxford University Press, New York 1968.
Kolodin, Irving: *The Metropolitan Opera*. Oxford University Press, New York 1940.
Kralik, Heinrich von: *Die Wiener Philharmoniker*. Wilhelm Frick, Wien 1938.
Kupferberg, Herbert: *The Mendelssohns. 3 Generations of Genius*. Charles Scribner's Sons, New York 1972.
Labia, Maria: *Guardare indietro: che fatica!* Bettinelli, Verona 1950.
Labroca, Mario, und Boccardi, Virgilio: *Arte di Toscanini*. Edizioni RAI, Turin 1966.
Lauri-Volpi, Giacomo: *Voci parallele*. Garzanti, Mailand 1955.
Lehmann, Lotte: *Anfang und Aufstieg*. H. Reichner, Wien/Leipzig/Zürich 1937.
Leibowitz, René: *Le Compositeur et son double*. Gallimard, Paris 1971.
Leinsdorf, Erich: *Cadenza – A Musical Career*. Houghton, Mifflin, Boston 1976.
Lenotti, Tullio: *I Teatri di Verona*. Edizioni di Vita Veronese, Verona o. J.
Levy, Alan: *Bluebird of Happiness. The Memoirs of Jan Peerce*. Harper & Row, New York 1976.
Lezuo-Pandolfi, Amina: *Toscanini, ein Leben für die Musik*. Apollo-Verlag, Zürich/Wien/Lörrach 1957.
Lockspeiser, Edward: *Debussy. His Life and Mind*. Cassell, London 1962 u. 1965.
Lualdi, Adriano: *L'arte di dirigere l'orchestra*. Hoepli, Mailand 1940.
Mack Smith, Dennis: *Italy: A Modern History*. University of Michigan Press, Ann Arbor 1959.
Magidoff, Robert, und Raynor, Henry: *Yehudi Menuhin*. Robert Hale & Co., London 1973.
Mahler, Alma: *Erinnerungen an Gustav Mahler*. Propyläen Verlag, Frankfurt/M. 1971.
–: *Gustav Mahler*. Hrsg. v. Luigi Rognoni, übers. v. Laura Dallapiccola. Il Saggiatore, Mailand 1960.
Mahler, Gustav: *Briefe 1879–1911*. Vgl. Mahler, Alma: Anhang zu *Erinnerungen*.
Malipiero, Gian Francesco: *Il filo d'Arianna*. Einaudi, Turin 1966.
Mandelli, Alfredo: *Toscanini: Appunti per un bilancio critico*. Nuove Edizioni, Mailand 1972.
Marchetti, Arnaldo: *Puccini com'era*. Edizioni Curci, Mailand 1973.
Marek, George R.: *Toscanini*. Atheneum, New York 1975.
Marsh, Robert C.: *Toscanini and the Art of Orchestral Performance*. George Allen & Unwin, London 1956.
Martin, George: *Verdi*. Dodd, Mead & Co., New York 1963.
Matthews, Denis: *In Pursuit of Music*. Victor Gollancz, London 1966.
Melba, Nellie: *Melodies and Reflections*. Butterworth, London 1925.
Minetti, Enrico: *Ricordi scaligeri*. Edizioni Curci, Mailand 1974.
Monleone, Giovanni: *I cent'anni del Teatro Carlo Felice*. Teatro Carlo Felice, Genua 1928.
Monteux, Doris: *It's All in the Music*. William Kimber, London 1956.
Moore, J. N.: *A Voice in Time*. Hamish Hamilton, London 1976.
Morini, Mario: *Pietro Mascagni*. Sonzogno, Mailand 1964.
Mucci, E.: *Bernardino Molinari*. Carabba, Lanciano 1941.
Myers, Rollo: *Ravel*. Duckworth, London 1960.
Nabokov, Nicholas: *Old Friends and New Music*. Little, Brown & Co., Boston 1951.
Nardi, Piero: *Vita di Arrigo Boito*. Mondadori, Verona 1944.
Newman, Vera: *Ernest Newman*. Putnam, London 1963.
Nicotra, Tobia: *Arturo Toscanini*. Alfred A. Knopf, New York 1929.
O'Connell, Charles: *The Other Side of the Record*. Greenwood Press, Westport, CT 1970.
Ojetti, Ugo: *I Taccuini*. Sansoni, Florenz 1954.
Paderewski, I. J., und Lawton, Mary: *The Paderewski Memoirs*. Ch. Scribner's Sons, New York 1938.

Paladini, Carlo: *Giacomo Puccini.* Vallecchi, Florenz 1961.
Paumgartner, Bernhard: *Erinnerungen.* Residenz Verlag, Salzburg 1969.
Pelletier, Wilfrid: *Une Symphonie inachevée.* Éditions Leméac, Ottawa 1972.
Piatigorsky, Gregor: *Cellist.* Doubleday, Garden City, NY 1965; dt. *Mein Cello und ich.* Wunderlich, Tübingen 1968.
Pinza, Ezio, und Magidoff, Robert: *Ezio Pinza.* Rinehart & Co., New York 1958.
Prawy, Marcel: *The Vienna Opera.* Weidenfeld & Nicolson, London 1970.
Prezzolini, Giuseppe: *Prezzolini alla finestra.* P.A.N., Mailand 1977.
Puccini, Giacomo: *Carteggi Pucciniani,* hrsg. v. E. Gara. Ricordi, Mailand 1958.
Reid, Charles: *John Barbirolli.* Hamish Hamilton, London 1971.
–: *Malcolm Sargent.* Hamish Hamilton, London 1968.
Rensis, Raffaelle de: *Lettere di Arrigo Boito,* Novissima, Rom 1932.
–: *Musica vista.* Ricordi, Mailand 1961.
Respighi, Elsa: *Ottorino Respighi.* Ricordi, Mailand 1954.
Rinaldi, Mario: *Musica e musicisti a controluce.* Edizioni De Santis, Rom 1972.
Rizzi, F. G.: *Gilda Dalla Rizza.* Tipografia Commerciale, Venedig 1964.
Rodzinski, Halina: *Our Two Lives.* Charles Scribner's Sons, New York 1976.
Rossi, Cesare: *Personaggi di ieri e di oggi.* Casa editrice Ceschina, Mailand 1960.
Rossi, Michele: *Cento anni di storia del teatro di Lugo.* Ferretti, Lugo 1916.
Russell, John: *Erich Kleiber.* André Deutsch, London 1957; dt. Albert Langen – Georg Müller, München o. J.
Sacchi, Filippo: *Toscanini.* Arnoldo Mondadori, Mailand 1951.
–: *Toscanini. Un secolo di musica.* Longanesi, Mailand 1960.
Saerchinger, César: *Artur Schnabel.* Dodd, Mead & Co., New York 1957.
Salvemini, Gaetano: *L'Italia vista dall'America,* hrsg. v. E. Tagliacozzo. Feltrinelli, Mailand 1969.
San Martino, Enrico di: *Ricordi.* Danesi, Rom 1943.
Schonberg, Harold: *The Great Conductors.* Simon & Schuster, New York 1967; dt. *Die großen Dirigenten.* List, München 1973.
Seligman, Vincent: *Puccini Among Friends.* MacMillan, London 1938.
Seltsam, William: *Metropolitan Opera Annals.* Wilson, New York 1947.
Seroff, Victor: *Renata Tebaldi.* Appleton-Century-Crofts, Freeport, NY 1961.
Setti, Dora: *Eleonora Duse ad Antonietta Pisa.* Ceschina, Mailand 1972.
Shanet, Howard: *Philharmonic.* Doubleday, Garden City, NY 1975.
Shore, Bernard: *The Orchestra Speaks.* Longmans, Green & Co., London 1938.
Silvestrini, Domenico: *Aureliano Pertile.* Aldina, Bologna 1932.
Simoni, Renato: *Ritratti.* 1923.
Stefan, Paul: *Arturo Toscanini.* Reichner, Wien/Leipzig/Zürich 1935.
Stotijn, Jaap: *Even uitblazen.* Uitgeverij Heuff 1975.
Strauss, Richard, und Zweig, Stefan: *Briefwechsel.* S. Fischer, Frankfurt/M. 1957.
–: *Die Welt um Strauss in Briefen.* Hans Schneider, Tutzing 1967.
Strawinsky, Igor: *Stravinsky.* Simon & Schuster, New York 1936; dt. *Erinnerungen.* Atlantis, Zürich/Berlin 1937.
–, und Craft, Robert. *Memories and Commentaries.* Doubleday, Garden City, NY 1960; dt. z. T. in Craft, R.: *Strawinsky.* A. Langen/G. Müller, München o. J.
Szigeti, Josef: *With Strings Attached.* Alfred A. Knopf, New York 1967.
Tarozzi, Giuseppe: *Non muore la musica.* SugarCo Edizioni, Mailand 1977.
Taubman, Howard: *The Maestro.* Simon & Schuster, New York 1951; dt. *Toscanini. Das Leben des Maestro.* Scherz, Bern 1951.
Thompson, Oscar: *Debussy. Man and Artist.* Tudor, New York 1940.
Thomson, Virgil: *Virgil Thomson.* Weidenfeld & Nicolson, London 1967.
Toobin, Jerome: *Agitato.* Viking Press, New York 1975.
Valdengo, Giuseppe: *Ho cantato con Toscanini.* Pietro Cairoli, Como 1962.

Vallebona, G. B.: *Il Teatro Carlo Felice.* Cooperativa fascista poligrafici, Genua 1928.
Varèse, Louise: *Varèse: A Looking-Glass Diary.* W. W. Norton, New York 1972.
Verdi, Giuseppe: *I Copialettere.* Ricordi, Mailand 1913; dt. *Briefe,* hrsg. von Franz Werfel, P. Zsolnay, Berlin/Wien/Leipzig 1926.
Vergani, Orio: *Toscanini nella pittura di Caselli.* Istituto italiano d'arti grafiche, Bergamo 1953.
Vetro, Gaspare Nello: *Arturo Toscanini alla Regia Scuola del Carmine in Parma.* Tipolito la Ducale, Parma 1974.
Wagner, Friedelind, und Cooper, Page: *Heritage of Fire.* Harper & Bros., New York 1945; dt. *Nacht über Bayreuth,* o. O., o. J.
Wallmann, Margarete: *Les Balcons du ciel.* Robert Laffont, Paris 1976.
Walter, Bruno: *Thema und Variationen.* S. Fischer, Frankfurt/M. 1950.
–: *Briefe.* S. Fischer, Frankfurt/M. 1969.
Wessling, Berndt: *Gustav Mahler.* Hoffmann und Campe, Hamburg 1974.
–: *Lotte Lehmann.* Residenz Verlag, Salzburg 1969.
–: *Toscanini in Bayreuth.* Kurt Desch, München 1976.
White, Eric Walter: *Stravinsky.* Lehmann, London 1947 u. ö.
Woolridge, David: *Conductor's World.* Barrie & Rockliff, London 1970.

Sammelbände und Broschüren

Arrigo Boito: Scritti e documenti (a cura del comitato per le onoranze). Mailand 1948.
Arturo Toscanini: America-Israel Cultural Foundation, 1967.
Arturo Toscanini: A Complete Discography. RCA 1965.
Arturo Toscanini: Parma nel centenario della nascita, hrsg. v. Carlo Allodi, Parma 1967.
Due secoli di vita musicale: Storia del Teatro Comunale di Bologna, hrsg. von Lamberto Trezzini. Edizioni ALFA, Bologna 1966.
Ente Autonomo del Teatro alla Scala: »Cronistoria della stagione 1928–1929«.
Esposizione Generale in Torino, 1898: »Programmi illustrati dei Concerti Orchestrali A. Toscanini«.
La lezione di Toscanini, hrsg. von F. d'Amico und R. Paumgartner. Vallecchi, Florenz 1970.
Milano/Scala, hrsg. von Giuseppe Morazzoni. Ente Provinciale per il Turismo, Mailand 1976.
Nerone: numero unico ufficiale, Stagione lirica, Teatro Comunale. IBIS, Bologna 1924.
Parma a Toscanini, hrsg. von Mario Medici. 1958.
La Scala nel 1830 e nel 1930. Libreria editrice milanese, Mailand 1930.
Un secolo di scenografia alla Scala. Edizione d'Arte, Mailand 1945.
Théâtres des Champs-Élysées, 1913–1963. Olivier Perrin, Paris 1963.
Il Teatro Regio di Torino, hrsg. von V. Mazzoni et al. Editrice AEDA, Turin 1970.

Leyden, Norman: *A Study and Analysis of the Conducting Patterns of Arturo Toscanini.* Diss. phil. Columbia University, New York 1968.

Wichtige Zeitschriftenaufsätze

Abbado, Michelangelo: »Nel centenario della nascita di Enrico Polo«, in: *Annuario del Conservatorio G. Verdi,* Mailand 1967.
Adorno, Theodor W.: »Die Meisterschaft des Maestro«, in: *Klangfiguren. Musikalische Schriften I,* Frankfurt/M. 1959.
Allegri, Renzo: »Nostro Padre Arturo Toscanini«, in: *Gente,* XVI, 12–16 (1972).

Andrede, Ayres de: »Um episódio brasileiro na carreira de Toscanini«, in: *O Jornal*, Rio de Janeiro, 27. Januar–2. Februar 1957.
Angelis, A. de: »Le direzioni di Toscanini a Roma«, in: *Santa Cecilia,* Nr. 2 (1957).
Barblan, Guglielmo. »Toscanini al Conservatorio«, in: *Annuario del Conservatorio G. Verdi,* Mailand 1967.
–: »Toscanini Alpinista«, in: *Le vie d'Italia,* Mailand 1965.
Davenport, John und Marcia: »Toscanini on the Air«, in: *Fortune* (Januar 1938).
Haggin, B. H.: »Genius Betrayed – Toscanini and Chotzinoff«, in: *Tri-Quaterly.*
–: »Toscanini and His Critics«, in: *Encounter* (Januar 1973).
–: Vienna's Great Conductors«, in: *Encounter* (Juli 1977).
Klein, John W.: »Toscanini and Catalani – A Unique Friendship«, in: *Music and Letters,* XLVIII, Nr. 3.
Mazza, Giuseppe: »Teatro Sociale: Stagione Lirica 1889«, in: *Ultrapadum* (September 1957).
Morini, Mario: »Pagliacci, Leoncavallo e Toscanini«, in: *Associazione Amici della Scala: Conferenze 1968–70.*
Il Pianoforte (ein weitgehend Toscanini gewidmetes Heft), Jg. V, Nr. 6 (Juni 1924).
Segre, Alfredo: »Arturo Toscanini – The First Forty Years«, in: *Musical Quaterly*, Nr. 2 (1947).
Smith, Max: »Toscanini at the Baton«, in: *The Century* (März 1913).

Diskographie

Zur Zeit in Deutschland erhältliche Schallplatten Arturo Toscaninis, gegliedert nach Komponisten und Werken:

Beethoven, Ludwig van

1. *Fidelio. Oper op. 72* – Rose Bampton (Leonore), Sidor Belarsky (Rocco), Herbert Janssen (Pizarro), Joseph Laderoute (Jaquino), Nicola Moscona (Fernando), Jan Peerce (Florestan), Eleanor Steber (Marzelline), NBC Chorus (Ltg. Peter Wilhousky), NBC Symphony Orchestra – Aufnahme: 10., 17. 12. 1944 (Rundfunkaufnahme)
RCA 26.35010 DP (AT 204) = Toscanini-Edition 44
2. *Fidelio. Oper op. 72 (Ouvertüre)* – NBC Symphony Orchestra – Aufnahme: 10., 17. 12. 1944 (Studio 8-H)
RCA 26.41312 AF (AT 136) = Toscanini-Edition 48 (enthält außerdem Nr. 3, 7, 8–10)
3. *Die Geschöpfe des Prometheus. Ballett op. 43 (Ouvertüre)* – NBC Symphony Orchestra – Aufnahme: 18. 12. 1944 (Studio 8-H)
RCA 26.41312 AF (AT 136) = Toscanini-Edition 48 (enthält außerdem Nr. 2, 7–10)
4. *Konzert für Klavier und Orchester C-Dur Nr. 1 op. 15* – Ania Dorfmann, NBC Symphony Orchestra – Aufnahme: 9. 8. 1945 (Carnegie Hall)
RCA 26.41011 AF (AT 106) = Toscanini-Edition 9 (enthält außerdem Nr. 5)
5. *Konzert für Klavier und Orchester G-Dur Nr. 4 op. 58* – Rudolf Serkin, NBC Symphony Orchestra – Aufnahme: 26. 11. 1944 (Studio 8-H)
RCA 26.41011 AF (AT 106) = Toscanini-Edition 9 (enthält außerdem Nr. 4)
6. *Missa solemnis D-Dur op. 123* – Lois Marshall, Nan Merriman, Eugene Conley, Jeromes Hines, Robert Shaw Chorale (Ltg. Robert Shaw), NBC Symphony Orchestra – Aufnahme: 30., 31. 3., 2. 4. 1953 (New York)
RCA 26.35006 DP (AT 200) = Toscanini-Edition 15
7. *Musik zu J. W. v. Goethes Trauerspiel »Egmont« op. 84 (Ouvertüre)* – NBC Symphony Orchestra – Aufnahme: 19. 1. 1953 (Carnegie Hall)
RCA 26.41312 AF (AT 136) = Toscanini-Edition 48 (enthält außerdem Nr. 2, 3, 8–10)
8. *Ouvertüre c-Moll zu H. J. v. Collins Trauerspiel »Coriolan« op. 62* – NBC Symphony Orchestra – Aufnahme: 1. 6. 1945 (Carnegie Hall)
RCA 26.41312 AF (AT 136) = Toscanini-Edition 48 (enthält außerdem Nr. 2, 3, 7, 9, 10)
9. *Ouvertüre C-Dur »Leonore III« op. 72a* – NBC Symphony Orchestra – Aufnahme: 1. 6. 1945 (Carnegie Hall)
RCA 26.41312 AF (AT 136) = Toscanini-Edition 48 (enthält außerdem Nr. 2, 3, 7, 8, 10)

10. *Ouvertüre C-Dur »Die Weihe des Hauses« op. 124* – NBC Symphony Orchestra – Aufnahme: 16. 12. 1947 (Studio 8-H)
RCA 26.41312 AF (AT 136) = Toscanini-Edition 48 (enthält außerdem Nr. 2, 3, 7–9)

11. *Septett Es-Dur op. 20 (bearbeitet für kleines Orchester)* – NBC Symphony Orchestra – Aufnahme: 26. 11. 1951 (Carnegie Hall)
RCA 26.41365 AF (AT 144) = Toscanini-Edition 58 (enthält außerdem Nr. 12)

12. *Streichquartett F-Dur Nr. 16 op. 135 (3. und 2. Satz; bearbeitet für Streichorchester)* – NBC Symphony Orchestra – Aufnahme: 8. 3. 1938 (Studio 8-H)
RCA 26.41365 AF (AT 144) = Toscanini-Edition 58 (enthält außerdem Nr. 11)

13. *Symphonie C-Dur Nr. 1 op. 21* – NBC Symphony Orchestra – Aufnahme: 21. 12. 1951 (Carnegie Hall)
RCA 26.41022 AF (AT 117) = Toscanini-Edition 22 (enthält außerdem Nr. 14)

14. *Symphonie D-Dur Nr. 2 op. 36* – NBC Symphony Orchestra – Aufnahme: 7. 11., 5. 10. 1951 (Carnegie Hall)
RCA 26.41022 AF (AT 117) = Toscanini-Edition 22 (enthält außerdem Nr. 13)

15. *Symphonie Es-Dur Nr. 3 »Eroica« op. 55* – NBC Symphony Orchestra – Aufnahme: 28. 11., 5. 12. 1949 (Carnegie Hall)
RCA 26.41026 AF (AT 121) = Toscanini-Edition 28

16. *Symphonie B-Dur Nr. 4 op. 60* – NBC Symphony Orchestra – Aufnahme: 3. 2. 1951 (Carnegie Hall)
RCA 26.41033 AF (AT 128) = Toscanini-Edition 37 (enthält außerdem Nr. 17)

17. *Symphonie c-Moll Nr. 5 op. 67* – NBC Symphony Orchestra – Aufnahme: 22. 3. 1952 (Carnegie Hall)
RCA 26.41033 AF (AT 128) = Toscanini-Edition 37 (enthält außerdem Nr. 16)

18. *Symphonie F-Dur Nr. 6 »Pastorale« op. 68* – NBC Symphony Orchestra – Aufnahme: 14. 1. 1952 (Carnegie Hall)
RCA 26.41038 AF (AT 133) = Toscanini-Edition 43

19. *Symphonie A-Dur Nr. 7 op. 92* – New York Philharmonic Orchestra – Aufnahme: 9., 10. 4. 1936 (Carnegie Hall)
RCA 26.41416 AF (AT 153) = Toscanini-Edition 67

20. *Symphonie A-Dur Nr. 7 op. 92* – NBC Symphony Orchestra – Aufnahme: 9. 11. 1951 (Carnegie Hall)
RCA 26.41344 AF (AT 140) = Toscanini-Edition 52 (enthält außerdem Nr. 21)

21. *Symphonie F-Dur Nr. 8 op. 93* – NBC Symphony Orchestra – Aufnahme: 10. 11. 1952 (Carnegie Hall)
RCA 26.41344 AF (AT 140) = Toscanini-Edition 52 (enthält außerdem Nr. 20)

22. *Symphonie d-Moll Nr. 9 op. 125* – Eileen Farrell, Nan Merriman, Jan Peerce, Norman Scott, Robert Shaw Chorale (Ltg. Robert Shaw), NBC Symphony Orchestra – Aufnahme: 31. 3., 1. 4. 1952 (Carnegie Hall)
RCA 26.41347 AF (AT 143) = Toscanini-Edition 56

23. *Symphonien Nr. 1–9*
RCA 26.35115 FK (AT 600) = Toscanini-Edition (Daten siehe Nr. 13–18, 20–22)

Berlioz, Hector

24. *Le Carnaval romain. Ouverture caractéristique op. 9* – NBC Symphony Orchestra – Aufnahme: 19. 1. 1953 (Carnegie Hall)
RCA 26.41005 AF (AT 100) = Toscanini-Edition 1 (enthält außerdem Nr. 91, 92)

25. *La Damnation de Faust. Légende op. 24 (Rakoczy-Marsch)* – NBC Symphony Orchestra – Aufnahme: 2. 9. 1945 (Studio 8-H)
RCA 26.41029 AF (AT 124) = Toscanini-Edition 33 (enthält außerdem Nr. 28, 59, 68, 69, 113, 120)

26. *Harold en Italie. Symphonie en quatre parties avec un alto principal op. 16* –

Carlton Cooley, NBC Symphony Orchestra – Aufnahme: 29. 11. 1953 (Carnegie Hall)
RCA 26.41017 AF (AT 112) = Toscanini-Edition 16

27. *Roméo et Juliette. Symphonie dramatique op. 17* – Gladys Swarthout (Mezzosopran), John Garris (Tenor), Nicola Moscona (Baß), NBC Chorus (Ltg. Peter Wilhousky), NBC Symphony Orchestra – Aufnahme: 9., 16. 2. 1947
RCA 26.35106 DM (AT 206) = Toscanini-Edition 54

Bizet, Georges

28. *Carmen-Suite Nr. 1* – NBC Symphony Orchestra – Aufnahme: 5. 8. 1952 (Carnegie Hall)
RCA 26.41029 AF (AT 124) = Toscanini-Edition 33 (enthält außerdem Nr. 25, 59, 68, 69, 113, 120)
29. *Carmen-Suite Nr. 1 (2: Aragonaise)* – NBC Symphony Orchestra – Aufnahme: 5. 8. 1952 (Carnegie Hall)
RCA 26.41014 AF (AT 109) = Toscanini-Edition 12 (enthält außerdem Nr. 43, 86, 97, 130, 142)

Boito, Arrigo

30. *Mefistofele. Oper (Prolog)* – Nicola Moscona (Mefistofele), Columbus Boychoir (Ltg. Herbert Huffman), NBC Symphony Orchestra – Aufnahme: 14. 3. 1954 (Rundfunkaufnahme)
RCA 26.41036 AF (AT 131) = Toscanini-Edition 41 (enthält außerdem Nr. 143)

Brahms, Johannes

31. *Akademische Fest-Ouvertüre c-Moll op. 80* – NBC Symphony Orchestra – Aufnahme: 6. 11. 1948 (Studio 8-H)
RCA 26.41415 AF (AT 152) = Toscanini-Edition 66 (enthält außerdem Nr. 35, 40)
32. *Gesang der Parzen op. 89* – Robert Shaw Chorale (Ltg. Robert Shaw), NBC Symphony Orchestra – Aufnahme: 27. 11. 1948 (Studio 8-H)
RCA 26.41030 AF (AT 125) = Toscanini-Edition 34 (enthält außerdem Nr. 34, 42)
33. *Konzert für Klavier und Orchester B-Dur Nr. 2 op. 83* – Vladimir Horowitz, NBC Symphony Orchestra – Aufnahme: 9. 5. 1940 (Carnegie Hall)
RCA 26.41008 AF (AT 103) = Toscanini-Edition 4 – RCA 26.41341 AF (VH 019) = Vladimir Horowitz Collection 19 – RCA 26.35001 EK (MA 25007-R) (3 LP, enthalten außerdem Nr. 122 u. a.)
34. *Konzert für Violine, Violoncello und Orchester a-Moll op. 102* – Mischa Mischakoff, Frank Miller, NBC Symphony Orchestra – Aufnahme: 13. 11. 1948 (Studio 8-H)
RCA 26.41030 AF (AT 125) = Toscanini-Edition 34 (enthält außerdem Nr. 32, 42)
35. *Serenade A-Dur Nr. 2 op. 16* – NBC Symphony Orchestra – Aufnahme: 27. 12. 1942 (Studio 8-H)
RCA 26.41415 AF (AT 152) = Toscanini-Edition 66 (enthält außerdem Nr. 31, 40)
36. *Symphonie c-Moll Nr. 1 op. 68* – NBC Symphony Orchestra – Aufnahme: 6. 11. 1951 (Carnegie Hall)
RCA 26.41020 AF (AT 115) = Toscanini-Edition 20
37. *Symphonie D-Dur Nr. 2 op. 73* – NBC Symphony Orchestra – Aufnahme: 11. 2. 1952 (Carnegie Hall)
RCA 26.41037 AF (AT 132) = Toscanini-Edition 42

38. *Symphonie F-Dur Nr. 3 op. 90* – NBC Symphony Orchestra – Aufnahme: 4. 11. 1952 (Carnegie Hall)
RCA 26.41313 AF (AT 137) = Toscanini-Edition 49
39. *Symphonie e-Moll Nr. 4 op. 98* – NBC Symphony Orchestra – Aufnahme: 3. 12. 1951 (Carnegie Hall)
RCA 26.41367 AF (AT 146) = Toscanini-Edition 60
40. *Tragische Ouvertüre d-Moll op. 81* – NBC Symphony Orchestra – Aufnahme: 22. 11. 1953 (Carnegie Hall)
RCA 26.41415 AF (AT 152) = Toscanini-Edition 66 (enthält außerdem Nr. 31, 35)
41. *Ungarische Tänze g-Moll Nr. 1, fis-Moll Nr. 17, e-Moll Nr. 20, e-Moll Nr. 21 (orchestriert von Antonín Dvořák)* – NBC Symphony Orchestra – Aufnahme: 17. 2. 1953 (Carnegie Hall)
RCA 26.41023 AF (AT 118) = Toscanini-Edition 23 (enthält außerdem Nr. 114, 115, 125, 158, 159)
42. *Variationen über ein Thema von Jos. Haydn B-Dur op. 56a* – NBC Symphony Orchestra – Aufnahme: 4. 2. 1952 (Carnegie Hall)
RCA 26.41030 AF (AT 125) = Toscanini-Edition 34 (enthält außerdem Nr. 32, 34)

Catalani, Alfredo

43. *Loreley. Oper (aus dem 3. Akt: Danza delle Ondine)* – NBC Symphony Orchestra – Aufnahme: 5. 8. 1952 (Carnegie Hall)
RCA 26.41014 AF (AT 109) = Toscanini-Edition 12 (enthält außerdem Nr. 29, 86, 97, 130, 142)
44. *La Wally. Oper (Vorspiel zum 4. Akt: A sera)* – NBC Symphony Orchestra – Aufnahme: 5. 8. 1952 (Carnegie Hall)
RCA 26.41021 AF (AT 116) = Toscanini-Edition 21 (enthält außerdem Nr. 51, 79, 98, 121, 148, 161)

Cherubini, Luigi

45. *Ali Baba. Komische Oper (Ouvertüre)* – NBC Symphony Orchestra – Aufnahme: 3. 12. 1949 (Studio 8-H)
RCA 26.41311 AF (AT 135) = Toscanini-Edition 46 (enthält außerdem Nr. 46, 47, 49)
46. *Anacréon ou l'amour fugitive. Oper (Ouvertüre)* – NBC Symphony Orchestra – Aufnahme: 21. 3. 1953 (Carnegie Hall)
RCA 26.41311 AF (AT 135) = Toscanini-Edition 46 (enthält außerdem Nr. 45, 47, 49)
47. *Médée. Oper (Ouvertüre)* – NBC Symphony Orchestra – Aufnahme: 18. 2. 1950 (Studio 8-H)
RCA 26.41311 AF (AT 135) = Toscanini-Edition 46 (enthält außerdem Nr. 45, 46, 49)
48. *Requiem c-Moll* – Robert Shaw Chorale (Ltg. Robert Shaw), NBC Symphony Orchestra – Aufnahme: 18. 2. 1950 (Studio 8-H)
RCA 26.41368 AF (AT 147) = Toscanini-Edition 61
49. *Symphonie D-Dur* – NBC Symphony Orchestra – Aufnahme: 10. 3. 1952 (Carnegie Hall)
RCA 26.41311 AF (AT 135) = Toscanini-Edition 46 (enthält außerdem Nr. 45–47)

Cimarosa, Domenico

50. *Il Matrimonio per Raggiro. Komische Oper (Ouvertüre)* – NBC Symphony Orchestra – Aufnahme: 12. 11. 1949 (Studio 8-H)

RCA 26.41304 AF (AT 134) = Toscanini-Edition 45 (enthält außerdem Nr. 54, 77, 84, 100, 160, 162)

51. *Il Matrimonio segreto. Komische Oper (Ouvertüre)* – NBC Symphony Orchestra – Aufnahme: 14. 11. 1943 (Studio 8-H)
RCA 26.41021 AF (AT 116) = Toscanini-Edition 21 (enthält außerdem Nr. 44, 78, 98, 121, 148, 161)

Debussy, Claude

52. *Images (2: Ibéria)* – NBC Symphony Orchestra – Aufnahme: 2. 6. 1950 (Studio 8-H)
RCA 26.41016 AF (AT 111) = Toscanini-Edition 14 (enthält außerdem Nr. 53)

53. *La Mer. Trois esquisses symphoniques* – NBC Symphony Orchestra – Aufnahme: 1. 6. 1950 (Studio 8-H)
RCA 26.41016 AF (AT 111) = Toscanini-Edition 14 (enthält außerdem Nr. 52)

Donizetti, Gaetano

54. *Don Pasquale. Komische Oper (Ouvertüre)* – NBC Symphony Orchestra – Aufnahme: 5. 10. 1951 (Carnegie Hall)
RCA 26.41304 AF (AT 134) = Toscanini-Edition 45 (enthält außerdem Nr. 50, 77, 84, 100, 160, 162)

Dukas, Paul

55. *L'Apprenti sorcier. Scherzo d'après une Ballade de Goethe* – NBC Symphony Orchestra – Aufnahme: 19. 3. 1950 (Carnegie Hall)
RCA 26.41346 AF (AT 142) = Toscanini-Edition 55 (enthält außerdem Nr. 57, 71, 90)

Dvořák, Antonín

56. *Symphonie e-Moll Nr. 9 »Z Nového světa (Aus der Neuen Welt)« op. 95* – NBC Symphony Orchestra – Aufnahme: 2. 2. 1953 (Carnegie Hall)
RCA 26.41019 AF (AT 114) = Toscanini-Edition 19

Franck, César

57. *Psyché. Poème symphonique (aus 2: Psyché et Éros)* – NBC Symphony Orchestra – Aufnahme: 7. 1. 1952 (Carnegie Hall)
RCA 26.41346 AF (AT 142) = Toscanini-Edition 55 (enthält außerdem Nr. 55, 71, 90)

Gershwin, George

58. *An American in Paris* – NBC Symphony Orchestra – Aufnahme: 18. 5. 1945 (Studio 8-H)
RCA 26.41034 AF (AT 129) = Toscanini-Edition 38 (enthält außerdem Nr. 61)

Glinka, Michail Iwanowitsch

59. *Kamarinskaja. Walzer-Fantasie* – NBC Symphony Orchestra – Aufnahme: 21. 12. 1940 (Studio 8-H)
RCA 26.41029 AF (AT 124) = Toscanini-Edition 33 (enthält außerdem Nr. 25, 28, 68, 69, 113, 120)

Gluck, Christoph Willibald

60. *Orfeo ed Euridice. Oper (2. Akt)* – Barbara Gibson (Euridice), Nan Merriman (Orfeo), Robert Shaw Chorale (Ltg. Robert Shaw), NBC Symphony Orchestra – Aufnahme: 22. 11. 1952 (Carnegie Hall)
RCA 26.41032 AF (AT 127) = Toscanini-Edition 36

Grofé, Ferde

61. *Grand Canyon Suite* – NBC Symphony Orchestra – Aufnahme: 11. 9. 1945 (Carnegie Hall)
RCA 26.41034 AF (AT 129) = Toscanini-Edition 38 (enthält außerdem Nr. 58)

Haydn, Joseph

62. *Symphonie G-Dur Nr. 88 Hob. I,88* – NBC Symphony Orchestra – Aufnahme: 8. 3. 1938 (Studio 8-H)
RCA 26.41035 AF (AT 130) = Toscanini-Edition 40 (enthält außerdem Nr. 65)
63. *Symphonie G-Dur Nr. 94 »Mit dem Paukenschlag« Hob. I,94* – NBC Symphony Orchestra – Aufnahme: 26. 1. 1953 (Carnegie Hall)
RCA 26.41025 AF (AT 120) = Toscanini-Edition 27 (enthält außerdem Nr. 66)
64. *Symphonie Es-Dur Nr. 99 Hob. I,99* – NBC Symphony Orchestra – Aufnahme: 12. 3. 1949 (Studio 8-H)
RCA 26.41412 AF (AT 149) = Toscanini-Edition 63 (enthält außerdem Nr. 67)
65. *Symphonie D-Dur Nr. 101 »Die Uhr« Hob. I,101* – New York Philharmonic Orchestra – Aufnahme: 29. 3. 1929 (Carnegie Hall)
RCA 26.41035 AF (AT 130) = Toscanini-Edition 40 (enthält außerdem Nr. 62)
66. *Symphonie D-Dur Nr. 101 »Die Uhr« Hob. I,101* – NBC Symphony Orchestra – Aufnahme: 12. 6. 1947, 9. 10., 6. 11. 1946 (Studio 3-A)
RCA 26.41025 AF (AT 120) = Toscanini-Edition 27 (enthält außerdem Nr. 63)
67. *Sinfonia concertante für Violine, Violoncello, Oboe, Fagott und Orchester B-Dur Hob. I,105* – Mischa Mischakoff, Frank Miller, Paolo Renzi, Leonard Sharrow, NBC Symphony Orchestra – Aufnahme: 6. 3. 1948 (Studio 8-H)
RCA 26.41412 AF (AT 149) = Toscanini-Edition 63 (enthält außerdem Nr. 64)

Hérold, Louis Joseph Ferdinand

68. *Zampa ou La Fiancée de marbre. Oper (Ouvertüre)* – NBC Symphony Orchestra – Aufnahme: 5. 8. 1952 (Carnegie Hall)
RCA 26.41029 AF (AT 124) = Toscanini-Edition 33 (enthält außerdem Nr. 25, 28, 59, 69, 113, 120)

Kabalewski, Dimitrij Borisowitsch

69. *Colas Breugnon. Ouvertüre op. 24* – NBC Symphony Orchestra – Aufnahme: 8. 4. 1946 (Carnegie Hall)
RCA 26.41029 AF (AT 124) = Toscanini-Edition 33 (enthält außerdem Nr. 25, 28, 59, 68, 113, 120)

Kodály, Zoltán

70. *Háry János-Suite op. 15* – NBC Symphony Orchestra – Aufnahme: 29. 11. 1947 (Rundfunkaufnahme)
RCA 26.41027 AF (AT 122) = Toscanini-Edition 29 (enthält außerdem Nr. 87, 111)

Ljadow, Anatol

71. *Kikimora. Legende op. 63* – NBC Symphony Orchestra – Aufnahme: 29. 7. 1952 (Carnegie Hall)
RCA 26.41346 AF (AT 142) = Toscanini-Edition 55 (enthält außerdem Nr. 55, 57, 90)

Mendelssohn-Bartholdy, Felix

72. *Musik zu W. Shakespeares »Ein Sommernachtstraum« op. 21 und op. 61 (Ouvertüre, 5: Intermezzo, 7: Notturno, 1: Scherzo, 9: Hochzeitsmarsch, 12: Finale)* –

Edna Phillips (Sopran), Frauenchor, NBC Symphony Orchestra – Aufnahme: 4. 11. 1947 (Carnegie Hall)
RCA 26.41314 AF (AT 138) = Toscanini-Edition 50 (enthält außerdem Nr. 110)

73. *Symphonie A-Dur Nr. 4 »Italienische« op. 90* – NBC Symphony Orchestra – Aufnahme: 28. 2. 1954 (Carnegie Hall)
RCA 26.41006 AF (AT 101) = Toscanini-Edition 2 (enthält außerdem Nr. 107)

74. *Symphonie D-Dur Nr. 5 »Reformations-Symphonie« op. 107* – NBC Symphony Orchestra – Aufnahme: 13. 12. 1953 (Rundfunkaufnahme)
RCA 26.41028 AF (AT 123) = Toscanini-Edition 31 (enthält außerdem Nr. 106)

Mozart, Leopold

75. *Cassatio ex G »Kindersinfonie« (Auszug)* – NBC Symphony Orchestra – Aufnahme: 15. 2. 1941 (Studio 8-H)
RCA 26.41345 AF (AT 141) = Toscanini-Edition 53 (enthält außerdem Nr. 76, 78)

Mozart, Wolfgang Amadeus

76. *Divertimento B-Dur Nr. 15 »2. Lodronsche Nachtmusik« KV 287 (ohne 2. Menuett)* – NBC Symphony Orchestra – Aufnahme: 18. 11. 1947 (Studio 8-H)
RCA 26.41345 AF (AT 141) = Toscanini-Edition 53 (enthält außerdem Nr. 75, 78)

77. *Don Giovanni. Dramma giocoso KV 527 (Ouvertüre)* – NBC Symphony Orchestra – Aufnahme: 27. 1. 1946 (Studio 8-H)
RCA 26.41304 AF (AT 134) = Toscanini-Edition 45 (enthält außerdem Nr. 50, 54, 84, 100, 160, 162)

78. *Konzert für Fagott und Orchester B-Dur KV 191* – Leonard Sharrow, NBC Symphony Orchestra – Aufnahme: 18. 11. 1947 (Studio 8-H)
RCA 26.41345 AF (AT 141) = Toscanini-Edition 53 (enthält außerdem Nr. 75, 76)

79. *Le Nozze di Figaro. Opera buffa KV 492 (Ouvertüre)* – NBC Symphony Orchestra – Aufnahme: 8. 11. 1947 (Studio 8-H)
RCA 26.41021 AF (AT 116) = Toscanini-Edition 21 (enthält außerdem Nr. 44, 51, 98, 121, 148, 161)

80. *Symphonie D-Dur Nr. 35 »Haffner-Symphonie« KV 385* – NBC Symphony Orchestra – Aufnahme: 4. 11. 1946 (Studio 3-A)
RCA 26.41031 AF (AT 126) = Toscanini-Edition 35 (enthält außerdem Nr. 81)

81. *Symphonie Es-Dur Nr. 39 KV 543* – NBC Symphony Orchestra – Aufnahme: 6. 3. 1948 (Studio 8-H)
RCA 26.41031 AF (AT 126) = Toscanini-Edition 35 (enthält außerdem Nr. 80)

82. *Symphonie g-Moll Nr. 40 KV 550* – NBC Symphony Orchestra – Aufnahme: 22. 6. 1945 (Carnegie Hall)
RCA 26.41015 AF (AT 110) = Toscanini-Edition 13 (enthält außerdem Nr. 83)

83. *Symphonie C-Dur Nr. 41 »Jupiter-Symphonie« KV 551* – NBC Symphony Orchestra – Aufnahme: 22. 6. 1945 (Carnegie Hall)
RCA 26.41015 AF (AT 110) = Toscanini-Edition 13 (enthält außerdem Nr. 82)

84. *Die Zauberflöte. Deutsche Oper KV 620 (Ouvertüre)* – NBC Symphony Orchestra – Aufnahme: 26. 11. 1949 (Studio 8-H)
RCA 26.41304 AF (AT 134) = Toscanini-Edition 45 (enthält außerdem Nr. 50, 54, 77, 100, 160, 162)

Mussorgsky, Modest Petrowitsch

85. *Bilder einer Ausstellung (orchestriert von Maurice Ravel)* – NBC Symphony Orchestra – Aufnahme: 26. 1. 1953 (Carnegie Hall)
RCA 26.41012 AF (AT 107) = Toscanini-Edition 10 (enthält außerdem Nr. 89)

Ponchielli, Amilcare

86. *La Gioconda. Oper (aus dem 3. Akt: Danza delle Ore)* – NBC Symphony Orchestra – Aufnahme: 29. 7. 1952 (Carnegie Hall)
RCA 26.41014 AF (AT 109) = Toscanini-Edition 12 (enthält außerdem Nr. 29, 43, 97, 130, 142)

Prokofieff, Serge Sergejewitsch

87. *Symphonie D-Dur Nr. 1 »Symphonie classique« op. 25* – NBC Symphony Orchestra – Aufnahme: 15. 10. 1951 (Carnegie Hall)
RCA 26.41027 AF (AT 122) = Toscanini-Edition 29 (enthält außerdem Nr. 70, 111)

Puccini, Giacomo

88. *La Bohème. Oper* – Licia Albanese (Mimi), Salvatore Baccaloni (Bernard), George Cehanovsky (Schaunard), Anne McKnight (Musette), Nicola Moscona (Collin), Jan Peerce (Rodolfo), Francesco Valentino (Marcel), NBC Chorus (Ltg. Peter Wilhousky), NBC Symphony Orchestra – Aufnahme: Februar 1946 (New York)
RCA 26.35009 DM (AT 203) = Toscanini-Edition 32

Ravel, Maurice

89. *Daphnis et Chloé. Fragments symphoniques II* – NBC Symphony Orchestra – Aufnahme: 21. 11. 1949 (Carnegie Hall)
RCA 26.41012 AF (AT 107) = Toscanini-Edition 10 (enthält außerdem Nr. 85)

Respighi, Ottorino

90. *Feste romane. Poema sinfonico* – NBC Symphony Orchestra – Aufnahme: 12. 12. 1949 (Carnegie Hall)
RCA 26.41346 AF (AT 142) = Toscanini-Edition 55 (enthält außerdem Nr. 55, 57, 71)
91. *Fontane di Roma. Poema sinfonico* – NBC Symphony Orchestra – Aufnahme: 17. 12. 1951 (Carnegie Hall)
RCA 26.41005 AF (AT 100) = Toscanini-Edition 1 (enthält außerdem Nr. 24, 92)
92. *Pini di Roma. Poema sinfonico* – NBC Symphony Orchestra – Aufnahme: 17. 3. 1953 (Carnegie Hall)
RCA 26.41005 AF (AT 100) = Toscanini-Edition 1 (enthält außerdem Nr. 24, 91)

Rossini, Gioacchino

93. *Il Barbiere di Siviglia. Komische Oper (Ouvertüre)* – NBC Symphony Orchestra – Aufnahme: 28. 6. 1945 (Carnegie Hall)
RCA 26.41013 AF (AT 108) = Toscanini-Edition 11 (enthält außerdem Nr. 94–96, 99, 101)
94. *La Cenerentola. Komische Oper (Ouvertüre)* – NBC Symphony Orchestra – Aufnahme: 8. 6. 1945 (Carnegie Hall)
RCA 26.41013 AF (AT 108) = Toscanini-Edition 11 (enthält außerdem Nr. 93, 95, 96, 99, 101)
95. *La Gazza ladra. Komische Oper (Ouvertüre)* – NBC Symphony Orchestra – Aufnahme: 8. 6. 1945 (Carnegie Hall)
RCA 26.41013 AF (AT 108) = Toscanini-Edition 11 (enthält außerdem Nr. 93, 94, 96, 99, 101)
96. *Guglielmo Tell. Oper (Ouvertüre)* – NBC Symphony Orchestra – Aufnahme: 19. 1. 1953 (Carnegie Hall)

RCA 26.41013 AF (AT 108) = Toscanini-Edition 11 (enthält außerdem Nr. 93–95, 99, 101)

97. *Guglielmo Tell. Oper (aus dem 1. Akt: Passo a sei)* – NBC Symphony Orchestra – Aufnahme: 8. 6. 1945 (Carnegie Hall)
RCA 26.41014 AF (AT 109) = Toscanini-Edition 12 (enthält außerdem Nr. 29, 43, 86, 130, 142)

98. *L'Italiana in Algeri. Komische Oper (Ouvertüre)* – NBC Symphony Orchestra – Aufnahme: 14. 4. 1950 (Carnegie Hall)
RCA 26.41021 AF (AT 116) = Toscanini-Edition 21 (enthält außerdem Nr. 44, 51, 79, 121, 148, 161)

99. *Semiramide. Komische Oper (Ouvertüre)* – NBC Symphony Orchestra – Aufnahme: 28. 9. 1951 (Carnegie Hall)
RCA 26.41013 AF (AT 108) = Toscanini-Edition 11 (enthält außerdem Nr. 93–96, 101)

100. *Le Siège de Corinthe. Oper (Ouvertüre)* – NBC Symphony Orchestra – Aufnahme: 14. 6. 1945 (Carnegie Hall)
RCA 26.41304 AF (AT 134) = Toscanini-Edition 45 (enthält außerdem Nr. 50, 54, 77, 84, 160, 162)

101. *Il Signor Bruschino. Komische Oper (Ouvertüre)* – NBC Symphony Orchestra – Aufnahme: 8. 6. 1945 (Carnegie Hall)
RCA 26.41013 AF (AT 108) = Toscanini-Edition 11 (enthält außerdem Nr. 93–96, 99)

Saint-Saëns, Camille

102. *Danse macabre. Poème symphonique op. 40* – NBC Symphony Orchestra – Aufnahme: 1. 6. 1950 (Studio 8-H)
RCA 26.41413 AF (AT 150) = Toscanini-Edition 64 (enthält außerdem Nr. 103)

103. *Symphonie c-Moll Nr. 3 »Orgel-Symphonie« op. 78* – George Crook (Orgel), NBC Symphony Orchestra – Aufnahme: 15. 11. 1952 (Carnegie Hall)
RCA 26.41413 AF (AT 150) = Toscanini-Edition 64 (enthält außerdem Nr. 102)

Schostakowitsch, Dimitrij

104. *Symphonie f-Moll Nr. 1 op. 10* – NBC Symphony Orchestra – Aufnahme: 12. 3. 1944
RCA 26.35105 DM (AT 205) = Toscanini-Edition 47 (enthält außerdem Nr. 105)

105. *Symphonie C-Dur Nr. 7 »Leningrad« op. 60* – NBC Symphony Orchestra – Aufnahme: 17. 7. 1942
RCA 26.35105 DM (AT 205) = Toscanini-Edition 47 (enthält außerdem Nr. 104)

Schubert, Franz

106. *Symphonie B-Dur Nr. 5 D. 485* – NBC Symphony Orchestra – Aufnahme: 1953 (Carnegie Hall)
RCA 26.41028 AF (AT 123) = Toscanini-Edition 31 (enthält außerdem Nr. 74)

107. *Symphonie h-Moll Nr. 8 »Unvollendete« D. 759* – NBC Symphony Orchestra – Aufnahme: 12. 3. 1950 (Studio 8-H)
RCA 26.41006 AF (AT 101) = Toscanini-Edition 2 (enthält außerdem Nr. 73)

108. *Symphonie C-Dur Nr. 9 D. 944* – Philadelphia Orchestra – Aufnahme: 16. 11. 1941 (Academy of Music, Philadelphia)
RCA 26.41007 AF (AT 102) = Toscanini-Edition 3

109. *Symphonie C-Dur Nr. 9 D. 944* – NBC Symphony Orchestra – Aufnahme: 9. 2. 1953 (Carnegie Hall)
RCA 26.41414 AF (AT 151) = Toscanini-Edition 65

Schumann, Robert

110. *Symphonie Es-Dur Nr. 3 »Rheinische« op. 97* – NBC Symphony Orchestra – Aufnahme: 12. 11. 1949 (Rundfunkaufnahme)
RCA 26.41314 AF (AT 138) = Toscanini-Edition 50 (enthält außerdem Nr. 72)

Sibelius, Jean

111. *Finlandia. Tondichtung op. 26,7* – NBC Symphony Orchestra – Aufnahme: 5. 10. 1952 (Carnegie Hall)
RCA 26.41027 AF (AT 122) = Toscanini-Edition 29 (enthält außerdem Nr. 70, 87)
112. *Symphonie D-Dur Nr. 2 op. 43* – NBC Symphony Orchestra – Aufnahme: 7. 12. 1940 (Studio 8-H)
RCA 26.41343 AF (AT 139) = Toscanini-Edition 51

Smetana, Bedřich

113. *Má Vlast (Mein Vaterland). Cyklus symfonických básni (2: Vltava – Die Moldau)* – NBC Symphony Orchestra – Aufnahme: 19. 3. 1950 (Studio 8-H)
RCA 26.41029 AF (AT 124) = Toscanini-Edition 33 (enthält außerdem Nr. 25, 28, 59, 68, 69, 120)

Strauß, Johann

114. *An der schönen blauen Donau. Walzer op. 314* – NBC Symphony Orchestra – Aufnahme: 11. 12. 1941, 19. 3. 1942 (Carnegie Hall)
RCA 26.41023 AF (AT 118) = Toscanini-Edition 23 (enthält außerdem Nr. 41, 115, 125, 158, 159)
115. *Tritsch-Tratsch-Polka op. 214* – NBC Symphony Orchestra – Aufnahme: 6. 5. 1941 (Carnegie Hall)
RCA 26.41023 AF (AT 118) = Toscanini-Edition 23 (enthält außerdem Nr. 41, 114, 125, 158, 159)

Strauss, Richard

116. *Don Juan. Tondichtung op. 20* – NBC Symphony Orchestra – Aufnahme: 10. 1. 1951 (Carnegie Hall)
RCA 26.41010 AF (AT 105) = Toscanini-Edition 7 (enthält außerdem Nr. 118, 119)
117. *Don Quixote. Fantastische Variationen über ein Thema ritterlichen Charakters op. 35* – Daniel Guilet (Violine), Carlton Cooley (Viola), Frank Miller (Violoncello), NBC Symphony Orchestra – Aufnahme: 22. 11. 1953 (Carnegie Hall)
RCA 26.41369 AF (AT 148) = Toscanini-Edition 62
118. *Till Eulenspiegels lustige Streiche op. 28* – NBC Symphony Orchestra – Aufnahme: 4. 11. 1952 (Carnegie Hall)
RCA 26.41010 AF (AT 105) = Toscanini-Edition 7 (enthält außerdem Nr. 116, 119)
119. *Tod und Verklärung. Tondichtung op. 24* – NBC Symphony Orchestra – Aufnahme: 10. 3. 1952 (Carnegie Hall)
RCA 26.41010 AF (AT 105) = Toscanini-Edition 7 (enthält außerdem Nr. 116, 118)

Suppé, Franz von

120. *Dichter und Bauer. Ouvertüre* – NBC Symphony Orchestra – Aufnahme: 18. 7. 1943 (Studio 8-H)
RCA 26.41029 AF (AT 124) = Toscanini-Edition 33 (enthält außerdem Nr. 25, 28, 59, 68, 69, 113)

Thomas, Ambroise

121. *Mignon. Oper (Ouvertüre)* – NBC Symphony Orchestra – Aufnahme: 29. 7. 1952 (Carnegie Hall)
RCA 26.41021 AF (AT 116) = Toscanini-Edition 21 (enthält außerdem Nr. 44, 51, 79, 98, 148, 161)

Tschaikowski, Peter Iljitsch

122. *Konzert für Klavier und Orchester b-Moll Nr. 1 op. 23* – Vladimir Horowitz, NBC Symphony Orchestra – Aufnahme: 25. 4. 1943 (Rundfunkaufnahme)
RCA 26.41018 AF (AT 113) = Toscanini-Edition 17 – RCA 26.41337 AF (VH 015) = Vladimir Horowitz Collection 15 – RCA 26.35001 EK (MA 25007-R) (3 LP, enthalten außerdem Nr. 33 u. a.)
123. *Manfred. Symphonie in vier Bildern op. 58* – NBC Symphony Orchestra – Aufnahme: 5. 12. 1949 (Carnegie Hall)
RCA 26.41366 AF (AT 145) = Toscanini-Edition 59
124. *Nußknacker-Suite op. 71 a* – NBC Symphony Orchestra – Aufnahme: 19. 11. 1951 (Carnegie Hall)
RCA 26.41024 AF (AT 119) = Toscanini-Edition 25 (enthält außerdem Nr. 126)
125. *Nußknacker-Suite op. 71 a (8: Blumenwalzer)* – NBC Symphony Orchestra – Aufnahme: 19. 11. 1951 (Carnegie Hall)
RCA 26.41023 AF (AT 118) = Toscanini-Edition 23 (enthält außerdem Nr. 41, 114, 115, 158, 159)
126. *Romeo und Julia. Fantasie-Ouvertüre* – NBC Symphony Orchestra – Aufnahme: April 1946 (Carnegie Hall)
RCA 26.41024 AF (AT 119) = Toscanini-Edition 25 (enthält außerdem Nr. 124)
127. *Symphonie h-Moll Nr. 6 »Pathétique« op. 74* – NBC Symphony Orchestra – Aufnahme: 24. 11. 1947 (Carnegie Hall)
RCA 26.41009 AF (AT 104) = Toscanini-Edition 6

Verdi, Giuseppe

128. *Aida. Oper* – Virginio Assandri (Bote), Eva Gustavson (Amneris), Dennis Harbour (König), Herva Nelli (Aida), Norman Scott (Ramphis), Teresa Stich-Randall (Priesterin), Richard Tucker (Radames), Giuseppe Valdengo (Amonasro), Robert Shaw Chorale (Ltg. Robert Shaw), NBC Symphony Orchestra – Aufnahme: 26. 3., 2. 4. 1949 (Studio 8-H)
RCA 26.35013 EA (AT 302) = Toscanini-Edition 18
129. *Aida. Oper (Vorspiel zum 1. Akt, aus dem 1. Akt: Danza nel Tempio, aus dem 2. Akt: Danza dei Moretti, Ballabili)* – NBC Symphony Orchestra – Aufnahme: 26. 3., 2. 4. 1949 (Studio 8-H)
RCA 26.35015 EA (AT 304) = Toscanini-Edition 39 (enthält außerdem Nr. 132, 134–137, 139, 141, 144, 146, 147)
130. *Aida. Oper (aus dem 2. Akt: Danza dei Moretti, Ballabili)* – NBC Symphony Orchestra – Aufnahme: 26. 3., 2. 4. 1949 (Studio 8-H)
RCA 26.41014 AF (AT 109) = Toscanini-Edition 12 (enthält außerdem Nr. 29, 43, 86, 97, 142)
131. *Un Ballo in Maschera. Oper* – George Cehanovsky (Silvano), Virginia Haskins (Oscar), Robert Merrill (Renato), Nicola Moscona (Samuel), Herva Nelli (Amelia), Jan Peerce (Riccardo), John Carmen Rossi (Diener, Richter), Norman Scott (Tom), Claramae Turner (Ulrica), Robert Shaw Chorale (Ltg. Robert Shaw), NBC Symphony Orchestra – Aufnahme: 17., 24. 1. 1954 (Carnegie Hall)
RCA 26.35011 EA (AT 300) = Toscanini-Edition 5
132. *Un Ballo in Maschera. Oper (Vorspiele zum 1. und 2. Akt)* – NBC Symphony Orchestra – Aufnahme: 17., 24. 1. 1954 (Carnegie Hall)

RCA 26.35015 EA (AT 304) = Toscanini-Edition 39 (enthält außerdem Nr. 129, 134–137, 139, 141, 144, 146, 147)

133. *Falstaff. Lyrische Komödie* – Gabor Carelli (Cajus), Cloe Elmo (Quickly), Frank Guarrera (Ford), Antonio Madasi (Fenton), Nan Merriman (Page), Herva Nelli (Alice), John Carmen Rossi (Bardolph), Norman Scott (Pistol), Teresa Stich-Randall (Ännchen), Giuseppe Valdengo (Falstaff), Robert Shaw Chorale (Ltg. Robert Shaw), NBC Symphony Orchestra – Aufnahme: 1., 8. 4. 1950 (Studio 8-H)
RCA 26.35012 EA (AT 301) = Toscanini-Edition 8

134. *La Forza del Destino. Oper (Ouvertüre)* – NBC Symphony Orchestra – Aufnahme: 10. 11. 1952 (Carnegie Hall)
RCA 26.35015 EA (AT 304) = Toscanini-Edition 39 (enthält außerdem Nr. 129, 132, 135–137, 139, 141, 144, 146, 147)

135. *Inno delle Nazioni* – Jan Peerce (Tenor), Westminster Choir (Ltg. John Finlay Williamson), NBC Symphony Orchestra – Aufnahme: 8., 20. 12. 1943 (Studio 8-H)
RCA 26.35015 EA (AT 304) = Toscanini-Edition 39 (enthält außerdem Nr. 129, 132, 134, 136, 137, 139, 141, 144, 146, 147)

136. *I Lombardi alla prima crocciata. Oper (aus dem 3. Akt: Qui, posa il fianco)* – Vivian Della Chiesa (Giselda), Nicola Moscona (Pagano), Jan Peerce (Oronte), NBC Symphony Orchestra – Aufnahme: 31. 1. 1943 (Studio 8-H)
RCA 26.35015 EA (AT 304) = Toscanini-Edition 39 (enthält außerdem Nr. 129, 132, 134, 135, 137, 139, 141, 144, 146, 147)

137. *Luisa Miller. Oper (Ouvertüre, aus dem 2. Akt: Oh! Fede negar potessi)* – Jan Peerce (Tenor), NBC Symphony Orchestra – Aufnahme: 25. 7. 1943 (Studio 8-H)
RCA 26.35015 EA (AT 304) = Toscanini-Edition 39 (enthält außerdem Nr. 129, 132, 134–136, 139, 141, 144, 146, 147)

138. *Messa da Requiem* – Herva Nelli, Fedora Barbieri, Giuseppe di Stefano, Cesare Siepi, Robert Shaw Chorale (Ltg. Robert Shaw), NBC Symphony Orchestra – Aufnahme: Januar 1951 (New York)
RCA 26.35007 DP (AT 201) = Toscanini-Edition 26

139. *Nabucco. Oper (aus dem 3. Akt: Va, pensiero sull'ali dorate)* – Westminster Choir (Ltg. John Finlay Williamson), NBC Symphony Orchestra – Aufnahme: 31. 1. 1943 (Studio 8-H)
RCA 26.35015 EA (AT 304) = Toscanini-Edition 39 (enthält außerdem Nr. 129, 132, 134–137, 141, 144, 146, 147)

140. *Otello. Oper* – Virginio Assandri (Cassio), Leslie Chabay (Rodrigo), Nan Merriman (Emilia), Nicola Moscona (Lodovico), Herva Nelli (Desdemona), Arthur Newman (Montano), Giuseppe Valdengo (Jago), Ramón Vinay (Otello), Chor (Ltg. Peter Wilhousky), Knabenchor (Ltg. Eduardo Petri), NBC Symphony Orchestra – Aufnahme: 6., 13. 12. 1947 (Studio 8-H)
RCA 26.35014 EA (AT 303) = Toscanini-Edition 24

141. *Otello. Oper (aus dem 3. Akt: Ballabili)* – NBC Symphony Orchestra – Aufnahme: 13. 3. 1948 (Studio 8-H) – *(Vorspiel zum 4. Akt)* – Aufnahme: 6., 13. 12. 1947 (Studio 8-H)
RCA 26.35015 EA (AT 304) = Toscanini-Edition 39 (enthält außerdem Nr. 129, 132, 134–137, 139, 144, 146, 147)

142. *Otello. Oper (aus dem 3. Akt: Ballabili)* – NBC Symphony Orchestra – Aufnahme: 13. 3. 1948 (Studio 8-H)
RCA 26.41014 AF (AT 109) = Toscanini-Edition 12 (enthält außerdem Nr. 29, 43, 86, 97, 130)

143. *Quattro Pezzi sacri (4: Te Deum)* – Robert Shaw Chorale (Ltg. Robert Shaw), NBC Symphony Orchestra – Aufnahme: 14. 3. 1954 (Rundfunkaufnahme)

RCA 26.41036 AF (AT 131) = Toscanini-Edition 41 (enthält außerdem Nr. 30)

144. *Rigoletto. Oper (4. Akt)* – Nan Merriman (Maddalena), Zinka Milanov (Gilda), Nicola Moscona (Sparafucile), Jan Peerce (Herzog), Leonard Warren (Rigoletto), NBC Chorus (Ltg. Peter Wilhousky), NBC Symphony Orchestra – Aufnahme: 25. 5. 1944 (Madison Square Garden)
RCA 26.35015 EA (AT 304) = Toscanini-Edition 39 (enthält außerdem Nr. 129, 132, 134–137, 139, 141, 146, 147)

145. *La Traviata. Oper* – Licia Albanese (Violetta), Georg Cehanovsky (Douphol), Paul Dennis (Obigny), John Garris (Gaston), Robert Merrill (Georg), Johanne Moreland (Annina), Arthur Newman (Grenvil), Jan Peerce (Alfred), Maxine Stellman (Flora), NBC Chorus (Ltg. Peter Wilhousky), NBC Symphony Orchestra – Aufnahme: 1., 8. 12. 1946 (Studio 8-H)
RCA 26.35008 DP (AT 202) = Toscanini-Edition 30

146. *La Traviata. Oper (Vorspiele zum 1. und 3. Akt)* – NBC Symphony Orchestra – Aufnahme: 1., 8. 12. 1946 (Studio 8-H)
RCA 26.35015 EA (AT 304) = Toscanini-Edition 39 (enthält außerdem Nr. 129, 132, 134–137, 139, 141, 144, 147)

147. *I Vespri siciliani. Oper (Ouvertüre)* – NBC Symphony Orchestra – Aufnahme: 24. 1. 1942 (Studio 8-H)
RCA 26.35015 EA (AT 304) = Toscanini-Edition 39 (enthält außerdem Nr. 129, 132, 134–137, 139, 141, 144, 146)

148. *I Vespri siciliani. Oper (Ouvertüre)* – NBC Symphony Orchestra – Aufnahme: 24. 1. 1942 (Studio 8-H)
RCA 26.41021 AF (AT 116) = Toscanini-Edition 21 (enthält außerdem Nr. 44, 51, 79, 98, 121, 161)

Wagner, Richard

149. *Eine Faust-Ouvertüre* – NBC Symphony Orchestra – Aufnahme: 11. 11. 1946 (Carnegie Hall)
RCA 26.35111 EM (AT 400) = Toscanini-Edition 57 (enthält außerdem Nr. 150–157)

150. *Lohengrin. Romantische Oper (Vorspiele zum 1. und 3. Akt)* – NBC Symphony Orchestra – Aufnahme: 22. 10. 1951 (Carnegie Hall)
RCA 26.35111 EM (AT 400) = Toscanini-Edition 57 (enthält außerdem Nr. 149, 151–157)

151. *Die Meistersinger von Nürnberg. Oper (Vorspiele zum 1. und 3. Akt)* – NBC Symphony Orchestra – Aufnahme: 12. 11. 1946 (1. Akt), 26. 11. 1951 (3. Akt) (Carnegie Hall)
RCA 26.35111 EM (AT 400) = Toscanini-Edition 57 (enthält außerdem Nr. 149, 150, 152–157)

152. *Parsifal. Bühnenweihfestspiel (Vorspiel zum 1. Akt, aus dem 3. Akt: Karfreitagszauber)* – NBC Symphony Orchestra – Aufnahme: 22. 12. 1949 (Carnegie Hall)
RCA 26.35111 EM (AT 400) = Toscanini-Edition 57 (enthält außerdem Nr. 149–151, 153–157)

153. *Der Ring des Nibelungen: Die Walküre (aus dem 1. Akt: Der Männer Sippe)* – Helen Traubel (Sieglinde), Lauritz Melchior (Siegmund), NBC Symphony Orchestra – Aufnahme: 22. 2. 1941 (Carnegie Hall) – *(aus dem 3. Akt: Walkürenritt)* – NBC Symphony Orchestra – Aufnahme: 3. 1. 1952 (Carnegie Hall)
RCA 26.35111 EM (AT 400) = Toscanini-Edition 57 (enthält außerdem Nr. 149–152, 154–157)

154. *Der Ring des Nibelungen: Siegfried (aus dem 2. Akt: Waldweben)* – NBC Symphony Orchestra – Aufnahme: 29. 10. 1951 (Carnegie Hall)

RCA 26.35111 EM (AT 400) = Toscanini-Edition 57 (enthält außerdem Nr. 149–153, 155–157)

155. *Der Ring des Nibelungen: Götterdämmerung (aus dem Vorspiel: Orchesterzwischenspiel, Sonnenaufgang, Zu neuen Taten)* – Helen Traubel (Brünnhilde), Lauritz Melchior (Siegfried), NBC Symphony Orchestra – Aufnahme: 22. 2. 1941 (Carnegie Hall) – *(aus dem 3. Akt: Starke Scheite)* – Helen Traubel (Brünnhilde), NBC Symphony Orchestra – Aufnahme: 24. 2. 1941 (Carnegie Hall) – *(Trauermarsch)* – NBC Symphony Orchestra – Aufnahme: 3. 1. 1952 (Carnegie Hall)
RCA 26.35111 EM (AT 400) = Toscanini-Edition 57 (enthält außerdem Nr. 149–154, 156, 157)

156. *Siegfried-Idyll* – NBC Symphony Orchestra – Aufnahme: 29. 7. 1952 (Carnegie Hall)
RCA 26.35111 EM (AT 400) = Toscanini-Edition 57 (enthält außerdem Nr. 149–155, 157)

157. *Tristan und Isolde. Handlung (Vorspiel, Isoldes Liebestod)* – NBC Symphony Orchestra – Aufnahme: 7. 1. 1952 (Carnegie Hall)
RCA 26.35111 EM (AT 400) = Toscanini-Edition 57 (enthält außerdem Nr. 149–156)

Waldteufel, Emil

158. *Die Schlittschuhläufer. Walzer op. 183* – NBC Symphony Orchestra – Aufnahme: 28. 6. 1945 (Carnegie Hall)
RCA 26.41023 AF (AT 118) = Toscanini-Edition 23 (enthält außerdem Nr. 41, 114, 115, 125, 159)

Weber, Carl Maria von

159. *Aufforderung zum Tanz op. 65 (orchestriert von Hector Berlioz)* – NBC Symphony Orchestra – Aufnahme: 28. 9. 1951 (Carnegie Hall)
RCA 26.41023 AF (AT 118) = Toscanini-Edition 23 (enthält außerdem Nr. 41, 114, 115, 125, 158)

160. *Euryanthe. Romantische Oper op. 81 (Ouvertüre)* – NBC Symphony Orchestra – Aufnahme: 29. 10. 1951 (Carnegie Hall)
RCA 26.41304 AF (AT 134) = Toscanini-Edition 45 (enthält außerdem Nr. 50, 54, 77, 84, 100, 162)

161. *Der Freischütz. Romantische Oper op. 77 (Ouvertüre)* – NBC Symphony Orchestra – Aufnahme: 3. 1. 1952 (Carnegie Hall)
RCA 26.41021 AF (AT 116) = Toscanini-Edition 21 (enthält außerdem Nr. 44, 51, 79, 98, 121, 148)

162. *Oberon. Romantische Oper (Ouvertüre)* – NBC Symphony Orchestra – Aufnahme: 5. 8. 1952 (Carnegie Hall)
RCA 26.41304 AF (AT 134) = Toscanini-Edition 45 (enthält außerdem Nr. 50, 54, 77, 84, 100, 160)

Zusammengestellt von Uwe Steffen.

Register